# 맑스주의의 역사 II

프레드랔 브라니츠키 지음/이성백·정승훈 옮김

**맑스주의의 역사 (2)**


초 판 1쇄 인쇄 2012년 9월 10일
초 판 1쇄 발행 2012년 9월 15일

저 자 프레드락 브라니츠키
역 자 이 성 백 외 1인
교 정 김 영 권
발행인 황 세 연
디자인 EG 디자인
인 쇄 예일정판
제 본 대명제책
발행처 도서출판 **중원문화**
주 소 서울특별시 마포구 창전동 2-33
주문처 02-325-5534 FAX 02-324-6799

# 맑스주의의 역사

## II

프레드락 브라니츠키 지음/이성백 · 정승훈 옮김

도서출판 중원문화

# Geschichte des Marxismus Ⅰ,Ⅱ

By

Predrag Vrinicki

Suhrkampf Verlag, Frankfurt am Main 1972

맑스주의의 역사(2) ● 차 례

## 제3부 블라디미르 일리치 울리아노프 레닌



## 제4부 제3인터내셔널 시기의 맑스주의

## 제5부 동시대의 맑스주의

# 8 맑스주의의 역사(2)

Friedrich Engels,
1820~1895
Karl Marx, 1818~1883년
Vladimir Iliich Uliyanow Lenin, 1870년~1924

# 제3부
# 블라디미르 일리치 울리아노프 레닌

# 10 맑스주의의 역사(2)

# 제1장

# 레닌의 초기활동

—인민주의자들과의 논쟁—

맑스가 이론적인 측면에서뿐만 아니라 정치적인 면에 있어서도 19세기의 가장 지배적인 혁명적 인물이었다면 레닌은 20세기 초의 가장 대표적인 혁명적 인물이었다. 만약 레닌의 등장 이유가 주로 짜르 체제의 러시아가 처해 있었던 역사적 조건으로 귀착되고 이것이 "혁명운동의 중심이 서유럽에서 러시아로 옮겨졌다"라는 말로 특징지워진다면, 이 인물의 결정적이고도 본질적인 측면, 즉 그의 개성적인 독자성, 즉 그의 이론적이며 실천적-혁명적인 천재성, 다시 말해 그의 복합적인 다재다능함, 선명성 그리고 혁명성은 간과되어 버린다.

제2인터내셔널의 전시기에 걸쳐 우리는 레닌보다 더 진실된 그 어떤 프롤레타리아트의 혁명적 지도자도 알지 못하며, 특히 이러한 지도적 역할과 함께 비범한 이론적 깊이는 물론 모든 역사적 계기의 판단에 있어 명석함까지도 겸비한 그 어떤 지도자도 알지 못한다. 베벨이나 구에스테에게는 첫 번째 요소가 결여되었으며, 라파르그에게는 두 번째 요소가 없었다. 로자 룩셈부르크만이 정신의 날카로움으로 레닌에 근접하였지만 양자 사이에는 여전히 중요한 차이가 있었다. 반면 레닌은 많은 사회민주주의 운동의 가장 영향력 있는 지도자들이 갖고 있었던 한 가지 특징을 결여하고 있었다. 그는 요컨대 과거의 문화적-역사적 문제들을 다루지 않았다. 이 문제들은 분명히 맑스주의 사상의 발전과 과거의 과학적 규명에는 의의가 있지만, 바로 그 때문에 이 문제들은 그들(카우츠키, 메링, 플레하노프 등)이 당면한 구체적인 역사적 과제에 전적으로 몰두하는 데에는 장애가 되었다. 그들은 교양 있는 이론가요 저술가였다. 레닌은 그들과 전혀 달랐다. 그는 진정 혁명적 지도자였으며 혁명의 지도자였다.[1)]

그는 혁명적 사회민주주의운동이 아직은 초기의 발전단계에 머물러 있을 때 그 운동에 가담했다. 그러나 그는 이미 1891~1892년 페트로그라드에서 비합법적인 맑스주의 서클에 소속되어 있었다. 그가 법학공부를 막 마쳤던 1894년에 그는 인민주의자들, 특히 처음으로 V. 보론코프(V. Voroncov)를 논박했다. 그리고 계속해서 플레하노프에 의해 개시된 인민주의자들에 대한 공격을 이어나갔다. 그러나 『'인민의 벗'은 누구이며 그들은 사회민주주의자들과 어떻게 투쟁하는가?』(1894)와 『인민주의 노선의 경제적 내용과 스트루베 씨의 책에 나타난 그들에 대한 비판』(1895)에서 레닌은 인민주의자의 견해, 특히 러시아 자본주의의 발전의 문제에 대한 그들의 견해를 반박했을 뿐만 아니라, 그는 또한 그 당시 플레하노프

---

1) 오늘날까지 아직도 사상가이자 정치가로서의 레닌에 대한 객관적이고 상세한 분석이 없다. 사회주의 국가 내에서의 지금까지의 저술에서 모든 사건들, 특히 10월 이후의 사건에 대한 진실을 공포할 용기가 결여되어 있었다면, 비맑스주의적 입장에서 출발한 연구들에는 추상적인 민주주의 원리라는 입장에서는 평가될 수 없는 사회혁명의 논리에 대한 이해가 결여되어 있다. 첫 번째 그룹에 속하는 것이 공식 전기인 『레닌』(*V. I. Lenin*), 소련(UdSSR) 중앙위원회 맑스-레닌주의 연구소, 모스크바, 1960이고, 두 번째 그룹에 속하는 것이 베트램 볼페(Bertram D. Wolfe)에 의해 쓰여진 가장 유명한 저서인 『레닌, 트로츠키, 스탈린』(*Lenin, Trotzkij, Stalin*), 프랑크푸르트, 1965와 루이스 피셔(Louis Fisher)의 『살아 있는 레닌들』(*Das Leben Lenins*), 쾰른·베를린 1965이다.

마저도 적극적으로 관계했던 합법적 맑스주의자들에게도 이미 날카로운 비판을 가했다.

여기에서 이론적으로 관심을 끄는 점은 레닌이 경제적 사회구성체라는 사회학적 범주를 특별히 강조했다는 점이다. 이것은 맑스가 처음 사용한 개념 가운데 하나인데, 오늘날까지도 그 모든 측면이 전반적으로 분석되지는 않았지만, 그럼에도 불구하고 맑스주의 사회학에 있어 기본적으로 중요한 개념이다. 왜냐하면 그 개념에는 각 역사적 시기의 특수한 운동법칙의 문제들과 그 법칙의 구조의 복합성이 통일되어 있기 때문이다. 레닌은 맑스의 이론은 항상 인간들 사이의 특정한 관계 속에서 발생하는 생활수단의 조달을 출발점으로 삼고 있다고 강조한다. 그리고 다음과 같이 단정한다.

"생산관계의 각 체계는 맑스의 이론에 따르면 하나의 특수한 사회유기체를 이룬다. 이러한 사회유기체는 그것이 발생하고 기능할 때, 그리고 그것이 더 고차적인 형태로 이행하여 다른 사회유기체로 변형될 때, 그 특유의 법칙에 따른다. ……중요한 것과 중요하지 않은 것의 구분은, 내용으로서의 사회의 경제적 구조와 형식으로서의 정치적-이데올로기적 구조의 구분으로 대체된다. 경제구조 자체의 개념이 정확히 설명되었으며, 이와 동시에 역사적으로 규정된 특수한 생산관계 체계의 법칙만이 작용하는 영역에서 일반적으로 자연법이 지배하는 것으로 보았던 이전의 경제학자들의 견해가 반박되었다."[2)]

레닌은 당시의 인민주의자에 대한 논쟁, 그리고 경제운동, 맑스주의 등

---

2) V. I. 레닌, 『인민민주주의 노선의 경제적 내용』(*Der ökonomische Inhalt der Volkstümlerrichtung*), 전집 제 1권, S.424~425.(이후의 모든 인용은 1941년의 러시아어 제4판의 독일어 번역본인 V. I. 레닌, 『전집』 디츠 · 베를린, 1961ff를 따른다. 줄여서 WW라 한다.

의 문제들에 대한 논쟁에 적극적으로 참여했다. 또 일련의 평론을 서술하고, 많은 논문을 썼으며, 또한 후에 착수하게 될 러시아에서의 자본주의의 발전에 대한 방대하고 중요한 연구를 위한 자료를 수집했다. 그 밖에 그는 노동자들과의 관계를 계속 유지하고 서클들을 조직하여, 1895년에 최초의 혁명조직인 '노동자계급 해방투쟁동맹'을 결성하였다. 비합법신문인 『노동자행동』을 준비하던 중에 그는 체포되어 1893년 초 3년간의 시베리아 유형을 판결받았다.

시베리아에서 그는 그의 주저 『러시아에서의 자본주의의 발전』(1899)을 집필하였다. 이것은 러시아의 자본주의에 대한 가장 탁월한 분석일 뿐만 아니라, 보론코프, 카리세프, 다니엘슨 등의 인민주의자들의 환상에 종지부를 찍었고, 또한 레닌으로 하여금 이 문제의 연구를 통해 그 어떤 맑스주의자들보다 더 심오하게 러시아 사회의 현실적인 운동과 그것의 구조를 개념적으로 파악할 수 있게 해주었다. 그리고 동시에 이것은 그로 하여금 당시 러시아 역사가 처해 있던 구체적인 정세를 확실하고 명확하게 판단할 수 있도록 해준 전제가 되었다.

레닌은 그가 페트로그라드에서 감옥살이를 하는 동안 수집했던 방대한 자료들을 토대로 러시아에서의 자본주의의 발전의 문제를 전적으로 국내시장의 관점에서 다루었으며, 시기는 개혁(1861년 알렉산더 2세의 농노해방령을 가리킴—역주) 이후로, 분석은 러시아 행정구역만을 그리고 특히 그 모든 과정을 경제적인 측면에 제한했다. 인민주의적 경제학자들이 범한 이론적인 오류를 지적하기 위해서 그는 풍부한 통계자료와 다른 경제학적 저술들을 근거로 하여 농민의 발전과 분화를 분석했다. 그리하여 그는 당시의 러시아 농민의 사회적-경제적 생활조건은 상품경제라는 결론에 도달했다.

"농민(농경과 촌락공동체에 속하는) 내부에 존재하는 사회경제적 제관계 체계는 그 속에 모든 상품경제와 자본주의에 대한 고유한 제반 모순들이 존재하고 있다는 사실을 우리에게 보여 주고 있다. 즉, 그 속에는 경쟁, 경제적 자립을 위한 투쟁, 토지(구입할 수 있거나 임차할 수 있는)의 강탈, 생산물의 소수의 수중에로의 집적, 다수의 농업 프롤레타리아트로의 추방, 이들의 농업 노동자로의 고용과 상업자본에 의한 소수의 다수에 대한 착취가 나타나 있다. 농업에는 자본주의적 질서에 특유한 모순형태들을 보여주지 않는 경제현상은 하나도 없다. 다시 말해서 그 어떤 경제현상이든 하나같이 이해관계의 투쟁과 충돌을 보여 주었다. 모든 경제현상이 한편에서는 이익을, 다른 한편에서는 불이익을 의미하는 것이었다. 현상은 소작에도, 토지 매매에도, 그리고 그것과 정반대로 대립된 유형인 상업에도 똑같이 해당되며, 마찬가지로 경제의 기술적 진보에도 해당된다.

이 결론은 러시아에서의 자본주의의 문제에 있어서뿐만 아니라, 인민주의자들의 의의 일반의 의미와 관련된 문제에 있어서도 근본적으로 중요한 의미를 갖는다. 이 모순들은 '촌락공동체적인' 농촌의 경제관계 체계가 결코 특수한 경제형태를 구성하는 것이 아니라 통상적인 쁘띠부르주아적인 것임을 명백하고 반론의 여지 없이 입증해 주고 있다. 지난 반 세기에 걸쳐 지배적이었던 이론들과는 달리, 러시아 촌락공동체의 농민은 자본주의의 적대자가 아니라, 반대로 그것의 가장 뿌리깊고 가장 견고한 토대이다."[3)]

또한 그러한 발전을 기초로 하여 레닌은 농민 내부의 계급분화가 전형적인 자본주의적 발전형태를 띠고 있다는 사실도 보여 준다. 농민은 농업 부르주아지 내지는 부농으로부터 농업 프롤레타리아트, 즉 임노동계급에

3) V. I. 레닌, 『러시아에서의 자본주의의 발달』(*Die Entwicklung des Kapitalismus in Rußland*), WW, Bd.3, S.167~168.

이르기까지 단계적으로 분화된다. 이 분화는 생산의 상품—화폐적 성격에 근거하는 제관계들에 조응한다. 중농은 중간계급을 형성하는데, 이들은 상품경제의 발전수준이 최소에 머물고 있음을 그 특징으로 한다. 이러한 분화는 또한 자본주의를 위한 국내 시장을 창출한다.

계속된 분석에서 레닌은 어떻게 대토지소유가 쿨락 경제로부터 자본주의 경제로 이행하게 되었는가를 밝혀 준다. 즉 그는 농업의 공업화 과정에 대해서, 그리고 그 속에서의 임노동의 발전에 대해서 지적하였다.

시장 생산, 즉 농업에서의 교역의 발전은 이러한 과정들과 밀접하게 연결되어 있다. 레닌은 따라서 개혁 이후의 농업의 발전은 점점 더 상업적이고 기업적인 성격을 띠게 될 것이라는 결론에 도달하였다. 그러나 "농업의 상품생산으로의 변화는 그에 상응하는 공업에서의 과정과는 다른 특수한 길을 걷는다는 사실은 이미 농업의 본성이다."[4] 그리하여 자본주의를 위한 국내 시장이 성립되지만, 자본주의는 다시 광범위하게 그것의 본질을 규정하는 제모순을 농촌으로 확산시키고 첨예화시킨다. "그럼에도 불구하고 러시아에서 농업 자본주의는 그것의 역사적인 의미에서 볼 때 거대한 진보적 힘이다."[5]

레닌은 다음과 같은 사실을 근거로 이러한 진보를 인민주의자들과는 반대로 고찰하였다. 즉 자본주의는 가부장제적인 예속 농민은 물론 자영농민, 나아가 대토지소유자까지도, 현대 사회에서 다른 모든 생산수단 소유자들과 동일한 종류의 영업자로 변화시킨다는 점이다. 더욱이 농업 자본주의는 농촌의 생산력을 비약적으로 발전시키며, 기계의 사용과 노동자의

4) Ibid., S.314.
5) Ibid., S.316.

광범한 협업에 의거하는 대규모 농업생산을 가능하게 한다. 그래서 마침내 그것은 자영농민의 인신적 예속성을 제거한다. 이 과정의 진보성을 확인하면서 레닌은 동시에 그것의 모순과 역사적 성격을 지적한다.

"비록 우리가 러시아 농업에서 자본주의가 수행한 진보적 역할을 그토록(여기에서 재차 반복하는 것이지만) 강조한다 할지라도, 우리는 이 경제제도의 역사적으로 과도적인 성격뿐만 아니라 그에 내재해 있는 심각한 사회적 모순을 결코 망각하지 않는다. 우리는 자본주의적인 변혁을 탄식하기만 하는 인민주의자들이야말로 이 모순을 극히 피상적으로 평가하고 있다는 점을 이미 밝힌 바 있다. 왜냐하면 그들은 농민의 해체를 얼버무리고, 농업에서 기계의 사용이 갖는 자본주의적인 성격을 무시하며, '농업적 영업' 혹은 '부업'과 같은 표현으로 농업 임노동계급의 형성을 은폐하고 있기 때문이다."[6)]

이렇게 확증하고 난 후 레닌은 수공업, 매뉴팩처와 중공업(重工業)이 자본주의의 발전 속에서 어떤 위치를 갖는가를 밝히기 위해서 공업에서의 자본주의의 발전을 상세하게 서술하고 분석한다. 서유럽을 대상으로 이 문제를 다룬 맑스의 분석과 그 과정에서 중공업의 역할과 관련하여 그가 내린 결론은 러시아에도 전적으로 타당하다. 이는 레닌이 입증하는 바이다. 우선 기계 중공업은 공업 인구를 소유지로부터, 그리고 구래의 예속관계로부터 분리시킴으로써 그들의 생활조건을 결정적으로 변화시킨다.

"이와 같이 러시아 공장노동자들에 대한 자료들은, 공업 인구의 생활조건에 완전하고 결정적인 변혁을 초래한 것은 다름 아닌 기계제 대공업이라는 『자본론』의 이

6) Ibid., S.321.

론이 전적으로 타당하다는 사실을 입증해 준다. 그것은 이들을 농업으로부터 그리고 농업에 결부되어 있는 수세기의 가부장적 생활의 전통으로부터 벗어나게 했던 것이다."7)

마지막으로 결론적인 판단에서, 레닌은 자본주의적인 변혁의 진보성도, 그것의 부정적이고 어두운 측면도 묵과될 수 없다는 것을 거듭 강조한다. 그에 반해 인민주의자들은 현실 앞에서 눈을 감아 버렸다. 그래서 그들은 농민의 몰락, 농업 부르주아지 및 동시에 농업과 공업에서의 임노동자계급의 발생을 은폐함으로써, 러시아 자본주의의 모순을 과소평가했다. 이런 의미에서 개혁 이후의 시기는 그 이전의 시기와 본질적으로 구분된다. 왜냐하면 러시아는 자본주의에 특징적으로 수반되는 모든 부수현상들을 나타내 보이면서 공업국가로 변화되기 시작했기 때문이다. 자본주의를 통해 노동의 사회화가 이루어지는 이 모든 과정은 인민주의자들에 의해 완전히 잘못 평가되었다. 그 과정의 속도는 러시아의 전(前)자본주의적 시기에 비해 의심의 여지 없이 빨랐다. 그러나 그 당시의 일반적인 기술적-문화적인 수준에서 볼 때 전반적인 발전은 매우 느리게 진행되었다.

"그리고 그것은 느릴 수밖에 없다. 왜냐하면 자본주의와 결합되지 않은 채 그것의 발전을 방해하며, 생산자의 상황을 극도로 약화시키는 구시대의 제도들이 러시아에서만큼 풍부하게 존재했던 자본주의 국가는 없었기 때문이다. 이러한 생산자들은 '자본주의적 생산의 발전뿐만 아니라, 그 발전의 저해'로 인해서도 고통받는다. 결국 우리와 인민주의자들 사이의 의견 차이의 가장 깊은 원인은 사회경제적 과정에 대한 근본적인 견해차이에 있다. 이 과정을 탐구할 때 인민주의자들은 통상 이

7) IBid., S.557.

러저러한 도덕적인 결론들을 이끌어낸다. 인민주의자들은 생산에 참여한 사람들의 다양한 집단들을 이러저러한 생활형태의 창조자로 보지 않는다. 그는 전체 사회경제적 관계들을 다양한 이해관계와 다양한 역사적 역할을 갖는 집단들 사이의 상호작용의 결과로서 제시하려는 목표는 설정하지 않는다. 만일 이 인민주의 저자가 다행히 이러한 문제를 해명하기 위한 약간의 자료라도 제공하는 데 성공했더라면, 그의 작업은 그것만으로도 전혀 쓸모없지는 않았을 것이다."[8]

레닌의 모든 저술과 마찬가지로 이들 분석도 일차적으로 순수히 학문적인 관심에서 쓰여진 것이 아니라, 사회적 실천과 관련해서 쓰여진 것이다. 봉건제도의 잔재, 정치적 절대주의, 그리고 상승하려고 애쓰는 자본주의가 혼재하는 당시의 러시아처럼 그토록 모순에 찬 사회에서 레닌이 직면했던 문제는 바로 러시아에서 사회주의를 위한 투쟁이 실질적 토대를 가지고 있는가 그렇지 않은가 하는 문제였다. 따라서 자본주의의 발전과 노동계급의 형성에 관한 문제에 답을 주지 않으면 안 되었던 것이다.

레닌은 과학적인 측면에서 가장 철저하고 중요한 것으로 꼽히는 그의 이 탁월한 저서에서 방대한 경험적 자료를 기초로 하여 이 과정에 대해 상세하게 분석하고 평가했으며, 나아가 서유럽의 운명이 또한 러시아의 운명이기도 함을 증명했다. 이리하여 사상 최초의 프롤레타리아 혁명의 이 장래의 지도자는 당시 러시아의 사회구조와 사회변동을 이해하기 위한 모든 필요 요소들, 즉 모든 계기, 모든 추이와 모든 변화를 러시아 사회의 역학관계 속에서 그토록 오류없이 그리고 그토록 천재적으로 판단할 수 있게 해준 요소들과 지식들을 갖추게 되었다.

---

8) Ibid., S.621~622.

# 제2장
# 사회주의 운동과 당의 문제

레닌의 유형생활 동안 1898년 민스크에서 러시아 사회민주당 제1차 당 대회가 개최되었다. 레닌은 1900년 유형지에서 돌아온 즉시 외국으로 나가, 러시아 사회민주주의 망명자들을 규합해서 『이스크라』(*Iskra*, 대중을 대상으로 하여 제작된 최초의 러시아 맑스주의 지하신문으로 외국에서 인쇄되어 러시아에 밀반입되었다. 그 모토는 "불꽃에서 불길이 타오르리라"였다. 처음에는 러시아 국내외의 여러 맑스주의자의 발판이 되었으나, 1903년에 러시아 사회민주주의 노동당이 분열된 후에 그 주도권이 멘셰비키의 손에 넘어가 이후 영향력이 쇠퇴했다.—역주)를 발간했다. 이 정기간행물은 논란의 여지가 많은 쟁점들을 해명하고 제2차 당 대회를 준비할 목적으로 창간되었다.

이러한 제2인터내셔널의 시기에는 프롤레타리아트나 자발적인 대중운동의 괄목한 성장뿐만 아니라 또한 수정주의의 강력한 발전도 러시아 사회민주주의운동에서 커다란 반향을 일으켰다. 예컨대 "자연발생성" 이론이나 "경제주의" 이론에서, 그리고 맑스의 이론과 칸트의 이론의 혼용에서 수정주의의 반향은 강력한 것이었다. 레닌은 1897년에 함께 시작된 이 시기를 그의 간결하고 재치 있는 그러나 날카로운 논조로서 다음과 같이 특징짓고 있다.

"이 시기는 파멸과 몰락, 그리고 동요의 시기이다, 인간의 소년시절에는 변성기가 온다. 이 시기의 러시아 사회주의의 목소리도 변하여 어색한 목소리를 내기 시작했다. 한편으로는 스트루베, 프로코포비치, 불가코프와 베르쟈예프 등 여러 사람의 저술에서, 다른 한편으로는 W. I-n(W. P. 이반샤인의 가명 ―역주)과 『노동자의 사상』에서 그리고 크리 프스키와 마르티노프에 있어서 그러했다. 그러나 단지 지도자들만이 갈팡질팡했을 뿐이다. 운동 자체는 일취월장하여 괄목할 성장을 이루었다. 프롤레타리아트의 투쟁은 새로운 노동자계층을 규합하면서 전러시아로 확산되어 갔다. 동시에 그 투쟁은 간접적으로 대학생들과 다른 인민계층들에게도 민주주의 정신을 고취시켰다. 그럼에도 불구하고 지도자들의 의식은 자연발생적인 운동의 도약의 규모와 위세 앞에서 위축되었다. 그래서 사회민주주의자들 사이에는 이미 또 다른 시기인 기능인의 시기가 우세하게 되었다. 이들은 거의 '합법적' 맑스주의의 문헌만을 학습하였으며 대중의 자생성이 그들로부터 더 많은 의식성을 요구하면 할수록 점점 쓸모없는 존재가 되어 버렸다. 지도자들은 이미 입증된 바대로 이론적이고('비판의 자유' : 경제주의자들은 소위 맑스의 '비판의 자유'를 들고 나와 맑스 사상의 재검토[수정]을 요구했다. 그들은 계급투쟁, 사회주의 혁명, 프롤레타리아독재라는 맑스의 기본명제의 포기를 요구했다.―역주) 실천적인( '수공업적 조직' : 경제주의자들은 노동자의 의식의 자연발생성을 주장하여 선진적 이론으로 지도하는 당의 필요성을 부인했다. 그래서 그들은 조직의 분산성, 수공업적 방식을 지지했다.―역주) 측면에서 대중의 성숙을 따라잡지 못했을 뿐만 아니라 그들의 저 후퇴를 온갖 근사한 방법으로 변호하려고 했다. 사회민주주의는 합법적 문헌들에서의 브렌타노 추종자들에 의해서뿐만 아니라 비합법 문헌을 만들어내는 시대착오적인 정치가들에 의해서 노동조합주의로 타락했다."[1)]

이러한 상황 속에서 레닌의 이론투쟁, 특히 사회민주당의 역할과 성격을 파악하기 위한 이론투쟁은 커다란 의의를 갖는다. "혁명 이론 없는 혁

---

1) V. I. 레닌, 『무엇을 해야 하는가?』(*Was tun?*), WW, Bd.5, S.539.

명운동이란 존재할 수 없다"[2]는 그의 유명한 테제와 당시의 역사적 위상들에서의 러시아 프롤레타리아트의 임무에 대한 그의 구상은 그 천재적인 통찰력에 의해서 당시 이러한 문제에 대해 주장된 그 모든 사상들을 압도했다.[3]

노동운동의 자연발생성 이론은 러시아에만 특유한 현상은 아니었다. 왜냐하면 그것은 그 기초에 있어서 개량주의, 생디칼리즘, 그리고 노동조합주의와 결부되어 있었기 때문이다. 레닌은 이러한 자연발생성 이론에 대한 안티테제를 강력히 제기하였다. 즉 그는 전체 운동의 선도적 힘으로서 사회주의자의 강건하고도 의식적인 조직화를 촉구하였다. 왜냐하면 "노동운동의 자연발생성에 대한 그 어떠한 숭배나, '의식적 요소'의 역할, 곧 사회민주당의 역할에 대한 그 모든 경시는 그와 동시에—이러한 역할은 경시하는 자들이 원하든 원하지 않든 전혀 관계없이—노동자에 대한 부르주아 이데올로기의 영향력이 강화됨을" 의미하기 때문이다.[4]

---

2) Ibid., S.391.

3) 레닌이 그의 분석에서 대담하게 이끌어낸 많은 확증들은 정말 눈부신 것이었다. 엥겔스의 독일 프롤레타리아트의 이무에 대한 분석은 오늘날에도 매우 유효한 주장인데, 레닌은 『무엇을 해야 할 것인가?』에서 이 엥겔스의 분석을 "어느 국가든 노동자가 맨앞에 서서 행진하는 것은 운동의 관심 속에 있지 못했다"라고 하면서 이로부터 "러시아 프롤레타리아트는 아직 훨씬 더 어려운 시험에 직면해 있다. 그들은 거대한 괴물과의 투쟁에 직면해 있으며, 이것에 비하면 입헌국의 사회주의 탄압법은 정말 난장이에 불과하다는 결론이 도출된다. 역사는 어떤 다른 나라 프롤레타리아트에게 주어진 모든 당면과제보다도 가장 혁명적인 당면과제를 지금 우리에게 부과했다. 유럽적 반동뿐 아니라,(우리가 지금 말할 수 있는) 아시아적 반동의 가장 강력한 보루를 파괴해야 하는 이 과제를 실현하기 위해서 러시아 프롤레타리아트는 국제적인 혁명적 프롤레타리아트의 전위대가 되어야 할 것이다. 그리고 우리가 그 폭과 깊이에 있어 수천 배로 발전된 운동을 망설임 없는 결의와 행동력으로 충전시킬 수 있다면, 우리는 이미 우리의 선구자인 1870년대의 혁명가들이 받았던 이 명예로운 칭호를 들을 권리를 갖게 된 것이다."(Ibid., S.383).

4) Ibid., S.394.

노동운동의 초기에는 노동자가 노동분업이라는 객관적 이유로 인하여 이론적인 문제를 강도 있게 연구할 여유가 없기 때문에 사회주의 이데올로기는 필연적으로 운동에 참여한 인텔리겐차에 의해 구성된다는 카우츠키의 주장에 그가 아직 동조하던 그 시기에, 그는 부르주아 이데올로기냐 아니면 사회주의 이데올로기냐 하는 단호한 양자택일적 결단을 제기했던 것이다. 그리고 노동운동의 자연발생적인 발전은 부르주아 이데올로기에 예속되는 방향으로 나아가기 때문에, "우리 사회민주당의 임무는 자연발생성에 대한 투쟁에 있다. ……즉 우리의 임무는 노동운동을 부르주아지의 비호에 내맡기려는 노동조합주의의 자발적 노력으로부터 떼어내어, 그것을 혁명적 사회민주당의 비호 아래로 인도하는 데에 있다."[5]

자연발생성의 개념은 본질적으로 '경제주의'라는 개량주의적 이론으로 흘러갔다. 이러한 경제주의는 사회민주당의 기회주의자들에 의해 가다듬어져 이미 상당한 정도로 국제적 현상이 되어 있었다. 레닌은 결코 경제투쟁을 반대하지는 않았다. 그러나 그는 경제만을 지향하는 고립된 투쟁은 노동자의 주의력을 단지 노동계급에 대한 정부의 태도가 어떤 것인가만을 실감하도록 할 뿐이고 또한 이러한 경제투쟁의 틀은 노동자의 계급의식을 형성시키기에는 너무 협소하다고 강조했다.

"정치적 계급의식은 오직 외부로부터만 노동자에게 주입될 수 있다. 즉 경제투쟁 외부의 영역으로부터만, 다시 말해 노동자와 자본가의 관계 외부의 영역으로부터만 주입될 수 있다. 이러한 의식이 획득될 수 있는 유일한 영역은 국가와 정부에 대한 모든 계급과 계층이 관계이며, 모든 계급들 간의 상호관계이다. 따라서 노동자들에

5) Ibid., S.396.

게 정치의식을 불어넣기 위해 무엇을 해야 하는가 하는 물음에 대해 단순히 '노동자에게로 가라'는 대답만을 해서는 안 된다. 그러나 경제주의의 경향을 갖고 있는 실천가들은 말할 것도 없고 대부분의 경우 실천가들은 바로 이러한 대답에 만족하고 만다. 노동자에게 정치의식을 심어 주기 위해서는 사회민주주의자는 모든 인민계급에게로 파고 들어가야 하며, 우리의 부대를 모든 방향으로 파견해야 한다."6)

이러한 모든 이유 때문에 그리고 러시아에서의 노동계급의 투쟁이 갖는 특수하고 어려운 조건들 때문에, 레닌은 확고하게 조직된 혁명가의 전위로서의 당을 단호하게 주장했다. 이 혁명가의 전위는 조직의 문제를 자유주의적으로 다룸으로써 약화되어서는 안 된다고 하였다. 그 직후에 격렬한 논쟁을 유발하고 1903년 2차 당 대회의 분열을 초래했던 자신의 이 근본입장을 레닌은 이 저술에서 이미 놀라울 정도로 명료하게 정식화하였다.

"그에 반해 혁명가의 조직은 무엇보다도 그리고 주로 혁명활동을 직업으로 하는 사람들로 구성되어야 한다(따라서 내가 혁명가의 조직이라고 말할 때, 나는 혁명적 사회민주주의자들을 염두에 두고 한 말이다). 그러한 조직의 구성원이 될 수 있는 일반적인 자격요건이 갖추어져 있다면, 노동자들과 지식인들 간의 직업적인 차이는 말할 것도 없고, 그들 사이의 그 모든 차이가 완전히 불식되어야 한다. 이 조직은 반드시 지나치게 광범위해서는 안 되며 가능한 한 음모적이어야 한다."7)

이 입장은 러시아에서 역사적인 중요성을 획득했다. 그것은 레닌이 사회민주당의 분열의 시기에—적어도 러시아 및 그와 유사한 상황에 대해—유

---

6) Ibid., S.436.
7) Ibid., S.468.

일한 해결원리를 발견했기 때문만은 아니다. 레닌은 노동운동이 혁명의 시기로 접어들고 있다는 정확한 분석에 근거하여 그 원리에 도달했던 것이다. 그 상황을 위해서 프롤레타리아트라는 무기들은 단련되어야만 했다. 러시아 사회민주당의 안팎에서 개량주의적이고 기회주의적인 입장을 대표했던 모든 사람들은 레닌의 이 급진주의를 거절할 수밖에 없었다.

브뤼셀과 런던에서 개최된(1903년) 러시아 사회민주노동당 제2차 당 대회에서는 특히 당 규약 제1항의 작성을 둘러싸고 격렬한 논쟁이 벌어졌다. 당 규약 제1항에는 레닌과 마르토프(Martow)가 각각 작성한 두 개의 초안이 제출되어 있었다. 마르토프가 당의 조직과 관련하여 자유주의적 입장을 대표했던 반면에, 레닌은 당원의 자격을 스스로 사회민주주의자로 자처할 뿐만 아니라 나아가서 당을 능동적으로 지원하고 당의 어느 한 조직에 능동적으로 참여하는 사람으로 제한할 것을 요구했다. 레닌은 후에 2차 당회의에 헌정한 자신의 책에서 “프롤레타리아트는 권력투쟁에 있어 조직 이외의 다른 어떤 무기도 갖고 있지 않다”[8]라고 쓰고 있다. 바로 그렇기 때문에 조직의 문제야말로 핵심문제들 가운데 하나이며, 더욱이 어떤 역사적 시기에 있어서나 그것은 결정적인 문제라고 하였다.

이것은 당 대회를 분열시킨 문제이기도 했다. 레닌은 여기에서 다수(볼셰비키)를 장악했지만 당 기관지 『이스크라』는 소수파(멘셰비키)의 수중에 들어갔다. 플레하노프도 뒤에 멘셰비키로 돌아섰다. 『일보 전진, 이보 후퇴』에서 레닌은 문제의 핵심을 다음과 같이 요약했다.

“근본적으로 볼 때 이미 제1항에 대한 토론에서 조직문제에 대한 기회주의자들

8) V. I. 레닌, *Ein Schritt vorwärts, zwei Schritte zurück*(1보 후퇴 2보 전진), WW, Bd.7, S.419~420.

의 입장이 모조리 폭로되기 시작했다. 그들은 강고하게 짜여지지 않은 애매한 당조직을 옹호했다. 당 대회와 그것에 의해 세워진 당기관들을 근간으로 하여 위로부터 아래로 당을 구성한다는 사상('관료주의적' 사상)을 거부했다. 아래로부터 위로 올라가서 모든 교수, 모든 대학생, 그리고 모든 '파업자'에게—그들이 자신을 당원으로 여기든 말든 상관없이—당을 넘겨주려고까지 했다. 그들은 당원들에게 당에 의해서 인정된 조직에 참여할 것을 요구하는 '형식주의'에 적대적이었다. 그들은 '조직의 관계들을 플라톤식으로 인정'하려고만 하는 부르주아 지식인들의 심리에 매달렸다. 그들은 기회주의적인 궤변과 무정부주의적 요설에 약했다. 그들은 중앙집권주의에 반대하고 자치주의에 경도되었다. 요컨대, 목하 신 『이스크라』에서 그토록 만발하고 있는 이 모든 것은 그들이 범한 근본적 오류를 명백하고 적나라하게 폭로하는데 더욱 이바지하고 있다."9)

농업문제에 대해서도 의견의 불일치가 발생했다. 레닌은 농민이 혁명에 있어 프롤레타리아트의 동맹이라는 테제를 주장하였다. 바로 그 직후 1905년 러시아 혁명이 진행되던 동안에 그 논쟁은 한층 격렬해졌다. 전체 러시아 국가의 허약성과 후진성을 다시 한 번 드러냈던 러일전쟁에서의 러시아 짜르 정부의 무참한 패배와 평화적 시위중인 노동자에 대한 "피의 일요일"의 대학살은 자연발생적인 봉기를 불러일으켰다. 이리하여 혁명의 도화선에 불이 붙었다.

이론적인 관점에서 볼 때 레닌의 혁명에 대한 태도와 플레하노프와 멘셰비키의 혁명에 대한 태도는 매우 중요하다. 플레하노프는 러시아의 역사적 조건을 근거삼아 현재는 부르주아 계급이 그들의 혁명을 성취하고

9) Ibid., S.200~201. 로자 룩셈부르크는 이 글을 『신시대』에서 비판하고 있다. 그녀는 레닌의 입장을 비난했다. 그러나 레닌은 중앙위원회가 전권을 가져야 한다고 주장하지 않았으며 위원회의 독점주의, 자코뱅주의 등의 형태를 주장하지 않았다. 레닌은 당시 공개되지 않았던 한 논설에서 이에 답했다.

짜르 체제를 폐기할 순서라고 결론지었다. 이는 플레하노프의 역사 해석이 형식주의적이고 추상적인 것임을 보여 준다. 이에 대해 레닌은 제세력과 제관계의 구체적인 조건과 위상들로부터 출발하여, 특정한 상황에 대한 심오한 변증법적 분석의 탁월한 실례를 보여 주었다. 특정한 구체적인 상황은 추상적이고 일반적인 도식에 따라서만 진행되지 않고, 특수한 것에 의해 변형되며 중요한 개별적 계기들에 의해 규정된다.

혁명의 성격은 필연적으로 부르주아적이어야 했다. 그러나 부르주아 계급뿐만 아니라 프롤레타리아트가 처한 구체적인 특수한 정황에 의해 이 혁명에는 특별한 의미가 새겨져 있다.

> "우리에게 있어서 부르주아 혁명의 승리가 부르주아지의 승리로서 수행되는 것은 불가능하다. 이는 겉으로 보기에는 역설적인 주장인 것처럼 보이지만, 그럼에도 불구하고 정당한 주장이다. 인구의 대다수를 점하는 농민, 농민에 대한 (반)봉건적 대토지소유의 가혹한 억압, 그리고 이미 사회주의 정당으로 조직된 프롤레타리아트의 역량과 의식, 이 모든 정세가 러시아 부르주아 혁명에 특수한 성격을 부여한다. 이러한 특수성이 우리의 혁명의 부르주아적 성격을 지양하는 것은 아니다(마르토프와 플레하노프는 카우츠키의 관점에 대한 형편없는 논평으로 이를 내세우고자 하였다). 오히려 이 특수성은 부르주아지의 반혁명적 성격과 바로 그러한 혁명에서의 승리를 위한 프롤레타리아트와 농민의 독재의 필연성을 규정할 뿐이다. 왜냐하면 부르주아 혁명에서 승리한 프롤레타리아트와 농민의 동맹은 다름 아니라 프롤레타리아트와 농민의 혁명적이고 민주적인 독재이기 때문이다."[10]

10월 혁명을 전후하여 많은 후진들에 의하여 완벽하게 보충된 이 레닌

---

10) V. I. 레닌, *Zur Einschäzung der russischen Ruvolution*, WW, Bd.15, S.45~46.

의 분석은 레닌이 혁명적 세력들에게 유언으로 물려준 가장 값진 것이었다. 그러나 이것은 스탈린주의에서는 경악할 정도로 등한시되었다. 이 유언이 의미하는 것은, 이미 완성된 틀을 가지고 역사에 들어가지 말고, 역사와 같이 독특하고 복잡한 사건을 이미 완성된 어떤 도식에 끼워 맞추려 하지 말라는 것이었다. 따라서 레닌이 플레하노프와 논쟁하는 가운데 다음과 같이 비난한 것은 전적으로 정당하였다.

"플레하노프는 부르주아지, 프롤레타리아트, 농민 간의 제관계에 대한 일반적 개념을 러시아 부르주아 혁명의 실질적 특수성에 대한 연구로부터 도출해 내는 것이 아니라 '부르주아 혁명'이라는 일반적 개념으로부터 러시아 입헌민주당에 대한 러시아 사회민주주의자들의 구체적 관계를 도출해냄으로써 맑스주의의 ABC를 위반하고 있다."11)

러시아에서도 현대 역사의 일반적인 발전경향, 즉 부르주아적이고 자본주의적인 제관계로의 이행이 실현되었다. 그러나 이 일반적인 경향은 매우 특수한 상황 속에서 일어났다. 부르주아지는 절대국가 및 봉건제와 투쟁하고 있었을 뿐 아니라 나아가 강력하고 잘 조직된 프롤레타리아트와도

---

11) V. I. 레닌, 러시아어판 소책자에 대한 서문*Vorwort zur russischen Ausgabe der Broschüre*, W. 리프크네히트, *Kein Kompromiß. kein Wahlbündnis*, WW, Bd.2, S.405. 1905년 러시아 혁명에 대한 카우츠키의 소책자 러시아어판 서문에서 레닌은 혁명의 문제에 대한 비변증법적인 견해를 보다 더 예리하게 주시했다. 그는 여기에서 특정한 혁명적 정세에 관한 분석과 관련하여 자신의 근본적인 방법론적 입장을 다음과 같이 표명했다. "러시아 혁명의 일반적 성격"을 러시아 혁명에서의 구체적인 이해관계와 제계급의 상황에 대한 정확한 분석으로부터 도출해 내지 않고 대신에 혁명이라는 일반적 상투어에서, 즉 '일반적 성격'에서 특정 경우의 특정 전술에 대한 구체적 테제와 부르주아 민주주의의 제정당들에 취할 태도에 대한 구체적 테제를 도출하는 것, 이것은 맑스의 변증법적 유물론에 대한 공개적인 조소가 아닐까?(K. 카우츠키, 「러시아어판 소책자에 대한 서문」, WW. Bd.11, S.411).

대치하고 있었다. 그리고 바로 이것이 이 혁명과 이전의 혁명을 본질적으로 구분짓는 점이었다. 그렇지만 이때의 특수성은 상황적 조건이 유사한 장래의 모든 경우에 대해 한결같이 타당할 수 있는 그런 특수성이었다. 레닌은 이런 이유로 해서 러시아 부르주아 계급의 성격에 대해 어떤 환상도 갖지 않았던 반면에, 플레하노프와 멘셰비키는 형식주의적으로 역사적 순서란 의미에서 부르주아 혁명을 인정하여, 결국은 혁명을 이미 명백히 변절하기 쉬운 부르주아지에게 넘겨주었다. 이러한 경우는 1918년의 대다수 독일과 오스트리아의 사회민주주의자들이 그러했던 것과 마찬가지였다. 물론 그때까지 맑스주의적 방법을 특정한 역사적 현상에 적용하는 것으로 이해하고 있었던 카우츠키도 마찬가지이다.

역사의 운동과 구체적인 상황에 대한 분석과 평가로부터 최대의 가능성을 창출한 레닌의 비범한 변증법적 사고는 혁명이 진행되던 바로 그 순간에도계속 그 진리성이 입증되었다. 우리는 이 자리에서는 『사회민주당의 두 가지 전술』로부터 한 예만을 인용하고자 한다.

"우리는 어떤 세력(이것은 아주 실재적이며, 모두에게 완전히 인지되고 있는 명백한 세력이다.)이 짜리즘에 대립하고, 또 그것에 대해 '결정적인 승리'를 쟁취할 수 있는가에 정확하게 답변해야 한다. 대부르주아지, 지주, 산업가, 『해방』 지의 지도를 따르는 '좋은 사회'가 이 세력이 될 수는 없다. 우리는 그들이 결정적인 승리를 전혀 원하지 않는다는 것을 알고 있다. 우리는 그들이 그들의 계급적 위치 때문에 짜리즘에 대해 결연히 투쟁할 능력이 없다는 것을 알고 있다. 사유재산, 자본과 토지가 그들이 결연한 투쟁을 수행할 수 있기에는 그들에게 너무 큰 짐이 된다. 그들은 그들이 짜리즘의 폐지를 추구하기보다는 오히려 프롤레타리아트와 농민에게 대항하기 위해 짜르와 그의 경찰, 관료, 군사적 힘을 필요로 한다. 그들은 결코 짜리즘에 대해 결정적인 승리를 성취할 수 있는 세력들이 아니다. 그러한 세력은 오로지 민중뿐이다. 즉 기본적이고 결정적인 세력만을 꼽자면 프롤레타리아트와 농민이며, 그들 사이에 농촌과 도시의 쁘띠부르주아지(이들도 '민중'에 속한다)가 배치된다. '짜리즘에 대한 혁명의 결정적인 승리'는 프롤레타리아트와 농민의 혁명적-민주적 독재다. 『전진』(*Wperjod*)지에 의해 이미 오래 전에 제시되었던 이 결론을 우리의 신이스크라주의자들은 회피할 수 없다. 이들이 아니면 짜리즘에 대한 결정적인 승리를 설취할 수 있는 세력은 결코 존재하지 않는다."[12]

1905년의 러시아 혁명은 레닌에게 프롤레타리아트의 전술에 대해 상세하게 언급할 기회를 주었다. 그 상황에서 프롤레타리아트의 가장 중요하고 최우선적인 과제는 농민대중을 자기편으로 끌어들이고, 절대국가의 저항을 격파하며, 동요하는 부르주아지를 무력화하는 데 있었다. 그럴 때 프롤레타리아트는 반(半)프롤레타리아적인 인민분자들과 동맹을 맺어 사회주의 혁명을 수행할 수 있고, 폭력으로 부르주아지의 저항을 격파하고 농민과 쁘띠부르주아지의 불철저성을 극복할 수 있다. 여기에 머물지 않고 레닌은 혁명중에 싹텄던 소비에트(평의회)에서 프롤레타리아트의 혁명적 지배의 기초를 보았다.

러시아 혁명에 대한 레닌의 분석은 탁월한 이론적 중요성을 가졌으며, 지금도 여전히 그러하다. 왜냐하면 그것은 구체적인 사회상황이 맑스주의 변증법과 역사관에 입각하여 어떻게 설명될 수 있으며, 또 그로부터 혁명세력의 특정한 전술이 어떻게 도출되는가를 보여 주기 때문이다. 이 인식은 현대사에 있어 최우선적인 의의를 가지며 또한 앞으로도 그러할 것이다.

---

12) V. I. 레닌, *Zwei Taktiken der Sozialdemokratie in der demokratischen Revolution)*, WW. Bd.9, S.43~44.

# 제3장
# 철학의 문제

러시아 혁명의 실패는 사회민주당에 필연적으로 충격을 주었다. 충격은 이데올로기 운동에서도 나타났는데, 이 운동은 패배를 통해 더욱 강해졌다. 수정주의의 영향은 이미 이 시기 이전부터 있어 왔다. 많은 사람들이 마침내 맑스주의를 버렸고, 다른 사람들—이제 볼셰비키든 멘셰비키든—은 신칸트주의자인 오스트발트(Ostwald), 마하(Mach), 아베나리우스(Avenarius)로부터 영향을 받았다. 보그다노프(Bogdanov)는 이미 『경험일원론』(*Empiriomonismus*)을 썼으며, 1908년에는 바자로프(Bazarov), 보그다노프, 루나차르스키(Lunačarski), 베르만(Berman), 헬리폰드(Helifond), 유쉬케비치(Juškevič), 수보로프(Suvorov)의 논설집이 『맑스주의 철학에서 본 전망』이라 제목으로 발행되었다. 이 논설집에서 이미 경험비판론적 입장이 주장되었다. 베르만은 『현대 인식론의 견지에서 본 변증법』에서, 유쉬케비치는 『유물론과 비판적 실재론』에서, 그리고 발렌티노프(Valentinov)는 『맑스주의의 철학적 구성』에서 경험비판론적인 원칙에 따랐다. 이 경향, 특히 보그다노프에 대한 플레하노프의 논박에 대해 레닌은 매우 불만족스러웠다. 그는 1908년 3월 24일에 막심 고리끼에게 보낸 편지에서 "플레하노프는 본질적으로는 완전히 옳지만 그것을 구체적으로, 전측면적으로,

단순하게, 그리고 철학적 현학성으로 대중을 불필요하게 두렵게 하지 않고 얘기할 수 없었거나, 아니면 그렇게 할 의향이 없었거나, 그것도 아니면 그렇게 하기에는 너무 게을렀다"[1]라고 썼다.

보그다노프, 바자로프와 루나차르스키는 볼셰비키였다. 레닌은 철학 논쟁으로 인해 정치적 불화와 분열이 일어나는 것을 원하지 않았기 때문에, 그는—특히 고리끼에게 보내는 편지에서—만일 혁명, 프롤레타리아트의 독재, 사회주의의 문제에 대해 기본적으로 일치한다면, 그러한 철학상의 불일치는 어떤 식으로든 제거될 수 있다는 자신의 확신을 강조했다. 그럼에도 불구하고 그는 맑스주의 인식론이 경험비판론적인 인식론으로 대체되어야 한다든가, 엥겔스의 변증법은 신비주의에 불과하다든가, 유물론은 최근의 자연과학의 성과에 의해 반박된다는 등의 명제들을 간단히 보아넘길 수 없었다. 이미 1908년 초에 그는 그의 저명한 저서인 『유물론과 경험비판론』을 저술하기 위한 연구에 착수했으며, 이 연구를 런던과 파리에서도 계속했다. 이 저작은 그 해 말에 완성되어 1909년 페테르부르크에서 발행되었다.

이 책은 격렬한 논박의 성격을 갖는다. 왜냐하면 레닌에게 있어서 일차적으로 중요한 것은 상황을 설명하는 것, 다시 말해서 맑스주의라고 지칭되는 이와 같은 모든 구상들은 진정한 맑스주의와는 완전히 대립된다는 것, 맑스주의 자체는 관념론의 아류도 아니며 따라서 또한 마하의 관념론과 결합될 수도 없다는 것을 밝히는 것이었기 때문이다. 레닌의 이 저작에 대한 평가에 있어 이 사실이 간과되어서는 안 된다.

레닌은 아베나리우스, 마하, 그리고 그 밖의 사람들의 사상과 견해들에

---

1) V. I. 레닌, 「막심 고리끼에게 보내는 편지, 1908년 3월 24일자」.

대한 상세한 분석을 통해서 그들 사상의 관념론적 성격을 밝히고 그들의 공통점이 어디에 있는가를 보여 주었다. 객관 세계는 주체와 객체가 불가분적으로 결합된 감각복합체라는 마하와 마하주의자들의 근본명제에 대해 레닌은 플레하노프와 마찬가지로, 그것은 필연적으로 관념론에 귀착한다고 논증했다. 그 자신의 입장은 이 저술에서 본질적으로 다음과 같이 표명되고 있다.

"유물론은 자연과학과 완전히 일치하며 물질을 근원적으로 주어져 있는 것으로, 의식, 사고, 감각을 이차적인 것으로 간주한다. 왜냐하면 감각은 명확히 각인된 형태로는 물질의 최고형태들(유기물질)과만 결합되어 있으며, '물질이라는 구조물의 토대'에서는 감각과 유사한 능력의 존재만이 가정될 수 있기 때문이다."2)

레닌은 문제를 근본적으로 제기했다. 즉, 유물론의 노선을 따르면 물질적인 현실은 일차적이며 의식으로부터 독립된 것으로 인정되어야 하고 그렇지 않고 관념론의 노선을 따르면 객관적인 현실이 감각의 복합체로 전화될 수밖에 없다는 것이다. 이것이 레닌의 분석과 비판의 주요 역점이다. 왜냐하면 그것이 문제의 근본이기 때문이다. 따라서 그는 또한 그가 이 저서에서 다양한 방식으로 구사하고 있는 유물론적인(나는 유물론적을 강조한다.—왜냐하면 이에 대해서 더 덧붙여 말해야 할 것이 있기 때문이다.) 근본 입장을 끈질기게 고수한다.

---

2) V. I. 레닌, *Materialismus und Empiriokritizismus*, WW, Bd.14, S.37. 물질의 특성으로서의 반영의 테제를 그는 85페이지에서 더욱 분명하게 표현하고 있다. "모든 물질이 본질상 지각과 유사한 특성인 반영의 특성을 지니고 있다는 것은 논리적으로 인정될 수 있다."

"유물론이란 바로 이런 것이다. 물질이 우리의 감각기관에 작용하여 감각을 낳는다. 감각은 뇌수, 신경, 망막 등에, 즉 일정한 방식으로 조직된 물질에 의존한다. 물질의 현존은 감각으로부터 독립적이다. 물질이 일차적인 것이다. 감각, 사유, 의식은 특수하게 조직된 물질의 고도의 산물이다. 이것이 유물론 일반의 견해이며 특히 맑스와 엥겔스의 견해이다."[3)]

여기에서 동시에 레닌의 입장들, 특히 반영 문제에 대한 여러 가지 토론이나 의견과 관련해서 한 마디 언급해 두고자 한다. 반영 문제는 위의 주장으로부터 나오는 필연적 귀결이다.[4)] 당시에 처했던 특수한 상황 속에서 레닌에게 일차적으로 중요했던 것은 이 문제에 대한 유물론적인 입장과 해답을 제시하는 것이었다. 이러한 입장이 유물론 일반의 입장이라는 그의 가정은 일단 옳았다. 또한 그것은 어떤 의미에서는 맑스와 엥겔스의 입장임에 틀림없다. 그럼에도 불구하고 우리가 보았던 바대로 맑스에게는 의식으로부터 완전히 독립된 자연의 존재라는 문제는 이차적인 문제였다. 그 이유는 아주 간단했다. 말하자면, 이것은 이미 오랫동안 모든 유물론과 더 나아가서는 관념론에도 또한 고유한 입장이었기 때문이다. 맑스에게는 이 입장의 고집은 관조로 끝날 수밖에 없는 고루함을 의미한다. 이는 그 입장으로부터 귀결되는 가장 중요한 역사적이고 인간학적인

---

3) Ibid., S.47.

4) 레닌은 엥겔스와 플레하노프에 동의하여 다음과 같이 주장했다. "우리의 감각, 우리의 의식은 단지 외계의 모사일 뿐이며, 이러한 모사는 모사된 것 없이는 존재할 수 없으며, 모사되는 것은 그것을 모사하는 것과 독립해서 존재한다."(Ibid., S.61). 또 다른 구절에서 "사회적 의식은 사회적 존재를 반영한다.—여기에서 맑스의 이론이 성립한다. 모사는 모사되는 것과 근사할 정도의 정확한 복제이지만, 이와 동일하다고 주장하는 것은 불합리하다. 의식 일반은 존재를 반영한다.—이것이 모든 유물론의 일반적 견해이다. 이것과, 사회적 의식은 사회적 존재를 반영한다는 사적 유물론의 견해와의 직접적이고 불가분의 결합을 못 본다는 것은 불가능하다."(Ibid., S.309).

과제의 해결을 어렵게 할 뿐이다. 사실상 맑스는 인간의 본질은 실천이라는 그의 사상을 통해 유물론의 종래의 일면성을 극복했으며, 동시에 "인간화"(Humanisierung), 즉 자연과 역사의 인간화(Vermenschlichung)에 역점을 두었다. 이 입장은 사회적인 현실과 자연적인 현실에 대한 변혁을 중시하며 이 변혁이 역사의 기초일 뿐만 아니라, 또한 인간 인식의 기초이기도 하다는 것이다.

레닌은 주체와 객체의 관계에 대한 고전적인 유물론 사상으로부터 출발하고, 인간에 대한 맑스주의적인 해석의 본질적이고 기본적인 지평인 실천으로부터 출발하지 않았기 때문에, 그는(위에서) 개략되었던 영역에 머물렀던 것이다. 대다수의 그의 지지자들 또한 마찬가지로 종래 유물론의 입장과 그로부터 귀결되는 이론적이고 실천적인 결과들이 원칙적으로 맑스의 변증법적이고 인간주의적인 입장 및 그 결과들과 다르다는 사실을 이해하지 못했다. 그래서 레닌은 이 문제가 비록 이차적인 것이기는 하지만 실천을 진리의 기준이라고 언급한다. 그럼에도 불구하고 진리의 기준을 분석함에 있어 그는 실천이라는 기준을 결코 절대적인 것으로 격상시켜서는 안 된다고 통찰력 있게 부인하고 있다.

"삶의, 실천의 관점이 인식론의 일차적이고 근본적인 관점이 되어야 한다. 그러면 그 관점은 필연적으로 유물론에 귀착된다. 왜냐하면 그것은 예로부터 스콜라적 교수들의 무수한 변덕을 애초부터 내팽개쳐 버리기 때문이다. 물론 이 점에 있어 실천이라는 기준이 사물의 본질상 결코 특정한 인간의 표상을 완전하게 실증하거나 반박할 수 없다는 점이 망각되어서는 안 된다. 또한 이 기준은 인간 지식의 '절대성'으로의 전화를 방해할 만큼 충분히 불명확한 것이기는 하지만 동시에 그것은 관념론과 불가지론의 온갖 잡종들에 대해 가차없는 투쟁을 이끌 만큼 충분히 명확한 기준이기도 하다."[5]

스탈린주의를 따르는 대개의 맑스주의자와 오늘날 진정한 맑스주의자라고 자처하는 많은 맑스주의자들의 인식론적인 견해는 따라서 이중적으로 잘못이다. 왜냐하면 첫째 그들은 당시의 레닌의 명제를 절대적으로 진리인 것으로 받아들임으로써 특수한 맑스주의적 관점을 일반적인 맑스주의적 관점이라고 선언하기 때문이고, 둘째 그들은 실천이라는 범주를 진리의 기준으로서의 인식론에만 봉사할 수 있는 인식론적 범주로서 이해하기 때문이다.[6] 앞으로 살펴보게 되겠지만, 레닌은 헤겔과 다른 철학자들에 대한 연구와 관련해서 이 문제를 다루었을 때, 종래 입장에서 앞으로 중요한 한 걸음을 내디뎠다. 그러나 여기에서는 우선 그가 경험비판론에 대한 논박과 관련하여 다루었던 몇 가지 문제들에 대해서만 언급하고자 한다. 엥겔스와 디츠겐은 이미 절대적 진리와 상대적 진리의 문제를 취급한 바 있다. 레닌은 보그다노프의 견해를 비판하면서 이 문제를 한층 날카롭게 제기했다.

"1. 객관적 진리는 존재하는가, 즉 인간의 표상들 가운데 주관으로부터 독립되어 있는 내용이 존재할 수 있는가? 2. 만일 존재한다면 객관적 진리를 반영하는 인간의 표상은 그 객관적 진리를 단번에, 완전하게, 제한없이, 절대적으로 표현할 수 있는가, 아니면 단지 대략적으로, 상대적으로만 표현할 수 있는가? 이 두 번째 물음이 절대적 진리와 상대적 진리 사이의 관계에 대한 물음이다."[7]

---

5) Ibid., S.137.
6) 이것과 제2권의 소련의 맑스주의에 대한 장과 비교해 볼 것.
7) Ibid., S.116.

레닌은 이 관계에 대한 엥겔스의 확증을 따르면서 우리의 지식이 객관적이고 절대적인 진리로 접근해 가는 데 있어서의 한계가 갖는 역사적 제약성을 추론했다. 그러나 그는 또한 이 진리의 무제약적 존재를 추론해 냈다. 왜냐하면 우리의 인식의 상은 단지 객관적 존재자의 형상을 표현할 수밖에 없기 때문이다. 따라서 그는 헤겔, 맑스, 엥겔스와 함께 상대주의를 거부하면서도 동시에 그것을 어떤 의미에서는 받아들였다. 그는 상대주의가 모든 궤변을 옹호하는 데 이용되는 한 그것을 거부했으며, 그것이 절대지의 계기를 간직하고 있는 한 그것을 인정했다.

"변증법은 이미 헤겔이 해명했던 것처럼 상대주의, 부정, 회의주의의 계기를 자체 내에 포함하고 있지만, 그러나 그것이 상대주의로 환원되지는 않는다. 맑스와 엥겔스의 유물변증법은 상대주의를 분명히 자체 내에 포함하고 있지만, 그러나 그것으로 환원되지는 않는다. 즉 유물변증법은 객관적 진리를 부정하는 의미에서가 아니라, 우리의 지식이 이 진리에 접근해 가는 데 있어서 나타나는 한계에 역사적인 제약이 있다는 의미에서 우리의 모든 지식의 상대성을 인정한다."[8]

이 저서에서는 또한 물리학의 위기에 대한 레닌의 분석뿐만 아니라 그러한 위기를 토대로 관념론적 결론을 끌어내려는 온갖 시도에 대한 그의 비판 또한 중요한 의의를 지닌다. 20세기 초 원자구조와 빛의 특성에 대한 새로운 인식이 대두하면서 그것은 지난 2백 년 이상을 지배해 온 견해를 동요시켰다. 그러한 근본적인 전환이 진행되는 동안에 사람들은 한 극단에서 다른 극단으로 빠지는 것을 좋아한다고 레닌은 확언한다. 지금까지 그토록 비변증법적이었던 물질의 개념이 다른 개념으로 대치되었다.

---

8) Ibid., S.131~132.

에너지, 전기 등은 새로운 실체이지만, 그러나 그것은 물질성이 없었다. 이러한 혼란된 반유물론적인 의도들에 대립해서 레닌은 이 문제에 대한 변증법적이고 유물론적인 해결을 제시했다.

"물질이 소멸한다 함은 우리가 물질에 대해서 지금까지 알고 있던 인식의 한계가 소멸하고 우리의 지식이 더 한층 심화되었음을 뜻한다. 즉 이전에는 절대적이고, 불변적이고, 근원적인 것으로 여겨졌던 물질의 성질(불가입성, 관성, 질량 등)이 마찬가지로 소멸하고 이제는 그것이 상대적이고, 물질의 몇몇 상태에만 특징적인 것으로 밝혀졌다는 뜻이다. 왜냐하면 철학적 유물론이 인정하는 유일한 '속성'은 즉 우리 의식의 외부에 존재하는 객관적 실재라는 속성뿐이기 때문이다."[9]

레닌의 이 입장은 엥겔스와 디츠겐의 근본문제에 대한 변증법적 해석을 더 정밀화했음을 의미한다. 그럼으로써 실체, 불변적 본체에 대한 견해에 나타나 있던 기계론과 형이상학이 극복되었다.

"불변적 요소, '사물의 불변적 본질'을 인정하는 것은 유물론이 아니라, 형이상학적, 즉 반(反)변증법적 유물론이다."[10]

"사물의 '본질' 내지는 '실체'도 마찬가지로 상대적이다. 그것은 객체에 대한 인간 인식의 심화를 표현할 뿐이다. 그리고 과거에는 이러한 인식의 심화가 원자 이상을 벗어나지 못하였는데, 오늘날에는 전자와 에테르 이상을 벗어나지 못하고 있다. 그리하여 변증법적 유물론이 강조하는 것은 과학의 진보에 의해서 획득하는 자연의 인식에 있어서의 이 모든 획기적인 발견들이 잠정적이고, 상대적이며 접근해 가는 성격을 갖는다는 사실이다. 전자는 원자만큼 무진장한 것이고, 자연은 무한

9) Ibid., S.260.
10) Ibid., S.260.

하다. 그런데 자연은 무한하게 존재한다. 그리고 그것이 의식 외부에, 그리고 인간의 감각 외부에 실재한다는 사실을 유일하게 정언(定言)적으로, 유일하게 무조건적으로 인정한다는 점이야말로 변증법적 유물론이 상대주의적인 불가지론 및 관념론과 구분되는 점이다."11)

지금까지 일단의 과학자들이 오해했고, 아직도 여전히 오해하고 있는 것—즉 과학적 진리의 상대성에 대한 의식—이것이 바로 세계와 인식에 대한 맑스주의적인 해석의 정당성을 입증해 주는 가장 훌륭한 증거이다. 레닌은 물리학자가 변증법을 알지 못했고, 과거 유물론의 형이상학적인 주장을 유물론 일반의 주장으로 간주했기 때문에, 새로운 물리학은 관념론으로 향하게 되었다고 강조하는데, 이는 전적으로 정당하다.

"그러나 변증법적 유물론은 물질의 구조와 속성에 대한 모든 과학적인 주장이 단지 근접적이고 상대적인 타당성만을 가진다는 것, 자연에는 어떤 절대적인 한계도 존재하지 않는다는 것, 그리고 스스로 운동하는 물질은 한 상태로부터 외견상 그 이전 상태와 무관해 보이는 다른 상태로 전환해 나간다는 것 등등을 힘주어 강조한다."12)

레닌은 당시의 자연과학의 상황, 즉 한편으로는 낡은 사상의 붕괴를 통해, 다른 한편으로는 불가지론과 관념론으로의 도피를 통해 발생한 자연과학의 위기를 분석했다. 특히 레이(Rey)와 두헴(Duhem)의 저술에 입각하여 그는 이 과정의 이차적 원인인, 수학이 물리학에 미치는 점증적인 영향을 진단하고, 또한 과학자들은 변증법에 대한 무지 때문에 상대성의

11) Ibid., S.262.
12) Ibid., S.261.

문제를 올바르게 정리할 수 없었고, 그래서 관념론에 빠질 수밖에 없었다고 규명했다.

제2인터내셔널의 시기에 부르주아 과학이 맑스주의를 거의 알지 못하였거나 불완전하게밖에 알지 못했다는 것은 일반적인 특징이었다. 대개의 논쟁은 경제적이고 사회학적인 영역에서 진행되었다. 여기에서 보여지는 것은 맑스주의에 대한 부르주아 비판가들—브렌타노(Brentano), 바르트(Barth), 슈탐믈러(Stammler), 투간-바라노프스키(Tugan-Baranowski), 좀바르트(Sombart), 뵘-바베르크(Böhm-Bawerk), 마사리크(Masaryk), 그리고 지금까지 언급된 모든 사람들—은 맑스의 경제학설의 본질을 이해하지 못했으며 그들의 부르주아적인 지평에서는 결코 이해할 수도 없었다는 사실이다. 유물론적 역사관과 관련해서 다수의 비판가들은 맑스와 엥겔스의 근본 사상을 상부구조가 토대에 일방적으로 의존한다는 기계론적 경제주의로 환원시킨 다음 이를 극렬하게 반박했다. 그러한 기도가 아무 근거도 없다는 점을 제시하고 위에서 언급한 부르주아 과학자들을 논박하는 것은 맑스주의 이론가들에게는 그다지 어려운 일이 아니었다. 그럼에도 불구하고 맑스주의의 철학적 문제들에 대해서만큼은 우리는 다시금 그것이 거의 알려지지 않은 채로 남아 있었다는 사실을 분명히 해야만 한다. 당시의 일군의 사회민주주의자들마저도 맑스주의에 대해 아무 관심도 갖지 않았고, 게다가 맑스주의 철학이 자연과학적 유물론이나 관념론의 일종으로 환원될 상황이었던 점을 감안할 때, 부르주아 철학의 대표자와 특히 자연과학자들이 맑스주의 철학에 대해 거의 모르고 있었다는 사실은 그리 놀랄 만한 일이 아니다.

이런 상황에서 몇몇 이론가들이(예를 들어 레이, 두헴) 물리학의 최신 성과를 설명하려고 시도했으나 레닌이 지적했듯이 그것은 종종 헛수고로 끝날 수밖에 없었다. 그러나 다른 한편으로 그들이 변증법을 몰랐기 때문에, 그들은 이 어려움과 자가당착에 부닥쳐 상대주의를 넘어서 관념론에 빠지지 않을 수 없었다. 레닌은 그의 연구에서 경험비판론과 그에 유사한 학파[슈베르트-졸데른(Schubert-Soldern), 레클레어(Leclair), 슈페(Schuppe)]는 인식론적인 측면에서 반동적이라고 결론지었다. "경험비판론의 인식론적인 공리공론의 배후에서, 철학의 당파성 투쟁, 즉 궁극적으로 현대 사회의 적대적인 계급들의 경향과 이데올로기를 드러내는 투쟁"13)을 목도하지

13) Ibid., S.363. 근본적으로는 옳지만, 이 결론은 일면적이다. 특히 관념론의 역사적인 역할과 연관시켜 볼 때 그러하다. "현대의 철학은 2천 년 전의 철학과 마찬가지로 당파적이다. 서로 투쟁하는 당파는 그것이 아무리 아는 체하거나 엉터리 같은 새로운 명칭을 통해서 아니면 정신적으로 빈곤한 비당파성을 통해서 자신의 모습을 은폐하려고 하더라도 본질적으로 유물론과 관념론이다. 후자는 단지 교묘하고 세련된 형태의 신앙주의에 불과한 것으로 이것은 완전 무장하고, 강력한 조직들을 마음대로 조종하여 철학사상에 있어서 어떤 사소한 동요라도 이용하면서 예나 지금이나 부단히 대중에 영향을 미치고 있다."(Ibid., S.363). 레닌의 이와 같은 생각이 스탈린주의의 시대에 절대적 입장으로 선언되었다. 이것을 매개로 해서 사람들은 그 후에 철학사상의 발전을 완전히 기계론적으로 설명하려고 시도했다. 이에 반해 레닌 스스로는 이미 그의 『철학노트』에서 이 문제를 다르게 이해했다. "철학적 관념론은 조야하고 단순하며 형이상학적 유물론의 입장에서 볼 때만 단지 불합리할 뿐이다. 그에 반해 철학적 관념론은 변증법적 유물론의 입장에서 볼 때는 물질, 자연으로부터 분리되고 신격화된 절대자의 인식에서의 여러 특징, 측면과 한계들 중의 어느 하나를 물질이나 자연으로부터 분리시켜 신격화된 절대주의자로까지 일면적으로 과도하게(극단적으로 ; 디츠겐) 전개된(확장, 확대) 것이다. 관념론은 신앙주의이다. 맞다. 그러나 철학적 관념론은(보다 정확히 말해 그리고 "그 점 외에") 무한히 복합적인(변증법적인) 인간 인식이 갖고 있는 뉘앙스들 가운데 하나를 초월하여 신앙주의로 나아가는 길이다."(*Philosophische Hefte*], WW, Bd.38, S.344). 또 헤겔의 『철학사 강의』에 대한 내용 소개에서 그는 "영리한 관념론은 우둔한 유물론보다 영리한 유물론에 훨씬 더 가깝다. 우둔하고 형이상학적이며 발전되지 않고, 죽어 있고 조야하며, 동적이지 못한 유물론보다 영리한 관념론이, 그리고 영리한 관념론보다는 변증법적 관념론이 이에 더 가깝다."(Ibid., S.263). 그러나 이것은 이미 레닌 자신의 입장을 크게 수정한 것이며, 그의 후계자들이 반성되지 않은 입장을 의미심장하게 부정하는 것이다.

않을 수 없다.

레닌이 발표한 이 유일무이하게 위대한 철학 저서는 이미 언급했듯이 그 당시의 상황 전체와 유럽 사회민주당의 수준을 고려하여 고찰되고 평가되어야 한다. 정치적인 이해를 일차적으로 중시했던 레닌은 경험비판론의 해석들이 맑스주의의 완전무결함에 이의를 제기할 소지가 있다고 우려했다. 그래서 그는 그것에 첨예하게 대립해야 했었다. 그의 저작의 중요성은 또한 이 과업을 러시아 사회민주주의의 발전의 계기 속에서 수행하였고 러시아 노동운동 내부에서 맑스주의 철학사상의 정당성에 대한 신뢰를 확고히 함으로써 이 사상의 발전에 기여했다는 데에 있다.

이후의 맑스주의의 발전에 있어 레닌의 모든 입장들이(맑스와 엥겔스의 견해들과 마찬가지로) 물신화되고, 상술된 불충분한 철학의 영역에서 불가침의 덕목들이 만들어졌다면, 이것은 역설이 아닐 수 없다. 이러한 일은 결코 레닌이 바라는 바가 아니었다. 왜냐하면 그는 자기 자신의 결과들을 재검토하기 위해서도 변증법적 사유를 끊임없이 견지할 것을 거듭하여 촉구하였기 때문이다.

레닌은 그런 재검토의 일례를 그의 잘 알려진 『철학노트』(*Philosophische Notizen*)에서 보여주었다. 이 저작은 과거의 위대한 변증법 사상가들, 특히 헤겔의 글을 읽으면서 그때그때 쓴 메모, 소견과 여백의 주석들로 구성되어 있다. 이미 젊었을 때에 그는 유물변증법이 맑스주의의 본질이라고 인식하고 있었다. 그뿐 아니라 일군의 러시아 맑스주의자들 사이에 변증법적 유물론에 대한 동요와 그것을 경험비판론, 즉 관념론의 일종과 동일시하려는 경향이 일어났던 1905년 이후에는 그는 맑스주의 철학의 유물론적 측면을 변호해야 한다고 마음먹었다. 그럼에도 불구하고 그는 그 반대 측면도 결코 잊지 않았다. 국제적인 소용돌이의 역사적 순간이 도래했을 때, 결정적인 혁명투쟁을 위해 무장해야 하고, 또한 이를 위해 유물변증법을 탁월하게 적용해야 할 시기에 레닌은 그의 온 주의력을 문제의 이 측면에 쏟았다. 1914년부터 1916년까지 그는 헤겔의 저작, 특히 『대논리학』과 『철학사』, 그리고 계속해서 변증법적인 문제들이 발견될 수 있는 맑스와 엥겔스 이전의 철학자들, 즉 헤라클레이토스, 아리스토텔레스, 라이프니츠 등에 대해서도 상세하게 연구했다. 무수한 철학저술들을 탐독하는 동안 그가 기록했던 것들이 후에 한데 묶여져 『철학노트』로 간행되었다. 따라서 이것은 체계적인 저술이 아니라 레닌이 『철학노트』에 기록해 두었던, 정리되지 않은 사상, 단편, 개별적 명제들이다. 이러한 모든 기록, 특히 1914~1916년 간의 기록의 중심 문제가 변증법의 문제이다.

엥겔스 이후의 어떤 맑스주의자도 이 근본문제를 이보다 더 깊이 파악하지는 않았다. 특히 사유의 문제는 맑스주의 진영에서는 거의 취급되지 않은 채 남아 있었다. 플레하노프마저 그것을 파악하지 못하였다. 그는 그때 맑스주의 사회학과 여러 문화사적인 문제와 현상을 연구했다. 그럼에도 불구하고 레닌은 변증법에 대한 미완성 원고에서 특히 맑스주의 변증법을 논리적으로 탐구해야 하며, 지금까지 해온 것처럼 과거에 주어졌던 입장들을 그저 예를 들어 설명하는 것으로 만족해서는 안 된다고 주장했다.[14] 그는 인식론과 논리학의 문제에 거의 전적으로 몰두했다. 한 메

14) 여기에서 레닌의 본래적인 철학적 유산은 바로 그의 『철학노트』라는 단편 속에 포함되어 있다는 사실이 강조되어야 한다. 그는 대립물의 상호침투라는 변증법적 법칙의 문제와 관련하여 다음과 같이 적고 있다. "통일적인 것의 분열과 그것의 모순된 요소들에 대한 인식(라살레의 저서 『헤라클레이토스』 제3부인 「인식에 대해」 초반부에서 헤라클레이토스에 대한 필론의 인용을 보라)이 변증법의 본질(비록 근본특성이나 근본측면은 아닐지라도 근본적인 본체의 하나)이다. 헤

모에서 그는 맑스주의 인식론과 맑스주의 변증법에 대한 연구와 구상을 위해서 다음과 같은 점이 고려되어야 한다고 보았다. 그것은 실증적 과학의 역사, 동물들에 있어서 지능의 발달, 언어의 역사, 생리학과 감각기관의 심리학 등이다. 그러면 무엇이 그에게 본질적이었으며, 그는 그 문제를 어떻게 다루었는가?

자연과 사회의 모든 사물과 모든 현상은 변증법적이고 자연적인 전체의 한 부분이다. 따라서 우리는 객관적 현실의 모든 개별적인 사례에서 그것이 변증법의 모든 측면과 계기들을 담지하고 있음을 보여줄 수 있다. 인간의 사유도 물질적 현실의 한 존재형태—비록 최고의 존재형태이지만—일 뿐이기 때문에, 그것 역시 그 자체로 변증법적이어야 한다. 따라서 한편으로 논리 이전의(즉, 원초적이고 본능적인) 단계로부터 오늘날까지의 사유의 변증법적인 발전을 탐구할 필요가 있다. 다른 한편으로 사유의 형태와 합법칙성이 탐구되어, 그것이 현실 자체의 형태 및 합법칙성과 결합되어 있다는 것이 규명되어야 한다. 왜냐하면 사유는 현실의 한 부분인 동시에 그것의 반영이기 때문이다.

논리적인 문제들에 대한 헤겔의 깊이 있는 분석을 따르면서, 레닌은 보편자와 특수자, 개별자와 일반자, 필연성과 우연성의 통일로서의 판단의

---

겔도 이 문제를 똑같이 제기하고 있다(아리스토텔레스는 그의 『형이상학』에서 항상 이 문제에 대해서 고투하였으며 헤라클레이토스 내지는 헤라클레이토스의 사상에 대해서 투쟁하고 있다).

변증법의 이와 같은 내용에 대한 정당성은 과학사에 의거하여 검증되어야 한다. 변증법의 이와 같은 측면에 대해서는 흔히(플레하노프의 예를 통해서도 알 수 있듯이) 주목하지 않았다. 그래서 대립물의 동일성은 사례의 총합으로 간주되었다('보리낟알의 예', 그리고 '원시 공산주의'의 예). 엥겔스에 있어서도 그러하다. 그럼에도 불구하고 공동으로 이해된다는 이유로 받아들여졌지, 인식의 법칙(그리고 객관 세계의 법칙)으로 받아들여지지는 않았다(Ibid., S.338).

문제들에 대해 논한다. 따라서 판단은 독자적으로 존재하는 그 무엇이 아니라 사유의 변증법적인 형식이다. 그리고 사유는 그것이 변증법적인 현실을 모사하는 한 변증법적이다. 그러므로 판단에서 이루어지는 개별자와 일반자 간의 대립의 통일(예를 들어 "이 장미는 식물이다.")은 실재의 객관적 내용, 즉 개별자와 일반자의 대립의 실재적인 통일이 사유속에 새겨진 모사이다. 그리고 이러한 사유 속에서의 모사도 또한 객관적 현실을 구성하는 한 부분이 된다.—『철학노트』에 들어 있는 변증법에 대한 유명한 단편에서 레닌은 다음과 같이 쓰고 있다.

"가장 단순하고, 가장 일상적이며, 가장 흔한 것으로부터 시작해 보자. 예를 들어 나뭇잎은 푸르다. 이반은 인간이다, 슈츠카는 개다 등등 임의의 한 문장으로 시작하자. 여기에도 이미(헤겔이 탁월하게 언급했듯이) 개별은 보편이다라는 변증법이 존재하고 있다. ……따라서 대립물(개별자는 보편자에 대립한다)은 동일적이다. 개별자는 보편자에로 인도하는 연관 속에서만 존재한다. 모든 일반자는 개별자의(소부분 혹은 한 측면 혹은 본질)이다. 모든 일반자는 단시 근사치로서만 모든 개별 대상을 포괄한다. 모든 개별자는 불완전하게 일반자에 포섭된다 등등. 모든 개별자는 수많은 이행에 의해 다른 종류의 개별자(사물, 현상, 과정)들과 관계한다. 이미 여기에서 우리는 자연에 있어서의 필연성과 객관적 연관 등의 요소와 맹아를 보게 된다. 우연적인 것과 필연적인 것, 현상과 본질이 이미 여기에 현존하고 있다. 왜냐하면 이반은 인간이다, 슈츠카는 개다, 이것은 나뭇잎이다라고 우리가 말할 때, 우리는 많은 징표를 우연적인 것으로서 배제시키고, 현상으로부터 본질적인 것을 분리해내, 전자와 후자를 대립시키고 있기 때문이다."15)

이것은 인간의 사유를 변증법적-유물론적으로 연구하려는 레닌의 노력

---

15) V. I. 레닌, 『철학노트』, WW, Bd.38, S.340~343.

의 한 실례에 불과하다. 그는 이러한 노력을 통해 인간의 사유에 관한 연구는 유물론적 변증법과 분리되어서는 안 된다는 것을 명백히 보여 주었다. 왜냐하면 논리적이고 인식론적인 문제는 근본적으로 변증법의 문제이기 때문이다.[16]

레닌의 의도와 생각은 『자연변증법』에 스케치되어 있는 엥겔스의 그것과 같다. 단지 차이라면 레닌이 많은 문제들을 엥겔스보다 더 깊이 있게 파고 들었다는 점이다. 앞서 언급한 여러 단편들로부터 볼 때, 레닌이 논리적 문제들을 형식논리와 변증법적 논리로 나누려 하지 않고 특히 변증법적 문제로서 이해했다는 점이 뚜렷이 드러난다. 사유가 현실의 한 형태에 불과하다면, 사유는 그 자체 그것이 현실의 한 부분이라는 점에서 뿐 아니라 그것이 변증법적 현실을 반영하는 점에서도 변증법적이다.

"현상과 현실의 모든 측면의 전체성 그리고 이것들의(상호)관계―바로 이러한 것으로부터 진리가 성립된다. 개념의 제관계(=이행=모순)―이것이 논리학의 주 내용이다. 이 논리학에서 개념들(그리고 그 관계, 이행, 모순)은 객관 세계의 반영물로서 나타난다. 사물의 변증법이 관념의 변증법을 산출하는 것이지, 그 반대는 아니다."[17]

인용된 미완성 원고에서 레닌은 현실의 변증법이 반영되어 있는 단순판단의 복잡한 변증법을 매우 다양하게 발전시키고 있다. 모든 개별자는 판단에서 다른 개별자와 공동이 술어를 갖는 어떤 것으로서 우리에게 나타

16) "변증법이야말로 진정(헤겔)의 인식론이자 맑스주의의 인식론이다. 사물의 이 '측면'(이것은 하나의 '측면'에 불과한 것이 아니라 사물의 본질이다)을 다른 맑스주의자들은 말할 것도 없거니와, 플레하노프까지도 간과했다."(Ibid., S.343).
17) Ibid., S.186.

난다. 그리하여 모든 개별자는 특수성으로, 그리고 고유한 개별화를 뛰어넘어 보편성으로 이행할 때, 그에게뿐만 아니라 다른 개별자들에게도 고유한 제규정과 자신과의 동일시(Identifizierung)를 보여 준다. 따라서 모든 판단은 동일성뿐만 아니라 차이, 대립, 이행도 제시한다. 그러므로 형식적인 추상성이란 터무니없는 말이며, 오로지 현실적인 변증성만이 언급될 수 있다.

이 모든 미완성 원고에서 유물론자 레닌에게 중요했던 것은 맑스주의 내에서 등한시되었던 변증법이었다. 그러므로 그는 천박한 속류 유물론과 변증법적 유물론의 본질적인 차이를 집요하게 지적했다. 따라서 그는 또한 우리의 인식과 개념 및 범주 등에 대해서도 변증법적으로 연구할 것을 고집했다. 그러나 인식이 그렇게 이해된다 하더라도 우리는 기계적인 반영론에 머물 수 없다. 이 문제와 관련하여 레닌은 다수의 중요한 언급과 생각을 남겨놓았다.

"무수한 배합을 통해 현실에 끊임없이 접근해 가는(그래서 이 배합으로부터 하나의 전체로 성장해 가는 하나의 철학체계를 갖는) 생동적이고 다면적인(측면의 숫자는 끊임없이 증가한다.) 인식으로서의 변증법—이것이 바로 '형이상학적' 유물론과 비교해서 가늠할 수 없을 정도로 풍부한 변증법적 유물론의 내용이다. 형이상학적 유물론의 주요 오류는 변증법을(반영론)에, 인식 과정과 그 발전에 적용할 수 없었던 데에 있다."[18]

18) Ibid., S.343~344. 같은 단편에서 그는 다음과 같이 강조하고 있다. "인간 인식은 직선이 아니라(직선을 그리는 것이 아니라), 일련의 원환들, 즉 나선형을 그리며 무한히 접근해 가는 곡선이다(곡선을 그린다). 이 곡선의 각 파편, 부분, 조각은 하나의 독립적이고, 완전한 직선으로 전화될(단독으로 전화할) 수 있고, 이 직선은(만일 사람이 나무는 보면서도 숲을 보지 못하듯이) 수렁, 즉 신앙주의에 빠져 버린다(그 직선은 지배계급의 계급이해에 근거하여 여기에 정박하게 된

레닌은 여러 곳에서 반영에 대해서뿐만 아니라 우리의 인식에 대한 그러한 변증법적 파악의 필연성을 강조하고 있다. "인간 사유에서의 자연의 반영은 '죽은' 것도, '추상적'인 것도 아니며, 운동하지 않고 모순도 없는 것이 아니라, 영원한 운동의 과정 속에서, 모순의 발생과 그것의 해결 속에서 파악될 수 있다."[19] 레닌의 이러한 주장은 『철학노트』의 여러 곳에서 발견된다. 그것의 근본 특징은 인식을 가능한 한 탄력적이고, 역동적이며 변증법적으로 파악하려 한 데 있다.

"개별 대상에로의(인간) 오성의 접근, 즉 그것에 대한 복제(複製)(=개념)의 작성, 이것은 간단하고 직접적이고 사진처럼 죽은 것이 아니라, 복잡하고 양면적이고 지그재그적인 과정이다. 이 과정은 환상을 삶으로부터 분리시킬 가능성을 내포하고 있지만, 그것으로 그치지 않는다. 아울러 그 과정은 추상적인 개념과 이념을 환상(결국은 신)으로 변형(게다가 눈에 띄지 않고, 인간에게 의식되지 않는 변형)시킬 가능성도 내포하고 있다. 왜냐하면 가장 단순한 일반화에도, 가장 기본적인 일반 관념('책상' 일반)에도 환상이 부분적으로 끼어 있기 때문이다."[20]

---

다.). 직선성과 일면성, 경직성과 화석화, 주관주의와 주관적 맹목성, 바로 여기에 관념론의 인식론적인 뿌리가 있다. 신앙주의(=철학적 관념론)은 말하자면 인식론적인 뿌리를 갖고 있는 것으로 그 토대가 없는 것은 아니다. 다만 두말할 나위도 없이 열매를 맺지 못하는 꽃일 뿐이다. 그렇다고 해서 꽃이 아닌 것은 아니다. 열매를 맺지 못하는 꽃도 꽃은 꽃이다. 살아 있고, 열매도 맺고, 참되고, 강력하고, 전능하고, 객관적이고, 절대적인 인간 인식이라는 살아 있는 나무에서 자라는 열매없는 나무인 것이다."(Ibid., S.344). 그래서 레닌은 여기에서 그의 이전 입장을 수정하고 동시에 관념론의 '인식론적인 뿌리'를 탁월하게 규명한다. 관념론은 특정한 계급의 이데올로기가 아니라, 비록 일면적이고 단선적일지언정, 인식의 특정한 결과이다.

19) Ibid., S.185.

20) Ibid., S.352~355.

레닌은 이러한 숙고의 선상에서 구체적 보편과 추상적 보편을 구분하는 중요한 결론에 도달했다. 전자는 우리의 현실 속에 존재하고, 후자는 우리의 개념 속에, 범주 속에, 이 구체적 보편 자체에 대한 인식 속에 존재한다. 그는 한편으로는 개념을 여러 판단들의 "교차"로서, 범주들을 "현상이라는 그물의 교차점"[21]으로서 이해하고, 다른 한편으로는 사유에 의한 운동의 반영은 항상 확대와 축소를 거듭하는 것이라고 강조하고 나아가 사유에 의한 반영뿐 아니라 감각에 의한 반영도, 그리고 운동의 반영뿐 아니라 모든 개념의 반영도 그러하다고[22] 강조하였다. 바로 이런 이유로 우리의 사유는 필연적으로 추상성, 불충분성, 주관성의 성격을 갖는다. 왜냐하면 "보편적인 개념과 법칙 등이 무한히 더해져야만 비로소 구체적인 것이 완전하게 그려지게 되기 때문이다."[23] 헤겔에 따라 레닌은 ―물론 헤겔은 언제나 사유의 정확성을 전제했지만―사유는 그것이 구체적인 것으로부터 추상적인 것으로 옮겨가면서 현실과 멀어지는 것이 아니라 반대로 그것에 접근해 간다고 추론했다. 바로 여기에 추상화의 위력이 있다. 과학적인 추상화는 단순한 인식보다 더 깊이 있고 완벽하게 자연을 반영한다. 왜냐하면 그것은 본질적인 계기들을 파악하기 때문이다.

레닌은 여기에서 그의 초기 입장을 극복하면서 실천의 문제도 올바르게 파악했다. 예를 들어 그는 우리의 사유, 특정한 원리, 법칙 그리고 공리의 발생 및 형성과 관련하여, 실천이 우리 사유의 응집력을 규정하게 된다고

---

21) "인간 앞에는 자연현상의 망(網)이 놓여 있다. 본능적인 인간, 원시인은 자연과 분리되지 않는다. 의식 있는 인간만이 분리된다. 범주는 분리의 단계, 즉 세계 인식의 단계이며 우리가 세계를 인식하며 세계를 지배하는 것을 도와주는, 망을 풀 수 있는 매듭이다."(Ibid., S.81).

22) Ibid., S.246.

23) Ibid., S.267.

보았다.

"헤겔이 인간의 합목적적인 활동을 논리학의 범주 아래에 두고 이러한 활동은 하나의 '추론'이며 주체(인간)는 '추론'의 '논리'식에서 하나의 '항'(項)의 역할을 수행한다고 했을 때, 이는 단순한 견강부회나 유희만은 아니다. 여기에는 매우 깊이 있고, 순수히 유물론적인 내용이 담겨 있다. 우리는 그 사실을 뒤집어야 한다. 인간의 실천활동이 인간의 의식으로 하여금 다양한 논리식들을 수없이 반복하게 한다. 그럼으로써 이 명제들이 공리의 의미를 획득할 수 있게 된다. 이것을 주의해야 할 것이다."[24]

여기에서 레닌은 경험주의자와 합리주의자 간의 역사적인 논쟁의 해결에 대해 직접적으로 언급하고 있다. 그는 그 어느 한쪽도 진리를 독점할 수 없음을 보여 준다. 경험주의뿐만 아니라 합리주의자에게도 실천의 계기가 완전히 불식되어서, 그들은 필연적으로 후천론이나 선천론의 어느 한 쪽으로 끝날 수밖에 없었다.

노동조합에 대해 트로츠키, 부하린과 토론하면서, 레닌은 혁명 후에도 이러한 중요한 문제에 대해 언급했다. 단순한 한 실례—유리—에서 그는 모든 대상은 다치적(多値的)이어서, 어느 한 정의로는 결코 한 사물의 모

---

24) Ibid., S.181~182. 맑스의 의미에서 완전하게 실천이 인식과정의 구성적 계기라는 이 입장과 관련하여, 이 문제에 근거하고 있는 입장과 다른 레닌의 입장이 종종 인용되고 있다는 사실이 언급되어야 한다. "생동하는 관찰로부터 추상적 사유로, 그리고 이 사유로부터 실천으로—이것이 진리를 인식하는, 즉 객관적 실재를 인식하는 변증법적인 길이다."(Ibid., S.161). 그렇지만 여기에서는 실천의 계기가 불충분하게 해석되고 있으며, 더욱이 진리 내지는 우리의 인식의 추후(追後)적인 기준이라는 의미로 이해되고 있다. 아마도 다음의 규정이 더 타당할 것이다. 실천으로부터 그리고 직접성으로부터 추상적 사유로 그리고 다시 실천으로.

든 측면과 관계들을 빠짐없이 표현할 수 없다고 지적했다. 오히려 실천이 항상 특정한 계기 속에서 어느 측면이 구체적으로 우선적이냐 아니냐 하는 것을 결정한다.

"학교에서는 형식논리로 제한되어 있다(그리고 저학년에서는—특정한 교정인의 입회 하에—형식논리로 제한되어야 한다.). 이러한 형식논리는 가장 일상적이거나 가장 빈번하게 눈에 띄는 것들로부터 도출되는 형식적인 정의들을 취하여, 그에 한정한다. 만일 거기에서 두 개나 그 이상의 상이한 정의들을 취해서 이것을 아주 우연적으로(유리 실린더뿐 아니라 술잔으로) 결합한다면, 우리는 대상의 여러 측면을 가리키는 절충적인 정의를 얻게 될 것이며, 만일 그렇지 않으면 아무것도 얻지 못한다. 변증법적 논리는 우리가 제한을 넘어서서 더 나아갈 것을 요구한다. 한 대상을 현실적으로 인지하기 위해서는 그것의 모든 측면, 모든 연관, 그리고 모든 '매개'가 파악되고 고찰되어야 한다. 우리는 결코 그것을 완전하게 달성하지는 못할 것이다. 그러나 전면성의 요구는 오류와 경직화로부터 우리를 보호해 준다. 그것이 첫 번째 요구이다. 두 번째로 변증법적 논리는 그 발전 속에서, '자기운동' 속에서(헤겔이 자주 언급했듯이), 변화 속에서 고찰할 것을 요구한다. 유리와 관련해서 볼 때, 그와 같은 요구는 선뜻 분명하게 납득되지 않는다. 그러나 유리는 변화하지 않은 채로 늘 남아 있는 것이 아니며 특히 유리에 대한 규정, 즉 쓰임새, 유리와 환경과의 관계 등은 늘 변화한다. 셋째로 한 대상을 완벽하게 '정의'하기 위해서는, 진리의 기준이자 한 대상과 인간의 필요 사이에 연관에 대한 실천적인 결정인자인 인간의 모든 실천이 고려되어야 한다. 넷째로 변증법적 논리는 추상적인 진리란 존재하지 않으며, 고인이 된 플레하노프가—그리고 헤겔도—말하곤 했듯이 진리는 항상 구체적이라는 것을 가르쳐 준다."[25)]

---

25) V. I. 레닌, 또 다시 「노동조합, 그것의 현위치와, 트로츠키와 부하린의 오류에 대해」(*Nach einmal über die Gewerkschaften, die gegenwärtige Lage und die Fehler Trotzkis und Bucharins*), WW, Bd.32, S.85.

레닌은 확고부동한 정치사상가였다. 그가 행하고 연구한 모든 것은 유일한 목표인 혁명을 지향했다. 그는 참된 인간 공동체를 건설하려는 현대사의 이러한 근본적이고 인간주의적인 목표에 그의 전생애, 그의 모든 노력, 그의 모든 천재성을 다 바쳤다. 오직 그러하였기에 그는 가장 위대한 혁명지도자가 되었고, 최초로 세워진 사회주의 국가의 창건자가 되었다. 이러한 테두리 내에서만 철학에 대한 레닌의 관심이 이해될 수 있다. 맑스주의 철학 내에서 일고 있던 당시의 문제 제기와 흐름들을 고려하기보다는, 그는 복합적인 역사적 사건들을 분석하고 이해하는 데 직접 필요했던 인식을 얻기 위해서, 우선 그의 관심을 방법론적인 문제에 쏟았다. 이런 이유로 인식과 방법으로서의 변증법의 문제가 그의 탐구의 중심이 되었으며, 따라서 그는 논리적-방법론적인 문제와 존재론적인 문제에 지대한 관심을 쏟았고 위대한 사상가인 헤겔의 『논리학』을 가장 많이, 그리고 가장 철저하게 연구했다.

이런 점에서 레닌의 철학적인 관심은 후기의 엥겔스와 근본적으로 일치한다. 그들은 둘다 변증법을 주로 현실의 변증법과의 관계 속에서 사유의 변증법에 대한 철학적인 탐구로 이해했던 맑스주의 철학의 흐름의 대표자였다.

철학적-역사적 문제와 인간주의적-인간학적인 문제들은 레닌의 철학적인 지평을 벗어나 있다. 그 까닭은 무엇보다도 그가 확고한 정치적 행동가로서 이 문제들을 직접적인 역사적 행동을 통해서, 그리고 당시 사회민주당 내의 다양한 정치적 유파와 사상들과의 이론적인 논쟁을 통해 해결하려 했기 때문이다. 레닌이 의도했던 것들은 그의 시대에는 전적으로 충분했다. 그러나 그것은 맑스주의 철학이 그 후 더욱 발전함에 따라 철학적인 관심과 철학적인 문제들이 분명히 바뀌었음에도 불구하고, 레닌이 몰두했던 영역을 요지부동의 것으로 고수한 이론가들에 의해 매우 불충분한 것이 되어 버렸다. 따라서 그들은 철학자로서 맑스주의자로서 자본주의의 발전에서뿐만 아니라, 특히 사회주의 발전에서 새로이 성립된 역사적 상황과 예견될 수 없는 위상들에 대해 해답을 내려 줄 책임이 있다. 이는 다시 한 번 우리가 위대한 사상가를 그가 위치했던 역사적 맥락 밖에서, 그의 현실 밖에서는 이해할 수 없다는 것을 확인해 준다. 그리고 그것은 우리가 그들의 위대성, 그와 우리의 시대가 갖는 문제들에 대한 그들의 천재적인 해결책에 대해 감복하면서도 그들의 주관적이고 역사적인 제약도 고려해야 한다는 것을 의미한다.

# 제4장

# 제국주의 문제

제1차 세계대전이 일어나기 전 몇 해 동안 레닌과 모든 러시아 사회민주주의자들은 여러 가지 이유로 매우 곤란한 지경에 처해 있었다. 레닌은 혁명 후 반동이 득세하는 것과 관련해서 비합법 정당을 해체시키라는 멘셰비키의 요구에 맞서 투쟁하는 것이 무엇보다 시급한 과제라고 보았다. 이윽고 몇몇 볼셰비키도 모든 비합법적인 전략·전술과 투쟁방법을 포기하라는 요구에 가세했다. 전자(청산주의자)와 후자(소환파)는 드디어 이른바 이 8월 장벽에서 볼셰비키에 대항해서 하나로 결합했으며, 이에 따라 레닌은 1912년 1월에 열린 프라하 당대표자회의에서 독립적인 볼셰비키당을 조직하지 않을 수 없었다.

사회민주당과 제2인터내셔널이 어려운 문제에 직면하게 되었던 두 번째 요인은 제국주의, 그리고 전쟁과 혁명의 절박함이었다. 1912년 코펜하겐과 바젤에서 잇달아 열린 제2인터내셔널 대회에서는 사회주의 진영 내부의 견해의 불일치가 명백하게 드러났다. 제국주의의 현실과 민족 간의 적대가 사회민주주의 내부에 첨예한 분열을 초래했다.

의견들은 극도로 대립되었다. 한 파는 조국을 수호해야 한다는 입장(사회국수주의)을 옹호했고 다른 파는 제국주의가 진보적 성격을 지녔다는 입장을 주장했다. 이들은 결과적으로 열강의 팽창정책을 옹호한 꼴이 되었다[쿠노(Cunow)], 세 번째 파는 초제국주의를 꿈꿨고(카우츠키), 네 번째 파는 모든 진보적 민족전쟁의 가능성을 부정했으며, 그리하여 민족자결권도 부정했다(R. 룩셈부르크).

레닌은 이 시기의 저술들을 통해 이러한 각양각색의 논쟁에 한줄기 빛을 던져 주었고 또한 이러한 일반적-이데올로기적 혼란을 해결하기 위한 상당히 의미있고 명확한 맑스주의적 규준을 제시하였다. 로자 룩셈부르크와 논쟁하는 가운데 그는 민족자결권에 대한 저술을 발표하여 민족자결권이 현대의 역사운동, 특히 프롤레타리아 혁명의 본질적인 문제들 중의 하나임을 증명하였다. 한 민족이 다른 민족을 억압하면, 스스로도 자유로울 수 없다는 맑스와 엥겔스의 견해로부터 출발하여 그는 민족문제를 분석하고, 러시아 프롤레타리아트는 하나의 이중적인 과제에 당면해있다고 결론지었다.

"모든 민주주의 그리고 무엇보다도 범슬라브 민족주의에 대해 투쟁한다. 모든 민족 일반의 완전한 동등을 인정할 뿐만 아니라, 국가의 헌정체제, 즉 민족자결과 민족독립권에 있어서의 동등한 권리도 인정한다. 그리고 그와 동시에 모든 민족의 모든 민족주의에 대항하는 효과적인 투쟁의 편에 서며, 프롤레타리아트의 투쟁과 프롤레타리아 조직의 통일을 옹호하고, 민족분리와 차별을 기도하는 부르주아지의 시도에 대항하여 프롤레타리아트는 국제적인 연대로 밀접하게 융합하도록 노력한다.

완전한 민족동등권, 민족자결권, 모든 국가의 노동자의 융합—이러한 민족강령을 맑스주의는 노동자에게 가르쳐 주며, 이는 전세계의 경험과 러시아의 경험이 가르쳐 주는 것이다."[1]

---

1) V. I. 레닌, *Über das Selbstbestimmungs rechtder Nationen*, WW, Bd.20, S.460.

그는 2년 후(1916년) 『사회주의 혁명과 민족자결권』에서도 이와 똑같은 견해를 주장했다. 이 저술에서 그는 “문화적-민족적 자율성”에 대한 렌너(Renner)와 바우어의 생각, 그리고 쿠노프, 파르부스(Parvus), 카우츠키 등의 견해를 신랄하게 비판했다. “민족자결권은 전적으로 정치적 의미의 독립권을, 즉 억압하는 민족으로부터 정치적으로 독립할 수 있는 자유권을 의미한다.”[2] 억압으로부터의 민족해방은 레닌에 의하면 사회적 해방을 위한 효과적인 투쟁의 본질적인 전제조건이다. 이와 같은 견해로써 그는 이론적으로뿐만 아니라 이념적으로도 매우 탁월한 현대 사회주의 세력의 투쟁 관점을 제시하였다. 어떤 경우에도 이 문제가 해결되지 않은 채 사회주의로까지 넘겨져서는 안 된다. 왜냐하면,

> “인류가 피억압계급의 독재라는 이행기를 통해서만 계급 폐지에 도달할 수 있듯이, 그들은 모든 피억압민족의 완전한 해방, 즉 독립 자유라는 이행기를 통해서만 필연적인 민족의 융합에 도달할 수 있다.”[3]

그 시기에 민족문제와 밀접하게 연관되었던 전쟁의 문제도 논의되었다. 많은 비중있는 사회주의자들이 현대의 조건 하에서는 더 이상 어떠한 전쟁도 정당화될 수 없다는 견해를 주장했다. 다시금 레닌은 혁명세력이 이 문제를 올바르게 이해하도록 주의를 환기시켰다. 그가 민족자결권의 테제를 주장했을 때, 그는 일관성있게 피압박 민족이 그들을 억압하는 계급에

---

2) V. I. 레닌, *Die sozialistische Revolution und das Selbstbestimmungrecht der Nationen*, WW, Bd.22, S.147.

3) Ibid., S.148.

대해 투쟁하는 것은 정당하며 진보적인 투쟁이라 결론지었다.4) 이러한 입장이 역사적으로 얼마나 중요한가는 지난 40년간의 세계사, 특히 식민지와 반(半)식민지 국가들의 현실적인 역사적 해방과정이 밝혀주고 입증해 준다.

「프롤레타리아 혁명의 군사강령」(1916)이란 그의 논설에서 레닌은 제국주의 시대에는 어떠한 민족전쟁도 더 이상 존재할 수 없다고 주장하는 "인터내셔널" 그룹의 테제를 재차 비판했다. 로자 룩셈부르크도 그와 같은 전쟁은 즉각적으로 다른 제국주의 세력에 의해 악용되어, 다시 제국주의 전쟁으로 비화한다고 논증함으로써 그러한 테제를 대변하였다. 레닌은 이 의견을 배척하고 같은 논설에서 중요한 의미를 지니는 상이한 결론에 도달했다. 그것은 모든 국가에서의 사회주의의 동시적인 승리는 자본주의의 발전 자체가 불균등하기 때문에 불가능하다는 결론이었다.

"제국주의 하에서의 민족전쟁의 모든 가능성을 부정하는 것은 이론적으로 부당하며, 역사적으로 분명하게 잘못된 것이다. 그리고 그것은 실제로 유럽의 국수주의와 같은 것이다. 즉 그것은 유럽, 아프리카, 아시아 등지의 수백만의 인간을 억압하는 민족들에 속해 있는 우리가 피억압 민중들에게 당신들이 '우리 민족들을 상대로 전쟁하는 것은 불가능하오!'라고 선언하는 것과 마찬가지이다.

두 번째로 시민전쟁도 전쟁이다. 계급투쟁을 인정하는 사람은 시민전쟁도 인정하

4) 사회주의와 전쟁을 다룬 글에서 레닌은 '합법적인' 전쟁과 '방어전쟁'에 대한 그의 견해를 구체적으로 정식화했다. "예를 들어, 오늘 아침 모로코가 프랑스에, 인도가 영국에, 페르시아나 중국이 러시아에 선전포고를 했다면, 이것은 '합법적인' 전쟁이며, 누가 먼저 공격했는가에 상관없이 '방어' 전쟁이다. 모든 사회주의자는 억압받고 종속적이며 동등한 권리를 누리지 못하는 국가가 억압자이자 노예 주인이며 강도인 '강대'국과 싸워 승리하도록 지원할 것이다."(*Sozialismus und Krieg*, WW, Bd.21, S.301).

지 않을 수 없다. 왜냐하면 시민전쟁은 모든 계급사회에서 일정한 상황 아래 계급투쟁이 자연적이고 불가피하게 비화, 발전, 심화됨을 표현하는 것이기 때문이다. 모든 위대한 혁명이 이를 입증한다. 시민전쟁을 부인하거나 망각하는 것은 극도의 기회주의에 빠졌거나, 사회주의 혁명을 포기했음을 의미한다.

세 번째로 일국에서 승리한 사회주의가 갑자기 모든 전쟁 일반을 배제하는 것은 결코 아니다. 그 반대로 사회주의는 그 전쟁을 전제로 한다. 자본주의의 발전은 여러 국가들에서 극히 불균등하게 진행되고 있다. 그것은 상품생산에 있어서와 다를 바가 없다. 이로부터 사회주의가 모든 국가에서 동시에 승리할 수는 없다는 필연적인 결론이 도출된다. 사회주의는 하나의 혹은 몇몇 국가에서 우선적으로 승리할 것이고, 다른 국가는 얼마 동안 부르주아적이거나 전(前)부르주아적인 단계에 머무르게 될 것이다. 그것은 여러 가지 갈등을 낳을 뿐만 아니라, 사회주의 국가에서 승리한 프롤레타리아트를 분쇄하려는 다른 나라의 부르주아지의 직접적인 도발을 야기할 것임에 틀림없다. 그런 경우에 전쟁의 정당성과 합법성은 우리 쪽에 있다. 그 전쟁은 사회주의를 위한 전쟁이며, 부르주아지로부터 타민족을 해방시키기 위한 전쟁이다. 엥겔스가 1812년 9월 12일에 카우츠키에게 보낸 편지에서 이미 승리한 사회주의를 수호하기 위한 '방어전쟁'의 가능성을 분명히 인정했을 때, 그는 전적으로 옳았다. 요컨대 그는 승리한 프롤레타리아트가 타국가의 부르주아지에 대항하여 자신을 방위할 것을 역설했다. ……모든 전쟁이 기타 수단에 의한 정치의 연속이라는 사실을 망각하는 것은 이론적인 측면에서 근본적으로 잘못된 것이다. 현대의 제국주의 전쟁은 양대 열강집단들간의 제국주의 정책의 연속이며, 이 정책은 제국주의 시대의 모든 제관계를 통해 마련되고, 전쟁으로까지 조장된 것이다. 그래서 이 시대는 필연적으로 민족적 억압에 대항하는 투쟁정책과 부르주아지에 대항하는 프롤레타리아트의 투쟁정책을 낳을 수밖에 없으며, 따라서 첫째 혁명적인 민족봉기와 전쟁, 둘째 부르주아지에 대한 프롤레타리아트의 전쟁과 봉기, 셋째 두 종류의 혁명전쟁의 통일 등의 가능성과 필연성을 낳을 수밖에 없다."[5]

---

5) V.I. 레닌, *Das Militärprogramm der proletarischen Revolution*, WW. Bd.23,

레닌의 이와 같은 창조적 관점이 사회해방은 물론 민족해방을 위한 현대의 각 민족의 투쟁에서 사회주의 세력의 올바른 이해와 지향에 얼마나 공헌했는가는 새삼 강조할 필요가 없다.

바로 그 기간 동안에 레닌은—제국주의 전쟁과 제2인터내셔널의 완전붕괴로 인하여 초래되었고, 이로 인해 제국주의의 본질이 더욱더 안개 속에 가리워지게 되었던 전체적인 세계정세와 관련하여—공산주의자들에게 정책으로서뿐만 아니라 체제로서의 제국주의의 분명한 실상을 알려 주고, 이로부터 프롤레타리아트와 그의 당이 처한 중요한 결론을 도출해 내려고 했다. 레닌에 앞서 이미 부르주아 경제학자인 홉슨(J. A. Hobson)과 맑스주의자 힐퍼딩(Hilferding)은 이 문제에 크게 공헌했으며, 레닌이 그 분석을 마무리했다. 그는 제국주의가 그 경제적 본질에 있어 독점자본주의라는 점에서 홉슨과 힐퍼딩에 동의했다. 그러나 그는 동시에 독점자본주의에 의해 제국주의의 역사적인 위상도 또한 규정된다는 점을 지적했다. 왜냐하면 제국주의는 자유경쟁의 지반에서 성장했으므로, 제국주의적 독점은 그 자체가 이미 보다 발전한 사회-정치 형태로의 이행을 의미하기 때문이다.

레닌은 자유경쟁 자본주의로부터 독점자본주의로의 이행이 20세기 초에 시작된 것으로 본다. 독점체는 고도의 발전단계에서 생산의 집적으로부터 성립한다. 이러한 독점체는 원료공급지를 보다 강력하게 탈취하려

---

S.73~75. 레닌은 이미 1년 전에 유럽 연합국에 대한 논설에서 일국에서의 사회주의의 승리 가능성에 대해 이와 같은 중요한 결론을 내리고 있었다. "경제적·정치적 발전의 불균형은 자본주의의 필연적 법칙이다. 이로부터 사회주의의 승리는 먼저 몇몇 자본주의 국가나 심지어는 일국에서도 가능하다는 결론이 나온다."(*Über die Losung der Vereinigten Staaten von Europa*, WW, Bd.21, S.345)

하며, 이는 특히 기간산업에서 그러하다. 그러나 독점체의 지반은 은행과 식민지정책이다.[6] 이 문제를 연구하면서 레닌은 일차적으로 자본주의의 최근의 발전단계에서 은행의 역할을 다루었다. 그는 금융자본과 산업자본이 더욱더 밀접하게 결탁하게 되며, 그런 경우에 산업자본은 더욱더 확고하게 은행에 예속되게 됨을 증명했다. 이러한 과정의 결과로 이 운동에서 특수한 새로운 계기로서 금융자본과 금융과두제가 성립한다고 한다.

"생산에서 자본을 운용하는 것과 자본 소유권의 분리, 산업자본 혹은 생산자본으로부터 화폐자본의 분리, 자본을 직접적으로 이용하는 모든 사람들과 기업가로부터 오직 화폐자본의 대부에서 얻어지는 수익만으로 살아가는 금리생활자의 분리가 자본주의 일반의 고유한 특성이다. 제국주의 내지 금융자본의 지배는 이러한 분리가 보다 광범위한 범위로 확장된 자본주의의 최고단계이다. 모든 여타의 자본형태에 대한 금융자본의 우위는 금리생활자와 금융과두제의 압도적인 지배를 의미하며, 금융적으로 '권력'을 소유한 소수의 국가들로의 분리를 의미한다."[7]

레닌은 제국주의의 그 이상의 특징이 자본수출에 있다고 보았다. 자유경쟁 자본주의에서는 상품수출이 전형적이었다면 현대 자본주의에서는 자본수출이 주된 것이 되었다. 이리하여 점점 더 많은 나라가 더 강력하게 자본주의의 세계과정에 편입되었지만, 그와 동시에 제국주의 열강에 점점 더 강하게 종속되었다. 세계는 이런 식으로 해서 강력한 자본주의 열강들에 의해 분할되었으며, 관할권을 둘러싸고 그들 사이에 싸움이 벌어졌다. 각양각색의 형태를 보이는 식민지가 현대의 근본 특징이다. 레닌은 여기

---

6) V. I. 레닌, *Der Imperialismus als höchstes Stadium des Kapitalismus*, WW, Bd.22, S.304~306.
7) Ibid., S.242.

에서 종속의 형태도 아주 다양할 수 있다는 점을 분명히 강조한다.

"자본주의의 제국주의 시대에서 식민정책에 대해 말할 때면, 금융자본과 금융자본의 대외정책—이는 세계의 경제적-정치적인 분할을 둘러싼 열강의 각축전으로 비화되기 마련이다.—이 국가적 종속의 다양한 과도기적 형태들을 창출한다는 사실이 반드시 언급되어야 한다. 이 시기에 전형적인 것은 제국가들이 식민지 보유국과 식민지 국가 자체의 양대 집단으로 나뉠 뿐만 아니라, 다양한 형태의 종속국가가 나타난다는 점이다. 즉 이들 국가들은 정치적-형식적으로는 독립적이지만 현실에서는 재정적-외교적 종속의 망 속에 은폐되어 있는 것이다."8)

따라서 제국주의에 관한 레닌의 구상에서 본질적인 것은 그것이 자본주의의 직접적인 연속이자 또한 제국주의는 그것의 종말로서 발생했다는 점, 이는 자본주의의 자유경쟁이 자본주의적 독점으로 대체되는 과정으로, 이 과정 속에서 후자는 전자와 병존하면서 일련의 첨예한 모순과 충돌을 일으킨다는 점, 그리고 마지막으로 독점은 자본주의의 최고단계로의 이행을 의미한다는 점이다.

"그렇기 때문에 우리는 현상의 발전 전과정에 있어서 하나의 현상이 모든 연관을 포함할 수 없기 때문에, 일반적으로 모든 정의는 단지 제약되고 상대적인 의미만을 갖는다는 것을 염두에 두면서—제국주의에 대해 다음의 다섯 가지 기본적인 표징이 포함된 정의를 내려야 한다. 1. 생산과 자본의 집중. 이는 고도의 발전단계에 도달하여, 경제생활에서 중요한 역할을 하는 독점을 창출한다. 2. 금융자본과 산업자본의 병합 및 이 '금융자본'을 기초로 한 금융과두제의 출현. 3. 상품수출과 구별되는 자본수출이 특히 중요한 의의를 갖는다. 4. 세계를 분할 지배하는 국제적은 독점자본주

8) Ibid., S.267.

의 연합체들이 형성된다. 5. 자본주의 열강들 간의 영토분할이 완료된다. 제국주의는 특정한 발전단계에 도달한 자본주의이다. 그 단계에서는 독점과 금융자본의 지배가 발생하고, 자본수출이 큰 비중을 차지하며, 국제적인 트러스트에 의한 세계분할이 시작되고, 자본주의 강대국에 의해 지구의 모든 영토분할이 종결된다."9)

레닌은 힐퍼딩과는 달리 자신이 기생과 부패라고 불렀던, 자본주의 발전의 중요한 한 계기에 대해서 언급했다. 레닌은 모든 독점은 필연적으로 경기침체에 빠지게 된다고 단정했다. 따라서 기술 진보를 인위적으로 지연시킬 수 있는 경제적 가능성이 나타난다. 왜냐하면,

"일시적이나마 독점가격이 형성되면 기술적 그리고 결과적으로 여타 모든 진보를 불러일으키는 계기적 원인이 어느 정도 사라지게 되면 기술 진보를 의도적으로 방해할 경제적 가능성이 성립한다. ……기술 혁신을 통해 생산비용을 절감하고, 이윤을 상승시킬 수 있는 가능성은 당연히 변화를 촉진시킨다. 그러나 독점에 고유한 경기침체와 부패의 경향은 늘 계속 작용하며 각 산업분야에서 그리고 각 나라에서 일정한 시기 동안 지배적이 된다."10)

이 모든 운동과 발전의 결과로 화폐자본은 소수의 국가 수중에 거대하게 축적되며 또한 '이자떼먹기'만으로 살지만 경영에의 참여나 관리로부

---

9) Ibid., S.270~271.

10) Ibid., S. 281. 레닌은 그렇다고 해서 자본주의가 지속적으로 발전할 가능성을 갖지 않는다고는 결코 생각하지 않았다. 그와 반대로 "이 부패경향이 자본주의의 신속한 성장을 차단하리라고 믿는 것은 잘못일 것이다. 전혀 그렇지 않다. 개개 산업분야, 개개 부르주아 계층과 개개 국가들은 제국주의의 시대에는 상당히 강하게 부패의 한 경향을 표출한다. 전반적으로 볼 때 자본주의는 이전보다 두드러질 정도로 빠르게 성장하지만, 이 성장은 일반적으로 점점 더 불균등하게 될 뿐만 아니라, 특히 가장 강력한 자본국들(영국)에서는 부패의 불균등성도 심화된다."(Ibid., S.305~306).

터는 전혀 배제된 사람들, 곧 금리생활자 계층이 증대한다. 이와 마찬가지로 강대국들은 '채권국가'가 되며, 이 국가들은 막대한 초과이윤을 통해 노동운동 자체에도 강하게 영향을 미칠 수 있다.

이 문제와 관련해서 레닌은 제국주의를 옹호하는 사회민주주의자들에 대한 논박에서 국제 노동운동의 몇 가지 중요 현상들, 즉 기회주의, 사회국수주의, 부르주아지와의 타협 등을 분석했다. 높은 이윤은 부르주아지로 하여금 개개의 노동계층을 매수해서 그들을 한 사업분야나 심지어는 전국가의 부르주아지의 편으로 끌어들일 그리고 다른 모든 부르주아지에게는 대항하게 할 기회를 준다.

"그러한 막대한 초과이윤(왜냐하면 자본가들은 '자기' 나라의 노동자로부터 짜내는 이윤 이상의 이윤을 쓸어담기 때문이다)을 가지고 노동운동 지도자와 노동귀족의 상층을 매수할 수 있다는 것은 분명하다. 그들은 '선진'국의 자본가들에 의해서도 직접적이든 간접적이든, 그리고 공개적이든 비밀스럽든 수천 가지 수법을 통해 매수되었다.

생활방식, 수입, 세계관에 있어 완전히 변질되어 버린, 부르주아화한 노동계층, 혹은 노동귀족층이 제2인터내셔널의 중심세력이며, 요즈음에 부르주아지의 사회적인(군사적이 아닌) 중심세력이다. 왜냐하면 그들이 노동운동 내에서 부르주아지의 실질적인 대리인이며, 자본가계급의 노동자 하수인이고, 수정주의와 국수주의의 실질적인 안내인이기 때문이다. 프롤레타리아트와 부르주아지 사이의 내전에서 조금도 거리낌없이 '코뮨측'에 반대하고 '베르사이유' 편을 들었다.

이 현상의 경제적인 뿌리를 개념적으로 파악하지 않은 채, 그리고 그 정치적이고 사회적인 의미를 깊이 헤아려 보지도 않은 채로는 공산주의 운동과 다가올 사회혁명의 실천적 과제의 해결을 향하여 단 한 걸음도 나아갈 수 없다."11)

제국주의에 대한 레닌의 저작은 러시아에서 이미 혁명적 사건이 소용돌이치던 동안에 간행되었다. 1917년 2월 혁명은 끝이 났고 짜르체제는 수백 년 간의 지배에 종지부를 찍고 러시아의 무대에서 영원히 사라져 버렸다. 당시 아직 스위스에 체류하고 있던 레닌은 그의 잘 알려진 「먼 곳으로부터의 편지」를 저술하여 이 사건의 의미를 설명하고 러시아 노동자계급에게 다음 투쟁의 전망을 밝혀 주었다. 그와 동시에 그는 가능한 한 조속히 러시아에 귀국하려고 노력했다. 그는 마침내 1917년 4월 입국에 성공했다. 이 시기 이후부터 러시아 혁명은 레닌의 손에 달려 있었다고 말할 수 있다. 「4월테제」로 널리 알려져 있는 소책자를 비롯하여 수많은 논설, 연설, 소책자 등을 통해서 그는 볼셰비키와 러시아 인민대중을 혁명의 단계에서 사회주의의 단계로 이끌어 나갔다.

대부분의 시간을 숨어 지낼 수밖에 없었음에도 불구하고—케렌스키정부

---

11) Ibid., S.198. 이 서문은 1920년에 제국주의에 관한 저서의 불어판과 독어판을 위해 쓰여졌다. 레닌은 이미 일찍이 특히 제2인터내셔널의 붕괴를 분석할 때 이 현상의 정치적이고 경제적인 의미를 연구했었다. "운동 전체의 위기를 해명하기 위해서 첫째, 현행 정책의 경제적 의미, 둘째 그것의 근본이념, 셋째 그것과 사회주의 노선의 역사와의 연관을 음미해 볼 필요가 있다.

1914, 1915년의 전쟁 때의 '조국방위'의 경제적 본질은 어디에 있는가? 모든 강대국의 부르주아지들은 세계를 분할 착취하기 위해서, 민중을 압살하기 위해 전쟁을 한다. 소수의 노동관료, 노동귀족과 소부르주아적인 어중이떠중이들에게 부르주아지의 막대한 이윤 중 일부가 조금 주어질 수 있다. 사회국수주의와 기회주의의 계급적 토대는 소수의 특권적인 노동계층이 노동대중을 배신하고 그들 국가의 부르주아지와 결탁하며, 부르주아지의 하수인들이 부르주아지에 의해 착취당하는 계급을 배신하고 부르주아지와 결탁하게 된다는 것이다.

기회주의와 사회국수주의의 정치적 내용은 계급타협, 프롤레타리아 독재의 포기, 혁명행동의 포기, 부르주아적인 정당성을 무분별하게 인정하는 것, 프롤레타리아트에 대한 불신, 부르주아지에 대한 신뢰이다. 사회국수주의는 영국의 자유주의적 노동정책, 밀레랑주의와 베른슈타인 주의의 직접적인 연장이며 그 완성이다."(*Der Opportunismus und der Zusammenbruch der II. Internationale*, WW, Bd.22, S.111).

에 의해 수배되었기 때문에—그는 볼셰비키의 모든 활동을 지도했으며, 광범한 인민대중의 여론의 오도와 반혁명의 음모를 완전히 궤멸될 때까지 분쇄했다. 특히 그는 그 특유의 혁명적 통찰력을 가지고 결정적 순간을 포착했으며 그의 위대한 권위에 의거하여 중앙위원회에 그 긴박한 상황에서의 행동의 필요성을 납득시켰다.

볼셰비키권 내의 많은 당원들이 우유부단했으며, 지노비에프와 카메네프마저 『신생활』 지에서 볼셰비키가 봉기를 준비한다는 사실을 누설했음을 생각해볼 때, 더욱이 전선에서나 국내에서나 러시아가 직면했던 어려운 사면초가의 상황을 감안해 볼 때, 이 시기에 대한 레닌의 상황 평가와 10월에 개최된 중앙위원회 위원들에게 보낸 편지는 매우 극적인 문서일 뿐만 아니라 역사적으로 매우 중요한 업적이라 할 수 있다.

10월에 중앙위원회, 페테르부르그위원회, 모스크바위원회에 보낸 편지에서 레닌은 더 이상 소비에트대회를 기다리지 말고 즉각 권력을 장악할 것을 단호히 주장했다.[12] 지명된 단체들에게만 보낸 「위기가 임박했다」는 논설의 부록에서, 그는 오로지 '하급' 당조직과 당 대회에서의 선전선동의 자유를 확보하기 위해서 중앙위원회의 탈퇴까지 선언했다. 왜냐하면 그는 소비에트대회를 기다리다가는 혁명이 수포로 돌아갈 것을 확신했기 때문이었다. 레닌의 권위가 비로소 볼셰비키 중앙위원회에서 관철되었으며, 이로써 유럽의 역사와 나아가 세계사에서 새로운 장이 시작되었다.[13]

---

12) 「위기가 임박했다」(1917년 10월 20일)는 기사(당시는 발표되지 않았다)의 보충 내용이 중요하다. 「중앙위원회, 모스크바위원회, 페테르부르그위원회와 페트로그라드와 모스크바 소비에트의 볼셰비키 대표들에게 보내는 편지」, 1917. 10. 1, 「한 방관자의 충고」, 1917. 10. 8, 「북부지역 소비에트대회에 참가하는 볼셰비키 동지들에게 보내는 편지」, 1917. 10. 17, 「볼셰비키 당원들에게 보내는 편지」, 1917. 10. 18.

13) 우리의 견해에 따르면, 10월 혁명이 레닌의 가장 위대하고 독창적이며 중요한 업적이기 때문에 우리는 중앙위원회의 위원들에게 보낸 마지막 극적인 문서들을 여기에서 대략적으로나마 인용하고자 한다. "동지여! 나는 24일 저녁에 이 글을 씁니다. 정세는 모든 한도를 넘어설 정도로 위기에 처해 있습니다. 지금 봉기를 일으키지 않는다는 것은 그야말로 죽음을 의미하는 것이 명백합니다.

모든 힘을 다 바쳐서 나는 동지들에게 이제 모든 것이 백척간두와 같은 상황에 놓여 있으며 대표회의를 통해서 대회를 통해서(소비에트대회를 통해서조차) 해결되지 않고 오로지 인민을 통해, 대중을 통해 대중의 무장투쟁을 통해서만 해결될 문제들이 의사일정에 상정되어 있음을 납득시키고자 노력하고 있습니다. 코르닐로프와 같은 사람들이 부르주아지의 습격과 베르코프스키의 배신은 기다려서는 안 된다는 것을 입증해 줍니다. 우리는 사관생도들을 무장해제시킨 후에(그들이 저항할 때면 정부가 이기게 된다.) 어떤 희생을 치르더라도 오늘 저녁 오늘 밤 정부를 장악해야 합니다.

기다려서는 안 됩니다!! 그러다가는 모든 것을 다 잃어버릴 수도 있습니다!!……

어떤 경우라도, 어떤 상황이더라도 권력이 25일까지 케렌스키와 그의 정부의 수중에 그대로 남아 있어서는 안 됩니다. 이 문제는 오늘 저녁이나 오늘 밤에 어떻든 간에 결정되어야 합니다.

역사는 오늘도 승리할 수 있는 혁명가들에게 어떤 망설임도 용서치 않을 것입니다(오늘 분명히 승리할 것입니다.). 그러나 이와 반대로 망설이게 되면 혁명가는 내일이 되면 많은 것을, 아니 모든 것을 잃어버릴 위험에 직면하게 될 것입니다.……

만일 우리가 10월 25일의 불투명한 투표를 기다린다면 이는 패망의 화근이 되거나 아니면 순전히 형식적인 절차가 될 것입니다. 인민은 그런 문제를 투표가 아니라 폭력을 통해서 결정할 권리와 의무를 가지고 있습니다. 인민은 혁명이 임박한 순간에 그의 대표자들에게, 심지어 그의 가장 유능한 대표자들에게도 방향을 지시하고 그것을 기다리지 않게 할 권리와 의무를 가지고 있습니다.……

임시정부는 흔들리고 있습니다. 어떤 희생을 치르더라도 우리는 그것에 최후의 일격을 가해야 합니다. 행동을 주저하는 것은 죽음을 의미합니다."(「중앙위원회 위원들에게 보내는 편지」, WW, Bd.26, S.223~224).

# 제5장
# 국가, 혁명 그리고 사회주의의 문제

러시아에서뿐만 아니라 세계에서 매우 긴박하게 전개되던 이러한 역사적 사건의 소용돌이 속에서, 다시 말해 각국에서 일어나는 혁명적 변혁과 점점 첨예화되어 가는 계급대립의 와중에서 레닌은 그의 유명한 국가와 혁명에 대한 이론적 저서를 저술했다.

직접적 행동의 문제나 혹은 현대 역사의 근본문제의 해결과 같은 절박한 문제를 다루고 있는 이 저술의 중요성을 파악하기 위해서는 맑스의 국가와 혁명에 대한 견해가 이 시기의 맑스주의에서 어떠한 운명에 처해 있었는가에 주목해야 한다.

레닌의 이 저서가 지니는 역사적 의의는 당시 제2인터내셔널의 지도자들이 이 문제에 대하여 저술한 글이나 혹은 당시 맑스주의 이론에서 나타나던 두드러진 경향들을 상기할 때 비로소 그 진정한 빛을 드러낸다. 즉 당시 맑스주의 이론은 다음의 경향들을 뚜렷하게 보여주고 있었다. 예컨대 국가를 초계급적인 조직으로 이해하려는 시도, 민주주의를 부르주아 민주주의로 파악하려는 형식법학적 견해, 프롤레타리아트의 지배로서의 프롤레타리아 독재를 선거를 통한 다수 의석의 확보로써 구축하려는 시도, 나아가 의회를 통한 권력투쟁을 절대화하는 반면 여타의 모든 수단을 배척하는 태도 등이다.

그가 시종일관 국가를 계급조직으로, 즉 한 계급의 다른 계급에 대한 억압의 도구로 보는 맑스와 엥겔스의 주장을 고수하고 그리하여 국가는 역사적이고 소멸될 현상이라는 입장을 옹호함으로써, 그는 어떤 다른 주장도 국가의 본질을 더 정확하게 설명할 수 없으며 따라서 그 어떤 주장도 프롤레타리아트에게 부르주아지와 그들의 국가에 대한 투쟁의 역사적 전망을 제시해줄 수 없다고 분명히 못박았다. 두 번째로 한 계급의 다른 계급에 대한 지배는 늘 폭력을 의미하기 때문에, 계급국가는 오로지 독재일 수밖에 없다. 이런 의미에서 레닌은 다음과 같이 썼다.

"한 계급의 독재가 모든 계급사회에 필연적임은 물론이며, 부르주아지를 전복한 프롤레타리아트에게도 그것은 필연적이고, 뿐만 아니라 자본주의와 '무계급사회', 즉 공산주의를 구분짓는 전체 역사적 시기에도 필연적이라는 점을 파악한 사람만이 맑스의 국가론의 본질을 진정으로 이해한 것이다. 부르주아 국가의 형태는 극히 다양하지만 그것의 본질은 동일하다. 이들 국가는 어떤 경우에든 궁극적으로는 필연코 부르주아지의 독재이다. 자본주의로부터 공산주의로의 이행은 당연히 매우 다양한 정치형태를 산출하지만 그 본질은 여기에서도 어떤 경우에든 단 하나, 즉 프롤레타리아 독재이다."1)

따라서 레닌은 일차적으로 그리고 당시의 대부분의 사회민주주의 이론가들과는 달리 몇 가지 중요한 역사적 사실을 지적했다. 첫째 부르주아 국가 자체에 대해 어떤 환상도 품어서는 안 된다. 왜냐하면 가장 민주주의적인 국가도 독재이기 때문이다. 둘째 사회주의적 민주주의는 단지 프

1) V. I. 레닌, 『국가와 혁명』(*Staat und Revolution*), WW, Bd.25, S.425.

롤레타리아트가 국가를 무조건적이고 필연적으로 필요로 한다는 바로 그 이유만으로 독재이어야 한다. 따라서 레닌은, '민주주의'는 결코 '독재'가 아니며 지배도 선거를 통해 획득되는 것이므로 독재와는 다른 그 무엇을 의미해야 한다는 카우츠키의 자유주의적-부르주아적 구상을 배척하고 극복하였다.

"아니다. 민주주의는 다수에 대한 소수의 종속과 동일하지 않다. 민주주의는 다수에 대한 소수의 종속을 인정하는 국가, 즉 한 계급의 다른 계급에 대한, 인구의 한 부분의 다른 부분에 대한 체계적인 폭력행사 조직이다."2)

따라서 이런 이유로 레닌은 맑스와 더불어 새로운 프롤레타리아 지배를 구축하기 위한 근본조건으로서 부르주아 국가기구의 혁명적 파괴의 필연성을 이끌어내야 했다. 그러나 레닌이 그의 후계자들과는 달리 유일한 필연성과 가능성으로서 오직 하나의 혁명의 길만을 주장한 것은 결코 아니다. 오히려 그는 늘 반복해서, 그리고 특히 '좌익 급진주의'에 대한 그의 후기 저서에서 공산주의자들에게 변증법을 주지시켰으며, 그와 아울러 역사적 실천에는 최대의 유연성이 필요하다는 점도 주지시켰다.

"공산주의자는 노동운동과 사회발전을 가장 똑바르고 신속하게 전세계에 걸친 소비에트 권력의 승리와 프롤레타리아 독재로 인도하기 위해 모든 역량을 결집시켜야 한다. 이는 이론의 여지가 없는 진리이다. 그러나 (그 이상으로) 단지 한 걸음만 앞으로 더 나아가도—겉으로 보기에는 같은 방향으로 가는 것 같지만—, 진리는 오류로 진화한다. 독일과 영국의 좌익 공산주의자들처럼 우리는 오직 유일한 길, 오

2) Ibid., S.469.

직 똑바른 길만을 인정한다든가 또는 우리는 어떤 방향전환, 협정, 타협도 용인하지 않는다고 말하기만 해도 이는 이미 공산주의에 심각한 해를 끼칠 수 있는 오류가 될 것이다. 이 오류가 이미 부분적으로 해를 끼치고 있으며, 앞으로도 그러할 것이다. 우익 교조주의는 전적으로 과거의 형태만을 인정할 것을 고집했고, 그래서 새로운 내용은 갈파하지 않았기 때문에 완전히 파산했다. 좌익 교조주의는 특정한 과거의 형식은 무조건 거부할 것을 고집하였다. 그 이유는 그들이 새로운 내용은 가능한 모든 형식을 통해 진행된다는 것을 보지 못하였고 또한 그들은 공산주의자로서의 우리의 임무가 모든 형식을 숙달하여 배우고, 최대한 신속하게 한 형식을 다른 형식으로 보충하며, 한 형식을 다른 형식으로 대체하고, 우리의 전술을 우리 계급이나 우리의 노력에 의해 야기된 것이 아닌 모든 변화들에 적응시키는 것임을 미처 알지 못하였기 때문이다."[3]

이 주장은 이론적으로나 실천적으로 상당히 중요하다. 왜냐하면 레닌은 여기에서 혁명세력들에게 사회주의 혁명 및 투쟁과 관련하여 결코 판에 박힌 틀, 도식과 독단에 치우치지 않도록 분명하게 충고하고 있기 때문이다. 바로 이 충고가 스탈린주의의 후기에는 실천에 있어서 완전히 무시되었고 망각되었다. 이것이 주지하다시피 심각한 역사적 결과를 초래했다.

변증법에 통달한 덕분에 레닌은 이론에서뿐만 아니라 실천에서도 문제를 추상적으로 다루는 것을 극복할 수 있었다. 그래서 그는 같은 글에서

---

3) V. I. 레닌, *Der 'inke Radikalismus' die Kinderkrankheit im Kommunismus*, WW, Bd.31, S.91. 레닌은 역사와 그리고 특히 혁명은 가장 유능한 당이나 전위가 생각한 것보다 훨씬 풍부하고 다양하고 '교묘'하다고 강조하고, 이로부터 두 가지 실천적인 결론을 도출했다. "첫째 혁명계급은 만일 그들의 과업을 성취하려면 사회 활동의 모든 형태 내지 사회활동의 모든 측면을 사소한 예외 없이 통어(統御)할 줄 알아야 한다(그래야만 그들은 정치권력을 탈취한 후에, 종종 크고 엄청난 위험 부담을 안고서도 그들이 이전까지 완수할 수 없었던 것들을 완수할 수 있다.). 두 번째로 혁명계급은 가장 신속하고 예기치 못하게 한 형태를 다른 형태로 대체할 수 있도록 만전을 기해야 한다."(Ibid., S.83).

다음과 같이 강조했다.

"두 번째, 늘 그러했듯이 여기에서도 공산주의의 일반적이고 근본적인 원칙을 계급과 당 사이의 관계의 특성과 공산주의를 향한 객관적 발전의 모든 특성에 적용할 줄 아는 데에 그 과제가 있음은 의심할 나위가 없다. 모든 국가에서 나타나는 이 특성을 연구하고, 탐구하고, 추량할 수 있어야 한다."4)

혹은 ;

"각 국가가 단일한 국제적 과제를 해결하고, 노동운동 내부에서 기회주의와 좌익교조주의에 대해 승리하고, 부르주아지들을 정복하고, 소비에트 공화국과 프롤레타리아 독재를 건설하려고 하는 일에 구체적으로 착수할 경우, 각 국가 나름의 개별성과 특수성을 탐구하고, 연구하고, 고안하고, 추량하고 파악하는 것—이것이 모든 선진국들(단지 선진국들뿐 아니라)이 현재 통과하고 있는 역사적 시점의 주요 과제이다."5)

변증법에 대한 이와 같은 탁월한 통달이 레닌의 역사적 활동에 있어 가장 본질적인 특징이었다. 사유의 명석성, 성격의 단호함과 철저한 일관성을 유일하게 겸비한 그는 혁명적 사건의 와중에서 그의 진가를 유감없이 보여 주었다. 그는 결코 장래에 대한 전망을 잃지 않았으며, 피할 수 없는 좌절에 결코 굴복하지 않았다. 그는 특정한 상황에 처해서는 예리하고 급진적이었지만, 그렇다고 그러한 상황을 절대화시키지는 않았다. 물론 그런 가운데서도 그는 혁명운동의 근본적인 사회주의적-인간주의적 전망

4) Ibid., S.76.
5) Ibid., S.79.

을 한시도 잊어본 적이 없다. 그리고 그가 프롤레타리아 독재와—주어진 상황 하에서—첨예한 계급투쟁의 필연성에 대한 주장을 고수했음에도 불구하고, 그는 또한 그와 다른 더 본질적인 측면도 항상 강조했다. 혁명 이후에 그는 다음과 같이 썼다.

"프롤레타리아 독재는 한층 강력해진 적인 부르주아지와 싸우는 새로운 계급의 가장 희생이 크고 가장 무자비한 전쟁이다. 그들의 저항은 지원에 의해(단 한 나라의 지원일지라도) 10배가 되며 그들의 힘은 국제적 자본의 강도와 부르주아지의 국제적 단결의 강도와 강고성에 좌우될 뿐만 아니라, 습관의 힘과 소생산의 강도에도 좌우된다. 왜냐하면 소생산이 아직도 세계 전역에 걸쳐 다수 존재하고 있으며, 부단히, 날마다, 매시각마다, 불가항력적으로 그리고 대대적으로 자본주의와 부르주아지를 양산하고 있기 때문이다. 이런 이유로 프롤레타리아 독재는 필연적이며, 부르주아지에 대한 승리는 길고, 집요하고, 가열찬 생사를 건 전쟁, 다시 말해 인내, 훈련, 단호, 불굴과 확고한 의지를 요구하는 전쟁이 없이는 불가능하다."[6]

그가 이것을 썼을 때, 그리고 그가 다른 상황 하에서도 이와 똑같은 견해를 반복했을 때, 그는 러시아의 어렵고도 매우 긴박한 상황을 주시했지만 동시에 프롤레타리아트뿐만 아니라 부르주아지가 처한 당시의 상황과 성장도를 주시하고, 이 전체 상황에 의거하여 궁극적인 계급투쟁이 결코 역사의 전원시가 되지는 않을 것이라고 결론지었다.[7]

---

6) Ibid., S.8.
7) 특히 *Die nächsten Aufgaben der Sowjetmacht* 및 *Die proletarische Revolution und der Renegat Kautsky*와 제3인터내셔널 1차 대회에서 행한 보고서를 참조할 것. 가장 급진적인 정식화가 카우츠키에 대한 반박에서 보여지고 있다. "혁명적인 프롤레타리아 독재는 프롤레타리아트의 부르주아지에 대한 폭력을 통해 획득되고 유지되는 힘이며, 어떤 법칙에도 구속되지 않는 힘이다." (『프롤레타리아 혁명과 배신자 카우츠키』, WW, Bd.28, S.234).

하여튼 이 문제는 레닌에게도 맑스주의에 있어서도 논쟁의 여지가 없었다. 그러나 레닌 이후 사회주의의 실천과 이론이 더 발전되자 이 문제가 전면에 부상했다. 왜냐하면 부르주아지에 대한 프롤레타리아트의 강제가 프롤레타리아 독재의 본질적이고 거의 유일한 내용인 것으로 설명되었기 때문이다. 이런 이유로, 레닌이 종종 밝혔던 것처럼 프롤레타리아 독재에 있어 본질적인 것은 새로운 프롤레타리아 지배가 사회적 관계에 관여하여 사회적 노동조직, 즉 사회적 관계 일반을 새롭고 더 고차적인 유형으로 변화시키는 기본적인 문제라는 점을 강조하는 것이 대단히 중요하다.

"프롤레타리아 독재는—내가 수차에 걸쳐 기회가 있을 때마다 언급했었고, 특히 3월 12일 노동자대표단 페트로그라드 소비에트의 회의에서 행한 나의 연설에서 언급했던 바—단지 착취자에 대한 탄압이라든가, 더구나 권력이 중요한 것은 결코 아니다. 이 혁명적 권력의 지속과 성과를 보장해 주는 경제적인 기초는 프롤레타리아트가 자본주의와 비교해서 사회적 노동조직의 더 발전된 유형을 제시하고 이것을 실현하는 데에 있다. 이것이 문제의 핵심이다. 이 점이 공산주의가 필연적으로 완전하게 승리하기 위한 힘의 원천이자 이를 보증하는 것이 된다."[8)]

권력은 모든 국가의 필수적인 요소이며, 또한 프롤레타리아 독재에 있

8) V. I. 레닌, *Die Große Initiativ*, WW, Bd.29, S.408~409. J. M. 스베르들로프의 죽음에 임하여 행한 그의 연설에서 레닌은 다음과 같이 언급했다. "의심할 여지없이, 이 요소 없이는 즉 혁명적 강제 없이는 프롤레타리아트는 성공할 수 없을 것이다. 그러나 혁명적 강제는 혁명의 특정한 발전단계에서만, 즉 특정하고 특수한 조건 하에서만 혁명의 필수적이고 합법적인 방법이었다는 데에는 의심의 여지가 있을 수 없다. 반면에 프롤레타리아 대중조직, 노동자조직의 혁명이 훨씬 더 중요하고 영구적인 징표이자 승리의 전제였으며 앞으로도 그러할 것이다. 진정 이러한 수백만 노동자의 조직이 혁명의 최선의 발전조건이며, 그 승리의 마르지 않는 원천이다."(「전러시아 중앙집행위원회 특별회의에서 J. M. 스베르들로프를 위한 추도사」, 1919년 3월 18일, WW, Bd.29, S.74).

어서도 필수적이다. 그렇지만 그것이 본질적인 것은 아니며, 더구나 유일하게 중요한 것도 아니다. 우선적으로 누구에게 강제력을 행사하고, 누가 그것을 행사하고 누구의 이름으로 그것이 행사되는가 하는 점들이 철저하게 구별되어야 한다. 레닌은 이 문제들에 대해 어떠한 의심도 갖지 않았다. 그는 사회주의 국가와 사회주의 지배는 "지배계급으로 조직된 프롤레타리아트"(맑스)라고 일관되게 주장했으며, 이로부터 기본적인 결론들을 이끌어내었다. 프롤레타리아 독재는 반드시 더 발전된 유형의 사회관계인 사회주의적 관계의 실현을 의미하므로, 즉 노동하는 사람에 대한 지배가 아니라 노동하는 사람의 지배를 의미하므로, 모든 권력이 분립된 권력장치에 집중되어서는 안 되며, 이 모든 과정이 그러한 장치를 강화시키는 것으로 이어져서도 안 된다. 왜냐하면 그렇게 된다면 그것은 일하는 인간들 위에 군림하는 관료주의적 권력으로 되기 때문이다. 이런 의미에서 레닌은 사회주의 내에서의 국가소멸의 필연성에 대한 맑스와 엥겔스의 탁월한 사상을 계승했다.

"프롤레타리아트는 국가[조국]를 필요로 한다. 이것은 모든 기회주의자들, 사회국수주의자들과 카우츠키파들이 반복하고 있다. 이들은 이것이 맑스의 이론이라고 단언한다. 그러나 이들은 첫째 맑스가 프롤레타리아트는 단지 소멸하는 국가만을, 즉 이제 곧 소멸하기 시작하고 어쩔 수 없이 소멸되어야 하는 성질을 가진 국가만을 필요로 한다고 덧붙인 것을 '잊고 있다.' 그리고 둘째 노동자는 '국가', 즉 '지배계급으로 조직된 프롤레타리아트'를 필요로 한다."[9)]

변화된 정세와 러시아 사회주의의 꾸준한 발전을 통해 이 문제는 국제

9) V. I. 레닌, 『국가와 혁명』, WW, Bd.25, S.414~415.

적인 사회주의 이론과 실천의 실마리가 되었다. 이 자리에서는 다만 이 점에 관한 한 레닌의 사상은 맑스와 엥겔스의 견해와 완전히 일치하며, 그는 사회주의적 사회관계를 국가자본주의나 사회주의적 국가주의와 혼동하지 않았다는 것만을 강조해 두는 것이 중요할 것 같다. 레닌이 추구했던 것은 본질적으로 인간에 대한 지배를 단계적으로 지양하는 것이었으며 물질계를 지배할 인간의 노동공동체를 실현시키는 것이었다.

"우리는 국가의 폐지 즉 모든 조직적이고 체계적인 권력, 인간 일반에 적용되는 모든 강제의 폐지를 궁극 목표로 삼는다. 우리는 소수가 다수에 복종하는 원리가 준수되지 않는 사회질서가 개창될 거라고 기대하지 않는다. 그러나 사회주의를 향한 우리의 노력에서 사회주의는 성장하여 공산주의로 이행하게 될 것이며, 이와 관련하여 인간 일반에 적용되는 강제의 필연성, 한 인간이 다른 인간에, 인구의 한 부분이 다른 부분에 예속되는 필연성이 사라지게 된다고 확신한다. 왜냐하면 인간이 강제와 예속 없이 사회관계의 기본규칙을 준수하는 데 익숙해지게 될 것이기 때문이다."10)

사회관계를 변화시키는 실제적인 사회주의로의 과정을 시작하기 위해서 레닌은 즉시, 즉 소비에트 지배가 시작되자마자 그에 부응하는 조치들을 취하기 시작했다. 권력장악 직후인 1917년 11월에 그는 노동통제에 대한 교서를 썼는데 그 중 가장 중요한 사상은 다음과 같다.

"노동자와 고용인이 5명 이상이 되거나, 연간 거래액이 10,000루블 이상인 공업, 상업, 농업과 그 밖의 모든 산업에는 모든 생산물과 원료의 제조, 저장, 구매와 판매에 대해 노동통제가 실시된다. ……선출된 노동자와 고용인 대표의 허가 없이는, 국가적 차원에서 중요한(7절을 볼 것) 기업이나 생산분야를 휴업시키거나 조업상의

---

10) Ibid., S.469~470.

변화를 가하는 것은 절대적으로 금지되었다. ……이 선출된 대표가 예외없이 모든 서적과 서류에 대한 검열과 비축된 모든 원료, 도구, 생산품의 검사를 하게 된다."11)

여하튼 레닌은 이 문제를 사회주의에서 가장 중요한 문제 중의 하나로 간주했다. 이것은 수없이 그의 여러 저작들에서 잘 드러나 있다. 우리는 여기에서 가장 뚜렷한 몇 가지 예만을 들기로 한다. 특히 레닌은 『소비에트권력의 당면과제』에서는—혁명이 발발한 직후(1918년 4월) 집필된 것이다. —사회주의 국가, 사회주의적인 지배, 이 지배의 일반적 본질, 그것의 구조와 전망에 대해 밝혀놓고 있는데,(즉 민중과 구별되는 권력장치로서의) 국가가 강조되는 것이 아니라 조직적 통일체로서의 코뮨 내에서의 노동대중의 직접적 자치관리가 강조되고 있다는 것을 쉽게 볼 수 있다.

"사회주의 국가는, 생산과 소비를 양심적으로 경영하고, 노동을 절약하고, 노동 생산력을 끊임없이 증대시키며, 이렇게 함으로써 일일 노동시간을 7시간, 6시간 심지어는 그 이하로 줄일 수 있는 생산-소비 코뮨의 그물조직으로서만 성립될 수 있다."12)

이 저작에서 레닌은 코뮨에 대해서 구체적으로 아주 분명하게 설명하고 있다.

"모든 공장, 모든 촌락은 일종의 생산 코뮨과 소비 코뮨이다. 이것은 나름의 방

---

11) V. I. 레닌, 「노동통제법령의 초안」(*Entwurf von Bestimmungen über die Arbeiterkontrolle*), WW, Bd.26, S.267. 초안속에서 선출된 노동자 대표의 결의가 경영권자들에게 구속력이 있으며(단지 전문단체와 그 회의만이 그것을 해산시킬 수 있다.) 모든 소유주와 대표들은 엄격한 질서와 규율 그리고 재산을 보전하기 위해 국가에 책임진다고 언급되어 있다. 레닌은 죽을 때까지 이 문제를 다루었다. 1923년에 발표된 그의 논문을 볼 것.
12) V. I. 레닌, 『소비에트 권력의 당면과제』, WW, Bd.27, S.245.

식대로 일반적인 소비에트 입법조항을 적용하고(규칙을 위반한다는 의미에서가 아니라 실행형태의 다양성이란 의미에서 '나름대로의 방식'이다), 나름의 방식대로 생산물의 산출과분배의 산정문제를 해결할 권리와 의무를 갖는다. 자본주의에서 이런 일은 개개의 자본가, 상품소유자, 쿨락의 '사적인 용무'였다. 소비에트 권력 하에서 그것은 사적인 용무가 아니라, 매우 중요한 국가공무이다."[13]

레닌은 소비에트, 소비에트적인 지배를 프롤레타리아 독재의 조직형태로, 노동계급의 국가로 보았는데 이것은 정당하다. 이 국가의 기본적인 역사적 소명은 광범위한 민중계층을 국가 통치에 참여시키고, 그러면서 동시에 소비에트 조직을 통해 스스로 추구해 나갈 바를 준비한다. 그리고 그는 이 문제에 대한 사회주의적인 해석에서의 두 가지 경향을 근본적으로 질책했는데, 이것도 물론 지극히 정당하다. 이 경향의 하나는 카우츠키의 해석으로, 사회주의적 자유를 표방하는 순수 민주주의 이론인데, 이것은 그 뒤에 결과적으로는 부르주아 민주주의를 은폐하고 있다. 다른 하나는 관료적-국가주의적 경향으로, 비록 단 하나의 사회주의 국가였을지언정, 국가 자체가 안고 있는 과제, 어려움과 그 성격으로부터 당시의 상황으로서는 필연적으로 나타날 수밖에 없었던 경향이다. 레닌은 자신의 수많은 저작 속에서 소비에트 민주주의는 비록 일시적으로 부르주아지의 선거권을 제한할 수밖에 없지만 그것은 부르주아지의 형식적인 민주주의보다 본질적으로 훨씬 더 깊이가 있다고 매번 강조했다. 소비에트 민주주의가 더 깊이가 있는 이유는 아주 간단하다. 왜냐하면 대중이 자기 의사대로 선택할 권리를 가지며, 아울러 피선거권자를 다시 선거를 통해 소환

---

13) Ibid., S.251.

할 자유도 갖기 때문이다. 결국 소비에트 지배는 가장 광범위한 피착취자 계층을 자주적으로 정치활동에 참여시켜, 자기 자신의 경험을 통해서 그들을 정치적으로 교육시키는 데 전력하여, "이런 방식을 통해서 역사상 처음으로 실제적이고 예외없이 모든 인민이 통치술을 배우고 통치하기 시작하는 단계에 들어서기"14) 때문이다. 레닌은 이 점을 더 발전된 민주주의의 유형으로, 부르주아 사회의 형식적-정치적 민주주의를 극복한 것으로 보았다. 그러나 이와 같이 더 발전된 형태의 민주주의를 실현하기 위해서는 대중이 실제적으로 통치에 참여해야 한다. 그리고 이렇게 함으로써만 지배의 관료주의적 남용을 막을 수 있으며 프롤레타리아 독재가 관료 독재로 변질될 가능성이 예방된다.

"소비에트의 조직과 소비에트 권력의 조직을 건설하는 데 전력투구해야 한다. 소비에트의 구성원들을 '국회의원'이나 아니면 관료로 변질시키려고 하는 쁘띠부르주아적인 경향이 온존하고 있다. 이에 대해 우리는 소비에트의 모든 구성원들을 실제로 통치에 참여시키기 위해서 싸우지 않을 수 없다. 소비에트의 부서들이 많은 지역에서 점점 임명된 관리들과 병합된 기관들로 변질되고 있다. 우리의 목적은 빈곤한 대중이 빠짐없이 통치에 실제적으로 참여하도록 유도하는 것이다. 그리고 이 목표를 실현하기 위한 모든 단계가—이것이 다양할수록 더 좋다.—면밀하게 검토되고, 연구되며, 체계화되고, 많은 경험을 통해 검증되어서 법칙으로 정착되어야 한다. 우리 목표는 모든 노동자가 생산노동에서 맡은 8시간의 '과업'을 완수하고 난 후에 무보수로 국가 의무를 이행하도록 이에 참여시키는 것이다. 이런 전환은 특히 어렵지만, 하지만 오직 이 전환 속에서만 사회주의를 궁극적으로 공고화시킬 수 있는 담보가 놓여 있다."15)

---

14) Ibid., S.263.
15) Ibid., S.263~264. 계속해서 다음과 같이 쓰고 있다. "소비에트 조직의 관료주

레닌은 종종 관료주의에 관한 문제에 주목했다. 왜냐하면 그는 관료주의를 소비에트 권력의 발전에 있어서 가장 큰 해악으로 간주했기 때문이다. 여기에서는 단지 「현물세에 대하여」라는 글에서 보여진 그의 분석에 관해서만 언급하고자 한다. 이 글에서 레닌은 이미 1919년 3월의 새로운 당 강령에서 제시한 바 있는, 관료주의가 소비에트 체제 내부에서 되살아나고 있다는 사실을 확증했다. 부르주아 사회의 관료주의와 달리 소비에트 체제 내부에서 생겨난 관료주의의 경제적인 뿌리는, 레닌에 따르면, 다음과 같다.

"소생산자들의 개별화, 분열, 그들의 빈곤과 문화적 상실, 절망감, 문맹, 농업과 공업 사이의 유통의 부족, 그들 사이의 결합과 상호작용의 결여(이다). 이것은 상당할 정도로 내란의 결과이다."16)

---

의적 태도에 대한 투쟁은 노동자와 피착취자란 의미에서 소비에트와 '민중'과의 결합을 공고히 함으로써, 그리고 이 결합을 민활하고 신축성 있게 함으로써 보장된다."(Ibid., S.265).

레닌은 또한 이미 오래 전부터 사람들이 관료주의에 대해 불평하고 있다는 부하린의 보고서(1919)를 인용하면서 당 강령에 대한 그의 보고서에서 다음과 같이 말했다. "완전히 승리할 때까지 관료주의와 가열차게 투쟁하는 것은 전인민이 통치에 참여할 때에만 가능하다. 부르주아 공화국에서는 이것이 전혀 불가능하다. 왜냐하면 법률이 그것을 방해한다. 가장 나은 부르주아 공화국에서도 비록 이것이 아무리 민주적이라 하더라도, 노동자가 통치에 참여하는 것을 금지하는 수천 가지 법적 제한이 있다. 우리는 이런 제한을 일소했다. 그러나 우리는 지금까지 노동대중이 통치에 동참할 수 있는 데까지 도달하지 못했다. 왜냐하면 법 외부에 어떤 법에도 속할 수 없는 문화 수준이 여전히 존재하고 있기 때문이다. 이 낮은 문화 수준으로 인해서 강령상으로는 노동자에 의한 통치기관이어야 하는 소비에트가 실제로는 노동자를 위한 통치기관이 되고 있는 실정이다. 다시 말해 프롤레타리아트의 선진 계층에 의한 통치가 이루어지고, 노동대중 스스로에 의한 통치가 이루어지고 있지 못한 실정이다."(『당 강령에 관한 보고, 1919년 3월 19일』, WW, Bd.29, S.168~169).

16) V. I. 레닌, *Über die Naturalsteuer*, WW, Bd.32, S.365.

"우리는 두려움 없이 그 죄악을 인정하는 용기를 지녀야만 한다. 그래야만 우리는 그것과 더 단호하게 싸울 수 있으며, 언제나 다시 처음부터 시작할 수 있다. 우리는 우리가 건설하고 있는 전 영역에 걸쳐서 몇 번이라도 다시 처음부터 시작해야 한다. 왜냐하면 우리는 완성되지 못한 것을 개선하고, 과제에 도달하는 여러 길들 가운데서 선택해야 하기 때문이다."[17]

이런 모든 것으로 인하여 레닌의 사상의 풍부함과 다재다능한 이론적 활동은 그 위대한 10월 이후의 혼란스럽고 복잡한 시절에도 결코 그 바닥이 드러날 줄 몰랐다. 이제 국내외의 많은 어려움을 뚫고 목적을 향하여 최초의 사회주의 국가를 과감하게 이끌어 나가는 것이 필요했다. 평화와 토지에 대한 법령(국유화)을 시발로 해서 부르주아 반혁명에 이르기까지 기아, 폐허, 관료주의 등이 초래되었을 때, 레닌이야말로 이러한 곤경에서 출구를 찾고, 그의 독창성에 의하여 다른 볼셰비키들에게 이 길의 정당성을 확신시킬 수 있었던 유일한 인물이었다.

특히 부하린, 로모프와 스투코프가 영향력을 행사했던 전 모스크바 지방위원회는 브레스트-리토프스크 강화에 반대의사를 천명했으며, 국제혁명을 위해서는 이미 패배한 전쟁을 계속하여 그들이 순전히 형식적으로 존재하는 것으로만 본 소비에트 지배를 상실하더라도 괜찮은 것으로 여겼다.[18] 더욱이 트로츠키마저도 의무위원의 자격으로 [브레스트에서 독일과

17) Ibid., S.366. 그가 이 문제에 대해 얼마나 날카롭게 논하고 있는가 하는 것을 우리는 바로 이 글에서 아주 잘 볼 수 있다. 예를 들어 그는 눈에 거슬리는 폭행을 함부로 일삼고 농민을 업신여기는 모든 구 관리, 귀족, 부르주아들에 대해서는 가장 엄격한 처벌을, 즉 즉각적인 총살을 요구했다(S.369).

18) 레닌의 결의문, *Seltsames und Ungeheuerliches*, WW, Bd.27, S.52~60.

강화교섭 중에] "강화도 않고 전쟁도 않는다"라고 선언했다. 이것은 당연히 이미 파국적인 상황을 더욱 어렵게 만들 뿐이었다. 이런 것들을 고려해 볼 때 이런 상황 속에서도 당 동지들에게 행정적-관료주의적으로 지시하거나 또는 강제를 행사하여 일들을 처리하지 않았던 레닌의 사려 깊은 마음과 권위가 새삼 선명하게 부각된다.

부르주아 반혁명과의 투쟁과정 속에서 그는 모든 사회주의 세력과 모든 인민세력을 규합하여 내란을 승리로 이끌 수 있었다. 동시에 그는 그가 주역이 되어 제3인터내셔널(코민테른)을 재건했으며 매우 분명한 노선을 취하였다. 이 문제에 대한 논문에서 그는 세 개의 인터내셔널의 차이에 대해서 다음과 같이 정식화했다.

"제1인터내셔널은 사회주의를 위한 프롤레타리아 투쟁의 초석을 놓았다.

제2인터내셔널은 많은 국가에서 대중들 속에 운동을 확산시키기 위한 기반을 준비하는 시기였다.

제3인터내셔널은 제2인터내셔널의 작업의 결실을 거두어들여 그것의 기회주의적, 사회국수주의적, 부르주아적, 그리고 쁘띠부르주아적 오물들을 청산하고, 프롤레타리아 독재를 실현하기 시작했다.

세계에서 가장 혁명적인 운동인, 자본주의의 멍에를 전복시키기 위한 프롤레타리아트의 운동을 지도하는 당의 국제적 동맹은 이제 전례없이 확고부동한 토대를 갖게 되었다. 국제적인 규모로 프롤레타리아 독재를 수립한 더 많은 소비에트 공화국들이 자본주의에 대한 승리를 찬란하게 구현하고 있다.

공산주의 인터내셔널인 제3인터내셔널의 세계사적인 의미는 맑스의 위대한 암호를 실행에 옮기기 시작했다는 데 있다. 이 암호는 사회주의와 노동운동의 수세기에 걸친 발전으로부터 거둬들인 것으로 프롤레타리아 독재라는 개념 속에 표현되어 있다. 이 독창적인 예견, 이 독창적인 이론이 현실화되었다."[19)]

이것과 많은 문제들에 있어서 레닌이 생시에 제3인터내셔널의 활동에 미친 영향은 실로 대단했다.

고도로 성장한 국가들의 상황에 비추어 볼 때 프롤레타리아트의 임무는 매우 분명했지만, 다른 많은 나라들, 미개발국, 식민지, 반식민지에서는 그렇지 않았다. 그러므로 레닌이 이 문제들을 어떻게 이해하고 있는가에 대해 간단하게나마 언급할 필요가 있다. 코민테른 제2차 대회에서 행할 민족문제와 식민지 문제에 대한 테제를 구상하면서 레닌은 특히 다음의 테제를 정식화했다.

"4. 지주와 부르주아지를 전복시키기 위해서 모든 민족과 국가의 프롤레타리아트와 노동대중이 공동으로 혁명투쟁으로 나아가는 것이 민족문제와 식민지 문제에 대한 코민테른의 모든 정책의 주춧돌이 되어야 한다는 사실이 앞서 제시된 원칙들로부터 도출된다. 왜냐하면 공동으로 연대해서 혁명투쟁으로 나아가는 것만이 자본주의에 대한 승리를 보증하며, 자본주의에 대한 승리 없이는 민족의 억압과 차별이 폐지될 수 없기 때문이다.

5. 국제정치의 정세는 지금 프롤레타리아 독재가 의제로 상정되도록 했으며, 세계정치의 모든 사건들은 필연적으로 러시아 소비에트 공화국에 대한 세계 부르주아지의 투쟁을 중심적으로 해서 움직이고 있다. 소비에트 공화국은 한편으로 불가피하게 모든 국가의 선진 노동자들의 평의회 운동을 한데 모으고 있으며, 다른 한편으로 식민지와 피압박민족의 모든 민족 해방운동을 한데 묶고 있다. 이들은 자신의 쓰라린 경험을 통해 세계 제국주의에 대한 소비에트 권력의 승리 외에는 그들을 위한 다른 구제책이 없다는 것을 확신하게 되었다.

---

19) V. I. 레닌, *Die III. Internationale und ihr Platz in der Geschichte*, WW, Bd.29, S.296.

6. 따라서 이제 여러 국가 노동자 간의 상호 유대가 빈말로 인정되거나 선언되는 데 그쳐서는 안 되고, 모든 민족 및 식민지의 해방운동과 소비에트 러시아와의 밀접한 연대를 실현시킬 정책이 추진되어야 하며, 연대의 형태는 각국의 프롤레타리아트에 의한 공산주의 운동이나 혹은 뒤처진 나라나 민족들에서는 노동자와 농민이 주축이 된 부르주아 민주주의적 해방운동과 같이 그때 그때의 발전단계에 상응하여 결정되어야 한다."[20]

레닌은 제국주의 시대의 식민지와 민족예속적인 인민의 투쟁도 사회주의 혁명의 일부임을 예견하였다. 왜냐하면 자본주의적 식민지 개척자의 지배는 식민지로 하여금 쓰라린 경험을 겪게 했던 바 체제를 극복하고자 하는 투쟁을 필연적으로 야기시키며 다른 한편으로 이미 그 나라의 어느 정도 조직된 프롤레타리아트가 이 투쟁에 참여하도록 만들기 때문이다. 현재 강도 있게 진행되고 있는 식민지 인민의 해방과정은 레닌 사상의 명석성을 가장 잘 입증해 준다.

반혁명에 대해 승리한 후에 나라는 후진성, 파괴 등의 온갖 혼란으로부터 벗어나지 않으면 안 되었다. 레닌은 진보적 운동의 연쇄고리 속에서 하나가 불가피하게 문제될 때에는 필연적인 방향전환을 마다하지 않았다. 이미 언급된 「현물세에 대하여」라는 글에서 레닌은 그 특유의 명석함과 소신을 갖고 러시아는 과도기에 처해 있다는 것, 이 과도기는 필연적으로 상이한 경제력 사회구성체의 요소를 포함하지 않을 수 없다는 것, 쁘띠부르주아적인 경제적 분열은 사회주의의 가장 큰 적이라는 것, 따라서 국가자본주의는 노동자계급의 수중에 들어 있는 소비에트 국가를 향해 진일보

20) V. I. 레닌, *Thesen zur nationalen zur kolonialen Befreiung, Ursprüng licher Entwurf*, WW, Bd.31, S.134.

한 것임을 밝혀 주었다. 레닌은 이 테제가 당노선 내에 오해와 저항을 불러일으킬 것을 알고 있었기 때문에 계속해서 다음과 같이 해명하려고 했다.

"첫째, 우리는 우리에게 사회주의 소비에트 공화국이라고 부를 수 있는 권리와 근거를 부여해 주는 사회주의에로 자본주의가 이행할 전망이 어떠한가를 탐구해야 한다.

둘째 우리는 쁘띠부르주아적인 경제적 여건과 쁘띠부르주아적인 요소를 사회주의의 최대의 적으로 보지 않는 사람들의 오류를 폭로해야 한다.

셋째 소비에트 국가의 중요성을, 즉 소비에트 국가와 부르주아 국가의 경제적인 차이를 잘 이해해야 한다.

이 세 가지 사항을 모두 검토해 보자.

이제까지 러시아 경제에 대한 문제와 이 경제의 과도기적 성격에 이의를 제기한 사람은 하나도 없었다. 어떤 공산주의자도 '사회주의 소비에트 공화국'이 표명하는 바가 사회주의로의 이행을 실현하려는 소비에트 권력의 결단을 의미하는 데 이의를 제기하지 않았다. 그러나 지금의 경제상태가 사회주의적이라 불리울 수 없다는 것은 이론의 여지가 없다.

과도기란 말은 무엇을 의미하는가? 그것은 경제에 적용될 때 해당 사회질서 내에 자본주의와 사회주의의 요소와 부분, 그리고 이러한 측면이 병존한다는 것을 의미하지 않는가? 모든 사람이 그렇다고 인정할 것이다. 그런데 그것을 인정하는 모든 사람이 도대체 러시아에 존재하고 있는 상이한 사회적 경제형태의 요소들은 어떤 것인가에 대해서는 생각하지 않는다. 하지만 이것이야말로 문제의 핵심이다.

이 요소들을 열거해 보자.

1. 상당한 정도로 자연경제인 가부장적인 농촌경제
2. 소상품생산(곡물을 판매하는 다수의 농민이 여기에 속한다)
3. 사경영적인 자본주의

4. 국가자본주의

5. 사회주의

6. 러시아는 거대하고 복잡해서 이러한 모든 경제적 사회구조의 다양한 유형들이 한데 얽혀 있는 것이다. 상황의 특징은 바로 여기에 있다."[21]

이와 관련하여 그는 신경제정책(NEP)을 입안했는데 이것은 소비에트 국가가 허용하는 범위 내에서 그리고 사회주의 지도부의 통제 하에 자본주의적 요소의 부활을 가능하게 하는 것이었다. 왜냐하면 그는 결정적인 전망이 대공업에 있다는 것을 분명히 알았기 때문이었다. 성장의 기본방침은 국가를 강력하게 산업화시키며 국가 전역에 전기를 가동시키는 것이었다. 그것이 이제 전면에 제시되었다. 왜냐하면 이 방책이 없이는 부르주아적 생산방식과 경제방식이 극복될 수 없고, 따라서 그의 결론에 따르면—일일 노동시간의 단축을 통해서—미래에 노동분업의 지양을 가져올 생산력의 발전수준에도 미칠 수 없게 되기 때문이다. 또한 공산주의의 전망은 이 방책과 유기적으로 결합되었다.

한편 레닌은 러시아의 쁘띠부르주아적이고 농민적인 성격과 관련해서도 분명한 방침을 남겨 주었다. 대자본가와 대지주의 재산이 몰수되었고 빈농은 소비에트 지배에 편입되었으며, 중간층들을 가능한 한 협조적으로 이끌기 위해 그들과 서로 교섭하고 협동해야 했다. 그럼에도 불구하고 레닌은 당연히 강제 없이 운영되어야 하는 대규모 사회주의 협동체의 건설 속에서 농업문제의 근본적인 전망과 해결책을 보았다.

---

21) V. I. 레닌, 「현물세에 관하여」, WW, Bd.32, S.342~343. 레닌은 국가자본주의에 대해서 여러 곳에서 논했다. 그 중에서 특히 11차 당 대회에서 행한 「러시아 공산당 중앙위 정치보고」(*Politischen Bericht des ZK der KPR[B]*)를 언급하게 될 것이다.

"여기에서는 어떠한 것도 강제적으로 행해지지 않는다. 중농에 대해서 강제를 행사하는 것은 매우 좋지 않다. 이들은 수백만에 달하는 계층이다. 그들이 그렇게 강력해지지 않은 유럽 그 어디에서도, 기술과 문화, 도시생활과 철도가 거대하게 발전하고, 그래서 마음만 먹으면 얼마든지 쉽게 강제수단을 사용할 수 있음에도 어느 혁명적 사회주의자도 중농에 대한 강제수단을 제안하지 않았다…….

특히 우리는 여기에서 일의 성질상 강제수단을 써서는 아무것도 이룰 수 없다는 사실로부터 출발해야 한다. 이 점으로부터 경제적인 과제는 전적으로 다르게 설정된다. 기초 전체와 건물 전체를 같이 들어내지 않고서 떼어낼 수 있는 첨탑은 여기에는 하나도 없다. 도시에서 자본가가 세웠던 첨탑은 여기에는 존재하지 않는다. 여기에서 강제를 행사하는 것은 일 전체를 망치는 것을 의미한다. 여기에는 오랜 기간의 교육사업이 필요했다. 우리는 우리 나라에서뿐 아니라 전세계에 있어 실천가이며 현실주의자인 농민들에게 '코뮨'이 가장 좋은 것이라는 증거가 되는 구체적인 사례를 제시해야 한다. ……여기에서 우리의 임무는 중농의 재산을 몰수하는 데 있는 것이 아니라 농민의 특수한 생활조건을 고려하고 어떻게 명령하지 않으면서도 더 나은 질서로 나아가는가를 농민으로부터 배우는 데 있다!"[22]

레닌의 이러한 견해와 결정, 그리고 그의 사후 몇 년 뒤에 필연적으로 나타났던 견해와 결정들 사이에는 얼마나 큰 차이가 있는가?

---

22) V. I. 레닌, *Bericht über die Arbeit auf dem Lande*, WW, Bd.29, S.196~197.

# 제6장
# 당내 민주주의에 대하여

다수의 공산당이 이미 스탈린주의를 반대하고 레닌의 당조직 원칙으로의 복귀를 선언한 오늘에 와서, 레닌이 실제로 당의 문제, 즉 그것의 통일성, 내부관계, 비판과 반대파의 문제를 어떻게 경험하고 이해했는가를 아는 것은 국가적인 차원의 사회주의를 위해서 극히 중요하다.

레닌이 20세기 초 러시아에서 비합법적 활동이 극히 어려웠던 상황에서 당조직의 문제에 대해 쓴 글들을 통해 우리는 다음의 사실을 인용할 수 있다. 즉 그가 그런 상황에서 오직 엄격하게 조직되고 훈련된, 민주적 중앙집권제로 구성된 당만이 역사적 과업을 달성할 수 있다고 간주했다는 사실이다. 이미 그 당시에 그는 만일 의견차이가 너무 심해 그것을 해결하기 위한 모든 협상이 혁명투쟁의 성공을 흐리게 할 수 있을 정도라면, 당을 분열시키는 것까지도 모든 혁명가의 권리라고 생각했다(1903년에 그는 이러한 상황에까지 이르렀다.). 후에 살펴보겠지만 레닌은 그런 상황이 결코 일어나지 않도록 노력하면서도 이 생각을 혁명 후까지 견지했다. 모든 불화는 위기를 의미하는바 위대한 10월의 이듬해에도 당 내부의 위기는 분명히 혁명과업 자체를 매우 위태롭게 했을 것이다.

탁월한 변증법론자인 레닌에게는 "민주적 중앙집권제"란 정식이 신축성 있고 유연한 것으로 받아들여졌으며, 이 통일의 어느 측면이 어떤 특정 순간에는 더 강조되고 또 어느 측면이 덜 강조되는가는 오로지 구체적 상황에 달려 있다는 것을 지극히 분명히 했다. 왜냐하면 "민주적 중앙집권제"는 근본적으로 다음의 사실을 의미하기 때문이다. 즉 상급기관은 민주적인 방법으로 선출되고, 당 대회의 의결에 따른다. 그리고 이와 상응해서 상급기관의 결정은 하급기관에 대해서 구속력을 가지고 있다. 그럼에도 불구하고 이 정식은 한 나라가 처한 다양한 역사적 상황과 발전수준에 따라 여러 가지를 의미할 수 있다. 즉 모든 지도기관은 모든 방면에서 선출될 수 있을 뿐만 아니라 몇몇 지도기관은 중앙기관에 의해 세워질 수 있다. 이는 또한 개별 문제들에 대한 당내 토론뿐만 아니라 공개토론이 총회의 결정이나 대회의 결의에 앞서 허용된다는 것을 의미할 수 있다. 더 나아가 이 결의는 이때 물론 확정적이긴 하지만, 이 확정적인 결의가 이론적으로 계속해서 탐구, 분석되고 또한 반대입장도 옹호될 수 있어야 한다는 것도 의미한다. 앞서 언급된 정식은 당 내부의 상이한 집단의 존재도 용인한다. 당은 당의 활동과 사회생활의 여러 중심문제들에 대해 각기 다양한 여러 견해들을 가질 수 있으며 이것을 당내 반대파라고 부르는 것은 전적으로 옳지 못하다.1)

---

1) 반대파란 이 경우에는 중요한 문제들에 있어 중앙위원회의 다른 위원들과 동의하지 않는 폐쇄된 집단이나 분파로서 존재한다는 것을 의미하지 않았다. 만일 그렇다면 이는 궁극적으로는 새로운 당의 형성을 의미하는 것이다. 반대파란 종종 매우 중요한 몇 가지 문제들에 대해 의견이 서로 엇갈리는 것을 의미할 뿐이다. 그러나 '노동자반대'라는 견해만큼은 아마도 대부분의 근본 문제들에 대한 원칙적인 의견차이를 가져올 수 있을 것이다.—당내 민주주의 문제에 대해 나는 특히 주목한다. 왜냐하면 그것이 사회주의의 지도역량의 성장을 위해 중요하며 따라서 사회주의 자체에 대해 중요하기 때문일 뿐 아니라 또한 이 문제에 대해 전혀 적당치 않은 해석과 실행이 있기 때문이다. 서방의 문헌에서는(예외가 거의 없다.) 1917년 이후의 레닌의 실천을 이후 스탈린의 실천과 대대적으로 일치

혁명 후에 레닌은 이 문제를 더 상세하게 다룰 시간을 더 이상 가질 수 없었다. 새로운 통치와 연이어 터지는 사건들로 인해서 새로운 문제가 산적하고 이것이 일차적인 관심이 되었다. 이런 이유로 조직문제는 더욱더 실천과 분리되었으며, 그 결과 우리에게는 이 새로운 소비에트 공화국에도 의심의 여지없이 가장 힘들었던 시기의 당내 민주주의의 실제적인 해결방법이 각별한 관심의 대상으로 남게 되었다.

그리고 실제로 레닌은 혁명 이듬해에 비볼셰비키적인 두 개의 정당에 대해 관대했을 뿐 아니라 당 내부에서의 고정적인 반대파에 대해서도 용인했다. 우리는 이 당내 논쟁과 대립의 주요 국면만을 다룰 것이다.

이미 언급했듯이 볼셰비키당의 결정적인 순간에 중앙위원회의 몇몇 위원들이 레닌의 봉기 주장에 동의하지 않았으며, 권력획득 후에도 그들은

---

시키려 하고 있으며, 사회주의 국가에서 스탈린화된 실천을 레닌주의적인 것으로 공언하려는 시도가 점점 강해지고 있다.—소련 공산당 발전사에 대해서는 다음과 같은 개론서들이 있다. 1938년 총동맹 공산당 중앙위원회(볼셰비키)[ZKV KP(B)]에 의해 인가된 공인 『공산당사(볼셰비키)』(*Geschichte der Kommunistischen Partei[Bolschewiki]*), 다음으로 B. N. 프로마로프에 의해 편집된 『소련공산당사』(*Geschichte der Kommunistischen Partei der Sowjetunion*), Auflage Moskau 1963, 그리고 P. N. 포스펠로프에 의해 감수된 더 상세한 『소련공산당사』(*Geschichte der Kommunistischen Partei der Sowjetunion*), Bd. I 1964, Bd. II 1966. 중요 문헌에는 가장 유명한 저서 가운데 하나로 E. H. 카의 『소비에트 러시아 역사』(*A History of Soviet Russia*), I, 『볼셰비키 혁명』(*The Bolshevik Revolution*), II, The Interregnum(1954), III, *Socialism on one Country*, I-III, 1. III.2 1958~1964)가 있으며, 그 다음으로 L. 샤피로, 『소련당사』(*Die Geschichte der Sowjetunion*), 피셔, 1962, 그리고 P. 브루에, *Le parti bolchevique*, 파리, 1963이 있다. 반대파에 대한 가장 철저한 연구는 로버트 빈센트 다니엘스가 쓴 「혁명의 양심, 러시아 공산당내 반대파」(*Das Gewissen der Revolution. Kommunistische Opposition in Rußland*), 쾰른-베를린, 1962이 있다. 반대파에 대한 가장 최근의 발행자료는 『노동자 민주주의냐 당독재냐, 세계혁명의 기록들』(*Arbeiterdemokratie oder Parteidiktatur, Dokumente der Weltrevolution*), Bd.2, 프라이부르그, I. B. 1967과 퀸터 힐만, 『공산주의의 자기비판』(*Selbstkritik des Kommunismus*), 로볼트, 1967이다.

사회주의 혁명의 완수는 그 당시의 상황으로는 불가능하다고 고집했다. 이러한 위상에서 중앙위원회는 1917년 11월 2일 반대파가 그들의 회의주의와 그들의 논의를 신문에 싣고 실무를 중앙위원회에 남겨둘 것을 요청하는 의제를 의결했다.[2] 그 다음날 「러시아 사회민주주의 노동당 중앙위원회의 다수파가 소수파에게 보내는 볼셰비키 최후통첩」에서 레닌은 반대파에게 그들이 당규율에 복종하고 동시에 중앙위원회에서 의결된 정책을 이행하겠다는 의견을 서면상으로 제출하라고 요구했다. 사실상 민주적 중앙집권제 원칙에 대해서 가장 엄격한 규율과 엄정한 해석을 요구해야 했던 혁명의 와중에서 레닌은 그의 동지들에게 그는 임시 당 대회에 다음과 같은 대안을 제시할 것이라고 편지를 썼다. 한편으로 반대파는 그들과 연합한 사람들과 같이 새로운 정부를 구성하게 되는데 레닌에 의하면 그것은 동요, 무능과 혼란의 정부가 될 것이며, 이에 대해 중앙위원회는 더 이상 책임을 질 수 없다고 했다. 그렇게 하지 않으려면 그들은 즉각적으로 그들의 조직와해 책동을 중지해야 한다. 레닌은 불화는 의심할 여지 없이 한탄스런 일이라고 밝히면서도 "그러나 명예롭고 공개적인 분열은 당내의 사보타지보다 더 나으며, 독자적인 의결을 방해하는 것보다도 낫다. 또 조직와해와 무력화보다 단연 더 낫다"[3]라고 말한다.

중앙위원회의 모든 반대파들은 이 토론 후에 레닌의 입장이 정당하다는 것을 깨달았고, 그래서 그들의 탈퇴서를 제출했지만 그럼에도 불구하고 그들은 맡고 있던 모든 직책을 그대로 가질 수 있었다.

---

2) V. I. 레닌, *Resolution der ZK der SDAPR(B) zur Frage der Opposition innerhalb des ZK*, 1917년 11월 2일.

3) V. I. Lenin, 「다수파가 소수파에 보내는 최후통첩」(*Ultimatum der Mehrheit an die Minderheit*), WW, Bd.26, S.275~276.

훨씬 더 심각한 논쟁은 몇 달 후에 독일과의 강화 문제를 놓고 벌어졌다. 독일이 제시한, 부담이 크고 굴욕적인 조건들에도 불구하고 레닌은 볼셰비키가 혁명 전에 주장했던 것을 이제 실행해야 한다는 의견을 표명했다. 왜냐하면 군대, 병사와 대중의 처지를 고려해 볼 때, 또한 일반적으로 조직와해를 고려해 볼 때, 전쟁을 계속할 경우에는 소비에트 정부 자체가 위태로워지기 때문이었다.

레닌의 이와 같은 현실주의적인 입장에 대해서 그와 가장 긴밀한 관계를 유지하던 동료들, 특히 부하린을 수뇌로 한 모스크바 지방위원회가 가장 격렬하게 비판했다. 근본적으로 볼 때 이것은 바로 정치적 현실론자요 비교조주의자인 레닌과 특정 원칙을 위해서는 소비에트 권력 자체를 희생해도 좋다고 생각하는 좌익 공산주의자와의 갈등이었다. 왜냐하면 그들은 제국주의적인 독일과의 협정을 국제주의의 혁명적 원칙에 대한 배신으로 간주했기 때문이다.

중앙위원회에서의 논쟁은 힘들고 극적이었다. 레닌은 즉시 다수를 차지하지는 못했고, 중앙위원회와 정부의 많은 위원들이 탈퇴했다. 로모프(Lomov), 우리츠키(Uricki), 퍄타코프(Pjatakov) 등이 당과 소비에트 정부 내에서 그들이 맡고 있던 직책을 그만두었다. 1918년 2월 24일 개최된 중앙위원회 회의에서 요페(Joffe)가 브레스트로 가는 것을 거절했으며, 트로츠키는 외무위원으로서의 그의 직책을 사임했고, 소콜니코프(Sokolnikov)는 브레스트-리토프스크 강화가 조인될 경우에는 중앙위원회를 탈퇴할 것이라고 으름장을 놓았다. 레닌은 동지로서 이같이 어려운 상황에서 뒤로 물러서지 말라고 그들을 설득하려고 했으며, 그들이 「프라우다」에 해명서를 발표할 것을 확약받고, 강화 체결 때까지 그들의 결정을 유보하고,

그 사이 모든 것을 한번 더 심사숙고해서 그들의 직책에 가급적이면 그대로 남아 있도록 요청했다.4)

부하린과 모스크바 지방위원회의 조직적인 저항과, 그처럼 치욕스런 강화를 체결하느니 소비에트 권력을 잃는 것이 낫다는 그들의 주장에 대해 레닌은 그의 유명한 「기묘하고도 기괴한 것」이란 논문에서 당내의 심한 대립으로 인해서 당이 분열된다 하더라도 동지들의 반대할 권리를 부정할 수는 없다고 답변했다.

"모든 면에서 볼 때 그 어떤 것도 기묘하거나 기괴하지 않다. 분리 문제에 있어 중앙위원회에 날카롭게 대립하고 있는 동지들이 중앙위원회를 신랄하게 비판하고 분열의 불가피성을 확신한다고 선언하는 것은 지극히 당연하다. 그것은 모두 당원의 정당한 권리로서 매우 온당한 일이다."5)

레닌은 오로지 확신할 만한 논증에 의해서만 그들의 주장이 터무니없고 더 이상 유지될 수 없음을 지적했으며 이러한 방식을 통해서 중앙위원회의 나머지 위원들의 지지를 받았다.

1918년 3월 초의 7차 당 대회에서 계속해서 이 문제를 둘러싸고 토의가 벌어졌을 때 부하린은 중앙위원회와 레닌을 '페틀류라'(Petljura)라고 부르면서, 강화조약이 조인될 경우에 이는 우크라이나에 대한 배신이라고 선언했다. 레닌은 「전쟁과 강화에 대한 보고서의 결어」에서 누구를 지칭하여 특정한 반혁명가나 당의 적이라 부르지 않고 다음과 같이 답변했다.

"부하린 동지는 그의 연설의 결론에서 우리를 페틀류라에 비유할 만큼 극단에

4) 1918년 2월 24일 SDAPR(B)의 중앙위원회에서 행한 레닌의 발언. WW, Bd.27.
5) V. I. 레닌, 「기묘하고도 기괴한 것」, WW, Bd.27, S.52.

흘렸다. 진정 그가 그렇다고 생각한다면 어떻게 그는 우리와 함께 당에 머물 수 있는가? 그것은 빈말이 아닌가? 만일 그것이 사실이라면 당연히 우리는 같은 당에 있지 않는 것이다. 우리가 함께 있다는 사실은 우리 중 10분의 9가 부하린과 의견을 함께 한다는 사실이 입증해 준다. 물론 그는 우리가 우크라이나를 배신하려고 한다는 혁명적 문구를 덧붙였다. 나는 그런 명백한 허튼소리에 대해 왈가왈부하는 것이 우리에게 아무런 득이 되지 못한다고 확신한다."[6)]

이 당 대회에서 레닌은 중앙위원회를 탈퇴하려는 동지들에 대한 결의문을 작성했다. 이와 같은 탈퇴는 당의 통일을 추구하는 모든 사람들에게 있어서 이런 상황에서 원치 않는 것이며 당 자체를 위해 매우 위험하다는 것이다. 그래서 그는 다음과 같이 제안하고 있다.

"당 대회는, 중앙위원회의 탈퇴를 통해서가 아니라 그에 부응하는 성명을 통해서 모두가 자신이 동의하지 않는 중앙위원회의 조치에 대해 책임질 수 없고 또한 책임지지 않겠다고 선언하고 있다.

동지들이 대중조직과 협상한 후에 그들의 성명을 철회할 것이라고 희망하면서, 당 대회는 이 성명을 문제삼지 않고 투표를 실시한다."[7)]

이처럼 레닌은 부분적으로 매우 중대한 몇 가지 문제들에서의 입장의 차이를 진지하게 받아들였으며, 소비에트 지배에 있어 가장 어려운 문제들을 토론, 논쟁, 설득이라는 민주주의적인 방식으로 해결했다.[8)]

---

6) V. I. 레닌, 「전쟁과 강화에 대한 보고서의 결어」(*Schlußwort zum Referat über Krieg und Frieden*), 8. März.

7) V. I. 레닌, 「좌익 공산주의자들의 거부에 의해 촉발된 결의」(*Resolution aus Anlaß der Weigerung der 'linken Kommunisten', dem Zentralkomitee anzu-
gehören*), WW, Bd.27, S.138.

1918년 후반기와 1919년, 1920년은 반혁명과 내란으로 점철되었다. 백색테러와 관련하여 레닌은 테러에 테러로서 응수할 수밖에 없었다. 젊은 소비에트 공화국이 더 강하고 더 잘 무장된 적들을 격퇴하기 위해서는 당은 모든 역량을 합쳐 아주 엄격한 규율을 도입해야 했다. 기강 있고 유능한 군대를 양성하기 위해서 이 전시 공산주의 시기에 많은 것이 포고되었고 또 많은 것이 시도되었다는 것은 당연한 일이다. 그러나 이런 모든 것은, 등한시되고 해체되어 있는 경제의 지원 없이는 이루어 질 수 없었다. 간섭세력들에 대한 전투의 붉은 군대 총사령관으로서 트로츠키는 옛날 군대의 많은 장교들을 복직시켰는데 이는 곧 올바른 것으로 입증되었다. 그리고 레닌은 주요 책임과 경영권을 개인들에게 넘겨줌으로써 경제 질서를 바로잡으려 했다. 이 임시정책은 많은 훌륭한 혁명지휘관들이 전선에서 산화하고, 또는 인민과 군대의 부양을 위해 싸우면서 소비에트 정부를 도왔다는 것을 상기해 보면 더욱 수긍이 간다.

이 정책에 대해 일단의 공산주의자와 중앙위원회 위원들이 러시아 공산당(볼셰비키)의 제6차 당 대회에서 격렬하게 반대했다. 내란이 진행 중이고, 당 대회가 개최되기 직전인 1920년 3월에 이미 첫 번째로 톰스키(Tomski)가, 그리고 사프로노프(Sapronov), 오신스키(Osinskij), 막시모프스키(Maksimovski), 그리고 마지막으로 모스크바 소비에트가 발언했다. 그들의 「집단지도체제와 개인지도체제에 대한 테제」에서 오신스키, 사프로

8) 당시의 민주주의적 토론과 관련하여서는 제5차 전러시아 소비에트대회(1918. 6)을 언급하는 것이 좋겠다. 여기에서 레닌은 사회혁명당원의 태도에 대해 보고하면서, 그에 덧붙여 크라시노프가 페트로그라드의 성문 앞에 버티고 있을 때 그들은 볼셰비키의 편에 서서 싸우지 않았으며, 따라서 객관적으로 크라시노프를 지원한다고 언급했다. 대회에서의 사회혁명당 좌파들의 소란이 너무 심해서 레닌은 한 마디도 할 수가 없었다.

노프와 막시모프스키는 이 원칙 중 어느 것도 절대적인 가치를 지니고 있지 않지만, 사회 · 정치적 입장에서 볼 때 집단지도체제가 몇 가지 장점을 지니며 따라서 이런 상황에서는 집단지도체제가 적용되어야 하며 강화되어야 한다고 강조했다. "집단지도체제가 국가 지도교육의 최고 단계이다."9) 따라서 민주주의의 기초를 의미하는 이 원칙이 모든 분야에서 관철되어야 한다.

레닌은 「3월 30일의 중앙위원회의 보고서에 대한 결어」에서 이 테제와 중앙위원회의 활동에 대한 많은 다른 비난들에 대해 답변했다. 그는 당시의 단계에서 집단지도체제의 원칙을 아주 단호하게 비난했다. 왜냐하면 그는 그 상황에서는 집단적인 책임이란 것이 있을 수 없다고 생각했기 때문이었다. 그는 집단주의 원칙이 민주주의의 필수적인 기초라는 반대주장도 논박했다. 왜냐하면 그러한 요청은 혁명적 사회민주주의의 지금까지의 역사를 통해 아직 존재해 본 적이 없기 때문이었다.10)

제국주의 강대국들의 간섭에 대항하여 모든 전선에 걸쳐 격렬하게 벌어지고 있던 전쟁의 시기에 레닌은 끊임없이 다시 그 문제들을 다루었다. 1920년 11월의 내전이 끝날 무렵 그는 러시아 공산당(볼셰비키)의 모스크바 소비에트 회의에서 행한 그의 연설에서 당내 위기와 모스크바뿐 아니

---

9) N. 오신스키, T. 사프로노프, V. 막시노프스키, 『집단지도와 일인지도에 관한 테제』(*Thesen über die kollegiale und die Einmannleitung*), 『노동자 민주주의냐 당 독재냐』(*Arbeiterdemokratie oder Parteidiktatur*), 1967, S.126.

10) 레닌은 여기에서 예컨대, 중앙위원회가 대회에 참가하지 못하도록 실랴프니코프를 노르웨이에 파견했으며, 중앙위원회가 위원들을 먼 지역으로 추방했다는 등 또 막시모프스키가 레닌에게 질타한 바대로 레닌이 조직국과 정치국 사이를 이간하고 있다는 직접적인 불만에 대해서도 해명했다. 레닌은 그의 답변에서 모든 비난이 근거가 없다고 밝히고 그를 비판하는 사람들에게 이 문제들에 대한 더 나은 해결책을 요청했다.

라 전국에 걸친 반대파와 관련하여 다음과 같이 강조했다.

"이제는 당이 자연스럽게 성장할 때이며, 정치·군사문제에 치중했던 시기로부터, 수십 개의 관료기구를 장악하고 아직 이 과제에 미치지 못하고 있는 프롤레타리아트와 농민의 대다수의 문화수준을 높일 건설과 조직의 시기로 이행할 때입니다. 이러한 때에—당내 위기와 관련하여—모스크바뿐 아니라 전 러시아에 걸쳐 존재하는 반대파들이 갖고 있는 많은 것들은 매우 건전하고 필요하며 또한 불가피한 것으로 중앙위원회의 입장에서 그리고 또한 당 동지들의 절대 다수의 입장에서 이에 대해서 결단코 아무 의심도 있을 수 없다고 나는 생각합니다. 노동자와 농민 감독제는 더욱이 자신들이 원해서 구성된 것입니다. 그것은 이제까지는 누구도 실행할 수 없었습니다. 왜냐하면 가장 유능한 노동자들은 전선에 있었고, 농민대중의 문화수준은 낮아서 그들 속에서 책임 있는 직책을 맡을 많은 수의 기능인을 뽑을 수 없었기 때문입니다."[11]

당시 소비에트 정부가 처한 극도로 어려운 상황에도 불구하고 레닌은 그의 당동지들의 비판을 신중하게 고려했다. 그는 그들의 의도가 근본적으로 옳다고 생각했다. 그러나 그는 동시에 그들 모두가 어떤 시기에 처해 있는가를 강조했다. 러시아 사회는 쁘띠부르주아 사회로 대중은 사회주의를 위해 일차적으로 교육되어야 했으며, 게다가 그때까지 모든 역량이 전쟁에 소모되어야만 했다. 그렇기 때문에 모든 의견차이에도 불구하고 이 험난한 사회적 과제들을 해결하는 데 있어 당내의 동지적 관계, 동지적 협력이 요구되지 않을 수 없었다. 이를 위해서는 물론 인내와 체계적인 노동, 그리고 투철한 임무완수 능력 등이 필요했다. 만일 이 과제가

11) V. I. 레닌, *Unsere außen und innenpolitische Lage und die Aufgaben der Partei*, 1920년 11월 21일, WW, Bd.31, S.417~418.

일반적으로 해결된 뒤에도 누군가가 반대를 위한 반대를 계속 고집하려 한다면 그에게는 곧 최후가 다가올 것이다.

"과도기적 현상으로서 반대는 의심할 여지 없이 그 핵심에 있어서는 건전하다. 그러나 그것이 반대를 위한 반대가 되어버리면, 우리는 그것에 철퇴를 가해 종지부를 찍어야 한다. 우리는 상호 모략과 비방과 음모로 더 많은 시간을 잃었다. 이제 우리는 '이만 끝내자!'라고 말해야 하며, 이런 저런 토대 위에서 건전한 노동조건을 창출하기 위해 노력해야 한다. 반대파로 불리는 불만에 찬 사람들의 입장을 어느 정도는, 그리고 기왕이면 상당히 인정해야 한다. 그러나 우리는 동지의 관계로 서로 협조해야 한다. 왜냐하면 그렇지 않으면 우리를 둘러싸고 있는 외부와 내부의 적으로 인해서 우리는 존재할 수가 없게 되기 때문이다."[12]

다음으로 레닌은 그의 보고서에서 이런 모든 어려움과 관련하여 계속해서 똑같은 일이 반복되어서는 안 된다고 지적했다. 그리고 그는 계속해서 자유로운 비판이 필요하다고 주장한다. 이는 의심할 바 없이 대단히 어려운 일이지만, 만일 일단 이에 대해 합의가 이루어지면 비판의 내용에 대해서 의문을 제기하는 것은 죄가 되지 않는다. 그리고 비판의 자유가 사회혁명당원이나 멘셰비키와 비슷하게 자본주의를 옹호하는 데에 있다면 그것은 즉시 부정되어야 한다. 그런 내용을 담은 비판을 제기하려면 우선 이 동지가 노동자와 농민의 통제를 위해 무슨 일을 했으며, 이들이 노동자와 농민을 사회의 통치에 참여시키기 위해 무엇을 했는가를 물어야 한다. 그들은 아무것도 한 것이 없다.

같은 때인 1920년 말에 중앙위원회의 몇몇 위원들 사이에 노동조합의

---

12) Ibid., S.419~420.

문제에 대해 격렬한 논쟁이 벌어졌다. 11월 초에 열린 전러시아 볼셰비키 회의에서 트로츠키는 톰스키와의 토론에서 노동조합의 '해체'의 입장을, 결론적으로 국가기관의 테제를 주장했다. 레닌은 뒤에 더 많은 사람들이 참여하게 된 이 논쟁을 소책자 「노동조합, 그것의 현위치와 트로츠키의 오류에 대해」(1921), 논설 「당의 위기」(1921. 1)와 소책자 「또 다시 노동조합, 그것의 현위치와 트로츠키와 부하린의 오류에 대해」(1921. 1)에서 매우 상세하게 다루었다. 그는 이들이 당 강령에서 소비에트 국가를 관료주의적 혹을 달고 있는 국가라 불렀음을 지적하고 도대체 노동조합을 변호할 것이 아무것도 없단 말인가라고 물었다. "지금의 우리 국가는 전체적으로 조직된 프롤레타리아트가 자신을 보호해야 하는 그런 실정에 놓여 있지만, 우리는 노동자들을 그들의 국가로부터 보호하기 위해서, 그리고 노동자를 통해 우리 국가를 보호하기 위해 이 노동조직을 이용해야 한다."[13] 레닌은 이 문제를 당 대회에서 더 이상 토의하는 것을 원하지 않았다. 왜냐하면 트로츠키와 부하린의 주장이 너무나 얼토당토않게 많은 이론적인 오류를 범하고 있었기 때문이다. 11월 9일에 개최된 중앙위원회 총회에서 이 문제를 전체적으로 다시 한 번 조사하는 위원회가 구성되었다. 이 위원회에 트로츠키도 선출되었지만 그는 협력을 주저했다. 당의 위기에 대해 쓴 논설에서 레닌은 트로츠키가 그런 행동을 통해 드디어 (허용할 수 있는) 한계를 넘어서기 시작했으며 당 전체를 분명히 분파를 조성하는 데까지 끌고 갔다고 주장했다. 이런 행동만 없었더라도 중앙위원회의 모든 위원에게 끼칠 수 있거나 이미 끼치고 있는 트로츠키 동지의

13) V. I. 레닌, 「노동조합, 그것의 현위치와, 트로츠키의 오류에 대해」(*Über die Gewerkschaften, die gegenwärtige Lage und die Fehler Trozkis*), WW, Bd.32, S.7.

오류는 사소한 것에 그쳤을 것이다. 같은 논설에서 레닌은 1920년 12월 25일 8차 당 대회에 트로츠키가 출석한 것을 비판했다. 그 비판 내용은 다음과 같다. 물론 트로츠키는 형식적 민주주의의 입장에서 볼 때는 그렇게 오류를 범한 뒤에도 참석할 권리를 갖지만 혁명의 합목적성의 입장에서 볼 때는 그것은 지금까지의 오류를 더 무겁게 하는 것을 의미한다. 왜냐하면 그것은 그릇된 토대 위에서 분파를 조장하는 것임에 틀림없기 때문이다.

그럼에도 불구하고 이 경우에도 레닌은 의견차이가 심하고 해결할 수 없는 경우에는 갈라서는 것이 옳다는, 이미 언급된 바 있는 입장을 계속해서 견지했다. "의견차이가 실제로 극히 심각하다면 그리고 당과 노동계급의 정책이 취하고 있는 그릇된 방향을 수정할 다른 방도가 없다면, 그때는 갈라서는 것이 당연하다."14) 그럼에도 불구하고 레닌은 이 일은 그런 경우에 해당하지 않으며 따라서 문제는 당내민주주의적으로 해결될 수 있을 것이라고 여겼다.

상술한 바대로 당 지도부 내에서 토론과 논쟁이 진행되던 중에 이미 중앙위원회의 위원과 지도적 위치에 있는 공산주의자 몇 명이 중앙위원회의 정책에 새로운 비판과 경제행정에 대한 자신들의 견해를 제출했다. '노동자 반대파'라고 불리웠던 첫 번째 그룹은 1921년 1월 다음 개최될 당 대회에 제출할 그들의 테제를 발표했는데, 여기에서 그들은 경제가 어려운 처지에 빠졌음을 지적하고 이를 소생시켜야 한다고 강조했으며, 임명된 공무원과 갈팡질팡하는 전문가들이 직무를 담당하고 있는 타성적인 관료

14) V. I. 레닌, 「또 다시 노동조합, 그것의 현위치와 트로츠키와 부하린의 오류에 대해」(*Noch einmal über die Gewerkschaften, die gegenwärtige Lage und die Fehler Trotzkis und Bucharins*), WW, Bd.32, S.69.

기구를 고발했다. 이 반대파의 기본 사상은, 노동계급에 대해 신뢰가 결여되어 있으며 이와 연관해서 당내에서 이러한 신뢰의 부족과 관료주의적 무사안일을 제거하라는 공산주의자들에게 보내는 요구였다.

"국민경제를 노동조합을 중심으로 조직하고 운영하는 제도를 도입하는 것은 통일된 지도를 가능하게 하고, 노동대중과 전문가 사이의 알력을 제거하고 그럼으로써 학자, 이론가와 실무자들에게 조직적이고 행정적인 활동공간을 더 폭넓게 열어준다."15)

계속해서 반대파는 노동조합에 대한 지식이 없이는 경제분야에서 어떤 직위에도 오를 수 없고 노동조합에 의해 추천된 후보가 아니면 임명될 수 없도록 할 것을 요구했다. 마지막으로 노동자 반대파의 테제는 가장 긴요한 식량과 대중필수품, 그리고 노동자와 그 가족의 점심에 대해서는 화폐를 지불하지 않고 끝으로 목욕탕, 철도, 극장, 주택, 난방, 전기 등은 무료로 이용할 수 있도록 해줄 것을 요구했다. A. 실랴프니코프(Sljapnikov)의 주도 하에 발족시킨 노동자 반대파에 즉시 A. 콜론타이(Kollontaj)도 가담했다. 그들이 1921년에 발행한 상당한 부피의 노동자반대파에 관한 책자에서 그들은 조직적인 프롤레타리아트와 공산주의자들 가운데 가장 진보적인 분자들이 이 반대파에 속해 있으며, 노동자계급의 역할이 점점 줄어들고 공공생활과 정부의 결정에 대한 그들의 영향력이 점점 축소되고 있다고 썼다. 그들은 통치와 경제의 일인지도에도 반대하고 집단지도를 찬성했다. 노동자가 생산의 조직편성으로부터 제외되어서는 안 되는데 고위

15) 「노동조합의 과업」(*Die Aufgaben der Gewerkschaften. Die Thesen der Arbeiteropposition zum X.parteitag*), 『노동자 민주주의냐, 당 독재냐』, I, C., S.174.

층은 이러한 사항에 대해 다른 의견을 지니고 있으며, 그들은 부르주아 전문가들의 도움을 빌어 생산을 관료주의적으로 조직하려 한다고 썼다.[16)]

당 내부의 위기의 원인을 분석하면서 A. 콜론타이는 노동자 반대파와 당 고위층과의 논쟁의 본질이 어디에 있는가를 묻고 있다.

"노동계급에 대한 불신(물론 정치영역에서가 아니라, 경제분야에서의 계급의 창조적 역량의 영역에서)이 우리의 고위 지도층에 대해 서명된 테제의 모든 핵심이다. 당 고위층은 제대로 교육받지 못한 노동자들의 맨손이, 시간이 지남에 따라 공산주의적 생산체계를 발전시킬, 원색(原色)을 칠하고 경제형태의 윤곽을 빚어낼 것이라는 사실을 믿지 않고 있다."[17)]

이 견해에 나타나 있는 대로 A. 콜론타이는 실랴프니코프와 완전히 동일한 의견을 지니고 있었다. 그러므로 그들은 "노동자 반대파는, 국민경제의 운영은 노동조합의 일이라는 테제를 끝까지 옹호하면서 노동조직파가 이론적으로 훈련된 고위 지도부보다 '더 맑스주의적'으로 사고한다"[18)] 고 강조했다.

"우리 당의 고위층과 노동자 반대파 사이의 격렬한 토론에서 관건은 우리 당이 공산주의 경제의 건설을 누구에게 위임할 것이냐, 즉 관료주의적 부서를 갖춘 최고 국민경제평의회에 맡길 것인가 아니면 노동조합에 맡길 것인가 하는 것에 달려 있다."[19)]

---

16) A. 콜론타이,(*Die Arbeiteropposition*, 모스크바, 1921, 『노동자 민주주의냐, 당 독재냐』, S.195를 참조.
17) Ibid., S.209~210.
18) Ibid., S.221.
19) Ibid., S.223~224.

"노동자공화국의 지도적인 경제기관은 현재의 과도기에는 생산자인 노동자에 의해 선출된 기관이어야 한다. 생산과 경제분야에서 활동하는 모든 소비에트 기구들은 오직 노동자공화국의 경제적 중앙기관의 경제정책에 따라야 한다."20)

그들은 당내에서마저도 이미 대중에 대한 불신에 뿌리를 두고 있는 관료주의가 득세하고 있다고 말한다. "그리고 이것이 바로 노동자 반대파가 관료주의는 우리의 적, 재앙이며 공산당 자체의 생존에 대한 가장 큰 위험이라고 믿는 이유이다."21) 노동자 반대파는 10월 이후에 입당한 모든 노동자들을 등록시키고 1919년 이후에 입당한 모든 비노동자들을 축출했지만, 석달의 기한이 지난 후에 다시 입당할 권리를 허용할 것을 제안했다.22)

계속해서 A. 콜론타이는 모든 지도적 당기관에는 노동자들이 직책을 맡아야 하며, 이 기관에서 대중과 직접 관계를 맺고 있는 노동자들이 결정적인 영향력을 행사해야 한다고 주장했다. 그리고 당 중앙위원회에서 계급정책의 최고의 이데올로기적 중심기구와 여론기관, 그리고 평의회의 실천적 정책을 통제하는 중심기구를 구성하기 위해서, 당 중앙위원회와 소비에트 국가 최고 부서의 겸직이 줄어야 한다고 주장했다.23)

같은 때인 1921년에 당기관지 「프라우다」에 민주적 중앙집권제의 입장을 대변하는 동지들의 테제가 발표되었다.24) 특히 과거 반대자들이었던 막시모프스키, 오신스키와 사프로노프에 의해 서명된 이 테제는 당의 위

20) Ibid., S.224.
21) Ibid., S.230.
22) Ibid., S.231을 볼 것.
23) Ibid., S.231~232를 볼 것.
24) 「민주적 중앙집권제의 입장에 서있는 동지들의 테제」(*Die nächsten Aufgaben der Partei*), 『프라우다』, 1921. 1. 22. 이 테제는 A. 부브노프, T. 보구슬라브스키, A. 카메스키, V. 오신스키, R. 라파일, T. 사프로노프에 의해 서명되었다.

기를 다시 거론했으며 주로 다음과 같이 진단했다. 당이 처한 위기의 직접적인 원인의 하나는 9차 당 대회에서 군사력 강화와 일인지도의 명목하에서 강화되었던 관료주의적 중앙집권화가 계속 강화되고 있는 데 기인한다. 그리고 모든 당원이 당생활에 충실할 수 있도록 만들며 이들의 특권을 축소시키도록 결단을 내리지 않은 데 기인한다. 이런 연유로 반대파 동지들은 민주적 중앙집권제를 철저하게 실시한 것을 요구했다. 여기에서 그들은 특히 정치국뿐 아니라 조직국이 보고해야 하는 가장 중요한 지도기관으로서의 중앙위원회 총회의 중요성을 강조하고 동시에 주장했다. 마지막으로 그들은 당과 평의회 사이의 관계에 대해 설명하고, 비당원도 포함해서 언론에서 자유롭게 토론할 권리를 주장하고, 당 회합시 당내 모든 노선에 대해서 발언할 자유를 요구했다. 그리고 결론적으로 기능인은 중앙에서 지방으로, 지방에서 중앙으로 교대로 파견되어야 한다고 선언했다.

이 정도가—간단히 말해서—3월에 개최된 10차 당 대회 이전의 소비에트 지도부 내의 상황이었다. 1월에 레닌은 이미 언급되었던 「당의 위기」라는 글 속에서 노동자 반대파의 테제를 분석하여 이들이 생각하고 있는 것은 공산주의가 아니라 단지 노동조합주의에 불과하다고 결론지었다. 그 당시 러시아의 사회주의 발전단계에 대해서 레닌이 공산당을 발전의 의식적인 기본 동력이라고 판단한 것은 분명히 옳았다. 왜냐하면 경제관리를 노동조합에, 즉 당으로 조직되지 않은 노동대중들에게 넘겨 주어야 한다는 테제는 당의 필요성을 패기하는 것과 똑같기 때문이다. 레닌은 공산주의를 이렇게 보았다.

"프롤레타리아트의 전위대인 공산당이 우선 노동자를 그리고 그 다음에는 농민을 계몽·훈련·양성·교육(공산주의의 '학교')하면서 비당원 노동자대중을 지도한다. 이로써 노동자대중이 그들 스스로 전 국민경제를 운영하게 된다."[25)]

레닌은 여기에서 노동조합이 경제의 모든 부분(산업뿐만 아니라)을 지배해야 한다는 것도 당 강령에 확립되어 있다고 강조했다. 그럼에도 불구하고 그 당시로서는 그렇게 할 수 없었다. 왜냐하면 그들에게는 이 과제를 수행할 만한 조건들이 결여되어 있기 때문이었다. 그러나 이 상황에서 비당원 노동자가 10분의 9에 해당하는 노동조합이 산업을 지도한다면—그러면 당은 무엇을 위해 존재하는가? 레닌은 이 논쟁이 반드시 당의 분열을 초래할 것이며 부하린의 논거는 원칙 없는 선동 이외에 다름 아니며, 분파를 조장하는 투쟁 논리에 불과하다고 주장했다. 레닌은, 우리 입장이 지금까지 다음과 같았다고 결론내리고 있다. 관료주의적 폐해는 비호해서는 안 되고 즉시 척결되어야 한다. 관료주의에 대한 투쟁은 길고도 험난하다. 지금 우리에게 부과된 과제는 반대파의 이데올로기적인 분열과 불건전한 요소들과 투쟁하는 것이며 당의 지도적 역할의 궁극적인 목적을 설정하는 것이다.

이러한 확신을 갖고 레닌은 당 대회에 임했다. 여기에서 그는 이러한 견해를 상세하게 개진했는데, 그는 다시 한 번 노동자 반대파의 근본테제를 고려했다. 농촌의 상황은 심각한 정도를 넘어서서 참혹하기 그지없었다. 내란의 종결은 예측하기 어려웠다. 단순한 생존의 조건마저 문제가 되었다. 이런 상황에서 당 대회 직전에 크론슈타트에서 해군의 반란이 일어났다.[26)]

25) V. I. 레닌, 「당의 위기」(*Die Krise der Partei*), WW, Bd.32, S.34.
26) 크론슈타트는 의심할 바 없이 10월 혁명의 비극적 일화였다. 이에 대해서는

중앙위원회의 정치활동에 대한 보고에서 레닌은 사소하게 조합주의적이거나 반(半)무정부주의적인 편향은 그리 위험스럽지 않다고 당 대회에서 표명했다. 왜냐하면 그런 것은 당에 의해 신속하게 교정될 수 있기 때문이다. 계속해서 그는 말하길, 그러나 이 편향이 농민 대부분을 지배한다면, 또한 농민의 위기가 극에 달한다면, 그리고 농민의 불만이 프롤레타리아트의 독재와 함께 점점 커진다면, 농민군의 해산 후에 수백 수천 명의 사람들이 직업 없이 농촌을 떠돌아다니고 노상강도로 변해 버린다면, 이론적 편향에 대한 이 이상의 토론은 지나친 사치이며, 토론에 대한 열정은 위험이 될 것이다. 왜냐하면 그것은 프롤레타리아 독재를 직접적으로 위협하고 있기 때문이다. 내란이라는 극도로 어려운 상황에서도 이론적 편향의 모든 뉘앙스에 대해 언제든지 토론할 수 있다. 그러나 이런 일은 이제 끝났다. 농민과 노동자계급 사이의 동맹은 사람들이 믿었던 것과는 다르다. 이들의 동맹은 프롤레타리아트에게 더 많은 힘의 결집과 통일 그리고 단결을 요구한다. 왜냐하면 프롤레타리아 독재 하에서 이 동맹은 데니킨(Denjikin), 유데니치(Judenic)와 콜차크(Kolcak) 모두를 합친 것보다 더 큰 위험을 의미하기 때문이다.

그의 보고서 결어에서 레닌은—그와 동시에 노동자반대파의 많은 대표자들에게 답변하면서—당 내부에서 역사적 순간에 반대파가 출현한 것을 경솔하게 다루어서는 안 된다고 천명했다. 지금 정세는 당의 결집을 요구하며

---

오늘날까지도 의견이 분분하여 당시 레닌과 볼셰비키의 정책을 비난하는 데 이용되어 오고 있다. 여기서는 봉기가 일어난 상황과 동기, 목적을 다룰 여유가 없으며, 그것이 우리의 과제도 아니다. 그럼에도 불구하고 역사적 사건들을 평가하려는 모든 사람들에게 다음과 같은 것은 분명할 것이다. 혁명 주도세력에 대한 봉기는 그 동기가 어디에 있든지 간에 혁명이 진행되는 중에는 반혁명과 다를 바가 없다.

동시에 반대의 금지를 요구하고 있다. 그런데 그가 지적한 위험을 반대파의 대표자들은 일반적으로 이해하지 못하고 있다. 더욱이 그들의 입장은 쁘띠부르주아적이고 무정부주의적인 반혁명의 입장과 유사하다.[27)]

A. 콜론타이의 소책자와 관련하여 레닌은 그런 모든 것은 이 상황에서는 단지 당과 장난을 치는 것에 불과하다고 주장했다. 그는 다시 노동조합이 국민경제를 지도해야 한다는 기본 테제를 노동조합주의적이고 무정부주의적이라고 지적하고, 그것에 반대해야 한다고 주장했다. 왜냐하면 "프롤레타리아트의 대다수가 이탈하여 전례 없는 위기가 밀어닥쳤기 때문이다. 즉 사람들이 굶주림에 지쳐 도주하여 공장은 휴업하고 노동자가 속속 공장을 떠나 촌에 처박혀 살게 되었고 그리하여 더 이상 노동자라 할 수 없는 결과가 초래되었기 때문이다."[28)]

레닌은 계속해서 이 모든 위기, 즉 내란과 도시와 농촌의 올바른 협조체제의 붕괴로 도시에 밀의 공급이 완전히 중단되어, 이제는 노동자에 의해 공장에서 생산된 사소한 물건조차도 빵과 교환해야만 하는 결과가 야기되었다는 사실을 도대체 우리가 알고 있는가라고 물었다. 우리가 전 인터내셔널 앞에서 프롤레타리아 독재는 오직 공산당에 의해서만 가능하다고 선언했을 때, 우리는 이 입장 때문에 노동조합주의자와 무정부주의자의 공격을 받았다. 노동자 반대파와 콜론타이 동지의 테제는 근본적으로 이 공격과 동일선상에 있다. 이런 모든 이유로 해서 현 여건에서의 당내 반대는 잘못이다.

---

27) V. I. 레닌, 「러시아 공산당 중앙위 보고에 대한 결어」, 3월 9일, WW, Bd.32, S.199~200.
28) Ibid., S.200.

"어떠한 일이 시의적절한 것인가 또는 그렇지 않은가는 객관적 정세로부터 나온다. 동지여! 우리는 지금 어떤 반대도 필요로 하지 않는다. 당 대회가 이 결론을 내려야 한다고, 다시 말해 당 대회가 이제는 반대를 중지해야 하고, 아니 결단코 더 이상 반대를 하지 않아야 한다는 결론을 내려야 한다고 생각한다. 말하자면 우리는 반대에 질렸다는 것이다."29)

계속되는 토론에서 레닌은, 러시아 당 대회에서 국가의 전산업을, 즉 국민경제 소비에트의 71개 주요 관청을 생산자들이 관할하도록 넘겨주어야 한다는 노동자 반대파의 테제는 당이 보기엔 농담에 불과하다고 말했다. 왜냐하면 그러한 요구는 쁘띠부르주아적이고 무정부주의적인 무리들이나 제기하는 것이기 때문이다. 그는 현실적인 구체적 투쟁이냐 아니면 관료주의의 해체냐 하는 것이 문제가 되는 상황에서 모든 제안을 받아들여야 하고, 더욱이 "용인"해야 한다고 권장하면서 끝을 맺었다. 그와 그의 동지들이 노동계급에 대해 신뢰하지 않는다고 비난하는 것은 터무니없다. 그들은 프롤레타리아트 출신의 모든 사람을 기꺼이 행정에 채용하려고 했다. 다만 유감스럽게도 적격자가 적었을 뿐이다.

당을 통일시키고자 하는 생각에서 레닌은 노동자 반대파의 비판 중 받아들일 만한 것은 모두 받아들이자고 제의하고(당에서 비프롤레타리아적이고 믿을 수 없는 요소들을 정화하며, 관료주의에 대해서 투쟁하고, 민주주의와 노동자 주도권을 발전시키고자) 동시에 모든 구체적인 제의들을 철저히 검토할 것을 확약했다. 그럼에도 불구하고 6항에서, 그는 당 대회에서 조직된 모든 반대 집단들을 해체하고 이 결정을 존중하지 않는 모든 당원들을 축출할 것을 제의했다. 7항에서 그는 당의 더 탄탄한 규율과 결집을 통해서 모든

29) Ibid., S.201.

분파를 해산시킬 것을 요구했다. 당 대회는 그뿐만 아니라 당 대회의 결정을 지키지 않는 당원들을 후보자의 위치로 내리거나 또는 당에서 축출시킬 권한을 중앙위원회에 부여해야 한다. 이 논설은 당 대회의 의결에 따라 일반에 공개되지 않았다. 그것은 1924년 1월에야 13차 당 대회에서 다시 한 번 낭독되고 이어 발행되었다.

간략하게 언급했지만 이를 통해서도 혁명 후 소비에트 공화국의 지극히 어려운 시절에 레닌은 당내에서의 격렬한 토론과 비판, 심지어 반대의견도 매우 정상적이고 당연한 것으로 여겼음을 알 수 있다. 이와 같은 태도가 레닌의 원칙적인 입장으로 간주될 수 있다. 이 원칙이 지켜지는 범위가 어느 정도인가 하는 문제는 그가 보기에는 구체적 상황에 달려 있는 문제였다. 다른 나라의 사회주의의 발전이 평화적인 시기에 이루어졌던 것에 비해서 이와는 결코 비교될 수 없을 정도로 절망적이었던 내란 후 러시아의 상황으로 인해서 레닌은 근본적인 난제들이 극복될 때까지 반대파의 논전을 중지하는 데 찬동하도록 다른 사람들을 강요하였다. 그는 러시아의 경제와 사회생활이 완전히 혼란에 빠져 있던 순간에 오직 당만이 프롤레타리아 독재와 사회주의 건설을 보증할 수 있다고 여겼다. 우리가 보기에 이는 올바른 것이다. 당이야말로 역사적 과업을 일사분란하게 추진해 나갈 유일한 세력이었다. 레닌에 의하면 반대파의 제안은 쁘띠부르주아적인 무리들이 득세할 수 있게 만들며 이로써 사회주의에 위협을 초래하게 될 것이라고 밝혔다. 이러한 상황에서는 당 자체가 어떤 의미로는 관료화되어야 한다고 레닌은 분명히 알고 있었다. 그러나 노동자 반대파의 테제도 노동조합주의적인 관료제를 강화시키지 않고는 실현될 수 없다는 점을 레닌은 분명히 밝혔다. 이 두 가지 해악 가운데서 그는 첫 번째 것을 선택했다. 왜냐하면 이로써 적어도 기본적인 것—혁명—이 더 이상 문제시되지 않게 되었기 때문이었다.

그럼에도 불구하고 레닌은 당의 결의 가운데서 새로운 사회질서가 태어나는 산고의 시기에도, 노동조합주의적이고 무정부주의적인 편향에 대해서 다음과 같은 사실을 제의하는 것을 잊지 않고 있다. "특별한 간행물과 편집물 등에 언급된 모든 문제들에 대해서 당원들의 의견교환은 최대한으로 철저하게 허용될 수 있고 허용되어야 한다"[30]는 것이다.

게다가 반대파의 몇몇 당원들이 탈당 의사를 표명했을 때 레닌은 그들의 탈당서가 당 대회에서 수리되지 않을 것임을 확약하고, 더욱이 노동자 반대파의 가장 중요한 대표자인 A. 실랴프니코프를 중앙위원회의 위원으로 천거했다.

이러한 조치는 우리가 알고 있는 바대로 당이 처한 극히 어려운 상황에서 비롯된 것이지 레닌이 특정한 고정관념에서 결코 벗어나지 못해서가 아니다. 그는 그 자신의 모든 정력과 생각을 혁명이라는 유일한 목표에 종속시키는, 동적이고 투쟁적이며 비판적인 인물이었다. 혁명이 위기에 처했을 때 그는 당의 자유 중 일부를 희생하는 것을 꺼리지 않았다. 물론 그는 이 단계에서 나타난 위기들을 다른 때라면 사전에 미리 예방할 수 있었을 것이다. 그런데 이 위기가 닥쳐왔을 때, 모든 것을 불구하고 이 위기를 집단적·설득적 방법을 통해서 넘길 수 있었을 이러한 레닌이 바로 거기에 없었다. 레닌이 어쩔 수 없는 상황에서 극히 예외적으로 사용하였던 조치가, 당 관료제에 의해 철(鐵)의 원리로 승격되어 당내에서 민주주

30) V. I. 레닌, 「당의 통일과 아나코신디칼리스트적 편향에 관한 10차 러시아 공산당 당 대회 결의 초고」, WW, Bd.32, S.252.

의와 비판의 자유를 더 강력하게 강조해야 될 상황에 적용되었다. 오직 자기 자신과 그의 관료주의적인 기구만을 신뢰했던 스탈린이 이 조치를 당내 민주주의의 개념에 대한 레닌주의의 주요 원칙으로 받들려 했던 일은 결코 우연이 아니다.

마지막으로 강조해야 할 것은 이와 같이 함으로써 모든 반대 기류와 내부 투쟁이 결코 끝나지 않았다는 점이다. 설상가상으로 레닌의 건강상태는 더욱 악화되어 그의 생애 마지막 2년간 그는 여러 상황에 그저 간헐적으로만 관여할 수 있을 정도였다. 그래서 1922년 2월 22명의 당원들이—주로 실랴프니코프, 먀스니코프(Mjasnikov), M. 로바노프(Lobanov), N. 쿠츠네체프(Kuznecev), A. 콜론타이 등의 반대파가 대다수였는데—코민테른의 국제회의의 참가자들에게 불평을 호소했으며, 이 불평원(願)의 사본을 소련 공산당(볼셰비키) 중앙위원회에도 송부했다. 그들이 불평한 내용은 중앙당이 모든 프롤레타리아트에게, 특히 그 나름의 의견을 가지려 하는 프롤레타리아트에게 무자비하고 교활하게 공격을 가했다는 것, 그들에게 보복이 자행되었다는 것, 프롤레타리아 대중을 국가와 결합시키려는 노력이 무정부주의적 노동조합주의로 말살되었다는 것, 이 노선의 추종자들이 박해를 받았다는 것, 노동조합 회의의 결정과 노동조합의 견해에 대해 아무런 주목도 하지 않았다는 것, 중앙에서 추천한 후보에 대해서 반대투표를 하려는 사람들에게 제명 위협을 가했다는 것, 마지막으로 당내 상황이 극도로 심각하며 따라서 붕당의 절박한 사태에 처하여 공산주의 인터내셔널에 도움을 요청한다는 것이었다.

이 불평원을 심사하기 위해 정치국은 2월 27일 트로츠키와 지노비에프를 중앙위원회의 대표로 선발했으며, 코민테른은 K. 제트킨(Zetkin), M.

카친(Cachin), V. P. 콜라로프(Kolarov), K. 크라이비치(Kreibich), U. 테라치니(Terracini)와 맥 마누스(Mac Manus)를 선발했다. 위원회는 양쪽의 말을 듣고 난 후 소련 공산당(볼셰비키)의 지도부가 관료주의적인 위험과 그 밖의 위험을 완전히 알고 있으며, 따라서 앞의 동지들의 비판은 전혀 쓸데없는 짓이었다고 판정했다. 그들의 입장은 결코 당에 이익이 되지 못하며 더욱이 그것은 당의 힘을 손실시키는 것으로, 한 걸음 더 나아가 당의 적들을 이롭게 했다는 것이다. 따라서 공산주의 인터내셔널의 집행위원회 확대회의는 그 동지들이 10차 당 대회의 결정에 따르지 않았으며 따라서 당과 러시아 프롤레타리아트의 이익에 위배된다고 그들을 비난했다.[31)]

그럼에도 불구하고 스탈린이 총서기관 직위에서 병세가 더 깊어가는 레닌을 대신했기 때문에 이미 한 가지 정책이 실시되었는 바 이 정책은 몇 년 후에 전면적으로 단행되었다. 암투(暗鬪)와 이견(異見) 배척, 난폭과 불신, 그리고 관료주의적 음모가 횡행하는 등등의 정책이었다. 레닌의 부

---

31) 1923년 초 1월 31일자 「사회주의 소식」(*Sozialistischen Nachrichten*)에 『'노동자의 진실' 그룹의 선언』(*Die Bekanntmachung der Gruppe Arbeiter-wahrheit*)가 발표되었다. 이 글에서 저자들은 지도 수뇌부를 신랄하게 비판하고 있다. 그들은 행정적 전횡에 대해서 노동자계급 내의 쁘띠부르주아적이고 권위적인 경향에 대해서 투쟁할 것을 요구하며 노동자의 문화조직의 지원, 그리고 공식 소비에트 문학과 예술에 대해서 엄격한 제한을 요구한다. 그해 10월 E. 프레오브라첸스키, L. 세레브랴코프(Serebrjakov), 안토노프-오브제옌코(Antonov-Ovsejenko), G. 퍄타코프, 오신스키, 사프로노프, 막시모프스키 등을 위시한 46명의 위원들은 중앙위원회에 탄원하고, 중앙위원회와 함께 다시 한 번 그들은 경제적 위기와 토론의 자유가 완전히 사라져 버린 관료주의적이고 분파적인 당 독재에 주목했다. 그들은 계속해서 반대파의 추세가 점점 더 적과 같은 태도를 취해 가고 있음을 강조했다. 그렇기 때문에 그들은 만일 당의 분열을 원치 않는다면, 일차적으로 분파 지도부가 그 휘하에 있는 당원들과 격리되어야 한다고 중앙위원회에 일깨웠다.

인인 크루프스카야(Krupskaja)에 대한 스탈린의 압력, 조지아(소련연방 공화국의 하나) 문제에 대한 그의 태도, 이런 모든 것이 레닌이 전반적으로 닦아 놓은 것을 만족스럽게 마무리하지 못했다고 회의를 품게 하는 데 일조했다. 레닌은 병상에 누워 1922년말 중앙위원회 위원들에게 유명한 편지를 썼다. 그는 이 편지를 1923년 1월 초 보충했는데, 이 보충하는 말 속에서 그는 스탈린을 경질하고, 그와는 달리 인내심 있고 다른 동지들에게 충성스러우며, 인간적이고, 신중하게 행동하는 사람을 새로 총서기로 선출할 것을 권고했다. 12월 말 그는 민족문제에 대해서도 유명한 편지를 썼다. 이 편지에서 그는 스탈린과 오르즈호니키제(Ordshonikidse)가 조지아 공화국에 가한 무자비한 간섭을 신랄하게 비판했으며 재차 소수 민족들에게 더 신중하고 관대한 정책을 시행할 것을 주장했다. 여기에서 그는 만민평등과 민족자결권에 대한 그의 초기의 주장을 반복했다.[32]

32) V. I. 레닌, 「당 대회에 보내는 서한」(Brief an den Parteitag)과 「민족문제 또는 자치문제에 관하여」(Zur Frage der Nationalitäten oder der 'Autonomisierung'), WW, Bd.36, 1922년 12월 30일과 31일의 이 마지막 글에서 레닌은 사력을 다해 일하지 못해 러시아의 노동자들에게 죄책감을 느낀다고 적었다. 그는 스탈린, 드지에르진스키(Dzierzynski)와 오르즈호니키제의 대러시아 민족주의 캠페인을 통렬하게 질책하고는 다음과 같이 끝을 맺었다. "그래서 사람들은 우리가 어떠한 수렁에 빠졌는가를 가히 짐작할 수 있다."(「민족문제 또는 자치문제에 관하여」, WW, Bd.36, S.590). 그는 기구 통일의 필요성에 대한 테제에도 단호하게 반대했다. 왜냐하면 이 기구들이 점점 더 생소하게 되고 부르주아적이고 전제적인 잔재들로 채워졌기 때문이었다. 이런 여건에서는 "단체로부터 탈퇴의 자유"란 서류상의 공문(公文)이 되어 버렸고, 다른 민족들은 결코 대러시아 국수주의 앞에서 보호받을 수 없었다(ibid., S.591~592). 결론적으로 그는 다시 중대한 원리적인 물음을 제기했다. 국제주의는 어떻게 이해되어야 하는가? 그는 피압박 민족의 민족주의를 억압자의 민족주의와 구별하고 그의 특유의 솔직함으로 "아무리 사소한 것일지라도 우리 스스로가 피압박 민족에 대해서 제국주의적인 관계로 미끄러져 들어가서 우리의 완전한 원리적인 대의명분, 즉 제국주의의 투쟁에 대한 원리적인 옹호를 완전히 와해시켜 버린다면, 이는 또 다른

마지막으로 그는 노동감독의 재조직에 대해 논설을 썼는데, 여기에서 그는 "적을수록 더 좋다"라고 썼다. 여기에서 그는 관료주의를 예방하는 여러 조치를 촉구하고, 앞서 언급했던 이유로 해서 노동자와 농민들로부터 중앙위원회를 50명 내지 그 이상으로 확대시킬 것을 제의했다. 이것이 당시의 모든 어려움을 극복하고, 그와 동시에 더 인간적이고 정의로운 신세계를 실현할 길을 제시해 준 유일무이한 인물의 마지막 노력이었다.

이와 같이 레닌은 사회주의 혁명의 수행이 유럽의 다른 어떤 국가보다도 훨씬 더 어려웠던 나라에서의 당내 민주주의 원칙과 동지의 진정한 협력을 이해했다.

첨예하고 때로는 무자비하기까지 했던 내부 분열과 대립, 투쟁의 시절, 말하자면 소비에트 권력이 극심하게 위태로웠던 시절에도 오직 단 한 위원만이 공산당 중앙위원회에서 축출되었다. 스탈린주의의 시기가 지나간 오늘날 세계의 공산당이 레닌과 그의 당 생활의 원칙에 의거하려 할 때, 대다수의 당은 먼저 당 자체의 정책에 대해서 진지하고 철저하게 수정하는 일에 착수해야만 했다.

레닌은 소비에트 국가의 역사에 있어 결정적인 순간에 특히 노동자와 그 전우들을 대함에 있어 결코 맑스주의의 인간주의적 원리에서 벗어나지 않았다. 그는 거의 모든 문제를 다른 사람들과 함께 논구했으며, 결코 그의 의견을 강요하지도 않았고, 자신의 의견이 잘못이 없고 완전하다고 주장하지도 않았다. 레닌의 천재성은 그가 스베르들로프, 트로츠키, 부하린,

---

사회를 야기한다."(ibid., S.596)라고 강조했다. 레닌이 사회주의 국가의 민족들 간의 관계를 이런 식으로, 다시 말해 다수 민족의 국수주의와 제국주의의 관련 하에서 평가했을 때, 그는 일차적으로 이를 소련(UdSSR)과 타 주권국들과의 최근의 관계를 염두에 두고 말했을 것이다!

루나차르스키, 데르친스키, 류코프(Rykov), 스탈린, 지노비에프, 카메네프, 퍄타코프, 프레오브라첸스키 등과 지적으로 활발하게 교류하며 협력했었기에 가능했다. 이런 모든 능력 있는 사람들 중에서 레닌은 군계일학이었다. 우리 세기에 정신적인 폭과 지적인 명민함 그리고 혁명적 감각에 있어 맑스와 비견될 만한 사람이 있다면 그는 오직 레닌뿐이다. 1924년 1월 21일 그가 영면했을 때, 가장 위대한 역사적 인물의 하나가 너무나 빨리 역사의 무대를 떠나가 버렸음이 곧 분명해졌다.

# 제4부
# 제3인터내셔널 시기의 맑스주의

Lukâcs, György, 1885~1991

Antonio Gramsci, 1891~1937

# 제1장 맑스주의 논쟁

— 게오르그 루카치 —

제1차 세계대전 및 레닌의 실천적, 이론적 활동과 더불어 제2인터내셔널의 맑스주의 시기는 종결되고, 새롭고 격렬한 국면이 시작되는데, 뜻하지 않은 많은 사건들이 발생하게 되었다.

제2인터내셔널의 정치적 붕괴는 제국주의 열강들이 벌인 첫 번째 거대한 대결에서 그들이 취한 입장에서 비롯되는데, 이것은 동시에 그들 자신의 이론적 붕괴를 의미한다. 이것은 다시 말해서 이미 잘 알려져 있듯이 복합적이고 혁명적인 맑스주의와는 본질적으로 다른 입장을 가진 노선의 붕괴를 의미한다. 우리가 풍부한 레닌의 이론적 저작에서 볼 수 있는 바와 같이, 혁명적 맑스주의 이론의 기본적인 원리는 사회민주주의 이론에 대한 결정적인 대립에서 찾을 수 있다. 여기에 몇 가지의 논쟁점들이 있는데, 그것은 바로 계급투쟁, 혁명, 사회주의에서의 국가, 프롤레타리아 독재, 민주주의, 철학 등에 관한 문제들이다. 이 모든 문제들은 당시에 그것들이 이미 매우 명료하게 해결된 것처럼 간주되고 있었지만, 한 시기가 지난 후에 다시금 계속적으로 연구해 봐야 할 문제와 과제로서 상정되었다.

앞서 일어난 사건들, 특히 러시아의 10월 혁명과 1919년 제3공산주의 인터내셔널의 창립, 그리고 수많은 유럽의 여러 국가들(독일, 오스트리아, 헝가리, 이탈리아 등)에서 발생한 혁명적 사건들은 사회주의 운동 내부의 끊임없는 정치의 양극화(사회민주주의자들과 공산주의자들에게 있어서)를 가속시켰다. 또한 그 사건들은 이론적인 영역에 있어서 상당한 이론적 변화와 새로운 연구방향의 모색 및 심화된 논쟁 등의 시기로 나아가는 경계선을 이루게 된다. 이런 것들이 이 중요한 시기의 첫 단계에 매우 긍정적인 징후를 보여준 것이었다.

동시에 상이한 개념과 의도 그리고 관심들이 서로 간의 논쟁으로 발전하게 된다. 일찍이 대부분의 제2인터내셔널의 지도급 인물들(카우츠키, 베른슈타인, 아들러, 바우어, 렌너K. Renner 등)이 이론적으로 여전히 매우 활동적이었다는 사실을 차치하고라도, 맑스주의 이론에서 이와 같은 새로운 시도는 제2인터내셔널의 맑스주의, 즉 그 수정주의적인 형태뿐만 아니라 정통파적인 형태에 있어서의 맑스주의에 대립했을 뿐 아니라, 그것은 이미 제3인터내셔널의 성립 초기에 일련의 공산주의적 이론가들뿐만 아니라 인터내셔널 자체 내부에서 보여지는 심각한 양극화 현상에 영향을 주었다.

물론 그것은 특수한 현상은 아니었다. 이 경우는 거의 제2인터내셔널 시기 동안의 이론과 실천의 발전과 궤를 같이 한다. 그러나 일차적으로 사회주의 국가가 비로소 존재하게 되었다는 사실은 이와 같은 발전에 독특한 성격을 부여한다. 모든 이론적인 문제들은 이러한 역사적 사실과 권력 그 자체의 문제, 두드러진 정치적 문제와 밀접하게 결합되어 있었다. 즉 이러한 발전, 말하자면 러시아의 이론과 정치의 성격이 필연적으로 지울 수 없는 자취를 남기게 되었고, 뿐만 아니라 다른 공산주의 정당의 이론적 사상의 발전에도 결정적인 영향력을 행사하게 되었다. 왜냐하면 이 시기에 제3인터내셔널은 러시아 공산주의자들의 직접적인 영향 아래 지도되고 있었기 때문이다. 따라서 결과적으로 러시아 맑스주의에서 지배적이던 정치적, 이론적 개념들이 다른 나라들의 맑스주의에 강력한 영향을 미치게 된다.

이러한—맑스주의에 있어서 결코 필수적일 수 없는—지배가 물론 새로운 인터내셔널의 발전 초기에는 그렇게 강력하게 표현되지 않았다. 이에 대한 이유들 중의 한 가지는 의심할 여지없이 위대한 레닌의(강력한) 현존이라고 할 수 있다. 독자적인 관점을 관료주의적으로 관철시키고 이론적 사상을 독점하는 것, 이것들은 당시 수없이 어려운 과제들에 직면해 있었던 레닌 그 자신도 매우 잘 의식하고 있었듯이 그에게는 전적으로 낯선 것이었다. 또 한편으로는 가장 중요한 이론적, 그리고 정치적 문제 및 구체적인 실천적 문제에 관한 한, 러시아 맑스주의자들 사이에서도 여전히 수많은 입장의 대립들이 있었다. 레닌의 생전에도 이와 같은 모든 대립들이 그대로 남아 있었다. 물론 이것들은 모든 사상의 발전에 있어서뿐만 아니라 맑스주의 사상의 발전에도 필요한 창조적 분위기를 만들어 낸다. 레닌은 이 모든 입장의 대결에서 결국 올바른 길이 모색될 수 있다는 사실을 보증하는 인물이었다. 사실상 레닌 자신은 매우 유연하고 독창성이 강한 인물로서 그는 진정한 계기에 있어 혁명적이고 창조적인 상황에서만 존재한다.

대략 30년대 초까지 지속된 이 첫 번째 시기는 실제로 맑스주의 사상 발전의 풍부하고 다양하며 창조적인 국면과 때로는 극단적인 발전의 국면을 나타내고 있는데, 이것은 어쨌든 지난 시기의 많은 오류를 극복하려는 통일적인 노력과, 맑스주의의 모든 기본적인 문제들을 계속 발전시키려는 노력, 그리고 현재의 수준을 유지시키려는 노력으로 특징지워진다. 결국 이것은 맑스주의를 생동하는 존재로 만드는 전제가 되었을 뿐만 아니라 다른 모든 학문, 즉 모든 학문적 또는 철학적 노력 일반에 대한 전제이기도 했다. 이러한 의미에서 레닌은 의심할 여지 없이 가장 경탄할 만한 업적을 올렸다. 그러나 새로운 시기는 또한 이론적인 영역에서도 일련의 다른 사상가들을 배출했는데—만일 그들이 자유롭게 자기 사상을 발전시키고 여타의 독단적이거나 또는 국가 관료주의적 이해와 도식에 제한되지 않았더라면—그들은 부르주아적 사상에 대하여 맑스주의 사상의 우월성을 분명하게 드러내고 동시에 맑스주의 이론 안에서 발전 가능성이 있는 모든 단계를 제시했을 것이다.

혁명적 상황은 유럽에서도 20년대 초엽까지는 긴박했다. 이미 독일 발틱함대의 폭동은 혁명적 계획을 수립함에 있어서 그 첫 번째 평의회를 낳는 계기가 된다. 이것은 위대한 볼셰비키의 업적을 모범으로 삼아 당시의 혁명적 대중의 근본 사상이자 그 목적이 되었다.

1919년 초 베를린에서의 스파르타쿠스단의 패배에도 불구하고, 공산주의자들과 독립사회민주당파 간의 연합을 통해 생겨난 「바이에른 소비에트 공화국」(Bayerische Räterepublik)이 선포되었다. 란다우어(G. Landauer)가 이 공화국을 지배했다. 톨러(E. Toller), 오이겐 레비네(Eugen Leviné), 막스 레빈(Max Levin) 등이 이 정부에 적극적으로 협력했다. 1918년 말 공화국이 선포된 오스트리아에서도 어쨌든 노동자평의회가 발전했다. 이 오스트리아 평의회는 매우 광범위한 영향력을 행사했다. 그러나 오스트리아 사회민주주의의 불안한 정책과 그 수정주의적 환상(바우어, 렌너)은 평의회의 혁명적 강도와 그 발전을 강하게 저지하게 되었다. 사회민주주의자들은 비록 그들이 1919년 3월 선거에서 다수를 확보하긴 했지만 연합

정부 시기에 필연적으로 세력이 약화되었다. 이 무렵에 헝가리에서도 첫 번째 평의회 정부가 공산주의자들과의 제휴 아래 수립되었는데, 벨라 쿤(Bela Kun)이 이를 지도하고 있었다. 어쨌든 이 정부는 일련의 사회주의적 조치들을 실행하기 시작했다.

비록 바이에른 소비에트 공화국이 에베르트-샤이데만-노스케의 군대개입(Ebert-Scheidemann-Noske-Militarintervention)에 의해서 몰락하고, 헝가리 혁명이 외국 부르주아지의 압력으로 좌초되고, 또한 오스트리아에서의 의회정치를 통한 전체 발전—여기에서 결국 오스트리아 사회민주주의는 기진맥진해 버리게 되는데—이 무력하게 되었지만, 이러한 시기의 역사는 '평의회'의 문제가 맑스주의 이론뿐만 아니라 그 실천에 있어서도 가장 우선적으로 해결해야 할 문제임을 드러내 준다.

이것은 이론적으로 민주주의, 프롤레타리아 독재, 사회주의 건설—특히 이것들은 카우츠키, 렌너 등에 대한 레닌, 부하린, 트로츠키의 논쟁에서 선명하게 드러난다.—에 관한 사회민주주의적 견해에 대한 날카로운 비판을 의미한다. 이로써 분명하고 혁명적으로 새로운 프롤레타리아 지배의 성격, 국가, 사회주의적 발전의 방향에 대한 문제가 제기되었다. 레닌, 부하린, 그람시 그리고 그 밖의 수많은 유럽의 공산주의자들 사이에서 직접민주주의 문제는—노동자평의회에서 형성된 것처럼—중심적인 의미를 갖는다.

당시 맑스주의 이론가들은 이러한 문제 안에 자본주의에서 공산주의로의 혁명적인 이행의 본질에 관한 물음, 즉 사회주의의 본질에 관한 물음이 숨겨져 있음을 매우 명확하게 인식하였다.

다른 한편에서 몇몇 맑스주의 이론가들은 맑스주의 사상의 많은 부분들이 제2인터내셔널 기간 동안에 완전히 무시되었고, 심지어 경화되었다고 판단했다. 그래서 이제 이러한 영역에서의 맑스주의 이론을 충분히 발전시키고, 게다가 몇 가지 영역에서는 거의 단절되었던 부르주아 사상과의 비판적 대화를 재개하려는 일련의 시도와 노력들이 이루어지게 되었다. 이 사실은 우선 정치·사회적인 주제와 더불어, 의심할 여지 없이 제2인터내셔널 기간 동안 이론적 시도에 있어서 가장 큰 약점을 드러낸 철학적 주제에 해당된다. 이러한 영역에서 바로 루카치의 저작, 『역사와 계급의식』은—그 불충분함에도 불구하고—현대 인간의 본질적인 문제를 분석함에 있어서 맑스주의 철학의 우수성을 보여주는 것이었다.

게오르그 루카치는 1885년 부다페스트에서 태어났다. 루카치의 풍부한 이론적, 문화사적 활동은 근대 희곡과 소설의 발전에 관한 저작, 즉 『영혼과 형식』(*Die Seele und die Formen*, 1911)과 같은 저술과 더불어 시작되었다. 루카치는 하이델베르크에서 공부하는 동안에 그의 이론적 개념화 작업을 유럽의 철학적, 문화사적 사상의 최고의 전통 위에서, 특히 독일의 고전주의뿐만 아니라 당시 지배적이던 신칸트주의자와 막스 베버의 사회학파의 개념에 근거하여 시작하게 되었다. 이 무렵에도 그는 여전히 그의 스승인 짐멜(G. Simmel)의 강한 영향 아래 있었다. 그가 김나지움을 졸업할 무렵에 처음으로 접했던 맑스 사상을 제1차 세계대전으로 야기된 일반적 위기 현상 속에서 다시금 새롭게 정립한다는 것은 별다른 의미를 갖는 것일 수 없었다. 그러나 루카치의 사상 속에서 헤겔은, 특히 그의 『정신현상학』은 중요한 의미를 갖는다(『소설의 이론』 *Theorie des Romans*, 1916).

그래서 그는 다시 헤겔과 포이어바흐를 거쳐 맑스와의 두 번째 이론적인 만남을 갖게 되는 것이다. 이 만남에서 맑스 변증법의 중요성에 대한 인식이 이루어지게 된다. 역사철학에서의 헤겔과 맑스를 종합하려는 당시의 시도에 있어서 헝가리의 "좌파 사회주의적" 조합주의의 이데올로그의 영향, 즉 에빈 스자보(Erwin Szabo)의 영향은 특히 주목해 볼 만하다. 이런 영향에 대해서 루카치는 후에 그가 여러 면에서 긍정적이었지만, 그럼에도 불구하고 동시에 여러 면에서 추상적인 주관주의와 윤리적인 계기라는 약점을 가지고 있었음은 부인할 수 없는 사실이라고 기술한다.[1)]

이러한 이념적 변화의 와중에서 그는 노동운동에 참여했고, 부르주아적 세계에 대한 맑스주의의 비판을 수용했으며, 1919년 헝가리의 혁명 기간 동안에는 제1차 헝가리 소비에트 정부의 교육상으로 일하게 되었다.

헝가리 혁명이 실패한 후 그는 빈으로 망명하여 공산주의 인터내셔널 기관지인 『공산주의자』에 관여하게 되었다. 1929년에 그는 모스크바로 가서 「맑스-엥겔스 연구소」에서 일하게 되었고, 이후부터 전쟁이 끝날 때까지는 「소비에트 과학 아카데미 철학 연구소」에서 일을 했다. 전후에 그는 다시 헝가리로 돌아왔다.

1919년부터 1923년까지 그는 몇 가지 저서를 집필했는데, 이것들을 모아 1923년 『역사와 계급의식』이라는 제목의 저서를 출간했다.[2)]

---

1) 루카치, 「맑스에로의 나의 길」(*Mein Weg zu Marx*), 『이데올로기와 정치에 관한 논집』(*Schriften zur Ideologie und Politik*), 노이비드와 베를린, 1967.

2) 루카치의 사상의 비범한 깊이와 명료함을 나타내는 이 논문집은 아래와 같다: 「정통 맑스주의는 무엇인가?」(*Was ist orthodoxer Marxismus?*, 1919). 「맑스주의자로서의 로자 룩셈부르크」(*Rosa Luxemburg als Marxist*, 1921) 「계급의식」(*Klassenbewußtsein*, 1920) 「물화와 프롤레타리아 의식」(*Die Verdinglichung und das Bewußtsein des Proletariats*) 「사적 유물론의 기능변화」(*Der Funk tionswechsel des historischen Materialismus*, 1919). 「합법성과 비합법성」(*Legalität und Illegalität*, 1920). *Kritische Bemerkungen über Rosa Luxemburgs 'Kritik der Russischen Revolution'*, 1922. *Methodisches zur Organisationsfrage*, 1922. 이 논문들은 1923년 베를린의 말리크 출판사(Malik Verlag)에서 아래의

이 책에서 루카치의 중심 문제는, 그가 서문에서 분명히 강조한 것처럼, 이제까지의 맑스주의자들에 의해서 완성되지도 않고 이해되지도 않았던 맑스의 변증법적 방법에 관한 것이었다. 그는 로자 룩셈부르크를 방법적·경제적인 의미에서 맑스의 저작을 계속 발전시킬 유일한 맑스주의자로 간주하고 있는데, 루카치에 따르면 사람들은 이러한 방법을 계속 발전시키기 위해서 그 저작에 대해서 비판적으로 조명해 보며 토론하는 데서부터 출발해야 한다고 했다. 물론 이렇게 하기 위해서는 "레닌의 저작과 연설이 방법적으로 결정적일 것이다."[3]

루카치는 맑스를 올바르게 그리고 여하튼 수정하지 않고 이해하는 것을 자신의 과제로 설정했다. "그러나 그것은 동시에 현재의 실제적인 문제에 대한 사실적, 내용적 입장을 정립하는 것을 포함한다. 왜냐하면 맑스의 방법에 대해서 이와 같이 파악하고자 하는 가장 주요한 목적은 현재를 인식하려는 데에 있기 때문이다."[4]

그는 지난 혁명적 세기의 경험이 정통적(그러므로 공산주의적)으로 이해된 맑스주의의 모든 본질적 계기를 입증해 준다고 확신하고 있었기 때문에, 그는 이제 바로 "이 구체적이고 역사적인 변증법"의 문제 해결을 모색함에 있어 변증법의 기초를 다진 헤겔에서부터 출발해야 한다고 판단했다.[5]

---

제목으로 출간되었다. 『역사와 계급의식, 맑스주의 변증법에 대한 연구』.

3) 루카치, 『역사와 계급의식』, 베를린, 1923, S.6.

4) Ibid., S.7.

5) 당시 맑스주의 사상의 발전에 있어 맑스 연구를 헤겔의 변증법 연구와 밀접하게 연관지을 것을 요구하는 경향성은 레닌에 의해 매우 강력하게 대변되었다. 레닌은 그의 논문 「전투적 유물론의 의의에 대하여」(*Über die Bedeutung des streitbaren Materialismus*, 1922)아래와 같이 기술했다. "헤겔의 변증법을 유물론적으로 파악한 맑스의 방법에 기초하여 우리는 이 [헤겔의] 변증법을 모든

이미 1922년판 서문에서 루카치가 힘주어 강조했듯이 여기에서 그의 의도는 학문적인 완성과 체계를 세우는 데에 있다기보다는 오히려 "변증법적 방법의 문제를 — 생생하고 현실적인 문제로서 — 토론의 대상으로 만드는 데 있다."[6]

루카치는 이 문제를 다루는 과정에서 주로 이러한 방법론적 측면에 주안점을 두게 된다. 루카치는 사실에 대한 수정주의자의 경배를 비판하 우매한 경험론은 사실이 바로 그 자신의 특수한 인식 목적을 추구하는 방법론적 가공을 통해서야 비로소 일정한 사실이 된다는 것을 알지 못한다는 점을 정확하게 지적하였다. 경험론자들과 비변증법적 수정주의자들은 모든 수(數)와 모든 가공되지 않은 그대로의 사실을 경제적인 사실로 생각해서, "가장 단순한 열거나 '사실'에 대한 해설 없는 나열도 이미 어떤 하나의 '해석'이 된다는 점을 간과해 버린다."[7] 왜냐하면 여기에서 사실들은 이미 어떤 이론과 그 방법에 의해서 생생한 생활의 맥락 전체에서 분리되어 일정한 이론으로 구축되어 있기 때문이다.

---

측면에 확대시킬 수 있어야 한다. 또한 우리는 헤겔의 주요 저작을 맑스가 적용한 변증법의 모범과 경제-정치적 관계의 영역에 적용된 변증법의 모범에 따라 주석함으로써 헤겔 저작들의 주요 작품들을 잡지에 출간하고 이를 유물론적으로 해석할 수 있어야 한다. 최초의 역사, 특히 현대의 제국주의 전쟁과 혁명은 이러한 모범적인 실례들은 우리에게 엄청나게 보여 주고 있다. 『맑스주의의 파문자』(*Unter dem Banner des Marxismus*)라는 잡지의 편집인들과 기고가 그룹은 나의 견해에서 본다면 이종(異種)의 '헤겔 변증법의 유물론적 동료들의 사회'이어야 할 것이다."(레닌, 『전집』, 베를린, 1961, 제3권, S.761). 루카치 이외에도 이러한 경향을 실현한 사람들은 특히 코르쉬, 블로흐, 데보린이었는데 이들 모두는 내체로 논쟁의 여지가 많은 자신들의 독자적인 방식으로 수행했다. 이들은 결국 스탈린주의 시대에 혹독하게 비난을 받았고 우리가 보고한 이 첫 번째 시기에 이들은 자신의 적대자를 가졌다.

6) 루카치, ibid., S.11.
7) Ibid., S.18.

다른 한편에서 루카치는 엥겔스의 저작에서 엥겔스가 맑스주의 이론을 발전시키는 데 결정적인 역할을 수행했음을 알게 된다. 앞으로도 알게 되겠지만, 그는 이에 대해서 어떤 의미에서는 이것이 다양하지만 그러나 동시에 일면적이기도 하다고 평가한다. 특히 그는 엥겔스가 어떠한 변증법의 계기를 완성했는가를 고찰하면서, 그는 자신의 변증법의 개념과 관련시켜 다음과 같이 말하고 있다.

"그러나 역사적 과정에서의 주체와 객체의 변증법적 관계라는 가장 본질적인 상호작용을 방법론적 고찰의 중심에—그것에 합당한 지점에—끌어넣기는커녕 변증법적 방법이 아무리 '유동하는' 개념들 따위를 유지한다 하더라도—물론 궁극적으로는 겉보기의 유지에 불과하겠지만—더 이상 혁명적인 방법이기를 그친다."[8)]

루카치는 그 고유한 법칙에 종속되어 있는 객관성으로서의 현실에 대한 관념론적인 해석뿐만 아니라 유물론적 해석에서의 모든 숙명론과 마찬가지로 사변적 유물론을 극복하려고 노력하면서, 이론과 실천의 통일이라는 기본적인 맑스적 관점에서(특히 『포이어바흐에 대한 테제』에서) 인간의 역사적 문제를 해결할 수 있다고 보았다. 이런 이유에서 그는 역사적 과정에서의 주체와 객체의 상호관계를 줄곧 강조하게 되었고 이 방법을 역사적 현실을 파악하는 데 한정시키게 되었다. 이러한 관점을—특히 자연의 변증법의 문제와의 관련 하에서—그는 다음과 같이 매우 정확하게 평가하게 되었다.

"방법을 역사-사회적 현실에 이렇게 제한하는 것은 매우 중요하다. 변증법에 관

8) Ibid., S.15~16.

한 엥겔스의 기술에서 비롯되는 오해는 본질적으로 다음의 사실에서 기인한다. 즉 엥겔스는—헤겔의 잘못된 실례를 그대로 따름으로써—변증법적 방법을 자연의 인식에까지 확장시켰다. 변증법에서 중요한 규정들, 즉 주체와 객체의 상호작용, 이론과 실천의 통일, 사유에 있어서 범주들의 변화의 기반인, 범주들의 기체의 역사적 변화 등이 자연 인식에는 존재하지 않는다. 여기에서는 유감스럽게도 이 문제를 상세하게 논할 수가 없다."[9]

루카치에 대한 당시의 논쟁에서 이 명제들은 날카롭게 공격받았고 나중에 또 다른 몇 가지 계기를 근거로 해서 다루게 되겠지만 이 저작은 문제가 있는 것으로서 취급되었고 심지어 묵살되었다. 이것은 자연의 변증법에 대한 루카치의 비난이 너무 지나쳤다는 사실에서 기인한다(후에 그는 이러한 관점과는 거리를 둔다.). 그러나 그는 모든 그의 비판자들보다도 우리 시대의 문제들을 보다 정확하게 보았고, 수많은 맑스주의자의 올바른 인식에서 회피되고 있었던 역사 바로 그 영역에 맑스의 변증법을 그 전체적인 깊이와 복합성을 가지고 적용해야 할 긴박한 필요성을 인식했음이 분명하다. 이러한 의미에서 그가 엥겔스를 비판한 것은 정당하다. 왜냐하면 그는 일반 존재론적 개념화에 대한 주장이 역사과정의 변증법을 등한시—이것 때문에 일정한 기계론적 특징들이 매우 쉽게 수용된다.—하게 됨을 보았기 때문이다. 이러한 기계론적 특징들에서는 결국 인간 자체는 상실되고, 모든 다른 자연적 존재와 마찬가지로 발전의 단순한 계기가 되어 버린다.

내가 볼 때 이러한 것을 모면하려는 루카치의 시도는 너무 지나쳤던 것 같다. 그러나 다른 한편에서 그는 인간의 동시대의 문제의 본질을 매우

---

9) Ibid., S.17. 이것은 루카치가 그의 주(註)에서 공개적으로 자연의 변증법에 대한 자신의 부정적인 입장을 표명한 유일한 구절이다. 비록 이 입장이 이 저작(『역사와 계급의식』)의 그의 해석에서는 논리적으로 수행된다고 하더라도.

정확하게 보았다. 그는 변증법을 역사—사회적 현실에 제한함으로써 이러한 복합적이고 모순적인 과정에 대해 분석을 했는데, 그것은 레닌 이후에 성립된 당시 맑스주의 사상의 이론적 산물을 훨씬 압도하는 것이었다.10)

루카치는 다른 누구보다 『포이어바흐에 대한 테제』에 내포되어 있는 인간에 대한 맑스의 독창적인 개념화 즉, 객체, 대상은 인간의 감각적 활동, 실천으로 파악되어야 한다는 것을 심오하게 이해했다. 그리고 그는 존재의 본질을 사회적 과정으로 보면서 존재 자체를 인간적 활동의 산물로 이해함으로써 다른 이론가들을 압도했다. 이로써 존재의 존재론적 영역은 의심할 여지 없이 역사적 존재에 제한되지만, 동시에 역사적 존재는 인간의 혁명적 실천의 산물이며, 인간 자신도 사회사적 과정의 주체이자 객체로 파악되었다.

루카치는 이러한 복합적 역사과정에 관한 분석과 관련하여 총체성의 범주를 결정적인 것으로 간주했다. 이러한 범주의 의미에 대한 선명한 통찰 없이는 역사적 과정을 통일적인 것으로 이해할 수 있는 가능성을 모두 잃어 버린다. 물론 총체성의 범주는 그 계기들을 추상적 통일성에로 지양시키지 않는다. 왜냐하면 "대상의 인식 가능성은 대상이 그것 속에서 기능하는 일정한 총체성 내에서의 기능을 파악할 때 이루어지는데, 바로 이

10) 어떤 의미에서는 맑스주의 사상의 당시의 발전에 있어 이와 비슷한 과정이 생겨난 것은 흥미롭다. 스탈린주의의 존재논리론(Ontologismus)은 특수한 역사적 변증법을 등한시했다. 그래서 그만큼 이 존재 논리론에 대해 반발이 생겨났는데 (블로흐, 르페브르, 사르트르, 호르크하이며, 마르쿠제, 아도르노 등) 이 반격의 압증은 변증법을 역사적 현실에 제한하는 것이었다(사르트르와 그 밖의 몇몇 맑스주의자들). 그들에게는 자연의 변증법이 입증되지 않은 것이거나 혹은 현대 인간의 역사적 혁명적 실천과는 완전히 무관한 것이었다. 내가 볼 때 철학적 분석의 영역은 이것 때문에—비록 이 입장이 역사적 문제들을 주장함으로써 결국 타당하다고 해도—불필요하게 협착되어 버렸다.

때문에 변증법적으로 총체성을 고찰하는 것은—그리고 이러한 관찰만이(!) 현실을 역사적 사건으로 파악할 수 있게 한다."[11] 그러므로 루카치에 따르면 맑스주의와 부르주아 학문을 본질적으로 구별해 주는 것은 역사를 해석하는 데 있어서 경제적 동기에 우위를 두는 것이 아니라 오로지 "총체성의 관점"[12]에 서는가 서지 않는가의 여부에 달려 있다. 루카치에게 있어서 총체성의 범주는 그가 이것을 과학에 있어 혁명적 원리의 담지자로 해명할 정도로 결정적인 것이다.[13]

총체성의 관점은 대상뿐만 아니라 인식의 주체도 정한다. 부르주아적 세계관은 사회적 현상들을 개인의 관점에서만 관찰한다. 여기서는 항상 부분적 영역만이, 내적 관계나 추상적 특수 법칙이 없는 사실만이 파악될 수 있을 뿐이다. 그러나 총체성은 주체 자체가 총체성을 형성할 때 비로소 산출될 수 있다. 현대 사회에서 이러한 총체성의 관점은 오로지 계급에 의해 대변된다. 고전경제학이 개별 자본가들에서 시작한다면, 맑스는 그가 생산의 주체 즉 계급을 총체성으로 이해함으로써 근본적으로 이러한 범주를 결론지웠다.

경제적 숙명론과 사회주의에 관한 윤리적 정초는 서로 밀접하게 결합되어 있다. 베른슈타인, 투간 바라노프스키(Tugan-Baranovski), 바우어(O.

---

11) 루카치, ibid., S.27.

12) Ibid., S.39.

13) 루카치는 자명하게 동일한 질들의 요소의 고립이 심지어 탐구의 모든 영역에 필요한 것으로 전제했다. 여기서 오로지 결정적인 것은 이러한 고립이 전체에 대한 인식수단이거나 아니면 자기목적이 되는가 하는 것이다. 왜냐하면 "역사해명에서 경제적 동인을 우위에 두는 것이 결정적으로 맑스주의를 부르주아 학문과 구분짓는 것이 아니라 총체성의 관점이 그러한 것이다."(ibid., S.39) 루카치의 사상에서 특징적인 것은—비록 그가 1844년의 맑스 초고를 여전히 알지 못했지만—그가 거의 맑스와 동일한 귀결에 도달했다는 것이다.

Bauer)의 이론은 방법론적 개인주의의 귀결들이다. 오직 개인의 관점으로만 볼 때 세계는 야만적이고 숙명적인 것으로 낯설게 보인다. 그래서 개인의 활동은 단지 이 세계의 법칙에 대해 인식하고 그것을 이용하거나, 아니면 세계 변혁의 전제로서 기껏해야 인간의 윤리적 변혁만을 추구하게 된다. 전자는 인간에 대한 기계론적 개념화를 초래하고, 후자는 "순수 당위"에 지나지 않는 것을 요청하게 된다. 이 두 가지는 총체성의 관점에서 볼 때 분열, 즉 이론과 실천의 통일이 분열된 것에 지나지 않는다. 그러나 현실은 오직 총체성으로서만 파악되고 침투될 수 있다. 그리고 그 자체 총체성인 주체만이 이처럼 현실을 침투할 수 있다."[14] 이러한 주체는 계급이다. "계급만이 행위에 의해서 사회적 현실을 침투할 수 있고 이 현실을 총체적으로 변혁시킬 수 있다."[15] 그러므로 바로 프롤레타리아트는 사유의 주체로서 단번에 딜레마, 즉 순수 법칙의 숙명론과 순수한 심성에 기초한 윤리학 간의 무기력한 딜레마를 분쇄한다. 프롤레타리아 계급의식의 형식이며, "프롤레타리아트의 계급의식의 담지자이며 그 역사적 사명의 양심의 담지자"[16]는 당(黨)이다.

루카치는 계급의식을 이 계급의 개별적 개인들이 사유하고 원하는 것들의 총계나 혹은 평균으로 이해하지 않았다. "그럼에도 불구하고 역사적으로 중요한 총체성으로서의 계급의 행위는 개별자들의 사유가 아니라 계급의식에 의해 결정되며, 단지 계급의식에 의해서만 인식될 수 있다."[17] 이런 이유 때문에 루카치에 따르면 경험적 사실로서의 계급의식과 일정한

14) 루카치, ibid., S.51.
15) Ibid., S.51.
16) Ibid., S.53.
17) Ibid., S.62.

계급에 속해 있는 개별적 개인들의 의식 간에는 차이가 있다. 이로부터 상이한 계급에 있어서 그것들이 소속되어 있는 사회경제적 전체와 그것들이 맺는 상이한 관계에 따라 차이가 나는 것인가. 이 차이가 얼마나 되고 이러한 계급의식은 현존하는 계급들의 갈등과 관련되어 어떤 기능을 하는지 등의 문제가 생겨난다.

그렇게 해석한다면 루카치의 계급의식에 관한 개념은 어떤 의미로는 비역사적인 것이 과정 자체에서 지배적인 역할을 하는 것처럼, 관념화된 것으로 여겨진다. 그래서 이러한 개념화는 레닌의 입장과—레닌에 따르면 의식은 외부로부터 계급에 주입된다(특히 프롤레타리아트의 경우에)—대립될 수 있다. 이 개념화는 역사적 삶의 총체성으로부터 의식의 유기적 성장을 강조한다. 역사적 경험은 의심할 여지 없이 부분적으로 루카치의 이러한 테제와 모순되는 것이었다.

그러나 그 경험은 루카치에게 이러한 과정과 관련하여 중요한 다른 몇가지 계기에 대해 결론을 내리는 데 도움을 주었다. 그는 먼저 과거 사회구성체에 있어 계급의식과 사회구조의 관계를 지적했고 또한 부르주아지가 자기들의 고유한 토대에 대한 충분한 의식에 도달할 수 없었음을 지적했다. 왜냐하면 이 의식은 그것이 가질 수밖에 없는 무능력에 대한 인식을 의미하고, 또 이러한 모순이 "이데올로기와 경제적 토대간의 지양될 수 없는 대립으로" 결론지워지기 때문이다.

"이러한 계급의식의 변증법은(자본주의적인) 개인의 지양될 수 없는 대립, 즉 개별 자본가라는 도식에 의한 개인과 '자연법칙적' 필연적인, 즉 원칙적으로 의식에 의해 지배될 수 없는 발전과의 지양될 수 없는 대립에 기인한다. 따라서 이러한 변증법은 이론과 실천을 서로 화해할 수 없는 대립으로 만들어 버린다."[18]

다른 한편, 그가 속류 맑스주의는 커다란 원리상의 투쟁을 '사소한 현실정치'로 환원시킴으로써 의식의 역할을 등한시한다고 비판한 것은 정당하다. 왜냐하면 부르주아지는 부르주아지의 싸움판에서는 훨씬 강하고 이들이 선택할 수 있는 수단과 가능성은 훨씬 넓기 때문이다. "이러한 입장(속류 맑스주의)에서 나타나는 계급의식은 부르주아지의 계급의식과 동일한 내적 구조를 나타내지 않을 수 없다."[19] 바로 이런 이유 때문에 경제-정치적 위기 이후에 혁명의 운명은 "프롤레타리아트의 이데올로기적 성숙도, 즉 그 계급의식"[20]에 달려 있다.

프롤레타리아트의 "이데올로기"는 그들에 있어서 그들이 내걸고 투쟁하는 기치도, 진정한 목적을 은폐하는 가리개도 아니며, 오히려 그것이 투쟁 자체의 목적의 무기이어야 한다. "프롤레타리아트의 모든 비원칙적, 무원칙적 전술은 사적 유물론을 단순한 '이데올로기'로 전락시켜 버리고, 프롤레타리아트에게 부르주아적 투쟁방법을 강요한다."[21]

우리가 계급의식에 대한 최고의 규정으로서 루카치의 사상, 즉 계급의식은 개별적 프롤레타리아의 심리학적 의식도, 그들 전체의 대중심리학적 의식도 아니며 "계급의 역사적 상황의 의미가 의식화된 것"[22]이라는 데 동의한다면, 이미 언급된 혁명 자체의 운명에 대한 귀결은 근본적으로 옳다.

---

18) Ibid., S.76~77.
19) Ibid., S.81.
20) Ibid., S.82.
21) Ibid., S.83.
22) Ibid., S.86.

루카치는 모든 관점에서 충분하게 발전된 프롤레타리아트를, 또한 역사적 역할에 대한 그 의식, 그 투쟁의 과제와 목적을 전제했다. 그러나 동시에 그에게 매우 분명한 것은 프롤레타리아트의 현존 형식, 그 생활 조건, 이들이 예속되어 있는 비인간성과 소외가 프롤레타리아트의 삶과 의식에 깊은 흔적을 남겨 놓았다는 점이다. 따라서 프롤레타리아트가 이런 이유 때문에 종종 일상적인 경험론이나 공상주의에 떨어져 버리는 것은 놀라운 것이 아니다. 따라서 계급의식과 그 실현의 가능성들을 고려하면서 그 어떤 환상도 품어서는 안 된다. 그러나 마찬가지로 현존하는 계급의 잠재력도 간과해서는 안 된다.

이미 모든 프롤레타리아 혁명이 그 국가적, 사회적 기관으로서의 노동자평의회를 역사의 투쟁장으로 설정하고 있다는 사실은 프롤레타리아트의 계급의식이 그 혁명을 지도함에 있어서 부르주아적 성격(여기서 루카치는 사회민주주의적 지도를 생각한다.)을 성공적으로 극복하고 있다는 징후이다.

"기회주의자에 의해 희화화된 꼴과 결코 혼동되어서는 안 되는 혁명적 노동자평의회는 프롤레타리아 계급이 형성된 이래 프롤레타리아 계급이 줄곧 획득하려고 노력해 왔던 형식들 가운데 하나이다. 그것의 현존과 그것의 끊임없는 발전은 이미 프롤레타리아트가 그 자신의 고유한 의식에, 따라서 승리의 문턱에 들어서 있음을 보여 준다. 왜냐하면 노동자평의회는 자본주의적 사물화에 대한 정치-경제적 극복이기 때문이다."[23)]

이러한 이유들 때문에 ;

23) Ibid., S.93. 루카치는 이러한 "사물화" 문제에 특별한 관심을 갖고 연구했다. 이 연구는 또한 『역사와 계급의식』에서 그 핵심을 이룬다. 이에 대해서는 다음 장에서 보다 상세히 기술될 것이다.

"이 사회에 대한 투쟁—여기서 프롤레타리아 독재도 하나의 국면에 불과한데—은…… 외부의 적, 즉 부르주아지에 대한 투쟁일 뿐 아니라 동시에 프롤레타리아트의 자기자신에 대한 투쟁, 즉 자신의 의식에 대한 자본주의적 체제의 파괴적이고 굴욕적인 영향에 대한 투쟁이다. 프롤레타리아트가 이러한 영향을 스스로 극복할 때 비로소 그들은 실제적인 승리를 거두게 된다. ……프롤레타리아트는 자기비판을 결코 두려워해서는 안 된다. 왜냐하면 진리만이 그의 승리를 가져올 수 있고, 따라서 자기비판은 사활적 계기가 되지 않을 수 없기 때문이다."[24]

이러한 대결에서 하나의 특수한 입장은 사물화와 프롤레타리아 의식에 대한 연구를 수반한다.[25]

이러한 현상에서 루카치가 특히 관심을 가진 것은 상품관계, 노동분업, 사물화, 상품의 물신주의가 사회의 외적, 내적 삶에 어느 정도로 작용하는가이다. 그는 맑스주의의 입장을 따라 자본주의에서는 통일적 노동과정의 대상인 통일적 생산물은 사라지고, 생산과 생산의 주체와 객체의 발전이 해체된다는 사실을 확증함으로써, 아래의 사실을 강조했다. 즉, 노동자 자신 또한 기계적 체계의 기계화된 부분이 되어 버린다. 여기에서 노동자는 자신의 활동적 성격을 점점 더 상실하고, 기계적·법칙적 과정—이 과

24) 루카치, Ibid., S.93.

25) 루카치는 사물화 개념을 『자본론』에서, 상품의 물신숭배에 대한 맑스의 분석에서 수용했다. 상품생산의 기본 현상—여기서 인간 상호간의 본질적인 관계는 물(Ding)의 관계의 형태를 취하게 되고, 그리고 난 다음 인간의 삶을 판단하는 데 있어 유일한 지평이 되는데—은 물신숭배와 사물화 현상이다. 그러므로 루카치는 모든 그의 계속적인 분석과 귀결들을 상품물신숭배에 대한 맑스의 분석에서 연역했다. 이것은 우리가 보는 바와 같이 이미 『경제학 철학 초고』에서 예견된다(물론 루카치가 이 논문들을 썼을 때, 『초고』는 여전히 알려져 있지 않았다.).

정은 완결된 체계로서 노동자의 의식과는 무관하게 진행된다.—에 대하여 관조적 태도를 견지해야만 한다. 이러한 의미에서 기계화된 생산은 노동자들을 고립되고 추상적인 원자로 만든다.

이러한 고립화와 개별화는 사실상 외견상의 것이지만 필연적이다. 이 현상들은 생산의 역사적 발전이 스스로를 노동력이란 상품의 소유자로 의식하는 자유로운 노동자를 산출하는 계기에서 나타나게 된다.

"그의 특수한 입장은 이러한 노동력이 그의 유일한 소유라는 데에 있다. 운명적으로 이러한 자기대상화, 즉 인간 기능의 이러한 상품화가 상품관계의 비인간화된 그리고 비인간적으로 만들어 버리는 성격을 매우 의미심장하게 드러내는데 이것은 전체 사회의 구성에 있어 전형적이다."[26]

이러한 관계는 동시에 모든 것을 사물화시켜 버린다. 토지와 자본의 사적 소유자로부터 자신의 능력과 재능을 파는 전문가와 기능인에 이르기까지 모두가, 각각의 고유하고 객관화되고 사물화된 능력에 대해 관조적인 태도를 취한다. 인간적 욕구의 모든 대상이 상품이 되는 것은 인간적 의식의 본래의 구조를 제약한다. "의식의 속성과 능력은 더 이상 인격의 유기적 통일체로 결합되지 못하고, 외부 세계의 다양한 대상들과 같이 인간이 '소유하고', '처분하는' '사물'로 나타난다."[27]

노동분업, 사물화, 전문가계층의 발전, 이러한 총체적 과정이 전체성에 대한 전망을 상실하게 한다. 그리고 철학 역시 이러한 모든 문제에 대하여 전문적으로 관계하고 그렇게 함으로써 총체성에 대한 통찰을 상실해

26) 루카치, ibid., S.103~104.
27) Ibid., S.112.

버린다면, 이러한 소외되고 사물화된 세계가 철학에 대해, 결국 인간을 위해 존재하고 또한 존재할 수 있는 유일하게 가능하고, 유일하게 파악 가능한 세계가 된다. 루카치에 의하면 현대의 비판철학은 바로 이 사물화된 의식구조에서 나타났다.28)

루카치는 부르주아적 인간과 부르주아 철학에 공통된 현상들, 즉 주체와 객체, 인간과 사회, 철학적 의식과 [이 의식에 독립적인] 그 어떤 실체와 대립을 발견함으로써—이러한 이론적 실천적 편협성을 극복한 맑스의 본질적인 사상인—주·객문제의 해결책을 개념화했다.

"이러한 사태의 근거는 우리 앞에 이미 반복적으로 제기되어 왔다. 자본주의 사회의 인간은—그 자신(계급으로서)—그 자신과는 본질적으로 낯선 '자연'으로서 형성된 현실과 대립되어 있다. 인간은 자본주의 사회의 '제법칙'에 저항할 수 없도록 내맡겨지고, 그의 활동성은 오로지 개별적인 법칙들의 강제적인 경과를 자신의 (이기주의적) 관심을 위해 이용하는 데 그치게 된다. 그러나 재차 이러한 '활동' 안에서 인간은—사태의 본질상—사건의 주체가 아니라 객체로 머물러 있게 된다."29)

---

28) S.122~140 참조. 근대 철학의 비합리론뿐 아니라 현실에 대한 이 철학의 사변적 관계 그리고 심지어 그 환상—즉 이 현실은 합리적 사고의 산물이라는—에 대한 해석에서 루카치는 칸트의 "물자체"에 대한 엥겔스의 해석과 비판을 비판했다. "즉자"(an sich)와 "우리에 대하여"(für uns)는 대립이 아니라 필연적인 상관개념이라는 루카치의 평가는(S.145~146) 따라서 아래의 사실을 간과해 버렸다. 즉, 엥겔스는 "물자체"의 개념을 칸트적 의미에서가 아니라 헤겔적 의미에서 이해했고, 칸트의 불가지론에 대한 헤겔의 올바른 비판, 다시 말해 특히 현상과 본질에 대한 분석을 근거로 그의 비판을 행했던 것이다. 그러므로 루카치의 비판적 언급—즉 엥겔스는 실천을 실험과 산업으로 정식화했다는—은, 루카치가 실험을 단지 사변적 관계로 이해하는 한, 올바르지 못하다. 그러나 역사적 실천의 문제들이 이러한 범주에서 고갈되지 않는 한(S.146~147) 그의 언급은 올바르다. 당시 엥겔스의 『자연 변증법』은 여전히 알려져 있지 않았고, 이 저작에서 사람들은 엥겔스가 실천의 문제를 보다 폭넓고 깊이 있게 구상했음을 예견할 수 있다.

29) 루카치, ibid., S.149.

인간의 활동성의 지평은 그저 내적인 것에 불과하다. 한편으로는 그것[인간 활동성]은 이러한 자본주의의 제법칙에 대한 의식이며, 다른 한편으로는 사건들의 결과에 대한 내적 반응에 관한 의식이다.

주체와 객체 관계에서의 철학적 분열과 그 근본적인 철학적 문제는 단지 이러한 인간 분열을 표현한 것에 불과하다.

" '진리가 단지 실체로서뿐만 아니라 주체로서도' 파악될 경우, 또한 주체(의식, 사유)가 동시에 변증법적 과정의 생산자이자 그 산물로 파악될 때, 그리고 자기창조적 세계—객체는 이 세계의 의식적 형태이다—안에서 주체가 스스로 운동하고 동시에 이 세계가 주체와 대립된 완전한 객관성으로 타당한 것으로 여겨질 때에야 비로소 변증법의 문제가 해결되며 이 문제와 함께 주체와 객체 그리고 사유와 존재, 자유와 필연성 등의 대립을 지양시킬 수 있다."[30]

이러한 파악을 통해 비로소 이론과 실천의 관계에 대한 해석이 자유와 필연성의 해석과 마찬가지로 변화된다. 인간에 의해 창조된 현실은 그 허구적 성격(그것이 인간과 무관하게 독립된 것으로 존재한다는 허상—역주)을 상실하게 되는 것이다.

"우리가—이미 인용된 비코(Vico)의 예언적인 말에 따르면—우리의 역사 자체를 만들었다. 그리고 우리가 전체 현실을 역사로(또한 또다른 역사란 있을 수 없기 때문에 우리 역사로서) 파악할 수 있다면, 우리는 실제로 현실을 우리의 '사실행위'(Tathandlung)로 파악할 수 있는 입장에 도달하게 된다. 여기에서 유물론자들의 난관은 그 의미를 상실하는데, 왜냐하면 단지 우리의 의식적 행동 안에서만 우리의

30) Ibid., S.157.

행위를 인식하고자 하는 입장, 또 우리 스스로가 창조해낸 역사환경 및 역사과정의 소산을 우리와는 낯선 법칙을 통해 우리에게 영향력을 발휘하는 현실로서 파악하는 입장이란 곧 합리주의적 한계이며, 형식적 오성의 독단론임이 폭로되기 때문이다."[31]

이러한 분석은 아래의 파악으로 끝을 맺는다. 즉 역사에 있어 문제가 되는 것도 그 어떤 엄격하고, 인간과는 무관한 법칙이 아니라 역사 자체가 인간의 작품이라는 것, 따라서 역사는 인간의 활동성을 표현하고 있는 제 경향성에 종속된다는 것이다. 따라서 루카치는 이 분석을 통해 이 당시 다수의 맑스주의자들이 취했던 기존의 기계론과 존재론을 극복했다. 이들의 입장은 철학자들이 주체와 객체를 일방적으로 대립시켰던 것처럼[32] 인간과 역사를 일면적이고 독단적으로 대립시켰다. 어쨌든 여기서 새롭고도 위대한 맑스주의 철학의 문제가 제기된다. 즉 루카치가 심하게 주관화해 버린 역사적 운동의 이러한 내재적 경향성들이 또한 어느 정도로 추상적 법칙이 아닌 법칙-경향성으로 될 수 있는가? 운동의 내재적 경향성들이 역사적 개인에게 '허용'하는 참여의 자유는 어느 정도이며, 전체 역사 진행에서 자유로운 참여의 가능성 하에서 개별적 역사시기를 고려하는 것이(다른 관점과 비교할 때) 어떤 차이가 있는가?

루카치의 기여는, 그가 이 문제를(단순히 객관적인 법칙으로 본 것이 아니라—역주) 적어도 경향성에 따라(비록 모든 명제나 혹은 사유에 따른 것이 아닐지라도) 근원적으로 맑스주의적인 의미로 정교하고 날카롭게 정식화한 데에

31) Ibid., S.160~161.

32) 역사석 경향성과 계급의 능동성의 이러한 관계를 루카치는 다음과 같이 파악했다. "프롤레타리아트의 계급 목적의 추구는 동시에 사회-객관적 발전 목표의 의식적 현실화를 의미한다. 그러나 이러한 발전 목표는 프롤레타리아트의 의식적 개입 없이는 추상적 가능성, 객관적 한계에 머물고 만다."(ibid., S.165).

있다. 또한 그의 공헌은 계속해서 저러한 비판적 실재론적, 비맑스주의적인 모사론의 입장—자연을 단지 고정된(완결된) 객체로서, 주체를 그저 완결되어 고정된(fertig) 주체로만 이해할 뿐이다.—을 현실적으로 극복했다는 데에 있다.

"자연은 사회적 범주이다. 다시 말해 사회발전의 일정한 단계에서 자연으로 여겨지는 것이 무엇이며, 이 자연과 인간의 관계가 어떻게 이루어지며, 자연과 인간의 대결이 어떤 형식으로 이루어지는가, 나아가 형식, 내용, 범위, 대상성에 따라 자연이 무엇을 의미하든지 이것은 항상 사회적으로 제약된다."33)

이 관점으로부터 루카치는 결정적으로 플라톤의 상기설(想起說)과 같은 그런 신화학으로서의 모사론을 비판했다.

루카치는 그가 이러한 문제에 대해서 그의 비판가들보다 더 잘 인식했다는 이유에서가 아니라 바로 이러한 계기 때문에 날카롭게 비맑스주의적이라고 비난받았다. 사람들이 여기서 진지하게 맑스주의를 대변하길 원한다면, 루카치를 소박한 실재론의 관점에서나 비판적 실재론의 관점에서도 공격할 수 없다. 그 이유는 루카치의 기본 경향이—일단 주어진 주체와 객체의 계기의 대립이라는 제한성을 극복하려는 그의 노력에 있어—올바르기 때문이다. 독일 고전철학의 결정적인 문제이자 동시에 결정적인 난점인 이러한 이원성, 즉 이 두 가지 이질적인 계기들 간의 어떠한 연계도 허용하지 않는 이원성은, 사실 절대적 주체라는 피히테의 개념화와 헤겔의 천재적인 동일성이론에서 극복되긴 했지만, 그것도 단지 객체의 관념화를 통해서만 그러했을 뿐이다. 사람들이 또 다시 유물론적으로 이 관념적인 동일

33) Ibid., S.240.

성을 두 개의 이질적인 계기로 분화시키고 그리고 이 둘 사이에 모사를 정립함으로써 문제는 결코 해결되지 않는다. 주체와 객체는 어쨌든 두 개의 상이한 계기로 머물렀고, 그 상관성은 해결되어야 할 문제로 남겨져 있다.

그러므로 인간과 그 의식은 본질적으로 실천적이다. 따라서 어떤 경직되고 사물적인 경험의 사실들이 문제가 아니라 그 과정들이 중요한 것이다.

"이제 그것은 모사론에 있어 다음의 사실을 의미한다. 즉 사유, 의식은 현실성을 지향해야 하며, 진리의 기준은 현실과의 관련 속에서 존립하게 된다. 그러나 이 현실성이 결코 경험적-실제적인 존재와 동일하지는 않다. 이 현실성은 존재하는 것이 아니라 형성(생성)되는 것이다."34)

그리고 현실은 우리 사유의 작용이 매개되지 않고는 나타나지 않는다.

"그러므로 사유와 존재는 다음의 의미에서, 즉 그것들이 서로 '상응하고' 서로 '모사하고' 서로 '평행을 이루거나' 혹은 '일치한다'는 의미에서 동일한 것은 아니다(이 모든 표현들은 경직된 이원성의 은폐된 형식들일 뿐이다). 오히려 사유와 존재의 동일성의 본질은 그것들이 동일한 현실적·역사적 변증법적 과정의 계기라는 데 있다. 그러므로 프롤레타리아트의 의식이 '모사하는 것'은 모순에서 생겨나는 적극적인 것과 새로운 것이다."35)

루카치는 이러한 방식에 따라 실천의 계기를 맑스주의 철학의 관심의

34) Ibid., S.222.
35) Ibid., S.223~224.

중심에 놓음으로써 그는 인식의 문제를 순수하게 객관적인 모사로 취급하는 공식적 입장의 비변증법적 성격을 인식한 맑스주의자의 한 사람으로 알려지게 되었다. 비록 그가 그의 비판에 지나친 점이 있고, 실천 역시 주체와 객체의 관계를 전제해야 한다는 점을 등한시했다고 해도(이 경우 객체가 주체화되고 주체가 객체화된다 할지라도) 루카치는 이러한 분석을 통해 분명히 본질적이고 진정한 맑스의 문제제기를 수용하고 [그것을] 창조적인 맑스주의자로서 계속 발전시켜 나갔다. 이 점은 비록 사람들이 그가 "계급의식"을 과대평가하고 일정한 범주들을 "헤겔화"했다고 비난한다고 하더라도 사실이다.

그는 이 시기에 (레닌을 제외하고) 어느 누구도 그렇게 날카롭게 강조할 수 없었던 것을 강조했다. 계급의식의 역할, 다시 말해 역사적 운동의 총체성 속에서 인간의 활동 없이는 어떠한 운동도 있을 수 없다는 이 특수한 인간적 계기의 역할을 그는 강조한 것이다. 그가 이 활동성을 단지 일면적으로 의식의 활동성으로 이해하지 않았음은 실천에 대한 그의 기본적인 테제가 입증해 준다. 거기에는 다음과 같이 쓰여져 있다. "그러나 결코 간과되어서는 안 될 것은 오로지 실천적인 프롤레타리아트의 계급의식만이 이 변혁적 기능을 지닌다는 것이다."[36] 그리고 계속해서 "이 변화 자체는 오로지—자유로운—프롤레타리아트 자신의 행동일 따름이다."[37]

---

36) Ibid., S.224.
37) Ibid., S.228. 잇달은 논구에서—『합법성과 비합법성』, 『로자 룩셈부르크와 그녀의 러시아 혁명에 대한 비판』, 『조직문제』—루카치는 이 문제를 결국 레닌주의적으로 해석했다. 그는 혁명적 투쟁의 형식을 비난하지 않았으며, 그는 제국주의 시대에서의 민족해방전쟁의 가능성의 테제를 대변했다. 그는 혁명과 반혁명의 상황에서 농민문제에 대한 레닌의 해결방식과 또한 당 조직문제에 대한 레닌의 견해에 폭넓게 일치했다. 그는 특별히 로자 룩셈부르크에 의해 표현된 자발성(Spontaneität)에 대한 견해에 비판적 입장을 취했다. 일반적으로 루카치

루카치의 이 저작에 대해(마찬가지로 이후 출판된 코르쉬의 저작에 대해서도) 사회민주주의자뿐만 아니라 공산주의자들 사이에서도 날카로운 논쟁이 불붙었다. 카우츠키는 루카치가 성숙한 (후기) 맑스가 아니라 청년(초기) 맑스로 되돌아갔다고 비난했는가 하면 볼셰비키 이론가인 지노비에프, 데보린, 스텐 등은 특히 정통 맑스주의 노선에 대한 이러한 [루카치의] 일탈 배후에 "위험"이 도사리고 있다고 강조했다. 데보린이 이러한 [루카치의] 노선을 결코 과소평가할 수 없다고 설명했다고 해도 물론 그 이유는 이 노선의 배후에 코르쉬, 포르가시(B. Porgasi), 레바이(J. Revaj) 등이 있었기 때문이지만 코민테른의 주요 지도자였던 지노비에프로서는 공산주의 인터내셔널 회의에 즈음하여, 규정된 범위를 넘어서는 모든 저러한 개념화들을 날카롭게 공박해야 할 필요를 느끼고 있었다.[38)]

---

는 볼셰비키 혁명과 그 총체적 진행을 매우 긍정적으로 평가했다.

그러나 이와는 달리 루카치가 장래의 계급 없는 사회에서는 계급과 국가뿐만 아니라 경제적 합법칙성조차도 소멸할 것이라고 생각했다면, 그의 자유의 문제에 대한 취급에서는 일종의 공상주의가 발생하게 된다. 사회의 생산제력의 의식적 관리, 즉 완전히 인간의 통제 아래 서있는 사회는 또한 경제법칙의 지배의 소멸로 나아가게 될 것이다(S.316).

38) 이탈리아에서 동료 그라지아디(Graziadei)가 한 저작을 발표했을 때—그의 오래된 논문들이 게재되어 있는 이 책은 그가 여전히 맑스주의에 대항했던 수정주의자와 사회민주당원이었던 때 저술된 것이다.—이 이론적 수정주의를 우리는 문책하지 않을 수 없다. 헝가리인 루카치라는 자 또한 철학적, 사회학적 분야에서 이와 똑같은 짓을 했으며, 우리는 또한 이를 참을 수 없다. 나는 루카치가 속해 있는 당의 지도자인 동지 루다스의 편지를 받았다. 그는 자신이 수정주의자 루카치에 반대하는 견해를 취한다고 해명했다. 당이 루카치에게 그의 입장을 철회할 것을 명령했을 때, 그는 탈당했다. 왜냐하면 그는 맑스주의를 무력화시키길 원하지 않았기 때문이다. 브라보 루다스! 우리는 독일 당 내부에서 이와 비슷한 경향을 본다. 동지 그라지아디는 교수이고 코르쉬 또한 교수이다(어쨌든 루카치도 교수냐!). 만약 이와 같은 몇몇 교수들이 등장해 그들의 맑스주의 이론들의 허튼소리를 내뱉는다면, 사태는 곤경에 처하게 될 것이다. 우리는 그러한 이론적 수정주의를 우리 공산주의 인터내셔널에서 처벌하지 않고는 견딜 수 없다"(지노비에프의 '극좌'에 대한 경고 연설, 『이데올로기와 정치에 관한 논집』,

당파적-정치적 관점에서 이후의 제3인터내셔널 시기에 이렇게 특징지을 수 있는 입장은 주목을 끌기 시작했다. 즉 이 입장은 지도부를 역사적인 삶의 저러한[총체적] 영역과 현상들에 대한 심판관으로—이 지도부는 역사적으로나 이론적으로 [이 영역과 현상들에 대해] 심판관이 될 자격이 없다.—설정했을 뿐 아니라 총체적(따라서 이데올로기적, 이론적, 예술적) 활동성을 당—정치적 지도부 아래 전적으로 예속시켜 버렸던 정신을 말한다. 스탈린주의적인 심리학과 개념화가 역사적으로 결코 스탈린의 인격에만 국한되지 않는다는 것은 이 사실을 통해 강조될 필요가 있다.

다른 한편 루카치는 맑스와 나란히 의식, 이데올로기, 사회구조에 대한 그의 탁월한 분석으로써 부르주아 철학과 학문의 방향성, 즉 이른바 지식사회학에 중요한 영향을 미쳤다. 사실적인 사고는 존재와 결합되어 있다는 테제(실제적 사유는 존재에 구속됨), 다시 말해 사고를 형성하는 데 있어 이론외적(理論外的)이지만 결코 부수적인 것은 아닌 요인들이 존재한다는 이 테제는—이는 몇몇 부르주아 이론가들에 의해, 특히 이후에 쉘러(Scheler), 만하임 등에 의해 대변된다.—이데올로기 문제에 대한 맑스의 분석과 이미 언급된 루카치의 사유에 기인한다. 이 이론가들은 맑스와 루카치의 인식이 부르주아적 관점에서 볼 때 면밀할 뿐 아니라 몇 가지 계기에 있어—의식과 이데올로기의 문제틀에 대한 맑스주의에 유사한—탐구를 발전시키기 위해서도 효과적이라고 생각했다.[39]

분명히 진지한 맑스주의 비판과 토론의 대상이 될 수 있는 몇 가지 계기들이 있음에도 불구하고—이것에 대해 우리는 가장 중요한 점을 언급

---

a.a.O., S.720~721에서).

39) 여기서는 특히 만하임의 저작 *deologie und Utopie,* 1929가 언급되어야 한다.

했다.—루카치의 위대한 공헌은 그가 맑스에 대한 몇몇 기본적이며 이론적인 성과를 계속 발전시켜 수행한 점에 있다. 또한 그는 더 나아가 소외와 사물화에 대한 분석을 통해 현대사회의 기본적 구조현상을 계급의식뿐만 아니라 개인의식에로 소급함으로써, 맑스주의의 중심적인 문제 가운데 하나의 문제이자 동시에 현대 세계와 현대 인간에 있어 가장 본질적인 문제들 가운데 한 문제를 심화시켰다. 즉 그것은 이 문제에 대한 해결이 없이는 어떤 프롤레타리아트 혁명도 그 역사적 과제를 성취할 수 없는 문제를 말한다.

그 때문에 러시아와 제3인터내셔널의 계속적 발전에 있어—소외는 무단계적(stufenlos)인 소외현상의 극복 대신에 그에 상응하는 심리학과 이데올로기와 함께 국가주의적(etatistischen) 사회조직의 형식 속에 자리잡게 되었다. 이 모든 루카치의 이론적 노력들이 당의 평가기준에 따라 헤겔주의적 관념론으로 평가절하되었고 동시에 다른 많은 문제들에 대해서는 침묵으로 일관된 것도 이해할 만하다. 맑스주의적 이론의 역사에서 한 부분은 마치 그것이 존재한 적이 없었던 것처럼 "망각되고 말았다."

루카치는 이 시기의 자신의 관점을 그의 주저와 함께 맑스주의 이론의 발전에 있어 커다란 가능성과 새로운 방향을 제시한 몇 가지 매우 흥미있는 저작들에서 표명했다.40) 그러나 점점 줄어든 이론적 대결의 가능성들

---

40) 『레닌, 그의 사유의 연관에 대한 연구』(*Lenin, Studie über den Zusammenhang seiner Gedanken,* 베를린-빈, 1924). 이 저작에서 루카치는 레닌의 비범한 비변증법 의미를 강조하고, 재차 변증법을 역사이론으로 이해했다. 루카치는 레닌의 행동은 일정하게 구체적이고 매우 혼란스럽게 얽혀 있는 상황들에 대한 심오한 맑스주의적 해결책들이라고 강조했다. 그러나 당시에 이미 루카치는 이러한 해결들이 "일반법칙"과 "처방"이 아님을 직시했다. 따라서 이러한(레닌의) 해결들에 대한 기계론적 일반화에서는 오로지 회화, 즉 속류 레닌주의가 파생될 뿐이다. 마찬가지로 부하린의 『사적 유물론』에 대한 루카치의 비판적 언급들—이

과 당파적-관료적 편협성, 이와 더불어 점점 강력하게 대두된 소비에트 러시아의 지도요구와 독점요구, 또한 마찬가지로—루카치와 수많은 다른 사람들을 상이한 문화적 삶의 영역으로 추방해 버린—압력 등은 어쩌면 현실적으로 새로운 문화-르네상스의 시작일지도 모르는 도약을 저지시켰다. 이런 이유 때문에 루카치는 이후의 시기에 미학의 보편적 문제들과, 문학사와 문학이론의 중립적인 문제들에 몰두할 수밖에 없었다. 18, 19세기 독일 문학과 괴테 시대 그리고 이 시기의 미학에 대한 그의 연구들은 세계문학의 뛰어난 업적이라고 평가할 만하다. 결국 루카치는 이 연구들을 통해 인터내셔널 영역에서 가장 명망 있는 맑스주의 저술가요 이론가가 되었다.[41]

---

언급들은 Grünberg-Archiv 11/1925에 실렸다.—은 중요하다. 여기서 루카치는 강조하기를, 부하린의 이론은 잘못된 객관성의 가상을 띠고 있으며, 그것은 물신숭배적이라고 했다. 특히 루카치는 생산제력을 기술로 환원한 부하린의 입장을 비판했다. 사실 기술은 생산제력의 중요한 부분이긴 하지만 이것과 동일시될 수는 없다. "왜냐하면 기술이란,—그것이 그때그때의 생산체계의 계기로서 파악되지 않고, 또한 기술발전이 사회적 생산제력을 해명하는 대신 그것이 사회적 생산제력의 발전에서 해명되지 않는다면,—인간을 초월하여 대립하는 '자연', 풍토, 환경, 원료 등과 같은 물신숭배적 원리가 되어 버리기 때문이다."(루카치, 『이데올로기와 정치에 관한 논집』, a.a.O., S.193). 이러한 비평에서 루카치가 부하린이 행한 이론과 방법의 분리, 범주를 "법칙"으로 파악한 것, 이와 관련된 그의 균형이론을 비판한 것은 정당하다. 세 번째 논문은 「모제스 헤스와 관념론적 변증법의 문제」(*Moses Hess und die Probleme der idealistischen Dialektik*), 『사회주의와 노동자운동의 역사를 위한 문고』(*Archiv für die Geschichte des Sozialismus und der Arbeiterbewegung*), 1926. 1. 12이다. 여기서 루카치는 헤겔의 변증법, 특히 『정신현상학』을 기초했고, 맑스 발전에 대한 모제스 헤스의 역할을 헤스 전기작가인 즐로치스티에(Zlocistij)가 지나치게 강조했다는 견해를 대변했다. 내가 보기에 루카치는 그의 비판 때문에 (헤스의) 영향을 너무 일찍이 과소평가해 버린 것 같다.

41) 보다 중요한 저작으로서 다음과 같은 것들이 있다. *Fortschritt und Reaktion in der deutschen Literatur*(1947), *Goethe und seine Zeit*(1947), '*Studien über die Asthetik. F. Mehrings*'(1933), '*Nietzsches und Fischers*'(1934), 'Schillers'(1935)는 이후의 연구서인 'Über die Asthetik Hegels'(1950), 'Tsche-

현대 맑스주의 발전과 관련하여 루카치의 몇 가지 관점을 좀 더 서술해 보겠다. 여기서는 그의 저작에 기초하여 예술의 문제에 대한 몇 가지 이론적 단초들에 한정하도록 하겠다.

루카치는 맑스와 이데올로기적 몰락에 대한 그의 연구에서 또 다시 현대 인간의 소외에 대한 사유에 방향의 초점을 맞추었는데, 그것은 특히 예술과 이론에 대한 그 [사유의] 귀결에 주목하면서 이루어졌다.

"그러므로 정상적인 시민에게는 그의 직업이 엄청난 기계에 부속된 조그만 톱니바퀴에 불가한 형식으로 나타난다. 그러나 그는 이 엄청난 기계의 전체운동에 관해서는 아무것도 알 수 없다. 그리고 이제—무정부적으로—이러한 연관 즉 필연적인 사회성이 개인의 활동성에서 거부된다면, 오로지 방만하고 부정적인, 사이비철학적 논증과 단절만이 방만하고 부정적으로 남게 된다. 이 두 가지 경우에 사회는 파악되지 않는 신비한 힘으로 드러나는데, 모든 가능성이 배제된 그 [힘의] 숙명론적인 객관성은 위협적이고 파악되지 않은 채 개인과 대립한다."42)

이 극복되지 않은 대립성은 이론적으로 볼 때 최초의 세계관들의 모순성에서, 즉 비합리주의와 합리주의의 대립으로 진술된다. 루카치에 따르

---

nyschewskijs'(1952)와 함께 *Beiträge zur Geschichte der Ästhetik*(1954)라는 제목으로 출간되었다. 계속해서 루카치는 문학과 예술에 대한 맑스와 엥겔스의 견해를 연구했고 몇몇 논문들에서—이것들은 이후 『사실주의 문제』(*Probleme des Realismus,* 1955)라는 제목으로 출간되었다.—몇 가지 예술적 모사와 리얼리즘의 이론적 문제들을 일반적으로 해결하려고 시도했다. 이외에도 루카치는 근대의 유명한 작가들—발자크, 하이네, 스탕달, 러시아 사실주의자 등에 대한 일련의 논문을 썼다. 이렇게 함으로써 루카치는 자신이 이미 문화적으로 정초된 맑스주의의 추종사들—이들의 빛나는 대변자들은 라파르그, 플레하노프, 메링, 룩셈부르크, 레닌이다.—에 속해있음을 제시했다.

42) 루카치, 「맑스와 이데올로기적 몰락의 문제」(*Marx und des Problem des ideologischen Verfalls*), 『리얼리즘의 문제』 I, 노이비드/베를린, 1971, S.259.

면 합리주의는 자본주의 사회의 객관적 요구 앞에서의 비투쟁적인 항복에 불과하며, 비합리주의는 이와는 달리 무력한 저항에 불과하다.

"세계관으로서의 비합리주의는 이제 모든 사회적 내용들로부터 인간적 영혼을 비우도록 확정하는 것이고 또한 마찬가지로 신비화되어 텅 비어있는 오성의 세계에 이 사회적 내용들을 완고하고 배타적으로 대립시킨다. 비합리주의는 이것을 통해 철학적 표현이 될 뿐만 아니라 동시에 인간의 정서생활의 문화 상실이 끊임없이 증대하게 된다. 비합리주의는 점점 더 자본주의가 붕괴되면 될수록 그 급성적 위기의 시대에 계급투쟁들이 첨예화됨에 따라 인간의 가장 사악한 본능과, 자본주의 안에서 억압으로 인해 필연적으로 차단된 인간에 있어서의 동물성과 야수성에 호소한다. '피와 대지'라는 파시즘의 허위에 찬 민중선동적 구호들이 현혹된 소부르주아 대중들에게 그처럼 재빨리 유포될 수 있었다면 그 점에서 그들 독자들에게 이러한 본능을 불러일으킨 데카당스 철학과 문학은—물론 독자들은 매우 빈번히 [데카당스 문학이] 어떻게 적용되는지를 전혀 예측조차 못하고, 심지어 그러한 귀결의 현상에 격분하고 거부하기까지 했다.—객관적으로 볼 때 많은 몫을 담당했다고 판단할 수 있는데, 그 [데카당스의] 철학과 문학은 실제로 이러한 감정을 배양하는 데 도움을 주었기 때문이다."43)

루카치는 이처럼 투쟁의 제모순, 사회적 삶의 갈등을 이것이 현실적 인간의 삶에서 나타나는 것과 같이 묘사하는 문학적 능력에서 문학의 탁월한 사회적 힘을 직시했다. 동시에 그는 예술의 부르주아적 데카당스주의의 시기는 자본주의 안에서 나타나는 참된 인간 실존의 형태가 아니라 이와 같은 실존의 가상을 요구한다고 지적했다. "이 시기의 저술가들은 이러한 가상의 형태를 현실적 인간에게 유일하게 가능한 가상인 것처럼 여

43) Ibid., S.260~261.

기도록 요구했다."44) 바로 그러한 시기에 활동한 중요한 사실주의자(realist)들은, 이들의 저작에서 인간 실존의 가상과 존재의 실재적인 변증법을 형상화하는 것을 알았고, 또한 여전히(지금도) 알고 있다는 점에서 위대하다. 그렇게 함으로써 그들은 물론 필연적으로 자본주의 체제와 모순되는 상태에 이르지 않을 수 없었다.

그러므로 현실에 대한 예술적 모사는 결코 운명론적으로 규정되지 않는다. 그 때문에 일반적인 범위 내에서 이러한 예술적 모사의 특수성을 탐구하는 것은 맑스주의 이론의 과제이다. 루카치는 그 첫 번째 특수한 특징을 다음과 같이 정식화했다.

"이러한 목적은 현실의 모습을 제시하는 모든 위대한 예술에 있는데 그 안에서 현상과 본질, 개별 사례와 법칙, 직접성과 개념 등의 대립이 해소된다. 그 결과 양자는 예술작품의 직접적인 표현 속에서 자발적으로 통일되고, 수용자들에게 분리될 수 없는 통일성을 형성한다. 일반적인 것은 개별적인 것과 특수한 것의 속성으로 나타나며, 본질은 현상 속에서 드러나고 체험될 수 있으며 법칙은 특수하게 나타나는 개별 사례들의 특수하게 움직이는 원인으로 제시된다. 엥겔스는 이러한 예술적 형상화의 본질적 성질을 매우 명료하게 표현했다. 그는 소설에서 인물의 특징에 대해 다음과 같이 언급했다. '각자는 하나의 전형(Typus)이지만 동시에 그것은 특정한 개별 인간이다. 다시 말해 그것은 노년 헤겔이 표현한 것처럼 [개별적인] 하나의 '이 사람'(Dieser)이고 또한 그러해야만 한다."45)

과학적인 현실상(像)과 예술적인 현실상(像) 간의 두 번째 중요한 차이는, 개별적인 과학적 인식들(법칙 등)이 시로 독립적으로 존재하는 것이

44) Ibid., S.281.
45) 루카치, 『리얼리즘의 제문제』, 베를린, 1955, S.13~14.

아니라 연관된 체계를 형성한다는 점에서 보여진다.

"그러나 모든 예술작품은 대자적으로(그것 자체가 독자적으로) 존립해야 한다. 물론 예술은 발전한다. 이러한 발전은 객관적 연관성을 지니며 이 모든 [연관성]의 법칙을 통해 인식될 수 있다. 그러나 일반적 사회 발전의 한 부문으로서 예술 발전의 이러한 객관적 연관도 아래의 사실을 폐기하지 않는다. 즉 예술작품이란 이것이 오직 대자적으로만 작용한다는 이러한 완결성과 이러한 속성을 지닌다는 사실에 의해 비로소 예술작품이 된다."[46]

여기서 재차 인간의 역사적 과정의 총체성에 대한 사유—이미 루카치는 이것을 『역사와 계급의식』에서 언급한 바 있다.—가 제기되는 것은 정당하다. 한 예술작품이 바로 이러한 총체성(개별성이 아닌), 일반적 제관계와 제모순들의 전체성을 충실하게 파악하면 파악할수록 그만큼 더 예술적 모사로서의 그(작품) 가치는 커지게 된다. 개별적 상(像)은 그것이 객관적 현실성의 일반적 과정에 대한 모사의 필연적 계기일 때라야 비로소 삶에 대한 진정한 반영이 된다.

"이와는 달리 삶에 사진기처럼 상응(조응)하는 세부적인 것(디테일)의 예술적 진리는 순전히 우연적이거나 자의적이며 주관적이다. 즉 개별성이 필연적인 계기로서 연관으로부터 직접적으로 유래하지 않는다는 것이 명백하다면, 그 개별성은 예술작품의 계기로서는 우연적이며, 개별성인 것을 선택한 것은 자의적이며 주관적이다. 그러므로 한 작품이 명백하게 사진기처럼 외부 세계의 참된 반영물로 '맞추어졌다' 해도 전체가 부정확하고 주관적으로 자의적인 현실의 반영이 될 수도 있다. 그 이유는 수천의 우연들을 열거한다고 해서 그 결과 필연성이 자발적으로 산출될 수는

46) Ibid., S.16.

없기 때문이다. 우연성을 필연적으로 올바른 연관 속에서 설정하기 위해서는 우연성 자체 내의, 다시 말해 세부적인 것 자체 내의 필연성은 이미 내적으로 작용하는 것이어야 한다. 세부적인 것은 그것이 처음부터 세부적인 것으로서 그렇게 선택되고 형태화됨으로써, 그 안에서 전체와의 연관이 내적으로 작용되어야 한다."47)

그러나 루카치는—자신과 자기 동조자에게 퍼부어질—날카로운 비판 때문에 20년대 중엽 그는 자연변증법과 모사론에 대한 종래의 그의 견해를 배격하고 모사의 관점을 예술작품의 해석을 위한 토대로서 설명했다. 그가 비록 문화적 영역에서의 관료주의적 독점을 결코 받아들이지는 않았지만—이 독점은 이미 30년대 초(유일하게 혁명적인 요소로서) 그 사이비 낭만주의적 요소들이 있는 "사회주의 리얼리즘" 성립과 더불어 시작되었다.—루카치는 스탈린의 트로츠키주의에 대한 투쟁과 제휴했다. 그러나 루카치는 스탈린의 저작들을 맑스주의 사상의 최고의 걸작으로 간주하지 않았는데 이와 마찬가지로 헤겔이 반동적 철학가라는 견해를 받아들일 수 없었다. 루카치와 같은 문화적인 인물이 이론적으로 평범해야 한다는 압력을 감수하기란 매우 힘겨웠을 것이다. 사실상 1930년대로 넘어가면서 이러한 상황은 종파적인 프롤레타리아트 작가연맹의 해체와, 레닌의 철학노트, 그리고 1844년 맑스의 철학수고의 출간을 통해 다소 완화되기는 했지만, 이러한 진전도 일시적인 현상에 불과했다. 자유로운 맑스주의 토론에 대한 관료주의적 [맑스주의자들의] 저항은 루카치와 그밖의 수많은 사람들이 그 근거를 인식조차 못하고 있을 때, 순식간에 배가되었다.

그러나 이 환상은 오래 지속될 수 없었다. 그렇지만 이 관료주의적 입

47) Ibid., S.21~22.

력의 근거를 인식해야만 한다는 사실이 더욱더 창조적 활동성을 마비시킬 뿐이었다. 루카치는 사회주의에 대해 거의 역설적인 이처럼 모순된 상황을 말년에 가서 「후기」에서 해명했고 공격적인 파시즘의 흡인력에 저항하는 최초의 사회주의 국가의 존립이 중요한 문제라고 언급하는 가운데서 이를 정당화하려고 했다. 이러한 이유 때문에 그는 자신의 독자적인 관점을 자발적으로 필연성의 계기에 종속시켰다.

"그러나 이것은 결코 그 모든 자기형성적인 이데올로기적 제경향—이 경향들은 선전된 것이고 결국 투쟁과정 속에서 유포된 것인데—앞에서 손을 들어버린 나의 항복을 의미하지는 않는다. 동시에 나로서는 아래의 사실에 대해 추호도 의심할 여지가 없다. 즉 이러한 계기 속에서 모든 반대는 심리적으로 불가능할 뿐 아니라 또한 그것은 쉽사리 불구대천의 원수, 즉 모든 문화의 절멸자(파시즘세력—역주)를 위한 정신적 도덕적 지지자가 되어 버릴 수 있었다. 그 때문에 나는 나의 학문적 이념을 위한 일종의 빠르띠잔적 투쟁[즉 스탈린의 몇 가지 저작을 인용함으로써 내 저작의 출간을 가능하게 하고, 그리고 난 후 이 저작에서, 그때그때의 역사적 무대가 허용하는 한 공개적으로(공식 맑스주의를 벗어나는—역주) 나의 일탈적 견해들을 매우 신중하게 표현하는 투쟁]을 감행할 수밖에 없었다. 때로는 그 때문에 침묵의 명령이 내려졌다. 그 예로서 전쟁기간 동안, 헤겔을 프랑스혁명에 대항한 봉건적 반동의 이데올로그로 선언한 것은 잘 알려진 사실이다. 그 때문에 나는 이 시기에 청년 헤겔에 관한 나의 책을 출판하지 못했다. 나는 사실 사람들은 그렇게 비과학적으로 어리석지 않고는 거의 전쟁에서 승리할 수 없을 것이라고 생각했다. 그러나 반 히틀러 선전(Anti-Hitler-Propaganda)이 일단 쇠퇴할 것을 고려한다면 헤겔에 대한 올바른 파악을 논쟁하느니 차라리 전쟁에서 승리하는 것이 현재 보다 중요할 것이다."[48)]

---

48) 루카치, 「맑스에로의 나의 길에 관한 1957년 유고」(*Postscriptum 1957 zu :*

사회주의 발전에 있어 이 모든 역설적인 사실들은 여전히 개념의 엄청난 무력함, 미성숙, 불명료함을 입증해 주는데, 하지만 이것은 사회주의 운동에 대한 그 어떤 높은 이해나 그 직접적 위험을 구실로, 이들의 이론인 맑스주의에 어떤 형식들과 관점들을 강제하도록 만들었다. 그런데 이 형식들과 관점들은 사회주의와 맑스주의 자체를 의문시하도록 하는 것이었다.

---

*Mein Weg zu Marx*), 『이데올로기와 정치에 관한 논집』, a,a,O., S.648.

# 제2장
# 독일에서의 맑스주의

루카치가 빈에서 철학 논문들을 저술하던 무렵에 칼 코르쉬(Karl Korsch)는 많은 면에서 루카치의 이론적인 의도와 합치했던 몇 가지 저작들을 독일에서 출간했다. 그것들은 (문제 파악의) 깊이와 복합성에 근거해 본다면 루카치에 비해 뒤지는 것이기는 하다.

독일은 1920년대 초에 혁명적 위기와 반혁명을 체험했다. 스파르타쿠스 봉기가 와해되는 기간 동안 우파 사회민주주의자들의 부르주아 연합전선은 카프의 극우적 군사폭동[1920년 3월에 극우 정치가들이 패전 후 성립하게 될 민주공화제에 반대해서 일으킨 폭동. 배후에 대부르주아지와 독일의 군국주의가 있었던 것이다. 루트비츠 장군과 카프(프로이센의 일반토지은행장)에 의해서 임시정부가 수립됨. 이 폭동은 노동자계급의 총파업으로 격퇴된다.—역주] 이후에 급속히 사이가 벌어지게 되었다. 노동자계급의 총파업—여기에는 고용인들까지 합세했다.—은 이러한 시도를 좌절시켰다. 이 시기 이후 공산주의자들의 영향은 눈에 띄게 커져갔다. 그러나 공산주의자들의 활동과 사회민주당에 가입하지 않은 사람들의 활동을 공산주의 인터내셔널 2차 회의에서 결합하려고 했던 시도는 크리스피엔(Crispien), 디트만(Dittmann), 힐퍼딩(Hilferding) 등의 저항 때문에 난관에 봉착했다. 그럼에도 불구하고 동맹을 위해 1920년 10월 할레(Halle)에서 회의가 열렸다. 사회민주당에 가입되지 않은 소수의 독립사회민주당(USPD)은 그 후 1922년 9월 뉘른베르크 회의에서 사회민주당(SPD)에 가입했다.

이미 그 이듬해 독일에서는 강력한 혁명적 운동이 있었는데, 독일 공산당은 이 운동에 대비하여 충분한 준비를 하지 못했다. 당의 중심 인물들은 당시의 상황이 총파업이나 폭동을 성공시킬 정도로 성숙했다고 생각했다. 이러한 견해는 일부 지도부 인사들의 저항을 받았는데 이후 이런 계기로 이들은 당의 중심부를 떠나야 했다(특히 파울 레비Paul Levy와 클라라 제트킨Clara Zetkin이 여기에 속했다.). 이 3월 사태(1921년 3월 16일 만스펠트에서 제국군의 간섭에 반발하여 일어난 폭동. 독립사회 민주당을 흡수한 공산당KPD은 공개적인 봉기를 요구했고, 이 사건으로 인해 수많은 희생자가 속출했으며 공산당원의 수가 격감하게 되었다. 이 사태로 인해 폭동주의에 대한 논쟁이 첨예화되었다.—역주)는 공산주의 인터내셔널 집행부, 특히 지노비에프의 지지를 받았는데 그는 [이 사태를 통해] 당시 침묵으로 일관한 소비에트 러시아의 상황을 개선하고자 기도했다.

3월사태의 완전 실패 후에 독일 공산당 지도부 내부에서는 보다 격렬한 분열과 대결들이 벌어졌다. 레비(P. Levy)는 그러한 '무정부주의적'이며 '바쿠닌주의적'인 전술[1])들에 대해 날카롭게 비판하는 소책자를 썼다. 그 때문에 그는 독일공산당에서 제명당했다. 이처럼 매우 첨예하게 벌어진 대결들은 또한 공산주의 인터내셔널 3차 회의에서도 반복되었다. 그럼에도 불구하고 레닌—많은 점에서 레비와는 일치될 수 없었던—은 이 시기에 모든 희생을 치르더라도 공세를 취할 것을 선언한 지도부의 전술을 올바른 것으로 취급하지 않았다.

1) Paul Levy, 『우리들의 길, 폭동주의에 반대하여』(*Unser Weg, Wider den Putschismus*), 베를린, 1921.

물론 2년 후 1923년 1월 루르 지방이 프랑스와 벨기에 군대에 의해 점령되었을 때, 혁명으로 권력을 장악할 수 있을 것 같은 전망이 보였다. 이 점령으로 인해 전국토에 걸쳐서 물가가 인상되고 생활조건이 악화되었으며 파업과 시위들이 속속들이 확산되었다. 작센과 튀링겐 지역에서는 (지방) 정부가 공산주의자들의 관여 아래 형성되었다(브란들러H. Brandler, 뵈처P. Böttcher, 프리츠 헤케르트Fritz Heckert 등 당시 공산당 지도자들은 작센에서 정부에 참가했고, 코르쉬, 알빈 텐너Albin Tenner, 노이바우어Neubauer 등은 튀링겐에서 그러했다.). 독일에서 권력을 혁명적으로 장악하기 위해서 이와 같은 첨예한 상황을 이용하려는 가능성들은 여전히 수많은 러시아 공산주의자들과 코민테른 지도자들의 최후의 희망이었다. 즉 이들은 여기에서 [지금까지] 항상 기대되어 왔던 인터내셔널의 지지를 보았다. 비록 새로운 상황들에 대한 통일적인 판단과, 효율적으로 행동할 실제적인 가능성들이 없었음에도 불구하고 브란들러의 코민테른의 지도부와 그의 지휘체계는 무장봉기를 감행해야 할 압박을 느꼈다.

공산주의 인터내셔널의 물질적, 개인적인 지지에 의한 전체 행동은 정부의 신속한 대응에 부딪혔다. 동시에 국내 제운동의 전후 시기는 그렇게 종결되었다. 그리고 이 시기는 러시아 혁명이 유럽의 국가에 보급됨으로써 그러한 역사적 지지—당시 이러한 지지기반은 러시아 운동에 필수불가결한 것이었다.—를 확보하고, 혁명은 이런 방식으로 세계혁명으로 이행할 수 있다는 희망을 정당화시켰다. 그러나 이것이 패배로 끝나자 이러한 실패에 대한 책임이 상대적으로 개별 그룹들에게 돌아간 것은 자명하다. 이 사실은 러시아와 독일의 당 지도부 간의 분열만을 초래했을 뿐이다. 먼저 '좌파' 그룹이(루트 피셔Ruth Fischer, 마슬로프A. Maslow, 탤만E. Thälmann[2]) 등이 속해 있던—독일공산당의 지도부를 인수했지만 이 그룹 내부에서도 금방 분열이 생겨났다. 이 시기부터, 그리고 독일에서 파시즘이 증대하는 것과 나란히 독일공산당의 스탈린주의화의 과정과, 내부의 모든 반대세력의 억압 과정 및 공산주의 인터내셔널의 스탈린화된 지도체계 아래 전적으로 종속되는 과정—주지하는 바대로 이 사실은 비극적인 결과를 낳았다.—이 수행되었다. 이러한 날카로운 계급 충돌의 전후 시기에—이것은 러시아 혁명과 더불어 시작하여 후대의 여러 운동들 특히 1920년대 초까지 이어졌다.—프롤레타리아트의 실천은 역사의 무대에 노동자, 병사·농민들의 소비에트 위원회(Räte)를 새로운 체계로서 정립했는데, 새로운 체계에는 인간의 의식화와 해방이라는 새로운 단계의 의미가 담겨져 있었다.

**칼 코르쉬**(Karl Korsch, 1886~1961)

이 시기에 칼 코르쉬는 독일에서 사회민주주의의 이론과 실천을 이론적

---

2) 이미 언급된 문헌 이외에도 아르투르 로젠베르크(Arthur Rosenberg)의 『독일 공화국의 역사』(*Geschichte der deutschen Republik,* 칼스바드, 1935)를 참조할 것. 매우 흥미있고 여러 가지 점에서 전기적이며 주관적인 저작은 루트 피셔(Ruth Fischer)의 『스탈린과 독일 공산주의』(*Stalin und der deutsche Kommunismus,* 프랑크푸르트, 발행연도 미상 [초판, 캠브리지, 1948])와 오시프, 플레히트하임(Ossip K. Plechtheim)의 『바이마르공화국의 독일공산당』(*Die KPD in der Weimarer Republik,* 오펜바하, 1948). 헤르만 베버(Hermann Weber) 『로자 룩셈부르크에서 발터 울브리히트에게로』(*Von Rosa Luxemburg zu Walter Ulbricht*) 등이 있다. 주간신문 『의회』(*Das Parlament,* 함부르크, 1959)의 부록이자, 독일의 노동자평의회에 대한 근대적이고 포괄적이며 매우 잘 입증된 두 개의 연구서는 콜프(E. Kolb), 『독일 국내 정치에 있어 노동자평의회 1918/19』(*Die Arbeiterräte in der deutschen Innenpolitik,* 1918/19, 뒤셀도르프, 1962)와 페터 폰 오크르첸(Peter von Ocrtzen), 『11월 혁명에 있어 경영협의회』(*Betriebsräte in der Novemberrevolution,* 뒤셀도르프, 1963)를 들 수 있다.

으로 극복하고 또한 역사적 실천의 결과들에서 비롯되는 맑스주의에 대한 새로운 문제와 해결들을 얻으려고 노력한 중요한 인물에 속한다.

노동자평의회와 공장평의회의 권리에 대한 그의 저작을 통해서 볼 때 코르쉬는 사회주의 운동의 참된 본질과 새로운 사회관계의 성격을 이해했던 매우 드문 인물이었다. 코르쉬는 법을 계급의 법으로 설명하고, 자본주의에서는 어떤 단계의 자유가 가능한지를 제시함으로써 그는 웹(Webb)과 "위대한 재판관" 카우츠키의 페비언주의에 강경하게 저항했다. 이들은 사회주의는 자본주의 체제가 붕괴되지 않고서도 창출될 수 있다고 주장했다. 그러나 이들이 생산조직에서 공동협력할 수 있는 노동자들의 권리를 강변한 것—이는 특히 오스트리아 사회민주당에 의해 부각되었다.—에 대해서 코르쉬는 이들이 이와 같은 권리가 현실적으로 한계를 지닐 수밖에 없다는 점을 보지 못했다고 판단했다.

"그러나 이 모든 공동협력 권리는 자본주의 계급사회와 부르주아 계급국가에서 더 이상 뛰어넘을 수 없는 한계를 발견하게 된다. 이 권리는 자본가 계급의 이윤에 대한 관심이 이를 허용하는 것 이상으로는 발전할 수 없다. 그러므로 이 권리가 최후투쟁을 준비하기 위한 근거를 확보한다는 것 이상으로 노동자들에 의해 받아들여진다면 이른바 이 모든 공동협력 권리는 그저 무대장치로만 이용될 뿐이다. 즉 이 무대장치 배후에 '노동의 공동체'에 대한 자본가의 독재는 여전히 장기간 은폐되어 도사리고 있는 것이다. 결국 자본가들은 객관적인 관계를 통해 무대장치를 제치고 자신들의 계급 독재를 드러내 놓게 된다."[3)]

코르쉬는 이 저작에서 한 걸음 더 나아가 노동자들의 참여가 생산물의

---

3) Karl Korsch, 『경영협의회를 위한 노동권』(*Arbeitsrecht für Betriebsräte*, 프랑크푸르트 암 마인/빈, 1968. S.56~57).

판매와 평의회의 최근의 형식들—여기에서 중요한 것은 생산관리 그 자체에 참여하는 것이다.—에 이르기까지 발전한 것에 대해서 흥미있는 역사적 서술을 한다. 코르쉬는 이 혁명적 권리의 실패와 개량주의적 사회민주주의의 책략에 날카로운 비판을 가했다. 이 사회민주주의자들은 전후 시기에 이 모든 혁명적 노력들을 전전 시기의 사회주의적 개량주의의 골동품상의 소박한 도구 정도로 이해했다.[4)]

코르쉬는 이 문제의 역사적 중요성을 인식했다.

"경영협의회는 이제 기존의 자본주의 계급사회 내부에서 더 이상 '노동자'의 삶의 기반을 유지하기 위한 투쟁에 있어서 노동조합의 단순한 '보조기관'으로 나타나지 않는다. 오히려 그것은 산업부문에서 노동조합의 기반을 확고히 해주는 '전초'(前哨)로서 나타난다. 이 산업부문들은 오늘날에도 여전히 계급의 적의 손에, 곧 적들의 수중에 장악되어 있는데, 이는 혁명적 투쟁을 통해 탈취되어야 하고 마침내 경제, 정치적으로 조직화된 프롤레타리아 계급의 통제와 그 유일한 권리 아래 놓여져야 한다."[5)]

이와 동시에 코르쉬는 평의회 체제는 비록 이 원리의 실행이 러시아 "노동법전"이 요구하는 만큼 성공을 거두지는 못한다 할지라도 오직 러시아 프롤레타리아 국가에 의해서만 선포된다고 주장했다. 왜냐하면 코르쉬는 러시아의 실천을 평의회의 현실적 체제를 실현한 훌륭한 시도로 간주했기 때문이다. 따라서 이 체제는 세계혁명의 발전이 러시아 프롤레타리아트로 하여금 이미 시작된 그 작업을 완성하도록 이끌자마자 완전하고 궁극적으로 실현된다고 생각했다.

4) Ibid., S.83~84.
5) Ibid., S.97.

다른 모든 국가들에서 이 모든 혁명적 흐름은 재차 가장 비속한 자본주의적 제도에 흡수되었다. 그러므로 노동자계급에게 달려 있는 것은 권력투쟁을 벌이고 일련의 개량주의자들을 제거하며 평의회 체제와 마찬가지로 자기 계급의 중요성을 인식하는 것이다.

" '프롤레타리아 독재'의 시기로 특징지워지는 이행기에 이 전체 경제와 모든 개별 경제부문들, 그리고 모든 개별 경영에 있어 '산업 민주주의'의 확고한 토대에 기초한 프롤레타리아 노동헌법과, 따라서 국가권력에 봉사하는 프롤레타리아 계급의 현실적 평의회 체제는 장기간에 걸쳐 힘들고 완강한 투쟁들 아래에서 점차적으로 실현될 것이다."[6)]

프롤레타리아 사회조직의 새로운 형식으로서 평의회 체제 전체와 노동자평의회 문제들은 우리가 본 바와 같이, 당시 맑스주의에 있어 기본적인 이론적, 실천적 문제들 가운데 하나였다. 따라서 레닌의 이론적 일반화, 러시아 혁명 경험의 분석, 평의회의 세계사적 의미에 대한 강조 등은 개별적인 사례들이 아니었다. 충분한 이론적 명석함과 깊이를 지니고서 사회주의에 대한 문제를 그저 새로운 계급의 권력으로서, 또는 프롤레타리아 독재의 시기로만 제기하지 않았던 모든 맑스주의자들은 레닌에 의해 이미 윤곽이 잡히고 루카치, 코르쉬, 그리고 다른 많은 사람에 의해 대변되었고 여전히 대변되고 있는 귀결에 필연적으로 도달하지 않을 수 없었다.

이 저작 이외에도 코르쉬는 철학 영역에서 몇 가지 단편적인 연구와 논문을 발표했다. 이 논문에서도 그는 루카치와 마찬가지로 맑스주의 철학의 발전에 있어서 제2인터내셔널 시기의 심각한 침체를 극복하려고 했다.

---

6) Ibid., S.135.

코르쉬의 시도는 물론 포괄적인 성격을 갖기보다는 오히려 예비 개념, 이를테면 전체 맑스주의 문제와 그 철학을 취급하는 데 있어 가장 적합한 방법을 정초하는 것이었다. 이러한 시도에서 코르쉬는 여전히 명료한 해결을 보지 못했다. 한편으로 그는 맑스주의가 부르주아 경제와 사회 및 이데올로기 일반에 대하여 극명한 비판적 입장을 의미하는 것으로 보았다. 그러나 이 때문에 맑스주의의 목적이 무엇인지에 대한 동요가 생겨난다. 코르쉬는 부르주아와 반(半)사회주의적 이론가들의 추정—즉 맑스주의는 낡은 철학의 자리에 대신하여 새로운 철학을, 낡은 역사 서술과 낡은 법이론 및 국가론 그리고 낡은 사회학 등에 대신하여 새로운 맑스주의적 입장을 설정한다는—은 오류라고 밝혔다.

"맑스주의 이론은 사회-정치적인 맑스주의 운동과 마찬가지로—이 운동은 맑스주의의 이론적 표현이다.—지금까지의 부르주아 국가체제와 그 모든 개별적 구성원의 자리에 대신하여 새로운 '국가'와 새로운 '국가체제'의 설정을 목표로 하지 않는다. 반면 맑스는 부르주아 철학에 대한 '비판'과 부르주아 역사 서술에 대한 '비판' 및 총체적인 부르주아 '정신과학'에 대한 비판, 요컨대 전체 부르주아 이데올로기에 대한 '비판'을 목적으로 설정했다. 그리고 맑스는 부르주아 '이데올로기'에 대한 이 비판을 부르주아 '경제학' 비판과 마찬가지로 프롤레타리아 계급의 입장에서 수용했다."7)

비록 코르쉬가 철학과 학문의 "무전제성"에 관한 이론이 환상임을 명백하게 직시했고 맑스주의가 그 첫 번째 단계에서 필연적으로 비판으로서

7) Karl Korsch, *Der Standpunkt der materialistischen Geschichtsauffassung*, 1922, 편저 『맑스주의와 철학』(*Marxismus und Philosophie*), 라이프치히, 1930, S.121.

(인간의 의식과 이데올로기의 발전에 있어 모든 급진적인 단절과 같이) 대두해야 하는 것이 올바르기는 하지만, 현대 맑스주의의 발전은 그것이 오로지 비판의 자리에만 머무는 것으로는 필연적으로 낙후성을 면치 못하게 될 것이다.

이 논문에서 그는 또한 급진적인 입장을 대변하는데 맑스주의는 통일적인 비판적 총체로서 이해되어야 하며, 따라서 맑스주의 정치경제학을 "완전히 완성된 맑스주의 사회이론이나 사회학을 통해 보충하려는 것은 환상적인 시도라는 것이다. 맑스주의 체계는 이러한 보충을 필요로 하지 않는다. 이와 마찬가지로 이 체계는 특수한 맑스주의적 '철학'이나 '수학'도 필요로 하지 않는다."[8] 빈번히 철학적 주제를 전체 역사-변증법적 복합체와 마찬가지로 사적 유물론의 주제로 환원시키는 것은 루카치에게서와 마찬가지로 비슷하게 나타난다.[9]

코르쉬는 맑스의 유물론의 기본적이고 본질적인 성격을 인간과 인간의 역사를 해명하는 데 있어서 "현세적인 경향"의 원칙을 철저하게 관철시키는 것으로 파악했기 때문에 그는 곧바로 "현세적 경향"의 원칙을 전체 맑스주의의 본질적인 유물론적 성격으로 이해했다. 왜냐하면 이 원칙이 모든 "피안적"—인간외적, 역사외적인—역사 해석을 배제하기 때문이다. 이러한 이해를 통해 코르쉬는 루카치와 비슷하게 맑스주의 철학의 본질인 실천의 문제에 직면했다.[10] 역사에 대한 유물론적 파악에 있어 다음과 같

---

8) Ibid., S.125~126.
9) 이 논문에서 코르쉬는 예를 들어 볼트만(Woltmann)의 맑스주의에 대한 개념화에 대항하여, 논쟁적으로 아래의 사실을 분명하게 밝혔다. 즉 "'역사-사회적' 삶에 대한 유물론적 파악으로서의 맑스주의 유물론은 맑스와 엥겔스가 '자연주의적' 유물론으로 기술한 유물론과는 구별된다."(ibid., S.141). 코르쉬 또한 루카치를 공박했던 동일한 도식으로 공격을 당했다. 코르쉬 역시 자연의 변증법을 부정했다. 그러나 코르쉬는 이 문제를 토론하지 않았다.

은 인식은 중요하다. 즉 우리가 관여하는 현실적 세계의 모든 현상들은 우선 두 개의 커다란 집단을 형성한다. 한편으로 우리는 — 우리를 둘러싸고 있는 모든 것과 함께 —"자연"으로 언급되는 자연 세계, 다시 말해 우리의 의식과 의지와 무관하게 주어져 있는 "비인간적" 세계에 속해 있다. 다른 한편으로 우리는 우리가 실천적으로 가공하고 그래서 우리 자신의 고유한 생산물로 이해하는 세계 속에서 사유하고, 의지하며 행동하는 인간으로서 존립한다. 그러나 우리는 마찬가지로 우리 자신을 세계의 생산물로서, 이 생산된 세계의 생산물로서 파악해야 한다.

"이 두 가지 세계, 한편으로 자연 세계이고 다른 한편으로 역사적으로, 사회적으로 실천적인 세계는 두 개로 분리된 세계가 아니라 오히려 동일한 세계이다. 그 통일성은 이 두 세계가 인간의 수동적-능동적 삶의 과정—이 과정은 인간의 노동참여적 공동작용과 사유 속에서 전체 현실성을 끊임없이 재생산하고 계속 발전시킨다.—속에 놓여 있다는 데 그 근거가 있다. 그러나 그렇게 관찰된 두 개의 세계를 연결시키는 고리는 경제, 정확히 말하면 '물적 생산' 이외의 다른 곳에 있을 수 없

---

10) 맑스주의의 철학적 문제들의 관점에서 루카치는 올바르게도 이(자연의 변증법의) 문제가 부르주아 철학의 역사편찬뿐 아니라 맑스주의자들에 의해서도 무시되지 않았다고 보았다. 흥미있는 사실은 맑스주의가 부르주아 철학사의 주요 대변자들—위버베크(Überweg), 랑게(Lange), 빈델반트(Windelband), 피셔(Fischer), 브레히어(Bréhier) 등—에 의해 철학으로 간주되지 않은 것이다. 이 문제에 관한 한, 부르주아 철학자들의 무지는 매우 놀랍다. 이는 빈델반트의 유명한 『철학사교정』(*Lehrbuch der Geschichte der Philosophie*)의 한 구절을 인용해 보는 것으로 충분하다. "헤겔 변증법에서 변질된 포이어바흐의 유물론이 여전히 정점을 이룬 시기에 맑스와 엥겔스는 유물론적 사회주의 역사철학을 창출했다. 여기서 나타나는 동기는 헤겔과 콩트에 의해 독특하게 교차된다. 이들은 역사의 의미를 '사회적 삶의 과정'에서 발견한다. 그러나 이러한 총체적 삶은 본질적으로 경제적 자연이다. ……그래서 모든 상이한 문화적 활동들은 오로지 경제적 삶의 분지에 불과하고, 그 때문에 모든 역사는 경제사라야만 할 것이다."(『철학사 교정』, 튀빙겐, 1935, S.554).

다."[11]

이 문제에 대한 코르쉬의 견해는 특히 인간 세계의 구성적 계기로서의 의식, 이데올로기, 철학의 계기를 강조함으로써 분명히 루카치의 견해에 가까운 것임을 알 수 있다. 그래서 코르쉬는 그의 중요한 저작 『맑스주의와 철학』(*Marxismus und Philosophie*)에서 ―제2인터내셔널 시기에 널리 유포되어 있던―속류 맑스주의적 사상에 대해서 몇 가지 비판을 가했다. 이 사상에 따르게 되면 이데올로기와 특히 철학은 오로지 사회적 제관계의 반영, 즉 가상이나 혹은 한갓 사념적, 비대상적 사변에 불과하게 되는 것이다.

"이 속류 사회주의의 근본적인 엄청난 결함은 맑스주의적으로 언급해 볼 때 저 소박한 실재론에 의해 완전히 '비과학적'으로 고찰되는 데 있다. 이 실재론과 더불어 또한 부르주아 사회의 비속한 실증과학은 이른바 상식 곧 '가장 사악한 형이상학자'와 함께 의식과 그 대상 사이에 날카로운 선을 그어 놓았다. 이들은 대상이 ― 이것은 이미 비판철학에 있어서는 선험적으로 고찰될 수 없다.―변증법적 파악에서 완전히 지양되어 버리는 사실을 주목하지 못했다."[12]

따라서 사람들은 어떤 대상이나 또는 그 대상과는 완전히 무관한 주체를 확정짓는 소박 실재론적 관점을 고집할 수 없다. 과학 이전의 의식이나 과학적 의식은 자연적, 역사-사회적 세계에 대해 완전히 자립적인 것으로 대립해 있는 것이 아니라, "비록 정신적으로 관념적이기는 하지만

11) Karl Korsch, ibid., S.137.
12) Karl Korsch, 『맑스주의와 철학』(*Marxismus und Philosophie*), 라이프치히, 1923, S.59~60.

자연적, 역사-사회적 세계의 실제적인 현실의 부분으로서 이 세계 한 가운데 존재한다."13)

코르쉬는 우리가 형이상학적 주객-분열(양분)이나 관념론적 분열 또는 복합적 역사과정의 계기에만 머물 수 없으며, 또한 경제적 계기 곧 실천 개념에 대한 일면적 규정—이 일면적 규정은 이후 이 문제에 대한 스탈린주의적 해석에서 통속화되어 버린다.—에만도 머물 수 없음을 잘 의식하고 있었다.

실천에 대한 포이어바흐 제2테제를 매우 통속적이고 일면적으로 해석하는 것에 대해서 비판을 가하면서 코르쉬는 제8테제로 맑스의 입장을 올바르게 대변하려고 한다.

"'이론을 신비주의로 이끌어 가는 모든 신비적인 것은 인간의 실천과 이 실천의 이해 속에서 합리적으로 해결된다'. 이론적 비판과 실천적 변혁, 즉 서로 분리될 수 없는 연관적인 행동으로 파악되는 이 두 가지 내용—그 어떤 추상적인 의미에서의 행동이 아니라 시민사회의 구체적, 현실적 세계에 대한 구체적, 현실적 변혁으로서—안에서 맑스와 엥겔스의 과학적 사회주의의 새로운 유물변증법적 방법의 원리가 가장 정밀한 형식으로 언명된다."14)

그러므로 이념, 의식, 이데올로기 등은 결코 한가한 개인들의 단순한 환영이나 또는 일정한 사회상태에 관한 한갓된 관념적 변명이 될 수 없다. 그것은 오히려 맑스와 엥겔스가 매번 강조한 바와 같이 통일적인 역사과정에 있어 매우 현실적이고 강력한 지렛대이다.

13) Ibid., S.66.
14) Ibid., S.68.

코르쉬는 이 관계를 대상과 모사의 관계가 아니라 부분과 전체의 관계로서 파악하려고 했다.

"또한 경제적 표상은 시민사회의 물적 생산관계의 현실에 대해, 모사된 대상과 그 상(像)과의 관계에서는 오로지 가상적으로만 있게 된다. 그러나 이 표상은 특수하고, 일정한 전체의 부분과 이 전체의 다른 부분과의 관계에서는 현실적으로 있게 된다."15)

확실히 모사의 개념은 한 시대의 의식의 전체를 포괄하는 복합성을 명확하게 또는 충분하게 해명하고 있지 못하다. 그럼에도 불구하고 부분과 전체에 대한 코르쉬의 테제는 분명히 이 문제를 심도 있게 천착하지는 못했다. 이러한 관계가 어떤 방식이고, 부분과 전체의 관계가 갖는 기본적인 특징의 본질은 무엇인가 하는 것은 여전히 물음으로 남아 있다. 왜냐하면 만일 의식이 그저 유기적으로 결합된 전체의 부분에 불과하다면, 의식과 사회적 현실 사이의 불일치가 어떻게 가능한가 라는 문제가 생기기 때문이다.

코르쉬는 이 문제에 대해 더 이상 대답하지 않았다. 비록 그가 이데올로기적 형식들의 중요성을 바르게 강조하고, 혁명적·과학적 비판의 역할을 노동자계급의 경제적, 정치적 투쟁의 부분으로서 분명히 강조하긴 했지만 그는 철학의 영역과 의미를 제한했다.

역사적 운동을 통일적 과정으로 파악하는 것은 매우 올바른데 이 과정 속에서 법, 철학, 예술 등의 고립된 역사는 존재하지 않는다. 그러나 이러한 역사적 운동, 즉 인간의 사물화의 역사적 과정이 풍부한 차별성의 복

15) Ibid., S.69.

합적 과정이라는 것도 마찬가지로 옳다. 말하자면 이 과정은 고유한 인간의 실천적, 이론적 활동성을 형성하는 요소들의 결과인 것이다. 바로 그 때문에 이 모든 구성요소도 그 나름의 역사를 갖는다. 이 역사가 자신의 독자적인 특수한 대상성을 소유하고, 전체 과정의 부분으로 파악되었을 때 비로소 현실적 역사가 된다.

그 때문에 사람들은 이러한 이데올로기적 형식들의 중요성을 코르쉬가 생각한 것처럼 다른 형식들에 대한 혁명-비판적 관계의 의미에서만 파악할 수는 없다. 왜냐하면 맑스주의 철학의 의미와 과제는 여전히 부르주아 이데올로기, 특히 철학에 대한 비판적 철학적 부정에서만, 즉 총체적으로 이제까지의 사회를 궁극적으로 지양하고 극복하는 데서만 있을 수 있기 때문이다.

루카치를 다룰 때 언급한 논쟁에서 첨부되어야 할 것은 칼 코르쉬 또한 가장 중요한 공격목표의 하나였다는 것이다. 그는 비록 루카치의 입장과 견해와는 여러 가지 점에서 일치하지 않았지만 루카치와 연대했다. 코르쉬에 대한 이의제기―즉 그는 자연의 변증법을 비난했고, 맑스와 엥겔스의 후기 입장이란 그들의 초기 입장을 속류화한 것으로 간주했다.―는 코르쉬가 실제로 주장하고 강연했던 것과는 무관하다.

코르쉬의 근본 의도는 맑스적인 의미에서 사회적 운동을 현실적인 총체성으로 파악하는 데 있었다. 이 총체성 속에 철학과 다른 이데올로기 형식들은 우연한 현상들이 아니라 그 과정 자체의 부분이 된다. 즉 코르쉬는 혁명적 실천적 활동성이 혁명적, 이론적 활동성에 의해서 필연적으로 보완되어야 한다는 사실의 중요성을 파악하고 이해하려고 했다. 역사란 바로 인간에 의해 만들어지는 것이기 때문에, 의식 자체도 대자적으로 자립적으로 또는 독립적인 전체로서 결코 파악될 수 없는 것처럼 자연-역사적 대상도 미리 주어진 것 또는 전적으로 독립적인 것으로 이해될 수 없다는 것이다.

코르쉬는 반영론적인 의미에서 지금까지의 인식에 대한 해석이 앞서 언급한 이유에서 유지될 수 없음을 알았기 때문에, 그는 전체와 부분의 관계에 관한 테제에 의해 그것을 극복하려고 시도했다. 루카치와 마찬가지로 반영으로서의 지금까지의 모든 인식에 대한 해석들이(이 해석들은 레닌의 『유물론과 경험비판론』에 의존한다.) 결국 맑스 이전의 유물론에 속하는 것이라고 바르게 파악했다. 그러나 코르쉬는 올바르게 통찰했음에도 불구하고 올바른 해결에 이르지는 못했다. 따라서 코르쉬는 이후 자신의 논문 「'맑스주의와 철학'의 문제에 대한 현재의 상황」에서 앞서 언급한 비판뿐 아니라, 이미 진척된 레닌의 입장에 대한 경전화에 매우 날카롭게 반응했다. 이 시기 코르쉬의 견해는 다음의 테제에서 정점에 달한다.

"그러나 전체 '레닌주의적 이론'은 국제 프롤레타리아 계급투쟁의 현재 발전국면에서의 실천적인 필요에 대한 충분한 이론적 표현이 될 수 없다. 그리고 이데올로기적 토대로서 모든 레닌주의적 이론에 봉사하는 레닌의 유물론 철학은 이러한 근거에서 볼 때 결코 오늘날의 발전국면에 조응하는 프롤레타리아트의 혁명적 철학이 될 수 없다."16)

16) Karl Korsch, 「'맑스주의와 철학' 문제의 현재 상태」(*Der gegenwärtige Stand des Problems 'Marxismus und Philosophie'*), 『맑스주의와 철학』, a.a.O., S.34. 이 저작에서 코르쉬는 "경험비판론에 대한 레닌의 연구의 중요성을 그 철학적 논쟁에서가 아니라 매우 극단적인 귀결—레닌이 당파적으로 잘못된 이데올로기들로서의 이 동시대의 철학적 경향들에 실천적으로 투쟁하고 파괴하려고 했던—에서 보았다."(ibid., S.29).

코르쉬에 따르면 레닌은 이 저작에서 유물론과 관념론 간의 전체적인 논의를 이미 독일 고전철학이 극복한 수준 위에서 제기했다.[17] 코르쉬는 반영론이 존재와 사유의 관계에 대한 비변증법적 파악이며, 또한 이러한 관계를 단지 추상적인 인식론적 입장으로 환원시키는 것이라고 비판했다. 여기서 인식은—맑스가 이미 『선언』에서 기술한 바와 같이—상이한 역사-사회적 의식의 형식들에 있어서 이데올로기적 "상부구조"나 혹은 일정한 계급투쟁의 현실적인 관계에 대한 일반적 표현으로서 탐구되지 않는다.[18]

이 시기에—레닌의 『철학노트』가 곧바로 출간되었다.—코르쉬는 레닌이 그 자신의 초기 이론 활동 시기의 독자적인 철학 작업에 대해 비판하고 있었다는 사실을 충분히 인식하지 못했다.

이차적이지만 훨씬 중요한 문제, 즉 전체적으로 레닌주의 이론에 관한 코르쉬의 비판은 오로지 이 레닌주의 이론이 스탈린의 레닌주의 해석과 일치되는 한에서는 정당성을 갖는다. 그런데 여기에서 이러한 코르쉬의 입장을 전적으로 정당하다고 평가해서는 안 되는데 코르쉬의 판단은 사실상 오류였다.

비반성적으로 어떤 일정한 관점에 고착하는 것에 대해 코르쉬가 저항한 것은 정당했으며 이 관점은 이미 부분적으로 레닌 자신에 의해 극복된 것이었다. 마찬가지로 일정한 관점의 이름 아래 전체 공산주의 운동을 독점화하고, 견딜 수 없는 정도로 활동에 엄격한 제한을 가하는 이데올로기적 독재의 설정에 대해서 그는 반항했다.

코르쉬에 의해 대변된 급진적인 좌파 경향은 점점 더 러시아 사회주의와 맑스주의의 이론 및 실천과의 갈등을 일으켰다. 이 러시아의 맑스주의

---

17) Karl Korsch, ibid., S.35.
18) Ibid., S.36~38.

는 레닌 시대의 특징—즉 일정한 단계와 계기들의 판단에 있어 비판적인 개방성과 변증법적인—을 상실했다. 코르쉬는 소비에트의 발전이 서유럽 노동운동에는 존재하지 않는 특수한 조건들의 표현이라고 생각했다. 그러므로 서유럽의 노동운동은 점점 더 자립화되어야 한다는 것이다. 독일 공산당 급진 좌파의 야당 지도자로서 코르쉬는 1926년 당에서 제명당했다.

코르쉬는 노동자평의회에 대한 기본 이념을 결코 포기한 적이 없었다. 그 때문에 코르쉬는 자신의 계속적인 분석, 특히—베르톨트 브레히트도 정기적으로 참여한[19]—베를린 강의에서 다음의 테제를 발전시킬 수 있었다. 즉 맑스주의는 프롤레타리아트의 의식이 된 적도 거의 없었으며, 지금까지의 프롤레타리아 혁명의 개념화도 항상 부르주아 혁명 특히 자코뱅주의의 강력한 영향 아래 있었다. 이 자코뱅주의에서는 당과 국가의 역할이 지나치게 강조된다. 이는 또한 경제, 정치적으로 낙후한 국가들의 특징이기도 하다. 그래서 코르쉬는 유럽 노동자의 상이한 노동조합 운동에 주목하고 연계를 가졌다. 그래서 그는 새로운 조직형태는 프롤레타리아트 자신의 실천으로부터만 발전될 수 있다고 확증했다.

1933년 망명 후에 그는 『칼 맑스』(1938)라는 연구서를 출간했다. 여기서 "유물론적 사회과학"으로서의 맑스주의에 대한 개념이 극명하게 표현된다. 이를테면 이는—사회과정에 대한 엄격한 경험적 탐구로서—철학적 논증을 결여하고 있다.

---

19) 참조 라쉬(W. Rasch), 「브레히트와 코르쉬 사이의 공개되지 않은 왕복 서한에서 본, 베르톨트 브레히트의 맑스주의 이론」(*Bertolt Brecht marxistischer Lehrer, Aufgrund eines ungedruckten Briefwechsels zwischen Brecht und Karl Korsch*), 메르쿠르, 1963. 10월호.

"새로운 혁명적 사회과학의 일차적 기본원리는 모든 사회적 관계들을 역사적으로 특수화하는 원리이다. 맑스는 시민사회의 모든 제도와 관계를 그 역사적 특수성에서 파악했다."[20]

이 원리는 코르쉬에게 있어서 경제-사회적 탐구에 대한 이론적 중요성을 가질 뿐 아니라, 노동운동의 변증법적 방향과 혁명적 방향 간의 정치적 대결에 있어 매우 중요한 무기이기도 하다. 코르쉬의 견해에 따르면 이로부터 가장 중요한 계기가 도출되는데, 이는 곧 현존하는 시민사회의 모든 관계를 "일정한 사회적 발전시기의 특수한 관계로 기술하는 것은 이 특수한 사회구성체에 대한 과학적 비판과 그 실천적 변혁을 위한 토대를 포함하는 계기이다."[21]

이러한 의미에서 "맑스 이론은 여기서 기술된 그 일방적 성격에 의하면 시민사회에 관한 새로운 과학이 된다."[22]

코르쉬는 맑스와 엥겔스의 그 선배들(헤겔, 프랑스 유물론자, 포이어바흐 등)과의 관계를 탐구하고 그 과정에서 정치경제학 비판의 대상과 방법, 그리고 맑스에게서 가치문제 그리고 특히 시민사회에서[23] 상품의 물신적 성격의 개념화뿐만 아니라 자연의 문제를 사회적 범주 심지어 계급 범주

---

20) Karl Korsch, 『칼 맑스』(*Karl Marx*), 프랑크푸르트, 1967, S.8.

21) Ibid., S.32.

22) Ibid., S.56. 이는 코르쉬에게 있어 시민사회 이론이자 동시에 프롤레타리아 혁명이론이기도 하다. 이것은 또한 시민사회를 선행하거나 또는 후행하는 사회구성체들에도 타당한데, 그러나 오로지 그 일반적 규정들과 그리고 다소 변형된 방식에 있어서 그러하다(ibid., S.143).

23) 코르쉬의 견해는 상품의 물신적 성격에 대한 맑스의 탐구가 정치경제학에 대한 맑스 비판의 핵심을 내포할 뿐 아니라 동시에 『자본론』 안에 내포된 전체 이론의 핵심이자 전체 유물론적 역사 이론의 이론적, 역사적 입장에 대한 가장 명료하고 정확한 정식화로 보는 것이다(ibid., S.101).

로 기술함으로써 그는 다음의 결론에 도달했다. “사적 유물론은 그 주요 경향성에 비추어 볼 때 더 이상 ‘철학적’인 방법이 아니라 경험과학적 방법이다.”24) 이러한 사적 유물론이야말로 비로소 현실적인 문제 해결에 대한 전제를 창출할 수 있다. 그런데 자연주의적 유물론과 실증주의는 자연과학적 방법을 사회과학에 절충적으로 전용(轉用)함으로써 문제를 단지 가상적으로 해결할 뿐이다.

코르쉬의 연구는 사회 탐구에 대한 맑스의 가장 중요한 공헌이 다음의 사실에 있다는 확증으로 결론짓는다. 첫째 맑스는 사회적 과정의 모든 현상들을 경제로 환원했고, 둘째 경제를 사회적 개념으로 기초했으며, 셋째 모든 사회적 현상들을 인간의 물적 생산제력의 발전과 그 주체적 담지자 곧 사회적 계급 속에 그 토대를 갖는 혁명적 발전이라고 역사적으로 규정했다.

“이러한 세 가지의 일반적 결과에서 4. 경제와 정치의 관계에 대한 정확한 규정 5. 이른바 모든 ‘정신적인’ 현상들을—부분적으로는 전도되고(‘이데올로기적으로’) 부분적으로는 일정한 역사적 시기에 객관적으로 타당한—‘사회적 의식 형태’로 환원하는 것 등 이러한 이론적, 실천적으로 특히 중요한 부분 귀결들은 이미 내포되어 있다.”25)

코르쉬는 맑스의 사회에 대한 개념화가 여전히 그 역사적 전제들의 강력한 영향 특히 헤겔 변증법의 영향 아래 있다고 생각했기 때문에, 그리

24) Ibid., S.203. 코르쉬는 사회에 관한 유물론적 교설을 사회학과 동일시하지는 않았다. 한 구절에서 그는 심지어 아래와 같이 주장했다. “맑스의 유물론적 사회과학은 사회학이 아니라 경제학이다.”(ibid., S.207).

25) Ibid., S.203.

고 자신이 그 교조적 발전국면을 체험했기 때문에, 그는 계속적으로 노동계급이 성장할 뿐 아니라 노동운동 역시 강력하게 계속적으로 발전할 수 있으리라고 기대했다. 그런데 이 운동은 무조건적으로 이제까지의 의미에서의 맑스주의적인 것으로 볼 수 없다. 코르쉬는 이러한 파악을 「오늘날의 맑스주의에 대한 10가지 테제」(취리히에서 출간)에서 매우 유력하게 정식화했다.

오늘날 맑스주의 이론을 총체적으로 노동자계급의 사회혁명이론으로 복구하려는 시도를 공상으로 간주한 코르쉬는 세 번째 테제에서 다음과 같이 썼다.

"좋든 나쁘든 간에 오늘날 맑스 교리의 중요한 부분은 변화된 기능과 변화된 무대에서도 여전히 활성화되고 있다는 것이다. 또한 이전의 맑스주의 노동운동의 실천에서의 중요한 추동력은 오늘날에 와서는 민족과 계급의 실천적 대결로 흡수된다."[26)]

"혁명적 이론과 실천을 재정립하려는 첫걸음은 혁명적 주도권과 이론, 실천적 지도에 있어서 맑스주의로 독점화해야 한다는 주장을 깨뜨리는 데서 시작되어야 한다."[27)]

코르쉬에 의하면 사람들은 맑스도 노동계급의 사회주의적 운동의 많은 선행자들과 창설자들 가운데 한 사람으로, 즉 공상적 사회주의자들, 블랑키, 프루동, 바쿠닌 그리고 이후의 독일 수정주의, 프랑스 사회주의, 러시

26) Karl Korsch,「오늘날 맑스주의에 관한 열 가지 테제」(*10 Thesen über Marxismus heute*), *Alternative*, 1965. 4월호, S.89.
27) Ibid.,(4. These), S.89.

아 볼셰비즘도 역시 마찬가지로 중요한 것으로 바라보아야 한다는 것이다.[28)]

이를 입증하기 위해서 코르쉬는 맑스주의가 모든 중앙 유럽과 동유럽 국가들과 마찬가지로 당시 독일의 낙후된 경제-정치적 조건들에 실천적으로 의존하고 있음을, 또한 계속해서 부르주아 혁명의 정치적 형식을 무조건적으로 확립하려는 것과, 끝으로 미래의 발전을 위한 진보적 경제구성체의 모델로서 영국에 의존하고 있음을 밝혔다. 이 모든 것에 근거하여 코르쉬는 다음과 같이 결론을 내렸다.

"1. 사회혁명의 결정적인 도구로서 국가에 대한 지나친 강조.

2. 자본주의 경제발전을 노동계급의 사회혁명과 신비적으로 동일화.

3. 일부는 블랑키에 대항하여, 일부는 바쿠닌에 대항하여 발전된 공산주의 혁명의 이단계설을 인위적으로 접합시킴으로써, 맑스 혁명이론의 일차적 형식이 후대에 애매하게 발전되어 온 것. 이단계설은 현실적으로 노동자계급의 해방을 현재의 운동으로부터(주술적으로) 소멸시켜 버리고 그것을 불확정한 미래로 옮겨 놓는다."[29)]

코르쉬는 여기에서 레닌에 의해 맑스주의가 볼셰비즘으로 계속 발전한 것을 본다. 이것은 맑스주의가 러시아와 아시아로 전이하게 된 형식이기도 하다. 동시에 맑스주의는 혁명이론에서 수많은 역사적 목적에 봉사하기 위해 설정된 이데올로기로 발전했다. 노동자가 자기 고유한 삶의 생산에 대해 자기 스스로 결정하는 것은 이전의 독점소유자의 위치를 자유롭게 차지하는 데에서 비롯되지 않고 오히려 "그것은 오늘날 모든 소외된

---

28) Ibid.,(5. These). 여기서 우리는 코르쉬가 공허한 교조적 열정과 맑스주의의 용어에 대해 얼마나 과도하게 반대입장에 서 있었는지를 가장 잘 볼 수 있다.
29) Ibid.,(7. These), S.89~90.

계급을 경향적으로 이미 도처에서 독점주의적이고 계획통제된 생산에 계획적으로 관여시킴으로써 생겨날 수 있다."30)

이것은 맑스주의와 사회주의 노동운동의 이론적, 실천적 문제에 대한 코르쉬의 가장 본질적인 사유로 그는 이 문제에 자신의 모든 지적 노력을 기울였다.

양차 세계대전 사이에서 코르쉬의 이론작업은 의심의 여지 없이 유럽 맑스주의에서 가장 중요한 업적에 속한다. 그러나 그 작업은 우리가 본 바와 같이 제3인터내셔널 기간 동안 맑스주의와 사회주의 발전에 근거하여 볼 때 현실적인 관통력을 갖지 못했다. 우리는 코르쉬의 몇 가지 정식화와 관점을 당시 맑스주의의 위상으로부터 이해해야만 한다. 당시의 맑스주의는 스탈린주의 기간 동안 가장 심각하게 타락했으며 이데올로기화 및 신비화를 겪었다. 역사적으로 고찰해 보자면 개별 저자가 이러저러한 테제에 동의하는 것은 별다른 의미를 갖지 못한다. 더 중요한 것은 사유로부터 나오는 실천적 동기이다. 칼 코르쉬의 이론적 지평의 넓이, 그의 비판적 사유, 사회주의 운동의 모든 노력들—여기서 가장 중요한 것은 존재의 소외된 형식의 극복이다.—과의 깊은 연관성은, 항상 혁명이론은 이미 완결되고 이제는 그저 그 실천적 적용만이 문제라는 견해와 궤를 같이 하지

30) Ibid.,(10. These), S.90. 내가 이 저작의 첫 번째 초안을 썼을 때, 나는 코르쉬의 이 마지막 작업들을 발견하지 못했을 뿐 아니라 그에 대한 어떤 문헌도, 심지어 가장 중요한 자료조차 발견하지 못했다. 그러나 최근 코르쉬는 새롭게 "발견"되었고 서독에서 그의 저작의 체계적인 출판이 시작되었다. 에리히 게를라하(Erich Gerlach)—그는 「칼 코르쉬와 맑스주의」(*Karl Korsch und der Marxismus, Neue Kritik,* 1963. 11월호)라는 매우 유익한 논문을 썼다—는 코르쉬에게 특별한 주목을 했다. 계속해서 아래의 잡지를 언급할 수 있다. 『국제사회주의』(*International Socialism*), 런던, 1964, 「칼 코르쉬의 비교조주의적 맑스주의」(*Karl Korsch's Undogmatic Marxism*), 그리고 『맑스주의와 철학』, 프랑크푸르트, 1966의 초판 서문.

않으려는 모든 사람들에게 자극이 될 것이다.

엄청난 제1차 제국주의 전쟁이 종결된 후 맑스주의자와 그 적대자들 간에는 전쟁 때문에 해결되지 못한 논쟁 곧 "자본주의 붕괴"에 관한 논쟁이 재개되었다.

전쟁 이전 제2인터내셔널 시기의 대부분 맑스주의자들이 맑스에 대해, 맑스는 자본주의의 경제적 붕괴를 예언하지도 않았고 그 때문에 사회주의를 윤리적 이상과 정언명령으로 파악할 수 있었다는 의미에서 파악하고 해석한 반면(예를 들어 베른슈타인, 투간 바라노프스키, 바우어 등), 로자 룩셈부르크만이 오직 자본축적이론에서 무한히 확대되는 자본주의 생산이 무한히 확대될 수 없다는 급진적인 테제를 옹호했다. 다른 한편 딜(K. Diehl), 심코비치(G. Simkovitch) 등과 같은 부르주아 이론가들은 맑스의 (자본주의) 붕괴이론이 가치이론에 연관되지 않고, 오히려 역사 자체에 대한 유물론적 개념화에서 도출된다고 입증하려 했다. 이러한 견해를 또한 부르주아 변호론자인 좀바르트(W. Sombart)도 매우 날카로운 방식으로 대변했다. 그는 일찍이 사회주의에 매우 근접해 있었는데 그는 아래의 사실을 강변했다. 즉 『선언』에서 입증된 이(자본주의 붕괴) 이론은 지금까지 자본주의의 전체 발전과 모순된다고 주장했다.31)

---

31) 좀바르트(Sombart)는 『프롤레타리아 사회주의』(*Der Proletarische Sozialismus*, 1924)에서 이 사실을 제출했다. 그리고 그의 포괄적인 저작 『현대 자본주의』(*Der moderne Kapitalismus*)에서 당시 대다수 사회민주주의 지도자들이 접근하거나 이미 연계되어 있던 저러한 테제를 매우 명료하게 대변했다. "우리는 점차적으로 아래의 사고에 익숙해야만 할 것이다. 안정화되고 통제화된 자본주의와 기술화되고 합리화된 사회주의 간의 구별은 매우 큰 것이 아니며 따라서 경제가 자본주의적으로 발전하느냐 아니면 사회주의적으로 발전하느냐 하는 것은 인간의 운명과 문화에 별반 대수롭지 않다. 문제는 다음과 같다. 즉 노동방식은 두 가

이러한 토론에서 당시 프리츠 슈테른베르크(Fritz Sternberg)는 제국주의에 대한 저작을 통해, 헨릭 그로스만(Henryk Grossmann)은 축적법칙과 자본주의 체제 붕괴에 대한 저작을 통해 매우 중요하고 가치있는 공헌을 했다.

**프리츠 슈테른베르크**(Fritz Sternberg, 1895~1963)

슈테른베르크는 그의 저작 『제국주의』(*Der Imperialismus,* 1926)에서 자본주의 팽창의 가능성과 한계에 대한 로자 룩셈부르크의 견해와 맑스의 분석에 근거하여 자본주의 발전과정에서 보여지는 몇 가지 현상들을 해명하려고 했다. 이런 이유로 맑스의 분석에 대한 슈테른베르크의 첫 번째 언급은 전세계에 확산된 자본주의 체제에 대한 맑스 자신의 전제를 필요로 했다. 즉 이러한 전제에서 필연적으로 일정한 귀결들이 도출되어 나오게 된다. 로자 룩셈부르크는 맨 먼저 비자본주의 국가의 존재는 자본주의에 대해서 지극히 중요한 의미를 지니는 것임을 인식했다. 그렇다고 해서 그녀가 이러한 인식으로부터 모든 귀결들을 도출해 낸 것은 아니다.[32]

슈테른베르크의 이론적 출발점에서 두 번째 계기는 자본주의의 구성적

---

지 경우에 똑같다.……이제 우리의 질문은 엄청난 조합의 창고와 자본주의적 창고의, 그리고 공산주의적 용광로와 자본주의적 용광로의, 또한 공산주의적 전차와 자본주의적 전차의 차이가 어디에 있느냐 하는 것이다. 우리는 본질적인 것을 발견하지 못한다. 어쩌면 자본주의와 공산주의 노동자들의 '의식'은 상이할 것이다. 그러나 노동조건들은 그 어디나 동일하다."[좀바르트, 『현대의 자본주의』, III/2, 1927. S.1016, 그로스만 전집 『자본주의 체제의 축적법칙과 붕괴법칙』(*Das Akkumulations und Zusammenbruchsgesetz des kapitalistischen Systems*), 라이프치히, 1929에서 인용].

32) 참조 ; 프리츠 슈테른베르크, 『제국주의』(*Der Imperialismus*), 베를린, 1926, S.22~23.

조건으로서 인구과잉에 관한 테제이다. 그 이유는 산업예비군 없이는 프롤레타리아트 편에서의 잉여노동도 없고 따라서 잉여가치도 존재하지 않기 때문이다. 농촌 프롤레타리아트가 산업예비군의 주요 원천이 되며 그 토대를 형성한다는 오펜하이머의 테제에 대항하여 슈테른베르크는 네 가지 요소들을 인구과잉의 원인으로 예증했다.[33] 자본주의의 발전은 내부의 인구과잉의 국면에서 외부의 인구과잉의 국면으로 이행하는 것으로 특징지울 수 있다. "자본주의에서는 내부의 잉여인구의 요소들이 결정적인 반면, 제국주의 단계에 들어서면 외부의 잉여인구의 요소들이 점점 더 결정적으로 전면에 부각된다."[34] 초기 제국주의에서 산업예비군은 여전히 극소수에 불과한데, 이것은 노동자계급의 경제적 위치가 가장 강력했음을 의미한다. 그러므로 임금과 자본축적의 증대에 관한 한 맑스의 이론은 수정되어야만 한다. 맑스에 따르면 "순수한" 자본주의에서는 이익이라는 자극제가 느슨해질 때 임금은—축적이 느슨해질 때까지—상승할 수 있다. 자본은 물론 이런 상태를 그대로 허용하지는 않지만, 자본은 이러한 계기에 직면해서는 비자본주의 영토로 팽창함으로써 임금인상을 저지해 왔다.[35]

또한 슈테른베르크는 맑스가 노동자계급의 현실적 몰락에 대해 언급하지는 않았으며 그 이유는 맑스의 시대에 영국의 노동자계급이 바로 그들 자신의 상황을 개선할 수 있다고 파악했기 때문이라고 생각했다. 슈테른

33) "이 네 가지 요소, 즉 자연적인 인구증가, 보다 높은 자본의 유기적 구성에 의한 산업예비군, 산업 중산층의 토지수용(收用), 농업 인구의 도시 이주는 내적인 잉여인구를 형성한다. 다시 말해 이는 개별적인 자본주의 국가 내부에서 작용하는 요소들이다."(『제국주의』, S.33).

34) 슈테른베르크, ibid., S.46.

35) Ibid., S.46~48. 강조되어야 할 점은 슈테른베르크가 제국주의를 "자본주의가 점점 큰 범위로 비자본주의 영토를—제국주의의 모국의 지배 아래 두기 위해—자본주의화해 가는 '자본주의 발전의 국면'으로 규정한 것이다."(ibid., S.276).

베르크에게 이 사실은 명료하다. 그 이유는 제국주의의 첫 번째 국면에서 프롤레타리아트 산업예비군은 국내에서의 자본시설의 확대와 비자본주의 시장으로의 진출 때문에 성장하지 못했다.

> "제국주의의 이러한 시기, 다시 말해 외생적인 내부의 산업예비군이 더 이상 활성화되지 못하고, 외부의 산업예비군도 여전히 활성화되지 못한 시기에 식민지들은 상품생산으로 이행해 갔다. 하지만 산업 프롤레타리아트가 이곳 식민지들에서 광범위하게 형성되지 못했다고 해도 산업예비군이 충원될 가능성은 존재했다. 따라서 개별 국가들에서 오래 지속되어 온 임금인상들도 가능하게 되었다."[36]

이런 이유 때문에 슈테른베르크는 필요노동—잉여가치라는 도식을 중간항으로 보충했다. 이 항은 이 시기의 노동자계급의 생활조건을 개선하기 위한 투쟁의 가능성을 제시한다.[37]

이러한 A-D 노선(주 79를 참조할 것—역주)은 맑스의 체계 속에 구축되어야 할 것이다. 왜냐하면 맑스는 그가 생존할 당시에 이러한 노선을 알지 못했기 때문이다. 사실 수정주의는 이 노선을 회피한 것이 아니라 낡은 도식에 안주해 버렸다. 왜냐하면 수정주의는 A-D 노선을 역사적 범주가 아니라 절대적인 범주로 이해했기 때문이다. 그래서 수정주의는 "금렵

---

36) Ibid., S.61.

37) 슈테른베르크는 이 도식을 아래와 같이 기술했다.

$$A \quad \frac{\text{필요노동}}{\text{재생산비용}} \quad C \quad \frac{\text{투쟁영역}}{\qquad\qquad} \quad D \quad \frac{\text{잉여노동}}{\text{잉여가치}} \quad B$$

슈테른베르크는 노동자계급이 A-D의 노선에 서 있는 국면을 "금렵기"(禁獵期)로 언급했다. "내적인 외인성(外因性)의 잉여연구—외적으로 비로소 시작되는—가 더 이상 상관적으로 작용하지 않을 때 이러한 금렵기는 나타난다. 노동자계급의 금렵기와 초기 제국주의는 역사적으로 동시대적이다."(ibid., S.68).

기"(禁獵期)의 고유한 이론이다.

그러나 식민지들이 자본주의화되고 이에 따라 보다 많은 토지, "자유로운" 노동자가 생산되면 될수록 결과적으로 이러한 외부적 인구과잉은 보다 강력하게 작용하게 된다. 맑스의 합법칙성은 더욱 큰 비중을 가지게 된다. 이러한 "금렵기"의 지속에 대해서 슈테른베르크는 다음의 사실을 확증했다.

"그러나—이러한 그러나(Aber)는 세계사에 있어 결정적이다.—노동자계급의 위치가 개선될 수 있었고 개선되었던 시기, 다시 말해 노동자들이 금렵기를 가졌던 이 시기는 짧은 기간일 수는 없었다. 이 시기는 10년, 또는 여러 세대들을 포괄할 수도 있고 도한 포괄했으며, 이는 초기 제국주의의 전체 국면에도 해당된다."[38)]

슈테른베르크는 제국주의는 자본주의에 내적인 것이고, 확대재생산과 비자본주의 영역으로 자본주의가 진출하는 문제는 로자 룩셈부르크가 발견했다고 강조한다. 그래서 그는 로자 룩셈부르크의 저작이 맑스주의의 계속적인 발전에 있어서 획기적인 것이라고 간주했다. 또한 그는 맑스의 도식에 대한 그녀의 비판을 철저히 정당한 것으로 간주했다.

"우리는 모든 결정적인 점에서 맑스의 도식에 대한 그녀(로자 룩셈부르크)의 비판을 올바르고 근거 있는 것으로 간주한다. 따라서 우리는 그녀와 함께 다음의 견해를 취한다. 즉, 제국주의, 다시 말해 비자본주의적 영토들에 대한 자본주의의 진출은 내적인 필연성이다. 왜냐하면 자본주의가 주요한 경제형식일 뿐만 아니라 유일하게 지배적인 경제형식이라면, 자본주의는 가장 단기간 내에 그 경제적 모순 때

38) Ibid., S.79.

문에 몰락하지 않을 수 없기 때문이다."[39]

그러나 이러한 제국주의의 진출은 또한 그 한계를 갖는다. 자본주의적 생산양식의 조건들과 그 적대관계를 통해 제국주의는 적대자를 창출하는데, 이 적대자가 그 모든 계속적인 팽창을 저지하는 것이다. 말하자면 제국주의는 식민국가의 경제를 혁명화하고 식민지 민중들을 그 비역사성에서 끌어내어 곧바로 제국주의에 대항하게 될 민족 부르주아지를 창출하기 때문이다. 이런 이유 때문에 슈테른베르크는 다음의 견해를 취했다. 즉 20년대 중엽에 곧바로 새로운 위기의 주기와 제국주의의 새로운 시기—이것은 물론 모든 국가들에 동일하게 영향을 미치지는 않을 것이다.—가 도래하게 될 것이다.[40]

그 다음 부분에서 슈테른베르크는 제국주의 전쟁에 대하여 다음과 같이 제시한다. 비자본주의 영역에 자본주의 국가들이 침탈하는 것은 필연적으로 개개의 제국주의 열강들 간의 전쟁을 초래하게 되며 그 결과로 역사의 진행은 맑스의 예견과는 다르게 나타날 것이다. 맑스의 전체계에서 전쟁은 결정적인 역할을 하지 않는다. 여기에는 사회주의 혁명이 오로지 자본

39) Ibid., S.87~88. 슈테른베르크의 견해는 로자 룩셈부르크에게 있어, 특히 그녀의 분석에서 도출된 귀결들을 주목해 볼 때 많은 오류들을 발견할 수 있다는 것이다. 그래서 슈테른베르크는 많은 경우에 부하린의 비판에 동의했다. 그는 룩셈부르크의 테제—즉 "순수" 자본주의에서는 확대재생산은 전혀 불가능하다.—에 대립했고, 부하린의 견해—즉 확대재생산은 국가자본주의에서 가능하다. 왜냐하면 국가자본주의는 잉여가치의 한 부분을 폐지할 수 있기 때문이다—를 지지했다(ibid., S.102). 마찬가지로 그는 자본주의 발전에서 계급대립과 생산의 무정부성은 점점 더 첨예화된다는 견해에 대립했다. 그것은 적어도 A-D 노선의 지배와 경제적 위기가 잔존하는 동안 초기 제국주의의 단계에 타당하지가 않다(ibid., S.162).

40) 슈테른베르크, ibid., S.231~235.

주의 발전과정에서 필연적으로 드러나게 되는 경제 변혁의 정점으로 간주된다.[41]

자본주의의 극복은 필연적이다. 왜냐하면 이것이야말로 새로운 정신적인 가치체계를 창출하는 유일한 길이기 때문이다. "노동자들이 총체성을 인식함으로써 올바른 계급의식에 도달할 때에야 비로소 자본주의의 극복도 가능하게 된다. 여기에 지식인들과 또한 아무런 정치적 입장을 취하지 않은 자들의 엄청난 과제가 있다."[42] 그러나 지식인들은 특별히 그들 자신의 고유한 가치체계에 사로잡혀 고립되어 있다. 그리고 이들은 흔히 그러한 시기를 살아야 한다는 사실 때문에 체념해 버린다. 그러나 지식인들이 알아야 할 것은, 여전히 중립성이라는 고립된 섬에 머물 수 있는 시기는 이미 지나가 버렸고, 제국주의에 대한 투쟁이 하나의 고유한 입장을 요청한다는 것이다. 왜냐하면 사회주의는 필연적으로 자본주의의 상관물이 아니기 때문이다. 여전히 자본주의에는 야만의 가능성이 있고 그래서 외곽에 서 있는 지식인들은 결국 이것의 야만을 지지하게 될 것이다.

그러므로 "총체성을 인식하기 위한 투쟁, 노동자의 올바른 계급의식을 위한 투쟁은 동시에 지식인이라는 고립된 섬에 대항하는 투쟁이다."[43]

제국주의 전쟁을 초래하는 모든 객관적 조건들은 동시에 프롤레타리아 계급의식을 모호하게 만드는 데 봉사한다. 그래서 사회주의를 향한 평화로운 발전을 주장하는 것은 바로 노동자계급의 수동성을 기치로 삼는 것일 따름이다. 왜냐하면 자본주의에서는 오로지 사회주의에 대한 경제적 전제들만 창출할 뿐이며, 혁명만이 이 전제들을 사회주의적 현실로 변화

41) Ibid., S.265~266, 298~300.
42) Ibid., S.318.
43) Ibid., S.319.

시킬 수 있기 때문이다. 왜냐하면 선진 자본주의에 역사의 새로운 시기가 연관될지 아니면 비역사성이 연관될지는 오로지 혁명에 달려 있기 때문이다.44) 혁명이 너무 일찍 도래하면 그것은 수정될 것이다. 그러나 너무 늦게 오면 그것은 파멸과 몰락의 시기를 의미할 것이다.45)

파시즘의 대두로 인해 슈테른베르크는 대부분 좌파 지식인들과 같이 망명할 수밖에 없었다. 망명 후 곧바로 그는 파시즘의 대중적 기반과 그 발흥의 내적, 외적인 정치적 원인들에 대한 분석을 하고, 이어 이 모든 파시즘의 발생에 가장 큰 기여를 한 것은 사회주의자들(독일사회당)과 공산주의자들(독일공산당)의 파멸적인 정책이었다고 결론내렸다.46) 그는 결정적으로 볼셰비키적 분파투쟁을 독일공산당에 이식한 것을 비판했다. 왜냐하면 여기에서는 러시아의 지배적 분파를 지지하는 자들만이 자기 주장을 할 수 있었기 때문이다. 그는 스탈린 분파의 독재 아래에서의 공산주의 인터내셔널의 악성적 발전을 언급했고 동시에 독일공산당은 독일의 사회주의자들과 독일에서의 파시즘의 발전을 잘못 판단했다고 지적했다.47)

슈테른베르크는 민주주의적 부르주아 국가와는 다른 파시스트적 국가에 고유한 몇몇 특징들을 열거했다. 그렇지만 그는 그 붕괴의 필연성을 믿고 있었다. 그 다음에 제기되는 것은 새로운 사회체제에 대한 문제이다. 독

---

44) Ibid., S.334.

45) 이 저작이 출간된 후 바우어(H. Bauer), 브라운탈(A. Braunthal), 골덴베르크(Goldenberg), 나이서(Neisser), 그로스만(H. Grossmann) 등이 참가한 포괄적인 토론과 논쟁이 전개되었다. 슈테른베르크는 자신의 저작 『제국주의와 그 비판자들』(*Der Imperialismus und seine Kritiker*, 베를린, 1929)에서 대답을 했다. 여기서 그는 주로 그의 주요 저작에서 전개된 그의 입장을 반복하고 방어했다.

46) 참조 ; 프리츠 슈테른베르크, 『집권 파시즘』(*Der Faschismus an der Macht*), 암스테르담, 1935, S.39.

47) Ibid., S.58~64.

일에서는 사회주의로 이행하기 위한 경제적 전제들이 이미 존재하기 때문에, 여기서 프롤레타리아트의 독재는 결코 소비에트 러시아와 같은 형식을 취할 필요가 없다. 그는 결론적으로 이 문제를 철저히 토론해야 하고 참된 인터내셔널을 창출해야 한다고 강조했다. 왜냐하면 기존의 인터내셔널은 완전히 스탈린주의화되어 있기 때문이다. 슈테른베르크에게서 한 가지 확실한 점은 정치체계로서의 프롤레타리아 독재는 독일과 같이 매우 발전된 나라에서는 단기간이어야 하며 그것은 곧 현실적인 사회주의적 민주주의로 이행되어야 한다는[48] 것이다.

이후 슈테른베르크는 중도적인 민주사회주의의 입장을 대변했고, 이후의 저작들에서 그는 현대 자본주의와 사회주의 발전에서 파생하는 역동성과 제모순을 제시하려고 시도했다.[49]

현대 자본주의 발전에서 생기는 특정한 현상들에 대한 슈테른베르크의 지적은—특히 비자본주의 영역에 대한 제국주의적 팽창과, 이 발전이 일정한 시기에 선진 자본주의 국가들의 노동자계급에게 미칠 귀결들을 고려하게 될 때—결코 등한시되어서는 안 된다. 그는 물론 "노동귀족"에 관한 테제로 충분히 해명되지 않은 몇몇 현상들을 설명하려고 했다. 앞서 언급한 역동성—이는 무한한 확대재생산의 불가능성에서 비롯되는데—에 의해서, 다시 말해 점차적으로 자본주의화되어 가는 비자본주의 영역에 대한 침탈에 의해서 자본주의 체제의 필연적인 붕괴를 해명하려고 했던 시도는 몇 가지 모순에 봉

48) Ibid., S.326~327. 기존의 자본주의 제모순에 주목하여 슈테른베르크는 소련에 대항하는 세계 열강의 연합전쟁의 가능성을 의심했다. 그는 소련이 미래의 전쟁에서 제국주의 국가 그룹들(프랑스, 미국 등)의 연합국이 될 수 있는 사실을 보다 더 개연적인 것으로 간주했다(ibid., S.216).

49) 참조 ; 『세계 심판에 선 자본주의와 사회주의』(*Kapitalismus und Sozialismus vor dem Weltgericht,* 1951)와 『20세기 후반기를 지배하는 것은?』(*Wer beherrscht die zweite Hälfte des 20. Jahrhunderts?* 1961).

착했다. 헨릭 그로스만은 이 모순에 대해 가장 철저하게 천착했고 동시에 그의 저작 『자본주의 체계의 축적법칙과 붕괴법칙』(*Das Akkumulations- und Zusammenbruchsgesetz des Kapitalistischen Systems*, 1929)에서 이러한 전체적인 논의를 함으로써 매우 가치 있는 기여를 했다.

**헨릭 그로스만**(Henryk Grossmann, 1881~1950)

그로스만은 능력 있는 사업가 집안 출신이지만 그는 이미 일찍이 노동자 운동과 맑스주의에 참여했다. 1920년대 후반에 프랑크푸르트 대학에서 박사학위를 받은 그는 파시즘 기간 동안 망명생활을 했었고, 2차 대전 이후에 라이프치히로 되돌아와서 그 대학에서 정치경제학 교수로 재직했다.

경제학적 문제들과 경제사상사에 관한 다수의 비판들과 소논문들과 이외에도 매우 중요하고도 진지한 그로스만의 정치-경제학적 연구들은 이 시기의 산물들이다.

엄청난 역사적 자료와 당시의 문제들 전반에 관한 탁월한 인식들에 기초하고 있는 그 저작은 결정적으로 자본주의 붕괴이론을 포기해 버린 사회민주주의적 수정주의자들(그들은 이후에 카우츠키, 힐퍼딩, 쿠노 등과 특히 오스트리아 맑스주의자들이다. 맑스의 사상을 "이데올로기적인" 것으로 치부하고 그리고 그의 가치이론과의 관련을 무시하려고 노력하는 부르주아 이론가들을 지원했다.)을 반박하는 것이다.[50)]

50) 그로스만은 아래의 견해를 취하는 몇몇 맑스주의자들과 날카롭게 대립했다. 즉 맑스의 경제 저작은 단지 단편에 불과하며, 재생산도식은 『자본론』 2권의 마지막 장과 관련될 뿐이라는. 이 문제의 연관에서 『자본론』의 계획과 방법에 대한 그의 토론은 흥미있다. 왜냐하면 그는 룩셈부르크의 견해뿐 아니라 『자본론』의 단편적 성격에 관한 후기 루카치의 파악을 비판했기 때문이다. 그는 맑스

그로스만은 그러한 모든 시도들이 분명히 『자본론』에서 이루어진 맑스의 경제학적 개념들에 대한 무지와 오해를 반영하는 것이라고 생각했다. 이른바 이러한 개념화는 맑스의 축적이론과 붕괴이론이 나중에 가서는 이윤율 저하법칙과 공황(Krise) 문제와도 매우 밀접하게 연관된 것임을 보여 준다.

나아가 그로스만은 붕괴이론이 동시에 맑스의 공황이론의 토대이자 전제라고 보았다. 왜냐하면 모든 공황은 결국 상이한 반작용들이 잇달아 일어남으로써 몰락의 파괴적 경향을 두드러지게 보이는 것이기 때문이다.

> "이런 방식으로 자본주의 체제의 자연적인 근본경향인 붕괴경향이 현상적으로 일련의 서로 독립된 주기로 생겨나는데, 마치 양모의 자연 성장과정이 매번 양모를 깎음으로써 중단되는 것처럼, 여기에서 붕괴경향이 주기적으로 항상 새로운 붕괴경향으로 대치되어 새로운 붕괴경향이 시작되는 것이다. 따라서 맑스적인 붕괴이론은 맑스에 따르면 위기가 일시적으로 터지고 그것이 완전히 전개되지 않은 붕괴경향으로 또는 자본주의의 경향노선을 잠정적으로 약화시키는 것으로 묘사되기 때문에 그의 공황이론의 필연적인 기초이자 전제인 것이다."51)

그로스만은 맑스, 맑스주의자들, 반맑스주의자들의 붕괴문제에 대한 견해들을 상세하게 다루면서 책의 제3장에서 변형된 대립적인 경향들을 자

가 서술방법에 조응하여 동일한 문제를 상이한 수준에서, 복합적인 문제들의 개별 계기들에 따라 해결했음을 제시하고, "이는 다음의 견해—즉, 우리가 물려받은 경제적 맑스주의는 '단편', '조각'이 아니라 본질적으로 완전하고 흠없는 체계를 서술한다는 견해에 의존해 있다"고 결론내렸다(『자본주의 체제의 축적법칙과 붕괴법칙』, S.438).

51) Henryk Grossmann, *Das Akkumulations- und Zusammenbruchsgesetz des kapitalistischen System*, 라이프치히, 1929, S.140.

세하게 분석한다. 그는 끝부분에서 궁핍화 문제의 토대이자 자본주의 붕괴의 기초로 파악되지 않을 수 없는 맑스의 임금이론에 관한 분석을 다루고 있다. 동시에 그는 맑스주의자들 자체가 맑스의 이러한 이론을 어떻게 잘못 해석했는지에 대해 보여 주고 있다.

카우츠키뿐만 아니라 로자 룩셈부르크까지도 예컨대 맑스의 임금이론의 구성적 부분을 이루는 두 가지 직접적으로 대립되는 경향들, 즉 노동자계급의 궁핍화 경향과 실질임금의 상승경향을 보았다. 카우츠키와 로자 룩셈부르크가 궁핍화 경향을 과거의 것으로 본 반면에, 부하린에게 있어서는 노동자계급의 처지가 향상되는 경향은 단지 미개발된 식민지 국가들의 희생에 기초한 선진국들에만 부합되는 것이므로 자본주의 체제 전체에서의 절대적 궁핍화가 지적되어야 한다고 했다.

"대륙 노동자계급의 처지가 개선되는 것은 부분적으로는 자본주의가 식민지 국가들을 제국주의적으로 착취하는 것에서 기인한다고 할 수 있다. 그럼에도 불구하고 부하린의 맑스적 임금이론에 관한 해석은 잘못된 것인데, 그것은 그 해석이 이 임금이론을 단지 궁핍화 이론으로 이해하고 맑스적 임금법칙에 근거하여 전체 노동자계급의 처지가 개선될 가능성을 부정하기 때문이다. 그리고 노동자계급의 처지가 개선되는 것을 단지 경쟁으로부터, 노동조합의 영향 아래 노동시장을 유리하게 형성하는 것으로부터, 또 노동력의 가격상승으로부터 이끌어내는 카우츠키와 로자 룩셈부르크의 해석 시도들까지도 잘못된 것이다."52)

"실질임금의 상승경향은(주기적인 경기변동을 무시하고 평균치만을 고려할 때) 자명한 경향이며, 자본주의적 생산 메카니즘 내에서 나타나는 현상이고, 그것을 설

52) Ibid., S.589.

명하는 데는 다른 요소를 끌어들일 필요가 없다. 왜냐하면 이것은 노동력이라는 상품이 항상 그것의 완전한 가치대로 지불되어야 하고 노동의 수요가 일정할 때, 맑스적 임금법칙의 한 결과로 도출될 수 있기 때문이다."[53]

따라서 맑스의 이론으로부터 한편으로는 실질임금의 상승 경향이 필연적으로 도출되지만, 다른 한편으로 맑스는 그의 자본주의의 축적에 관한 분석에서 노동자계급의 처지가 부단히 악화되는 경향을 띤다고 주장했다. 여기에서 그로스만은 서로 배타적인 모순점이 있는가, 혹은 이러한 대립된 경향을 일의적으로 해석할 수 있는가에 대해 의문을 제시한다.

지금까지 그로스만은 그의 분석에서 단지 노동생산력의 확대, 증가하는 강도의 요소만을 고려했지, 그것과 동시에 자본축적의 영향들을 고려하지는 않았다. 그래서 그는 바우어의 재생산도식의 도움으로—자신의 고유한 도식에 따라 4년간의 발전만을 연구했던 바우어의 결론과는 달리—35년간의 기간을 통해 실질임금이 증가하는 전체 과정과 자본의 확대과정을 제시하면서, 맑스의 재생산이론과 자본축적이론에 근거하여 자본주의에서의 재생산 가능성이 명백한 한계를 지닌다고 결론지웠다.

"실질임금의 상승은 일정한 지점에서 멈추게 되며, 일시적인 불황 이후에는 급격히 하락하게 된다. 그래서 자본주의적 생산양식이 진행되면서 증대되는 노동강도로 인하여, 노동력의 단순재생산을 위한 생활필수품의 양이 점차 늘어야 할 필요가 있기 때문에, 임금 상승의 정지상태(그리고 점점 더 하락시키는 것)는 노동력의 가치 이하로 임금을 하락시키는 것을 의미한다. 그래서 노동력을 완전한 규모로 재생산해 낼 수 없게 된다. 그런데 이것은 노동자계급의 사회적 궁핍뿐만 아니라 물리적

53) Ibid., S.593~594.

인(육체적인) 궁핍까지도 심화시키며 노동자계급의 처지를 약화시키게 된다. 노동자계급의 궁핍화는, 카우츠키와 로자 룩셈부르크가 맑스의 임금이론을 해석하듯이, 단지 노동운동의 과거에만 속하는 현상은 아닌 것이다. 궁핍화는 어떠한 노동조직(노동조합)도 없는 자본주의의 등장기에만 나타나는 것이 아니다. 오히려 궁핍화는 자본축적의 후기 국면의 결과일 수 있으며 또 그럴 수밖에 없다.

궁핍화는 발전의 필연적인 종국점인데, 자본주의적 축적은 불가피하게 그 지점으로 나아가지 않을 수 없으며, 결코 강력한 노동조합적 저항행동이 가능하지 않은 자본주의적 생산양식의 토대 위에서 그것을 유지시켜 나가는 것이다. 여기에서 노동조합적 행동의 객관적 한계가 주어진다. 축적의 어떤 점에서는 주어진 임금 크기로 축적을 계속 진행시키기에는 현존하는 잉여가치가 충분하지 않을 수가 있다. 그렇게 되면 지금까지의 임금 크기가 지금까지의 수준 이하로 떨어지든가 그렇지 않다면 축적이 정지상태에 도달해야 하기 때문에 자본주의적 메커니즘이 파괴되어 버린다. 그래서 자본과 노동 간의 내적인 대립이 첨예하게 전개되면 이것은 양자의 투쟁을 통해서만 해결될 수 있는 지점까지 진행될 수밖에 없게 된다."[54]

그로스만은 또한 자본주의 발전에서의 이윤율 문제에서—이러한 문제를 고유한 기반에서 해결하려는 것이 자본주의, 공황, 나아가 자본주의의 무능함에 관한 맑스적 분석의 시금석을 이루는 것이다—다른 모든 사람들보다 올바르게 이러한 문제의 의미와 가능한 해결책을 파악했다. "자본주의의 붕괴"라는 문제는 무엇보다도 우선적으로 자본축적, 확대재생산, 임금문제, 공황과 그 결과들에 결부되어 있다.

이러한 발전이 어떤 특정한 도식에 따라 단선적으로 진행되지 않는다는 것은 맑스, 바우어 및 다른 이들에 의해 충분히 밝혀졌다. 맑스가 그것을 알았지만, 그로스만 역시 너무나 잘 알고 있었다. 한 체제가 어떻게 가능

---

54) Ibid., S.598~599.

하는지를 인식하기 위해서는 상이한 반대경향을 고려하지 않고 우선 그 내적인 합법칙성을 자유롭게 놓아두어야 한다.

그로스만은 다른 한편으로 이러한 문제를 결코 도식적으로 파악하지 않는다는 것을 보여 주기 위해서 반대경향을 분석하는 데 한 장 전체를 할애하고 있다.55)

그로스만에 대한 비판, 즉 그로스만이 전체 문제들을 도식적으로 파악했으며 그가 자본주의의 붕괴를 숙명론적으로 이해하여, 진보적인 세력들의 투쟁의 성장을 가로막았다고 비난을 퍼붓는 E. 바르가의 비판은 전적으로 타당하지는 않은 것이다. 그러나 자본주의가 그 근본문제—재생산 또는 자본축적이 계속적으로 반복되는 가운데 자본주의가 단단한 벽에 부딪치게 되는 것—를 해결할 수 없다는 그로스만의 주장은 그 자체 하나의 의문을 남긴다. 이와 다른 의문은 그로스만이 어느 정도로 상이한 대립적인 경향들의 작용과 자본주의를 극복하기 위한 계급투쟁의 의미를 간과하고 있는가 하는 점이다. 이러한 의문에 대한 대답으로는 그의 결론을 자세하게 살펴보는 것이 좋을 것이다.

---

55) 생산제력의 발전, 자본 회전의 단축, 보다 낮은 자본의 유기적 구성도와 함께 새로운 생산영역의 발생 등의 결과로, 상응하는 이윤율 이외에도 그로스만이 제기한 것처럼 위기와 전쟁도 붕괴 경향성을 마비시키는 자본주의 체제의 기변(氣辨, Ventile)일 수 있다. "카우츠키가 '세계전쟁의 대재난이 틀림없이 자본주의의 붕괴를 야기할' 것이라고 생각하고, 또한 그가—자본주의의 붕괴가 실현되지 않고, 자본주의가 '전쟁의 시련을 극복했기 때문'에—붕괴의 가능성과 필연성을 부정했다면, 이러한 생각은 오류이다. 왜냐하면 여기서 개진된 맑스의 축적이론에서부터 아래의 사실이 추론되기 때문이다. 즉 전쟁과, 이에 연관된 자본하락은 붕괴경향성을 약화시키고, 자본축적이 새로운 자극을 주었고 또한 주어야 하기 때문이다. 그러나 룩셈부르크의 파악—'군사주의는 잉여가치의 실현을 위해 일차적인 수단으로서, 다시 말해 축적의 영역으로서의 자본에 대해 순수 경제적으로 현상한다.'—도 마찬가지로 오류이다."(ibid., S.370~371).

"이러한 파악과 달리 우리는 자본주의의 붕괴가 주어진 전제들 하에서 객관적으로 필연적이고 그것의 출현 시점에 관해 정확하게 계산할 수 있다 하더라도, 그럼에도 불구하고 그것이 기대되는 시점에서 그 자체로 자동적으로는 일어나지 않는다. 그래서 단순히 수동적으로 기다리기만 할 수는 없다. 오히려 그러한 붕괴는 관찰되는 양 계급의 의식적 행위에 의해 이루어지며 어떤 한계 내에서 영향을 미칠 수 있는 것이다. 이른바 이러한 몰락이 예기된다고 하는 전제들 자체가 변화되기 때문에 당연하게 자본축적의 진행과 그 결과 역시 변형된다. 이것이 어떤 과계에서 자본축적의 결과로 우리에게 이미 알려진 가치정식 상의 결함이 나타나게 되면, 노동자계급에 대한 자본가계급의 압력의 정도가 더욱 강화된다. 그래서 자본가계급에게는 임금을 낮추고 따라서 잉여가치율은 상승시킬 수 있게 된다면(우리가 앞에서 보았듯이 임금에 대한 그러한 압력은 단지 특정하게 좁은 한계 내에서만 가능한 것이다. a, a, O., S.189), 그것을 통해 노동자계급을 희생시켜 자본주의 체제의 존립을 연장시킬 수 있게 될 것이고 붕괴 경향의 확대가 연기되고 그리하여 체제의 종말이 보다 먼 미래로 멀어지게 된다. 따라서 노동에 대한 강화된 착취도가 자본주의 체제와 그것의 가치증식의 잠정적인 안전판인 것이다. 반대로 노동자계급이 임금인상을 위한 싸움에 뛰어들게 되면 노동자계급의 저항이 사용자계급의 압력을 상쇄하거나 그것을 넘어설 수 있게 된다. 그것에 의해 잉여가치율이 줄어들고 그리하여 체제의 가속화된 붕괴가 진행될 수밖에 없다. ……따라서 객관적인 근거에서 도출되는 필연적인 붕괴의 사상이 계급투쟁과 모순된 것이 아니며, 오히려 그것이 객관적으로 주어진 필연성에도 불구하고 투쟁하는 계급의 생동적인 세력에 의해 더욱 강하게 붕괴될 수 있으며, 그 계급의 능동적인 공격을 위한 어떤 활동의 여지가 주어지게 된다."[56]

그로스만은 이러한 근본적인 문제틀에 대한 자세한 분석에서, 비록 자

56) 그로스만, ibid., S.601~602.

본주의적 국가가 이미 고전적 자본주의가 해결할 수 없었던 몇 가지 문제점들을 개념적으로는 해결할 수 있다고는 하지만, 자본주의적 발전에 있어서 국가의 두드러지게 중요한 역할을 무시했다. 국가주의적 경향이 거대한 위기(공황) 이후에야 나타나고, 그것이 또한 이러한 저작의 출판 이후에야 주목을 받게 되었다 하더라도, 그로스만은 이러한 전체 문제틀을 오스트리아 맑스주의자들과 다른 사회민주주의적 이론가들과의 논쟁에서 인식하게 되었다.

그는 예컨대 가치와 화폐 이론을 이해하지 못한 힐퍼딩(그것은 이미 그의 주저에서 나타나는데)을 비판했고, 맑스의 축적이론과 붕괴이론의 필연성을 포기하는 그의 견해를 비판했다. 그로스만은 "일반 카르텔"에 의해 규제되는 자본주의에 관한 힐퍼딩의 생각(또 카우츠키, 바우어, 렌너 등에 대변되기도 하는 관점)을 받아들이지 않았다.

"그와 같은 근거에서 힐퍼딩은 그의 일반 카르텔의 본질적인 존재조건에 관해서도 불분명할 수밖에 없었는데, 이것은 자본주의 사회는 통제될 수 있다는 생각에 대해서도 유효한 것이다. 왜냐하면 '통제된' 경제가 중요한 문제가 되거나, 그렇지 않으면 그것이 자본주의적 경제이기를 멈추거나 하는 두 가지 중에서 단 하나만이 가능하기 때문이다. 그러나 경제가 자본주의적이라면 그것은 '통제될' 수 없는 것이 아닌가! 자본주의적 생산양식에 관해 언급하면서도 힐퍼딩이 교환을 전적으로 소멸시킨다면 그것은 풀리지 않는 논리적 모순이며, 형용모순(contradctio in adjecto)인 것이다."[57]

이러한 사고는 자본주의뿐만 아니라 사회주의의 현재의 과정과 관련해

57) Ibid., S.609~610.

서 볼 때에도 극히 중요하다. 왜냐하면 국가 자체에 의해서 일반 카르텔에 제한을 가하는 완전하게 통제되는 계획경제는 필수적으로 상품생산, 교환, 상품 구매를 지양해 버리기 때문이다. 이에 따라 그로스만은 이것이 임금노동의 지양을 의미하며, 이것은 더 이상 또다시 자본주의적 생산의 모습(像)을 보여줄 수 없는 것이라고 결론을 내렸다.

전반적인 통제기능을 몇 가지 심급에 집중시키는 것은 어떤 측면에서든 극단적인 결론이며, 그것은 고전적 자본주의의 지양을, 또한 자본 소유자인 자본가들의 폐지를 의미하는 것이다. 또한 사적 자본과 경제적 정치적 생활에서의 국가의 개입이 나란히 존재하는 데서 국가 자본주의가 더 이상 존재할 수 없게 된다. 이른바 노동자계급이 그들의 노동의 산물들로부터 완전히 분리되어 있다면, 이러한 사회질서는 사회주의적인 사회-경제적 관계일 수 없을 것이다. 그로스만의 의견에 따르면, 그렇게 극복된 자본주의적 생산의 자리에—"중세에서와 같은—개방된 지배관계가 등장하든가, 아니면 사회주의적 공동체가 등장할 수 있다. 그 어떤 경우에도 자본주의적인, 자유로운 임노동에 근거하고 시장에 내다팔기 위해 노동하는 생산양식, 상품생산은 소멸된다."[58]

이 모든 것은 우리가 맑스주의와 근대적 운동에 관한 맑스주의적 분석의 계속되는 진전 속에서 만나게 되는 문제들이며 여전히 연구되어야 할

58) Ibid., S.611. 30년대에 나탈리 모츠코프스카(Natalie Moszkowska, 1906년 출생)도 이러한 이론적 대결에 적극적으로 참여했다. 그는 그의 저작 『맑스의 체계, 그 완성에 대한 기여』(*Das Marxsche System. Ein Beitrag zu dessen Ausbau,* 베를린, 1929), 『근대 위기이론의 비판』(*Zur Kritik moderner Krisentheorien,* 프라하, 1935), 『후기 자본주의의 역동성』(*Zur Dynamik des Spätkapitalismus,* 취리히, 1934)에서 특히 군비정책의 중요성을 자본주의 내의 영구적인 경기침체의 경향을 극복하기 위한 시도로서 강조했다.

것들이다.

**막스 라파엘**(Max Raphael, 1889~1952)

막스 라파엘은 그 당시에 맑스주의적 인식론을 보다 넓은 토대에서 정초하려는 흥미있는 탐구에 착수했다.[59] 라파엘의 근본경향은 정신적인 산물들을 합리적인 것도 비합리적인 것도 아닌 인간적 능력 전체로 파악되는 복합적인 것으로 보고, 그 산물이 특수한 것이라고 하더라도 보편적인 합법칙성 하에 놓여 있다고 보고 있다. 그래서 라파엘은 그의 이론적 연구를 다음과 같이 시작하고 있다.

“맑스주의에서 인식론은 인간 지성이 개념상으로 세계와 대결하게 되는 그러한 좁은 영역에 관한 이론에 그치지 않고 감각적 지각과 이성을 그 영역 안에 포함하는 육체적 행위에 대한 이론이기도 하다. 인간 정신의 모든 능력에 대한 그러한 통일은 방법, 즉 그 활동이 이루어지는 과정에도 해당될 수 있다. 이러한 방법의 동일한 법칙성은 인간이 그 외부의 사물들에 반응하는지, 또는 그의 신체 내부의 경과에 반응하는지 하는 것으로부터 주어지는 차이에도 불구하고 타당한 것이다. 나아가 그 법칙성을 하나의 특정한 표현영역(예컨대 예술, 도덕, 종교)을 개별적 능력에 부가하거나 그것들 사이에 완전한 이원론(예컨대 이론과 실천 사이, 학적 개념과 예술적 형식 사이 등)을 설정할 수 없도록 한다.”[60]

---

59) 막스 라파엘의 이론적 관심은 매우 폭넓다. 그는 예술사, 철학, 자연과학을 공부했다. 히틀러 통치 기간에 그는 프랑스에서 그리고 그 후에는 미국에서 거주했다. 프랑스에서 그는 예술사회학적 연구인 『프루동, 맑스, 피카소. 예술사회학에 관한 세 개의 논문』(*Proudhon, Marx, Picasso, Trois essais sur la sociologie de l'art*, 1933)과 1934년에 그의 이론적인 저작 『구체적 변증법의 인식론』(*Zur Erkenntnistheorie der konkreten Dialektik*)—이 저작은 후에 그가 확대 개정했다.—을 출간했다.

비록 인간 정신의 각각의 상이한 능력이 각각의 상이한 기능을 수행한다고 하더라도, 특수한 영역에 관한 이론은 인간적-정신적인 상호작용의 모든 종류에 대해서 유효한 보편적 방법의 구체적 형식일 뿐이다. 이제 라파엘은 이러한 보편적인 변증법적 방법을 연구하기 위한 과제를 설정한다. 그는 맑스주의적 변증법의 모든 원리들에 관한 그의 분석에 몰두하는데, 특히 레닌의 『철학노트』로부터 레닌의 연구, 사상, 주석들에 주목한다.[61]

창조적 과정을 이루는 데 관여하는 개별적 인간의 능력과 속성들에 관한 분석을 시도한 것은 라파엘의 노력 가운데서 이론적으로 중요한 의미를 지닌다.

"인식에 대한 맑스주의적인 분석은 결코 세계와 대결하는 가운데 획득되는 특정한 능력, 예컨대 감각이나 개념이라는 완결된 결과에서 출발하지 않고 오직 감각과 개념의 형성으로 이끄는 과정에서 출발한다."[62]

라파엘은 다른 측면에서 완전히 맑스주의의 정신에 입각하여 실천의 계기를, 대상적-육체적 작용을 전체 과정의 토대이자 출발점으로 이해했다.[63] 그래서 그는 무엇보다도 이러한 대상적-육체적 작용에 관한 분석에 주목

60) 막스 라파엘, 『구체적 변증법의 인식론』, 파리, 1934, S.5.
61) 참조 ibid., S.23~50.
62) Ibid., S.38~39.
63) 따라서 라파엘이 제3부 서두에서 레닌의 입장—"생생한 직관에서 추상적 사유로, 추상적 사유에서 실천으로"라는—을 아래와 같은 사소한 교정을 곁들여 자기 입장으로 선지한다고 강조했다면 그것은 전적으로 옳다. "우리는 '생생한 직관' 앞에—포이어바흐에 대한 테제에서 맑스의 요청에 조응하여—대상적 육체적 행위를 설정한다. 이 행위는 실천으로서, 추상적 사유의 귀결이 아니라—역사적, 인식론적으로—그 본질적인 전제들 가운데 하나이다."(ibid., S.200~201).

하고, 육체적(감각적) 지각이 비록 더 이상 어떤 커다란 역할을 하지 못한다 하더라도 사고의 가장 추상적인 결과들에서도 보존된 채로 남아 있다고 지적한다.[64] 라파엘은 근원적인 예술의 발전에서 욕구의 발전에 따른 도구의 발전에 의해서 대상적-육체적 행위의 의미와 그런 행위의 가능성이 확대된다고 밝혔다.

계속되는 분석은 감각적 체험, 감각적 지각들에 관한 것이다. 지각의 과정은 수용, 가공, 외화·표현의 세 단계로 이루어진다. 라파엘에게는 감각적 지각이 즉자적 세계와 대립되는가 하는 점은 중요하지 않은데, 왜냐하면 이러한 "즉자적 세계"는 항상 인간적 실천에 의해 변형되기 때문이다.

"내용상 감각적 체험에 있어서 '영원하게 직접적으로 주어진 것'인 '즉자적 세계'란 없으며, 단지 육체적 행위에 의해 건설된 역사적 세계가 있을 뿐이다. 그러나 이로부터 두 번째(인식을 산출하는) 과정을 통해서 의식에 육체적 활동성을 제공하는 형식은 분리되어야 하고, 그리하여 감각적 인식이 역사적 세계의 새로운 국면들을 만들어 낼 수 있다."[65]

감각적 수용의 과정에서는 본질적으로 상이한 두 가지 요소가 작용하는데, 이른바 특수한 기능이 부여된 감각으로 전체 유기체와 개별적 유기체 간의 분리할 수 없는 통일은 "그 속에서 다수의 것과 유일한 것, 모호한 것과 특정한 것, 전체와 부분이 그것들의 가능한 한 거대한(상호) 침투에

64) "그래서 예를 들어 추상적, 정신적 실재에 대한 독일의 의미는 손의 물리적 조작에 관한 개념으로 나타난다. 또는 헤브라이적인 의미에서 '인식'은 '아내를 사랑함'과 동일한 의미이며, 프랑스어에서는 '파악하다'(-saisir), '개념'(이해, conception)은 비록 육체적 의미가 근원적이긴 하지만, 육체적일 뿐 아니라 정신적 의미를 갖는다."(ibid., S.58~59).
65) Ibid., S.69.

기초하여 그것들의 연관 필연성을 발견하는"[66], 그런 구체적인 결과를 산출하는 것이 가공의 과제이다. 또한 가공 과정은 그 구조를 볼 때 변증법적이다. 즉 각각의 구체적 계기는 전체의 무규정성을 부정하고, 전체는 다시 한 부분의 구체적인 것을 부정하며, 그것은 하나의 다른 구체적 부분에 의해 부정될 수 있다. 가공의 변증법은 어떤 의미에서 주체와 객체의 종합이다. 주체와 객체는 상이한 것의 통일이고 비록 양자가 그(통일의) 형성에 참여하지만 그 의미가 동일한 것은 아니다. 이러한 과정은 결코 객관적인 차이(성)과 주관적인 차이 간의 일치, 통일이 아니라, 하나의 상호 침투이다. 형식의 성질들(Formqualitäten)은 이러한 침투 이후에야 감각의 성질들(Empfindungsqualitäten)의 내용에 대한 '형식'이 된다.

라파엘은 이로부터 경험영역 자체 내에서 형식-내용 관계가 실현되며, 그 관계는 적어도 이것의 출발에서 그 어떤 도움도 필요로 하지 않는다고 결론내렸다.

"단지 객관적인 데 그치는 인식론이나 주관적일 뿐인 인식론 그 어느 것도 범주 문제를 풀 수 없는데, 양자는 그 범주가 하나의 고정된 정적 형식임을 암묵적으로 전제하고 있기 때문이다. 그러나 사실상 그것은 첫 번째로 역사적 발전의 결과이다(그리고 이러한 관점에서 그것이 개별적인 인식행위에 대하여 상대적으로 일정하긴 하지만, 주체의 형식과 마찬가지로 추상적인 객체의 형식에 지나지 않는다). 그렇지만 두 번째로 그것은 개별적인 인식행위에 끼어 들어가서야 그 결과로 그것의 완전한 구체성을 얻는다. 구체적 범주—그러한 범주는 맑스주의에서만 있을 수 있는데—는 두 가지를 상호 포괄하는 과정, 즉 역사적 사회적 사고행위와 개별적인 사고행위의 결과이다. 첫 번째 사고행위는 그러한 구체화된 범주가 항상 되풀이해서 일

66) Ibid., S.71.

치하지 않는(disparat) 요소들로 분열되고 어떤 '선험성'을 가지고 있는 사고행위에 대립되게 한다. 이러한 사고행위는 항상 그것의 종합과 구체성을 되풀이해서 산출하고, 범주의 상대적 후험성(後驗性, Aposteriorität)을 보여준다. 이 과정에서 범주는 내용에서, 그리고 내용과 함께 발전되며, 내용은 범주에서 그리고 범주와 함께 발전된다."67)

마지막으로 이런 과정의 세 번째 계기인 외화는 경험 과정이 표현운동(Ausdrucksbewegung)의 동력적 행위에 의해 새로운 것을 의식 외부의 영역에 나타내기 위하여 애쓰는 것이다. 합리적인 사고는 정신적 잠재력의 그 이상의 단계로 분석된다. 그것은 육체적 행위와 감각적 경험의 종합으로서, 라파엘이 감각적 경험을 세 단계로 나눈 것과 마찬가지로 수용, 가공, 표현의 단계로 구분된다. 따라서 그는 이 과정이 직접적인 것이 아니라 육체와 감각을 거쳐 나오는 것으로 설명했고, 역사적으로 외적 세계와의 관계 속에서 발전하고 따라서 상대적인 항상성에 도달했던 이성의 구조를 밝혔는데 ;

"(이성은) 오늘날 개별적인 인식 행위에 대해 (그것이) 선험적인 소여라는 가상

67) Ibid., S.74~75. 범주 문제와 관련하여 다른 구절에서 라파엘은 무력한 아포리즘과 평범한 상대주의적 경험주의를 비난하면서, 범주에 대한 엥겔스의 견해에 몇 가지 흥미있는 평을 객관적으로(물物 안에서) 주관적으로(인간의식에서 반영) 한다. "1. 인간 의식은 객관적 존재 자체이며 따라서 그 발전 과정 속에서 범주들을 형성할 수 있다. 사실 이 범주들은 다른 객체들에 의해 제약되어 있지만, 그러나 현상형식 안에서 나타난다. 범주들은 오로지 의식의 물적 특성을 근거로 해서만 이 현상형식의 모습을 취할 수 있다. 2. '모사'는 하나가 아니라 다수의 인식기능들 속에서 주체 안에서 수행된다. 모든 모사들은 주관적 범주인가 아니면 범주가 이 모든 모사들의 교점(交點)에 불과한가? 바꾸어 말하면 부분적인 모사는 필연적으로 객관적 범주의 불완전한 모사에 불과한가, 모든 주관적 모사들의 총체성이야말로 객관적 범주에 대한 최대의 접근을 보증하는가?"(ibid., S.212).

을 일으킨다. 그러나 사실상—바로 자연과학의 최근의 역사가 보여주듯이—합리적 사고의 역사적인 발전과정이 아직 완결된 것은 아니다. 왜냐하면 그것의 감각으로부터의 분리는 이성으로부터의 분리와 마찬가지로 전적으로 결정적인 진보를 가져오기 때문이다."68)

그는 가공 단계를 세 계기 속에서, 즉 대상영역의 세분화(구별행위), 존재와 합리적 사고의 상호 침투의 방법, 이론과 해당 영역의 통합으로 연구한다.

라파엘은 관념론과는 달리 영역을 선험적으로 연역되는 형식적 세계로 구분하지 않는다. 그는 이러한 영역들(학문 체계)의 역사적 발전이 항상 경제적으로 제약되기 때문에, 생산과 육체적 행위, 또 경제의 역사와 행위의 역사가 동일하고, 물질의 변증법 · 합리적 사고의 변증법·구별과 통합 간의 대립에 의해 제약됨을 강조한다.

라파엘은 두 번째 단계에서 개별 과학의 방법들과 방법의 구성단계(관념적 대상의 구성, 법칙들의 귀납, 이론상의 모사와 이론으로부터의 연역)를 연구한다. 그리고 라파엘은 마지막으로 세 번째 단계, 통합의 단계와 관련하여 다음과 같이 설명한다.

"맑스주의는 모든 체계 형성의 역사적 성격을 강조하며 설명한다. 오늘날의 상황으로부터 자본주의의 지배 하에서 과장된 자연과학과 사회과학, 또는 존재과학과 역사과학의 대립적 성격을 지양하고, 하나의 동일한 영역에서의 방법상의 이원론에 대해 폭넓은 변증법적 통일은 산출해야 하는 과제가 주어진다. 두 과제는 서로 연관된 것이다. 그 해결책이 어떻게 이루어질 것인가 하는 것은 물론 경험적-역사적

68) Ibid., S.104.

질문이지만, 몇 가지 보편적인 언급들이 취급될 수는 있다."[69]

(기술, 실험, 산업에서의) 외화 과정은 사고와 존재의 통일, 즉 인간은 그 자신의 표상에 따라 육체의 형상화로 지향을 표현하고, 동시에 그것은 이러한(인식) 과정에서 육체를 올바르게 기능하게 할 뿐만 아니라, 그것을 넘어서 세계를 변화시킬 수 있도록 하는 것에 대한 근거를 제시한다.

모든 인식능력의 총화가 존재로 하여금 비로소 가능한 한 최대로 사고에 가까워지도록 한다.

"육체, 감각, 오성의 세 가지 인식능력은 하나의 변증법적 연관을 이룬다. 이 연관은 외부 세계의 압력 하에서 역사적으로 형성되고 상이한 수단들로 동등한 과제를 수행하는 데서 표현된다. 그 과제는 영향을 미치는 외부 세계를 이론적으로 제압하고 실천적으로 지배하는 것이며, 나아가 외부 세계로부터 분리되어 그리고 계속적인 상호작용으로 보다 높은 통일을 발전시켜 나가는 것이다. 이로부터 이성이 오성과 대립되기만 하는 것이 아니라, 세 가지의 첫 번째 인식능력의 전체 방향, 즉 영향을 미치는 세계를 그 모든 개별적인 경우에 실천적이고 이론적인 인식에 의하여 구체적으로 지배해야 하는 과제가 도출될 것이다."[70]

마지막 인식능력인 이성은 세계의 정복되지 않는 총체성에 대한 그 관계에서 그것의 고유한 원천으로부터 원시적인 마술로부터 현대의 철학적 노력에 이르기까지의 이 세계에 관한 모든 이론을 발전시킬 권리를 갖는다.

라파엘의 의도는 보다 넓은 토대에 근거하고 있기 때문에, 서로 다른

69) Ibid., S.135.
70) Ibid., S.144.

인식의 종류들에 관한 인식과정의 분석을 중시하는 데 그치지 않고, 동시에 정신적 창조물에 관한 전체 이론의 틀을 작성하는 것을 중요시한다. 나아가 그는 이런 문제에 관한 대부분의 분석에서 나타나고 있는 단순한 사회학주의를 피하기 위하여, "모사"(반영)의 문제, 어떤 것을 해석하는 메커니즘(기제), 정신적 생산과 물질적 생산의 관계 및 토대와 상부구조의 관계의 성격 등에 몰두한다.

그는 이러한 계기들이 인식론의 초안을 잡기 위한 틀을 형성해야 하는 "맑스주의적 문화이론"의 근본적인 문제틀을 이룬다고 확신하고 다음과 같이 강조한다.

"a) 개별적인 문화영역들은 노동분업에 의해 형성된다. 즉 그 영역들은 인간 자신이 만든 구체적 역사 속에서의 정신적 과정이다. 그와 같은 영역들은 상대적 자립성, 상대적으로 고유한 각자의 가치를 갖고 있다. 그와 함께 그 영역들은 물질적 생산에 의존하는 그것들의 역사에 대해 영역적 조건들(Gebietsbedingungen)을 포함한다. 경제는 그 자체로 직접적으로 산출되는 것이 아니라, 오직 개별적 영역에 지정된 조건들 속에서만 변경, 형성된다.

b) 물질적 생산은 정신적 생산의 우선적인 토대이지만, 유일한 토대는 아니다. 우리는 이러한 관계를 일방적으로 원인과 결과의 관계로서가 아니라 오로지 상호작용으로 보아야 한다. 왜냐하면 물질적 생산의 발전은 인간의 전체 정신적 반응을 포함하며, 이것에 의해 함께 제약을 받기 때문이다.

c) 물질적 생산과 정신적 생산 간의 관계는 직접적인 것이 아니라 매개적인 것이다. 그래서 예컨대 맑스가 지적했듯이, 그리스 예술은 그 토대와 직접적으로 연관을 갖는 것이 아니라, 그리스 신화라는 매개에 의해서만 연관을 갖는다.

d) 매개항의 수가 많으면 많을수록 정신적 생산의 자유의 정도는, 자율적으로 되지는 않는다 해도, 보다 증가한다. 달리 표현하자면 개별적인 이데올로기들은 경제

와 그렇게 밀접하게 연관을 맺고 있는 것은 아니다.

e) 개별적인 이데올로기들은 서로 상호작용하며, 그것이 어떠한 설명이 아니라 넌센스가 될 만큼 그렇게 많은 우회로에서만 그 근원적인 물질적 토대에로 환원되는 사실들을 산출한다(엥겔스).

f) 같은 시대의 경제의 역사와 이데올로기의 역사는 서로 일치하지 않을 수 있다. 그래서 예컨대 매우 발전되지 않은 경제가 매우 발전된 예술과 결합될 수도 있다(맑스).

g) 경제에의 의존성 속에서 이데올로기들은 상대적으로 자립적인 역사적 영향을 전개시킨다. 이러한 영향은 반드시 경제가 발전해 나가는 방향에 따르도록 요구되는 것은 아니고, 적어도 상당 시간 동안에는 그것과는 반대 방향으로 나아가기도 한다. 이데올로기의 반작용이 본래 그것의 토대를 이루는 경제적 영향보다 강할 수도 있다."[71]

비록 라파엘의 연구들이 근본적으로 단편적이고 추상적이며, 그의 방식(구체적이지만 항상 통일적으로 주어지는 개별적 능력을 나누어서 분석한 점)이 어쩔 수 없이 일면성을 띠고 있긴 하지만, 그럼에도 불구하고 그의 시도는 상당한 독창성을 지니고 있으며, 지금까지의 맑스주의에서는 이론적으로 다루어지지 않았던 문제들을 제시하고 있다.

그는 맑스주의적 인식론에 대한 고찰과 동시에 정신적 산물에 관한 이론을 제시하면서, 그 이론으로부터 문화이론에 관한 개념들을 발전시켜 나갔는데, 그것 자체는 중요한 맑스주의자들에게서 그 단서들이 주어져 있던 것들이었다. 그래서 라파엘은 예컨대 아득한 옛 시기의 정신적 분위기를 보다 잘 이해할 수 있기 위해서 선사시대의 동굴화, 도자기 및 고대 이집트 문명에 대한 흥미로운 연구를 수행했다. 그는 이른바 감각 경험

71) Ibid., S.262~263.

(Empfindung)에 관한 분석뿐만 아니라—예술가에게서 그의 미학적 인지의 응결에 이바지하는 출발점인—시대, 계급, 계층의 심리학도 필요하다는 관점을 취했다.72)

## 사회연구잡지 그룹

사회적 문제들을 맑스주의적으로 혹은 맑스주의에 가까운 입장에서 반성하고 연구한 가장 중요한 중심 그룹은 프랑크푸르트의 사회연구소였다. 1924년 칼 그륀베르크(Carl Grünberg)—이 사람은 유명한 정치학자였으며, 사회주의와 노동운동의 문제에 대해 최고의 간행물의 하나인 『사회주의와 노동운동의 역사 문집』(*Archiv für die Geschichte des Sozialismus und der Arbeiterbewegung*), 1910~1930을 발간했다.—그에 의해 창립된 사회연구소에 이미 당시 맑스주의 이론과 사회주의 이론 및 과학의 유명한 대표자들이던 많은 협력자가 모여 있었다.

30년대 초 사회연구소 주변에는—호르크하이머(M. Horkheimer)의 지도 아래—학문적 협력자와 이론가 그룹들이 모여들었다. 이들은 주로 부르주아적 학자로서 출발하지만 그 후 점차 부르주아적 지평을 극복하고 맑스주의적 관점에서 관념론적 철학과 사회 이론의 난제를 해결하려고 시도했다.

인터내셔널의 세계 문헌들을 끊임없이 비판적으로 수용하면서—특히 역

---

72) 『선사시대의 동굴벽화』(*Prehistoric cave Painting*, 뉴욕, 1945)와 『이집트의 선사시대의 도기제조와 문명』(*Prehistoric Pottery and Civilization in Egypt*, 뉴욕, 1947). 이 출간된 저작 이외에도 라파엘은 초고 형태로 몇 가지 저작들을 유고로 남겨놓았다. 이 가운데 예술작품의 관찰, 그리스 예술에 있어 고전적인 인간, 구석기시대의 수렵문화, 제4기(紀) 예술의 초상화법 등에 대한 것들이 있다.

사와 인간의 문제를 고려하면서—이들의 크고 작은 연구들은 1932년 이후부터 라이프치히에서 창립된 『사회연구잡지』에 출간되기 시작했다. 파시즘이 승리를 거둔 후 거의 모든 협력자들은 망명을 했다. 그래서 연구지(誌)는 파리에서 출간되었다. 그러나 야만적 파시즘의 발흥은 이들의 풍부한 노력들을 끝장내 버렸다.

이 서클에서 가장 중요하고 명민한 인물은 막스 호르크하이머였다. 중요한 협력가들로는—이들은 성공적으로 맑스주의적 관점에서 역사의 다층적인 문제를 연구했는데—마르쿠제(H. Marcuse), 아도르노(Th. W. Adorno), 그로스만(H. Grossmann), 폴로크(F. Pollock), 프롬(E. Fromm), 란다우어(G. Landauer), 비트포겔(K. A. Wittfogel), 게하르트 마이어(Gerhard Mayer) 등을 꼽을 수 있다.

부르주아적, 사회주의적, 맑스주의적 사상의 모든 학문적 문제들에 대해 이들이 취한 (학문적) 개방성은 이들의 독특한 특징으로 여겨질 수 있다. 이 개방성으로 인해 이들은 극단적인 권위에서 자유롭게 해방되어 폐쇄적인 스탈린주의적 맑스주의에는 금기로 되어 있던 상이한 영역들에 몰두할 수 있었다. 이 서클의 가장 중요한 특성과 위대한 점은 바로 모든 비맑스주의적인 것에 대한 부정이라기보다는 개별적인 이론들이 갖는 일면성과 불충분함의 원인들을 인식하고, 그러한 시도들의 긍정적인 결과들을 보다 심오한 (세계와 인간에 대한) 맑스주의적 견해의 발전을 위해 적용한 점이다.

그들의 작업을 통해 이 그룹(특히 호르크하이머)은 현대의 관념론과 실증주의, 그리고 실용주의와 속류 맑스주의를 반박하고 자신들의 맑스주의적 견해[73]를 그것들과 구분하고자 했다. 동시에 이들은 사회이론 속에서 새

로운 유물론의 주요 장점들을 인식했다.74)

이론운동과 현대 학문의 위기는 사회와 그 모순들에 관한 분석을 통해서만 이해될 수 있다. "학문의 위기에 대한(개념적) 파악은 오늘날의 사회적 상황에 대한 올바른 이론에 달려 있다. 왜냐하면 사회적 기능으로서의 학문은 현재 사회의 모순들을 반영하기 때문이다."75) 이 모순들에 의해 왜 현대의 신실증주의자들이 논리학이나 언어의 논리적 문장론이라는 부분적인 문제로 도피하는지가 설명된다. 따라서 이들은 현실적인 학문에는 도달할 수 없다. 왜냐하면 이들은 "자기폐쇄적인 일정한 세계관 속에서 그 평온을 찾는 철학적 종파와 같이 처신하기 때문이다. 물론 이러한 세계관은 대부분의 종교들과 마찬가지로 그 추종자들에게는 사적 문제들에 대해 매우 상이한 태도를 가능하게 한다."76) 바로 이러한 이유 때문에 호르크하이머는 시대적인 사건에 대해 오늘날의 형이상학자들이 책임이 있다고 밝히면서 과학만능주의자들에게는 그들이 인간을 완전히 망각했다

---

73) 이들 모두는 어느 정도 이솝의 언어로 이야기했다. 그래서 이들은 자신들의 입장을 유물론, 비판이론, 사회비판이론으로 언급했다. 한 구절에서 맑스는 아래와 같이 해명했다. "우리는 여기 비판이론을 사회이론—이 사회이론은 이 잡지의 원칙적인 논문들에서 변증법적 철학과 정치경제학 비판을 근거로 기술되었다—으로 이해한다."(H. Marcuse, *Zur Kritik des hedonismus, Zeitschrift für Sozialforschung*, ZfS Jg. 7, S.73). 우리가 여기서 언급된 개별 사상가들을 기술하면서 언급하게 될 또다른 문제는 이 사상가들이 어떻게 맑스주의 철학을 개념화하고 전통적인 철학에 대립했는가 하는 것이다. "비판이론" 개념은 특수한 관점을 보유하고 있음이 드러나게 될 것이다.

74) 새로운 유물론은 낡은 유물론과 구별된다. 왜냐하면 "사회이론은 오늘날 유물론의 내용을(형성)하기 때문이다."(M. 호르크하이머, 「유물론과 형이상학」 *Materialismus und Metaphysik*, ZfS, Jg. 2, 1933, S.14).

75) M. 호르크하이머, *Bemerkungen Über Wissenschaft und Krise*, ZfS. Jg. 1, 1932, S.7.

76) M. 호르크하이머, 「최근의 공세와 형이상학」(*Der neueste Angriff auf die Metaphysik*), ZfS, Jg. 6, 1937, S.49.

고 비난했다.

합리주의와 비합리주의 간의 현대의 대결 속에서 유물론은 그 어느 편에도 설 수 없다. 왜냐하면 합리주의는 증가일로에 있는 부르주아지들을 전형적으로 표현하기 때문이다. 부르주아지들은 여전히 이성과 (이성의) 고유한 목적과 전망들을 신뢰한다. 이와는 달리 비합리주의는 부르주아지의 위기, 즉 자기 이념의 합리적 실현을 신뢰하지 못하는 데서 파생되었다. 이런 근거에서 마르쿠제는 실증주의 속에서 정확히 독일 고전철학의 최후의 타락을 보았다. 왜냐하면 일찍이 "그 [독일 철학의] 결정적인 업적은 과학적 사회이론과 정치경제학 비판에서 구성된 것이기 때문이다. 오늘날 이 철학적 유산이 폐기되어 버린 상황에서 노동자운동의 운명은 불확실하다."[77] 호르크하이머는 부르주아 철학에서 새로운 철학적 인간학을 설립하려는 시도를 자신의 논문에서 논의한다. 즉 그는 모든 인간적 특질과 특성은 지속적으로 변화한다고 지적한다. 왜냐하면 이것은 수많은 상이한 영향들을 통해 끊임없는 변화에 노출되어 있기 때문이다. 따라서 인간 존재의 기본구조로부터 모든 인간적인 것, 즉 언어, 도구, 이념, 법, 종교 등을 발전시키려는 셸러(Scheler)의 인간학적 시도는 불가능하다.

"개인과 사회, 그리고 자연 간의 관계를 유일하게 결정짓는 정식화는 존재하지 않는다. 비록 역사가 결코 통일적인 인간 본질의 전개로 간주될 수 없다 하더라도,

---

77) H. 마르쿠제, 「전체주의적 국가관에 있어서의 자유주의에 대한 투쟁」(*Der Kampf gegen den Liberalismus in der totalitären Staatsauffassung*), ZfS, Jg. 3, 1934, S.194. 이 논문에서 마르쿠제는 지적하기를, 자유주의의 파시즘 비판은 단지 부수적인 계기들, 예를 들어 국가에 대한 비판에 불과하며 자유주의의 토대, 자본주의적 사회관계는 이와는 달리 비판되지 않은 채 그대로 있다고 했다.

분명히 이 전도된 운명론적인 정식화 즉 인간과는 무관한 필연성이 사태의 진행을 지배한다는 정식은 어리석기 짝이 없다."[78]

이 문제들을 고려하는 데 있어 분석적 사회심리학의 방법과 과제들에 대한 프롬의 논문은 흥미롭다. 왜냐하면 그는 심리분석의 결과들을 인간과 역사에 대한 유물론적 해석에 적용하려고 했기 때문이다. 프롬은 아래의 견해를 대변했다. 즉 심리분석은 사회과정 속에서 결정적인 요소를 인식함으로써, 즉 인간 구조, 그 [인간] 본성의 구조를 분석함으로써 사적 유물론을 배가시킬 수 있다.[79]

"사회심리학적 제현상이란 사회경제적 상황에 대한 충동 기제의 활동적, 수동적 적응 과정으로 파악될 수 있다. 충동 기제 자체는—어떠한 토대에서도—생물학적으로 주어지지만, 그것은 광범하게 변형될 수 있다. 형성요인으로서의 역할은 일차적으로 경제적 조건에 주어진다. 여기서 가족은 가장 본질적인 매개인데, 이를 통해 경제적 상황은 개인들의 심리를 형성하는 데 영향을 미친다. 사회심리학은 경제조건이 리비도적인 욕구에 영향을 미친다는 사실을 통해 공동의—사회와 관련된—심적 태도와 이데올로기—그리고 특히 그것의 무의식적 뿌리들—를 해명할 수 있다."[80]

---

78) M. 호르크하이머, 「철학적 인간관에 관한 논평」(*Bemerkungen zur Philosophischen Anthropologie*), ZfS, Jg. 4, 1935, S.3. 이러한 숙명적인 결정론과 인간 실천의 문제를 마르쿠제는 그의 후기 저작인 『이성과 혁명』(*Reason and Revolution*, 뉴욕/런던, 1941)에서 소외문제와 연관하여 취급했다.

79) 당시 맑스주의자들 가운데서 심리분석을 평가하는 데 있어 상당한 의견의 불일치가 있었다. 예를 들어 비초프스키(B. Bichowsky), 루리아(A. Lurija), 라이히(W. Reich)가 그들의 저작 *Dialektischer Materialismus und Psychoanalyse*에서 비판적이지만 그럼에도 불구하고 심리분석의 결과들에 대해 적극적인 입장을 취한 반면, 볼로시노프(V. N. Volosinov)는 그의 저작 『프로이트주의』에서 심리분석을 동시에 부르주아 이데올로기의 계기들 가운데 하나로 설명했다. 특히 속류 사회학적 도식이 그에게서 특징적으로 나타나는데, 이 도식은 그 당시 소비에트 이데올로기에 있어 특징적이었다.

이 분석을 근거로 프롬은 분석 심리학이 사적 유물론 내부에서 일정한 자리를 가질 수 있다는 결론에 도달했다. 그 이유는 분석 심리학이 인간적인 요인—충동세계, 인간의 활동적, 수동적 역할—을 사회과정 자체 속에서 탐구하기 때문이다. "따라서 분석 심리학은 동시에 경제적 토대와 이데올로기 형성을 매개하는 결정적인 요인을 탐구한다. 이를 통해 분석적 사회심리학은 사회와 자연 간의 사이에서 행해지는 과정에서 이데올로기적 상부구조를 완전히 이해할 수 있게 된다."[81]

이미 언급한 바와 같이, 이 서클의 중요한 대변자들은 부르주아 문화와 철학 및 그 최근의 창작들에 대해 비판적이긴 했지만 어쨌든 허무주의적인 태도를 견지하지는 않았다. 이 입장은, 철학이란 사회-경제적 사건에 대한 일면적인 반사물도 아니며 또한 단순한 이데올로기도 아니라는 올바른 견해로부터 유래한 것이다.

"철학이 이데올로기를 넘어선다는 점에서, [철학을 완전히 사회적인 것으로 넘겨버리려는] 모든 시도는 좌초될 것이다. 철학과 비판이론의 대결은 철학적 개념과 문제들이 갖고 있는 진리내용에 관련된다. 비판이론은 진리가 현실적으로 철학적 제개념과 문제에 내포되어 있음을 전제한다. 이와는 달리 지식사회학의 요건은 항상 지금까지의 철학의 비진리성에만 관계할 뿐이지 진리성에는 관계하지 않았다."[82]

[비판이론의] 비판적 즉 맑스주의적 이론은 그러나 어쨌든 다음의 사실

---

80) 에리히 프롬, 「분석적 사회심리학의 방법과 과업」(*Über Methode und Aufgabe einer analytischen Sozialpsychologie*), ZfS, Jg. 1, 1932, S.39~40.

81) 프롬, ibid., S.54.

82) H. 마르쿠제, 「철학과 비판이론」, ZfS, Jg. 6, 1937, S.640.

을 전제한다. 즉 철학적 대상이 궁극적으로 고갈되어 버릴 가능성, 즉 철학이 멈추어 설 수 있는 가능성은 존재하지 않는다. "자기 자신에서, 또는 그 어떤 진리에서 안식을 찾으려고 생각하는 철학은 비판이론과는 관련이 없다."83)

마르쿠제는 쾌락주의 비판에 대한 논문에서 특정한 윤리문제에 몰두한다. 쾌락주의는 절대적이고, 그 자체 가치 있는 관심과 욕구에서 출발한다. 그러나 쾌락주의는 이러한 관심과 욕구 속에 이미 계급사회의 비진리성과 부분화의 기초가 놓여 있음을 간과해 버린다. 따라서 마르쿠제는 비도덕성의 문제를 다음의 사실에서 본다. 즉 개인적 행위란, 사회에 의해 선포된 보편성이 다른 보편성을 통해 대체되지 않더라도 이 보편성과는 갈등을 일으킬 수밖에 없다.

"비도덕적 인간은, 그가 보다 나은 참된 보편성과 결합되지 않고서도, 보편성의 법—비록 이 법은 나쁜 형식에서일지라도 사회적 삶의 유지를 보증한다.—을 위반한다. 왜냐하면 그는 거짓되고 '손상당한' 충동과 욕구의 구조 속에 살기 때문이다. 도덕은 특수 이해와 보편 이해 간의 적대관계를 표현한다. 도덕이란, 보편성이 자기 유지를 위해 삶에 반드시 필요한 요구들의 법전이다. 특수 이해가 보편성 속에서 현실적으로 지양되지 않는 한, 요구들은 외부로부터 개인에게 부과된 계명으로 나타난다. 단순한 특수 이해를 직접 만족시키는 것으로서의 쾌락은 자기 자신에 탐닉해 있고 자립화된 보편성의 이해와 충돌을 일으킨다. 고립화된 개인에 대해 보편성은 역사적인 법을 대변한다. 보편성은 결정적인 사회적 금기를 결판내 버리는 모든 쾌락을 몰아내려고 할 것을 요구한다. 보편성은 기존 질서의 토대를 뒤흔드는 욕구들의 만족을 금지한다."84)

---

83) M. 호르크하이머, 「철학과 비판이론」(*Philosophie und Kritische Theorie*) ZfS, Jg. 6, 1937, S.631.

참된 관심이건, 잘못된 관심이건 간에 이에 대한 문제에 관한 한, 마르쿠제는 개인들이—상이한 사회적, 이데올로기적 제영향 아래 있는—복합적인 사회과정 속에서 그 참된 관심을 인식하는 것은 너무도 어려운 사실임을 지적했다. 그래서 다음의 사실이 제시된다.

"즉 적대적인 노동과정에 배치되도록 교육받은 개인들은 그들의 행복에 대한 심판관이 될 수 없다. 그들은 자신의 참된 관심을 인식하는 데 방해받는다. 그래서 개인들은 자신들의 상태를 행복한 것으로 나타내고 자신들을 억압하는 체제의 외적 강제가 없다고 고백한다. 현대 국민투표의 결과는 가능한 진리와는 동떨어져 있는 인간들이 자기 자신에 반대하여 투표하는 것임을 입증한다."[85]

마르쿠제는 주장하기를 개인의 참된 관심은 그 독자적인 부분화와 불구화 및 타락에 있는 것은 아니며 또한 다른 자들도 으레 그럴 것이라고 바라는 데도 있지 않다고 했다. 오히려 현대인에게 있어 개인의 참된 관심은 자유에 대한 관심이다. 물론 이러한 관심은 그 어떤 이상적 윤리적 원칙에 대한 추상적 요구가 아니라 동시대적인 역사적 운동의 표현이다.

"개인의 참된 관심은 자유의 관심이라는 것, 현실적 개인적 자유는 현실적 보편적 자유로 나타날 수 있다는 것, 실제로 개인의 자유가 보편적 자유 일반과 함께 가능하다는 것, 그리고 행복은 결국 자유에 있다는 것—이 모든 것은 인간의 본성에 대한 철학적 인간학의 진술이 아니라 자연 자체와의 대결 속에서 인류가 투쟁해 온 역사적 상황에 대한 서술이다."[86]

---

84) 마르쿠제, 「쾌락주의 비판」, Jg. 7, 1938, S.69.
85) Ibid., S.80~81.

마르쿠제에 따르면 행복의 현실성은 자연에 대항하는 인간의 공동투쟁 속에서 수행되는 해방된 인류의 자기규정으로서 자유의 현실성을 의미한다.

호르크하이머는 이 문제를 여러 사회과학들의 예측의 문제를 고려하면서 언급한다. 여러 사회과학들에서 예측하는 것은 다른 과학들에 비해 어렵다는 견해에 대항하면서 호르크하이머는 예측은 그 대상이 인간의 자유에 종속되면 될수록 그만큼 더 쉽다고 지적했다. 왜냐하면 참된 인간의 자유는 무전제성이나 단순한 자의성과 동일시될 수 없기 때문이다. 인간의 자유는,

> "이성적인 결정을 통해 우리 인간들 내부와 외부의 자연을 지배하는 데 그 본질이 있다. 이러한 상태가 사회에 특징적인 것이 되도록 하는 것은 단순히 사회과학자들의 과제일 뿐만 아니라 진보를 향해 노력하는 인류 전반의 능력의 문제이기도 하다. 그래서 정확한 예측에 도달하려는 사회과학자들의 노력은 이성사회의 실현을 향한 정치적 노력으로 전환된다."87)

호르크하이머에게 있어 학문은 역사적 과정의 한 요소로서 이것은 오직 추상적으로만 역사적 실천에서 분리될 수 있다. 사회적 문제해결은 오로지 역사적 실천의 내부에서만 발생할 수 있다. 왜냐하면 "이론과 실천의 분리는 전체적으로 볼 때 역사적 현상이기 때문이다."88)

86) Ibid., S.81.
87) M. 호르크하이머, 「사회과학에 있어서의 예견의 문제」(*Zum Problem der Voraussage in den Sozialwissenschaften*), ZfS, Jg. 2, 1933, S.412.
88) 호르크하이머, 「과학과 위기에 관한 논평」, ZfS, Jg. 1, 1932, S.2.

이 명제는 당시 독일에서 비판적 사고의 중요한 이론을 표명했던 프랑크푸르트 학파의 가장 중요한 이론인 호르크하이머의 기본적 사유였다. 우리는 이 시기에 그의 기본이념을 서술하는 데 한정할 수밖에 없다. 왜냐하면 다른 모든 사상가들에 비해 호르크하이머는 다음에 그의 주요 저작을 다루면서 보다 상세히 언급할 기회가 있기 때문이다. 이러한 서술의 의미는 그의 지속적인 이론적 관심을 그 당시 호르크하이머의 몇 가지 개념화와 토대 및 주요 동기에서 입증하는 데 있다. 뿐만 아니라 현대 문명의 문제에 대해서 폭넓게 관여할 뿐만 아니라 그 이론적 수준에 의해서 맑스주의적 학자들로 구성된 이 프랑크푸르트 그룹들은 이 시기의 모든 다른 그룹들을 넘어서서 새로운 입장으로 나아갈 것을 밝혔다. 그러나 이에 반해서 가장 원시적 파시즘은 역사적으로 저능한 자신들의 사고관상학과 문화관상학(Denk-und Kulturphysionomie)을 제기하기 시작했다.

앞에서 언급한 이론가들 이외에도 우리는 이 시기와 이후 시기에 걸쳐 자신들의 저작을 통해 등장한 몇몇 다른 맑스주의 작가들을 열거할 수 있지만 어쨌든 이들은 앞서 언급한 이론가들만큼 독창적이지는 못했다.

먼저 비트포겔(K. A. Wittfogel)을 들 수 있을 것이다. 그는 자신의 저작 『부르주아 사회의 과학』(1922), 『부르주아 사회의 역사』(1924)에서 부르주아 사회를 해부하고 각종 모순에 대한 윤곽을 전체적으로 제시하려고 시도했다. 후에 그는 중국의 역사와 동양의 전제정치를 연구하고서 1931년에 『중국의 경제와 사회』라는 저작을 출간했다. 미국으로 이주한 후 그는 뚜렷하게 반공입장에 서게 된다. 탈하이머(A. Thalheimer)는 모스크바 대학에서 행한 그의 강연집을 엮은 『변증법적 유물론 입문』(1928)이라는 저작으로 유명해졌다. 또한 보르하르트(J. Borchard) 『사적 유물론』도 언급할 만한 가치가 있다. 자우어란트(K. Sauerland)의 저작 『변증법적 유물론』(1932)은 이미 몇 가지 교조적 입장을 대변하고, 과거 맑스주의자들에 대해 부정적인 태도를 취했다. 마지막으로 야쿠보프스키(F. Jakubowski)의 논문 『유물론적 역사관에서의 이데올로기적 상부구조』(1936)는 본질적으로 루카치와 코르쉬의 이론에 보다 철저히 연관되어 있었다. 같은 시기의 에른스트 블로흐—후에 거론되겠지만—도 꼽을 수 있다. 왜냐하면 그의 저작은 그 중요성과 더불어 현대 맑스주의의 발전 국면에 영향을 미쳤기 때문이다. 역사 편찬에서 우리는 베어(M. Beer)의 『사회주의 역사와 사회적 투쟁들』(1924)과 로젠베르크(A. Rosenberg)의 『맑스에서부터 현대에 이르기까지 볼셰비즘의 역사』(1923)를 언급할 수 있다.[89]

독일 맑스주의 발전은 파시즘의 대두를 통해 전반적으로 봉쇄당했다. 사회민주주의자나 공산주의자들은 그들의 해묵은 대결을 극복하고, 그들 공동의 적의 위협 앞에서 사회주의적 연대를 결집할 능력이 없었다.

---

89) 로젠베르크(Rosenberg)의 저작 『볼셰비즘의 역사』에서 몇몇 비판적인 구절들을 인용하는 것은 중요하다. 비록 그가 소비에트 러시아의 발전의 몇 가지 계기들에 대해 일련의 해명을 얻긴 했지만, 그럼에도 불구하고 그는 공산주의당들을 "소비에트 신화"에 예속하는 것을 날카롭게 비판했다. 소비에트 러시아의 사회주의를 주목하면서 그는 아래와 같이 확증했다. "소비에트 러시아가 현실적으로 사회주의 국가가 되기 위해서는 적어도 세 가지 전제들이 충족되어야 할 것이다. 산업은 생산자의 자유로운 자기관리 아래 놓여 있는 대공장에서 조직되어야 할 것이다. 농업도 이와 같이 조직되어야 하며, 생산은 시장이해와 상품이해가 아니라 오로지 욕구에만 순응해야 할 것이다. 세 가지 전제들 가운데 어느 것은 오늘날 소비에트 러시아에 주어져 있지 않다."(아르투르 로젠베르크, 『볼셰비즘의 역사』, 베를린, 1932, S.227). "소비에트 러시아는 오늘날 여전히 1921년과 동일한 국가유형과 사회유형에 속한다. 그것은 노동자와 농부들의 국가자본주의적 국가인데, 여기서 지배관료는 이 두 개의 기초적인 사회계급을 결집한다"(ibid., S.228). 여전히 아래의 사실이 주목되어야 한다. 즉 로젠베르크의 견해에 따르면 국가자본주의는 러시아에서 일련의 진보적인 조처—교회의 제한, 새로운 교육적 방법, 어머니와 자녀들에 대한 부양 등—를 허용하는 매우 근대적인 경제형식을 의미한다.

# 제3장
# 이탈리아와 프랑스에서의 맑스주의

## 안토니오 그람시(Antonio Gramsci, 1891~1937)

이탈리아 맑스주의는 안토니오 라브리올라(Antonio Labriola)의 사망 이후에, 그 이론적 활동성에서 볼 때 국제적인 중요성을 갖는 어떤 인물도 직접적으로 배출하지 못했다. 20세기 초엽 이탈리아는 개량주의적이긴 하지만 급진적인 사조에 서 있었다. 투라티(F. Turati), 레온네(E. Leone), 그라지아데이(A. Graziadei), 아르투로 라브리올라(Arturo Labriola), 로리아(A. Loria), 바라토노(A. Baratono), 모스카(G. Mosca), 살베미니(G. Salvemini) 등은 당시 이탈리아의 사회주의 운동[90]과 맑스주의 이론에 있어 매우 상이한 방향들의 대표자들이었다. 그러나 이론적인 저작에 있어서는 당지 엥겔스에 대한 몬돌포(R. Mondolfo)의 연구만이 특별히 언급할 가치가 있을 뿐이다.[91]

전후 상황은 많은 다른 유럽의 나라들과 마찬가지로 이탈리아에서도 혁

90) 이 시기에 대해서는 아래를 참고할 것. E. Garin, *Cronache della filosofia italiana 1900~1943,* Bari, 1955. Enzo Santarelli, *La revisione del marxismo in Italia,* Milano, 1964.
91) Rodolfo Mondolfo, *Il materialismo storico in Federico Engels,* Genua, 1921.

명적이었다. 북부 이탈리아는 1917년에 정부와 노동자계급 간의 날카로운 대결장이 되었는데, 이 대결은 투린에서 먼저 발생했다. 1920년경에 이미 첫 번째 노동자평의회가 결성되었을 뿐만 아니라 그들은 공장과 토지를 점령했었다.

그러나 이탈리아 사회주의 당은 조직적으로나 정치적으로 볼 때 이렇듯 혁명적으로 고양된 분위기와 직접적인 행동을 논리적으로 이끌어갈 만한 능력이 없었다.[92] 이 시기에 이탈리아 노동자운동을 가장 강력하게 주도했던 맑스주의는 비솔라티(Bissolati), 투라티(Turati) 등의 지도 아래 있는 수정주의자들에 대해서는 말할 것도 없고 혁명적 구호의 수준을 넘어서지 못했다.

중요하고도 걸출했던 인물 안토니오 그람시(Antonio Gramsci)는 이러한 상황에서 성장했다. 투린에서 학생이었던 그람시는 사회주의 운동에 가담했고, 곧이어 가장 중요한 좌파 대변자 가운데 한 사람이 되었다. 1919년 그는 톨리아티(P. Togliatti), 테라시니(M. Terracini), 타스코(A. Tasco)와 함께 투린에서 「새 질서」(*Oridine Nuovo*)라는 잡지를 창간했다. 곧이어 이 잡지를 중심으로 같은 이름의 운동이 생겨났고, 이어 이 운동에서 노동자평의회를 형성하는 주도권을 형성했다. 1921년 1월 사회주의 운동을 결집하고 재정립하려는 시도가 좌초하자, '새 질서' 그룹은 보르디가(Bordiga) 그룹과 최고강령주의(Maximalisten) 좌파와 더불어 독립적인 이탈리아 공산당을 창설했다. 동시에 이탈리아 부르주아지는 반혁

---

92) "그녀는 유일한 문제—강령, 전략, 전술 또는 혁명적 조직의 문제—를 해결하지 않은 채 갑작스럽게 권력인수 문제에 자신이 직면해 있음을 느꼈다(I, Silone, *Fasizam*, Zagreb, 1935, S.43). 이 상황에 대한 동일한 견해를 발리아니(L. Valiani)도 자신의 저작 『20세기 사회주의 역사』(*Histoire du socialisme aux XX$^{e}$, siècle*, 파리, 1948)에서 대변했다.

명을 위해 무장했다. 이들은 매수된 범죄자, 살인자들과 함께 활동한 무솔리니를 노동자운동을 절멸할 수 있는 가장 적합한 인물로 보았다. 그람시는 1922년 제3인터내셔널에서 이탈리아 공산당의 대표자가 되었다. 그러나 1924년 국회의원에 선출되어 이탈리아로 되돌아왔다. 파시즘은 이미 정치적 범죄를 자행하기 시작했다(사회주의 국회의원 마테오티Matteotti의 암살). 1925년 파시즘은 출판의 자유와 결사의 자유를 제약하는 법안과 그 다음 해에 사회의 완전한 파쇼화를 의미했던 일련의 특수 법안을 통과시켰다. 같은 해 그람시는 많은 다른 동료들과 함께 체포되었다. 그는 짧지만 풍부했던 삶을 감옥에서 마쳤다.[93]

그람시의 이론적 입장은 주로 이 마지막 시기에 형성되었다. 이 시기에 그는 감옥에서 일련의 문제들에 대한 학문적 연구—철학, 문학, 역사에서 시작하여 가톨릭과 지성인의 문제에 이르는—에 몰두했다. 감옥에서 쓴 그의 책자들은 파시즘이 붕괴된 이후에야 정리되고 출판되기 시작했는데, 어떤 의미에서 이 책자들은 바로 우리가 여기서 말하게 될 맑스주의 발전의 한 단계에 속한다.[94]

그람시의 사유에 있어 두드러진 것은 그의 폭넓은 사유와 예리한 비판, 그리고 모든 문제에 있어 특히 당의 실천에 있어서 나타날 수 있는 아주 세부적인 문제에 대해 편견없이, 탄력성 있게, 그리고 협소하게 분파싸움에 매달리지 않고 헌신하는 용기였다. 또한 그람시는 이러한 문제들에 대

93) 참조, 살바토레 프란세스코 로마노(Salvatore Francesco Romano)의 저서 『그람시』(*Gramsci*, 투린, 1965), 지우세페 피오리(Giuseppe Fiori)의 『안토니오 그람시의 생애』(*Vita di Antonio Gramsci*, 바리, 1966).

94) 알려진 바와 같이 이 저작들 가운데 어느 것도 완결되고 조직적인 저작이 아니다. 그래서 우리는 맑스주의의 일반 역사에서 특별히 고려할 만한 몇 가지 생각을 이후 보증판에 근거하여 인용할 것이다.

해 맑스주의가 담지하고 있는 국제적인 소명을 가지고 자신의 입장을 정립했다.

그람시는 새로운 사회주의적 공동체와 맑스주의의 정신적 우위성의 실현이라는 어렵고도 복잡한 과제를 해결할 수 있는 지식인층을 교육하는 것이 필요하다는 사실을 분명하게 인식하였다. 그러나 그는 또한 유럽 문화사의 귀중한 성과들을 전면적으로 적용하지 않고는 그 해결책을 생각할 수 없다는 것도 알았다.

"어쨌든 실천철학의 최근 발전에 있어서 이론과 실천의 통일이라는 개념에 몰두한 것은 여전히 시작 단계에 불과하다. 여전히 기계론의 잔재가 남아 있다. 왜냐하면 사람들은 이론을 실천의 '보충물' 또는 '부속물'로서 언급하고, 이론을 실천의 시녀로 간주하기 때문이다. 이러한 문제를 역사적으로 지식인들의 정치적 문제의 한 국면으로 간주하는 것은 옳다. 비판적 자기인식이란 역사적으로, 정치적으로 지식인 엘리트의 교육을 의미한다. 인간 대중은(넓은 의미에서) 조직되지 않으면, 구별되지도 않고 '대자적으로' 독립적이지도 못하다. 지식인 없이는 즉, 조직가와 지도자 없이는 그리고 '전문화'되고, 철학적 작업에 관계하는 층의 형식 속에서 이론과 실천의 연계의 이론적 측면에 대한 구체적인 선언이 없이는 조직은 존재할 수 없다."[95]

그람시는 지식인을 교육하는 길이 머나멀고 험난하며, 진보와 후퇴라는 모순으로 가득 찬 것임을 알고 있었다. 다른 한편 그는 지식인과 대중 사이에 쓸데없는 간격을 두지 않았다. 왜냐하면 지성의 참여가 없이는 인간적 활동은 존재할 수 없기 때문이다.

---

95) 그람시, 『실천의 철학, 하나의 선택』(*Philosophie der Praxis, Eine Auswahl*, 프랑크푸르트, 1967, S.138~139. 가능한 경우 이 선집에서 인용되었음. 이 선집 이외에 그람시의 저작은 거의 독일어로는 출간되지 않았다.)

"모든 인간은 지식인이라고 할 수 있지만, 그렇다고 해서 모든 인간이 사회 속에서 지식인의 기능을 갖는 것은 아니다.

지식인과 비지식인을 구별할 때, 사람들은 실제로 그런 구별을 지식인의 직업적 그룹의 직접적인 사회적 기능에만 관련시키게 될 뿐이다. 지적 노동인지 아니면 신경조직의 긴장과 관련되어 있는 노동인지를 고려하여 특수한 직업활동의 주된 경향을 구별하려고 한다. 이것은 다음을 의미한다. 즉, 만일 사람이 지식인에 관해 말할 수 있다면, 다른 한편으로 비지식인에 관해 말할 수가 없는데, 왜냐하면 비지식인은 존재하지 않기 때문이다. 그러나 지적 두뇌활동과 신경조직적 긴장의 관계는 그 자체 항상 동일하지는 않다. 그러므로 특수한 지적 활동에서도 상이한 단계들이 존재한다."[96]

새로운 지식인 층의 교육문제는 이러한 두 가지 활동성의 관계를 균형있게 하는 방향으로 변화시키는 데 그 본질이 있다. 그렇게 함으로써 "근육의 긴장 자체는—끊임없이 물질적 세계와 사회적 세계를 실천적 활동의 계기로서—새롭고 통합적인 일반적 세계관의 토대가 된다."[97]

그람시의 새로운 지식인에 관한 이론은 따라서 이들을 협소하고, 실제의 삶과는 분리된 이론적 활동으로 승화시키는 것을 그 목표로 하지는 않는다. 그와는 정반대이다. 그의 개념화는 지식인들의 실천적 삶에의 참여를 요청한다.

96) Ibid., S.409.
97) Ibid., S.409.

"오히려 이 새로운 지식인은 설계자로서, 조직가로서, '끊임없는 설득자'로서 실천적인 삶에 활동적으로 개입해야 하며 단순한 '연설가'로 머물러서는 안 된다. 그리고 그는 추상적인 산술적 정신보다는 더 높이 서있어야 한다. 사람들은 노동으로서의 기술로부터 학문으로서의 기술과 인간주의적 역사관에 도달한다. 그렇지 않으면 사람은 '전문가'로 머물 뿐 '지도자'(전문가, 정치가)가 될 수는 없다."[98)]

이러한 관점에서 보면 당은 직접적으로 정치와 철학의 영역에서 "유기적 지식인"이라는 고유한 범주를 양성하는 방식에 불과하다. 왜냐하면 정당은 모든 집단에 대해 국가가 정치 사회라는 보다 폭넓은 영역에서 행사하는 것과 동일한 기능을 시민사회에서 갖는 장치이기 때문이다.

"당의 모든 성원이 지식인으로 간주되어야 하는 것은 희화화될 수 있다. 그럼에도 불구하고 엄밀하게 말하면 이러한 확증보다 더 정확한 것은 없다. 당은 최고의 단계에서나 최저의 단계에서 보다 응집력이 높거나 보다 응집력이 낮을 수 있을 런지도 모른다고 생각하면서 등급을 구분할 것임에 틀림없다. 그러나 그것이 결정적이지는 않다. 중요한 것은 주도적이며, 조직적인 그러므로 교육적이고 지적인 기능이다."[99)]

여기에서 아래와 같은 중요한 사실이 나타난다. 만일 사회주의 운동의 본질이 인간의 삶의 모든 영역에 대한 (독립적이고 매개자 없이) 사회적 관리에 있다면, 사회주의적 인간의 지적이고 특징적인 구조의 문제는 실제로 모든 문제에 있어 가장 기초적인 것이 된다.

---

98) Ibid., S.410.
99) Ibid., S.415.

그람시는 정치적 "엘리트"에 관해 말하는 것을 주저하지 않았다. 왜냐하면 이러한 지식인만이 대중을 실제로 구태의연하게 판에 박힌 듯이 기계적으로 지도하지 않고 운동에 새로운 활력을 불어넣음으로써 대중을 지도할 수 있기 때문이다. 대중들 자신은 아직 이러한 새로움을 산출할 수 없다. 그람시에게 있어 문제가 되는 것은 파레토(Pareto)나 셸러(Scheler)에 의해 이해된 그런 엘리트가 아니라, 문화의 특정한 영역의 해소와 지적 노동의 가능성을 위한 노동분업과 그 귀결의 필연적 산물로서의 엘리트가 문제시된다. 이러한 엘리트의 과제는 자신들의 활동에 의해 대중과의 영원한 거리를 유지하는 것이 아니라 그들의 역사적 활동과 사회의 혁명적 변혁을 통해 대중과 더불어 이러한 구별을 지양하는 데 있다.

그래서 그람시는 당의 대중과의 분리, 당의 무책임성에 대해서 특히 철저하게 지적한다.

"관료층은 가장 위험한, 습성상 보수적인 세력이다. 만일 관료층이 굳어져, 그 자체로 존립하고, 대중과는 무관한 군단을 형성한다면, 당은 결국에 가서는 시대착오적인 것이 될 것이다. 긴박한 위기의 순간에 당은 사회적 내용이 없는 허공 속에서 떠돌아 다니게 될 것이다."[100]

그래서 맑스주의의 문제는 또한 이러한 지적인 세력들에 대한 새로운

100) Ibid., S.333. 바로 이런 이유 때문에 그는 책임성의 문제를 매우 날카롭게 제기했다. "동일한 계급 내부에서도 지배자와 피지배자 간의 구별이 존재하기 때문에 몇 가지 폐기될 수 없는 원리들이 수립되어야 한다. 사실 이 영역에서 가장 나쁜 '오류들'이 생겨나는데, 여기서 가장 범죄적인 무능—매우 힘겹게 제거될 수 있는—이 선언된다. 일단 집단의 원리 자체가 수립되자마자 사람들은 (이 원리에 대한) 복종이 자동적으로 생길 것으로 여긴다. '필연성'과 합리성에 대한 입증이 필요하다는 사실을 제쳐두고 사실 이러한 입증은 토의될 수 없는 것으로 여긴다."(ibid., S.298).

개념화의 문제로 나타난다. 이 문제에 대한 분석에서 그람시는 그의 특유의 철저함을 보여줄 뿐만 아니라 이러한 운동에 대한 실천만능주의적이고 스탈린주의적 견해를 넘어섰다. 부하린의 저작인 『사적 유물론』에 대한 날카로운 평가에서, 그람시는 부하린의 견해보다도 더 협소하고 천박한 견해에 대한 비판을 예견하고 있는 듯하다.[101] 문제가 되는 것은 과거의 철학에 대하여 비반성적이고 교만한 입장이다.

"과거의 철학을 통틀어서 그것을 망상이라고 단죄해 버리는 것은 단지 비역사적 입장에서 나온 오류만은 아니다. 왜냐하면 그런 판정은 시대착오적인 주장을 담고 있고 사실상 사람들은 오늘날과 마찬가지로 과거에도 사유했음에 틀림없기 때문이다. 오히려 이러한 판단은 실제로 형이상학의 잔재이다. 왜냐하면 그것은 어느 시대, 어느 나라에서나 타당한 독단적 사유를 전제하고 있으며, 이런 독단적인 사유의 척도에 따라 모든 과거를 판단하고 있기 때문이다. 방법으로서의 비역사성은 형이상학에 지나지 않는다. 어떤 철학적 체계가 낙후하다고 해서 그것의 학적 체계가 갖는 역사적으로 타당하고 필수적인 기능을 배제해 버리는 것은 아니다. 학적 체계의 약점은 총체적 역사 발전과 실제적 변증법의 관점에서 고찰될 수 있다. 철학적 체계가 낙후하다는 사실은 도덕적이거나 사유 기술에 상응하는 판단이 아니라, 변증법적·역사적 판단이다."[102]

---

101) 맑스주의, 당, 사회주의 및 이에 연관된 문제에 대한 그람시의 전체 개념화는, 비록 그가 당시 동시대의 사회주의 발전에 있어 이러한 현상과 직접 대결하지는 않았지만, 철저하게 반(反)스탈린주의적이었다. 왜냐하면 바로 그의 개념화는 소련(UdSSR)의 국가적인 한계를 넘어섰고, 또한 그람시는 감옥에서 실천적인 삶의 많은 경험들과 분리되어 있었기 때문이다. 이 명석한 맑스주의 이론가이자 실천가의 사상은 그만큼 더 중요하다.

102) 그람시, ibid., S.230~231. 이 인용에서 합리적인 맑스주의가 그 이전의 철학과 문화를 분석하고 평가하는 데 있어 그 고유한 방법론적 토대로서 무엇을 가지고 있으며, 이 토대가 이후의 스탈린-츠다노프적인 교리—모든 전(前)맑스주의적인 것을 비과학적으로 가치폄하해 버린—와 어느 정도 거리가 있는지 분

둘째로 이 새로운 사고틀을 발전시키는 것은 폭넓은 토론의 자유 없이는 불가능하다.

"그러므로 중요한 것은 토론의 자유와 선전의 자유의 한계를 확정하는 것이다. 자유는 행정적으로, 경찰의 관점에서 파악되어서는 안 되고, 지도자들이 자기 자신의 고유한 활동에(토론과 선전활동 자체를 하는—역주) 부과하는 자기제한적 의미, 따라서 본래 문화정책적 노선 확정이라는 의미에서 파악되어야 한다. 달리 말해 누가 '학문의 권리'와 학문 연구의 한계를 확정하는가? 그리고 이러한 권리와 제한들은 확정될 수 있는가? 보다 새롭고, 보다 나은 진리 연구와, 진리에 대한 보다 명료하고 응집력이 있는 정식화를 포함하는 연구는, 비록 그것이 끊임없이 가장 본질적인 원리들을 토론한다고 할지라도, 개별 과학자들 그 자체에게 자유로운 주도권이 위임되어야 한다. 게다가 이러한 주도권이 흥미있는 비학문적 본성에 관심을 갖는 동기들에 근거하고 있다면 그것은 쉽게 확인될 수 있을 것이다."[103]

그람시의 맑스주의에 대한 파악과 규정은 어떤 의미로는 이미 기술된 몇 가지 입장들과 일치되는 노선이라고 할 수 있다. 부하린이 맑스주의를 철학과 사회학으로 나눈 것은 그에게는 낯선 것이었다. 오히려 그는, 일정하지 않은 방식이지만, 맑스주의(실천철학)를 유기적일 뿐만 아니라 종합적으로 파악하려고 시도했다. 그 때문에 그람시는 오류의 근원이 부하린이 행한 구분에서 비롯되고 있음을 보았다.

"실천철학은 '사회학'과 체계적 철학으로 구분된다. 실천철학으로 표현되는 현대사유의 역사가 이룩한 위대한 업적이 바로 철학의 구체적 역사화와 역사와 철학의

---

명해진다.

103) Ibid., S.145.

동일화라면, 역사이론이나 정치이론과 분리된 철학은 단지 형이상학에 불과할 뿐이다."104)

실제로 오늘날 인간의 역사적 삶의 총체성을 종합적으로 파악하려는 욕구가 존재하며, 이러한 입장에서는 맑스주의가 바로 통일적인 반성의 총체성으로 이해될 수밖에 없다. 그럼에도 불구하고 우리들은 개별 영역에 대한 보다 특수한 연구에 착수하자마자, 사람들은 또한 맑스주의 속에 여러 개별 분과들이 있음을 보게 된다. 이 분과들은 철학 자체 속에서의 통일성에도 불구하고 다양한 학과들이 존재하는 것과 같다.

그람시의 이념은 맑스주의에 대한 "자족적인" 파악에서가 아니라 다음과 같은 확신에서 그 정점에 이른다. 즉 맑스주의는 동시에 ;

"총체적, 통합적 세계관과 총체철학 그리고 자연과학 이론을 구성할 수 있는 모든 기초적인 계기를 포함한다. 뿐만 아니라 이 계기들은 또한 통합적, 실천적 사회조직에 생명을 불어넣는다. 즉 그것은 총체적, 통합적 문명을 창립할 수 있다."105)

이 문제는 의심할 여지 없이 일반적으로는 맑스주의와 특수하게는 철학에 대해서 끊임없이 제기된다. 이 문제는 자연의 기본문제, 특히 한편으로는 인간과 역사의 문제에 대한 종합적 파악과 다른 한편으로는 이러저러한 철학적, 사회학적 분과들의 개별 문제에 대한 부분적이고 전문화된 연구들 사이의 일정한 불일치 때문에 제기된다.

그람시가 철학을 사회의 표현으로 이해해야 한다고 강조한 것은 정당하

104) Ibid., S.219.
105) Ibid., S.240.

다. 따라서 철학도 긍정적인 의미이든 부정적 의미이든 이러한 사회에 영향을 미친다. “철학이 반응하는 정도에 따라 그 역사적 영향의 정도가 나타나며 또한 어느 정도로 철학이 철학으로서 개별적 ‘결실’이 아니라 ‘역사적 사실’인가가 드러난다.”106)

또한 철학의 기본 문제인 인간에 대한 질문은 그람시에 의해 철저히 연구되었다. 인간학은 지난 30년 동안 철학의 발전에 있어 현실적인 철학의 주제가 되었다. 그러나 인간성의 어떤 영원한 구조를 확정하려는 수많은 관념론적 시도라든가 인간을 그 범주적 규정에 있어 개인 이상으로 파악하려는 노력과는 달리 그람시는 다음과 같이 주장한다.

> “그러므로 우리는 인간을 (과정으로서의) 활동적인 관계들의 결과로 파악해야 한다. 여기서 개인은 사실상 중요하지만, 결코 유일한 계기를 나타내지는 않는다. 모든 개인성으로 반영되는 인간성은 상이한 계기들로 구성된다. 즉 첫째 개인, 둘째 타자, 셋째 자연이 그 계기들이다. 그러나 둘째, 셋째는 보기처럼 그렇게 간단한 것은 아니다.”107)

따라서 우리는 인간에 대한 심리학적 사변적 규정을 주장할 수 없다. 왜냐하면 그럴 경우 진보와 변혁의 문제는 해결되지 않은 채 그대로 남기 때문이다. 그러나 우리가 인간을 “사회적 관계의 총체”로 이해한다면 인

---

106) Ibid., S.149.

107) Ibid., S.154. 이러한 노선 위에는 또한 아래와 같은 그람시의 사고가 가로놓여 있다. “우리가 이 사실을 고려한다면, 인간이란 도대체 무엇인가라는 질문에서 생각하게 되는 것을 보게 된다. 다시 말해 그것은 인간은 무엇이 될 수 있는가, 인간은 자기 자신의 운명을 지배하고, ‘만들고’, 자기 삶을 창출할 수 있는가 하는 것이다. 그러므로 우리는 인간이란 과정이며, 보다 정확히 말해 그 행위의 과정이라고 말해야 한다.”(ibid., S.153).

간들 사이에서 벌어지는 모든 일시적인 인간의 예속은 불가능하게 된다.

"인간은 개인적이고, 주관적일 뿐 아니라 집단적, 객관적 또는 물질적 계기들로 구성된 역사적 집합체로 파악될 수 있다. 개인은 이것과 능동적 관계에 있다. 외부 세계와 일반적 관계의 변형은 개인 스스로가 자기 자신을 생산하고 발전시킨다는 것을 의미한다. 윤리적 '개선'이 단지 개인적인 것에 불과하다는 것은 환상이며 오류이다. 개인성의 구성적 계기의 종합은 '개인적'이다. 그러나 외부로 지향된 활동성이 없이 개인성이 스스로를 외적 관계를 변혁하는 힘, 즉 관계로 실현하거나 발전시킬 수는 없다. 이러한 관계는 사람이 살아가는 상이한 단계와 상이한 사회적 영역에서 전체 인류를 포함하는 가장 일반적 관계에 이르기까지 자연에 대한 관계에서 시작해서 타자와의 관계에까지 미친다. 이 때문에 인간이란 본질적으로 '정치적'이라고 말할 수 있게 된다. 왜냐하면 변혁의 의식적 활동과 타자에 대한 지도는 그의 '인간성'과 '인간적 자연'(본성)을 실현하기 때문이다."108)

이러한 틀에서 그람시의 정치적 능동성은 모두 맑스주의적인 것이라고 간주할 수 있다. 왜냐하면 철학의 실현이 혁명적 실천 자체와 별개로 실행될 수는 없기 때문이다. 따라서 그람시에게 있어 사회주의의 문제는 결국 대중해방, 즉 대중을 그 고유한 자기관리의 행동적 계기로 변혁시키는 문제이다. 그래서 그람시는 이탈리아에서 인간을 혁명적으로 변혁시키는 문제의 심오한 깊이—이것은 대중을 그 고유한 생산과정과 사회과정에 능동적으로 관여시킴으로써 이루어진다.—를 이해한 최초의 인물이었다.

10월 혁명이 유럽의 노동자계급을 뒤흔들고, 혁명이 일상적인 시사문제가 되었던 1차 세계대전 이후의 격렬한 시기에 그람시는 『새 질서』 지(誌)의 발행자로서 노동조합이나 당이 아니라 바로 자유로운 생산자로서의 사

108) Ibid., S.160.

회, 경제적 노동자조직에서 새로운 국가 조직을 세울 것을 기대하였다. 생디칼리즘의 특성에 대한 그람시의 평가—그람시는 이 생디칼리즘을 자본주의 사회의 잠정적인 극복이라기보다는 자본주의 사회의 형식들 가운데 하나로 이해했다.—는 매우 흥미롭다. "그것은 노동자를 생산자로서가 아니라 임노동자 내지 경제적 소유(Wirtschaftseigentum)의 자본주의적 운동의 산물과 상품 노동력의 판매인으로서 조직했다."[109] 그람시에 따르면 생디칼리즘의 이론은 프롤레타리아 혁명의 구체적 경험에서 완전히 좌절되었다. 그람시가 같은 논문에서 주장한 것처럼 노동조합은 프롤레타리아 독재를 구현하는 데 있어 그 조직적인 무능함을 보여 주었다. 왜냐하면 ;

"노동조합의 정상적 발전은 대중의 혁명적 정신의 계속적인 쇠퇴로 특징지워진다. 물질적 힘은 증대되는데, 정복자의 정신은 쇠퇴되거나, 완전히 소멸한다. 삶의 의지는 무기력해지고, 영웅적인 비타협성은 기회주의적 실천과 '빵과 버터'의 실천으로 대체되었다. 양적 증가는 질적 빈곤과 자본주의적 사회형식과 마찬가지로 좀스럽고 제한된 노동자 심리학, 즉 중소부르주아지의 심리학의 발생에 쉽게 순응하도록 만들었다."[110]

전술한 바와 같이 그람시가 노동조합의 성격이 경쟁적이며 비공산주의적이라고 본 것도 전적으로 옳다. 따라서 노동조합은 프롤레타리아트에게 [이미] 경험 많고 노련한 관료나 기술적 전문인 등을 제공하지만, 결코 프롤레타리아 지배의 기반이 될 수는 없다. 그러나 어쨌든 그람시는 동시에 노동조합 속에서 자본주의에 있어서 노동과 자본 간의 유용한 균형을 창

---

109) 그람시, 「노동조합과 평의회」(*Gewerkschaften und Räte II*), 『새 질서』, 1919년 11월 8일자.
110) 그람시, ibid.

출할 수 있는 기본적인 기능을 보았다.

이 사상은 혁명 이후 노동조합의 발전에 관한 이해와 분석을 위해 매우 가치 있는 것이다. 만일 노조 지도자들이 후일 새로운 국가의 지도자가 된다면, 노동조합의 관료주의는 보다 뚜렷한 윤곽을 드러내게 될 것이고, 따라서 그것은 결코 혁명적 요청들과 변혁들의 촉매는 될 수 없을 것이다.

그람시에 따르면 프롤레타리아 독재는 노동조합에서도 당내에서도 자신의 기반을 가질 수 없다. 이와 반대로 프롤레타리아 독재는 노동자 자신이 스스로를 생산자로서, 창조자로서 느끼고, 그들 자신의 가치와 미래에 대한 의식을 획득할 수 있는 그런 형식과 조직들에서 그 기반을 발견해야 한다. 그것이 바로 노동자평의회 및 공장평의회이다.

> "프롤레타리아 독재는 오로지 조직유형에서만 구체화될 수 있다. 즉 그 유형이란, 임노동, 자본의 노예노동에 대해서가 아니라 생산자의 고유한 활동성에 특유한 것이다. 공장평의회는 그러한 조직의 첫 번째 세포를 이룬다. 평의회 안에서는 모든 노동부분이 공장평의회를 창출하는 데 있어 모든 직업과 모든 노동 분야들이 갖는 몫에 비례하여 대변된다. 따라서 공장평의회는 사회적이며 계급적인 제도이다. 평의회의 권리는 노동과 산업 생산 및 지속적 상태에 있는 것이지 결코 임금이나 계급 분류—즉, 곧바로 폐지되어야 할 잠정적인 상태에 있는 것은 아니다."111)

그러므로 혁명적 투쟁뿐만 아니라—보다 더 중요한—사회주의적 지배와 사회의 건설에 대한 총체적 전망은 일차적으로 경영협의회의 조직과 발전에 기초한다. 왜냐하면 그람시는 여기에 전체 문제의 열쇠가 놓여 있고, 이것이야말로 노동자계급이 임노동을 극복할 수 있는, 즉 경제적, 정

111) 그람시, 『실천의 철학』, S.41.

치적 소외를 극복할 수 있는 유일한 토대라고 의식했기 때문이다.

"공장평의회와 그 체계는 노동자계급이 생산 속에서 지니게 되는 새로운 입장을 일차적으로 확인한다. 이는 노동자계급에게 그들의 현재적 가치와 현실적 기능, 그리고 그 책임성과 미래에 대한 의식을 부여한다. 노동자계급은 개인들 스스로가 얻어낸 긍정적 경험들의 총계로부터 결론들을 이끌어 낸다. 노동자계급은 지배계급의 심리학과 성격을 획득하고, 스스로를 정치적 평의회를 창출하고 그 독재를 설정하는 것 그 자체로 조직화한다."[112]

같은 본문(「노동기구」)에서 그람시는 결정적으로 모든 수정주의자들과 기회주의자들을 반박한다. 왜냐하면 이들을 일반 선거권의 획득과 사회주의자들의 정부 참여를 통해 노동자계급의 모든 문제가 해결된 것으로 생각했기 때문이다.

"바로 그 때문에 노동자 공장평의회의 설립은 엄청난 역사적 실례를 보여 준다. 그리고 그것은 인류사에 있어 새로운 시대의 시작을 의미한다. 이것을 통해 혁명적 과정이 명백히 드러나고, 통제할 수 있고, 기록될 수 있는 국면으로 들어서게 된다."[113]

그람시가 "공장평의회", 즉 자유로운 생산자들의 결사—여기에서 한 국가에서뿐만 아니라 전세계의 새로운 사회체계가 성장해야 하는데—에 대해 기술할 때, 그는 사회를 공산주의적으로 변형시키는 데 있어서 인간이 다른 인간, 집단, 계층 혹은 계급에 예속되는 것을 지양해야 함을 지시한 맑스,

112) Ibid., S.53.
113) Ibid., S.66.

엥겔스 또는 레닌 및 위대한 맑스주의자들을 움직였던 똑같은 사상에 의해 움직였던 것이다.

이것은 생기없고 무표정한 제도, 관료주의적 우월성, 사회-정치적 위계질서 등을 신뢰하는 것이 아니라 바로 인간을, 즉 인간의 자기극복과 창조 그리고 영웅적 노력을 신뢰하는 참된 휴머니스트의 전망이다.

"그렇게 볼 때 노동자 공장평의회란 공산주의 인터내셔널에서 그 정점에 이르게 되는 역사적 과정의 첫 번째 세포이다. 즉 그것은 더 이상 혁명적 프롤레타리아트의 정치적 조직이 아니라, 세계 전체를 재편성함으로써 인간과 세계 민족의 총체적 공동생활을 재조직한 것이다. 오늘날 모든 혁명적 행동은 그것이 역사적 과정을 억압하는 부르주아 상부구조들로부터 해방하려는 행위로 파악될 때 의미있는 것이며 역사적으로도 실제적인 것이다."114)

사회주의 발전에 있어 지금까지의 경험들을 고려해 볼 때 프롤레타리아 정당과 이 새로운 역사적 형식들—이는 노동자계급이 설립하고 노동자계급은 그 토대 위에서 자신들의 새로운 사회를 건설해야 한다.—과의 관계에 대한 그람시의 파악을 부각시킬 필요가 있다. 그람시는 1920년 6월 5일 같은 논문(「공장평의회」)에서 이 새로운 사회를 다음과 같이 표현한다.

"당과 노동조합이 결코 후견인 혹은 새로운 평의회제도 위에 구축된 상부구조로서 이해되어서는 안 된다. 당과 조합은—부르주아 국가가 의미하는 바의—억압으로부터의 의식적이고 능동적인 해방의 힘으로 이해되어야 한다. 당과 노동조합은 혁명적 과정이 가장 신속히 진행되고, 해방된 생산제력이 가장 효과적으로 전개될

---

114) Ibid., S.68.

수 있도록 일반적인 외적(정치적) 제조건을 조직화해야 한다."[115]

그람시는 모든 정신적 표출들에 대해 매우 비판적인 입장을 견지하면서 또한 맑스주의 사상을 교조화하려는 모든 경향을 매우 극명하게 직시했다. 그는—특히 『사적 유물론』에 대한 부하린의 저작에 대해서 비판적으로 언급하면서—맑스주의를 "보다 부정적인 의미의 이데올로기……, 즉 절대적으로 영원한 진리들의 교리적 체계"[116]로 변형시키려는 경향과 날카롭게 대립했다. 마찬가지로 그는 역사적 영역의 과학성과 자연과학적 영역의 과학성을 동일시하려는 경향에도 반대했다. (우리로 하여금) 자연적 과정의 발전을 예측할 수 있게 하는 자연과학과 비교할 때, 오로지 사회의 미래를 추상적으로 예측할 수 있게 하는 역사적 방법만이 과학적인 것으로 여겨져야 한다.

"현상 속에서 사람들은 단지 투쟁을 '과학적으로' 예측할 수는 있지만 그 [투쟁의] 구체적 계기들—이 계기들은 [서로] 대립적이고 끊임없이 운동하는 힘들의 결과이지 고정적인 양으로 환원될 수 있는 힘들의 결과일 수는 없다.—까지 예측할 수는 없다. 왜냐하면 이러한 힘들 속에서 양은 질로 전화되기 때문이다. 사람들이 적극적으로 행동하고, 의지를 발휘하고, 따라서 사람들이 '예측되는' 결과를 창조해내는 데 구체적으로 기여한다면 실제로 '[예측적] 통찰'은 가능해진다."[117]

그람시가 여기에서 역사적 운동에 대한 기계론적 파악—즉 사회를 기계적 요인들의 합법칙적 집합체로 고찰하는 것—에 반대하는 것은 옳다(이것은

115) Ibid., S.68.
116) Ibid., S.199.
117) Ibid., S.221.

또한 수많은 맑스주의 해석가들에게서도 특징적으로 나타나는 파악이기도 하다.). 어쨌든 사회적 법칙 · 경향성들이 단순한 "투쟁" 이상의 것을 예측하도록 해주는 것은 사실이다. 다시 말해 이는 바로 사회의 일정한 제모순으로부터 나타나는 경향성 자체인 것이다. 그러나 다른 편에서 볼 때 사회적 운동의 구체적 계기들의 총체성이 적어도 지금까지는 불투명한 채 남아 있다는 것도 전적으로 옳다. 이 사실은 그 모든 편차 및 모순적 대립으로 가득한 사회주의 자체의 역사적 도정을 가장 명료하게 드러낸다. 그러나 또한 이 사실은 사람들이 이론적으로 전제할 수도 예측할 수도 없었던 자본주의의 엄청난 발전의 길을 드러내기도 한다.

또한 문화, 특히 예술에 대한 그람시의 사유는 바로 앞에서 해명된 고려들만큼이나 선명하다. 그는 마치 이 문화와 예술의 문제에 대한 자신의 깊은 반성을 통해 전체 스탈린주의 시대—이 시대는 독자적인 영역의 산물들만을 최고의 문화적 업적으로 간주했다.—의 분별없고 분파적이며 동시에 거만하고 주제넘은 입장을 공격한 것 같다. 독자적인 모든 문화적 표출과 진술들을 동시대인들의 정점으로 간주할 수 있기 위해서는 자기 자신이나 자기 국가만을 사회주의적이라고 기술하는 것으로는 충분하지 않다.

"제각기 새로운 업적이 축적되어 있고, 새로운 업적들의 전제가 되는 진보적 운동에 있어, 오로지 '유일한' 노선만을 추종하는 것은 중차대한 오류이다. 노선들만이 다양한 것이 아니라 오히려 '가장 진보적인' 노선 속에서의 후퇴들도 확정될 수 있어야 한다."118)

---

118) Ibid., S.422. 참조 N. Stipčevič, *Književni pogledi Antonija Gramišja*, 베오그라드, 1967.

이러한 오류와 함께 사회주의 운동에 있어 다음과 같은 견해, 즉 새로운 예술과 새로운 예술가가 나타나야 한다는 견해가 확정되었다. 또한 여기에서는 모든 것이 행정적이고 정치적인 법정의 지침과 결정을 통해 도달될 수 있다고 보는 관료주의적 심리학이 지배한다. 사람들은 임의로 재생산적 전문가를 산출하고 교육할 수 있다. 게다가 여기에서는 이에 따른 과제를 떠맡을 조직이 필요하다. 물론 창조적인 본성을 원하는 대로 창출하거나 짜맞출 수는 없다.

"그렇다면 새로운 예술을 위한 투쟁은 개별적이고 새로운 예술가의 존립을 위한 투쟁을 의미하게 될 것이다. 그러나 사람들은 예술가를 예술적으로 생산할 수 없기 때문에 이것은 불합리하다. 사람들은 새로운 문화를 위한 투쟁, 반드시 새로운 도덕을 위한 투쟁에 관해 말해야 한다. 이 새로운 도덕은 삶에 관한 새로운 이해방식과 밀접하게 관련된 것으로, 여기에서 현실을 보고 느끼는 새로운 방식이 생성된다. 이로써 세계는 '가능한 예술가들'과 '가능한 예술작품들' 속에서 가장 내적인 공감을 갖는, 세계를 느끼는 새로운 방식을 형성하는 것과 관련된다."119)

119) 그람시, ibid., S.419. 이 연관에서 정치가와 예술가 사이에는 일정한 부조화가 지배한다는 그람시의 견해는 흥미있다. "정치가들에 있어 모든 선험적으로 '확증된' 상은 반동적이다. 정치가는 전체 운동을 그 생성 속에서 관찰한다. 이와는 달리 예술가는 '고정된' 형식적이고 확정적으로 고정된 상들을 가져야 한다. 정치가는 인간에 대해 그가 일정한 목적에 도달하기 위하여 어떻게 존재하며 동시에 어떻게 존재해야 하는가를 생각한다. 정치가의 직업은 바로 인간이 그 현재의 궤도에서 뛰쳐나오기 위하여, 집단적으로 주어진 목적에 도달할 수 있기 위해, 다시 말해 목적에 상응하여 스스로를 '순응하기' 위해 인간을 움직이는 데 있다. 예술가는 일정한 계기에 필연적으로 '현존하는 것', 인격적인 것, 비순응적인 것을 사실주의적 방식으로 기술한다. 따라서 정치적인 관점에서 볼 때 정치가는 결코 예술가에 대해 만족할 수 없고 또한 예술가가 될 수도 없다. 정치가는 항상 시기적으로 뒤떨어져 있고 시대착오적이며, 항상 현실적인 운동과는 동떨어져 있는 채 예술가를 발견하게 될 것이다."(ibid., S.421).

그람시는 다른 문화들의 가치, 의미 또는 단계를 고려하지 않고 단지 유럽 문화만을 역사적이며, 구체적으로 보편적인 것이라고 간주했다. 따라서 그는 헤겔과 헤겔주의 비판에서 특히 맑스주의에서 이러한 문화의 정점을 보았다. 이러한 의미에서 그는 이탈리아에 특유한 크로체의 철학은 고전 독일 관념론의 연장이며 이런 이유로 철학은 극복되어야 한다고 했다.[120] 따라서 그람시는 맑스주의의 계속적인 창조적 발전에 유념했는데, 여기에는 이미 동시대의 문화와의 갈등 속에서 해결하기 쉽지 않은 과제—즉 현실적으로 지배적인 사고방식으로서 세계와 삶에 관한 고차적 개념화를 유지하려는 과제—가 주어져 있었다.

이런 관점에서—우리가 이미 부분적으로 언급한 바 있는—실제 문제들에 대한 그람시의 수많은 사유와 비판적 언급들은, 문화적인 삶에 있어 중요한 인물들, 예컨대 크로체, 젠틸레(Gentile), 플레하노프, 소렐, 드망(Deman), 부하린 등에 대한 비판적 언급들과 마찬가지로 상당히 가치 있는 것이다. 이는 단지 이론적 이유에서만 그러는 것은 아니다. 왜냐하면 이 모든 그람시의 평가들은, 그의 전체 혁명의 노정뿐만 아니라 이 문화적 맑스주의자요 프롤레타리아트의 지도자인 그람시의 빛나는 인격을 특징지워 주기 때문이다. 이 인격성이란 다른 사람들의 '과거의 오류들'이나 찾아 헤매는 것과는 전혀 다르며, 또한 평범한 사람들이 아니라 최고의 사람들과의 토

120) 그는 자신의 주의를 크로체(Benedetto Croce)의 철학에 기울였다. 왜냐하면 그는 반(反)-크로체는 이 시기에 일찍이 반-뒤링과 같은 의미와 중요성을 갖는다는 견해를 취했기 때문이다. "사람들은 독일 고전철학의 유산을 재고품정리하는 것이 아니라 그 유산을 활성적인 삶으로 재각성해야 한다. 게다가 사람들은 크로체의 철학과 결말을 내야 한다. 왜냐하면 우리 이탈리아인에게 독일 고전철학의 유산은 또한 크로체 철학의 유산—이 철학은 오늘날 독일 고전철학의 계기를 세계 수준에서 기술한다.—이 됨을 의미하기 때문이다."(ibid., S.257).

론을 끊임없이 추구했으며, 마침내 맑스주의를 현대사의 르네상스 운동으로 이해한 인격성을 말한다. 또한 이 인격은 몇 가지 일반적 관점들에 대한 공리공론적인 경전화가 아니라 오로지 그 창조적 자유 속에 참되고 올바르게 머물 수 있었던 인격이기도 했다.

## 전전(前戰) 시기 프랑스의 맑스주의 사상

맑스주의 사상은 러시아를 제외하고는 그 밖의 다른 국가들에서는 이렇다 할 만한 뚜렷한 흔적을 남기지 않았다. 그렇지만 프랑스에서 맑스주의 사상의 발전은 어쨌든 언급될 필요가 있는 몇 가지 특징들을 보여준다.

프랑스의 사회주의 운동의 붕괴는 1920년대 말 투르에서 일어났다. 이 해에 사회주의자들은, 이미 1922년에 새로 복구된[제2인터내셔널에 합병된] 빈 인터내셔널에 가입했고, 따라서 공산주의자들은 독립적인 당을 창설했다.[121)]

이론적 관점에서 볼 때 1차 세계대전 직후 프랑스 맑스주의는 맑스 사상을 충분히 이해하기 위해서 몇 가지 다른 전제들—예를 들어 헤겔 철학에 관한—이외에 매우 중요한 맑스주의 원전 자체에 대한 지식을 갖고 있지 못했다. 사르트르뿐만 아니라 나비유(Naville), 르페브르(Lefebvre)[122)]는

121) 폴 루이(Paul Louis)는 *Histoire du socialisme en France,* 파리, 1946, 제5판(1950)에서 보다 상세하게 프랑스 사회주의의 발전에 대해 보고한다.

122) 특히 르페브르(H. Lefebvre)는 『실존주의』(*L'existentialisme,* 1946)와 『총계와 여분』(*La somme et le reste,* 1959)에서, 나비유(P. Naville)는 *Psychologie, Marxisme, Matérialisme*(1946)와 폴리체(G. Politzer)에 관한 논문에서, 마지막으로 사르트르는 『변증법적 이성비판』(*Critique de la raison dialectique,* 1960)—이 책은 "방법문제"(*Question de méthode,* 1957)라는 토론을 담고 있는데, 여기서 이 시기를 다루고 있다.—에서 이 시기를 연구하고 있다. 참조. Gérard

아래의 사실에 있어 일치하고 있다. 즉 오로지 맑스주의를 끊임없이 비난하기 위해 학교에서 맑스주의를 가르쳤던 이 시기에, 헤겔의 전통과 맑스주의 이론가들도 없이, 또한 필요한 사유의 요구조차 없었던 이 세대들은 맑스주의를 전혀 이해할 수 없었다.

이후 모든 중요한 맑스주의자들은 매우 상이한 방식으로 맑스주의에 이르는 자신의 독자적인 길을 개척해 나갔다. 지식인 그룹(폴리체G. Politzer, 모르항P. Morhange, 귀테망N. Guterman, 르페브르H. Lefebvre)은 과거와 비인간주의에 대한 그들의 저항 속에서 자유에 대한 관념론적이고 주관주의적인 파악을 추구했지만, 그 반면에 사르트르는 현상학과 실존주의에서 자신의 길을 구축해 나갔다.

이러한 상황은 분명히 1930년대 초에 기본적으로 변했다. 부분적으로는 공산당의 영향을 통해, 부분적으로는 세계적 사건들 때문에—이 사건들은 엄청난 위기로 인류를 공포에 떨게 했다.—또 부분적으로는 이미 당시에 맑스주의 문헌에 대한 보다 나은 지식을 바탕으로 일부 프랑스 지식인들은 맑스주의 속에서 역사뿐만 아니라 고유한 학문적 영역을 해명하는 가장 적합한 사유 도구를 발견했다. 심리학자 폴리체는 당시 지배적인 철학 사조에 대한 유명한 비판을 썼고[123] 르페브르는 아직 잘 알려지지 않은 단편들과 함께 맑스선집을 발간했다.[124] 헤겔 철학에 대한 보다 철저한

---

Walter, *Histoire du parti communiste français,* 파리, 1948. Annie Kriegel, *Aux Origines du communisme français 1914~1920.* I-2. 파리-라 헤이, 1964. *Les Communistes français,* 파리, 1968. 또한 흥미있는 연구는 다비드 코트(David Caute)의 『공산주의와 프랑스 지성인들』(*Le Communisme ct les intellectuels français* 1914~1960, 파리, 1964)이다.

123) G. 폴리체, *La fin d'une parade philosophique : le bergsonisme*(1929).

124) 르페브르, 『맑스 선집』(*Morceaux choisis de K.Marx,* 1934). 르페브르는 후에 구터만(N. Gutermann)과 함께 『헤겔선집』(*Morceaux choisis de Hegel,*

지식을 위해서는 무엇보다도 1931년부터 1939년에 행한 코제브(A. Kojève)의 강의들이 큰 역할을 했다. 이 강의에는 사르트르, 프리드만(Friedman), 메를로 퐁티(Merleau Ponty), 페사르(Fessard), 이폴리트(Hyppolite) 등이 참석했다. 무엇보다도 코제브는 맑스와 헤겔 원전들의 출간 외에도 이 두 사상가의 관계에 대한 해명을 통해 공헌했다.

그러므로 프랑스의 30년대는 맑스주의 이념이 발생하고 그 이념을 긍정하는 시기였다. 수많은 맑스주의 계열의 지식인들이 심오한 이론적 확증을 통해 맑스주의를 공개적으로 수용한 것이 이 시기 프랑스에 있어 특징적이었다. 여기서 이들 비판적인 프랑스 사상은 이미 이런 상황 속에서 선명하게—어떠한 이데올로기적, 혹은 정치적 교리들과 이해에도 굴복하지 않으려는—자신들의 노력을 보이기 시작했다.

실제로 자신들의 학문적 성과를 제시할 수 있는 프랑스의 맑스주의 지식인들은 소수에 불과했다. 이들은 1933~1934년에, 그리고 1935~1936년에 '새로운 러시아 서클'(Cercle de la Russie Neuve)에서 토론회를 개최하고 이어 2권의 편찬서를 발간했다.[125] 또한 이 모든 기고들은 맑스주의 이론의 문제들을 대중들에게 알려야 하는 과제를 지고 있었다. 어

---

1938)과 『헤겔 변증법에 관한 레닌의 노트』(*Cahiers de Lénine sur la dialectique de Hegel*, 1938)를 출간했다. 이 시기에 또한 르페브르는 엄청난 출판과 이론활동을 시작했고 특히 유물변증법(1939) 논쟁을 시작했다. 우리는 현대의 맑스주의 발전에서 이 논쟁을 다루게 될 것이다.

125) 『맑스의 빛』(*A la lumière du marxisme*) 제1권은 1935년에, 2권은 1937년에 출간되었다. 1권은 바비(J. Baby), 코헨(M. Cohen), 프리드만(G. Friedmann), 라베렌느(P. Laberenne), 랑즈뱅(J. Langevin), 모블랑(R. Maublanc), 미뇌르(H. Mineur), 파랭(Ch. Parain), 프르낭(M. Prenant), 소바죠(A. Sauvageot), 발롱(H. Wallon)의 기고를 담고 있고 2권은 코르뉘(A. Cornu), 쿠비이에(A. Cuvillier), 라베렌느(P. Laberenne), 프르낭의 기고를 그때그때 발롱의 서문과 함께 담고 있다.

쨌든 일차적으로 이 과제는 다양한 학문적 영역에 맑스주의를 적용해야 하는 과제이기도 했다. 비록 이들은 작업을 통해 신선한 소비에트의 학문을 지지하고, 소비에트의 학문적 귀결들을 선전하는 데 관심을 갖고 있기는 했지만, 프랑스 맑스주의자들은 러시아 동료들의 작업을 매우 비판적으로 고찰했고, 학문에 있어 모든 정치적 자의성과 정치 · 이데올로기의 목적에 학문을 종속시키는 것을 거부했다. 이에 대해서는 마르(Marr)의 언어이론에 대한 소바죠(Sauvageot)의 비판이나 발롱(Wallon)의 서문을 읽어 보는 것으로 충분할 것이다. 여기에는 분명히 다음의 사실이 강조되고 있다.

"소비에트 학문에 있어 대부분 우리의 정신과 대립되는 것은 이것이 이들의 탐구들과 연구들을 하나의 계획—이는 동시에 지적 사변들뿐만 아니라 물적 실현의 영역이기도 하다.—아래 종속시키려는 필연성을 강조하는 데 있다. 그러나 우리의 견해는 다음과 같다. 즉 학문은 독자적으로 발전될 수 있어야 하며, 학문이 실천적 욕구와 이해의 요청에 단순히 종속되어서는 안 된다는 것이다. 이 요청들은 학문에서 광범위한 연구들—이후 물적 진보의 전시기는 이에 의존할 수 있을 것이다.—이 이루어지는 것을 금지하고 이데올로기적 정언명령의 요청들을 금지하지는 않는다. 이 요청들은 학문의 이론적 탐구영역들을 제한하게 될 것이다. 우리는 학문이 이러한 [이데올로기적] 목적에 완전히 무관심하고, 또한 자유로우며 학문적 가설의 선택에 있어 제한이 없기를 바란다."126)

이러한 맑스주의 이론의 강력한 비약의 결과로서 몇 가지 중요한 작업들이 개별 학과의 영역에서 생겨났다. 여기서 시도된 것은 학문적 문제들

126) 『맑스주의의 빛』, 제1권, 파리, 1935, S.11~12.

을 맑스주의 입장에서 해명하는 것이었다.[127] 이와 마찬가지로 프랑스 맑스주의의 주요 업적은 1939년 랑즈뱅(J. Langevin), 퀴리(F. J. Curie), 발롱(H. Wallon), 테시에(G. Teissier), 코뉘오(G. Cogniot)의 지도 아래 출간된 이론지(誌) 『사유』(*La Pensee*)였다.

곧바로 스탈린주의 개념화와 갈등을 일으킨 이 전체 운동은 파시즘의 점령을 통해 거의 와해되어 버렸다. 나아가 독·소협정도 프랑스 공산당의 세력에 강한 타격을 주었다. 스탈린의 실용주의적 정책을 통해 민족주의와 국제주의의 형식적 일치를 극복하기란 불가능했다. 이들 스탈린정책의 대변자들은 파시즘과의 투쟁에서 쓰러져 간 병사들에게 최후의 존경이라도 표하는 것이 의회에서 필요한 것임을 이해하지 못했다. 또한 그들은 파시즘이 그들에게 공동의 민족적인 적이라는 사실도 깨닫지 못했다.

이 사실은 제3인터내셔널의 중반기와 그 해체 이후의 시기에 사회주의와 맑스주의의 고유한 발전에 있어 하나의 에피소드에 불과한 것이다.

127) 특히 우리는 아래의 저작을 부각시킬 수 있다. M. Prenant, *Biologie et marxisme*(1935), H. Wallon, *De l'acte à la pensée*(1942), 맑스주의에 근접한 마르크 블로흐(Marc Bloch)의 역사연구 등.

# 제4장
# 러시아에서의 맑스주의

## **니콜라이 부하린**(Nikolaj I. Bucharin, 1888~1938)

20년대 말까지 러시아 맑스주의는 여전히 혁명의 열기로 가득차 있었으며, 혁명이 처한 거의 절망적인 상황에도 불구하고 이 역사적인 개화기의 창조자들이 갖고 있던 맑스주의 사상의 우월성에 대한 믿음은 조금도 흔들리지 않았다. 모든 영역에 걸쳐 무수한 어려움들이 닥쳐왔다. 이것을 해결하기 위해서는 당시 운동에 있어 가장 탁월한 지도자들에게 자유롭고 가열찬 노력과 창조성이 요구되었다. 이때 그들이 직면한 곤경과 문제들에 대한 레닌의 탁월한 이해와 비독단적인 지도가 그들을 고양시켰다. 종종 혁명의 운명이 걸려 있는 모든 문제들에 엇비슷한 해답이라도 발견하기 위해서는 자신을 맑스주의자로 여기는 것만으로는 충분하지 않았으며, 이를 넘어서서 전반적이고 가열찬 혁명적 역사적 참여의 전제이자 결과인 그런 재능과 통찰력이 요구되었다. 그리고 그 밖에도 많은 것들이 요구되었다. 첫째, 당시의 국제 정세, 특히 전후 유럽의 정세를 평가하고 자본주의의 그 후의 발진을 외적 내적 모순의 관점에서 평가하고, 내란이 종식된 후 러시아가 직면한 극히 경제적이고 사회적인 상황을 타개할 방도를 모색하는 일, 둘째, 신경제정책(NEP)과 관련하여 발생한 상황을 평가하고, 대다수의 국민이 쁘띠부르주아적인 신분(농민)을 갖고 있는 나라에서 사회주의 경제와 사회주의적 사회질서를 발전시키기 위해 취해야 할 모든 근본 노선을 확립하는 일, 셋째 사회주의는 상품화폐 경제와 또한 그에 따른 국가체계 및 법체계의 극복과 동의어라는 당시 대다수의 맑스주의자들의 확신의 관점에서 사회관계와 이후의 발전경향을 이론적으로 바르게 정립하는 일, 그러고 나서 네 번째로, 가장 절박한 이론적이고 실천적인 문제들 중 다만 몇 가지만이라도 해결하기 위해서 맑스주의 이론과 방법을 체계화하는 일, 이와 같은 모든 것은 가열찬 노력을 요구했다. 그러나 사람들은 종종 제대로 목표조차 정하지 못한 채로 무작정 역경을 헤치고 나아가야 했으며, 그릇된 아니면 일면적인 결론들을 많이 도출하기도 했다. 그러나 당시 이론가들과 과학적 작업의 성격을 알고 있던 모든 사람들에게는 이것은 아주 정상적인 것이었다. 왜냐하면 당시는 스탈린주의적인 반맑스주의적 정신이 아직 지배적이지 않았기 때문이다. 스탈린주의적 정신은 절대적 진리, 당 지도부의 입장의 신성불가침을 참칭하고, 그 입장과 일치하지 않는 모든 것을 처음부터 반맑스주의적이고 당의 적과 같은 것이라고 낙인찍어 버렸다.

러시아의 혁명 시기는 레닌 이외에도 이론적인 면에서 당시 국제적으로 명성을 떨친 몇몇 인물들을 배출했다. 그 첫째가 레닌 다음으로 출중한 볼셰비키 이론가인 니콜라이 I. 부하린이다. 그는 물론 맑스주의의 기본적인 철학적 전제들의 몇 가지를 결코 감히 가공하려 하지는 않았지만, 그의 이론적인 활동을 통해 곧 '당의 총아'(레닌)가 되었다.

그는 청년 대학생으로 러시아 사회민주당에 입당했으며, 나아가 그는 볼셰비키 편에 가담하여 많은 구속자들과 사귀었다. 망명중이었던 1913년에 그는 뵘바베르크, 스트루베, 투간 바라노브스키와 오펜하이머의 경제학적 견해에 대해 가장 탁월한 맑스주의적 비판문의 하나를 썼다.1)

전쟁의 와중에서 그는 소비에트 경제, 제국주의에 대해 연구했으며, 또 그 당시에 제국주의 국가에 대한 글도 썼다.2)

1917년에 그는 볼셰비키 중앙위원회 대의원으로 선출되었으며, 『프라우다』의 편집위원을 역임했고, 후에는 인터내셔널에서 활약했다. 이 시기에 그는 국제적으로 유명한 저술인 『공산주의 강령』(1918) 『공산주의의 ABC』(프레오브라첸스키와 공저, 1918), 『이행기의 경제학』(1920)과 『사적 유물론의 이론』(1921)을 집필했다.

그의 기본적인 철학적 역사적인 사상은 『사적 유물론의 이론』에 잘 나타나 있다. 그는 이 글을 평이한 '맑스주의 사회학 교과서'라고 불렀다. 부하린은 사적 유물론을 맑스주의의 사회학으로 이해했던 최초의 인물들(이는 또한 몇몇 독일 사회민주주의자의 사상이었지만) 가운데 하나였다. "노동계급은 '사적 유물론'으로 널리 알려진, 독자적인 프롤레타리아 사회학을 갖고 있다."3)

부하린은 사적 유물론을 사회와 그 법칙에 관한 일반 이론으로 여겼지

---

1) 부하린, 『금리생활자의 정치경제학』(*Die politische Ökonomie des Rentners*), 1913.
2) 부하린, 『제국주의와 세계경제』(*Imperialismus und Weltwirtschaft*), 1918, 『제국주의 세계경제의 이론』(*Zur Theorie der imperialistischen Wirtschaft*, 1925년에야 전부 발행됨). 이 글에서 레닌의 생각과 몇 가지 점에서 차이가 발생했다. 부하린의 경제사상에 대한 상세한 동시대의 부르주아적인 해석은 페터 크니쉬(Peter Knirsch), 『부하린의 경제이론』(*Die ökonomischen Anschauungen Nicolai I. Bucharins*), 베를린, 1959이다.
3) 부하린, 『사적 유물론의 이론』(*Theorie des historischen Materialismus*), 함부르크, 1922, S.7.

만, 동시에 그것을 사회과학에 특유한 방법으로도 여겼다. 사적 유물론의 이론은 ;

"사회와 그 발전법칙에 관한 일반이론, 즉 사회학이다. 두 번째로 그것이(사적 유물론의 이론이) 역사의 방법이라고 해서 그것의 사회학 이론으로서의 의미가 결코 폐기되는 것은 아니다. 대개 추상적인 과학은 덜 추상적인 과학에 관점(즉 방법)을 제공한다."[4]

자연과학이든 정신과학이든 간에 과학의 문제들과 관련시켜 볼 때, 부하린에게는 기계주의와 공상주의의 요소가 매우 강했다. 이는 그의 전이론적인 구상과 특히 무계급 사회의 성격과 기능에 대해 그가 지니고 있던 전제들에서 두드러지게 나타났다. 부하린은 자연과 사회에는 "현상의 객관적인 인과적 합법칙성이 있다"[5]고 생각했다. 그리고 이 합법칙성은 "유기적인" 사회, 즉 공산주의 사회에서와는 달리 "비유기적인" 사회에서 보다 잘 드러난다. 만일 "비유기적인" 사회에서의 여러 현상이 개인의 의지, 개인의 감정, 활동의 교차로부터 발생한다면, 유기적인 사회에서는 이 과정이 "인간의 의지와 독립되어 불가항력적으로 진행되지 않고 중요한 문제들에서 조직화되어 진행된다."[6] 그리고 비유기적인 사회에서 사회적 현상들이 개인들의 의지를 대변해 주지 않고 통상적으로 그것에 반대하거나 오히려 그것을 지배한다면, 이에 반해 유기적 사회에서는 다음과 같은 것이 타당하다.

---

4) Ibid., S.8.
5) Ibid., S.22.
6) Ibid., S.36.

"사회적 현상들은 인간의 의지를 표현하며, 그것에 통상적으로 저항하지 않는다. 인간은 그것들을 결정하는 주인이며, 사회의 억압을, 사회내 불가항력적 자연의 억압을 느끼지 않으며, 이 불가항력적 자연 대신에 이성적이고 사회적인 조직이 존재한다."[7]

그의 강령적인 저작 속에서도 표현되고 있는 부하린의 이 사상에는 단연 사회적 구조와 역사적 과정에 관한 심층적이고 변증법적인 분석보다 얄팍한 기계적 공상적 계기가 분명히 그 저변에 흐르고 있다. 사회적 구조와 역사적 과정은 그 모든 세부적인 것에 이르기까지 법칙적일 수는 없기 때문에 이것이 합리적으로 완전하게 정복될 수는 없지만, 그러면서도 그것은 애초부터 크고 작은 갈등을 각 역사적 단계로부터 배제시킬 만큼 괴리되어 있지도 않다. 그러나 이를 변증법적으로 이해한다면, 이 갈등이 장래에 다른 수단에 의해 해결되어야 한다는 사실이 그 갈등이 없을 수 있다는 것에 대한 증거로 제시될 수는 없다.[8]

부하린은 분명히 변증법의 방법론적인 기본원칙들을 승인하고 있다. 즉, 그는 현상의 상호의존성을 승인하고 있으며, 현상을 그것의 모순성, 내적 변화의 과정, 생성과 소멸, 양질변화의 관점에서 고찰하고 있다. 그러나 그는 변증법적 모순의 근본문제에 있어 잘 알려진 균형이론을 주장했다. 이는 단연 역사적 현상의 기계론적 설명의 잔재이다.[9]

7) Ibid., S.36~37.
8) 부하린의 기계론은 18세기 유물론자들의 견해와 동일한 우연성에 대한 그의 견해에 가장 잘 반영되어 있다. 따라서 그는 "그러므로 우리는 엄격히 볼 때 사회의 역사적 발전에는 우연적인 현상이란 없다는 것을 알 수 있다"고 단정할 수 있다(ibid., S.41).
9) 균형이론은 물론 오래된 기계론적인 개념이기는 하지만, 부하린은 경험비판론자

이 입장에는, 부하린이 결코 변증법을 제대로 연구하지 않았으며 따라서 그의 생각은 필연적으로 공리공론에 빠지게 된다고 레닌이 지적한 부하린의 성격이 아주 극명하게 드러나고 있다. 근본적으로 그는 변증법을 외부로부터의 균형이론으로 대체하려 했다.

"그럼에도 불구하고 우리가 자연과 사회에서 관찰하는 균형은 절대적 균형, 부동(不動)의 균형이 아니라 동적(動的) 균형이라는 점이 중요하다. 이는 무슨 뜻인가? 이는 균형이 나타났다가 즉시 파괴되고, 새로운 토대 위에서 다시 나타나고 다시 파괴되며 이와 같은 과정이 계속 진행된다는 것을 의미한다."[10]

이러한 사실로부터 부하린은 바로 이 균형과 비균형의 동요 속에, '투쟁'과 '모순' 속에, 상이한 힘들의 적대 속에, 운동의 조건이 존재한다고 결론짓는다. 이 모순은 무엇보다도 환경(자연)과 체계(사회) 사이의 동적 대립이며, 체계 자체 내부에서의 적대이다.

"이제까지 우리는 환경과 체계 사이의 모순, 즉 외적 모순에 대해서만 언급했다. 그러나 내적 모순, 즉 체계 자체 내부의 모순도 존재한다. 모든 체계는 이러저러한 방식으로 서로 결합되어 있는 요소들로 구성되어 있다. ……그리고 여기에는 많은 모순, 불합리, 대립이 존재한다. 절대적 균형이란 존재하지 않는다."[11]

만일 부하린이 균형을, 모든 과정의 필연적인 계기라 하더라도 하나의

---

인 보그다노프로부터 이것을 전수받았다. 보그다노프는 1910년 이후에, *Filosofii zivogo opyta*(1920)과 얼마 뒤의 *Tektologii*(1922)에서 균형이론을 발전시켰다.

10) Ibid., S.74.

11) Ibid., S.79.

계기로서 이해하고, 내적 모순을 일정한 발전에 있어서 유일하게 결정적인 것이 아니라 가장 일차적인 것으로 이해했더라면, 그의 사상은 결코 비변증법적이지는 않았을 것이다. 그러나 그의 강조는 일차적으로 균형과 외적 적대에 놓여 있다.

"왜냐하면 체계의 내적 구조(내적 균형)는 체계와 환경 사이에 맺어지는 관계에 따라 변화해야 한다는 것이 분명하기 때문이다. 체계와 환경 사이의 관계가 결정적으로 중요하다. 왜냐하면 체계의 전반적 상황과 그 운동의 근본형태(붕괴, 발전, 정체)가 바로 이 관계에 의해 결정되기 때문이다."12)

"결론적으로 내적(구조적) 균형은 외적 균형에 의존하는 몸체이다(이 외적 균형의 '기능'이다)."13)

부하린은 사회를 인간관계의 복합체계로 보고, 인간의 단순한 총합—정신적 삶이 관념의 단순한 총합이 아니듯이—으로뿐만이 아니라 특별하고 새로운 것으로 보았기 때문에, 그는 다시 근본 문제틀을 자연과 사회의 관계라는 방향으로 잘못 잡았다. 이 점에서 그는 정적 균형(생산력이 미발달된 경우)과 동적 균형(생산력의 발달에 있어 진보나 퇴보에 따라)을 구별한다.

따라서 그는 전체 사회의 동학(動學)을 자연과 사회의 관계의 특징에서 보고 있다. "결론적으로 사회와 자연 사이의 균형의 특징이 모든 것의 관건이 된다. 그리고 생산력은 균형의 정확한 표현으로 사용되기 때문에, 우리는 이것에 따라 균형의 특징 자체를 평가할 수 있다."14)

12) Ibid., S.80~81.
13) Ibid., S.81.
14) Ibid., S.131.

부하린은 혁명의 문제를 생산력과 인간, 즉 계급들의 갈등에서 발생하는 관계들 사이의 갈등으로 보고 있다. 그는 프롤레타리아 혁명을 4단계로 구분한다. 첫째는 이데올로기 혁명, 즉 의식의 혁명화, 둘째는 국가기구를 붕괴시키고 권력을 인수하는 정치 혁명, 셋째는 새로운 경제관계를 창출하는 경제 혁명, 그리고 마지막은 생산력을 가속적으로 발전시키는 기술 혁명이 그것이다.

균형이론의 유력한 기반이 되고 있는 기계론적 도식주의는(비록 이것이 유일한 계기는 아닐지라도) 혁명단계론에서도 강하게 표현되고 있다. 이 이론은 경제적으로 후진적인 나라에서만 일반적으로 적용될 수 있다. 프롤레타리아 혁명은 새로운 사회관계를 건설하기 위해 프롤레타리아트가 권력을 인수해야 한다는 점에서 부르주아 혁명과 다르다는 것이 전적으로 타당하기는 하지만, 각 단계를 완연히 구분하는 것은 사고상의 추상화일 따름이다.

부하린은 이 저서에서 부르주아 사회의 계급 분석과 분류도 시도했다. 이는 후일 많은 맑스주의자들에 의해 수용되었다. 그는 모든 계급사회를 두 개의 기본 계급으로 일단 구분하고, 다음으로 중간계급, 유동계급, 혼합계급형, 그리고 몰락집단으로 구분했다.[15)]

부하린은 특히 제국주의와 사회주의로의 이행기의 문제들에 대한 이론가와 분석가로 부각되었다. 몇 가지 점에서 그의 저작은 레닌의 저작과 차이가 있다(그는 레닌이 제국주의에 대한 논문을 작성하던 때에 그것을 썼다.).

---

15) Ibid., S.331~333을 볼 것. 이미 언급했던 바대로 루카치와 그람시는 부하린의 많은 입장을 신랄하게 비판했으며, A. 데보린도 부하린을 공박했다. 이 논쟁에 대해서는 알도 차나르도(Aldo Zanardo)의 철저한 연구인 "Il 'Manuale' di Bukharin visto dai comunisti tedeschi e da. Gramsci," *Studi Gramsciani* 로마, 1958을 볼 것.

특히 그는 제국주의를 자본주의 발전의 특정 단계로 분명하게 규정하지 않고 그것을 어느 때는 정책으로, 금융자본의 구성 계기 등으로 기술하고 있다.[16)]

반면 부하린은 제국주의의 본질에 대해서는 레닌과 의견이 일치하고 있다. 특히 제국주의에서의 국민경제의 독점구조에 대해, 금융자본의 우위에 대해, 그리고 경제외적 관계의 특수형태에 대해서 그러하다. 제국주의에 관한 분석에서 그는 특히 부르주아 국가의 역할을 강조했는데, 국가자본주의는 주로 전쟁에 기인하며 독점자본주의가 한 단계 더 발전한 것이라고 명확하게 제시했다. 왜냐하면 "금융자본은 어느 정도까지는 한 나라에서의 자본주의적 생산의 무정부성을 제거하기 때문이다. 제각기 서로 싸우던 기업가들이 국가자본주의적 트러스트로 통합된다."[17)] 자본주의에서의 국가의 역할의 강화, 국가 계획과 국가 조직에로 부르주아지의 예속, 국가 기구 측에서의 많은 경제적 · 정치적 전문인의 채용—이를 부하린은 이런 조치를 통해 국가 지배를 공고화하는 대자본의 강화로만 보고 있다.

"국가자본주의는 대자본가의 엄청난 강화를 의미한다. 프롤레타리아 독재하에서 소비에트 권력, 노동조합, 공산당 등이 더욱 밀접하게 협조할수록 노동계급이 강성해지는 것처럼, 부르주아 지배 하에서는 모든 부르주아 조직체들이 서로 더 공고하

---

16) 그래서 그는 『공산주의의 ABC』에서 다음과 같은 정의를 예로 들고 있다. "금융자본이 판매시장, 원료공급지와 자본투자장소를 차지하기 위한 투쟁에서 취하는 침략정책을 제국주의라 부른다."(부하린과 E. 프레오브라첸스키, 『공산주의와 ABC』, 함부르크, 1921, S.99. 이 책에서 내가 인용한 모든 구절은 부하린이 쓴 것임을 밝혀 둔다). 또한 제국주의에 관한 저술에서 "제국주의는 생산조직이 상당히 성숙하여 큰 비중을 차지하게 된 고도로 발달된 자본주의, 즉 금융자본주의 정책이다."(『제국주의와 세계경제』, 베를린, 1929, S.149).

17) 부하린과 프레오브라첸스키, 『공산주의의 ABC』, 함부르크, 1921, S.90.

게 연결될수록 부르주아 계급은 더욱 강력해진다. 국가자본주의가 부르주아 조직체를 중앙집중화하여 그것을 통일적인 하나의 조직기관으로 전환시킴으로써, 그것은 자본이 강대한 힘이 되도록 돕는다. 바로 여기에서 부르주아 독재가 그 승리를 구가하는 것이다."[18]

부하린은 한 국가 내에서의 경쟁의 다소간의 배제, 임금상승과 계급투쟁의 완화를 이런 국가화의 직접적인 귀결로 간주한다. 부하린에 의하면 이렇다 하더라도 자본주의는 그 근본문제를 해결하지 못했다. 왜냐하면 이를 통해 자본주의 강대국들 간의 경쟁만 강화될 뿐이기 때문이다.

"대기업이 국가자본주의적인 트러스트로 조직되기 때문에 물론 개별 국가들 내에서는 생산의 무정부성과 경쟁이 다소간 사라진다. 그러나—국가자본주의적인 트러스트 자체들 간의 투쟁은 더욱더 격렬하게 타오른다. ……이제는 어마어마하게 강대해진 자본주의적 세력이 경쟁자로 등장한다. 그리고 그들의 경쟁전은 다른 어떤 것과 비교될 수 없을 정도로 엄청난 낭비와 황폐화를 가져온다. 왜냐하면 국가자본주의적인 트러스트의 경쟁은 무장 '평화' 속에 표현되고 궁극적으로는 파괴전쟁으로 비화되기 때문이다. 따라서 금융자본은 개별 국가들 내에서의 경쟁을 근절하지만 그 국가들 간의 어마어마하고 격렬한 경쟁을 초래한다."[19]

이 과정 속에서 부하린은 자본주의의 위기의 필연성과 이에 따른 그 붕괴의 필연성을 보았다. 자본주의의 특징적인 발전에 대한, 그것도 특히 국가자본주의적인 경향이 가장 강렬하게 표출되었던 제1차 세계대전의 시기에 드러난 자본주의의 특징에 대한 부하린의 분석은 본질적으로는 레

18) Ibid., S.109. 또 『제국주의와 세계경제』, S.131.
19) 부하린과 프레오브라첸스키, ibid., S.91~92. 또 『제국주의와 세계경제』, S.133.

닌의 분석과 일치한다. 그는 국가자본주의를 사회주의로 이행하는 마지막 단계로 보았다. 당시에는 국가의 자립화, 즉 부르주아지의 개인적인 이해와 반드시 조화되는 것은 아닌, 국가의 이러한 분리·발전의 법칙에 관해 논의될 수 없었던 것은 당연한 일이다. 왜냐하면 그런 과정이 당시에는 존재하지 않았기 때문이다. 국가자본주의적인 조직형태는 거대 금융자본에 의해 새로운 경제적·정치적 이해 영역을 둘러싼 투쟁에 이용되었다.

그럼에도 불구하고 부하린은 지나치게 자본주의의 이 단계가 생산의 무정부성과 경쟁을 극복했다고 가정하고, 그리고 특히 그러한 계획자본주의 내에서는 교환가치 자체가 폐기되어, 끝내 화폐의 성격마저 변화될 것이 분명하다고까지 가정했던 점에서 너무 극단적이었다.[20] 이 견해는 어떤 문제점에 있어서는 조직화된 자본주의에 대한 사회민주주의적인 입장에 가까웠다. 그런데 대공황이 이 견해를 가장 명백하게 반박했다. 국가의 도움으로 사회주의적인 개량을 실행할 수 있다는 자본주의에서의 국가의 역할에 대한 사회민주주의자들의 개량주의적인 견해에 부하린은 결코 동조하지 않았다. 전쟁의 참화로 종말을 고할 제국주의 강대국들 간의 균형의 교란이 프롤레타리아 혁명의 본질적인 전제가 되리라는 것이 부하린의 기본시각이었다.[21]

레닌과 프레오브라첸스키(Preobrazensky)를 제외하면 부하린이 이행기

---

20) 이행기에 관한 저서에서 그는 다음과 같이 썼다. "금융자본은 자본주의 강대국 내부에서 생산의 무정부성을 지양했다."(*Ökonomik der Transformationsperiode*, 함부르크, 1922, S.5). "금융자본이 행한 생산관계의 재조직은 상품시장을 지양하고, 화폐를 계산단위로 변질시키고, 생산을 국가의 척도에 따라 조직하고, 진 '국민경세의' 메커니즘을 세계경쟁, 즉 특히 전쟁의 목표하에 종속시키면서 국가자본주의적인 보편조직의 방향으로 진행되었다."(ibid., S.37).

21) 부하린은 위의 저서와 그 밖에 특히 『이행기의 경제학』에서 이 입장을 완성했다.

의 많은 문제를 심도있게 파헤친 거의 유일한 이론가이다. 우리가 언급했던 그의 여러 일반적인 이론적 견해와 마찬가지로 이에 대한 일련의 그의 견해들은 후일 반(反)부하린 선전 속에서 격렬하게 공격받았고 많은 선전에서 날조되기조차 했다. 그는 프롤레타리아 독재를 생산수단이 사회 전체에 속하지 않고 "프롤레타리아트와 그의 국가 조직"[22]에 속하는 이행기로 간주한다. 그러므로 이 시기에는 계급사회, 지배계급, 이 계급의 생산수단의 독점, 국가 통치 등등이 여전히 존재한다. 그럼에도 불구하고 자본주의적 계급의 저항이 분쇄됨에 따라, "프롤레타리아 독재의 사회질서는 혁명 없이 공산주의로 이행한다."[23] 그는 프롤레타리아 독재를 맑스와 레닌과 같은 의미에서 자본주의와 공산주의 사이의 이행기로 이해한다. 국가 조직에 대한 무정부주의적인 부정과 민주주의에 대한 사회민주주의적인 이해에 대한 예리한 논박에서 부하린은 프롤레타리아 독재의 시기는 새롭고 더욱 폭넓으며 한층 깊이 있는 민주주의를 의미한다고 밝혔다. 이 새로운 민주주의의 형태가 소비에트(평의회)와 소비에트 권력이다.

"프롤레타리아 민주주의의 본질은 생산수단을 노동하는 사람들의 소유로 넘겨주고 이렇게 함으로써 부르주아지에게서 권력을 탈취하는 데 있다. 이 민주주의에서는 과거에 억압받던 대중과 그들의 조직이 지배기관으로 된다…… 소비에트민주주의를 통해 노동자 조직들은 통치에서 배제되지 않을 뿐만 아니라 도리어 그 조직들이 이 통치의 기관이 된다."[24]

그리하여 최초로 광범위한 인민계층이 통치에 같이 참여함으로써 소비

22) 부하린과 프레오브라첸스키, ibid., S.69.
23) Ibid., S.70.
24) Ibid., S.162~163.

에트 권력은 노동하는 사람들의 각 분야에 걸친 가장 광범위한 자기통치와 광범위한 대중의 사회통치에로의 편입을 실현시킨다. 그러한 인민조직과 권력의 충분한 발휘를 보장하기 위해, 촌락에서는 빈농의 조직이, 공장에서는 노동자 조직과 그 기관이 감독을 맡아야 한다. 그러나 특히 국유화된 기업에서 단지 감독에만 그치지 않도록 하기 위해, 레닌의 견해와 일치하여 부하린은 이미 『공산주의자 강령』에서 다음과 같이 쓰고 있다.

"여기에서 분명한 것은 감독만을 가지고서는 일이 진전되지 않으며, 노동감독뿐만 아니라 노동자에 의한 산업의 통치가 필요하다는 사실이다. 노동자 조직 · 공장평의회 · 노동조합 · 노동자 대표 평의회의 경제분과 그리고 마지막으로 노동자와 농민의 권력기관(여러 종류의 특별위원회, 국민경제평의회 등), 이런 것들은 감독 조직일 뿐만 아니라 통치 조직이기도 하다."[25]

한 공장의 노동자가 공장을 자기 소유로 여겨 경제적으로 모든 것에 해를 끼칠 뿐인 상호 경쟁을 하지 않도록 하기 위해,

"각 공장과 작업장에 노동자의 통치가 있어야 한다. 그러나 다수가 이 공장의 핵심 노동자들로부터 선출되어야지 문제가 많은 경영 분야의 노동조합, 노동자 대표평의회, 그리고 끝으로 국민경제의 구역 평의회로부터 파견된 노동자들로 구성되도록 해서는 안 된다."[26]

부하린도 이미 1919년 레닌과 더불어 소비에트 기구에서의 관료주의의 경직화와 이에 따른 위험에 대해 지적했던 인물들 가운데 하나이다. 그는

25) 부하린, 『공산주의자 강령』(*Das Programm der Kommunisten*), 빈, 1918, S.33.
26) Ibid., S.33~34.

도시와 특히 더욱 열악한 농촌에서의 불충분한 발전과 교육, 정치영역에서의 경험 부족, 구태의연한 부르주아적 스타일과 습관을 갖고 있는 전문가들, 군대나 전선으로의 인재 유출과 같은 여러 가지 상황을 그 이유로 보았다.

"이런 모든 상황이 우리의 과업을 극심하게 어렵게 하고 있으며 어느 정도까지 소비에트 질서 내부에 부분적인 관료주의의 재생을 촉진시키고 있다. 여기에 프롤레타리아트의 커다란 위험이 도사리고 있다. 프롤레타리아트는 과거의 관료 국가를 밑으로부터 다시 소생시키기 위해 그것을 파괴한 것이 아니다. 공산당은 이 위험을 예방해야 한다. 이는 대중 자체의 임용을 통해서만 가능할 수 있다. 가장 중요한 것은 자연스럽게 노동자·농민대중의 문화적 수준을 높이고, 그들을 계몽하고 기본 교양을 증대시키는 것이다. 이 밖에도 다른 많은 조치가 필요하다."[27]

당의 이름으로 부하린은 국가 행정 업무에 평의회의 모든 위원들의 의무적인 협력과, 관료화를 피하기 위한 계속적인 업무교체 같은 조치들을 권고하고 있다. 그리고 마지막으로 "일반적인 노동조직으로서의 당은 전 노동대중을 예외없이 국가 통치에 점진적으로 임용할 것을 권고하고 있다. 여기에 바로 우리 정책의 기조가 놓여 있는 것이다."[28]

이행기 사회의 구조적 변동과 관련하여 부하린은 "특히 프롤레타리아트가 국가를 통치하고 프롤레타리아적 생산 국유화가 이룩되면 부르주아 사회의 특수 범주로서의 잉여가치의 창출과정이 중지된다"[29]고 확언하고 있다. 잉여가치의 형성은 재생산과정의 확대에 투여되는 잉여생산의 형성

27) 부하린과 프레오브라첸스키, ibid., S.183~184.
28) Ibid., S.184.
29) 부하린, 『이행기의 경제학』, 함부르크, 1922, S.79.

으로 전환된다.

노동자계급의 다양한 조직체들(평의회 · 노동조합 · 당 등등)이 지배의 토대를 형성하기 때문에, 이 기관들이 노동자계급의 국가 조직인 프롤레타리아 소비에트 국가와 어떤 관계를 갖는가에 대해 물을 필요가 있다. 부하린은 이 문제를 국가주의적으로 해결하는데, 이 점에서 그는 레닌의 견해와 충돌한다.

> "노동조합의 '국가화'와 모든 프롤레타리아 대중조직의 사실적인 국가화는 전환과정 자체의 내적 논리로부터 도출된다. 노동기구의 가장 작은 핵세포도 노동자계급의 집단 이성에 의해 계획적으로 수행되고 지도되는 일반적인 조직과정의 담당자로 전환되어야만 한다. 이 이성의 물질적인 구현체가 모든 것을 통괄하는 최고 조직인 국가 기구이다. 그래서 국가자본주의 체제는 변증법적으로 그것의 전도형태인 노동자 사회주의의 국가 형태로 전환된다."[30]

부하린에 따르면 국가자본주의는 적대적인 사회관계에 의거하여 자본의 지배 하에 이루어진 생산과정의 국유화이다. 그렇기 때문에 사회주의는 그의 의견에 따르면 국가자본주의라 불리울 수 없다. 왜냐하면 사회주의는 자본주의를 원칙적으로 배제하기 때문이다. 그가 "국가사회주의"라고도 부른 사회주의 독재는 국가자본주의의 변증법적인 부정이다.[31]

프롤레타리아 독재에서의 경제적 주체는 집단으로 조직화된 노동자계급인 프롤레타리아트의 국가이다. 그러므로 여기에서는 생산이 잉여가치의 생산이 아니며, "생산과정이 사회적 욕망의 계획적인 충족의 수단으로 이

30) Ibid., S.86.
31) Ibid., S.129~131.

용된다."[32] 이로부터 부르주아 국유화와 사회주의 국유화는 본질적으로 다르다고 단정할 수 있다. "부르주아 국유화는 국가자본주의 체제로 나아간다. 프롤레타리아 국유화는 사회주의 국가 형태로 나아간다."[33]

이러한 이행 과정 중에 경제적 기본 범주들도 변화한다. 그래서 예를 들면 상품은 상품의 성격을 잃고 생산물이 된다. 그 불가항력적 힘의 자리에 의식적인 사회적 조종자가 대신 들어서게 되며, "따라서 자본주의 상품체계의 균형을 유지시키는 범주인 가치는 상품생산이 급격히 축소되고 균형이 결여된 이행기 동안에나 이용될 수 있다."[34] 이와 똑같이 임금도 내용 없는 명목이 된다. 왜냐하면 노동자계급이 "지배계급인 곳에서는, 임금노동이 사라지기 때문이다. 사회주의 생산에서는 임금노동이란 존재하지 않는다."[35]

신경제정책(NEP) 시기에 그의 주장과 맞지 않는 새로운 것이 많이 발생했다는 항의가 들어왔을 때 부하린은 1921년 독일어판 후기에서, 이 비판가들은 한 과정을 '이념적인 도면'에 그려넣는 문제의 추상적인 연구와, 추상적인 제시보다 훨씬 더 복잡한 경험적 현실 간의 차이를 이해하지 못하고 있다고 답변했다.

그럼에도 불구하고 이와 동시에 강조되어야 하는 것은, 부하린의 노력은 이행기의 복잡한 문제들을 이론적으로 설명하려는 최초의 시도들 중의

32) Ibid., S.131. 스탈린이 1952년에 사회주의의 기본법칙으로 천명했던 것이 이미 여기에서 정식화되어 있음이 발견된다. 다른 구절에는 이것이 더 자세하게 언급되고 있다. "자본의 지배 아래에서는 생산이 잉여가치의 생산, 즉 이윤을 위한 생산이다. 프롤레타리아트의 지배 아래에서는 생산은 사회적 욕망의 충족을 위한 생산이다."(ibid., S.138).

33) Ibid., S.136.

34) Ibid., S.166.

35) Ibid., S.167.

하나로서 중요한 것이지만, 그것은 실제 과정보다 이념적인 그림의 계기를 더 많이 묘사하고 있는 데서 불충분성을 보여 주고 있다는 사실이다. 그 그림에는 과거 사회질서의 전통과 구조가 새로 짜여진 사회질서의 구조와 합법칙성에도 여전히 필요한 것으로 그려져 있지만, 그보다는 오히려 실제에 있어서의 그것들 간의 모순, 대립적 경향, 어려움, 부정성 등을 폭로하는 것이 복잡한 관계를 이해하고 통제하는 데 훨씬 더 중요했을 것이다.

그러나 부하린은 그의 일면성과 이론적인 불충분성에도 불구하고 모든 점에서 교양 있는 인물이었다. 또한 그는 현대 역사의 운동이 안고 있는 기본적이고 풀기 힘든 문제들을 독자적이고도 대담하게 분석한 맑스주의자였다. 레닌이 살아 있던 때에 이미 그는 민족문제뿐 아니라 소비에트 혁명과 소비에트 정부의 문제에 있어서도 레닌과 심각한 갈등에 빠졌다. 그는 급진적인 극좌파의 편을 들었다. 레닌은 당연히 이와 싸웠다.[36]

몇 가지 점에 있어서는 부하린도 그의 견해가 잘못되었음을 시인했다. 그러나 그는 어쨌든 간에 책에 나와 있는 것뿐만 아니라 자기 자신의 분석을 표준으로 삼았으며, 비맑스주의적인 이론가들과의 꾸준한 대화를 갖고 그들의 긍정적인 결과도 인정하는 것을 겁내지 않은 그런 유형의 맑스

---

36) 『공산주의자 강령』에서 예를 들어 그는 "여기에서의 논의대상은 민족(노동자와 부르주아지를 합친) 자결권이 아니라, 노동계급의 권리이다. 이른바 '민족'의 의지는 우리에겐 철두철미 신성한 것이다. ……그러므로 우리가 논의하고 있는 대상은 민족자결권이 아니라 모든 민족의 노동계급의 반대의 권리인 것이다."(ibid., S.59). 레닌은 트로츠키와 부하린의 국가주의적인 노동조합의 개념에 강력하게 반대할 수밖에 없었으며, 어떻든 레닌은 우리가 이미 알고 있듯이 당연히 이 입장을 비판했다. 부하린은 노동조합에 대한 그의 의견을 『공산주의의 ABC』에서 가장 명확하게 정식화했다. "따라서 노동조합뿐만 아니라 각 단체도 국가행정을 경제분과와 기관에로 전환시키는 방향에서, 즉 그들의 '국가화'의 방향에서 발전되어야 한다."(『공산주의자 강령』, S.281).

주의자에 속했다.

1926~1927년에 그는 트로츠키, 지노비에프, 카메네프와 같은 반대파의 가장 능동적인 적의 하나로서 스탈린과, 농민을 사회주의로 나아가는 평화적인 길의 동지로 보는 노선을 지지했다(그는 당시에 유명한 슬로건인 '주린 배를 채워라!'라는 말을 만들어 냈다.). 스탈린이 강제 집단수용으로 급선회한 후에 부하린은 리코프, 톰스키와 함께 반대파에 가담했다. 그는 이른바 '우익 편향' 때문에 심판받았고(1929), 점차 모든 중책에서 물러나 '트로츠키주의 중심부'에 대한 재판에서 신랄하게 공격받았으며, 1937년 중앙위원회에서 축출, 연금되고, 1938년의 조작된 재판 뒤에 A. 리코프, G. 야고다, N. 크레스틴스키, G. 그린코 등과 함께 총살되었다.

## '기계론자'와 '변증법론자'의 투쟁

부하린의 기계론적인 생각은 그 당시 특수한 경우가 아니었다. 맑스주의와 이론적인 사상의 발전에 있어 이 시기에 우리는 가장 열등한 속류 유물론[앙스멘F. Enčmen]으로부터 모든 철학의 급진적인 거부[미닌O. Minin]을 거쳐 가장 극단적인 관념론에 이르기까지 가장 현격한 사상의 난립을 보게 된다.37) 그럼에도 불구하고 기본적인 이론적 투쟁은 기계론자와 철

37) 그들 중 대다수가 그들의 교수직을 잃고 국외로 추방되었다. 그들 중에 베르쟈예프(N. Berdjajev), 로스키(N. Loskij), 카르자빈(L. Karsavin) 등이 있었다. 특히 언급되어야 할 것은 랴자노프(D. Rjazanov)와 뒤에 아도라트스키(V. V. Adoratsky)의 지도 하에 레닌의 전집을 발행하고 다음으로 아직 끝나지 않은 맑스와 엥겔스의 원전(MEGA)의 유명한 편집을 시작한 맑스-엥겔스-레닌-연구소가 설립되었다는 사실이다. 이 판에서 최초로 유명한 『경제학 철학 초고』, 『독일 이데올로기』와 『자연변증법』도 발행되었다. 제주이트회원인 베터(G. Wetter)가 그의 저서인 『변증법적 유물론』(*Der dialektische Materialismus*), 프라이부

학자 데보린(Deborin) 그룹 사이에 벌어졌다.

그들 사이에서(스테파노프I. Stepanov, 티미랴체프A. K. Timirjazev, 사라뱌노프V. Sarabjanov, 악셀로드L. Akseljrod) 수많은 논쟁, 더욱이 종종은 대립된 의견들이 있었다 하더라도, 철학은 실증과학들에 비견해 볼 때 단지 신화와 공리공론에 지나지 않는다고 가정한 점에서 기계론자들의 생각들은 유사했다. 그리고 모든 새로운 문제를 해결하는 것은 실증과학으로 충분하고, 기계적인 법칙이 모든 방식의 자연 운동을 설명하는 데 충분하다고 생각한 점에서도 유사했다.

이런 입장은 현실의 질적 다양성만큼이나 복잡한 문제들을 이론적으로 극히 낮은 수준에서 파악한 데서 비롯된다. 더욱이 고차적인 법칙 서열을 저차적인 것으로 환원시킬 수는 없다. 역사가 갖는 문제들에는 전혀 묵묵부답인 이와 같은 일면성을, 우리는 모든 기본 전제와 동시에 모든 여타의 이론적인 문제들의 해답을 발견했다고 믿는 자연과학의 대표자들에게서 종종 보게 된다. 이런 과정에서 철학은 불필요하다는 확신 속에서 그들의 입장은, 이미 엥겔스가 언급했듯이, 가장 천박한 유물론이나 관념론으로 다시 빠져 버렸던 것이다.

기계론의 신봉자들 중에서 L. 악셀로드는 어느 의미에서는 배제된다. 그는 기본적인 철학적 교양을 갖추고 있었고, 신칸트주의자와 수정주의자들과의 토론으로 이름을 날렸으며 플레하노프와 함께 변증법적 유물론의 입장을 견지했었다. 후에 L. 악셀로드는 레닌의 반영론을 극렬하게 공격하면서 여기에서 플레하노프의 상형기호론(Hieroglyphe)을 지지했다.

---

르크, 1953에서 소련에서의 철학의 발전에 대해 지금까지는 가장 완벽하게 설명하고 있다. 소련에서의 맑스주의 철학에 대해 비판은 이 책에서는 물론 네오토미즘의 입장에서 나온 것이다.

A. 데보린을 중심으로 한 일단의 맑스주의자들이 이 생각에 적극적으로 반박했는데, 여기에 N. 카레브(N. Karev), 스텐(J. Sten), 포드볼로츠키(I. Podvolocki), 레비트(S. Levit), 루폴(I. Lupol), 헤센(B. Hessen) 등이 꼽힌다.

데보린은 이미 변증법적 유물론에의 입문과 신칸트학파에 대한 투쟁으로 명성을 떨치고 있었다. 혁명 후에 그는 변증법의 상세한 연구, 특히 헤겔 변증법의 연구에 전념했다.[38] 데보린과 그의 지지자들은 1925년의 엥겔스의 『자연변증법』의 발행과 1929년의 레닌의 『철학노트』의 발간을 환영했다. 왜냐하면 그들은 그 책들 속에서 헤겔 철학이 맑스주의와 변증법 일반의 이해와 연구에 대해 갖는 지대한 의미가 고전적으로 충분히 입증되고 있음을 발견했기 때문이다.

변증법적 유물론에 대한 데보린의 기본 견해는 맑스주의 철학이 세 부분으로 구성된다는 테제 속에 포함되어 있다. 맑스주의 철학은,

> "일반적인 과학적 방법론으로서의 유물론적 변증법(이것은 인식론도 포함한다), 자연과학의 방법론으로서의 자연적 변증법(자연과학적인 사적 유물론), 그리고 역사 변증법(사적 유물론)으로 구성된다."[39]

---

38) 그의 주저는 『변증법적 유물론 철학 서설』(*Ein führung in die Philosophie des dialektischen Materialismus*, 1915), 『사상가로서의 레닌』(*Lenin als Denker*, 1924), 『철학과 맑스주의』(*Philosophie und Marxismus*, 1926)과 『변증법과 인식』(*Dialektik und Erkenntnis*, 1929)이다.

39) 데보린, 『변증법과 인식』, 모스크바/레닌그라드, 1929, S.23. 이 책은 논설모음집으로 이루어져 있다. 위에 언급된 사상은 *Voinstvujuscij materialist*지에 처음 발표되었던 논설인 「유물론적 변증법과 인식」(*Materialistische Dialektik und Erkenntnis*)에서 유래한다.

그는 엥겔스의 자연의 변증법에 대한 자세한 설명에서 이런 생각의 분명한 증명을 발견했다. 물론 이 의견은 철학을 변증법과 논리학으로 본 엥겔스의 입장과는 상이하며, 근본적으로 볼 때 『철학적 학문의 엔치클로패디』에 나와 있는 헤겔의 철학관을 뒤집어 놓은 것이다.

여기에서 우리는 데보린이 헤겔의 범주적 도식을 해체하지 못하여 철학의 대상을 이와 같이 규정하게 되었음을 간파할 수 있다. 다시 말해 데보린은 철학의 대상을 자연, 사회 및 사고의 영역을 포괄하는 일반적인 방법론으로 환원시키고 있다.

"변증법은 이런 식으로 해서 일반적인 방법론을 제시한다. 특수 학문으로서의 철학의 내용과 대상은 근본적으로 방법론으로 환원된다. 전체를 포괄하는 방법으로서의 유물론적 변증법이 구체적이고 경험적인 모든 과학들에 두루 관철되어야 한다. 왜냐하면 그것은 말하자면 구체적인 내용에다 내적 연관을 갖추는 대수학이기 때문이다."40)

여기에서 데보린은 당시 부르주아 철학이 보이고 있던 방법론적인 관심의 영향 하에 있었던 엥겔스의 몇 가지 사상을 따르고 있다. 이를 통해 분명히 철학은 그 영역뿐만 아니라 그 의미마저도 협소해졌으며, 더 나아가 후일 스탈린주의로 기괴한 형상을 쓰고 나타나게 된다.

이에 반해 기계론에 대한 데보린의 비판과 관련해서 볼 때 이러한 환원은 정당하다. 왜냐하면 이것은 모든 문제점들에 대한 한층 깊이 있는 이해와 유물론적 변증법의 몇 가지 주요 원리에 근거했기 때문이다. 데보린

40) Ibid., S.31. 다른 구절에서도 "철학은 '실재과학들' 속에서 지도적 역할을 하는, 더 정확히 말해서 지도적 역할을 해야 하는 방법론, 즉 변증법으로 환원된다."(ibid., S.55).

파는 개별적인 현실 영역의 상호관계라는 극히 중요한 문제에 해답을 제시해 주는 양·질 관계에 대한 변증법적인 기본법칙을 제시했다.

데보린은 변증법적 유물론에 대한 그의 이해에 기초하여 특히 방법론으로서의 변증법 연구를 고집했다. 그렇기 때문에 헤겔도 그의 철학적인 관심과 탐구의 중심 인물이 되었던 것이다. 여기에서 흥미있는 비교가 머리에 떠오른다. 루카치도 같은 때에—마찬가지로 헤겔과 맑스의 입장으로부터 출발하여—사회 의식과, 이것이 계급 및 경제적 구조와 갖는 관계를 문제틀로 삼아 이를 분석했으며, 물신화, 그와 연관된 현상들을 분석했다. 이것들은 현대 인간과 그의 현실적인 해방의 문제들을 위해, 그리고 새로운 휴머니즘의 구상을 위해 중요한 것이다.

맑스주의 사상에 있어 가장 값진 기여의 하나로 꼽히는 루카치의 노력은 똑같이 헤겔과 맑스에서 출발했던 데보린(그리고 다른 많은 사람들)에 의해 곧바로 헤겔주의적 관념론이라고 극히 신랄하게 공격받았다. 이는 대부분이 루카치의 사상을 대하는 근본적으로 부정적인 태도에 기인했다. 이는 후에 많은 점에서 공식 입장이 되었던 데보린의 입장이 어떻게 그 배타성 때문에 인간과 역사에 대한 실증주의적 견해에 빠지게 되었으며, 모든 위대한 철학과 마찬가지로 시대의 표현인 동시에 시대의 비판이어야 할 맑스주의 철학 자체를 실증주의적으로 파악하게 되었는가 하는 점을 분명하게 밝혀 준다.[41)]

1929년에 데보린 파는 모든 근본 문제들에서 승리하고, 나아가 여러

---

41) 데보린은 그의 비판 "*Georg Lukács i ego kritika marksizma*"를 1926년에 발표했다. 자신의 협소한 정통 입장에서 데보린은 루카치의 책을 맑스주의에 대한 비판으로 간주하였으나, 이로써 몇 가지 올바른 비판점을 제외하면 그가 루카치의 노력의 수준에 미치지 못하고 있으며 그의 분석의 의미를 제대로 파악하지 못하고 있음을 보여 주었다.

기관에서 요직을 장악하게 되었다. 토론과 논박의 일면성에도 불구하고, 그리고 늘 맑스주의 철학이 갖고 있는 몇 가지(결코 모든 것이 아닌) 기본 문제만을 해결하고자 했던 소비에트 맑스주의자들이 맑스주의와 그 시대의 다른 많은 근본 문제들을 도외시하고, 심지어 거들떠보지도 않았음에도 불구하고, 이 시기 소련(UdSSR)에서의 맑스주의 사상의 발전은 의심할 여지없이 가장 결실 있는 것이었다. 이 시기의 기본적인 긍정성은 광범위한 토론의 자유에 있었으며, 이는 많은 철학적이고 사회적인 문제들을 해결했다.

그렇지만 데보린 그룹이 이룩한 업적의 정점은 곧 그 종말의 시작이었다. 사회적 위상과 정치적 세력판도가 이 시기에 근본적으로 변화했다. 앞으로도 논의의 주제가 될 국가화의 과정이 점점 더 폭을 넓혀 갔다. 트로츠키 파와 부하린 파는 이미 패배했으며 스탈린의 정치적 경력은 그 정점에 도달했다. 비판에 변화가 일기 시작했다. 레닌의 이름으로 당의 원칙이 모든 정신생활의 알파요 오메가가 되었다. 그리고 이 원칙은 이제 정치 지도부에 대한 무조건적인 복종을 요구했으며, 이론과 실천의 통일은 국가 정책이 취하는 각 정치적 단계, 각 조치에 대한 이론적인 미화(美化)로서 이해되어야 했다.

데보린 그룹마저도 비당적(非黨的), 비혁명적인 것으로, 그리고 결국은 비맑스주의적인 것으로 낙인찍혔다는 것은 이런 과정에서나 논리적으로 보인다. 그들은 헤겔을 고수한 점과 문제들의 추상성 때문에 비난받았고, 데보린 파가 한번도 철학자는커녕 이론가로도 여기지 않았던 스탈린이 바로 이 모든 운동의 주역이었다는 사실을 도외시하더라도, 플레하노프를 과대평가한 것은 정치적이고 이론적인 범죄로 여겨졌다.

이론적인 영역에서의 이와 같이 급격한 변화는 정치적 영역의 급격한 변화에 정확히 상응하는 것이었다. 트로츠키주의가 패배하고 스탈린이 경제정책 특히 농업정책을 전환한 후, 즉 부하린의 견해가 패배한 후인 1929년부터는 스탈린의 견해만이 공식 입장이 되었다. 국가 및 당적에서의 관료제에 근거하고 있는 절대적 정치 지배는 맑스주의와 사회주의에 대한 스탈린적인 이해에 따라 정치적 심급의 이론적이고 이데올로기적인 영향력에서도 그에 상응하는 바를 일으키고야 만다.

이데올로기 영역에 대한 스탈린의 이러한 간섭과 모든 이론적인 작업의 관료주의적인 조종의 시작은 '대격변'과 같은 해에 일어나는데, 이때 그는 1929년 12월 27일의 농업학자들의 회의에서 다음과 같이 선언했다.

"설사 사회주의 건설의 실천적 성과에 대해서는 자부심을 가질 만한 이유가 있다고 할지라도, 일반적으로 경제학 분야, 특히 농업 분야에서의 우리의 이론적 연구의 성과에 대해서는 똑같이 말할 수 없다. 오히려 우리는 이론적인 사고가 우리의 실천적인 성과와 공동보조를 유지하지 못하고 있음을 인정해야 한다. 그리고 우리는 실천적인 성과와 이론적인 사고의 발전 사이에 확실한 틈이 있음을 명시해야 한다. 그럼에도 불구하고 이론적인 작업은 실천적인 작업에 보조를 맞출 뿐만 아니라 이론이 실천에 선행하여, 사회주의의 승리를 위해 투쟁하고 있는 우리 실천가들에게 무기를 제공해 주어야 할 필요가 있다."42)

42) J. V. 스탈린, 「소련 농업정책의 제문제」(*Zu Fragen der Agrarpolitik in der UdSSR*), 「맑스주의 농학자 협회에서의 연설」, 1929년 12월 27일, 전집 Bd. 12, S.125~126. 스탈린은 이미 소련 공산당(볼셰비키) 중앙위원회 총회에서 부하린을 '우익 편향'이라고 신랄하게 비판했으며, 농업정책의 문제에 대한 연설에서 그는 부하린의 균형이론을 매우 정치적으로 특징지웠다. "이 이론이 레닌주의와 공통점이 없다는 것을 이해하는 것은 어렵지 않다. 이 이론이 객관적으로 개인적 농업경영의 입장을 변호하고 집단경제와 투쟁하고 있는 쿨락(부농) 분자에게 '새로운' 이론적 무기를 제공하여 집단경제의 입장을 실추시키려는 목적을

이것이 결정적인 신호였다. 이와 같은 상황에서는 자신의 이론적인 평범성을 이른바 이론적인 급진성으로 보충하려 하는 사람들이 늘 있기 마련이다. 이것의 급진성은 정치적 준거를 가지고 그것들을 과학이나 철학에 적용하는 데에 있다. 물론 그렇다고 하더라도 이론적인 재판관으로서의 정치적인 준거는 그 자체로 충분하지 않음을 자백하기는 한다. 그러나 그들은 정치적 심급을 우상화하고 이렇게 함으로써 정치적 심급은 절대 재판의 대권을 잡게 된다.

이런 상황에서 특히 미틴, 유딘(Judin), 라리체비치(Raljčevič)가 등장했다. 이들은 1930년 6월 7일 『프라우다』에 「맑스-레닌주의 철학의 새로운 과업에 대하여」라는 기사를 발표했다. 여기에서 그들은 양 그룹을 공격하고 데보린 파를 '형식주의자'로 낙인찍었다. 데보린 파는 이 고발에 날카롭게 반응했다. 상호 비방을 통해 논쟁은 더욱 격렬해졌다. 데보린이 문제 제기와 문제 해결의 수준이 낮고, 부차적인 주제들을(예를 들면 플레하노프와 레닌 중에서 철학자로서 누가 더 위대한가.) 거론하고 있다고 비판하고 나서, 훨씬 더 중요한 문제들이 철학자들을 기다리고 있다고 지적하자, 유딘과 미틴은 그들이 당에 의해 제기된 모든 중요한 문제들을 경시하고 있다고 데보린 파를 단죄했다.

미틴을 위시한 그룹이 데보린 파에게 가한 모든 비난은 근본적으로 다음과 같은 일반적인 테제로 환원될 수 있다. 즉 데보린 파는 맑스주의 철학의 발전에 있어 레닌주의의 단계를 승인하지 않았으며, 철학을 정치로부터 분리시켜 일상 국가와 당 정책의 구체적 과업을 철학으로 완성하지

---

갖고 있다는 것을 이해하는 것은 어렵지 않다."(ibid., S.127~128).

않았다.

이 논박과 관련하여 미틴은 『프라우다』에서 — 데보린이 철학자로서의 플레하노프를 과대평가했다고 비판하면서 — 데보린 파의 근본적인 불충분성을 다음과 같이 규정했다.

> "역사적인 것에 반하여 논리적인 것에 집착, 구체적인 것(경험적으로 구체적인 것이 아니라 변증법적으로 구체적인 것)에 반하여 추상적인 것에 집착, 변증법과 그것의 적용 사이의 분열, 철학과 정치의 분열."[43]

1930년 10월 20일에 개최된 공산주의 아카데미 의장회의에서 벌어진 토론에서와 마찬가지로 이번에도 미틴과 다른 사람들은 데보린 파를 형식주의자라고 불렀다. 그의 토론 기고에서 미틴은 이미 언급된 비난인 형식주의와 문제의 추상적인 해결을 조목조목 설명했는데, 그들은 미틴에 의하면, 부르주아지의 영향에서 헤어나오지 못했으며, 당 언론에 의한 비판을 경시하고, 철학자로서의 레닌을 과소평가했으며, 자기 오류를 시인하지 않고, 이론과 실천을 분리시켰다. 이 때에 스탈린은 맑스주의의 네 번째 대표적 이론가, 따라서 네 번째 거장이 된다.[44]

그럼에도 불구하고 미틴을 둘러싼 집단의 정치적인 지도력은 여전히 당내에서 충분하지 못했다. 모든 철학적 혹은 이데올로기적 현상에는 그것

---

43) M. 미틴, 「레닌의 철학적 유산의 보다 철저한 완성을 위하여」(*Für eine gründlichere Ausarbeitung des Leninschen philosophischen Erbes*), 『프라우다』, 1930년 8월 8~9일자. 이는 미틴의 저작 *Boevye voprosy materialističeskoj dialektiki*, 모스크바 1936, S.15에 있다.

44) 그의 기고에서 미틴은 "만일 우리가 공산주의 철학사상의 발전에 대해 말한다면, 우리는 우선적으로 맑스, 엥겔스, 레닌과 스탈린의 저술을 보게 된다."(ibid., S.25).

을 지탱하는 직접적인 정치적 뿌리가 특정한 계급 내에서 발견되어야 했다. 왜냐하면 어느 이데올로기적인 계기를 평가할 때에 당파성을 새로이 해석하는 의미가 바로 여기에 있었기 때문이었다. 따라서 스탈린은 1930년 10월 9일 붉은 교수단의 당내 기구 회합에서 그 자신의 변호와 함께 미틴과 그의 추종자들의 입장을 지원하는 데 그치지 않고 나아가 그들의 온건성을 비난하고, 데보린 파를 "멘셰비키화하고 있는 관념론자"라고 불렀다.

기계론자들이 '우익 편향'의 대표자들에게 이러한 정치적인 평가를 내림으로써 그리고 끝내 당내에서 "쿨락(부농)의 대리인"으로 낙인찍음으로써, 철학적인 싸움은 분명한 정치적 성향을 띠게 되었다. 정책이 두 전선에서 투쟁했듯이, 이제부터 이데올로기 투쟁도 두 전선에서 수행되어야 했다. 사회주의의 성격과 발전에 대한 스탈린의 견해와 판단에 이론적으로 일치하지 않는 모든 이들은 [기계론자나 데보린 파 중] 어느 한 편을 들게 되었다. 루빈(Rubin)과 소콜니코프 등은 정치적 · 경제적 영역에서, 부하린과 데보린은 정치적·철학적 영역에서, 새로운 지도 개념과 거리가 있었던 모든 사람들은 이론적으로뿐만 아니라 동시에 정치적으로도 자격을 박탈당했다.

1935년 1월 25일에 중앙위원회는 데보린의 지도 하에 있던 『맑스주의의 깃발 아래』 지에 대해 유죄판결을 내렸다. 이는 동시에 그 집단의 정치적 유죄판결을 의미했다. 중앙위원회는 데보린과 그의 집단에 대해 주로 앞에서 말했던 것들을 비난하면서 새로운 편집진에게는 다음과 같은 과업을 부여했다.

"『맑스주의의 깃발 아래』(*Pod znamenem marksizma*) 지는 맑스-레닌주의의 투쟁기관이어야 한다. 그것은 모든 일을 함에 있어 철저하게 레닌주의 철학의 당파성의 원리를 관철하고 이로써 당의 일반 노선을 지지하고 당의 모든 편향들에 대해 단호한 투쟁을 수행해야 한다. 철학의 영역에서 이 잡지는 현 시점에서 가장 큰 위험인 맑스주의의 기계론적 수정이나 데보린, 카레프, 스텐 동지 등의 집단에서 나타나는 맑스주의에 대한 관념론적인 태도와 대항해 두 전선에서 불굴의 투쟁을 수행해야 한다. 『맑스주의의 깃발 아래』 지의 가장 중요한 과업은 레닌에 의해 제기된 강령의 실제적인 완수, 변증법적 유물론의 발전에서의 레닌적 단계의 완성, 어떤 가면을 쓰고 나타나든 철학, 사회과학, 자연과학 내에서 등장하는 반맑스주의적이고 따라서 반레닌주의적이기도 한 모든 노선에 대한 무자비한 비판이어야 한다."45)

이런 사건이 있은 후에 맑스주의의 이론적인 활동의 주요 부분은 스탈린이 해석한 레닌주의에 귀기울이면서 레닌주의의 모든 가능한 편향들을 수색하는 데에 편중되었다. 미틴은 공산주의 아카데미에서의 연설, 헤겔과 맑스의 유물론적 변증법에 대한 악셀로드의 책에 대한 비판, 그리고 스탈린과 유물론적 변증법에 대한 그의 변호적인 논설과 기타 등등을 통해서 두각을 나타내기 시작했다.46) 셀렉토르(M. Selektor)도 마찬가지로 부하린의 균형이론을 당적으로 신랄하게 비판했으며, 그는 이미 이 비판에서 공식적인 정식을 유럽 사회민주당의 특징을 묘사하는 데, 그리고 부하린과 그의 추종자들에게 적용했다.47)

---

45) G. 베터의 책 『변증법적 유물론』의 부록으로 발행된 「1931년 1월 소련 공산당(볼셰비키)의 중앙위원회의 결의」, a,a,O., S.593~594.

46) 여기에서 중요한 것은 강연 「철학논쟁의 결산」(*Bilanz der philosophischen Diskussion*),(1931년 1월 1일, 논설 「스탈린과 유물변증법」(*Stalin und die materialistische Dialektik*, 1933)과 「악셀로드 : '헤겔의 관념론적 변증법과 맑스의 유물변증법'」(*Akseljrod : Die idealistische Dialektik Hegels und die materialistische Dialektik von Marx*, 1934)에 대한 논평이다.

이리하여 우리는 소련에서 사회주의의 제2단계로 들어선다. 이것은 얼마간 제3인터내셔널의 정책과 활동에도 흔적을 남겼다. 스탈린과 그리고 사회주의 및 맑스주의에 대한 그의 개념들과 아주 긴밀하게 결합되어 있던 이 두 번째 시기는 소련에서의 맑스주의의 발전에 심각한 결과를 가져왔다. 미틴과 그 부류들이 몇 가지 문제를 더 올바르게 평가했던 것은 사실이다. 그러나 데보린 그룹이 기계론에 대한 훌륭한 비판을 제시했으며, 그들의 철학적인 의도에 따라 그들은 철학과 이론의 일반적인 과제를 더 올바르게 이해했다는 것이 잊혀져서는 안 된다. 따라서 그들에 대한 모든 비판적인 반대는—레닌의 철학적 유산에 대한 강조(그렇다고 해서 과장된 강조는 아니다.)와 같은 몇 가지 점은 수용되어야 하겠으나—원칙적으로 이미 철학과 이론에 관한 새로운 개념틀, 즉 이 경우에는 맑스주의에 관한 새로운 개념틀을 표방했다. 그러나 이러한 새로운 개념틀은 국내의 사회적인 변화, 즉 당시에 시작된 사회생활의 국가주의적 독점화를 적합하게 표현한 것에 불과했다.

모든 경제적 · 정치적 운동이 그 세부에 이르기까지 국가와 당의 권한 영역에 속하듯이, 스탈린에 의하면 사회생활의 기타 모든 분야도 그래야

---

47) 그래서 그는 균형이론을 바르게 비판했던 그의 책에서 이와 동시에 이 이론을 카우츠키도 설교하고 있다고 강조하면서 부하린에게 맑스주의자로서의 모든 가치를 실추시키려고 하고 있다. "그것(균형이론)은 '유물사관'이란 그의(카우츠키의) 이중끈을 통해서도, 다시 말해 이 사회전체주의와 사회배신의 성서를 통해서도 도출된다."(M. Selektor, *Dialektischer Materialismus und die Theorie des Gleichgewichts[RUSS]*, 모스크바/레닌그라드, 1934, S.3). 그리고 부하린이 강제적인 집단화에 반대했다는 이유만으로 그는 "균형이론은 자본주의 분자에 대한 투쟁의 포기, 국가 산업화의 포기, 농촌의 사회주의적 신질서의 포기를 함축하고 있다. 그것은 자본주의의 입장을 변호한다. 그것은 쿨락-자본주의 분자들에게 굴복하여 사회주의 건설의 파괴와 자본주의의 부활을 초래하는 우익 기회주의의 이데올로기적인 토대로 사용되며, 따라서 명백하게 당내에서의 쿨락 대리인임이 폭로된다."(ibid., S.268).

만 했다. 철학, 맑스주의 일반과 정책의 결합은 궁극적으로는 맑스주의를 일상 정책을 변호하는 것으로 변형시키는 것을 의미했다. 이제부터는 맑스주의의 이론적 실천이 아니라, 전적으로 정치 지도부만이 맑스주의의 문제에 있어서, 즉 철학적, 사회학적, 정치·경제적, 미학적 등등의 거의 모든 이론 문제에 있어서 최고 심판자가 될 수 있었다. 이것이 정치의 이론에 대한 지배 과정의 시작, 맑스주의가 모든 이데올로기가 갖는 신비화라는 특징을 지닌 '이데올로기'로 전락하는 출발점이었다.

소련과 그 직접적인 영향 아래 있던 국가와 당에서의 맑스주의의 계속된 발전은 맑스주의가 이러한 개념 속에서 극심한 변형을 겪어야 했음을 입증해 준다.

### 아직 남아 있는 몇 가지 이론의 문제들 :

(P. 스투치카, E. 파슈카니스, E. 바르가, E. 프레오브라첸스키)

당시 러시아 맑스주의자들 앞에 놓여 있던 복잡한 문제들을 해결하려는 시도에서 이루어진 이러한 활발한 논쟁 속에서, 법과 경제 분야에서 중요한 기여를 했거나 적어도 그것에 박차를 가했던 몇몇 인물들에도 그 의의를 부여해야 한다. 페트르 이바노비치 스투치카(Petr Ivanovic Stucka, 1985~1932)가 이 이론가들 중 첫 번째 인물이다. 그는 30년대 초까지, 다시 말해 국가 생활 전체에 걸쳐 이미 위에서 말한 선회가 이루어졌던 시점까지 소련에서의 법의 발전과 이론에 뚜렷한 족적을 남겼다.

리투아니아 농민 가정에서 태어난 스투치카는 페트로그라드에서 법학을 연구하고 곧 혁명운동에 가담했다. 1890년대 말에 그는 추방선고를 받았으며 이미 1903년에 볼셰비키에 가입했다. 1917년에서 1918년까지 그는 새로이 건설된 혁명정부의 최초의 법사위원이 되었으며 1918년부터 1919년까지는 리투아니아 소비에트 정부의 의장을 역임했다. 이 때부터 죽을 때까지 그는 소련 최고 법원의 장으로서 모스크바 법학 교수단의 교수로서, 법학 전문지인 『법의 혁명』(*Die Revolution des Rechts*)의 편집장으로 활약했다. 풍부한 저작과 논설 속에서[48] 그는 구가와 법에 대한 일반적인 맑스주의적 개념들을 러시아의 새로운 상황과 일치시키려고 시도했다.

당시 모든 러시아 맑스주의자들 사이에는 사회주의를, 노동 인민의 해방이 확대되고 그들이 지배와 통치의 담당자로 변화된다는 의미에서의 사회관계의 현실적 변화로 파악하려는 사상과 노력이 활발했다. 그래서 스투치카도 국가와 법을 사회주의 내에서만 비로소 그것에 관한 유일하고 정당한 관점을 갖게 되는, 다시 말해 소멸하게 될 특수한 통치형태로 이해했다. 그는 프롤레타리아 독재를 단지 과도적 현상으로만 생각하고 공산주의가 그리 머지 않은 장래에 실현될 것으로 생각했다. 따라서 그가 이런 입장에서 국가 조직의 강화에 반대했던 것은 자명하다. 왜냐하면 그는 그런 식으로 강화된 기구가 쉽게 프롤레타리아 계급 자체와 사회주의

48) 저작들인 『법과 국가의 혁명적 활약』(*Die Revolutionäre Rolle von Recht und Staat*, 1921), 『계급국가와 부르주아 법』(*Klassenstaat und burgerliches Recht*, 1924), 『레닌주의와 국가』(*Leninismus und Staat*, 1925)와 『법의 혁명』(*Die Revolution des Rechts*)지에 실린 수많은 논설문들을 참조할 것. 근래에 소련에서의 법문제들에 대한 두 권의 포괄적인 연구가 발표되었다: 스토야노비치(K. Stoyanovitch), 『소련의 법철학, 1917~1953』(*La philosophie du Droit en U.R.S.S. 1917~1953*), 파리, 1965와 디터 파프(Dieter Pfaff), 『소련 법학의 발전』(*Die Entwicklung der sowjetischen Rechtslehre*), 쾰른, 1968가 그것이다.

적 질서의 토대에 위배될 수 있음을 분명히 보았기 때문이다.

스투치카는 특히 법과 경제의 관계를 강조했으며, 법을 조직적인 힘을 통해 지배계급을 보호해 주는, 지배계급의 이익에 조응하는 사회관계 체계로 규정했다. 따라서 그는 소비에트 법 내에서 모든 규범주의를 반대하고, 노동계급의 국가가 여전히 중요한 지배기구를 대표하고, 특히 신경제정책(NEP) 시기에 자본주의적 생산관계가 여전히 상존했던 시기의 부르주아 법과 사회주의 계급법의 관계를 문제로 부각시켰다.

그와, 그리고 우리가 앞으로 보게 될 사람이지만 파슈카니스의 생각들은 즉시 활발한 토론과 논쟁의 대상이 되었다. 20년대에 들어서서 특히 라이스너(M. Reissner)가 스투치카를 반박했는데, 그는 맑스에 의하면 법은 스투치카가 주장했듯이 사회적 관계의 체계가 아니라 단지 상부구조인 이데올로기의 한 형태에 불과하다고 주장했다. 그러한 토론과 반박은 이미 우리가 말했듯이 젊은 소비에트 공화국이 가장 어려운 시간을 겪었을 때에도 창조적인 분위기가 유지되고 있었다는 것을 보여 주는 긍정적이고 정상적인 표징이었다. 정치적인 영역에서 반대파와 분명하게 결말을 내던 20년대말과 30년대초에는 가장 강력한 스탈린주의적인 관료제가 그것의 관료제적이고 국가주의적인 개념에 대치되는 모든 개념들에 대해서 그것들의 궁극적인 제거와 판결을 행했다. 우리는 이미 철학적 전선에서의 이와 같은 담판이 어떤 식으로 진행되었는가를 살펴보았다. 스투치카와, 이 문제를 분석하고 다루는 데에 있어서 맑스의 정신을 생동적으로 견지하려고 했던 다른 모든 법이론가들도 같은 운명을 나누었다. 국가주의적 관료제의 심화과정에서 정치적 계급관계의 역사적인 표현인 국가와 또 법의 소멸에 대한 본래의 맑스주의적인 테제를 주장했던 이들에게 점점 더 거대한 적대 행위가 뒤따랐다는 것은 분명하다. 스투치카는 소위 속류 맑스주의적인 테제 때문에 공격받았고 압력하에서 그의 몇 가지 입장을 철회해야만 했다. 그러나 스투치카의 변명은 가장 명석한 혁명의 두뇌들의 육체적인 파탄으로까지 몰고 간 훗날의 자아비판과 복종의식과는 결정적으로 구별된다. 이런 것들은 소련의 맑스주의 이론의 무대에서 모든 창조적인 인물들이 퇴장했음을 의미한다."49)

당시 러시아 맑스주의자들 중 법이론의 분야에서 가장 관심을 끄는 인물이었던 파슈카니스(E. B. Pašukanis, 1890~1938)는 더 비참한 운명을 겪었다. 모스크바에 있는 소련 과학 아카데미의 국가법 연구소의 소장으

49) 「나의 길과 나의 오류」(Mein Weg und meine Fehler, 1931)라는 기사에 실은 그의 변명 속에서 스투치카는 특히 다음과 같이 썼다. "여기 나는 오류를 시인하지 않는다고 비난받았다. 내가 '이 청년은 헤라클레스 초콜릿을 먹습니다. 그러나 이 청년은 먹지 않습니다!'라는 유명한 방송광고에 나오는 두 청년 가운데 한 사람의 역할을 하고 있는 것처럼 보인다. 저 사람은 그의 오류를 인정하는데, 스투치카는 아직도 인정하지 않는다. ……이 결과는 오류를 더 많이 인정하면 할수록 더욱더 좋다. 자기 일을 줄이고 더 적게 일하는 것이 가장 합목적적이다. 아무것도 하지 않는 사람은 오류를 범하지도 않는다. 또 지금까지 더 적게 일했을수록, 더욱 좋다. ……그러나 유감스럽게도 나는 내가 걸어왔던 길 이외에 다른 길을 걸을 수 없다. 나는 일을 안 할 수 없으며, 내가 알지도 못하면서 오류를 시인할 수도 없다. 나는 진정 시인할 수 없으며 앞으로도 시인할 수 없을 것이다. ……나의 좌우명은 항상 후회하지 말고 그것을 더 낫게 하고 개선하라는 것이다. ……그래서 나는 레닌과 함께 법령포고 제1조를 완성했다. 우리는 그것이 13년 후에 '자유주의적 부르주아'의 구상으로 판결되리라고 예견할 수는 없었다. 나의 모든 논설은 혁명적 변증법적 발전, 즉 운동의 과정 속에서 고찰되어야 하며 따라서 오늘날의 척도로써 평가되어서는 안 된다고 말할 필요가 있다. ……유머 작가인 마크 트웨인은 한 후보자의 사상을 정치적인 업적에 따라 기술하고 있다. 그는 성실한 사람으로 정쟁에 뛰어들었지만 사기꾼, 범법자, 강도란 소리를 들으며 거기에서 나왔다. ……나는 이미 오랫동안 투쟁에 참여하고 있으며 따라서 혼자 있는 데 익숙하다. 그러나 나는 스스로 생각할 줄 아는 청년들에게 기대한다. 나는 내가 걸어왔던 길을 굽힐 수 없다."(디터 파프, 『소련 법학의 발전』, 쾰른, 1968, S.235~236). 이것이 모든 육체적 정신적 힘을 다 쏟았던 사회가 어떤 계시록인 종말의 날을 고대하고 있었는가를 아직 감지하지 못했던 한 혁명가이자 학자의 자신에 찬 한마디였다.

로서 그리고 유명한 책인 『일반 법이론과 맑스주의』(*Allgemeine Rechtslehre und Marxismus*)의 저자로서 그는 국내외에서 큰 명성을 떨쳤다.

파슈카니스도 그가 반박했던 스투치카와 견해가 달랐지만 맑스, 엥겔스, 레닌의 공산주의(그리고 그 첫 번째 단계인 사회주의)에 대한 개념에 의지했다. 그래서 그에게 있어서 공산주의는 인간에 대한 지배의 지양을 관철해야 하는 사회체계이며, 이는 동시에 계급사회 내에서 그러한 지배의 목적에 이용되는 모든 기구들도 극복되어야 함을 의미했다. 이런 이유로 그는 프롤레타리아적인 법의 범주들이 발견되고 확정되어야 한다는 견해에 반대한다. 그는 이것을 법 규범의 불멸성의 선언으로 간주했다. 파슈카니스에 의하면 부르주아적인 법의 특정 범주들의 소멸이 이 범주들을 프롤레타리아적인 법의 범주들로 대체하는 것을 의미하지는 않는다. 이는 가치, 자본, 이윤 등등의 범주의 소멸이 발달된 사회주의로 이행하면서 가치, 자본 등등에 대한 새로운 프롤레타리아적인 범주가 출현하는 것을 의미하는 것은 결코 아닌 것과 마찬가지이다. "부르주아적인 법의 범주의 소멸은 이런 조건 하에서 법 일반의 소멸을 의미한다. 즉 인간의 상호관계로부터 법률학적 계기의 소실을 의미한다."[50]

공산주의 사회의 제1단계에서도 개별 생산자와 사회 사이의 관계에서는 아직 등가교환의 형식이 유지될 것이라는 『고타강령비판』에 나오는 맑스의 테제에 의거하여, 파슈카니스는 아주 오랫동안 법의 형식, 공적 형식, 즉 국가적 권력과 지배의 형식들도 지속될 것이라고 추론했다. 그러나 그는 또한 "등가관계의 형식이 궁극적으로 극복될 때"[51] 국가와 법

50) 오이겐 파슈카니스, 『일반 법학과 맑스주의』(*Allgemeine Rechtslehre und Marxismus*, 빈/베를린, 1929, S.34).

51) Ibid., S.34~35 참조. 그는 맑스가 그의 분석에서 법형식과 상품형식이 서로

은 소멸될 것이라고 추론했다.

이런 견해에 따라 스투치카와 마찬가지로 파슈카니스는 형식으로서의 법과 일반적인 규정을 갖는 법은 결코 단순히 법률학자들의 머리나 이론 속에서 형성되는 것이 아니라, 인간관계의 그때그때의 체계 속에서 그것의 실재적인 역사를 발견한다고 선언한다. 따라서 파슈카니스는 라이스너와 스투치카 사이의 논쟁에서 후자가 옳다고 본다. 왜냐하면 그는 법의 문제를 사회적 관계의 무제로 이해했기 때문이다. 그러나 동시에 파슈카니스는 스투치카가 일반적인 공식에 집착하여 법을 '특수한 사회적 관계'[52]로 이해하고 설명하지 않았다는 점을 결점으로 지적했다.

파슈카니스는 이 문제에 대한 해결이 상품관계에 대한 법의 의존성 개념에 있다고 보았다. 모든 법관계가 그에게는 주체 사이의 관계이다. "주체는 가장 단순하고 더 이상 분해할 수 없는 요소로서 법 이론의 원자이다. 우리는 이 주체에서 분석을 시작한다."[53] 자본주의 사회는 상품의 생산자와 소비자 간의 사회이며, 따라서 시장에서의 재산의 자유로운 처분이 모든 법관계의 기초가 된다. 객체는 상품이고, 주체는 그것을 마음대로 처분할 수 있는 상품 소유자이다. 바로 이와 같은 교환 속에서 비로소 주체는 최초로 그 규정의 전체성 속에서 표현된다.[54]

---

심층적으로 내적인 연결을 갖고 있음을 밝혔다는 것을 강조함으로써 "생산력의 수준 때문에 노동소모와 보수 사이의 등가관계를 단지 암묵적으로 상품가치의 교환을 상기시키는 형태로 유지시킬 수밖에 없는 사회는 법형식 역시 유지시킬 수밖에 없을 것이다. 이와 같은 기본적인 계기에서 출발할 때에만 우리는 왜 많은 다른 사회적 관계들이 법률적인 형식을 갖추고 있는가를 이해할 수 있다."(ibid., S.36).

52) Ibid., S.58.

53) Ibid., S.87.

54) Ibid., S.95 참조.

파슈카니스는 이 점에 있어 맑스의 분석에, 특히 사물화되고 은폐된 사물의 관계로서의 상품관계의 분석에 의거한다. 그러나 노동의 생산자가 상품의 성격을 띠고 가치의 담지자가 되는 경우에도, 인간은 법률적인 주체와 권리의 담지자가 된다.

"따라서 동시에 사회생활은 한편으로 임의적으로 형성되는 사물화된 관계(그러한 것은 모든 경제적인 관계, 즉 가격수준, 잉여가치율, 이윤율 등등이다.), 즉 거기에서는 우리 인간이 물건 이상의 다른 어떤 것도 의미하지 않는 관계와, 다른 한편으로 인간이 물건에 대립됨으로써만 주체로서 규정되는 관계의 총체성으로 분열된다. 후자가 바로 법관계이다. 이것이 바로 원칙적으로 서로 구별되면서도 동시에 서로 제약하고 서로 밀접하게 연관되어 있는 두 근본 형식이다. 생산에 뿌리박고 있는 사회적인 연관은 동시에 부조리한 두 형식으로 나타난다. 즉 상품가치와, 권리의 주체이고자 하는 인간의 능력으로."[55]

마치 사물이 그 자체로서 가치를 갖는 것처럼 사물에 가치가 귀속되는 이러한 사물화된 관계 속에서 주체적인 권리의 형식을 띠는 지배의 영역도 창출된다. 이 주체적인 권리는, 가치가 상품과 관련하여 나타난 현상이듯이 마찬가지로 개인과 관련하여 나타난 현상이다. 상품의 물신성(物神性)은 법의 물신성을 통해 보강된다.

"생산과정 속에서의 인간관계는 특정한 발전단계에서 이처럼 이중적이고 신비스런 형식을 갖게 된다. 그것은 한편으로 사물(상품)의 관계로, 다른 한편으로 서로 독립적이며 서로 동등한 통일체인 법률적 주체의 의지관계로 나타난다. 가치의 신비스런 속성 옆에 이에 못지 않게 수수께끼 같은 현상인 법이 등장한다. 동시에 통

55) Ibid., S.91.

일적이고 전체적인 관계가 경제적인 면과 법적인 면이라는 두 가지 기본적인 추상적 측면을 띠게 된다."[56]

이 관계는 프롤레타리아 독재의 이행기에도 사라지지 않는다. 통일적인 계획경제가 수립되지 않는 한, 그리고 개별 기업가들 내지는 기업 집단들 사이에 시장관계가 존재하는 한, 법의 형식은 효력을 유지한다. 파슈카니스에 의하면 이 시기에는 이와 같은 것이 국영기업에도 해당된다. 그러나 그는 이 시기에는 시장교환이 존속함에도 불구하고 국유화된 산업 내에서의 대립이 점차 사라지고 개별 경제기구들의 자율성이 '단지 방법으로서만 유지'된다고 주장한다.[57] 그래서 이와 같은 외견상의 사(私)경제적인 관계는 모든 면에 있어 계획경제의 영역으로부터 규정된 엄격한 한계 내에 있도록 지정된다. 따라서 법 형식은 이행기에 있어서는 부르주아 사회가 형성될 때 그것에 개방되어 있었던 그런 무제한적인 가능성을 결코 자체 내에 간직하고 있지는 않다.

특히 강조되어야 할 것은 파슈카니스가 법학에 있어 한 세기에 걸친 낡은 계급세계가 붕괴되는 이행기에 가능한 한 덜 변호적으로 기본 법형식

---

56) Ibid., S.96. 코르쉬는 그 책에 대한 논평에서 파슈카니스의 개념들을 매우 긍정적으로 평가하지만 바로 이 계기는 특히 신랄하게 비판했다. 그는 파슈카니스가 법과 경제를 동일시하지는 않지만 법형식을 상품형식과 동일시하고 있다고 비난했다. 이에 "따라서 실제 역사에서 맑스의 유물론적인 법, 국가, 사회와 역사관 그리고 정치경제학 비판을 발생하게 했으며 이젠 그 완성된 형태로 지양된 채 계속 잔존해 있는 모든 폭력적인 발전과정이 확실히 무시되었으며 부분적으로 없었던 것으로 되고 말았다." 그리고 코르쉬는 파슈카니스가 "경제적인 관계를 기본적인 것으로 보고, 이에 반해 법률적 관계와 정치적 관계를 이로부터 도출되는 관계로 보는" 맑스의 사상을 잃어 버렸다고 말한다(*Archiv für die Geschichte des Sozialismus und der Arbeiterbewegung*, 15. Jg, 라이프치히, 1930, S.309, 310).

57) 파슈카니스, ibid., S.113.

과 그 관계의 기원을 탐구하려했던 발군의 사상가였다는 사실이다. 자본주의에서의 상품과 물신관계에 대한 맑스의 분석과 이행기에 있어서의 국가의 문제에 대한 레닌의 분석에 입각하여, 그는 이 시기를 계급에 의해서뿐만 아니라 정책에 의해서도 규정되는 단계로 파악했다.

그럼에도 불구하고 이것은 단지 이 단계에서는—적어도 러시아와 같이 미발달된 나라에서는—가치등가를 토대로 한 교환을 포기하는 것은 불가능했다는 것을 의미할 뿐이다. 따라서 파슈카니스는 국가 자체가 구래의 국가에 적용되던 많은 술어를 여전히 갖고 있어야 하듯이 마찬가지로 이 시기의 법도 그 본질상 필연적으로 부르주아적인 법이어야 한다고 강조했다. 그리고 국가 지배가 존재하는 곳에는 실천적인 목적에 맞춰 꾸며진 원리와 다를 바 없는 소위 국가이성이란 것도 존재해야 한다.

30년대 초 파슈카니스가 스투치카와 같은 운명을 맞이하게 되었던 것은 당연하다. 판결의 집행자는 처음에는 루츠키(M. Luckij)와 리버만(S. Libermann)이었다. 파슈카니스는 그들에게 자신의 몇몇 입장이 잘못이었다고 고백했다. 그럼에도 불구하고 얼마 후 한 사람에게 무오류성의 지위를 확보해 주기 위해 혁명의 가장 명석한 두뇌의 모든 세대로 하여금 떠나도록 명령하는 무자비한 판결이 내려졌을 때, 1937년 P. 유딘과 A. 비신스키의 무자비하고 가차없는 공격이 그 뒤를 이었다. 이들의 철저한 정치적인 아첨은 한 독창적인 사상가의 비극적인 종말을 가져왔다.

경제 분야에서는 적어도 E. 바르가와 E. 프레오브라젠스키의 노력을 언급할 필요가 있다. 이들은 이행기의 현상과 합법칙성, 특히 세계의 경제운동의 현상과 합법칙성을 설명하려고 했다.

오이겐 바르가(Eugen Varga, 1879~1964)는 헝가리 혁명이 실패한 뒤에 러시아에 망명했으며, 프롤레타리아 독재의 정치경제적인 문제들을 다룬 논문에서 당시의 혁명적 정세의 몇 가지 시급한 문제들을 지적하고자 했다. 혁명의 시기와 관련하여 바르가는 프롤레타리아 독재의 초기에는 도시 프롤레타리아트의 생활수준이 저하될 것이라고 확신했다. 생활수준은 문화 영역에서만 상승될 수 있다. 사회민주주의자들과의 토론에서 그는 사회주의에서는 경제의 운영이 단순화될 것이며 바로 그렇기 때문에 프롤레타리아트는 경제를 운영하는 데 있어 전혀 어려움이 없다는 결론이 명백하다는 의견을 주장했다.58) 아울러 헝가리의 경험을 고려하면서 그는 노동규율과 지도의 문제에 대해 언급하고 이 시기의 농민문제와 관련하여 다음과 같이 권고했다.

> "독자적으로 조직된 계급으로서의 농민세력은 배제하거나 분쇄하더라도 이 세력을 프롤레타리아적인 국민경제를 위해 다른 어디에서도 보충될 수 없는 지원세력으로 이용할 것. 왜냐하면 농민세력의 완전한 상실은 관리와 회계 조직과 아울러 생산 자체의 조직에 커다란 손해를 초래하게 될 것이기 때문이다."59)

여기에서 그는 전문가에게 높은 보수를 지불하는 것은 소비에트 지배의 원칙을 무너뜨린다며 레닌의 의견에 반대했다. 왜냐하면 여기에서는 보다 능력있는 사람이 더 많이 벌게 되는 도급제와 유사한 상황이 일어나기 때문이다. 그는 농업정책에 대한 당시의 경험과 어려운 상황에도 불구하고 그 때에 이미 거대한 사회주의적 농업경영의 실현을 지지했다. 마지막으로 그는 자본주의가 자동적으로 붕괴한다는 테제에 반대하고 프롤레타리

58) E. 바르가, 『프롤레타리아 독재의 경제문제』(*Die Wirtschaftlichen Probleme der proletarischen Diktatur*), 빈, 1920을 참조.
59) Ibid., S.74.

아 국가가 시급히 고립을 극복해야 할 필요성에 대해 강조한다.60) 왜냐하면 그렇지 않으면 심각한 사태가 나타날 수도 있기 때문이다.

바르가는 세계의 경제 상황에 대한 그의 테제를 1924년 6월에 열린 코민테른 대회에서 밝혔다. 『국제 언론-통신』(*Internationale Presse-Korrespondenz*)에 발표된 보고서를 볼 때, 그는 사회민주주의의 낙관주의가 전혀 근거없는 것이라고 여겼음을 알 수 있다. 왜냐하면 경제 현상들(농업공황, 신용하락, 계급대립의 첨예화)에 관한 분석으로부터 "우리는 일반적인 세계공황에 직면해 있다"61)는 결론이 도출되어야 했기 때문이다. 바르가는 여기에서 이미 다음 해에(따라서 1925년) 세계, 특히 미국에 전반적인 공황이 닥칠 것이며, 따라서 객관적 정세가 혁명적이고 그렇기 때문에 상황이 어떻게 진행될 것인가 하는 것은 오직 당과 혁명의식에 의존한다는 것을 전제했다.

한층 더 중요한 것은 프레오브라첸스키(E. Proebraženskij, 1886~1937)의 분석이었다. 그는 볼셰비키의 원로 당원의 하나였으며 러시아 공산주의자 중에서 가장 유명한 지도자이자 이론가 중의 하나였다. 혁명이 진행되는 동안(1917~1920) 그는 중앙위원회의 위원이었으며 1920년 크레스틴스키(Krestinski)와 세레브리야코프(Serebrijakov)와 공동으로 중앙위원회의 비서를 역임했다. 『공산주의자』 지의 편집위원으로서 그는 부하린, 라데크, 스미르노프(Smirnov), 퍄타코프(Pjatakov) 등과 함께 평화조약의 문제를 둘러싼 당시의 논쟁에서 좌익 반대파의 편에 섰다. 또한 그는 노동조합문제에 대한 토론에서 트로츠키를 지원했으며 노동자 반대파의 구상

---

60) Ibid., S.142 참조.

61) 바르가, 「세계경제상황」(*Die Wirtschaftliche Weltlage*), *Internationale Presse-Korrespondenz*, Nr. 81, 1924년 7월 4일, S.995.

에 동조했다. 간단히 말해서 그는 트로츠키의 "새로운 단계"(neue Kurs)를 지지했다. 이 때 그는 중책의 직위에서 떠나 완전히 이론적인, 특히 경제적인 문제의 연구에 전념했다. 신경제정책에 대한 그의 저서에서 프레오브라첸스키는 의심할 바 없이 당시 소비에트 맑스주의의 가장 중요한 기록으로 꼽히는 문서를 남겼다.

젊은 사회주의 국가는 이 시기에 어려운 날들을 겪었다. 전시 공산주의는 생기를 잃고 폐허가 된 경제를 소생시키기 위한 유일한 효과적 탈출구였던 신경제정책(NEP)으로 대체되었다. 그러나 이미 레닌의 분석에서 볼 수 있었던 바와 같이 이와 함께 소비에트 경제의 구조는 복잡해졌고 모순을 배태하게 되었다. 국가 경영, 국가 자본과 나란히 개인 자본도 존재했다. 이는 공업에서뿐만 아니라 농촌에도 존재해 있었는데, 특히 농촌에서는 거의 도처에서 크고 작은 개인자본이 실제로 우세했다. 이런 도시와 농촌간의 격차는 도시 산업이 허약하고 농촌과의 보다 정상적인 교환을 위한 상품을 당시로서는 충분히 생산할 수 없었기 때문에 더욱 심화되었다. 공업 생산품과 농업 생산품의 가격 사이의 잘못된 관계는 농민의 시장불매운동을 유발했다. 그런 상황은 많은 문제를 낳았다. 여기에서는 단지 그 중 몇 가지만을 예로 들어 보자. 이 발전단계는 어떤 합법칙성을 갖는가? 농촌과의 관계는 어떻게 해결할 수 있는가? 어떻게 농촌생활에서 사회주의적인 부분이 지배적인 요소가 되도록 만들 수 있는가? 이런 모든 것이 젊은 사회주의 공화국의 시급히 해결해야 할 문제요 어려움이었다. 프레오브라첸스키도 이 문제에 관한 분석에 전념했다. 신경제에 대한 저서에 들어 있는 그의 기본 입장과 중심 사상은 사회주의 경제의 이후 발전의 문제는 가치법칙에의 의존이나 단순한 사회주의적 인 축적에 의해서가 아니라 오로지 '사회주의적인 본원적 축적'의 법칙에 대한 인식과 이 법칙에 따른 실천에 의해서만 해결될 수 있다는 인식에 있다.

프레오브라첸스키는 매년 국가 경제와 관련하여 그것에는 생산의 절대적 증가, 사경제와 비교했을 때 국가 경제의 상대적인 진척, 그리고 해당 연도의 확대재생산의 비율에 의존하는 그것 내부에서의 힘의 새로운 분배가 요구된다고 썼다. 그러나 이 모든 과정을 통제하는 법칙, 즉 재집단형성, 집단의 개편, 사회주의적 생산관계의 성장, 사경제의 가치이전이 바로 본원적 사회주의적 축적의 법칙이다."[62] 따라서 매년 이 법칙은 국가 경제 내부에서의 생산력의 분배를 부과하며 동시에 이것은 이듬해와 그 이듬해 까지의 분배도 앞서 부과한다.

맑스에 의해 매우 입체적으로 제시되었던 자본의 자본주의적인 본원적 축적은 봉건주의의 시대에 가능했다. 이에 반해 사회주의적 축적은 자본주의 시대에는 가능하지 않으므로, 사회주의는 이런 면에 있어서는 프롤레타리아트에 의한 권력 인수 이후에야 비로소 그 역사를 시작할 수 있다. 그러나 소생산의 흡수에 기초하여 기술적이고 경제적인 토대를 지배적인 것으로 건설할 수 있기 위해서 자본주의가 본원적 축적의 기간을 필요로 했던 것과 마찬가지로, "사회주의적 축적, 즉 지금 이미 그것에 특유한 모든 특징과 그것에만 특유한 모든 장점을 발전시키고 있는 사회주의 경제의 기술력·경제력 토대 위에서의 축적도 소비에트 경제가 본원적 축적의 단계를 극복했을 때에야 비로소 시작될 수 있다."[63]

프레오브라첸스키는 '사회주의적 축적'을 사회주의 경제 내부에서 생산되고 확대재생산에 사용되는 잉여생산물의 재수용이라고 본다. 그에 반해

62) E. 프레오브라첸스키, 『신경제』(*La Nouvelle Economique*), 파리, 1966, S.113.
63) Ibid., S.131.

서 그는 '본원적 사회주의적 축적'을 사회주의 국가의 측에서 '국가경제의 복합체 외부에서 발생하는 원천'[64]으로부터 획득될 수 있는 물질적인 자원의 축적이라 본다.

농촌에 이런 축적을 위한 최우선적인 역할이 부여된다. 왜냐하면 그것이 국가 경제의 신질서가 시작되는 시기의 출현을 촉진시키고 결과적으로 순수하게 경제적인 측면에서의 자본주의에 대한 우월성의 증명도 아울러 앞당기기 때문이다. 비사회주의적이고 비국가적인 부문에 힘입어 진행되는 이 전체 발전기간은 그것에 고유한 특징들과 합법칙성을 가지며 이러한 본원적 사회주의적 축적의 법칙이 다름 아닌 소비에트 경제의 기본법칙이 된다. 동시에 국가 경제의 영역 속에 있는 모든 다른 경제과정들도 이 법칙에 종속된다. 더욱이 이 법칙은 다음과 같은 사실을 야기한다.

> "가치법칙과 상품경제, 그리고 자본주의적 상품경제의 모든 법칙은 그것이 우리 경제체제 내에서 나타나는 정도에 따라 수정되고 부분적으로 다시 폐기된다. 따라서 본원적 사회주의적 축적의 법칙이 이 경제내에서 갖는 중심적인 역할을 이해하지 못하면, 우리는 본원적 사회주의적 축적에 대해 언급할 수 없을 뿐만 아니라 소비에트 경제의 본원도 전혀 이해할 수 없다. 본질적 사회주의적 축적의 법칙이 갖는 역할은 그것이 가치법칙과 투쟁하면서 경제 내의 생산수단의 분배, 노동력의 분배, 그리고 사회주의적 확대재생산을 통해 수취되는 농촌의 잉여생산물의 규모도 결정한다는 데에 있다."[65]

사회주의 체제가 자본주의 체제에 대해 완전한 우위를 점할 수 있는 발전수준에 도달하기 위해서는 당시의 러시아와 같이 후진적이고 황폐한 나

64) Ibid., S.134.
65) Ibid., S.134.

라의 이와 같은 사회주의 발전시기는 가능한 한 빨리 극복되어야 한다. 프레오브라첸스키에 의하면 이것이 바로 사회주의 국가의 사활을 결정하는 문제이다. 이런 여건 하에서 사회주의적 부문의 축적만을 계산에 넣으면 사회주의 경제의 생존 자체가 문제가 되고 적어도 앞에 말한 축적이 가늠할 수 없을 정도로 지연될 것이다. 그러나 어느 경우에든 "쁘띠부르주아지와 농민 경제의 원천을 침해하지 않고 사회주의 경제가 스스로 발전할 수 있다는 이념이 쁘띠부르주아적인 반동적 공상이라는 것"[66]은 분명하다. 이 의견은 당시에 스탈린도 주장했던 부하린의 의견과 직접적으로 대립된다. 이들에 따르면 농민을 가장 많이 지원해야 하며 이 분야에서 축적이 가장 촉진되어야 한다. 이것은 나중에 국가에 의해 공업 투자에 동원될 수 있다.

프레오브라첸스키는 농업 생산물과 비교해서 너무 비싸더라도 공업 생산물의 가격을 하락시켜서는 안 된다고 주장했다. 그는 부농과 사(私) 자본에 높은 세금을 부과하고 이와 함께 광범위한 국가적 조치를 실시함으로써 국가적, 사회주의적 경제부문의 보다 거대한 축적과 신속한 건설을 보장하려고 노력했다. 이것은 당시 트로츠키가 지도하는 반대파의 입장이기도 했다.

몇 년 후(1928년) 부하린도 위에 언급한 문제의 해결을 위해서는 농촌의 산업화가 필요함을 인정했으며 스탈린조차 반대파의 제거 후에 물론 그 특유의 훨씬 더 철저하고 무자비한 방식으로 그들의 강령을 수용했다. 농촌의 상업화와 부농의 과세에 관한 모험적인 계획들을 이유로 반대파를 비판했던 그 스스로가 훨씬 더 강력한 산업화와 아울러 공개 테러를 통해

66) Ibid., S.140.

서까지 전체 농민 재산의 몰수를 추구했다. 이는 농촌의 경제발전에 부정적인 결과를 초래할 것이 뻔했다.

프레오브라첸스키의 주장은 우리의 생각에는 본원적 사회주의적 축적이라는 정확한 개념에 입각한 내적 논리를 갖고 있었다. 그는 이 개념을 훨씬 후에야 사회주의로 이행하는, 이미 자본주의에서 경제적·문화적인 발전의 높은 단계에 도달한 나라들을 제외한 많은 나라들에서 일어나는 모든 유사한 과정들의 합법칙성으로 보았다. 이 일반적인 합법칙성을 프레오브라첸스키는 다음과 같이 정식화했다.

"사회주의적 생산조직으로 이행한 나라가 경제적으로 낙후되어있고, 쁘띠부르주아적이고 농업적일수록, 그리고 그 나라의 프롤레타리아트가 사회주의 혁명이 진행되고 있을 때 사회주의적 축적기금으로 가질 수 있는 재사원이 적으면 적을수록, 이와 비례하여 사회주의적 축적은 사회주의 이전의 경제형태들이 생산한 잉여 생산물의 일부의 수취에 더욱더 의존할 수밖에 없으며, 자기 생산기반에서의 축적의 상대적 비중은 점점 더 작아진다. 즉 사회주의적 산업 내에서의 노동자의 잉여생산을 통해 부양할 수 있는 양은 그만큼 적어진다. 거꾸로 사회주의 혁명이 승리한 나라가 경제적으로나 산업적으로 성장하면 할수록, 그리고 그 나라의 프롤레타리아트가 부르주아 재산이 국유화된 뒤에 고도로 성장한 공업과 자본주의적으로 조직된 농업형태 속에서 확보하는 물질적 재원이 많으면 많을수록, 이 국가 내에서 전(前)자본주의적 생산형태가 갖는 상대적 비중은 점점 작아진다. 그리고 그 나라의 프롤레타리아트가 자신의 생산품과 과거 식민지의 생산품과의 불균등교환을 감소시키는 것이 필요하면 할수록 사회주의적 축적의 중심점은 사회주의적 형태의 생산기반의 방향으로 점점 더 이동하게 될 것이다. 즉 프롤레타리아트는 자신의 공업과 자신의 농업에 의해 생산된 잉여생산물에 더욱 의존하게 될 것이다."[67]

67) Ibid., S.180~181. S.207도 참조.

이제까지 말한 것으로부터 분명하게 부각되는 것은 그가 주어진 상황을 자본주의적 생산양식의 잔재의 존속 및 그것과 사회주의 국가에 터를 두고 있는 사회주의적 생산양식과의 투쟁으로 이해했다는 것이다. 이로부터 그는 가치법칙과 본원적 사회주의적 축적의 법칙이라는 두 가지 법칙 사이의 투쟁도 존재해야만 한다는 결론을 이끌어냈다. 여기에서 프레오브라첸스키는 가치법칙이 맑스에 의해 분석되지 않았던 독점자본주의의 현대적 발전에 의해 이미 실제로 공박되었다고 명백하게 강조했다. 그는 동시에 소비에트 경제에도 이용할 수 있는 자본주의적 경제범주들에 대해서 물었다. 이를 위해 그는 우선 사회생활의 다양한 영역에 걸쳐 가치법칙의 가능한 영향을 조사했다. 특히 그는 광범위한 소비를 위해 생산하지는 않지만, 농업 생산품을 사용하는 국가 경제의 영역과, 그 다음으로 농업에 그것이 끼칠 수 있는 영향들을 조사했다. 이 분석으로부터 그는 가치법칙이 다른 영역에서는 여전히 강력한 영향력을 행사하고 있지만 이 영역들에서는 일반적으로 더 이상 영향력을 갖지 않고 있다는 점을 이끌어냈다.

국가 경제에서 가치법칙이 변화된 이상, 잉여가치의 잉여노동으로의 변화도 발생한다고 말할 수 있다.

"일반적으로 말할 때 이것이 본질적인 점이다. 노동계급은 스스로를 착취할 수 없다. 조직자의 기능을 행사하고 더 나은 봉급을 받는 노동자와 그 나머지 노동자로의 분업은 원칙적으로 능력 있는 노동자와 능력 없는 노동자로의 같은 계급 내의 분업과 결코 구별되지 않는 한 계급 내에서의 분업이다."[68]

---

68) Ibid., S.258.

프레오브라첸스키의 비판적인 정신마저도, 이미 당시에 당과 소비에트 권력의 관료화에 관해 논란이 일고 있었음에도 불구하고, 당과 국가의 관료주의와 노동대중 사이에 엄격한 분리가 생겨나고, 노동자계급이 자기 생산을 관리하는 데 참여하는 것을 제지하는 것이 끝내 새로운 임금관계의 형태를 발생시키고 새로운 소외를 초래할 것이라는 사실을 추측하지 못했다.

프레오브라첸스키도 물론 착취의 가능성을 인정하긴 했으나 그것은 단지 다른 영역, 다른 관계에서나 있을 수 있는 것이었다. 그에게는 이런 형태의 하나가 잉여노동이 전문가의 급여로 유용되는 것이었다. 또 하나는 개인 자본에 의한 잉여생산물의 수취인데 더군다나 그것도 상업이윤의 형태로, 그리고 마지막으로 농민과 쁘띠부르주아지 등의 여신(與信)에 대한 이자 형태로의 지출이었다. 그러나 우리가 이미 보았던 대로 프레오브라첸스키에 의하면 국가 경제와 관련해서 그리고 특히 국유산업의 경우에 있어서는 잉여생산물이라고 말하는 것이 더 타당하지 잉여가치라고 말하는 것은 더 이상 옳지 못하다. 그리고 그것도 "단지 현상태뿐만 아니라 발전경향의 특징을 지적하는 것이 중요한 만큼"69) 그러하다.

프레오브라첸스키의 이런 요지에 대해 당시의 많은 소비에트 경제이론

---

69) Ibid., S.265. 프레오브라첸스키는 소비에트 상황과 관련하여 이윤, 신용, 지대, 기업활동의 범주들과 같은 다른 경제적 범주들도 고찰했으며, 여기에서 엄격히 말해 이 범주들은 국가경제 내부에서의 여러 관계를 충분히 특징지울 수 없다는 견해에 도달했다(S.268을 볼 것). NEP(신경제정책)와 성장의 전망에 대해서 프레오브라첸스키는 『NEP로부터 사회주의로』(Ot Nepa k socijalizmu, 모스크바, 1922)라는 책을 썼다. 『NEP로부터 사회주의로』[*De la N. E. P. au Socialisme*, (불어판), 파리, 1966]을 볼 것. 최근에 경제성장이론에 대한 펠트만(G. A. Feldman)의 연구가 갖는 의의가 주목을 받고 있다. 1921년에 '과학적 노동조직'(NOT)의 제1차 회의가 이미 개최되었다. 그 참가자들은 이미 경제 조직과 관리의 분야에서 나중에 나타날 일들의 몇 가지를 예견하고 있었다.

가들, 특히 부하린이 반박했다. 농민의 성장과 사회주의 경제의 성장속도에 대해 다른 의견을 갖고 있었기 때문에, 부하린은 본원적 사회주의적 축적이라는 특수법칙에 대한 프레오브라첸스키의 테제를 공격했다. 스탈린이 부하린의 도움으로 프레오브라첸스키도 포함되었던 반대파를 제거하는 데 성공하고 난 후에, 그는 촌락의 콜로즈화(집단농장화) 정책으로 거칠게 전환하는 과정에서 동시에 부하린까지도 '우익 편향'으로 몰아서 제거했다. 프레오브라첸스키는 이미 1927년에 무수한 반대파 당원들과 함께 당에서 축출되었으며 유배되었다.

스탈린의 전환 후에 반대파의 일부는 그것은 바로 그들 주장의 입증일 뿐임을 알고 따라서 스탈린과 화합하려고 시도했다. 그럼에도 불구하고 스탈린은 무조건적인 항복을 요구했다. 이에 스밀가(Smilga), 라데크, 프레오브라첸스키와 다른 많은 사람들이 당시의 정책에 그들이 복종한다고 공개적으로 선언했다. 그러나 이것은 논리적으로 끝내 인격의 전면적인 말살을 초래할 것이 분명한 인격 훼손과정의 시작에 불과했다. 만일 한 체제가 진정한 의도에서 당시 정당하다고 간주되는 특정한 이론적 결과와 실천적 요구들에 도달했기에 바로 그럼으로 해서 한 개인이나 더군다나 혁명가가 정치 무대 앞에서 자신의 몸에 재를 뿌릴 수밖에 없는 그런 관계를 개창한다면, 이는 과학적이고 맑스주의적인 관계가 아니라 숭배적인 관계가 세워졌다는 징표이다. 그러나 역사는 숭배의 체제에는 항상 희생의 체제가 따르게 마련임을 우리에게 보여 준다. 인류가 합리적이고 맑스주의적인 사상을 통해 비추어진 역사적으로 새로운 길에 첫발을 내디뎠을 때, 세계는 희생과 종교재판의 시대는 이제는 아직 미개했던 문명의 암울한 과거에나 속하는 것이라고 확신했다. 그럼에도 불구하고 이 세대에는 그런 과거로부터의 해방이 아직 보장되지 않았다. 정상적이고, 인간적이며, 합리적인 판단과는 정반대되는 원시적이고 정신착란적인 야만성의 소용돌이 속에서 프레오브라첸스키와 더불어 오늘날까지도 그 영웅성, 인간적 창조력, 고귀한 이상으로 빛나고 있는 한편의 혁명적 서사시를 펼쳤던 사람들, 즉 많은 눈부신 혁명가와 사상가들이 사라져 갔다.

**레브 D. 브론슈타인 트로츠키**(Lev D. Bronstein Trotskij, 1879~1940)

관료화의 과정에 저항하려 했고, 정치적인 면에서뿐만 아니라 이론적인 면에서도 국제적으로 크게 명성을 떨친 가장 이력이 풍부한 인물이 바로 레브 D. 브론슈타인 트로츠키였다.

다른 많은 러시아 지식인들과 마찬가지로 그도 일찍이 맑스주의와 사회주의 운동에 뛰어들었다. 명석한 두뇌의 소유자이며 유창한 연설가인 트로츠키는 당시 혁명적 시대의 전형적인 인물이었다. 니콜라예보의 대학시절에 이미 그는 비합법적 활동을 시작했으며 1898년에 처음으로 체포되어 4년의 시베리아 유형을 선고받았다. 유형중에 그는 사회민주주의 운동과 결정적으로 접하게 되었고, 논설, 팜플렛, 격문(檄文)을 썼으며 곧 시베리아유형자들과 노동자들이 만든 시베리아 사회주의연합의 촉망받는 인물이 되었다. 1902년 그는 유명한 사회주의자이며 레닌의 친구인 크르치차노프스키(Kržižanovski)를 만났다. 그는 트로츠키의 능력에 대해 레닌에게 보고했다. 레닌은 트로츠키에게 외국으로 나와 『이스크라』에서 일할 것을 권했다. 그래서 그는 1902년말 런던에 와서 러시아 사회민주주의 운동의 주창자들과 접하게 되었으며 『이스크라』에서 같이 일했다. 레닌은 얼마 안 있어 트로츠키를 편집진의 일원으로 영입할 것을 편집국에 제의했다. 그러나 플레하노프가 이에 반대했다.

그 직후에 열린 1903년 브뤼셀 2차 당 대회에서 트로츠키는 마르토프파(멘셰비키)의 편에 서서 레닌과 그의 당에 대한 구상에 반대했다.

그가 곧바로 멘셰비키와 결별했음에도 불구하고, 여전히 그는 그 당시의 가장 격렬한 레닌의 적의 하나였다. 동시에 그는 양 파를 중재하려 했다. 그러나 그는 당시 러시아의 여건에서 사회주의로의 진로에 대한 두 가지 기본적으로 상이한 견해인 개량주의의 길과 혁명의 길이 이미 형성되어 있다는 사실을 아직 깨닫지 못하고 있었다.

1905년 1월 페트로그라드에서 일어난 극적인 사건들은 트로츠키의 시선을 끌었다. 그래서 그는 2월에 일찍 러시아로 돌아왔다. 1905년 10월 총파업 중에 페트로그라드에서 최초로 소비에트가 결성되었을 때, 트로츠키는 핵심세력이 되었으며 대부분의 결정의 고취자이자 기초자였다. 혁명적·민주적 봉기는 짜르 정부가 보복을 개시하여 소비에트 집행부를 체포했던 12월초까지 계속되었다. 이 과정에서의 트로츠키의 용감한 태도는—혁명에서의 그의 모든 역할을 제외하고는—그가 국제 사회주의 운동에 대해서 주목하고 있다는 사실을 보여 준다. 소비에트의 구성원들은 종신형을 선고받았다. 그러나 트로츠키는 유형중에 탈출해서 1917년 초 새로운 혁명적 사건이 돌발할 때까지 외국에 머물렀다.

### 영구혁명

투옥되어 있는 동안 트로츠키는 지나간 사건들을 되돌아보면서, 그가 본 대로 『성과와 전망-혁명의 추동력』을 집필했다. 이 글은 『우리의 혁명』(1906)의 마지막 장으로 발행되었다. 이 글에서 그는 러시아 혁명과 세계 혁명에 대한 그의 의견을 처음으로 언급하고 동시에 영구혁명론을 제기하였다.70)

유럽의 당시까지의 혁명 경험을 통해 그리고 특히 러시아의 사회적인 세력의 발전으로부터, 트로츠키는 혁명이 직접적으로 생산력의 수준에 의존하는 것이 아니라, 계급투쟁의 관계에, 국제정세에, 그리고 마지막으로 일련의 주관적인 계기에 의존한다고 단정한다. "프롤레타리아트는 선진 자본주의 국가에서보다 오히려 후진국에서 권력을 잡기가 더 용이하다."71) 트로츠키는 이미 당시에 맑스주의의 행동주의(Aktivismus)적인 견해를 주장했다. 이에 따르면 혁명은 한 나라가 도달한 발전단계의 자동적인 귀결이 아니다.

"그런 견해는 맑스주의와는 아무런 공통점도 없다. 우리의 입장에서 볼 때 러시아 혁명은 부르주아 자유주의 정치가들이 정치적 재능을 제대로 펼쳐 보기도 전에, 권력이 프롤레타리아트의 수중으로 넘어갈 수 있게 하는 조건을 창출할 것이며(그리고 만일 혁명이 성공하면 그들은 이것을 이루어야만 한다)."72)

트로츠키는 러시아의 자유주의적 부르주아지가 혁명의 선두에 서서 그것을 효과적으로 이끌어 나갈 능력이 없다고 생각했다. 프롤레타리아트만이 그럴 능력이 있는 유일한 세력이기 때문에, 우리는 미래의 혁명적인

---

70) 특기할 사실은 트로츠키가 독일에 체류하고 있는 동안 이런 점에서 그에게 영향을 주었던 파르부스와 절친하게 지냈다는 사실이다.

71) L. 트로츠키, 『성과와 전망—혁명의 추동력』(*Ergebnisse und Perspektiven—Die treibenden Kräfte der Revolution*), 1906, 프랑크푸르트, 1967, S.65.

72) Ibid., S.65.

전망을 프롤레타리아트의 정치적 지배의 불가피성 내지는 적어도 그 개연성 속에서 보아야 한다. 프롤레타리아트의 정치적 지배는 일시적인 에피소드로 끝나지 않을 것이다. 혁명이 결정적으로 승리하게 되면 지배권력은 투쟁에서 지도적인 역할을 담당할 계급인 프롤레타리아트의 수중으로 넘어갈 것이다. 그렇다고 해서 비프롤레타리아 사회집단의 혁명적 대변자들이 지배에 참여하지 못한다는 것은 아니다.73)

그렇게 승리하기 위해서는 트로츠키의 견해에 따르면 러시아의 프롤레타리아트는 반드시 유럽 프롤레타리아트의 지원을 받아야 한다. 왜냐하면 "유럽 프롤레타리아트의 직접적인 국가적 지원이 없이는 러시아 노동자계급이 권력을 장악하는 것은 불가능하며 그들의 일시적인 지배를 지속적인 사회주의 독재로 변화시킬 수도 없기 때문이다."74)

따라서 트로츠키는 이 글에서 이미 그의 영구혁명론의 핵심이 되는 결론에 도달했다. 그런데 그의 여러 관점 중의 하나는 본질적으로 민족적 차원의 것이다. 즉 그는 계급관계와 각 계급의 성격에 대한 분석을 근거로 하여 부르주아적 단계로부터 프롤레타리아적 단계로의 혁명의 직접적인 이행의 필연성 속에서 러시아 무대에서의 혁명의 영구성이 드러나게 될 것이라는 확신에 도달했다. 레닌이 이 당시의 노동자와 농민의 민주주의적 독재라는 어느 정도 보다 실재적인 테제를 주장했음에도 불구하고, 그는 1917년 부르주아 혁명이 진행되는 특수한 상황 속에서 그리고 구체적인 역사적 상황을 근거로 하여 그의 4월 테제와 함께 근본적으로 같은 과정을 주장했다. 러시아의 10월은 바로 상황에 대한 그런 평가의 정당함

---

73) Ibid., S.70~71 참고.
74) Ibid., S.109.

을 입증해 주었다.[75]

두 번째 관심은 국가 혁명과 국제 혁명의 결합에 관한 것이었다. 트로츠키는 혁명 후에 러시아 노동자계급이 유럽 프롤레타리아트의 직접적인 지원 없이는 그 권력을 획득할 수 없다는 견해를 더 이상 갖고 있지 않았음에도 불구하고, 이 지원이 없이는 사회주의의 궁극적인 건설이 가능하지 않다고 생각했다. 이 입장을 그는 그 뒤 수차례에 걸쳐 특히 스탈린과의 알력이 심각했을 때에 표명했다. 1922년에 썼던 『1905년』의 서문에서 그는 지금까지의 자신의 입장을 정리하고, 그로부터 단정하기를, 낙후된 러시아에서 승리한 프롤레타리아트는 모든 부르주아 집단과 투쟁해야 할 뿐만 아니라,

"권력을 잡는 데 도움을 받았던 광범위한 농민대중과도 투쟁해야 한다. 낙후된 나라에서의 노동자 정부의 입장과 압도적인 다수를 차지하는 농민 사이의 모순은 오로지 국제적인 척도에서만, 프롤레타리아 세계혁명의 장에서만 해결될 수 있다. 역사적 필연성에 의하여 승리한 프롤레타리아트가 러시아 혁명의 협소한 부르주아 민주주의적인 테두리를 돌파해 버렸다면, 이제 프롤레타리아트는 민족국가적 테두리를 무너뜨려야 할 것이다. 즉 프롤레타리아트는 러시아 혁명을 세계혁명의 서막으로 삼도록 의식적으로 노력해야만 한다."[76]

---

75) 도이처(Deutscher)는 트로츠키에 대한 그의 각론(各論)에서 그 저서는 출판 당시 압류되었기 때문에 영향력이 없었다고 언급하고 있다. 게다가 그 논문은 다른 모든 글들과 함께 발행되었기 때문에 그런 희귀본의 의의를 독자들이 못 보고 놓쳐 버리기가 쉽다. 몇몇 학자들, 더욱이 레닌도 트로츠키의 테제를 이미 오래 전에 알고 있었지만, 1919년에야 이 글을 읽고 비판했다고 주장하고 있다.

76) 트로츠키, 『1905년 러시아 혁명』(*Die russische Revolution 1905*), 베를린, 1923, S.6. 1906년에 나온 이 글의 3판(1919) 서문에서 트로츠키는 그의 생각을 간단하게 해명하고 있다. "혁명의 가장 최근의 과업에 따르면 혁명은 부르주아 혁명으로 시작하지만, 곧 격렬한 계급대립이 전개되고, 억압받는 대중의 선봉에 설 수 있는 유일한 계급인 프롤레타리아트에게 권력이 이전될 때에만 승리

이 시기의 트로츠키의 기본 사상은 그가 일국의 사회경제적 발전이 이미 완전히 국제적 경제관계에 의존하며 따라서 부르주아지가 대다수의 나라에서 정권을 장악하고 있는 한, 부르주아지는 일국에서의 사회주의로의 성공적인 발전을 반드시 방해할 것이라는 것이었다. 그러므로 자본주의 국가들과의 경제적인 협정이 매우 적은 범위에서는 유익할 수 있지만, 핵심적인 유럽 국가들에서 프롤레타리아트가 승리한 후에야 러시아에서의 사회주의 발전의 진정한 상승이 기대될 수 있다.

트로츠키에 의하면 프롤레타리아 독재와 사회주의 자체를 더 이상 발전시키지 말라는 것은 아니었다. 카우츠키에 대한 반박에서 그는 이 문제에 대해 명백하게 설명했다.

> "우리가 결코 닫힌 '국가적' 공산주의를 추구하지 않음은 두말할 필요도 없다. 봉쇄선의 제거와 본격적인 변화를 가져오고 그 발전단계를 단축하고 또한 그것을 서로 접근시키게 될 것이 분명하다."[77)]

---

하게 된다. 일단 권력을 잡게 되면, 프롤레타리아트는 부르주아 민주주의적 강령의 테두리에 머무르지 않을 것이며, 그럴 수도 없다. 프롤레타리아트는 러시아 혁명이 유럽 프롤레타리아 혁명으로 이행할 때에만 혁명을 완수할 수 있다. 그때 혁명의 부르주아 민주주의적 강령이 그 국가적 한계와 함께 극복될 것이며, 러시아 노동자계급의 일시적인 정치적 지배가 지속적인 사회주의 독재로 발전된 것이다. 그러나 유럽이 즉각 움직이지 않는다면, 부르주아 반혁명이 러시아 노동대중의 정부를 그냥 두지 않을 것이며 노동자와 농민의 민주공화국보다 훨씬 이전으로 러시아를 되돌려 놓을 것이다. 따라서 권력을 잡게 되면 프롤레타리아트는 부르주아 민주주의 테두리에 머물러서는 안 되며, 영구혁명의 전술을 전개해야 한다. 즉 사회민주주의의 최소강령과 사회개혁으로 넘어가서 서부 유럽의 혁명에서 직접적이고 즉각적인 원조를 구해야 한다."(『성과와 전망』, S.123).

77) 트로츠키, 『테러리즘과 공산주의(반-카우츠키) 및 혁명의 근본문제』(*Terrorismus und Kommunismus(Anti-Kautsky) und Grundfragen der Revolution*), 함부르크, 1923, S.183.

트로츠키는 그 후에 산업화와 계획화로의 신속한 이행을 제안한 사람의 하나가 되었다. 그는 이 "초산업화"를 이유로 스탈린 파로부터 격렬한 비판을 받았다. 하지만 이들이 2년 뒤에는(1929) 한층 더 강력한 산업화를 시작했다. 따라서 여기에서 일국이 사회주의를 단독으로 그리고 궁극적으로 건설할 수 있는가, 즉 동시에 국제적 사회주의로 발전하지 않고도 공산주의에까지 도달할 수 있는가 하는 것이 결국 문제가 되었다.

트로츠키와, 그리고 나중에 초기 정치국 내에서 그의 적수였던 지노비에프와 카메네프는 이러한 가능성을 단호히 부인했다. 그들은 심지어 그것을 반동적인 공상으로까지 간주했다. 트로츠키는 후일에도 이 문제를 항상 다시 거론했다. 러시아혁명사의 첨언에서 그는 그의 입장을 이렇게 개진했다.

"사회주의는 인간 욕구의 충족을 위한 계획적이고 조화로운 사회적 생산 조직이다. 생산수단의 공동소유는 아직 사회주의가 아니고, 단지 그것의 올바른 전제조건일 뿐이다. 사회주의 사회의 문제는 인류 발전의 현단계에서 그 본질상 세계적인 문제인 생산력의 문제와 분리될 수 없다. 자본주의에 맞게 협소화된 개별 국가는 완성된 사회주의 사회의 무대가 될 수 없다. 혁명국의 후진성은 이 나라가 자본주의로 되돌아갈 위험을 더욱 가중시킨다."[78]

바로 이런 이유로 해서 그는 영구혁명에 대한 그의 글에서 아래와 같이 썼다.

---

78) 트로츠키, 「일국사회주의?」(*Sozialismus in einen Lande?*), 『러시아혁명사 II』(*Geschichte der russischen Revolution II*), 베를린, 1933, S.690.

"민족적으로 고립된 사회주의 사회를 건설하려는 것은 일시적으로는 대단히 큰 성과가 있을지라도 생산력을—특히 자본주의와 비교해서—억지로 뒤로 끌고 가려는 것을 의미한다. 세계 전체의 한 부분인 일국의 지리적, 문화적, 그리고 역사적 발전 조건을 도외시한 채, 모든 경제부문을 국가적 차원에서 완성된 비율로 편제하려는 모든 시도는 반동적인 공상주의를 서둘러 쫓아가려는 것을 의미한다."[79)]

이 글과 이 이전의 글에서 알 수 있는 바와 같이 트로츠키는 사회주의의 완전한 승리는 러시아와 같은 고립된 후진 국가에서는 불가능할 뿐만 아니라, 이 승리는 모든 다른 고립된 국가에서도 국제적인 사회주의 운동의 필수적인 지원 없이는 불가능한 것으로 여겼다.[80)]

따라서 로비된 노동자 국가에서의 경제 건설은, 그것이 아무리 중요하고 의미심장하다고 하더라도, 협소하고 모순될 것일 수밖에 없으며, 트로츠키의 말을 빌면 조화로운 사회의, 즉 공산주의(당시 '건설된 사회주의'란 용어가 의미하는 것)의 수준에 도달할 수 없다. 그의 사상의 여러 단계들을 거듭 요약하면서 트로츠키는 30년대 초에 "나는 우리의 혁명이 국제적인 성격을 띰으로써만 사회주의로 나아갈 수 있으며 또 그래야 한다는 견해를 주장한다"[81)]고 썼다. 그는 영구혁명론의 서론에서도 이와 비슷하게

79) 트로츠키, 『영구혁명론』(*Die permanente Revolution*), 베를린, 1930, S.7.
80) 일례 :"영국과 인도를 자본주의적인 유형의 양극으로 간주한다면, 영국과 인도의 프롤레타리아트 국제주의는 결코 조건, 과제의 방법의 동질성에 의거하지 않고 그들의 불가분적인 상호의존성에 근거한다는 점이 확증되어야 한다. 인도의 자유운동의 성과는 영국의 혁명운동을 전제로 하며 그 반대도 성립한다. 인도나 영국에서 독자적인 사회주의 사회의 수립은 불가능하다. 여기에 그리고 오직 여기에 부동의 맑스주의적 국제주의의 기초가 있다."( 『영구혁명론』, S.11).
81) 트로츠키, 「'영구혁명'론의 문제에 대한 하나의 역사적 교훈」(*Eine geschichtliche information zur Frage über die Theorie der 'armanenten Revolution'*), 『러시아 혁명사 II』, S.709.

말하고 있다.

"사회주의 혁명은 국가적 지반에서 시작된다. 그러나 그것이 이 지반에서는 완성될 수 없다. 프롤레타리아 혁명을 국가적 차원에서 유지하는 것은 비록 소련의 경험이 보여 주는 것처럼 어느 정도 지속된다 하더라도 일시적인 상태일 수밖에 없다. 고립된 프롤레타리아 독재에서는 내적이고 외적인 모순들이 증대하는 성과와 함께 불가피하게 증대한다. 프롤레타리아 국가가 고립된 채 남아 있으면 이 모순의 희생물이 될 것은 명약관화하다. 선진국에서의 프롤레타리아트의 승리만이 그를 위한 탈출구이다. 이런 관점에서 볼 때 국가 혁명은 그것만으로 기반을 다진 완결된 전체가 아니라, 국제적인 사슬의 한 고리일 뿐이다. 국제 혁명은 시간적인 상승과 하강에도 불구하고 영원한 과정을 나타낸다."[82]

그의 저서 말미에서 그는 테제 형태로 당시의 입장을 가장 잘 읽을 수 있는 요약문을 제시했다. 가장 중요한 테제는 다음과 같다. 식민지뿐만 아니라 반식민지까지 포함해서 후진국은 민주주의적이고 민족적인 과제를 오직 프롤레타리아 독재를 통해서만 해결할 수 있다. 프롤레타리아트와 농민의 동맹은 민족 자유부르주아지와의 투쟁에서 필수불가결하다. 이 동맹은 공산당으로 조직된 프롤레타리아트의 지도적인 역할을 필요로 한다. 프롤레타리아트와 농민의 민주주의적 독재는 "농민대중을 지도하는 프롤레타리아 독재로서만 생각될 수 있다."[83] 따라서 오늘날 동구의 국가들에게 역사적으로 오래 전에 이미 낡아 버린 프롤레타리아트와 농민의 민주주의적인 독재의 해결책을 강요하는 코민테른의 시도는 지극히 반동적이고 근본적으로 비맑스주의적이다. 권력 쟁취는 단지 시작일 뿐이다. 사

82) 트로츠키, 『영구혁명론』, S.709.
83) Ibid., S.159.

회주의 건설은 국가적 국제적 차원의 계급투쟁에 의해서만 가능하다. “자본주의적인 관계가 세계무대에서 상당히 우세한 조건 하에서는 이 투쟁은 불가불 폭발을 초래한다. 즉 국내적으로는 내란을, 국경 밖에서는 혁명전쟁을 초래한다.”[84] 사회주의 혁명은 국가적 차원에서 끝날 수 없다. 그것은 국가적 토양에서 시작해서 국제적 수준으로 발전하고 세계무대에서 종결된다. 이리하여 사회주의 혁명은 가장 넓은 의미에서 영구적이다. “그것은 우리의 행성 전체에서 새로운 사회가 궁극적으로 승리하기 전에는 결코 종결되지 않는다.”[85]

스탈린은 이 개념에다 일국에서의 사회주의의 완전한 건설 가능성이라는 다른 개념을 대립시켰다. 「10월 혁명과 러시아 공산주의의 전술에 관한 소고」(1924년 12월)에서 그는 트로츠키의 입장을 신랄하게 비판하고 그의 태도가 농민운동의 가능성에 대한 불신일 뿐만 아니라 러시아 프롤레타리아트의 능력과 힘에 대한 불신이기도 하다고 규정한다. 그는 여기에서 일국에서의 사회주의의 승리의 가능성에 대한 레닌의 의견을 끌어들이면서 다음과 같이 주장했다.

“최초로 해방된 나라에서의 사회주의의 궁극적인 승리가 많은 나라의 프롤레타리아트의 보편적인 노력 없이는 불가능하다는 명제가 타당하다면, 최초의 사회주의 국가가 모든 다른 나라의 노동자와 근로대중들에게 제공하는 원조가 활발하면 할수록 세계 혁명은 그만큼 더 신속하고 철저하게 전개된다는 명제도 또한 타당하다.”[86]

---

84) Ibid., S.160~161.
85) Ibid., S.161.
86) 스탈린, 「10월 혁명과 러시아 공산주의자의 전술」(*Die Oktoberrevolution und die Taktik der russischen Kommunisten*), 『전집』, Bd. 6, S.357.

이 반박 단계에서 스탈린은—지노비에프, 카메네프와 함께 트로츠키 반대파에 대한 공동 블록을 형성한—레닌의 원칙의 옹호를 통해 트로츠키를 멘세비키이자 반레닌주의자로 실추시키려고 했다.[87] 그러나 이 사건이 있은 직후에 지노비에프와 카메네프는 스탈린의 신랄한 반대파로 바뀌어 일국 사회주의 건설에 대한 입장에 단호하게 반대했다. 위에 인용된 정식화에 만족하지 않고 스탈린은 그의 입장을 소책자 「레닌주의의 제문제」(1926년 1월)에서 더 상세하게 개진했다. 여기에서 그는 주로 지노비에프와 카메네프를 공격했으며 트로츠키는 그와 두 사람의 제휴를 막기 위한 전술상의 이유로 의식적으로 다루지 않았다. 이 소책자에서 그는 10월 혁명과 러시아 공산주의자의 전술에 대한 소고에 제시된 처음의 정식화가 불충분함을 지적하면서, 다음과 같은 결론을 내렸다.

"그것의 결점은 두 가지 상이한 문제를 하나의 문제로 축소시킨다는 데 있다. 두 가지 문제 중 하나는 일국의 힘에 의한 사회주의 수립의 가능성의 문제다. 이 문제에는 긍정적인 답이 주어져야 한다. 그리고 다른 한 문제는 프롤레타리아 독재가 수립된 나라가 많은 다른 나라에서의 성공적인 혁명이 없이도 간섭과 그리고 이에 따르는 구질서의 복고에 대해 완전하게 안전하다고 할 수 있는가 하는 문제이다. 이 문제에는 부정적인 답이 주어져야 한다. 나는 이 정식화가 사회주의 사회의 조직화가 일국의 힘으로는 불가능하다는 생각을 유발할 수 있다고는 전혀 생각하지 않는다. 이는 당연히 그릇된 것이다."[88]

---

87) "트로츠키의 이론은 어떤 점에서 일국에서의 그리고 더욱이 후진국에서의 사회주의의 승리는 '요충인 서유럽국가에서의' 프롤레타리아 혁명의 선행적인 승리 없이는 불가능하다는 멘세비즘의 통상적인 이론과 구별되는가? 그것은 근본에 있어서는 전혀 구별되지 않는다. 이것은 의심할 수 없다. 트로츠키의 '영구혁명'론은 멘세비즘의 변종이다."(스탈린, 『전집』, Bd. 6, S.338).

88) 스탈린, 「레닌주의의 제문제」(*Zu den Fragen des Leninismus*), 『전집』, Bd.

그래서 레닌이 사망하자 곧바로 한 고립된 국가에서의 사회주의의 확고한 건설 가능성의 문제에 대한 격렬한 이론투쟁이 벌어졌다. 이 논쟁의 배후에는 본래는 이론적인 것이 아닌 더 깊은 배경이 있었다. 여기에서 트로츠키는 우리가 앞으로 보게 되겠지만 특히 당 메커니즘과 관료주의에 대한 비판을 통해 그리고 스탈린, 지노비에프와 카메네프가 이끄는 삼두체제에 대한 당 생활의 더욱 강력한 민주화 요구를 통해 부각되었다. 여기에서는 의심할 바 없이 지도의 우위에 대해서도 거론되었다. 그들 모두가 레닌, 즉 그의 정책과 사상의 정당하고 합법적인 계승자요 후예임을 자처했다. 그러나 이를 통해서는 많은 점에서 전혀 공리공론적이었던 문제인, 일국에서의 사회주의의 문제를 둘러싼 토론이 갖는 정치적 비타협주의와 당파성만이 밝혀질 뿐이다.[89] 이 토론은 개별적인 수준의 어떤 측면에서도 찬양될 수 없다. 사회주의 운동의 국제적 성격, 한 고립된 국가에서 사회주의는 생산력을 보다 현저하게 발전시킬 수 없다는 것 등에 대한 트로츠키의 논증들은 주로 레닌의 인용과 프롤레타리아트와 농민의 힘에 대한 신뢰로 이루어진 스탈린의 논증과 똑같이 불충분하다.[90]

---

8, S.55~56. 이 정식화는 16차 당 대회의 결의인 「코민테른과 러시아 공산당(볼셰비키)의 과제에 대하여」(*Über die Aufgaben der Komintern und der RKP [B]*)의 기초로서 인정되었다. 이 대회에서는 일국에서의 사회주의의 가능성이라는 스탈린의 해석을 채택했다.

89) 개별적인 사건들의 전개에 작용한 모든 역사적이고 개인적인 요인들을 규명하는 것은 이 책에서의 나의 과제가 아니다. 만일 독자가 스탈린, 트로츠키, 부하린 그리고 이 시기나 그 후의 다른 사람들의 저작이나 스탈린과 트로츠키에 대한 아이작 도이처(Isaac Deutscher)의 글과 같은 몇몇 상세한 각론(各論)을 읽는다면, 내가 여기에서 내린 결론들이 논리적이라고 생각될 만큼만 언급하는 것으로 충분하다.

90) 레닌은 사회주의가 고립되고 후진적인 국가에서 궁극적으로 건설될 수 있는가, 즉 공산주의로 이행될 수 있는가 하는 문제와 같은 이런 사변에는 결코 골몰하

어느 정도 조화된 맑스주의적인 지도부에서라면 그런 문제들에서의 차이가 내분의 이유나 귀중한 정력과 시간의 낭비가 되어서는 안 된다. 특히 그 나라가 그렇게 힘겨운 구체적인 과제들을 앞에 놓고 있을 때에는 더욱 그러하다. 앞에서 제시된 테제들은 가설로 남아 있어야 한다. 왜냐하면 제국주의 내부에서 언제 다음의 계급 갈등, 첨예화된 대립과 투쟁이 일어날 것인가를 예상하는 것은 불가능하기 때문이며, 또한 마찬가지로 이 투쟁이 어떤 성격과 어떤 결과를 가져올 것인가를 예상하는 것도 불가능하기 때문이다. 그리고 자체적으로 또 단선적인 역사 운동 속에서 노동의 계급적 분업을 지양하기 위해 필요한 경제-기술적이고 문화적인 수준의 향상에 필요한 시간을 예상하는 것도 불가능하다. 특히 과학과 군사기술의 발전, 사회주의의 발전에 큰 짐이 되는 거대한 군대를 유지시켜야 할 가능성 내지는 필요성을 예상하는 것도 불가능했다. 이미 이런 점들이 모든 토론이 스콜라적인 성격을 갖고 있었음을 분명하게 보여 준다.

스탈린의 태도에는 또 다른 기초가 있었다. 이에 대해서는 뒤에서 언급될 것이다. 이것이 무엇인가만을 미리 언급하자면, 그것은 매우 불충분하고 행정적-관료주의적인 사회주의관의 문제다. 이 사회주의관이 스탈린으

---

지 않았다는 점이 강조되어야 한다. 형안의 이론가요 정치가인 그는 자본주의 발전의 불균등성 때문에 사회주의는 우선 필연적으로 단지 몇몇 국가나 아니면 오직 한 국가에서만 승리할 것이라고 인식했다. 그러나 그에게는 이 국가가 계속 고립된 채 남아 있더라도 힘겹고 중차대한 사회주의 건설 앞에 놓여 있으며 게다가 세계의 혁명운동을 여전히 지원해야만 한다는 것도 마찬가지로 분명했다. 레닌은 국제적인 분쟁들이 다른 나라에서도 필연적으로 혁명적인 변화를 초래할 것이기 때문에 러시아는 오랫동안 고립된 채 남아 있지는 않을 것이라고 지당하게도 예상했다. 이럴 경우에 "선진국들 중의 단 어느 한 나라에서든지 프롤레타리아 혁명이 성공하고 나면 십중팔구는 급격한 격변이 나타날 것이라는 점, 즉 러시아가 곧 더 이상 모범적인 나라가 아니라 다시('소비에트적'이고 사회주의적 의미에서) 후진국이 될 것이라는 사실을 간과한다면 이는 그릇된 것이다."(『전집』, Bd. 31, S.5).

로 하여금 이미 30년대 말에 공산주의 사회의 제1단계가 완성되었음을 선언할 수 있게 해 주었다.

그 가치를 따지지 않더라도 이 논쟁은 당 내부의 갈등과 국내의 전반적인 상황 때문에 소련의 사회주의 발전에 중요한 결과를 초래했다. 트로츠키는 스스로 레닌주의자임을 공언하고 국내에서 사회주의를 가능한 한 신속하고 효율적으로 건설하는 데 지대한 관심이 있음을 천명했음에도 불구하고, 자신의 입장 때문에 당 서열이 어느 정도 불안했으며 근로대중의 국민적 역량과 가능성의 확신에 의심의 씨앗을 뿌렸다. 스탈린의 비판은 자신의 의견이 아니라 레닌의 의견에 근거했으며, 레닌에 대해 어느 정도 이론적인 거리를 견지하는 독자적인 인물로서가 아니라, 레닌주의의 정통 문하생, 옹호자로서 행동했다. 그래서 그는 자력에 의한 공산주의 건설의 가능성에 관한 그의 학설을 통해 사회주의 건설의 첫 번째 역군들의 사기와 긍지를 북돋우었다. 역사적으로 더 큰 비중을 차지하고 단순한 지각과 건전한 인간 오성에 더 용이하게 받아들여질 수 있었으며, 더욱이 더욱더 혁명적 약진의 활력적인 욕구를 충족시켰던 것은 스탈린의 테제였다. 그리하여 그것은 이런 모든 연유로 해서 이 단계 소련의 사회주의 발전에 트로츠키의 개념보다 단연 긍정적으로 작용했다.

이로써 트로츠키는 중요한 전투에서 패배했고, 이와 달리 스탈린은 당 지도부 내에서 그의 위치를 확고히 굳혔으며 곧 거대한 당-국가 기구의 통수권자가 되었다.

### 혁명시기와 새로운 단계

1905년 혁명의 실패 후 트로츠키는 망명 상태에 있었다. 그가 비록 직접적으로 멘셰비키 그룹에 속하지는 않았지만 그는 레닌의 중요한 적이었으며, 그런 이유로 신랄하게 공격받았다.91) 전쟁이 발발했을 때 트로츠키는 침머발트 회의의 적극적인 참여자 중의 하나였으며, 그 강령을 썼다. 그는 프랑스 정부에 의해 추방되어 미국으로 망명했으나 2월혁명 후 곧

---

91) 레닌은 1914년에 트로츠키의 성격을 자세하게 묘사했다. "트로츠키는 1901년부터 1903년까지 열성적인 '이스크라파'였다. 랴자노프는 1903년 당 대회에서의 그의 역할을 '레닌의 봉(棒)'이라 묘사했다. 1903년말 트로츠키는 열성적인 멘셰비키였다. 그는 이스크라파에서 '경제주의자'로 옮겨갔다." 그는 "구이스크라와 신이스크라 사이에는 심연이 놓여 있다"고 포고했다. 1904년, 1905년에 그는 멘셰비키로부터 등을 돌리고 유동적인 태도를 취한다. 이 때 그는 금방 마르티노프(경제주의자)와 협력하더니 어느새 금방 터무니없이 좌익 '영구혁명'을 포고한다. 1906년 1907년 그는 볼셰비키로 다가와 1907년 봄, 로자 룩셈부르크와 연대한다고 선언한다.

외해의 시기에 그는 오랫동안의 '비분파적' 동요 후에 다시 우파로 간다. 1912년 8월에 그는 청산주의자들과 블록을 만든다. 지금 그는 다시 그들과 등을 돌린다. 그럼에도 불구하고 그는 사물의 본성상 그들의 궁색한 사상을 되풀이한다.

이런 류의 사람들은 프롤레타리아 대중운동이 러시아에서 아직 깨어나지 못하고, 임의적인 소그룹이 유파로서, 그룹으로서, 분파로서, 한마디로 해서 다른 집단들과 통합에 대해 의논하는 하나의 '힘'으로서 자처하기에 '충분한 자리'를 가졌던 시절에 생긴 역사적인 형성물과 조형물의 잔해로 특징지워질 수 있다.(레닌, "*Über die Verletzung der Einheit, bemäntelt durch Geschrei über die Einheit*", 『전집』, Bd. 20, S.348).

이런 모든 것들에도 불구하고 레닌은 그렇게 유능한 맑스주의 인물을 1917년 중앙위원회에 받아들였으며, 그에게 그 시기의 가장 책임 있는 과제를 위임하고 그를 그의 능력만큼 아낌없이 칭찬해 마지않았다. 레닌의 이른바 「유언」에 트로츠키가 극히 긍정적으로 평가되어 있다는 것은 잘 알려져 있다. 또한 레닌과 나누었던 대화에 대한 고리키의 회고도 흥미롭다. 레닌은 그 때 트로츠키의 이력과 그 사람 사이의 관계에 대하여 말하였다. "…… '많은 것이 이야기되었다.— 특히 나와 트로츠키에 관해서' 그는 손으로 탁자를 치면서 '불과 몇 년 만에 모범적인 군대를 육성하고 군사전문가로서의 존경을 한 몸에 받을 수 있는 그런 사람을 저에게 데려와 보십시오. 그런 사람이 우리에게 있습니다! 우리에겐 모든 것이 있습니다! 앞으로도 여전히 기적이 일어날 것입니다!"(M. 고리키, 『동시대인에 대한 회상』, *Erinnerungen an Zeitgenossen*, 베를린, 1928, S.277).

트로츠키, 부하린, 지노비에프 등이 혁명에서 행한 역할들과 수많은 역사적 사실들이 날조되었던 것과 마찬가지로 훗날 러시아판에서 이 구절이 사라진 것은 너무나도 쉽게 이해가 된다.

바로 러시아로 되돌아왔다. 혁명적 사건들이 진전되면서 처음으로 강력한 의지와, 과감성, 조직능력과 같은 트로츠키의 모든 진가가 유감없이 발휘되었다. 그는 잘 알려진 혁명가들인 루나차르스키, 랴자노프, 마누일스키(Manuilski), 포크로프스키, 요페, 볼로다르스키(Volodarski), 우리츠키와 그 밖에 다수의 동지 그룹(소위 메츠라욘키Mezrajonci)와 함께 볼셰비키에 가담했으며, 곧 중앙위원회 위원으로 발탁되었다. 얼마 후인 9월에 그는 볼셰비키가 점점 세력을 확장해 가고 있던 페트로그라드 소비에트에 의해 당시 혁명에서 가장 중요한 직책 중 하나였던 그 의장으로 선출되었다. 동시에 트로츠키는 레닌과 함께 볼셰비키의 명실상부한 지도자로서, 혁명의 가장 중요한 지도자로서 나란히 혁명의 가장 중요한 지렛대를 잡았다. 10월의 승리 후에 그는 외무위원으로, 내란 중 적군 조직자로서 소비에트 정부에서 중요한 역할을 했다. 그래서 레닌과 나란히 러시아혁명의 가장 유명한 인물의 한 사람이 되었다.[92)]

트로츠키는 멘셰비키파와의 투쟁에서 레닌의 입장이 정당했음을 증명한 이런 모든 사건들이 있은 뒤에는 레닌의 이론적·정치적 탁월성을 인정하고 그 후부터는 그를 자신의 스승으로 여겼다.[93)] 그러면서도 그는 한 독

92) 트로츠키의 생애, 견해와 정치활동에 대해서는 우선적으로 아이작 도이치의 탁월한 전기인 『트로츠키 I ~III』(*Trotzki I ~III*, 슈투트가르트, 1962)가 추천될 만하고, 혁명의 시기에 대해선 특히나 수하노프(N. Suhanov), 『러시아 혁명에 대한 메모』(*Notizen über die Revolution*[russ.]), 모스크바 1922, 그리고 루나차르스키의 혁명의 지도적 인물들의 소묘, 『혁명의 프로필』(*Profile der Revolution*[1919], 프랑크푸르트, 1968), 그리고 리드(J. Reed)의 매우 중요한 직접적인 보도와 기록인 『세계를 움직인 십일조』(*Zehn Tage, die die Welt erschütterten*, 1919)과 프랑스 공산주의자인 모리제(A. Morizet)의 『레닌과 트로츠키』(*Chez Lénine et Trosky*, 파리, 1922)를 추천할 만하다.

93) 트로츠키는 그의 훗날의 자서전에서 레닌에 대해 그리고 그와의 관계에 대해 다음과 같이 묘사했다. "나는 레닌이 혁명을 위해, 역사를 위해 그리고 나 개인

립된 인격으로서 많은 사건과 문제들에 대해 자신의 견해를 견지했으며, 그래서 종종 레닌이나 다른 사람들과 논쟁도 가졌다. 그러나 이 당시 레닌의 당내민주주의의 이해에 의하면 이는 지극히 정상적인 현상이었다.94)

이 시기의 견해를 트로츠키는 몇몇 글과 코민테른 회의 보고서에서 개진했다. 카우츠키와 러시아 혁명의 관계에 대해 그는 『테러리즘과 공산주의(반-카우츠키)』(*Terrorismus und Kommunismus Anti-Kautsky*)라는 신랄한 반박문을 썼다. 이 글에서 그는 러시아 혁명을 해명하고 변호했다. 레닌과 마찬가지로 그는 카우츠키의 비변증법적 형식주의적 민주주의관, 혁명에 대한 몰이해, 러시아의 많은 문제들이 전적으로 외세 제국주의에 의해 강요된 전쟁 때문에, 백색 테러와 봉쇄 때문에 해결될 수 없었다는 사실의 은폐를 폭로했다.95)

코민테른 3차대회에서 트로츠키는 부분적으로 적군의 바르샤바 돌격의

---

을 위해 얼마나 중요한가를 분명하게 의식했다. 그는 나의 스승이었다. 이는 내가 뒤늦게 그의 말과 그의 몸짓을 뒤따라 한다는 뜻이 아니다. 그러나 나는 내 스스로가 그가 익숙하게 내리는 그런 결론들에 도달하도록 그에게서 배웠다." (『나의 삶』, 베를린, 1930, S.379). 또 다른 구절에서 "그렇다. 레닌은 천재, 완전한 인간의 천재성의 소유자였다."(ibid., S.444). 또 "역사적으로 그렇게도 가깝고 동시에 그렇게도 다른 두 인물, 맑스와 레닌이 나에게는 인간의 정신력의 마지막 두 봉우리로 여겨진다."(ibid., S.494).

94) 이것은 브레스트-리토프스크 강화조약이 토의되었던 긴요한 상황에서 처음으로 일어났다. 레닌과 극좌파의 개념 사이의 격렬한 논쟁 속에서 트로츠키는 "전쟁도 아니요 평화도 아니다!"라는 구호를 내세웠다. 직접적인 전선에서의 현실은 레닌이 옳았음을 새로이 입증했다. 얼마 후 그는 다시 레닌에 대해 서술한 장에서 이미 제시된 바대로 노동조합의 문제와 관련해서 레닌의 개념과 갈등을 빚었다.

95) 이미 이 저작에서 트로츠키는 통일적인 계획의 필요성에 대해 언급했다. 그는 이것을 어느 정도 다음과 같이 생각하고 있었다. 첫째 운송수단의 재건과 건설, 둘째 운송자원의 획득과 식량생산을 위한 기계 제작, 셋째 일용품 생산을 위한 기계 제작, 넷째 그리고 나서 처음 세 가지의 결과에 의존하여 개인적 욕구를 위한 재화의 생산(『테러리즘과 공산주의』, S.180~182를 볼 것).

실패, 이탈리아에서의 격렬했던 혁명적 파고의 실패, 그리고 독일에서의 5월행동으로 특징지워지는 당시의 국제 정세에 대한 보고서를 작성했다. 그는 이 보고서를 퇴고해서 『새로운 단계. 세계정세와 우리의 과제』(*Die neue Etappe. Die Weltlage und unsere Aufgaben*, 1921)라는 제목으로 출판했다. 이 글에서 그는 제국주의 간의 세력 균형이 미국에 유리하게 옮아갔으며 계급대립의 첨예화가 두드러진다고 논증한다. 당시 혁명은 트로츠키에 의하면 세 가지 근원을 갖는다.

그는 첫 번째 근원을 세계 속에서의 유럽의 지배적 위치의 상실에서 보았다. "이로부터 혁명적 진동이 일어난다. 이것은 프롤레타리아트의 승리가 아니면 유럽의 완전한 붕괴로 끝나게 될 것이다."[96] 두 번째 근원을 그는 미국의 전체 경제 메커니즘의 심각한 동요에서, 그리고 세 번째 근원을 식민지들, 특히 인도의 산업화에서 발견하였다. 그 밖에 트로츠키는 그 당시의 거의 모든 러시아 공산주의자들과 마찬가지로 부르주아 사회가 그 수명을 다하였듯이 "부르주아 사회의 틀 내에서는 생산력이 더 이상 발전할 수 없다"[97]는 의견을 가졌다. 그는 부르주아지가 여전히 강력한 힘을 갖고 있다고 보았지만, 부르주아 사회의 틀 내에서는 생산력이 더 이상 발전될 수 없기 때문에 혁명의 기본 조건이 마련된다고 했다. 따라서 그는 그 대회에서 공산주의자의 전술을 둘러싼 논쟁과 관련하여 대중에게로 가서 혁명을 준비하라는 지시를 내렸다. 이 준비가 얼마나 걸릴지는 몰라도 불가능하다고 말할 수는 없다. "준비작업이 단지 몇 달이나 아니면 1년, 2년 아니면 더 오랜 시간을 요하는가 그렇지 않은가에 대해 골

96) 트로츠키, 『새로운 단계-세계상황과 우리의 과제』(*Die neue Etappe-Die Weltlage und unsere Aufgaben*), 함부르크, 1921, S.44.
97) Ibid., S.54.

머리를 썩히는 것은 비이성적이다."[98]

같은 시기에 그는 조지아 사건에 대해서도 소책자를 발표했다. 이 글에서 그는 조지아 볼셰비키의 봉기를 위한 무기원조를 옹호했다.[99] 그리고 그는 소비에트 러시아의 경제정책에 대해 제3인터내셔널 4차대회에 제출한 보고서의 수정판을 발표했다. 여기에 그는 정치적 전망에 대한 항목을 덧붙였다. 그 글은 주로 혁명 후의 경제적 정치적 상황에 대한 설명과 전시공산주의에서 신경제정책으로의 전환에 대한 변호를 그 내용으로 하고 있다. 여기에서 그의 입장은 레닌 및 중앙위원회의 입장과 일치했다.[100]

점차 볼셰비키당에 먹구름이 끼기 시작했다. 레닌은 건강상의 이유로 인하여 그의 말년에는 이런 복잡한 과정에 직접 참여하지 못했고, 이에 반해 스탈린은 더욱더 정치국과 당내에서 자신의 위치를 굳혀 갔다. 레닌의 후계자 선출이 이미 시작되었다. 이런 상황에서 오직 볼셰비키이기 때문에 제1급의 자리에 앉을 더 많은 권리를 가지고 생각한 사람들 모두에

98) Ibid., S.97.

99) 트로츠키, 『제국주의와 혁명 사이에서』(*Zwischen Imperialismus und Revolution*)(Die Grundfragen der Revolution am Beispiel Georgiens), 1922.

100) "건설된 사회주의"까지의 이행기에 대한 트로츠키의 의견이 언급될 필요가 있다. 이 책에 첨가된 테제에 "자본주의적인 제도와 건설된 사회주의 사이에는 필연적으로 오랜 기간이 요구된다는 것은 극히 자명하다. 그 기간 동안 프롤레타리아트는 자본주의적인 방법과 형태(화폐, 상거래소, 은행, 상업적 계산)를 이용하며, 계속 시장을 석권해 가면서 그것을 중앙화하고 통합하며 끝내 시장을 축출하고 그것을 중앙집권적인 계획으로 대체한다. 이것은 모든 기존의 경제발전으로부터 발생하며 경제의 차후의 지도를 위한 전제조건이 된다. 오늘날 소비에트 공화국이 바로 이런 과정에 처해 있다. 그러나 공화국은 목표 쪽보다는 출발전략 쪽에 훨씬 가깝게 서 있다"고 쓰여 있다(『혁명의 근본문제』, S.468).

다른 구절에서는 건설된 사회주의에 대해 다음과 같이 적혀 있다. "사회주의 내에서 경제는 중앙집권적으로 관리되며, 따라서 개별 분야에 필요한 비율은 엄격히 계산된 계획에 따라 이루어진다. 이는 물론 부분들의 큰 자율성 하에서, 그러나 다시 보편적으로 국가의 그리고 후엔 국제적인 통제 하에서 이루어진다."(ibid., S.398).

게 트로츠키는 가장 위험스런 경쟁자였다. 그래서 지노비에프, 카메네프와 스탈린 사이에 공동 권위로 트로츠키를 더욱 밀어버리는 의도로 트로츠키에 대항하는 단기간의 블록이 생겼다.

같은 때인 1923년 10월 중순에 46여 명의 당원이 공식 지도부에 반대하는 선언을 발표했다. 그들은 그 선언에서 특히 농촌의 심각한 경제사정, 공업 발전의 분명한 지도와 계획을 수립해야 할 정치국 측의 일관된 경제 정책의 부재를 강조했다. 그리고 또 그들은 점점 더 커져가는 비서의 권한과 모든 토론의 억압에 대해서도 항의했고 나아가 당내 분파 형성의 금지를 해제하거나 적어도 완화할 것을 요구했다. 퍄타코프(Pjzatakov), 프레오브라첸스키(Preobrazenskij), 소스노브스키(Sosnovski), 안토노프-오브셴코(Antonov-Ovsenjenko) 등과 같은 많은 트로츠키의 동지들도 서명자들 속에 포함되어 있었다. 따라서 트로츠키도 이 비판적인 문서에 직접 관여했으리라는 추측이 강력하게 대두되었다.

트로이카 지도체제는 이 일에 대해 매우 불안해했다. 11월 초 지노비에프는 지도부 명의로 당내 민주주의가 회복되고 그 상징으로 『프라우다』와 다른 신문들이 당원들의 의견을 위한 지면을 개방한다고 엄숙하게 선언했다. 각 집회에서의 대중들의 거센 반응과 46인의 입장에 대한 대중적인 지지가 스탈린의 최고 지도부를 처음으로 진정 긴장시켰다. 그 지도부는 지금까지의 지도체제(청년공산동맹 중앙위원회)의 해체인 것처럼 위장하여 서명자 중 몇 사람의 자격을 정지시켰으며, 트로츠키의 서명도 얻어 내어 그들의 새로운 단계를 선언했다. 이 선언은 그럼에도 불구하고 사문(死文)으로 남았다. 이 선언을 믿고 트로츠키는 『프라우다』의 몇몇 기사에 비판적인 관찰과 요구사항을 제시했다. 이것이 후에 '새로운 단계'로 지칭되었으며 동시에 트로츠키주의의 가장 중요한 기반으로 이용되었다.

트로츠키주의의 비판은 우선적으로 당내의 관료주의로 향했다. 그는 이 것을 젊은 사회주의 사회가 계속적인 발전을 하는 데 큰 위협이 될 것으로 보았다. 그는 오늘날 당은 두 수준에서 존재하는 실정이며, 결정은 상급 수준에서 이루어지고, 하급 수준에서는 그 결정사항을 일방적으로 통보받는 데 그치고 있다고 지적했다. 그리고 지난 몇 달간 특히 당기구가 몇 가지 매우 부정적이고 용납하기 어려운 특징들을 보였다고 했다.

"대중으로부터의 유리, 관료주의적인 자기만족, 당의 의견과 욕구에 대한 완전한 경시(가 그것이다). 관료주의로 물들어 버린 당기구는 당의 내부 제도의 비판적 수정 문제를 의사일정에 올리려는 노력을 아예 처음부터 일축해 버렸다."101)

(트로츠키가 계속해서 비판하는 바) 수차의 경고에도 불구하고 그 동지들(즉, 지도부)은 다름 아닌 그들 스스로가 관료주의의 가장 큰 위협을 표출하고 있다는 것을 종종 간과했다. 왜냐하면 그들은 관료주의는 곧 사라질 전시의 잔재로만 생각했기 때문이다. 그러나 관료주의는 여러 조직체의 우연한 현상이 아니라 일반적인 현상이다. 그것은 지방조직에서 중앙으로 올라가는 것이 아니라 거꾸로 중앙으로부터 하부로 뻗쳐나간다. 특히 트로츠키는 당 고위직에서의 관료주의는 잔재가 아니라 무엇보다도 지난 몇 년간 발달된, 문제들의 행정적인 처리방식이 초래한 결과라고 강조했다.

"반복해서 말하거니와 당내의 관료주의가 지난 시절의 잔재이거나 혹은 곧 사라

101) 트로츠키, 「새로운 흐름」(*Cours Nouveau*), 『스탈린에 반대한 볼셰비키들, 1923~1928』(*Les Bolcheviks contre Staline 1923~1928*), 파리, 1957, S.11.

질 잔재라고 생각할 수는 없다. 정반대로 그것은 당의 새로운 과제, 새로운 기능, 새로운 어려움과 새로운 오류로부터 발생한 전적으로 새로운 현상이다."102)

트로츠키에 의하면 관료화의 가장 중요한 원인은 소비에트 사회의 점점 더 불가피해지는 위계구조, 국가 기구와 당 기구의 밀접한 결합이다. 프롤레타리아트는 소비에트 국가를 수단으로 그의 독재를 실현한다. 공산당은 프롤레타리아트와 동시에 그의 국가의 지도자이다. "모든 문제는, 관료주의적 기구에 물들지 않고 이 통치를 실현하는 데 달려 있다."103)

이 글의 다른 구절에서도 그는 국가 기구가 관료주의의 가장 중요한 근원이라고 거듭 강조했다. 이 관료화의 원인 가운데 하나는 그것이 다수의 당의 핵심 인자들을 흡수해서 그들에게 인간과 사물에 대한 행정적인 관리방법만을 가르치고 대중의 정치적인 관리는 가르치지 않는 데 있다. 다른 이유는 관료제가 대규모로 당 기구의 주의력을 흡수해서 관료제의 행정적인 절차를 통해 그것에 영향을 준다는 데에 있다. 따라서 관료제가 단지 관료들의 나쁜 습관의 총합에 불과하다고 보는 것은 맑스주의자의 품위에 어울리지 않는 것이다.

"인간과 사물에 대한 특정한 통치체계로서의 관료제는 하나의 사회적 현상이다. 그것의 근본 원인은 사회의 이질성, 즉 다양한 민중집단의 일상적이고 기본적인 이해의 상이성이다. 관료제는 광범한 대중의 교양 부족에 의해 심화된다. 우리에게 있어선 프롤레타리아트와 농민의 이해를 완전한 경제적 조화 속에서—물론 이것은 아직은 요원하다.—결합시킬 그런 국가기구를 만들어 유지해야 할 필요성이 있다는

102) Ibid., S.18.
103) Ibid., S.18.

데 관료주의의 본질적인 원천이 있다. 군대를 유지할 필요성도 또 하나 관료제의 중요한 원천이다."104)

관료제는 이미 중앙위원회에 의해 확인된 바대로 분파 발생의 한 원인이다. 분파 형성을 피하기 위해서는 당의 지도기관이 대중의 소리에 귀를 기울여야 하고, 모든 비판을 분파 정신의 표현으로 간주해서는 안 된다. 그렇지 않으면 양심적이고 규율에 잘 훈련된 당원들을 침묵시키거나 아니면 여러 분파에 가담하도록 유발할 뿐이기 때문이다. "만일 분파가 위험하다면—그리고 실제로 그러하다.—보수적 관료주의적 분파의 위험 앞에서 눈을 감는다는 것은 실로 큰 잘못이다. 중앙위원회의 결의는 일차적으로 바로 이 위험을 겨냥한 것이었다."105)

이런 모든 이유로 해서 그리고 분명히 경제적 어려움 때문에 트로츠키에 의하면, 소비에트 정부에 반혁명으로까지 번져 갈 수도 있을 위험이 발생했다. 그의 의견에 따르면 경제적인 문제에 관해서는 사유 자본이 국가 자본보다 더 빨리 성장하고 더군다나 농민과 더 강력하게 결합하고 있는데, 이것이 저지되어야 한다. 트로츠키가 보기에 이로부터 보다 신속한 산업화 및 사유자본과 부농에 대한 제한조치의 필요성이 제기되었다. 이렇게 하여 사회주의 경제의 영역을 강화시켜 나가야 한다. 덧붙여 말하면 그는 이 점에서 프레오브라첸스키의 요구와 일치한다. 그는 다음과 같이 지적한다. 여기에 시간을 낭비하는 것은 사유자본과의 투쟁을 늦추는 것을 의미한다. 여기에 우리의 주요 과제인 혁명과 사회주의의 열쇠가 되는 문제가 놓여 있다.106)

---

104) Ibid., S.33.
105) Ibid., S.27.

사유 자본과의 효과적인 투쟁과 농민과의 거래관계의 개선을 위해 국토를 신속하게 산업화해야 한다는 과제와 병행하여 트로츠키는 문제의 정치적인 측면에 대해 당 생활의 민주화를 추천했다. 우선적으로 "활동의 중심이 하부로"107) 이동해야 한다. 그것은 민주주의의 실현이 기관원들(Funktionäre)의 계급적 배타성108)을 이길 수 있는 유일한 수단이기 때문이다. 여기에서 트로츠키는 동지들에게 항상 경전처럼 레닌에 의거하지는 말라고 호소했다. 왜냐하면 많은 구(舊) 볼셰비키들이 특정 입장들에 대해 취한 그들의 독단적인 태도 때문에 종종 특정한 관점들을 부인했다는 사실이 드러났기 때문이었다. 예를 들어 많은 사람들에 의해 받아들여지지 않았던 4월 테제를 선언했을 때, 그리고 혁명을 이미 10월에 관철시켜야 한다고 주장했을 때 그러했다. 그리고 당의 정신생활과 청년의 교육에 결정적인 타격을 입힐 수 있는 것이 바로 "레닌주의를 적용하기 위해 그것을 독창성, 비판적 사고, 이데올로기적 과감성을 요하는 방법으로부터 오로지 전적으로 미리 결정되어 있는 해석들만을 요하는 경전으로 변형"109)시키는 것이다. 같은 글에서 트로츠키는 당의 통일에 관한 테제를 주장했다. 그렇지만 이러한 통일에서도 입장의 차이와 비록 소수라 하더라도 자신의 의견을 공개적으로 주장할 수 있는 기회가 보장되어야 한다고 보았다. 계속해서 그는 당의 구성이 올바르지 않으며 노동자계급의 이익이 그 속에서 훨씬 더 강력하게 대변되어야 한다고 선언했다.

이는 위, 아래로부터 모두 대단한 반응을 얻었다. 당 지도부는 트로츠

106) Ibid., S.30 참조.
107) Ibid., S.14.
108) Ibid., S.17.
109) Ibid., S.39.

키에 대해 거의 문을 닫아걸었다. 스탈린 그룹은 특히 그의 비판이 지도부의 방법의 실제 모습을 지적했기 때문에 그에 반대했다. 당시에는 아직 아무도 이 방법이 소비에트 사회주의와 국제 사회주의에 그렇게 숙명적일 것이라고 인정할 수는 없었지만, 그러나 이미 당시에도 트로츠키가 공공연하게 언급했던 많은 부정적인 특징들이 드러났다. 그는 모든 구 볼셰비키들을 격노케 했다. 왜냐하면 그가 혁명투쟁의 많은 결정적인 순간에 그들의 정신을 눈 멀게 했던 그들의 독단적인 단점을 비난했기 때문이다. 트로츠키에 대한 그들의 분노는 너무나 커서 지노비에프는 그를 즉각 당에서 축출할 것과 심지어는 그에 대한 체포까지를 요구했다. 더 위대하고 더 능력있는 전술가였으며 그의 적개심을 상황에 대한 정확한 평가를 통해 억제했던 한 사람이 이 제의를 반대했다. 이 사람이 바로 두드러진 관료주의의 장본인이기도 하고 관료주의에서 논리적으로 단일화된(monolithish) 정당 개념까지 끌어낸 스탈린이었다. 트로츠키와 많은 사람들이 당시에 스탈린의 수수한 용모 뒤에 어떤 악마적인 성격이 숨어 있었는가를 아직 분명히 알지 못했다면, 스탈린이 트로츠키와의 전투에서 이미 이겼다는 것은 분명했다.

스탈린은 이제 점차 정치국과 중앙위원회 그리고 코민테른 비서국의 모든 요직을 자기 인물로 채워 나갔다. 당내에서 민주주의를 더욱 제한함으로써 그는 용이하게 이런 자리 교체를 넘어 당 여론뿐 아니라 여러 대회와 회의의 대표단의 선발까지도 조종할 수 있었다. 이리하여 그는 동시에 공산당의 당내 생활에서 당이 점차 혁명적 성격을 상실하고 관료제의 우두머리의 온순한 도구로 전락하게 하는 실천을 도입한 것이다.

그 후의 몇 년은 다만 이러한 상태를 입증하는 기간이었다. 이 사건들이 있은 직후 러시아 혁명의 고르디우스의 매듭(Gordius : 묶은 매듭을 푸는 사람은 아시아 왕이 된다는 신탁을 듣고 알렉산더 대왕이 복잡하게 얽혀 있는 매듭을 한 가닥, 한 가닥 풀지 않고 한 칼에 이것을 끊었다는 고사에서 생긴 말로 극히 어려운 일을 의미한다.—역주)을 풀 수 있는 유일한 인물인 레닌이 죽었다. 트로츠키는 그의 엄연한 큰 재능에도 불구하고 레닌의 수준이나 천재성에 도달하지는 못했다. 또한 그에게는 많은 사람들이 각각의 단점을 갖고 설왕설래하는 복잡한 문제들을 해결하는 데에 있어 레닌처럼 자기 나름의 세련된 예의를 갖고 있지 않았으며, 그리고 그는 볼셰비키의 명실상부한 지도자로서의 레닌의 권위도 갖고 있지 않았다.110)

이 패배 후 트로츠키는 당내 투쟁에의 능동적인 참여에서 물러나 몇몇 글들, 특히 그의 수필집 『문학과 혁명』(*Literatur und Revolution*, 1923)을 '완성하는' 데에 시간을 보냈다. 이 수필집은 러시아 문학 중 가장 중요한 저자와 발행물들을 정선해 다루었으며, 특히 가장 유명한 수필가와 비평가로 꼽혔던 트로츠키의 교양과 탁월성을 잘 보여 주었다. 그는 레닌처럼 "프롤레타리아 예술"(Prolekult)이라는 분파주의적 개념을 거부했다. 이 개념을 루나차르스키도 옹호했었으며, 그는 예술작업의 자유에 대한 그의 견해를 통해 당시 가장 유능한 러시아 수필가이자 비평가였던 A. 보론스키(Voronski)에게도 결정적인 영향을 주었다.

그 후 몇 년간은 이미 내부 투쟁의 기미가 있었다. "일국 사회주의"의

110) 레닌이 죽은 바로 그 해에 그는 급히 쓴 레닌의 전기의 스케치를 발표했다. 이것은 과거 사건들에 대한 자신의 해석도 덧붙인 매우 직접적이고 예리한 관찰에 의해 기록된 문서이다(『레닌에 대하여』, [*Über Lenin*], 모스크바, 1924). 이미 당시에 어느 정도로 저 관료주의에 대한 비판의 목소리가 터져 나오기 시작했는가는 몰로토프의 비평문(*Internationale Pressekorrespondenz*, Nr.164, 1924년 12월 19일)에 잘 나타나 있다.

문제에서 삼두(三頭) 지도체제 내부에 균열이 생겼다. 지노비에프는 조금 늦게 출판된 레닌주의에 대한 자신의 책에서 사회주의 영역에서의 강력한 국가자본주의적인 요소를 지적하고 스탈린의 일국 사회주의에 대한 해석을 반대했다. 고립과 빈곤의 조건 하에서는 경제적으로나 문화적으로 서구 자본주의와 계급대립이 극복될 수 없으며, 따라서 국가도 극복될 수 없다.111)

1925년의 당 대회에서 지노비에프와 카메네프가 지도한 반대파가 패배했다. 스탈린은 매우 교묘하게 그들과 트로츠키의 알력을 이용했다. 그렇지만 그들은 당 대회에서 트로츠키에게 찬사를 보냈다. 트로츠키는 그의 소극적인 태도 때문에 관료주의적 지도부에 대항할 절호의 기회를 놓쳤다. 이미 많은 지위가, 특히 지노비에프와 카메네프의 지위가 크게 약화되었던 대회가 끝난 뒤에서야 행동의 통일이 이루어졌다.112) 반대파는 그 직후 2년 동안 우선 「13인의 해명」(중앙위원회와 중앙통제위원회ZKK의 위원)113)으로, 1년 뒤 퇴고된 「좌익 반대파의 정견」(*Plattform der linken Opposition*)으로 그 모습을 드러냈다. 이것은 1927년 말에 개최된 15차 당 대회에 제출되었다.

---

111) 지노비에프, 『레닌주의』(*Leninism*, 1926)을 볼 것. 같은 저자로부터 소련 공산당사의 최초의 스케치도 발행되었다. 『러시아 공산당사(볼셰비키)』(*Geschichte der Kommunistischen Partei Rußlands-Bolsdheviki*), 함부르크, 1923.

112) 지노비에프는 즉시 레닌그라드에서의 그의 지도적인 위치를 상실했고, 카메네프는 모스크바에서 그러했다. 레닌그라드의 『프라우다』의 편집도 차단되었다.

113) 13인의 선언은 1926년 중반에 중앙위원회에 제출되었다. 그것은 바카예프(I. Bakajev), 리스딘(G. Lisdin), 라제비치(M. Laševič), 무랄로프(N. Muralov), 페데르손(N. Peterson), 솔로비예프(K. Solovjev), 예브도키모프(G. Jevdokimov), 퍄타코프, 아브데예프(M. Avdeev), 지노비에프, 크루프스카야, 트로츠키와 카메네프에 의해 서명되었다. G. 힐만(G. Hillmann, 「공산주의의 자기비판」(Selbstkritik des Kommunismus)에서의 선언을 참조.

수천명의 당원이 서명한 이 「정견」은 특히 다음과 같은 점을 담고 있었다. 국가와 당의 문제들에 대한 레닌적인 개방의 필요성, 나날이 증대되는 국가 기구와 그에 따른 관료제의 영향에 대한 지적, 사유 자본이 더욱 강해지고 있으며 빈농의 상황이 세금과 관련해 볼 때 부농에 비해 악화되었다는 사실의 확인, 그리고 노동자계급이 국민소득에서 차지하는 몫이 줄어들고 반대로 다른 계급의 몫이 늘어나고 있으며, 관료와 자본가가 잉여가치의 일부를 가져가고 있다는 사실의 확인, 지도부가 뚜렷하고 확정적인 혁명정책을 추진하고 있지 않으며, 따라서 아래와 같은 사항을 피할 수 없다는 것.

"1. 우리 국가의 발전을 자본주의적인 방향으로 이끌려는 세력들의 과다한 성장, 2. 날로 성장하는 쿨락, NEP(신경제정책) 쪽 사람들과 관료의 힘에 비해 노동자계급과 빈농의 상태의 약화. 3. 세계 자본주의와의 투쟁에서 노동자 국가의 일반적 상황의 약화, 즉 소련의 어려운 국제 상황."[114]

좌익 반대파는 계속해서 농민문제에 있어서의 레닌주의의 수정을 놓고 스탈린-부하린 그룹을 비판했다. 이 문제에 대해 반대파는 다음과 같은 점을 들었다. 1. 오직 강력한 사회주의적 산업만이 농민들의 집단경제의 기초 위에서 농민경제를 개혁하는 것을 도울 수 있다고 말하는 맑스주의의 기본원칙의 하나를 부정, 2. 프롤레타리아 독재의 사회적 기반인 농업노동자와 빈농의 천시, 3. 소위 '경제적으로 부유한 농민'인 쿨락에의 의존 경향, 4. 농민 소유와 그의 경제의 쁘띠부르주아적인 성격을 무시하려는 경향, 5. 농촌에서의 자본주의적인 요소의 성장에 관한 과소평가, 6.

114) 「좌익 반대파의 정견」(1927), 『스탈린에 반대한 볼셰비키들』, S.91.

우리 사회체제의 테두리에서는 그것이 허용되지 않기 때문에 부농은 그가 하고 싶은 대로 성장할 수 없다고 얼버무리는 이론의 확대, 7. 쿨락이 우리 경제에서 은밀히 성장하고 있음, 8. 레닌의 '협동-계획'을 그의 전기시설 계획과 통일적으로 보지 않고 그 둘을 대립시키려는 경향.115)

이 비판에 의거하여 좌익 반대파는 일정한 조치를 제안했다. 촌락 협동체제를 발전시킬 것, 빈농을 지원하고, 세금을 면제해 줄 것, 쿨락의 성장을 제한하고 그들에게 누진적으로 과세하여, 산업화를 통해 광범한 농민계층의 협동생산에로의 이행을 가능하게 할 것. 이리하여 반대파는 강력한 산업화와 노동자, 농민의 프롤레타리아 국가와 통치에의 참여를 요구했다. 반대파는 당이 당연히 모든 국수주의와 민족주의에 반대함을 천명하고 스탈린의 민족문제에 대한 견해를 비판했던 레닌의 편지를 발행할 것도 요청했다. 그리고 이것은 당내 민주주의와 다른 생각을 가진 사람들에 대한 차별의 자제를 요구하는 데서 그 정점에 달했다. 반대파는 특히 그들이 레닌의 원칙 위에서 통일을 재건하기 위해, 당의 분열과 새로운 경향의 형성을 지지하지 않으며, 당 내부에서의 기존의 경향들의 투쟁을 지지한다는 점을 강조했다.116)

115) Ibid., S.101 참조. 「정견」은 게다가 많은 사실과 자료들을 통해 뒷받침 된 포괄적인 문서이다.

116) 이 갈등에 대한 트로츠키의 해석에만 의존할 필요는 없다. 스탈린의 저작에서 충분한 증거가 발견된다. 스탈린과 부하린은 산업화 가속에 대한 반대파의 요구를 "초산업화"의 모험적 계획이라고 불렀다. 그들은 상황이 쿨락에 대한 공격과 공동소유제의 실시를 위해 아직 무르익지 않았다는 언급으로 그 계획을 철회시키려고 했다. "1926년과 1927년에 지노비에프와 트로츠키 반대파가 당에 대해, 쿨락에 대한 즉각적인 공격의 정책을 온갖 수단을 다하여 강요했었다. 당은 이 위험한 모험에 동조하지 않았다. 왜냐하면 당은 신중한 사람들에게는 공격과 같은 장난이 용납되지 않는다는 것을 알고 있었기 때문이다."(스탈린, 「소련 농업정책의 제문제」, 『전집』, Bd.12, S.147~148). 우리는 반대파의 요구가 시기상조였는가 아닌가에 대해서 조사하지는 않을 것이다. 우리가 강조하고자

그러나 이미 지도권을 확실히 장악한 스탈린과 그 집단은 지금까지 늘 통상적으로 이루어졌단 당 대회에서의 자유토론을 더 이상 허용하려 하지 않았다. 보복수단—위협, 당에서의 축출, 유형(流刑) 등—을 통해 투쟁은 극단으로까지 첨예화되었다. 반대파는 합법적·비합법적인 토론을 조직했으며, 이는 정부측에 의해 체계적으로 방해받거나 저지되었다. 그리고 그들은 혁명기념일에 즈음하여 독자적인 선언서를 준비했으나, 스탈린과 경찰기구에 의해 쫓기고 분열되었다. 이 모든 내부투쟁은 트로츠키와 모든 다른 반대파들의 당에서의 축출과 함께 끝났다. 트로츠키는 알마 아타로, 그리고 1929년에는 소련에서 추방되었다.

이 몇 해는 소련 공산주의의 발전에 있어서도, 그리고 제3인터내셔널에서의 소련 공산당이—영향을 생각 할 때 국제 공산주의의 발전에 있어서도 매우 결정적인 해였다. 많은 사람들은 레닌의 지도 하에 10차 당 대회에서 특별한 종파 형성이나 반대의 금지가 결의되었던 1921년 초에 이미 이 결정적인 선회가 시작되었다고 주장한다. 그러나 우리의 의견에 의하면 이 평가는 그릇된 것이다. 여기에서 일차적으로 중요한 것은 젊은 사회주의 국가가 발전하는 데 있어 처한 지극히 어려운 순간이다. 왜냐하면 당의 행동불능은 혹 사회주의 자체의 몰락을 의미할 수도 있었기 때문이다. 더군다나 레닌의 인품, 그가 일하고 반응하는 방식을 잘 아는 사람은 누구나 이것이 단지 일시적인 조치였다는 것, 생각이 다른 동지들이 그들의 의견을 당 언론과 일반 언론에 게재하고 옹호했을 때 금지조치를 내린 순간에도 레닌이 이것이 필요하고 정상적이라고 여겼으리라는 것을 알 것

---

하는 것은 오직 반대파에서 자본주의를 부활시키려는 반사회주의적인 정책이 제시되었던 것이 아니라, 당시 패배의 아픔을 맛보아야 했지만 2년 후엔 더욱 극단적인 형태로 받아들여진 전적으로 맑스주의적인 입장이 제시되었다는 점이다.

이다.

20년대 후반에 들어와서야 실제적인 분열이 일어났다. 여기에는 스탈린뿐만 아니라 비록 스탈린처럼 폭력행동과 범죄를 행할 마음이 분명 없었다고 하더라도 다른 많은 사람들, 지노비에프와 카마네프, 부하린 등도 가담했다. 분열이 일어난 것은 당내 요직을 자기 인물들로 채우고 대회나 회의의 대표단의 인선을 조종하려는 일이 실제로 벌어졌던 해였다. 이렇게 함으로써 당 집행부의 승리가 확보되고, 당과 국가의 가장 긴요한 문제들에 대한 민주주의적인 토론이 질식되고, 당원들이 처벌과 축출로 위협받았다. 한 마디로 말해서 당 생활과 통치의 중점이 민주주의적이고 동지적인 관계에서 애매모호한 중앙집권주의로, 모함, 중상 등으로 옮겨진 때에 분열이 생겼다. 이것은 비록 논리적인 결말은 아니지만 모스크바의 재판과 관료화된 코민테른 아래로의 여타 정당의 예속으로 외견상의 결말을 보게 된 바로 그 과정의 시작이었다. 이 분열은 레닌주의적 유형의 당에서 스탈린주의적 유형의 당으로 변질되는 것을 의미했다. 다시 말해 오로지 광범위한 내부 민주주의를 통해서만 권좌에 머무를 수 있는 당에서 이와 같은 미사여구를 통해 단지 자신의 내부 약점을 은폐하려는 단일화된 스탈린주의적 정당으로의 변질을 의미했다.

### 스탈린주의 비판

여러 나라에 머물면서 근근이 망명처를 구해 나갔던 생의 마지막 시기에 트로츠키는 주로 역사적인 성격을 띠는 활발한 저술활동을 전개했다. 그는 자신의 자서전을 쓰고, 그 다음으로 영구혁명에 대해, 러시아 혁명에 대해, 스탈린에 대해 연구한 것들을 책으로 썼으며, 그리고 각 국가들의 다양한 시사 정치문제들에 대해 많은 기사와 소책자들을 썼다.

이론적인 면에서는 소련의 사회주의와 관료주의에 대한 저술이 물론 가장 중요하다. 스탈린의 격분한 적으로서 그리고 그에 따라 사회주의 발전의 적으로서 트로츠키는 망명지에서 러시아에서 일어나는 사건들을 집중적으로 추적해서, 제1차 강제 콜호즈화 후에 그리고 제1차 5개년 계획 후에 소비에트 사회질서에 관한 분석을 책으로 기술했고 모스크바 재판 후에는 두 번째 분석을 썼다.

30년대 중반의 소련은 실제로 이론적인 모순이 누적되어 있었다. 한편에서는 사회주의의 승리가 환호 속에서 선포되었던 반면, 다른 한편에서는 계급투쟁이 격화되었다고 선언되었다. 이리하여 그 유명한 재판이 개최되었다. 사회주의 건설의 완료에 대한 공식 이론에 반대해서, 트로츠키의 분석은 소비에트 체제는 사회주의가 아니라, 고작 민중으로부터 분리된 카스트에 의해 지배되는 관료제와 국가주의로나 불릴 수 있다는 결론에 도달했다. 당과 국가가 그렇게 타락한 데에는 트로츠키에 의하면 몇 가지 이유가 있다. 그 중에서도 소련의 국제적인 상황을 약화시킨 유럽과 아시아에서의 혁명의 실패가 가장 큰 것이었다. 제일 먼저 그는 독일 프롤레타리아트의 패배를 염두에 두었고, 그 다음으로 장개석이 중국 혁명에 가한 일격을 염두에 두었다. 중국 혁명에서 공산주의 인터내셔널은 문자 그대로 고스란히 중국의 노동자와 농민을 그에게 넘겨 주었다.[117] 이런 모든 것이 나라 안에서 관료주의 분자의 계속적인 강화에 유리하게 작용했다. 그들은 피로에 지친 대중들에게 의존해서 반대되는 입장인 영구

117) 트로츠키, 『배신당한 혁명』(*Verratene Revolution*), 취리히, 1957, S.90ff를 참조.

혁명론을 새로운 혁명 전쟁을 선동하려는 기도로 규정했다.

관료제 기구는 스탈린을 그 보충자로, 스탈린은 이 기구를 보충자로 발견했다. 따라서 스탈린이라는 인물에 러시아 혁명의 관료주의적 테르미도르가 육화(肉化)되었다고 말할 수 있다. 제도의 창건자들은 모든 사회적 기능이 모든 시민을 지배하는 전문적인 관료 없이 시민 자신에 의해 집행된다고 전제하는[118] 반면, 여기에서는 노동자계급에 대한 절대적인 지배에 도달한 거대한 관료제 기구가 성장했다. 그리고 레닌과 같은 맑스주의의 창건자들이 바로 앞에서 든 이유 때문에 지배권력이 근로대중의 손에 실제적으로 인도될 수 있도록 하기 위해 단호하게 국가의 소멸을 주장했던 반면에, 우리는 여기에서 그와 정반대되는 과정과 마주치고 있다.

"국가 소멸은 레닌에 의하면 이미 수탈자에 대한 수탈이 있은 바로 다음날부터, 따라서 아직 새 정부가 경제적이고 문화적인 과제들을 착수할 수 있기도 전에 이미 시작된다. 이 과제를 해결해 나가는 과정 위에서의 모든 진보는 따라서 사회주의 사회 내에서의 국가의 해체, 즉 국가의 분해의 새로운 단계를 의미한다. 이 분해의 정도가 사회주의 건설이 어느 정도 깊이 이루어졌고 진척되었는가를 보여 주는 가장 좋은 표지이다."[119]

"공산주의 사회에서는 국가와 화폐가 사라질 것이다. 따라서 그것들의 점진적인 소멸은 이미 사회주의 하에서 시작되어야 한다. 국가가 아무 힘도 없는 국가가 되고 화폐가 그 마술적인 힘을 상실하는 순간에야 비로소 우리는 사회주의의 실질적인 승리를 말할 수 있다. 이것은 자본주의적 물신성(物神性)을 일소한 사회주의와

---

118) 트로츠키, 『배신당한혁명 II(스탈린의 범죄들)』(*La Revolution trahie II[Les crimes de Staline]*), 파리, 1937, S.58.
119) 트로츠키, 『배신당한 혁명』, S.106.

함께 인간들 사이에 맑고, 보다 자유롭고, 보다 인간다운 관계가 존재하기 시작한다는 것을 의미한다."[120]

트로츠키에 따르면 이 테제는 소련의 실제 발전이나 그 공식 이론과는 명백히 모순된다. 소련에서는 전혀 소멸할 기미를 보이지 않는 관료제 국가에 대한 숭배가 공공연하게 이루어졌다.

"현재의 소비에트 국가의 본성이 근본적으로 어떻게 설명되더라도, 한 가지 사실만은 논쟁할 여지가 없는데, 그것은 국가가 그것이 성립된 20년대 말에 소멸하지도, '소멸'할 기미조차도 보이지 않는다는 사실이다. 더욱 나쁜 것은 그것이 역사적으로 그 유례를 찾아볼 수 없는 강제 기구로 성장했다는 사실이다. 관료제는 대중에 자리를 내주고 사라지지 않았을 뿐만 아니라, 오히려 대중을 지배하는 제어할 수 없는 힘으로 되어 버렸다. 군대는 무장된 인민으로 교체되지 않았고, 오히려 오늘날 소련에서는 '무장한 독재의 수행자'인 인민에게는 베고 찌르는 무기의 휴대조차 금지된 반면에, 장성들을 우두머리로 한 특권 간부계급이 형성되었다."[121]

트로츠키는 시종일관해서 국가적 소유를 사회적인 인민 소유와 동일시

---

120) Ibid., S.67.

121) Ibid., S.53~54. 트로츠키는 여기서 정규군을 대체해야 하는 '인민무장'에 대한 맑스주의의 고전주의적인 낡은 테제만을 반복하고 있다. 오늘날 강대국과의 대치를 생각할 때, 이는 분명 망상이다. 따라서 독립과 자유를—특히 사회주의 내에서—지켜야 하는 모든 민족들(특히 소수 민족들)에게는 정규군의 제대편성과 병행하여 바로 '인민무장'의 개념을 실현하고 이를 통해 국가와 자유의 수호를 사회주의 공동사회의 모든 개별 성원의 문제로 만드는 외에 딴 방도가 없다. 물론 이로부터 인민에 대한 지도부의 관계 변화의 필요성도 도출된다. 왜냐하면 한 공동사회가 공동적으로 자기 나라를 지킬 태세가 되어 있다면, 지도부는 이 공동사회의 구성원들에 대해 관료주의적으로 고집을 부릴 수 없으며, 평화시나 전쟁시에도 인민의 자유의사가 가능해야 한다.

하는 것은 불가능하다고 보았다.

"유충(幼蟲)이 나비가 되기 위해서는 애벌레의 단계를 통과해야 하듯이, 사적 소유가 사회적 소유가 되기 위해서는 국가적 단계를 통과해야 한다. 그러나 애벌레는 아직 나비가 아니다. 무수한 애벌레가 나비가 되기도 전에 죽는다. 국가 소유는 사회적인 특권과 차별이 사라지고, 그리하여 국가에 대한 요청도 사라지는 만큼만 '인민소유'가 된다. 달리 말하면 국가 소유는 국가 소유이기를 그치는 만큼만 사회주의적 소유로 전환된다."[122]

따라서 소련에서는 사회적인 관계들이 결코 사회주의적이지 않고, 자유로운 노동자와 농민에 대한 언론 보도와 출판물이란 단순한 망상에 지나지 않는다. 공장들이 국가소유라는 사실은 단지 노동자의 법적인 상황을 변화시킨 데 불과하다. 왜냐하면 그는 예나 다름없이 지금도 임금을 받고 일하기 때문이다.

"산업관리는 극히 관료주의적으로 되었다. 노동자는 공장 경영에 대한 모든 영향력을 상실했다. 성과급, 고달픈 물질적인 생존조건, 거주이전의 자유의 결여, 모든 공장생활에 파고 든 두려운 경찰기구 때문에 노동자는 자신을 '자유롭게 일하는 사람'으로 느끼기 어렵다. 그는 관리들을 상전으로 여기고 국가를 주인으로 여긴다. 자유로운 노동은 관료주의 국가의 현존과 양립할 수 없다."[123]

당의 타락은 국가의 관료주의화의 원인이기도 하지만 또 그 결과이기도 하다. 따라서 볼셰비키 당, "이전의 공산당이 이제는 프롤레타리아트의

---

122) Ibid., S.231.
123) Ibid., S.235.

전위가 아니라, 관료제의 정치조직"[124]이 되어 버리고 말았으며, 지도층은 단지 "말 그대로 지배계급"[125]일 뿐이다.

비판의 자유와 이념투쟁은 당내 민주주의의 가장 중요한 내용이었다. 오늘날의 독트린은 볼셰비즘과 분파의 존재가 양립될 수 없음을 선언하고 있다. 가장 어려웠던 혁명 당시에도 의견의 자유, 토론과 비판의 자유가 가능했는데, 경제적으로나 정치적으로 훨씬 유리한 상황인 지금 왜 그것이 더 이상 가능하지 않은가도 또한 물어야 할 문제이다.

> "반대당의 금지가 분파의 금지를 초래했다. 분파의 금지는 오류 없는 지도자와 다르게 생각하는 것의 금지로 끝났다. 당의 경찰적 일석주성(一石株性)은 모든 형태의 자의와 문란의 근원이 되는 관료주의적 전횡을 필연화한다."[126]

트로츠키는 여러 구절에서 분파 결성의 자유가 볼셰비즘의 원칙이라고 변호했다. 그러나 이 자유는 레닌주의 당의 민주적 중앙집권제의 원칙과 다르다. 왜냐하면 이 원칙은 그 본질적인 특징의 하나로 완전한 비판과 토론의 자유를 담고 있지만, 또한 다수에 대한 그리고, 총회나 대회의 결의에 대한 복종도 담고 있기 때문이다. 분파의 원칙은 이에 반해 이러한 자유 외에 그러한 결정에 대한 불복종의 자유도 요구한다. 그리고 이는 결국 당내에 또 하나의 당을 결성할 원리의 요청을 의미한다. 이것은 단지 공산당뿐만 아니라 어떤 다른 당의 정상적인 운영과도 양립할 수 없는 것이다.

공산당의 지금까지의 발전은 민주주의의 부재와 반대 입장의 금지가 끼

124) Ibid., S.136.
125) Ibid., S.134.
126) Ibid., S.104.

치는 해악과 마찬가지로 분파의 현존이 끼치는 해악성도 보여 주었다. 당내 민주주의의 부재가 당의 관료화를 가져오듯이 분파는 당의 분해를 가져온다.127)

트로츠키는 혁명 기간과 마찬가지로 현재에도 학문과 예술의 완전한 자유를 주장하고, 바로 수백만 명의 인간이 해방되는 시기에 이 영역에서 가장 많은 성취가 있을 것이라고 생각했는데 이는 옳다. 레닌은 루나차르스키가 자기 마음에 들지 않았던 몇몇 현대 사조를 지지했을 때에도 자신의 예술 기호가 법칙이 되어서는 안 된다는 의견이었다고 트로츠키는 말한다.

"관료제는 그것에 직접적으로 쓸모가 없거나, 그것이 이해할 수 없는 것 모두를 미신처럼 두려워한다. 만일 그것이 자연과학과 생산 사이의 관계를 주장한다면, 그것은 대개 옳다. 그러나 그것이 과학자는 직접적으로 실제적인 목적만을 설정해야 한다고 명령한다면, 그것은 가장 값진 창조의 원천을 마개로 막으라고 협박하는 것이며 따라서 대개 예상 밖의 방식으로 이루어지는 실제적인 발견조차 저해하게 된다."128)

---

127) 이로부터 당내 민주주의 문제가 분파의 문제와 동일하지 않다는 사실을 알 수 있다. 특별한 문제는 사회주의 내에서의 몇몇 대등한 정당의 존립 문제이다. 이는 특수한 성격과 전통을 갖는 나라에서는 가능할 수도 있다. 이미 우리가 보았던 바대로 레닌은 당내 반대파의 존재를 당연한 현상으로 보았었다는 것이 강조되어야 한다. 그는 물론 반대파는 실제에 있어서는 다수의 결의에 따라야 한다고 전제했다.

128) 트로츠키, ibid., S.177. 모든 정적들이 맑스주의에 대해 이론적으로도 배반했다고 증명해 보이려는 열정으로 소비에트 맑스주의자들은 트로츠키를 멘셰비키적인 관념론이라 비난했다. 이 속에서 많은 다른 경우에서와 마찬가지의 억지와 비일관성이 드러났다. 어떤 이들(예를 들어 가크)은 그가 숙명론적 결정론이라 했고, 다른 이들(예를 들어 미틴)은 주의주의라 했다. 트로츠키는 이론적인 면에서 그 어느쪽도 아니었고, 맑스주의자였다. 물론 특히 영향력이 있거나 특히 중요한 사람은 아니었다. 활발한 문학적 정치적인 활동을 하는 모든 맑스주의자들

그는 당시의 맑스주의적인 문학적 · 과학적인 생산을 현학적이고, 호교론적이며, 척박한 것이라고 혹독하게 비판했다. 그것도 "사회구성체의 발전이 도처에서 어마어마한 과학적인 문제들을 분출하고 있음에도 불구하고"[129] 그렇다고 했다. 그리고 자국 내에서 소비에트 관료제가 인민대중의 자발성과 창의력을 질식시키고 나면, 그것은 국제적인 차원에서도 또한 어떤 다른 영향력도 행사할 수 없을 것이며, 세계에 비판적인 사고와 혁명적 용기를 발전시키거나 지원할 수 없게 될 것이라고 했다.

트로츠키는 소련의 사회주의와 관료주의의 발전 결과 스탈린주의적인 관료제가 테르미도르 반동을 성공시켰다고 보았다. 그러므로 혁명은 배반된 것이지, 부정된 것은 아니라고 했다.

"의식적인 정치세력으로서 관료제는 혁명을 배반했다. 그러나 혁명의 성공은 다행히도 강령과 깃발이거나 정치적인 기관들의 총체이기도 하지만, 사회적 관계의 체계이기도 하다. 혁명이 실패했다고 하려면 그것을 배반하는 데 그치지 않고 혁명 자체를 전복시켜야 한다. 10월혁명은 지배층에 의해 배반되었으나 아직 전복되지는 않았다."[130]

"두 마디로 해서 혁명의 본질적 성과들, 즉 새로운 소유형태는 아직 지양되지 않

의 경우처럼 그에게서도 여러 가지로 해석될 수 있는 사상이 발견될 수 있다. 그러나 이것이 트로츠키가 이론으로서의 맑스주의의 수미일관된 신봉자가 아니었다는 것을 증명하는 것은 결코 아니다. 그가 특히 철학을 연구하지 않았음에도 불구하고 그의 표현 중 몇몇은 기계론적인 성격을 갖고 있으나, 이것이 결코 그의 정치적 활동에는 아무런 영향도 미치지 않았다는 점이 강조되어야 한다.

129) 트로츠키, ibid., S.178.

130) Ibid., S.245.

았지만, 그것은 이미 정치적 전체주의와 충돌하기에 이르렀다. 사회주의는 대중의 자발적인 능동성 없이는 그리고 인격의 자유로운 계발 없이는 생각될 수 없다. 스탈린주의는 전자뿐만 아니라 후자도 가로막는다. 새로운 폭정에 대한 인민의 공개적인 투쟁은 불가피하다."[131]

따라서 트로츠키에 의하면 소련은 자본주의와 사회주의 사이에 서있는 과도기적 사회이다.[132] 그러나 이 과도기적 사회 속에서는,

"a) 국가적 소유에 사회주의적인 성격을 부여하기에는 생산력이 아직 오랫동안은 불충분할 것이며, b) 궁핍으로부터 일어나는 본원적 축적을 향한 열망이 도처에서 계획경제에 나 있는 작은 구멍을 통해 스며들고 있고, c) 부르주아적인 분배 규범의 잔재가 사회의 새로운 분화(분열)의 근거가 되고 있으며, d) 경제 도약이 근로자들의 처지는 아주 서서히 향상시키는 반면, 특권은 신속하게 만들어 내고 있고, e) 사회적 대립을 철저하게 이용하는 관료제는 제어되지 않는, 사회주의와는 거리가 먼 카스트가 되었으며, f) 지배당에 의해 배반된 사회 전복은 소유관계와 근로자의 의식 속에 아직 살아 있으며, g) 누적된 대립의 계속적인 발전은 사회주의로 나아갈 수도 있지만 자본주의로 되돌아갈 수도 있고, h) 자본주의로의 길에서는 반혁명이 노동자의 저항을 분쇄해야 한다면, i) 사회주의로의 길에서는 노동자가 관료제를 전복시켜야 할 것이다. 마지막으로 그 문제는 국가적 무대에서뿐만 아니라 국제적 무대에서도 활동하는 사회세력들의 투쟁을 통해 결정될 것이다."[133]

트로츠키는 혁명이 싸워서 얻은 본질적인 것이 아직 전복되지 않았다는

131) 트로츠키, 『배신당한 혁명 II』, S.158~159.
132) "따라서 현 소련 체제는 그 모든 모순성 때문에 사회주의적 체제가 아니라 자본주의와 사회주의 사이의 예비적 아니면 이행체제로 보는 것이 보다 옳을 것이다."(『배신당한 혁명』, S.49~50).
133) Ibid., S.248.

확신 속에 노동계급의 관료제에 대한 투쟁의 해답이 있다고 보았다. 관료제의 사회적 기반은 사적 소유라는 새로운 형태가 아니라 바로 혁명의 결과인 국가 소유에 있기 때문이다. "관료제의 작동을 이런 측면에서 보면 그것은 언제나 프롤레타리아 독재의 도구일 수밖에 없다."134) 그러나 "소비에트 관료주의는 싸움 없이 그 지위를 포기하지는 않을 것이다. 발전은 결단코 혁명의 길로 나아가게 된다."135)

스탈린주의의 관료제적 국가주의에 대한 트로츠키의 분석과 비판은 당시 맑스주의 이론가의 신빙성 있는 시도의 하나이다. 만일 트로츠키가 지도했다면 이 시기의 소련의 발전이 어디로 갔을 것인가라고 묻는 것은 비역사적이다. 그는 그의 활동 속에서 상이한 여러 가지 면을 보여주었다. 그는 탁월한 혁명적 창의성과 지도력을 보여 주었으나, 국가주의적인 의도(예를 들어 레닌과 격렬한 갈등을 일으켰던 노동조합의 문제에서)도 보여 주었으며, 아울러 사회주의 발전에서 농민의 중요성을 과소평가하기도 했고(그러나 그의 행동은 콜호즈화 기간의 스탈린 파의 그것보다 결코 부정적이지 않았다.), 더 나아가 그에게는 행정적이고 구두상으로 문제를 해결하려는 성향이 두드러졌으며(위에 언급된 문제나 브레스트-리토프스크의 상황에서), 그가 반대파에 속했던 한, 왔다갔다 하는 분파적인 행동을 보였지만, 국가적이고 국제적인 문제들에 대해서는 명민하게 통찰하기도 했다(예를 들어 산업화의 문제나 파시즘과 파시즘과 대항해 싸우는 사회주의자들의 동맹의 문제 등). 따라서 관료주의적 마키아벨리즘이 재판이 진행되는 동안 그가 제국주의,

134) Ibid., S.243.

135) Ibid., S.279. 트로츠키가 제4인터내셔널을 창설했을 때, 그는 바로 이 인터내셔널의 소비에트국이 이 사건들을 준비하고 호기가 오면 대중의 정상에 올라설 과제를 갖게 될 것이라는 의도를 갖고 있었다(ibid., S.279).

그것도 독일과 일본 파시즘을 위해 일한다는 기소를 통해 그를 실추시키려 했을 때, 그가 겪은 쓰라림은 하등 놀랄 일이 아니니다. 가장 극심하게 개인적인 곤욕을 치르고 있던 순간에도 그가 소련에 대한 독일과 일본의 전쟁을 반동적이라 여겼던 것은 지극히 분명하다. 왜냐하면 10월의 결과들이 여전히, 비록 관료주의적으로 경직되긴 했어도 이 정부의 기초와 거대한 진보적인 측면을 형성하고 있었기 때문이었다.[136)]

그가 활약했던 혁명적 토양으로부터 떨어져 나왔음에도 불구하고, 트로츠키는 소비에트 정책의 예속 도구가 되어 버린 제3인터내셔널의 무능력에 대항해 싸워야 하는 제4인터내셔널 창설의 주창자가 되었다.[137)] 그렇지만 트로츠키의 이 역사적 시도는 너무 늦었고 환상적이었다. 노동운동의 분열과 상이성 때문에 다양한 노동운동의 통일적인 지도라는 의미에서의 인터내셔널의 시대는 영원히 지나가 버렸다. 그리고 두 번째로 다년간 세계 여러 나라에서 노동계급의 상징이요, 희망이요, 깃발이었던 광대한 나라의 정치적 비중이 필연적으로 공산주의 운동에 있어 우세할 수밖에 없었다. 따라서 트로츠키주의적 조직들은 노동계급에 깊이 뿌리내리지 못했다. 게다가 또 분파적 입장 때문에 자기 계열에 알력을 낳았고 그래서 오늘날까지 소집단으로 근근히 지탱하고 있다.

---

136) "그럼에도 불구하고 소비에트 국가의 평화적인 개혁에의 희망을 배척한다고 해서 그것이 소련의 방위를 배척하는 것은 아니다. 이 점에 있어—그리고 직후 뉴욕에서 발행된 합본(Trotsky, *In Defense of the Soviet Union*)이 이를 입증해 준다.—나는 변함없이 모든 주저와 투쟁했다. 여러 번 나는 이 문제와 관련해서 나의 동지들과 결별해야 했다. 나는 『배반당한 혁명II』에서 전쟁은 관료제뿐만 아니라, 인류 역사상 하나의 거대한 진보를 의미하는 소련의 새로운 사회적 기초도 동시에 위태롭게 할 것임을 밝힌다."(『배반당한 혁명 II』, S.195~196).

137) 제4인터내셔널은 1938년 9월 3일 파리 근처에서 창립되었다. 회의에는 11개 나라의 21명의 대표가 참가했다.

비록 소련에서의 사회주의의 발전에 대한 비판에 있어 트로츠키가 많은 중요한 점에서 옳았다고 하더라도, 그의 개인적인 노력으로는 많은 사람들이 여전히 애착을 갖고 행동하고 있던 새로운 체제의 몇 가지 거대한 부정을 세상에 확신시키기에는 역부족이었다. 여기에는 맑스주의와 사회주의의 몇 가지 본질적인 원칙을 재건하고 인정하기 위해 투쟁해야 하는 전인민의 경험과 혁명적 분투가 필요했다.

이런 모든 요인들을 고려하고 나서야 맑스주의의 한 분파와 한 유파를 만들었고 다양한 상황에 처해(이 중 몇 가지는 이미 언급되었다.) 국가적 영역에서나 국제적인 영역에서 싸움에 패했던 트로츠키라는 중요한 인물에 대한 또 다른 맑스주의적 평가가 내려질 수 있고 또 내려져야 할 것이다.

### 요시프 V. 츄가시빌리 스탈린(Josif V. Dzugasvili Stalin, 1879~1953)

제3인터내셔널의 두 번째 시기의 본질적인 문제 몇 가지는 지금까지의 서술에서 이미 해명되었다. 왜냐하면 대다수의 중요한 맑스주의 인물들이 이 양 시기에 활동했기 때문이다. 맑스주의의 발전에 있어 제3인터내셔널 시기 동안, 이 두 번째 시기는 특히 소련에서는 스탈린과 그의 분파가 맑스주의와 공산주의의 모든 다른 노선들에 대해 거둔 궁극적인 승리로 특징지워진다. 이후 시기는 특유의 사회-경제적 관계를 갖는 사회체제의 형성을 뜻한다. 물론 그것의 기본 해석자요 고무자는 요시프 V. 츄가시빌리 스탈린이었다. 많은 지도적인 러시아 맑스주의자와는 반대로 스탈린은 매우 가난한 수공업자와 노동자 가정에서 태어났다. 그의 학교 교육은 20살이 될 때까지 티플리스에 있는 신학교에 다닌 것으로 마감되었다. 거기에서 이미 일찍이 그의 특징적인 성격이 두드러지게 형성되었다. 지성, 러시아 문학에 대한 지극한 애착, 과감성, 참을성, 그러나 또한 토론에서의 편협성 그리고 그에게 매우 중요한 능력인 자신의 감정을 숨길 수 있는 능력이 그의 특징적인 성격이었다. 이런 그의 성격은 어두운 사회적 분위기에서는 매우 유익했다.

스탈린은 매우 일찍이 진보적인 도시 지식인들과 접촉했고 나중에는 최초의 사회민주주의 서클과도 접촉했다. 그 결과 그는 신학교(1899)에서 퇴학당했고 그 후 전적으로 혁명활동에 투신했으며, 이로써 그는 곧 당시의 가장 중요한 불법 노동자의 한 사람이 되었으며, 그들과 같은 운명을 ―형무소와 탈출―을 그도 그들과 함께 나누었다. 러시아 사회민주당이 내부에서 분열이 일어나기 시작한 이래 스탈린은 볼셰비키 편에 가담했으며 1912년 중앙위원회 위원이 되었다.

이런 신분으로 그리고 『프라우다』의 편집장으로서 그는 1917년과 그 이듬해의 모든 혁명적 사건들에 참여했다. 1922년 그는 당의 서기장으로 임명되었다. 그의 그 후 행적, 그가 남긴 업적과 저작은 충분히 알려져 있다. 우리 현대 문명은 이보다 더 강력하게 조직화된 관료주의 사회형태를 알지 못한다. 모든 사회생활, 즉 경제적인 것, 정치적인 것, 그리고 정신적인 것이 국가 관료주의의 최고 상부와 그 지도자에 완전히 예속되는 것, 이러한 것들이 스탈린과 그의 이론적 옹호자들이 공식적으로 사회주의, 그리고 더 나아가 사회주의 건설의 다음 단계인 공산주의의 단계로 이행할 수 있는 사회주의 단계라고도 불렀던 바로 그것의 근본 특징이었다.

바로 여기에서 문제가 제기된다. 이 모든 국가 조직들이 어쩔 수 없는 객관적으로 주어진 현실의 산물인가, 아니면 당시 소련에서 일어났던 모든 것이 대부분 스탈린의 독특한 맑스주의관과 사회주의관에서 비롯된 것인가? 맑스와 레닌은 고도로 발전된 자본주의 산업 국가와 관련해서 사회주의와 공산주의로의 이행 가능성에 대해 언급했다. 그 이유는 이 국가들에서는 그리고 이런 조건 하에서는 그러한 역사적 과정을 위해 필요한, 다시 말해 인간이 전면적인 소외로부터 해방되는 새로운 사회적 관계의 건설을 위해 필요한 성숙단계가 이미 현존한다고 가정해도 되었기 때문이다. 덧붙여 말하면 새로 건설된 사회적 관계 내에서는 인간의 보다 더 인간적이고 보다 자유로운 관계가 역사적 발전의 보다 밝은 전망으로서 창출된다.

이제 논의되어야 할 특정한 기존의 객관적인 현실이 없었더라면, 러시아에서의 특수한 사회주의 발전이 가능하지 않았으리라는 사실은 분명하다. 그러나 그와 같은 객관적인 상황이 결코 극명하게 주어지지는 않았다는 것, 역사는 객관적인 사건일 뿐만 아니라 일차적으로 이 상황과 기존의 현실에 변화를 가져오는 주체적 행위, 인간의 참여이기도 하다는 것—이 또한 맑스주의 학설의 기본 입장이자 이론적인 지주에 속한다.

이러한 능동적인 관여, 즉 러시아 현실의 구조 변화에 스탈린이라는 인물이 주역을 맡았다. 그리고 바로 그렇기 때문에 스탈린이 해석했던 그 발전과 현상들을 창조적인 맑스주의자가 비판적으로 조명하고 해명하려면 이 인물의 지적인 구조에 대한 분석이 먼저 이루어져야 하는 것이다.

스탈린의 경력이 확신에 찬 맑스주의자이자 공산주의자에서 시작되었다는 것과 그가 그의 모든 막대한 정력을 사회주의를 위한 투쟁에 바쳤다는 것은 전혀 의심의 여지가 없다. 그러나 역사적 운동으로서의 사회주의가 바로 스탈린의 지도 하에 이 위대한 이념에 역사적인 오점을 초래한 저

비극적인 개악(改惡)을 겪었다는 것 또한 의심할 수가 없다. 그러나 여기에 제시된 모순의 해답은 스탈린 저작에 대한 상세한 분석에서만 찾아질 수 있다.

## 레닌주의의 제문제

레닌주의의 제문제에 대한 스탈린의 저술에 대한 분석을 시작하기 전에, 어떤 의미에서 스탈린주의의 후기의 많은 문제들에 대해 그 해답을 이미 주고 있는 그의 초기 논문 「무정부주의와 사회주의」(*Anarchismus und Sozialismus*, 1907)로부터 한 구절을 소개하는 것이 좋을 것이다. 무정부주의자들을 논박하면서 스탈린은 무정부주의의 본질적인 특징들을 다음과 같이 쓰고 있다.

"중요한 사상은 맑스주의와 무정부주의는 둘 다 투쟁무대에서 사회주의적 기치 아래 나타나지만, 전혀 다른 원칙에 근거한다는 사실이다. 무정부주의의 초석은 개인이다. 그 견해에 따르면 개인의 해방이 대중 집단의 해방을 위한 근본 조건이다. 무정부주의의 견해에 따르면 개인이 해방되지 않는 한 대중의 해방은 불가능하다. 그렇기 때문에 그것의 표어는 '개인을 위하여 모든 것을 하라'는 것이다. 이와 달리 맑스주의의 초석은 대중이다. 그것의 견해에 따르면 대중의 해방이 개인의 해방을 위한 기본 조건이다. 즉 맑스주의의 견해에 따르면 대중이 해방되지 않는 한, 개인의 해방이란 불가능하다. 그렇기 때문에 그것의 표어는 '대중을 위해 모든 것을 하라'는 것이다."138)

---

138) 스탈린, 「무정부주의냐 사회주의냐」(*Anarchismus oder Sozialismus*), 『전집』, Bd. I, 베를린, 1959, S.259. 스탈린이 다루어진 레닌과 러시아 혁명에 대한 이미 언급된 저술 외에도 지금까지 I. 도이처가 스탈린에 대한 가장 훌륭한 전기를 썼다. 『스탈린』(*Staline*), 파리, 1949.

스탈린은 무정부주의자들의 개인과 대중의 비변증법적인 대립에 대해 대중과 개인의 마찬가지로 비변증법적인 대립으로 응수한다. 마치 무차별적인 대중해방이 가능한 듯이, 그리고 마치 대중이 대중의 기본 요소—개인, 개인의 인격—를 동시에 해방시키지 않고도 인간을 간단히 해방시킬 수 있는 무차별적인 전체인 것처럼 대중과 개인을 대립시킨다. 이미 스탈린의 이 생각 속에 매우 극단적으로 실제로 옮겨진 후기의 사회주의 개념이 재인식될 수 있다. 이 개념은 사유재산의 지양과 자본주의의 폐기가 기존의 사회형태에 관한 고려 없이도 즉자대자적으로 이미 사회주의를, 즉 대중의 해방과 동시에 개인의 해방을 의미한다는 전제를 깔고 있었다. 그래서 러시아에서 사회주의를 실현하기 위한 스탈린의 계속되는 투쟁 속에서 개인이 무시할 수 있는 양으로 점점 더 뒷전으로 밀려났던 것과 모든 역사적인 멍에와 소외로부터의 개인의 해방이 스탈린이 보기에는 사회주의 운동을 위한 현실적인 전제가 될 수 없었다는 것은 더 이상 놀랄 일이 아니다. 그는 맑스주의의 전면적인 인격성에서 그 가장 찬연한 대표자를 발견했던 저 유럽의 인문주의적 전통의 계승자는 결코 아니었다.

「레닌주의의 기초」(1924)의 분석은 스탈린의 사고 도식의 특징적인 구조를 담고 있다. 우선 스탈린이 레닌의 사상으로 인용한 것의 대부분이 실제 레닌으로부터 유래한다는 사실을 강조해 두는 것이 중요하다. 레닌이 사망한 뒤 스탈린은 정치국에서 트로츠키와의 격심한 논쟁에서 종종 레닌과 그의 원칙의 가장 정통적인 수호자로 나섰다. 그러므로 레닌의 이론적인 저작에 내포되어 있는 계기들을 상세히 논할 필요는 없다. 더 흥미로운 것은 스탈린 자신이 레닌주의에 본질적인 것이라고 여기고 있는 것이 전체 맥락뿐만 아니라 토론과 논증 속에서도 나타난다는 점이다. 이미 방법상에서 레닌에게서 무엇이 본질적인 것인가에 대한 이해의 협소성이 드러나고 있다. 레닌의 사고가 무엇보다도 탁월한 변증법적인 탄력성과 주어진 현실의 총체성에 대한 비범한 분석적 통찰로 특징지워진다면, 스탈린은 레닌주의의 방법을 제2인터내셔널의 이론과 정책의 '검증'을 위한, 그리고 당의 임무의 '수정'과 당 간부의 '자아비판'을 위한 단순한 도구로 축소시킨다.139)

스탈린의 고유한 관점은 그가 맑스주의의 근본문제 중의 하나인 프롤레타리아 독재의 문제를 분석할 때, 레닌에 의해 제시된 문제와 해답에 연결시키지 않고, 대개는 가장 극단적이며 동시에 가장 그 시대와 밀접하게 연결되어 있는 레닌의 개념들을 절대화하는 데서 두드러진다. 또한 스탈린은 특수한 러시아의 상황을 넘어서지 못했고, 그래서 이후의 맑스주의의 문제들에 대한 분석과 해결은 한갓 특수한 러시아의 경험의 일면적이고 비변증법적인 절대화만을 의미한다.

레닌이 다양한 역사적 시기들에 따라 그에 맞는 다양한 프롤레타리아 독재 형태가 필요하다고 보았다면, 스탈린의 견해는 "프롤레타리아 독재는 법에 제한받지 않는 그리고 폭력에 의거한 부르주아지에 대한 프롤레타리아트의 지배이다."140)라는 정식화에서 그 정점이 달한다. 이것은 물론 프롤레타리아 혁명기에 대한 레닌의 규정 중 하나를 되풀이한 것에 불과하다. 프롤레타리아 독재가 의미해야 하는 것에 대한 그런 견해는 항상 모든 종류와 형태의 폭력 사용을 위한 혁명적인 변명으로서, 그리고 게다

139) 스탈린, 「레닌주의의 기초」(*Über die Grundlagen der Leninismus*), 『전집』, Bd.6, S.73.
140) Ibid., S.101~102.

가 단지 부르주아지에 대해서만 이용될 수 있던 것인데, 스탈린은 그의 통치기간 동안 이를 풍족하게 사용했다.

이와 같은 비변증법적인 일면성은 전세계의 사회주의 세력의 투쟁에 결정적인 의미를 갖는 혁명 문제의 취급에서도 나타났다. 레닌이 이 중대한 문제의 해석에 쏟은 탄력성과 주의와는 달리 스탈린은 혁명투쟁에 대한 그의 단순한 기계주의적 이해로부터 그리고 특수한 러시아 혁명의 경험으로부터 이 혁명을 유일하게 가능하며 마땅히 그래야 하는 혁명으로, 모든 미래 혁명의 법칙으로 선언하는 것을 주저하지 않았다.

> "다른 말로 해서 프롤레타리아트의 폭력혁명의 법칙, 이 혁명의 선(先)조건으로서의 부르주아 국가 기구의 괴멸의 법칙이 세계 제국주의 국가의 혁명운동의 필연적 법칙이다."141)

스탈린의 사고의 특징은 항상 건전한 인간 오성(상식)에 기초한 분명함과 이 사고에 특유한, 모든 문제를 더 단순한 요소들로 엄밀하고 세밀하게 분류하고 분해하려는 성향이었다. 그러나 이 건전한 인간 오성의 철학은, 지배에 이용되지 않는 한은 매우 유익하지만, 역사적 현실이 그것을 탐구하고 또는 확실하게 분류하려고 하는 모든 합리적인 분석과 방법보다도 훨씬 복잡하다는 것을 너무 쉽게 망각한다. 스탈린이 많은 맑스주의자들과 공유하고 있는 철학적 개념의 또 하나의 특성은 역사의 법칙성과 합법칙성을 자연으로부터 유추하여 파악하려는 시도이다. 그래서 '혁명운동의 필연적 법칙'을 발견하고 세분하는 것이 그에게는 어렵지 않았다. 그러나 실은 이 역사적인 불가피성이나 필연성이 스탈린의 계산에서는 결코

141) Ibid., S.104.

합당하게 고려되지 않는 하나의 계기에 의해 부인된다. 이 계기란 바로 창조성을 갖고 있는 인간 자신이다.

오늘날의 맑스주의 토론에서는 사회주의와 현대 세계 내에서의 사회주의 운동에 관한 문제들에 결정적인 의의가 부여되고 있다. 스탈린은 이 문제에 많은 지면을 할애했으며, 바로 세계사적인 운동으로서의 사회주의에 대한 분석에서 그의 실천적이고 이론적인 활동의 많은 계기들을 이해할 수 있는 열쇠를 발견한다. 이미 레닌주의의 문제에 대한 글에서 사회주의에 대한 기본 개념이 분명하게 표현되었다. 여기에서 주요 강조점은 국가, 국가 주도성, 국가 지도, 국가 메커니즘과 전달기관 등에 주어졌으며, 그가 "맑스주의의 초석"이라고 과거에 천명했던 그 대중에게는 결코 주어지지 않았다. 노동자 자치나 모든 근로자 자치의 사상은 스탈린에게는 항상 생소했다. 자기 창의성, 인격의 전면적 계발, 현실적인 해방의 전제인 모든 형태의 인간 소외의 지양의 선결 조건으로서의 인간의 사회적 과정에 대한 지배—이런 모든 맑스주의의 본질적인 계기들이 스탈린에게는 결코 문제가 되지 않았다.

노동자평의회를 만드는 문제를 새로운 사회주의 현실을 실현하기 위한 기본으로 보았던 사람들, 단 몇 사람의 이름만을 들자면, 레닌, 로자 룩셈부르크, 부하린, 그람시와는 반대로 스탈린은 이 문제를 단지 국가 조직의 부차적인 문제로 이해한다. 그러나 스탈린은 모든 문제의 사회주의적 해결이 바로 이 점에 있다는 것을, 노동자평의회, 노동자 자치 등은 국가 조직의 기능이 아니라 실은 비국가적인 것, 즉 인민조직의 기능이라는 것을, 그리고 이것이 다름 아닌 국가 소멸을 가져온다는 것을 통찰할 수 없었다.

러시아 소비에트는 새로운 지배 형태, 요컨대 국가 조직의 형태였다. 레닌의 개념 속에서는 그것이 공장 관리와 모든 경제-사회적인 영역에서 국가 기구의 기능을 대체해야 했다. 그렇지만 스탈린에게 있어서 소비에트는 "가장 포괄적인, 모든 것을 포괄하는 대중조직, 대중의 혁명 투쟁의 가장 강력한 기관"이다. 소비에트는 ;

"대중 스스로의 직접적인 조직체, 즉 가장 민주주의적이고 그렇기 때문에 또한 가장 권위있는 대중조직체이다. 그러므로 이 조직체는 그들이 새로운 국가수립과 자치에 최대한 용이하게 참여할 수 있도록 해주고, 구질서를 파괴하기 위한 투쟁에서, 즉 새로운 프롤레타리아 질서를 위한 투쟁에서 혁명적 에네르기, 창의력, 대중의 창조적 능력을 최대한 발휘하게 한다.

소비에트 권력은 지역 소비에트의 하나의 전국가적 조직으로의, 억압받고 착취당하는 대중의 전위이며 그리고 지배계급인 프롤레타리아트의 국가 조직으로의 통일이요 구성이다. 다시 말해 소비에트 권력은 소비에트 공화국으로서의 통일이다."142)

스탈린은 소비에트를 단지 국가 조직의 요소로만 이해하고, 자기 창의성과 창조적 활동의 자유로운 계발은 국가 메커니즘과 관련해서만 이해하고 있다. 그는 이 국가 메커니즘을 신뢰했고 그것은 그에게 혼자서만 전적으로 그것을 지배할 수 있도록 완전하게 보장해 주었다.

이미 당시에 스탈린의 가장 큰 근심거리는 그의 국가의 안전과 강화였다. 소비에트는 단지 소비에트 지배의 하부 기능요소로만 간주되었고, 이 소비에트 지배가 "노동자와 노동대중을 직접적으로 국가 통치기구와 연결시키고 그들에게 나라를 통치하는 법을 가르쳐 주는"143) 새로운 국가 조

142) Ibid., S.105~106.

직 형태로 간주되었다.

대중이 국가 조직의 가장 단순한 형태에만 참여할 때, 대중이 지배한다는 것은 이미 오래 전에 환상임이 폭로되었다(대중의 참여를 통한 국가 통제와는 달리—역주). 그런 것을 세우고 유지하는 것은 쉽다. 스탈린은 대중들에게 국가 기구에 대한 형식적인 통제만을 인정해 줌으로써, 그들에게 실제적인 지배와 권력의 환상을 심어 주었다. 그렇지만 대중의 참된 지배는 그들이 직접 참여하고 있는 그 생산과정과 사회과정을 직접 지배하는 데에 있다.144)

스탈린의 사회주의관의 특징은 국가적인 것과 사회주의적인 것을 동일시하는 것이었기 때문에, 스탈린의 사고는 이제부터는 주로 국가 메커니즘의 문제들에 맞추어진다. 혁명 후 국가는 당 지도 하에 놓였으며 생산수단의 국유화와 국가화의 법령과 함께 스탈린이 보기에는 사회주의의 기본 특징이 된다. 어떻게 바로 그 당시에 그 최고 당 관료가 사회주의에 대해 아직 일반 문구라고는 하지만 "대중을 사회주의 건설의 대열로", "프롤레타리아트의 정신으로 건설을 조직화"하자라고 말할 수 있었는지 정말 기가 막힌 일이다. 다른 맑스주의자들에게 있어서는 이미 이론적으로 땅에 떨어져 버린 이행기로서의 사회주의라는 테마를 스탈린은 여전히

143) Ibid., S.107.

144) 사회주의에서의 국가의 소멸에 대한 엥겔스의 '옳지 못한' 이해에 대해 후기에 정식화된 사상이 이미 근본적으로 이 글에 표현되어 있었다는 것은 매우 흥미있는 사실이다. 스탈린에 의하면 소비에트 권력의 특징 중의 하나는 "근로자와 피착취자의 대중조직들을 국가 통치에 대한 계속적이고 무조건적인 참여로 끌어들이는 소비에트 형태의 국가만이, 미래의 국가 없는 공산주의 사회의 기본요소의 하나인 국가 소멸을 준비할 수 있다는 데에 있다."(ibid., S.108). 따라서 스탈린이 이미 당시에, 사회주의 내에서 국가에 중점을 두고 사회주의를 오직 국가와 그것의 발전의 프리즘을 통해서만 봄으로써, 국가의 소멸을 사회주의가 아니라 공산주의의 기본요소로 이해하지 않았다는 것은 놀랄 일이 못 된다.

보편적인 도식으로 고수하고 있었다. 즉 계급투쟁의 노선에 있어 자본주의 잔재의 일소, 재산몰수의 실천 등과 그러한 단계들에서 실제적 국가조직과 국가 강제가 결정적인 것으로 여겨졌다.

국가 지도의 테두리 밖에서의 인민의 자기주도와 자기관리라는 사상은 스탈린에게는 전적으로 낯선 것이다. 프롤레타리아 독재의 본질에 대한 그의 어떠한 규정, 이 문제에 대한 어떠한 분석도 국가의 메커니즘, 기능, 과제와 연관시키지 않고서는 논의되지 않는다. 「레닌주의의 기초」에 대한 후기의 보론에서 스탈린은 프롤레타리아 독재의 다음과 같은 주요 특징을 제시한다.

"1. 프롤레타리아트의 권력은 착취자의 억압, 국토방위, 타국의 프롤레타리아트와의 결속의 공고화, 만국에서의 혁명의 전개와 투쟁을 위해 이용된다.

2. 프롤레타리아트의 권력은 일하고 착취당하는 대중의 부르주아지로부터의 궁극적인 결별, 프롤레타리아트와 이 대중의 동맹의 공고화, 이 대중의 사회주의 건설로의 편입, 프롤레타리아트를 통한 이 대중의 국가적 지도에 이용된다(P. 브라니츠키의 강조).

3. 프롤레타리아트의 권력은 사회주의의 조직화, 계급의 지양, 계급 없는 사회, 국가 없는 사회로의 이행을 위해 이용된다."145)

스탈린의 그의 양대 주저에서 사회주의 건설의 문제를 거의 다루지 않았다는 것이 이 시기 스탈린의 이론적 활동의 특징이다. 노동자 평의회,

145) 스탈린, 「레닌주의의 제문제」(*Zu den Fragen des Leninismus*), 『전집』, Bd.8, S.27. 이 텍스트를 쓴 스탈린은 1926년에 「레닌주의의 제문제」의 보충으로 썼으며 그들을 "레닌주의의 제문제"라는 제목으로 발행했다. "국가 없는 사회" 대신에 인용문의 마지막 문장은 원래(1945년까지) "기회주의 사회"로 되어 있었다.

근로자 자치 등의 문제도 마치 그것이 중요한 맑스주의자들에 의해 현대 사회주의의 근본 문제로 전혀 부각되지 않은 양, 여기에서는 일언반구도 없다. 그러나 바로 이것을 기초로 하여 다양한 형태의 인간소외를 지양시킬 수 있는 것이다. 스탈린은 "사회주의 건설"을 일차적으로 "국가건설"과 뒤에는 콜호즈와 동일시되는 사회주의적인 생산영역의 경제적 건설로 이해하고 있다. 스탈린의 생각에는 역사적으로 주어져 있는 현실 속에는 대중의 국가 지도 외에는 프롤레타리아트를 통한 대중지도의 다른 방도란 없다. 그런 개념에서는 프롤레타리아트가 다양한 공식기관, 즉 국가 기관, 특히 당 위에서만 그의 권력을 행사할 수 있다는 것은 자명하다.

프롤레타리아 독재와 사회주의 자체는 자신의 구조 속에서 맑스주의 학설의 창설자들에게서 찾아볼 수 없는 특징들을 스탈린에게서 얻었다. 맑스가 "생산자들의 자유연합" 혹은 "코뮨"에 대해 말하고, 엥겔스와 레닌이 불가피하지만, 앞으로 점차 소멸해 갈 것으로 파악한 프롤레타리아 국가에 대해 말할 때, 사회주의는 스탈린에 의해 당이 지도 역할을 하는 중앙조직화된 기구의 메커니즘으로 바뀐다.

"고로 당을 특히 생산영역에서 계급과 결합시키는 프롤레타리아트의 대중조직으로서의 노동조합, 당을 특히 국가적 영역에서 근로자와 결합시키는 그들의 대중조직으로서의 소비에트, 당을 특히 경제적인 영역에서 농민대중과 결합시키는, 주로 농민으로 구성되는 대중조직인 게노센 샤프트(농업조합), 청년 노동자와 농민의 대중조직, 즉 프롤레타리아트 전위에게 새로운 세대의 사회주의적 교육과 청년 예비군의 양성의 일부를 덜어주는 역할을 맡은, 프롤레타리아 독재 체제 내에서의 기본적 지도력으로서의 당—이것이 바로 일반적으로 독재 '메커니즘'의 도표, 즉 '프롤레타리아 독재체제'의 도표이다."146)

따라서 스탈린은 이미 당시에 아주 분명하게 지도역할을 하는 당과 그것을 수행하는 기관인 "전달기관"이 근간이 되는 사회주의에 관한 국가주의적 구조를 염두에 두고 있었다. 그는 당을 원칙적인 지도부—당이 지도부라는 것은 지금까지의 사회주의의 첫째 단계에서는 의심의 여지가 없었다.—로 보았을 뿐만 아니라, 당이라는 기준 없이는 어떤 사회적 정치적인 문제들도 거론되어서는 안 되는 유일한 지도부로 보았다.

"당의 지도 역할에 관한 최상의 표현으로서, 예를 들어 프롤레타리아 독재의 나라인 우리 소련에서는, 중요한 정치적 또는 조직상의 문제들 가운데 어느 하나라도 당의 지시 없이 우리 소비에트나 다른 대중조직들에 의해 결정되어서는 안 된다는 사실이 제시되어야 한다."147)

따라서 스탈린은—이미 당시에—그의 사회주의에 관한 이론적 틀을 확고히 하고 있었다. 그리고 스탈린 하에서의 사회주의적인 과정의 전체 발전을 고려해 볼 때, 그의 모든 실제적, 정치적 발전 활동은 별다른 고려 없이 이 틀을 어떤 대가를 치르고라도 실현시키려는 의도에 의해서만 이끌렸다고 보는 데에는 의심의 여지가 없다.

스탈린의 이 이론적인 틀과 실천은 그가 프롤레타리아 독재의 작동장치 속에서 단지 일면만을 보고 인정했다는 점에서 불충분하다. 프롤레타리아 독재는 프롤레타리아 혁명 후에 사회주의 사회질서를 효과적으로 수립하기 위해 무조건적으로 필요하지만, 오직 그것만이 전적으로 필요하지는

146) Ibid., S.32.
147) Ibid., S.33.

않은 제1단계이다. 그럼에도 불구하고 그에게는 그것에 뒤따르는 더 기본적인 단계인 새로운 휴머니즘의 원칙에 따른 인간들의 관계와 사회적 관계 실현의 단계에 대한 통찰과 이해가 결여되어 있었다.

스탈린의 비극은 그가 사회주의를 권력 기구, 국가 숭배, 행정적-관료주의적 국가주의로 오해했다는 데 있다. 그런 틀에서는 최고 기구인 당에 의한 지도가 필연적으로 사회주의의 중심 문제가 된다.148) 스탈린은 이러한 핵심문제 외에도 당과 국가의 지도의 방향이 아니라 대중의 참여성과 자기활동의 방향에도, 즉 그들이 직접 사회에 참여하고 있는 영역들에서 자신의 생활과정을 직접 자치하고 지도하는 방향에서도 다른 많은 문제가 있다는 것을 이해하지 못했다.

스탈린주의의 실제는 이 개념이 너무나 쉽게 당의 독재, 더 정확히 말해 당의 수뇌와 지도부의 독재로 종결될 수 있음을 입증했다. 프롤레타리아 독재와 당의 독재를 동등한 것으로 보았던 스탈린의 논증은 순전히 형식적이며, 또한 그는 사회주의에 도달하는 데 있어 장애가 되기도 했고 또한 그것을 보장해 주기도 하는 사회주의의 발전 내부의 모순 과정에 대해서는 언급하지 않았다.149)

---

148) "우리는 프롤레타리아 독재를 당의 지도('독재')와 대립시켜서는 안 된다. 만일 우리가 예를 들어 파리 코뮨과 같이 완전하지 못하고 확고하지 못한 독재가 아니라 어느 정도 확고하고 완전한 독재를 원한다면 당에 의한 지도가 프롤레타리아 독재에 있어서 가장 본질적이기 때문에, 그래서는 안 된다."(ibid., S.42).

149) 스탈린은 사회주의에 관한 그러한 개념들에서는 당의 독재에 대해 이론(異論)이 있을 수 없다는 것을 순전히 형식적인 논증을 통해서만 증명하려 한다. 여기에서 몇 가지 예를 들자면, 프롤레타리아 독재는 당의 독재보다 광범위하고 풍부하다. "프롤레타리아 독재는 당의 솔선적 지시, 프롤레타리아주의의 대중조직이 이 지시를 수행하는 것, 국민에 의한 실행으로 이루어진다."(ibid., S.33). 왜냐하면 당은 단지 계급의 한 부분이기 때문이다. 그리고 "따라서 당의 지도역

스탈린의 이론적인 개념틀이 지니고 있는 그 다음의 기본 특징은, 그가 러시아 혁명의 특수한 문제들로부터 벗어나기가 매우 힘들었다는 것, 이미 극복된 계기들을 남겨 두는 것을 아주 꺼렸다는 것, 그리고 바로 이런 이유 때문에 발전의 특정 계기들을 비변증법적으로 절대화했으며, 그래서 이 계기들이 필연적으로 그 후의 사회주의 혁명운동의 계속적인 발전에 장애이자 부정적 요인으로 작용하게 되었다는 점에 있다.

이런 절대화는 농민문제를 처리하는 그의 전술에서 잘 드러난다. 원래 이 전술은 레닌의 탁월한 실천적 능력을 보여 주는 실례로서, 당시의 후진적인 러시아의 상황에 적합한 것이었다. 그렇지만 그것이 나중에 도그마로 이용되면, 혁명 이전의 상태의 러시아 농민층이나 스탈린이 개념화한 바와 같은 당과는 아무런 공통점도 없는 나라에서는 그런 도식에 따라서 혁명운동을 이끌어 나갈 수 없다.

이런 불충분함은 소련의 경험이 당에 관한 모든 다른 예들의 법칙으로 간주되어야 한다는 선입견에서도 거듭 발전된다. 스탈린은 그가 계급으로서의 프롤레타리아트에는 오직 하나의 당만이 대응되어야 한다고 공식적으로 결정내린 뒤에는 더 이상 다른 혁명과정이 소련식 유형과는 다른 길

---

할을 하는 프롤레타리아 독재와 동일시하는 사람은 계급의 의지와 행동을 당의 지시로 대체한다."(ibid., S.35). "왜냐하면 당은 프롤레타리아 독재를 국가권력을 경시하고서는, 그리고 국가권력 없이는 실현시킬 수 없기 때문이다."(ibid., S.36). 그리고 마지막으로 "따라서 프롤레타리아 계급에 대해, 당의 독재에 대해 언급하고 이 독재를 프롤레타리아 독재와 동일시한다면, 이는 당이 그 계급에 대해 단지 안내자요, 지도자요 선생이어야 할 뿐만 아니라, 또한 그들에게 강제를 행하는 일종의 독재자이기도 해야 한다는 것을 말하는 것이다."(ibid., S.37~38). 이것 모두는 단지 당의 독재와 프롤레타리아 독재의 개념적 형식적 구별만을 언급하고 있다. 이미 제시되었듯이 사회주의 구조에서의 실제적인 구별은 프롤레타리아 독재를 위해—국가적이고 당적이며 관료제적인 독재에로의 해체가 아니라—진정한 보증을 주는 많은 다른 요소들이 필요하다.

로 진행될 수 있으며 다른 형태를 가질 수 있다는 것도 허용할 수 없었다. 그렇기 때문에 레닌의 전략을 적용하는 것이 스탈린으로서는 사회주의로 갈 수 있는 유일한 길이었으며, 따라서 다른 모든 공산당도 의무적으로 이를 따라야 했다.

"이 동맹의 특수성은 이 동맹의 지도세력이 프롤레타리아트라는 점이다. 이 동맹의 특수성은 국가의 지도자, 프롤레타리아 독재 체제 내의 지도자가 프롤레타리아당, 즉 다른 어떤 당과도 지도력을 나누지 않고 또 나눌 수도 없는 공산당이라는 점이다."150)

이것도 역시 특정한 입장이 절대적으로 정당하다고 항상 깊이 확신했던 스탈린의 '건전한 인간 오성'의 결과였다.

### 이론적이고 실천적인 결과들

지금까지의 스탈린의 사고방식에 대한 분석은 흔히들 스탈린주의의 이론과 실천에 있어 공통된 모든 것들이 특정한 시기의 객관적인 역사적 소산물이거나 혹은 스탈린의 순전히 주관적이고 개인적인 기질의 결과인 것이 아니라, 스탈린 체제에 근거가 되고 있는 맑스와 레닌의 견해에 대한 특수한 해석이 고려할 때에야 비로소 스탈린주의의 본질이 올바르게 이해될 수 있다는 점을 보여 주었다. 스탈린이 해석하고 있는 「레닌주의의 제 문제」에서 스탈린주의의 문제가 근본적으로 표출되고 있음을 본다. 스탈린은 "레닌주의자"임에도 불구하고 레닌의 사고구조—이는 스탈린과 전혀 달랐다.—를 꿰뚫어 볼 수 없었을 뿐만 아니라 레닌의 가르침을 총체적으

150) Ibid., S.24.

로 이해할 수도 없었다. 이것이 결과적으로 소련 사회주의의 계속적인 발전에 있어 스탈린이 자신의 독자적인 이론적 길을 걷게 했고, 끝내는 오늘날까지 맑스주의가 겪고 있는 역사적 운동으로서의 전체 맑스주의적 사상의 유산과 맑스주의를 비참하게 변질시키고 불신에 빠뜨린 것이다.

그렇지만 당시 러시아의 어려운 사회상황이 그와 같은 발전을 더욱 촉진시켰다는 것은 논의의 여지가 없다. 그 나라는 전쟁의 피해로부터 거의 회복되지 않았으며, 따라서 평화를 회복하고 가장 절박한 경제적 문제들을 해결하기 위해 문자 그대로 혹독한 조치를 취해야 했다. 여기에다 그 나라에 가해진 경제적인 고립과 그 나라 자체의 경제적 문화적 후진성을 감안한다면, 러시아 맑스주의자와 특히 스탈린이 직면했던 어려움이란 가히 짐작될 수 있을 것이다.

이 어려움에 대해 모든 러시아 맑스주의자들 중의 대다수가 엄격한 국가적-당적 조직을 유일하게 효과적인 수단으로, 그 극복을 위한 보장으로 여겼으며, 따라서 당시 대부분의 맑스주의자들에게서 국가주의적 개념들을 찾을 수 있게 되는 것은 그렇게 놀랄 일이 아니다(부하린, 트로츠키, 지노비에프의 개념들은 이미 언급되었다.). 그러한 개념들의 이론적인 발전에는 내전 시기 동안 여전히 심각하게 강화되어야 했던 강력한 중앙주의와, 모든 문제를 언제나 옛부터 사용된 익숙한 방식으로 해결하는 것을 선호하는 낡은 그리고 새로운 관료적 기구가 영향을 미쳤다.

더군다나 러시아 맑스주의자들은 정치국과 중앙위원회 내부의 반대파와 소수 군소집단의 형성을 통해 여전히 거셌던 내부로부터의, 즉 당 내부 자체의 많은 어려움에 직면해 있었다. 우리는 나중에는 지노비에프와 카메네프까지 가세했던 트로츠키의 반대에 이미 언급했었고, 농업에서의 사회주의 건설의 가능성 문제에 대한 기본 논쟁들에 대해서도 언급한 바 있다.

이것이 내부 갈등의 유일한 이유는 아니었다. 우리가 이미 보았듯이 특히 농촌의 너무 완만한 산업화와 자본주의 잔재의 청산의 지체에 대해서 신랄한 반대가 가해졌다. 이 논쟁에서 스탈린은 1925년까지는 트로츠키, 지노비에프, 카메네프, 부하린, 뤼코프(Rykov)와 톰스키(Tomski)도 속해 있던151) 정치국 편에 서 있었다. 부하린이 이 편의 핵심 이론가요, 반대파의 가장 큰 적이었다. 그는 반대파의 요구에 대해 농촌에 적합한 산업화, 촌락에서의 농민조합의 체계적인 발전, 사회주의적 생산에로의 자본주의적 요소의 단계적인 동화로 맞섰다. 스탈린은 부하린의 이 구상에 본질적으로는 동의했지만, 1927년 15차 당 대회에서 반대파의 입장을 공개적으로 "초산업주의"라고 단정했다.

그러나 그러는 동안 농촌의 경제상황은 점점 더 악화되었다. 특히 밀 시장에서 그러했다. 경제적으로 유리한 위치에 있던 농민들은 잉여생산으로 투기할 기회를 얻었으며, 이로 인해 도시로의 식량공급이 문제가 되었다. 이미 당시에 당 지도부의 다수를 자기 편으로 갖고 있었으며 이미 형태가 완성된 전 국가적-당적 기구를 배후에 갖고 있던 스탈린은 갑자기 그의 종래의 입장을 완전히 바꿨다. 그는 계급으로서의 쿨락을 완전히 폐지시키기 위해 광범위한 법령을 포고하고, 2년 전에 반대파가 제안했던 것보다 더욱 강력한 산업화와 집단화의 1차 5개년계획을 발동시켰으며, 이로써 그때까지 그의 확실한 동지였던 부하린과 공개적으로 토론하게 되

151) 16차 당 대회 후인 1925년 12월에야 몰로토프, 보로질로프(Vorosilov), 칼리닌(Kalinin)이 정치국에 들어감으로써, 스탈린은 트로츠키와 지노비에프에 대항해서뿐만 아니라 나중에 이들이 이미 당에서 축출된 뒤에는 부하린, 뤼코프와 톰스키에 대해서도 충분한 지원병을 갖게 되었다.

었다. 스탈린은 1929년 4월에 열린 소련 공산당(볼셰비키) 중앙위원회 총회에서 마침내 부하린의 견해를 당내의 우익 편향으로 낙인찍었다.152)

그러나 부하린의 개념틀은—특히 20년대 말에는—결코 우익 편향으로 지칭될 수 없고, 오히려 농민을 협동농장화하는 과정에서 점차 사회주의적인 생산과정으로 통합한다는 훨씬 더 논리적인 전제에 근거하고 있다. 왜냐하면 바로 정치권력과 생산수단이 사회화되어 있었기 때문이다. 이 때문에 그는 (물론 헛되이) 모든 강압적인 강제조치들에 반대했다.

이 순간부터, 즉 부하린과 결별한 이후로 스탈린은 시종 사유재산의 형태가—이 경우에는 토지와 경지—존속하는 한 사회주의는 존속할 수 없다는 매우 단순한 이유로 계급투쟁 강화정책을 밀고 나갔다. 그러나 강압조치들에 의한 이러한 계급투쟁의 인위적인 강화는 스탈린의 이론적인 사회주의 개념틀과도 들어맞지 않았다. 그의 사회주의 개념틀은 국가 메커니

152) 스탈린은 실제로 그때까지 농촌의 점진적인 사회주의화에 대한 레닌과 부하린의 기본 테제를 주장했다. 여기에 몇 가지 증거를 제시해 보면, "러시아는 농촌의 발전이 다른 길을, 수백만 소농과 중농의 조합식 결합의 길을, 특혜 대출의 보증을 통해 국가에 의해 지원된 농촌에서의 대중 조합의 발전의 길을 가야만 한다. 레닌은 조합에 대한 그의 논설에서, 우리에게 있어서 농업의 발전은 새로운 길을, 다수 농민의 조합을 통한 사회주의 구조에로의 편입의 길을, 처음엔 유통영역에서 나중엔 농산물 생산 영역에로 농업에 있어 집단주의 원칙의 점진적인 확대의 길을 걸어야 한다고 지적했다."(「레닌주의의 기초」, 『전집』, Bd.6, S.119~120). 거대한 소용돌이가 일기 한 해 전인 1928년 스탈린은 곡물전선에서의 유일한 가능성은 대경영으로의 이행과 기존의 것의 확대라고 강조했다. "결론적으로 돌파구는 소농과 중농의 개인적 소득 능력을 체계적으로 제고시키는 데에 있다. 우리는 그들의 소득 능력을 제고시키고 그들을 조합조직의 방향으로 이끌어 나감으로써, 개별적인 소농과 중농을 지원할 수 있고 또 그렇게 해야 한다."(스탈린, 「곡물전선에서」 *An der Getreidefront*, 『전집』, Bd.11, S.78~79). 바로 그 직후인 1928년 10월 19일의 모스크바 위원회와 모스크바 통제위원회의 총회에서, 그리고 1929년 4월의 소련공산당(볼셰비키)의 중앙위원회 총회에서 스탈린은 부하린에 대해 비판하기 시작했다. 이에 대해 스탈린, 「소련공산당 내의 우익편향에 대하여」(*Über die rechte Abweichung in der KPdSU-B*, 1929), 『전집』, Bd.12, S.1ff를 참조.

즘을 지속적으로 강화하고, 전체 사회생활을 국가-당적 지도의 독점 하에 예속시키는 것으로 특징져졌다.

이미 소련에서의 철학의 발전과 관련하여 지적되었듯이, 스탈린은 이 시기에 기계론자들과 데보린 파의 토론에 열중했으며, 여기에서도 당파성의 원칙 및 이론과 실천의 통일 원칙의 준수를 요구했다. 그러나 이것은 소비에트 사회 내에서 철학의 역할과 지위를, 특수하게는 과학의 역할과 지위를 보편적으로 실용적 측면에서 규정하는 것에 불과했다.

이리하여 그의 특수한 사회주의 개념들을 실현하는 마지막 단계에 도달했다. 마지막으로 국가적-관료주의적 기구가 사회생활의 나머지 자립적인 영역—이데올로기, 극소수의 공업과 특히 농업의 사적 경영—마저도 국가적인 통제와 권력 하에 편입시키려고 노력했다. 소련 사회주의 체제는 점차 유일한 중앙과 유일한 인물에 의한 전면적이고 포괄적인 계획과 감독의 체제로 나타나게 되었다. 같은 정책이 국제적인 수준에서, 즉 코민테른의 활동에도 그대로 실행되었음을 덧붙이면 소련 맑스주의의 이 단계에서의 본질적인 계기들이 모두 주어진 셈이다.

쿨락에 대한 스탈린의 십자군전쟁과 촌락의 강제 집단화는 가공할 경제적 사회적 폐해를 가져왔다. 산업의 촉진을 위해 필수적이었던 생산수단의 축적과정에서 자본주의 초기의 자본의 "본원적 축적"기와 유사한 길을 걸었다. 그러나 국가 자체는 사회적 동요와 재난의 시대를 겪었으며, 이것이 복구되는 데에는 큰 힘이 들었다.153) 이러한 것들 가운데 어느 것

153) 이 문제에 대한 스탈린의 불성실한 취급을 잘 보여주는 것이 「커다란 변화의 해」(*Das Jahr des großen Umschwungs*)에 나오는 다음과 같은 구절이다. 여기에서 그는 부하린에 대해 다음과 같이 썼다. "우익 기회주의자들(부하린파)의 다음 주장들은 와해되고 해체된다. a) 농민은 집단경제로 들어가지 않을 것이다. b) 집단경제의 강화된 발전속도는 많은 불만과 농민의 노동계급으로부터의 이탈

도 스탈린이 취한 바가 유일한 사회주의적 조치와 방법이며 종내는 사회생활의 전영역의 전면적 국가화를 사회주의 건설이라고 부르는 것을 막지 못했다. 간략하게 언급되었던 사회개조 과정이 점차 마감될 무렵인 30년대 중반에 스탈린은 그에 의해 주도된 발전으로부터 명확한 이론적인 귀결들을 끌어내었다. 그가 이미 초기에 분명히 표현했던 사회주의에 대한 국가주의적인 이해에 이어 그의 실천적이고 경제적인 조치들—산업화, 쿨락 계급의 청산, 그리고 완성된 집단화—을 실현된 사회주의 이념으로 선언했다. 그는 이것을 이미 17차 당 대회에서 선포했었다. 그는 이 대회에서 지난 몇 해 동안의 발전의 결과들을 다음과 같이 요약했다.

"국가 산업화 정책은 승리했습니다. 그 성과는 오늘날 어느 누구에게나 명백합니다. 누가 이 사실을 반대할 수 있겠습니까?

쿨락 계급의 청산 정책과 철저한 집단화 정책은 승리했습니다. 그 성과도 어느 누구에게나 명백합니다. 누가 이 사실을 반대할 수 있겠습니까?

우리나라의 경험에 따라 일국에서의 사회주의의 승리가 전적으로 가능함이 입증되었습니다. 누가 이 사실을 반대할 수 있겠습니까?"[154]

---

을 초래할 수 있다. c) 농촌에서의 사회주의 발전의 '방도'는 집단경제가 아니라 조합이다. d) 집단경제의 발전과 촌락에서 자본주의적 요소를 공격하는 것은 농촌을 피폐화할 수 있다. 이것은 모두 부르주아 자유주의의 잡동사니로서 와해되고 바람에 모두 날려가 버렸다."(「커다란 변화의 해」, 『전집』, Bd.12, S.12, S.115~116). 그러나 부하린이 옳았다. 이런 모든 현상들이 나타났고, 식량부족이 징발로 메워졌다. 이 글을 쓴 후 5개월 동안 스탈린은 폭력행사에 대해 간섭해야 했다("Vor Erfolgen von Schwindel befallen"과 "Antwort an die Genossen Kollektivbauern", 『전집』, Bd.12를 볼 것). 소위 이런 중재에도 불구하고 그 농업정책을 시행했던 6년 동안 농민의 수확고는 2~3% 이상 증가하지 않았다(1936년의 「소련헌법 초안에 관하여」 *Über den Entwurf der Verfassung der UdSSR*). 스탈린 농업정책의 결과는 1934년의 18차 당 대회의 그의 보고서에서 잘 볼 수 있다. 이에 따르면 1929년보다 1933년에 가축수가 2~3배나 줄어들었다.

아마도 많은 것을 반대할 수 있을 것이다. 스탈린의 사회주의 개념틀은 언제나 불충분한 것이었다. 그는 맑스, 엥겔스, 레닌의 위대한 전통의 실제적인 계승자는 결코 아니었다.

스탈린이 공업과 농업에서 자본주의를 일소했을 때, 공산당을 정점으로 하는 국가가 기본적인 사회적 생산수단의 소유자와 관리자가 되었을 때, 스탈린이 보기엔 사회주의 체제가 이룩되었다. 그는 그럼으로써 이제야 실제적인 사회주의적 생활을 위한 기본 조건이 마련되었다는 것, 그럼으로써 이제야 사회주의 운동의 가장 낮은 단계가 실현되었다는 것에는 생각이 미치지 않았다. 그래서 그는 그의 헌법 구상에서 사회주의가 실현되었다고 경사스럽게 선포할 수 있었다.

> "우리 소비에트 사회는 사회주의를 이미 사실상 실현시키고 사회주의적인 사회질서를 이룩하기에 이르렀습니다. 다시 말해 우리는 맑스주의자들이 공산주의의 제1단계 혹은 낮은 단계라고 부르던 것을 실현하기에 이르렀습니다. 그런 고로 우리에게서 공산주의의 제1단계인 사회주의가 이미 사실상 실현되었습니다."[155]

이 공고는 17차 당 대회에서 공산주의 사회 건설에로의 직접적 이행을 공식적으로 선언하기에 충분했다!

스탈린의 사회주의 개념틀의 불충분함은 사회주의와 공산주의의 주된 역사적 관계를 완전히 비변증법적으로 다루었다는 데에 있다. 오늘날까지도 모든 소련의 맑스주의자들이 여전히 이 치명적인 오류에서 벗어나지

---

154) 스탈린, 「제 17차 당 대회 보고서」, 『전집』, Bd.13, S.308~309.
155) 스탈린, 「소련 헌법 초안에 관하여」(『레닌주의의 기초』, 모스크바, 1947, S.622).

못하고 있다. 스탈린은 사회주의를 국가주의적 사회주의로, 사회주의적 소유를 국가적 소유로, 사회주의적 통치를 국가적 통치로, 사회주의적 분배를 국가 기관에 의한 분배로 이해했다. 이러한 국가주의적 사회주의에 대한 이해로부터 스탈린은 사회주의 자체를 건설하기에 얼마나 시간이 걸리든 상관없이 그것이 본질적으로 이행기를 의미한다는 것, 이 이행기의 결정적 특징은 바로 많은 필연적인 변형체들, 즉 가능적인 공산사회로 가는 상황에서 나타나는 많은 새로운 사회적 형태들이라는 것, 스스로가 스스로를 통치하는 인간 사회로서의 공산주의는 지속적인 사회화 과정에서 비국가적인 자치를 사람들에게 교육시킴으로써 준비되어야 한다는 것, 그리고 이것에 도달할 수 있기 위해서는 경제적인 조건뿐 아니라 아울러 다른 많은 조건들(심리학적, 사회적, 이데올로기적 조건 등)도 변화되어야 한다는 것을 깨닫지 못했다.

이에 반해 국가적 전체주의는 전혀 다른 특징을 발전시킨다. 권력과 복종의 심리학, 관료주의, 인민의 수동성, 한 마디로 해서 인간 소외의 결정적인 형태들이 그러한 사회주의 내에서는 지양되지 않고 그대로 온존하고 있다.

따라서 국가, 프롤레타리아 독재, 사회주의에서의 자유 등의 문제들과 같은 고전적인 맑스주의 이론의 주요 문제들이 스탈린에게서는 수정되거나 개악되거나 아니면 간단히 제거되어 버렸음을 잘 알 수 있다. 사회주의 체제의 본질과 과제를 맑스주의적으로 파악하고 따라서 관료주의 국가를 필연적으로 사회주의화 과정의 참된 장애로 보는 대신에 스탈린은 스스로 자기의 정치적 실천에 대한 옹호자가 되어 버리고 말았다.

1933년 1월 7일에 개최된 당 총회에서 그는 「제1차 5개년 계획의 성과」의 보고서에서 처음으로 계급투쟁과 사회주의 내에서의 국가의 계속적인 강화—맑스주의의 국가소멸론과 직접 상반되는—를 옹호하는데서 정점을 이룬 그의 종래의 이론적인 숙고들로부터 논리적인 결론들을 이끌어냈다.

"많은 동지들이 계급 지양의 테제, 무계급사회 창조의 테제, 그리고 국가소멸의 테제를 태만과 무관심의 옹호로, 계급투쟁을 무마시키고 국가권력을 약화시키는 반혁명적인 이론의 옹호로 여겼습니다. 이런 사람들이 우리 당과 같이 할 수 있는 것이 아무것도 없음은 두말할 필요가 없습니다. 그들은 당으로부터 추방되어야 할 변절자나 이중인격자들입니다. 계급의 지양은 계급투쟁을 무마시키는 것이 아니라 그 투쟁을 강화함으로써 이루어지게 됩니다. 국가 소멸은 국가권력의 약화가 아니라 그것의 최대한의 강화를 통해 도래할 것입니다. 이것은 소멸해 가고 있는 계급의 잔당을 일소하고 아직 척결되지 않고 있으며 곧바로 척결되지는 않을 자본주의적 포위망에 대한 방어를 조직하기 위해서 필요합니다."156)

스탈린의 이론과 또한 사회주의 내에서의 맑스주의적인 국가관의 수정(스탈린이 주장했듯이 엥겔스에 있어서뿐만 아니라 맑스와 레닌에 있어서도)은 몇 년 후에, 정확히 말해서 그가 국가에서의 자본주의적 요소의 마지막 잔재를 청산한 뒤에는 국가의 기능도 필연적으로 변한다고 확인했던, 1939년 3월의 18차 당 대회에서의 보고에서 그 완성된 모습이 드러났다. 낡은 국가 기능에서 국방, 재판, (외국의 간첩으로 인한) 첩보활동은 남아 있어야만 했으며, 그 다음으로 ;

---

156) 스탈린, 「제1차 5개년 계획의 성과」(*Die Ergebnisse des ersten Funfjahrplans*), 『전집』, Bd. 13, S.188~189).

"국가기관의 경제적 · 조직적 사업과 문화적 · 교육적 사업의 기능은 계속 유지되었으며, 충분하게 확대되었습니다. 이제 우리나라의 국내적인 주요 과제는 평화적인 경제적 · 조직적 사업과 문화적 · 교육적 사업을 행하는 데 있습니다."157)

스탈린은 자신의 국가에서 사회주의의 화신을 발견했기 때문에, 이 국가의 모든 것을 사회주의적인 것으로 간주했고, 대립되는 모든 것은 적이며, 비사회주의라고 비난해야 했다. 그리고 모든 관계를 국가화함으로써 사회주의가 실현되었기 때문에 자유와 착취의 문제도 이미 해결되어 있어야 했다. 왜냐하면 완성된 사회주의에서 착취가 존재하고 자유가 존재하지 않는다는 것은 모순이기 때문이었다.

만일 그런 입장이 일단 받아들여진다면, 이론적이고 실천적인 자의와 모든 논증의 조작은 더 이상 어떠한 장애도 받지 않게 될 것이다. 그렇게 되면 "기생계급의 청산이 인간에 의한 인간의 착취의 소멸을 가져왔습니다. 노동자와 농민의 노동은 착취로부터 해방되었습니다"158)라는 것보다 더 논리적인 것은 없다. 스탈린은 여기에서 한편으로 그러한 체제에서는 노동자계급이 사회 생산물의 분배에 일반적으로 참여하지 못하고, 다른 한편으로 사회 생산물의 대부분을 수취하는 거대하고 과다한 관료제 기구에 의한 착취의 가능성이 존재한다는 것을 고려하지 않는다. 그가 헌법 구성에서 제시한 논증은 형식주의적 공론의 전형이다.

"그러나 잘 알다시피 우리에게 있어서 자본가계급은 이미 청산되었으며, 생산수단과 도구는 자본가로부터 압수되어 노동자계급이 지도하는 국가로 이전되었다. 그

157) 스탈린, 「제18차 당 대회 보고서」, 『레닌주의의 기초』, S.728.
158) 스탈린, 「제17차 당 대회 보고서」, 『전집』, Bd. 13, S.297.

러므로 노동자계급을 착취할 수 있는 자본가계급은 존재하지 않는다. 따라서 우리 노동자계급은 생산수단과 도구를 빼앗기지 않을 뿐만 아니라 정반대로 그들은 전체 인민과 함께 그것을 소유하고—자본가계급이 청산되었기 때문에—노동자계급을 착취할 수 있는 모든 가능성이 배제되었다."159)

이 논문은 형식논리적으로 볼 때에도 불충분하다. 왜냐하면 스탈린은 결코 전제에서 누가 본래 근로자의 노동의 가치를 마음대로 처분하는가를 제시하지 않고 있고, 둘째로 그는 자본가의 청산에 의해 착취의 모든 가능성과 형태가 결코 근절되는 것이 아님에도 불구하고 오직 자본가와 관련지워서만 착취의 존재를 전제하고 있기 때문이다.

지금까지 분석된 스탈린의 사회주의 체제에 대한 개념틀로부터 소련의 특정 사회상황에 대한 이러한 또는 그와 유사한 논증이나 확증들이 필연적으로 도출된다. 국가적인 것을 사회주의적인 것과 동일시하고 지도권력을 이 사회주의의 통치자와 조직자로 이해하기 때문에 국가 관료주의적 지도부는 쉽게 그들의 모든 법이 성스러운 사회주의의 법이요, 그들의 모든 이론적인 입장이 유일하게 가능한 맑스주의 입장이라는 결론에, 그리고 따라서 이와 다른 모든 사고는 반드시 지고의 신성불가침에 대한 단지 쁘띠부르주아적이고 무정부주의적-개인주의적인 뻔뻔스러움으로 이해되어야 한다는 결론에 도달했다.160)

159) 스탈린, 「소련 헌법 초안에 관하여」, 『레닌주의의 기초』, S.617~618.

160) 이미 레닌이 언급했듯이 스탈린의 잔인성과 무자비성을 생각해 볼 때, 그리고 그의 목표 달성에 있어서의 광신적 태도를 생각해 볼 때 그가 1936년과 1938년 사이에 다른 공산주의자 수천 명을 포함해서 모든 옛 공산주의 수호자들을 숙청했던 가공스런 과정이 어느 정도 이해된다. 1936년에 지노비에프, 카메네프, 스미르노프 등이, 1937년에 파타코프, 라데크, 소콜니코프, 세레브랴코프 등이, 같은 1937년에 투하체브스키(Tuhacevski), 야키르(Jakir)와 다른 군

스탈린은 이런 국가주의적-관료제적 체제에서 실제로 가장 강한 인물이고 가장 분별력 없는 독재자였기 때문에, 또한 이 체제가 널리 알려져 있는 개인숭배에서 그 정점에 달한 또 다른 개악을 겪었어야 했다는 것은 당연지사이다. 이 개인숭배는 우연이 아니라 특정 사회체제, 즉 관료제적-국가주의적 현실과 그 주해석자인 스탈린의 특수한 성격이 빚어낸 논리적 산물이었다.

이 거대한 역설과 이와 동시에 개인적인 자의 및 관료제적인 강제화의 정도에 대한 가장 좋은 예가 헌법 구상과 헌법 자체에서 발견된다. 스탈린이 신헌법의 계획에 대한 보고서에서 그 구상은 "단순히 민주주의적 자유를 선포하는 것이 아니라, 그것을 입법적인 과정에서 특정의 물질적 수단을 통해 보장한다."[161]고 확인했을 때, 그리고 동시에 새로운 사회주의적인 민주주의를 선언했을 때, 바로 그에게 거북했던 당의 동지들과 가장 훌륭한 노(老) 공산주의자들에 대한 거세작업이 자행되었으며, 가족 중 한 사람이 지은 죄에 대해 가족 전체가 공동으로 책임을 지는 연좌제도가 도입되었고, 심문한 때의 피고의 자백이 선고의 충분한 근거가 되었다. 이는 단지 몇몇 예에 불과했다.

이렇게 제3인터내셔널의 두 번째 시기에 스탈린이란 인물의 강력한 지배와 함께 맑스주의 이론에 관한 전체 이해와 아울러 사회주의적-소비에트적인 현실이 개악된다. 이론과 실천의 모든 문제에서 당파성의 원리를 무조건적으로 고집하는 것은 계급투쟁 강화의 개념들과 상응하며, 철학적, 사회학적, 정치-경제학적 이론들은 국가정책과 그것의 즉각적인 시행만을

---

지도자들이, 1938년에는 부하린, 뤼코프, 크레스틴스키(Krestinski), 라코프스키(Rakovski) 등이 숙청되었다.

161) 스탈린, 「소련 헌법 초안에 관하여」, 『레닌주의의 기초』, S.626.

변호하도록 강제되었다. 여기에서는 정치-사회적 생활에서 지배적인 인물이 철학적·과학적 생활에서도 지배적인 인물이 된다.

유치한 스탈린의 철학이론이 모든 맑스주의 이론의 절대적 기준이 되었다. 이처럼 현실에 관한 독자적이고 객관적인 맑스주의적 분석의 가능성이 있을 수 없기 때문에, 모든 역사가 최고 권위자가 옳다고 여기는 대로 해석되었다. 이는 진정 과거와 현재에 대한 가장 터무니없는 날조의 시기이다. 관료주의적 자의가 제멋대로 레닌의 가장 가까운 동료들에게까지 간첩, 살인자, 위법자, 자본주의 복고자 등등으로 누명을 뒤집어씌울 수 있을 때에 과거의 몇몇 불편한 인물들을 제거하는 것은 훨씬 더 쉬운 일일 것이다. 공식적인 『소련공산당사(볼셰비키)』에서 돌이킬 수 없는 선고가 내려졌다. 트로츠키, 지노비에프, 부하린 등등의 인물들이 이 역사에서 완전히 침묵하게 되거나 아니면 암흑 속으로 묻혀버리게 된다. 이를 위해 레닌과 나란히 스탈린이 중심적이고 독보적인 이론적 인물이 된다. 이는 사회주의적 사실주의 예술가들의 수백 가지의 초상화에도 표현되는데, 여기에서 스탈린은 레닌의 분신으로 등장한다.

모든 정신적인 생활 영역에서 그의 공식적인 이론이 유지되었다. 예술은 더 이상 주관적인 창작의 최고 표현으로 간주되지 않았기 때문에, 그것은 일상 정책과 그 목표에 직접적으로 봉사하게 되었다. 사회주의적 사실주의의 기치 아래 모든 예술가들은 사회주의를 위해 투쟁하고 있는 소비에트인의 위대한 노력을 어느 정도의 낭만성을 가미해서 찬양하도록 강요되었다. 이리하여 예술은 그 두 가지 중요한 가치—주관성과 비판의 자유—를 노략질당하게 된다. 예술이 다른 세계에서는 최고의 대표자들에 의해 새로운 내용과 새로운 표현을 얻기 위해 노력하고 있었던 반면, 소비에트의 교양있는 예술의 걸작품들은 게라시모비즘(Gerassimowismus, —게라시모프Gerassimow, Aleksandr Hichailowistsch, 1881~1963—에 의해 주창된 예술이론으로, 그는 스탈린 당시 공식적인 '사회주의적 사실주의'를 주장. 1947~57년 사이 소련 예술원 회장을 역임—역주)에서 그 절정에 달한다. 게라시모비즘은 스탈린과 정치국에 관한 보다 새로운 초상화와, 트랙터와 함께 있는 많은 콜호즈 여성 동무들의 그림들로 전시장을 채우고, 그러고 나선 외국으로 수출된다. 건축에서는 신고전주의적이고 유사 고딕적인 건축형태로 사회주의의 승리를 영구화하려는 허위 기념비들이 죽순처럼 생겨났다. 그럼에도 불구하고 이런 모든 현상들에는 새로운 세계의 선구자나 창조성, 그리고 전위주의의 불꽃이 결여되어 있다.

국제적인 수준에서조차, 즉 코민테른에서조차 제3인터내셔널의 이 두 번째 시기는 소비에트 정치의 위세가 특징적이다. 당내 민주주의 원칙이 소련 공산당 내에서 폐지된 다음에 스탈린은 이것의 국제적인 확대를 제시했으며, 모든 탁월한 지도자들을 코민테른에서 축출했다.

이미 언급되었듯이 일어난 모든 변화에 아주 뒤늦게 반응하는 스탈린의 속성과 최신의 사건들을 낡은 척도로 재려는 성향이 이 시기에 특히 두드러졌다. 실제적으로 다른 공산당의 정책을 소련 정책의 이해에 예속시키려는 소련의 지도 역할에 관한 실용주의적인 생각들이 여기에 결정적인 역할을 했다.

중국 혁명에 대한 스탈린의 판단이 패배를 겪었음에도 불구하고 같은 오류가 바로 그 다음에도 반복된다. 코민테른의 6차 회의(1928)는 스탈린의 진단에 따라 파시즘을 완전히 잘못 판단했다. 스탈린은 사회민주주의를 여전히 사회주의의 주요한 적으로 간주하여 그것을 사회파시즘, 파시즘과 같이 자란 쌍둥이로 묘사했다.[162] 한편으로 스탈린의 정책의 좁은 시야와 다른 한편으로 사회민주주의의 정책의 무능은 그들의 공통의 적인 파시즘이 일시적으로 승리하는 데 도움을 주었다.[163]

독일에서의 파시즘의 승리를 통해 세계는 새로운 세계대전의 전야에 처했다. 주축국들은 세계의 새로운 분배를 위한 전쟁을 즉각 개시했다. 일본은 만주와 중국에서, 이탈리아는 아프리카에서, 그리고 독일은 우선 유럽에서 권리를 획득했다. 혁명화된 스페인이 또한 그 다음 차례였다. 스페인은 "민주주의 유럽"으로부터 무조건적으로 파시즘에 이양되었다. 스탈린 정책의 관료주의적-실용주의적 입장의 협소함은 스페인 저항운동의 여러 진보적인 그룹들과의 관계에서도 그대로 드러났다. 그는 스페인 공산당에 자신의 정책을 강요했고 그와 동시에 스페인 내란이 진행되는 동

162) 사회민주주의에 대한 투쟁뿐만 아니라 그 좌익에 대한 투쟁도 강조되었다. 스탈린은 1928년에 "자본주의 국가 내에 있는 공산당에서의 우익편향의 승리는 공산당의 이데올로기적인 붕괴와 사회민주주의의 득세를 의미할 것이다. 그리고 사회민주주의의 득세는 무엇을 뜻하는가? 바로 자본주의의 득세요, 그것의 공고화이다. 왜냐하면 사회민주주의는 노동자계급 내에서의 자본주의의 버팀돌이기 때문이다."(「소련공산당 내의 우익편향에 대하여」, 『전집』, Bd.11, S.199~200) 라고 썼다. 그리고 바로 그 직후인 1929년 4월에 "따라서 과제는 자본주의의 사회적인 버팀돌인 사회민주주의에 대한 투쟁과 특히 그 '좌익'에 대한 투쟁을 강화하는 것이다."(「소련공산당 내의 우익편향에 대하여」, 『전집』, Bd.12, S.14).

163) 파시즘에 대한 이와 같은 과소평가와 잘못된 판단은 당시 코민테른의 지도자 마누일스키가 1939년의 소련공산당(볼셰비키) 당 대회에서 "파시즘 독일은 아직 큰 전쟁을 치를 만큼 무장되어 있지 않았다. 독일은 충분한 지하자원과 식량을 갖고 있지 않으며, 재정상태는 한계에 다다랐고, 그 해안은(해양) 봉쇄될 수 있으며, 군대는 지도자가 부족하며, 그 뒤에 있는 나라는 파시즘에 위험한 나라들이다. 당 지도자인 텔만 동지가 이미 6년간 파시즘의 옥고를 치르고 있다는 사실을 제외하면 독일 공산당은 그 조직을 유지하는 데 성공했다. 그것은 독일에서 대중적인 정치활동을 펴고 있는 통일된 반파시즘 정당이다."(『국제 사회주의 운동사』*Geschichte der internationalen sozialistischen Arbeiterbeweung*, serbokr., 베오그라드, 1952, S.433에서 인용)라고 주장하는 데까지 이르렀다. 주지하다시피 이 모든 주장은 거짓이었다.

안 일련의 잔인한 법령을 시행했다.[164]

강대국들의 외교공작이 끝날 무렵—여기에서 모든 측들은 파시즘적인 공격 방향을 다른 측에 씌우려고 노력했다(프랑스와 영국은 소련에게 그리고 그 반대로). —스탈린이 히틀러와 조약을 체결했을 때, 전세계 공산당의 대다수는 도대체 어찌할 바를 몰랐다. 왜냐하면 불가침조약이 비록 자기 나라에 해를 주지 않기 위한 것이라고 이해해 주길 바랄 수는 있지만, 그들의 실제적인 적에 대해 공산주의자들을 기만한 것은 분명 용납될 수 없었기 때문이다.[165]

## 철학과 이론의 문제들

정치가로서 뿐만 아니라 이론가로서도, 그것도 맑스주의 이론의 모든 영역에 걸쳐 항상 주도적 역할을 하려던 스탈린의 노력은 절대지를 소유하고 있다고 확신하는 '건전한 인간오성'의 이루어지지 못한 야망을 의미했다.

스탈린 옹호자들은 스탈린의 자그마한 글인 『변증법적 유물론과 사적 유물론에 대해』(*Über dialektischen und historischen Materialismus*, 1938)에서 맑스주의 이론 발전의 "최고단계"를 발견하려고 갖은 애를 다 썼다. 이는 당시 소련생활의 심각한 소외의 한 예다. 만일 이 편찬서가

---

164) 에르난데스, 『공화국 스페인과 소련』(*Republikanisches Spanien und UdSSR*), 벨그라드, 1953와 브루에(P. Broué)와 테밈(E. Temimé), 『스페인에서의 혁명과 전쟁』(*Revolution und Krieg in Spanien*), 프랑크푸르트, 1968을 참조.

165) 이리하여 예를 들면 P. 루이( 『프랑스 사회주의의 역사』 *Histoire du socialisme en France*)의 진술에 따르면, 1940년 1월에 공산당 국회의원 5명이 의회에서 제명되었다. 왜냐하면 그들이 의회에서 전몰용사를 위해 경례를 할 때 일어서지 않았기 때문이었다. 이 사건 후에 의회는 이 조약을 인정하려는 모든 사람을 제명하기로 결의했다. 이 때 76명의 공산당 대표 중 16명이 도주했고, 35명이 투옥되었으며 15명이 군에 입대했고, 5명이 스탈린의 정책을 거부했다.

유물변증법을 최초로 완벽하게 체계화했으며, 동시에 맑스주의 전체를 '더 높은 차원'으로 높였다는 참칭과 함께 나타나지 않았다면, 이것은 불완전하고 결코 빛나지 않는 맑스주의 철학의 대중화 시도로서 그냥 지나쳐 버릴 수도 있었을 것이다. 이런 참칭은 유럽의 관념론 철학과 유물론 철학을 아는 사람에겐 필히 냉소적인 의아함을 자아냈을 것이 틀림없다. 때문에 출판되자마자 곧바로 소련의 전 철학과 과학의 공중들에게 인간이 넘어설 수 없고 넘어서도 안 되는 한계를 상징하는 범접할 수 없는 모범이 된 이 글을 자세하게 살펴볼 필요가 있다.

스탈린에게는 문자 그대로 다소라도 독창적으로 철학적 논문을 쓸 만한 학문적인 축적이 전혀 되어 있지 않았다. 스탈린은 본디 "새로울 게 없는" 이론가였다. 그는 결코 헤겔의 전도에 대한 맑스의 비유를 문자 그대로 이해해서는 안 되었을 것이며, 맑스주의가 헤겔의 관념론적인 범주를 유물론적인 범주로 단순히 대체한 것이라고 가정할 수도 없었을 것이다. 여기에 스탈린의 전 이론이 갖는 큰 존재론적인 오류가 근거하고 있다. 그의 해석에서는 자연이, 인간이 그의 전세계와 함께 필연적으로 따라야 할 체계와 불변하는 영원한 법칙의 체계이자 사슬이 된다. 이 가정에는 변증법적 유물론의 부분적 진리는 있으나 전체적 진리는 결코 없다. 설사 역사적 운동 역시 현실의 존재론적인 구조에 매여 있다 할지라도, 그것은 이 현실의 절대적인 결과가 아니라 단지 일면적이고 기계적인 결과이다. 존재론적인 구조로부터 역사적 과정을 모두 연역해 내는 것—연역을 스탈린은 특히나 총애한다.—은 한 가지 작은 것, 즉 인간 자체를 빼놓는다. 따라서 한 눈에 그것이 혁명, 양질이행(量質移行), 사회생활에서의 모순들에 대해 논리적으로 옳은 추론들인 변증법의 법칙을 역사에 순전히 기계적으로 옮겨 놓은 것임이 밝혀진다. 스탈린은 한번도 이 법칙들 중 어느 것도 역사적인 영역과 같이 복잡한 영역에 확실하게 적용될 수 있을 만큼 지금까지 충분하게 체계화된 적이 없었다는 것을 인정하지 않는다. 그의 존재론적인 도식론에서 그는 자연적인 것과 역사적인 것을 동일시하기 때문에 그는 다음과 같이 추론할 수 있었다.

"완만한 양적 변화가 신속하고 갑작스런 질적 변화로 전화하는 것이 발전법칙을 나타낸다면, 피억압 계급들에 의해 수행된 혁명적 전복이 완전하게 자연적이고 회피할 수 없는 현상을 나타낸다는 것은 분명하다.

따라서 자본주의로부터 사회주의로의 이행과 자본주의적인 멍에로부터의 노동자 계급의 해방은 완만한 변화의 길에서, 즉 개량의 길에서가 아니라 오로지 자본주의 질서의 질적인 변화의 길에서, 혁명의 길에서만 실현될 수 있다."166)

여기에서는 특정한 한 과정의 본질이 그것이 전개되는 속도, 형태들과 혼동되고 있다. 오직 갑작스럽게 그리고 '혁명적으로' 변화되어야 할 특정한 질의 일면적인 개념만이 분석의 중점에 놓여 있다. 그 구조상 다의적이고 다질(多質)적인 사회—이 경우에는 자본주의—가 존재할 수 있고, 따라서 그 질적인 '비약'이 역사적으로 일련의 '비약들'로서 표출될 수도 있다는, 다시 말해 낡은 사회의 본질적인 계기들을 단번에 폐기해 버리는 그런 혁명의 휘황함과 급진성을 무조건적으로 거칠 필요 없이 더 작은 일련의 혁명적 변화로 표출될 수도 있다는 가정이 스탈린에서는 어디에서도 발견될 수 없다. 만일 그가 대립의 법칙으로부터 "그러므로 우리는 자본

166) 스탈린, 「변증법적 유물론과 사적 유물론에 관하여」(*Über dialektischen und historischen Materialismus*), 『레닌주의의 기초』, S.653~654.

주의의 상황이 갖고 있는 모순들을 얼버무려서는 안 되고 그것을 끝까지 파헤쳐 해결해야 하며, 계급투쟁을 (둑으로) 막아서는 안 되고 끝까지 관철해야 한다"167)라고 연역한다면, 그는 인간과 그의 역사를, 불변하는 변증법적 역학법칙에 따라 움직이는 무한한 세계시계의 한 계기로 여기고 있는 것이다. 이는 마치 발전과정을 "자연메커니즘"에서는 발견되지 않는 발전과정을 궤도에 진입시키는 특정한 인간의 참여의 가능성이 전혀 없는 것처럼, 그리고 마치 협상이 대개는 해로울 수 있지만 어떤 경우에는 '혁명적으로' 작용할 수도 있는 인간 행위가 아닌 것처럼, 그리고 능동적인 평화공존의 선상에서의 현재의 전 인류의 노력이 현대의 기존 대립의 궁극적인 첨예화를 옹호하는 개념보다 인류생존을 위해 더 비인간적이고, 비혁명적이며 미래를 난도질하는 것처럼 생각하고 있는 것이다.

고로 스탈린은 그의 "법칙들"을 고전 역학의 의미에서만 이해하고 있다. 역사적인 운동을 이해하기 위해서는 훨씬 더 중요한 개연성, 통계적 법칙성, 그리고 특히 경향적 법칙이—그가 자연의 법칙에 대해 다루든 아니면 인류역사의 과정에 대해 다루든 간에—그에게선 문제로 여겨지지 않는다. 그 때문에 그는 역사를 자연의 관점에서만 고찰하고, 역사적 법칙을 인간이 의식과 의식적인 행위를 통해 개조하거나 영향을 미칠 수 없는 자연법칙인 것으로만 간주했다. 이런 류의 분석에 특징적인 것이 그의 사적 유물론에 관한 정의다.

"사적 유물론은 변증법적 유물론 원칙을 사회생활의 탐구에로 확대하고, 변증법적 유물론 원칙을 사회생활의 현상, 사회 탐구 그리고 사회역사의 탐구에 적용한

167) Ibid., S.654.

것이다."[168]

그러나 맑스주의에서 문제가 되는 것은 바로 보편타당한 변증법적 모델의 역사에의 적용이 아니라, 인간과 인류역사가 뜻하는 저 지극히 복잡한 현상의 변증법적이고 유물론적인 분석의 필연성이다. 그리고 이 현상은 무한한 세계시계의 운동의 한 계기일 뿐만 아니라, 동시에 특수한 인간의 창조이기도 하다.

스탈린주의적인 맑스주의와 맑스주의 철학의 존재론적 개념에서는 인간이 완전히 사라진다. 현대세계의 중심 문제, 인간 소외의 문제와 새로운 휴머니즘의 문제는 이런 류의 철학함에서는 추방되고 만다. 부르주아 철학이론이 이 문제에 골몰하는 동안—쉘러, 하이데거, 야스퍼스, 무니에, 사르트르 등, 모두가 그 자신의 사고지평 내에서 인간의 실존과 그의 소외를 현대의 근본 문제와 핵심문제로 삼았던 반면에—스탈린은 자신의 글로 소비에트철학의 지독하게 지루하고 결실없는 발전단계를 개창했다. 소련 철학은 단 하나의 철학적인 문제조차 건드리지 못하고 스탈린의 방법과 이론의 7가지 기본원칙을 지키는 데 힘을 다 써버렸다.

스탈린의 기계주의적인 국가주의적 사회주의 개념에서는 이 문제들이 언급조차 될 수 없었다. 이미 그의 가장 초기의 이론적인 활동이 보여주었듯이, 그는 대중-개인의 딜레마에서 대중을 맑스주의의 결정적 문제로 보았고, 여기에서 필연적으로 모든 다른 결과들을 끄집어냈다. 왜냐하면 결과적으로 완비된 관료제적 국가주의가 건설된 사회주의를 의미하고, 사회주의가 다시 대중의 해방을 가져 오고 대중해방이 바로 로 공산주의 사

168) Ibid., S.647.

회의 궁극목표인 개인의 해방을 표현한다면, 개인의 해방과 소외의 지양의 문제들을 더 이상 존재하지 않는 것으로 보아야만 수미일관적이기 때문이다. 왜냐하면 그 문제들은 정의상 스탈린 지도하의 사회체제에서는 궁극적으로 해결되었기 때문이다. 만일 그 문제가 국가의 법령을 통해서, 그리고 헌법 속에서의 엄숙한 선언을 통해 오래전에 대답되었다면, 무엇 때문에 개인과 휴머니즘의 문제가 철학적인 문제로 제기되어야 하는가?

또한 스탈린의 철학개념에서 두드러진 것은 방법과 이론의 엄격한 분리다. 이것이 그에게 많은 방법적인 문제들을 비유물론적으로 다루고(이는 소련철학의 앞으로의 발전에서 드러날 것이다.), "이론적인" 문제들을 비변증법으로 해석할 기회를 주었다. 그는 이것은 그의 이 글에서도 충분히 수행했다. 그렇지만 맑스주의에서 변증법과 이 변증법의 변증법적인 해석을 분리시키고, 유물론과 이 유물론의 변증법적인 해석을 분리시키는 것은 불가능하다. 전자는 필연적으로 주관주의와 관념론에 빠지고 후자는 속류유물론에 빠지고 만다.

스탈린은 방법에 관해 모든 변증법적인 문제틀을 더 이상의 논증없이 4가지 기본원칙으로 환원해 버리고, 이미 그의 유물론의 3가지 기본원칙에서 그랬던 것처럼, 많은 기본적인 철학적 문제들을 도외시한다.169) 만일 이것이 스탈린의 개인적인 의견으로 남는다면, 이는 그 자체로서 특별히 비극적이지는 않을 것이다. 그렇지만 이 의견이 모든 철학이론을 그

169) 스탈린은 양의 질에로의 모든 결합, 운동, 이행과 대립물의 투쟁을 방법의 근본 원칙으로 들고 세계의 물질성, 의식에 대한 물질의 우위와 현실의 인식 가능성을 유물론의 근본 원칙으로 든다. 기본적인 철학적 물음과 범주들 예컨대 부정, 일반자와 특수자의 관계, 소외, 휴머니즘 등.—이 마치 맑스주의 철학에서는 존재하지 않는 것처럼 스탈린에게서는 언급되지 않는다.

테두리 내에서 움직이게 하는 불변적인 법칙이 되었을 때, 이 개념과 그리고 이것이 절대적 전제와 기초로 사용된 모든 저서의 전반적인 부정성과 빈곤함은 백일하에 드러났다.

유물론과 변증법에 대한 비변증법적인 구분은 사고와 인식에 대한 스탈린의 해석에서 명백해진다. 맑스가 그의 초기 저작에서 깊이 있는 실천 개념에 도달해서 이 관점으로부터 종래의 유물론과 관념론에서와는 달리, 인간, 그의 인식, 그리고 그의 역사에 대한 새로운 개념을 발전시킬 수 있었던 반면에, 스탈린은 맑스 이전의 속류유물론적 입장으로 되돌아갔다.

"맑스주의의 철학적 유물론은 물질, 자연, 존재가 의식 외부에, 의식으로부터 독립해 현존하는 객관적 실재라는 사실, 물질이 지각, 표상, 의식의 원천이기 때문에 물질이 일차적인 것이고 근원적인 것이며, 의식은 물질의 반영, 존재의 반영이기 때문에 의식은 이차적인 것, 파생된 것이라는 사실, 사고는 발전하면서 높은 정도의 완전성에 도달한 물질의 산물 즉, 노동의 산물이지만, 뇌는 사고의 기관이라는 사실, 따라서 사고는 터무니없는 오류를 범하지 않고서는 물질로부터 분리될 수 없다는 사실로부터 출발한다."170)

실천 문제에 관한 해석에서 우리는 스탈린의 견해가 얼마나 맑스와는 동떨어진 것인가를 충분히 볼 수 있다.

그는 철학적 원리로부터 역사적인 것을 연역해 내기를 특히 좋아했기 때문에, 맑스와 동일하게 사회의 물질적 생활이 일차적인 것이고, 그에 반해 정신적 생활은 이차적인 것이라고 추론했다.—이는 물론 역사적 운동 속에서의 이 두 영역 같은 상대적 제약성이란 의미에서이다.—그러나

170) Ibid., S.655.

동시에 그는 그의 존재론과는 일치하지만 맑스와는 모순되게 "사회의 물질적 생활은 인간의 의지와 독립적으로 현존하는 객관적 실재의 반영, 존재의 반영이다"171)라고 단언했다. 따라서 전 사회는 이 독립적이고 객관적인 실재의 불변적인 법칙에 따라 움직인다. 그래서 만일 인간이 아니라면 도대체 누가 역사적인 현실을 변화시키는가 하는 문제가 제기된다. 그리고 만일 자유의지와 변화의 성격에 대한 어느 정도의 의식이 없다면, 그가 어떻게 현실을 변화시킬 수 있겠는가? 맑스가 이러한 맥락에서 인간이 자신의 의지와 자신의 진로와는 독립된 특정한 관계에 마주친다라고 강조했을 때 이는 전혀 다른 뜻이었다. 왜냐하면 여기에서는 이 관계 또한 인간에 의해 만들어졌다는, 따라서 인간 의존적이라는 사실이 여전히 증명되어야 할 문제로 남아 있기 때문이다.

스탈린은 그의 글에서 모든 특수한 논리적 문제들을 추방했기 때문에 이 문제를 변증법적 유물론으로가 아니라 형식 논리적으로 다룰 수밖에 없었다. 소련 철학은 서둘러 현대논리학 이론에 적어도 50년은 뒤진 일련의 새로운 형식논리학 교과서들을 발행했다. 계속되는 계기들은 오늘날까지 소련에서의 철학이론의 발전에 부정적으로 작용했다. 스탈린은 사회학적인 문제도 철학적 맑스주의(사적 유물론으로서의)에 포함시키고, 그 특수한 이론 분야에 좁은 한계를 설정하고 그것에 별로 적당하지 않은 연구방법을 지정했다. 부르주아 사회학 이론이 지난 몇십년 동안 연구의 작업방법과 관련하여 크게 발전했던 데 비해, 사회학적인 주제론은 점점 시들어가, 사회학의 일반적인 문제들을 취급하는 데나 도움이 될 수 있을 정도의 추상적이고 철학적인 방법에 매몰되었다.

---

171) Ibid., S.659.

소련의 현실은 사회학적인 연구의 확대경 아래서는 선언된 자유 및 토대와 상부구조의 사회적인 조화 등과 결코 일치될 수 없는 많은 특성들을 드러냈을 것이다. 그래서 소련의 사회학 이론은 사회주의의 특수한 문제들에 대한 스탈린의 국가, 국가 소유, 이데올로기 등등의 견해 속에 이미 주어져 있던 추상적인 것들에 만족해야만 했다. 이런 모든 것은 맑스주의의 수정이라도 불러도 될 만큼 맑스주의의 창시자들의 견해로부터 너무 멀리 벗어나 있었다.

스탈린의 이 글의 다른 생각들은 과거에 주장했던 사회주의 내에서의 계급투쟁의 강화 테제와 명백히 모순되고 있다. 이 생각은 소련, 즉 실현된 사회주의의 체계 내에서 “생산수단의 사회적 소유가 생산과정의 사회적인 성격과 완전히 일치하며 그 결과로 경제공황도 생산력의 파괴도 있을 수 없다”172)는 주장으로 요약된다. 맑스주의적으로 해석할 때, 기본적인 변증법적 모순이 역사로부터 삭제된 것이다. 그렇다면 사회주의 내에서 여전히 작용하는 모순들이란 어떤 종류의 것인가? 소비에트 이론은 즈다노프(Zdanov)란 인물을 통해 그 해답을 겨우 얻게 될 것이다.

이 글에서 최초로 맑스주의 철학의 창조적인 종합이 찬란하게 제시되었다는 스탈린 옹호론자들의 주장은 이 글과 똑같은 이론적인 의미를 갖는다. 엥겔스의 『반뒤링론』은—비록 문제가 있지만—스탈린의 시도와는 비교가 안 된다. 스탈린은 조야하고 속된 존재론적인 세계상과 역사상을 철학적 유산으로 남겨 놓았다. 그것의 전제대로라면 몇 가지 이론의 기본원칙들로만 현실이 천착될 수 있고 이 기본원칙들에 따라 한 국가의 발전을 위한 5개년계획처럼 역사가 곧게 구획될 수 있다. 그렇지만 현실의 존재

172) Ibid., S.669.

론적인 구조는 스탈린이 생각했듯이 그렇게 간단하지 않으며, 이 존재론적인 구조의 역사는 그가 좋아했던 대로 그렇게 절대적으로 배열되어 있지도 않다. 스탈린의 역사와 사회에 대한 전 개념들은 인간에 대한 문제에서 좌초되고 만다.

스탈린의 이론적인 개념과 그의 업적에 대해 그의 옹호자나 그의 비판자에 의해 무수한 글들이 쓰여졌다. 가장 중요한 저술들을 분석하면서 우리는 그의 지적 구조, 그의 사고방식, 맑스주의 개념에 대해 논했다. 스탈린의 지도하에 맑스주의가 어떤 의미에선 현실화되었다는 사실과 관련하여 이제 이 작업을 총괄하는 것이 바람직할 것이다. 여기에서도 가장 모순되는 의견이 존재하는데—게다가 맑스주의자들 내에서조차—이 의견들은 한편으로는 그의 저작의 사회주의적 성격을 절대적으로 부정하는 견해와, 다른 한편으로는 이 체계를 바르게 실현된 사회주의와 동일시하는 견해 사이에서 동요하고 있다.

의심할 바 없이 스탈린은 민족적 입장에서 볼 때 소련을 더욱 강화시키는 데 기여했다. 비록 그것이 본래 덜 고통스럽고도 더 효과적으로 일어날 수 있었다고 할 수도 있겠지만 하여튼 그러했다. 비록 가혹한 조치와 많은 불필요한 희생을 통해서라고는 하지만, 그는 강력한 국가기구와 그에 대응하는 강력한 물적 토대를 창출했다. 또한 그는 문화적인 기초를 꾸준히 확대시켰고, 그때까지만 해도 전(前)봉건적 단계에 머물러 있던 많은 민족들의 발전을 촉진시켰다.

그것은 아무도 의심하지 않는 사실이다. 그 때문에 그의 저작에 대한 평가도 국제적으로 각자의 사회주의적 입장에 따라 매우 복잡하고, 또 극히 어렵다. 스탈린의 체계는 빈번하게 국가자본주의로 이해된다. 그러나 이 두 체계의 비교는 그 이해에 대한 설명이 만족스럽지 못하다는 쪽이 보다 설득력있게, 이 두 체제 사이의 몇 가지 본질적인 차이를 보여 준다. 왜냐하면 스탈린주의 체계는 사회주의혁명과 사유재산의 잔재와의 투쟁에서 생성된 반면 국가자본주의는 사유재산이 유지되는 가운데 자본주의적 체계로부터 생성되었기 때문이다. 국가자본주의에서는 국가적 생산권(圈)과 국가소유와 함께 여전히 강력한 개인적 독점자본주의가 존재하는 반면에, 소련에서는 단지 국가적이고 집단적인 생산분야와 그에 상응하는 소유형태만이 존재한다. 이런 이유로 해서 국가자본주의에는 금융자본의 영향이 매우 큰 반면 스탈린주의에서는 그것이 완전히 결여되어 있다. 따라서 여전히 다른 많은 차이가 존재한다는 것은 분명하다. 왜냐하면 수많은 크고 작은 자본가집단과 조직들의 존재로부터는 그런 집단과 조직들의 잔당마저 완전히 지양된 체계에서는 존재할 수 없는 사회적인 현상들이 발생하기 때문이다.

따라서 이 양 체계의 기초는 양자가 서로 환원될 수 없을 정도로 본질적으로 상이하다. 그것들 사이에서 유사하고 어떤 의미에선 동일한 것은 국가의 역할, 즉 정치·경제생활에 대한 국가의 간섭이다. 국가주의적 자본주의에서 국가독점체가 여전히 부분적이라면, 국가주의적 스탈린주의의 체계에서는 그것이 총체적이고 절대적이다. 국가소유와 국가독점이 정치-경제 생활의 모든 영역에 걸쳐 존재하는 사회주의의 발전단계는 국가자본주의에서의 이 영역이 이미 사회주의의 요소들을 갖는다는 사실을 암시한다. 그래서 우리는 이 영역을 물론 국가사회주의라고도 불리우는 사회주의의 하급단계로 볼 수도 있고 아니면 사회주의의 한 요소로 볼 수도 있다.

국가주의의 이 현상은 현대 세계의 결정적인 현상들 가운데 하나이다.

독점, 간섭, 국가지도로서의 국가주의는 역사적인 운동의 현 시점에서 가장 다양한 기초 위에서 그리고 매우 상이한 과정으로 성립하고 있다. 여기에서는 단지 가장 중요한 현상형태들만을 지적해 보기로 하자.

국가주의는 우선 고전적인 자본주의로부터 필연적으로 발생한다. 왜냐하면 사적(私的) 자본이 생산의 모든 영역에 걸쳐 더 이상 확대재생산을 유지할 능력이 없고, 그의 자본을 이윤은 없지만 거대한 자본투자를 요하는 분야에 투자할 만한 경제력을 더 이상 갖지 못하기 때문이다. 다음으로 국가주의는 반식민지국이나 식민지국의 해방과정에서 진보적인 현상으로 성립한다. 이 국가들은 자본주의체제를 물려받았지만 그것의 고전적인 길을 걷지 않으려 하거나 걸을 수 없으면서, 또 한편 사회주의 체제를 위해선 아직 중요한 전제조건이 갖추어져 있지 않은 나라들이다. 국가주의적인 자본주의의 단계는 따라서 새로운 사회형태로 가기 위한 가장 중요한 이행단계가 된다.

국가주의의 또 하나의 예는 사회주의 정당이나 노동당이 의회적인 길을 통해 권력을 잡고, 국유화나 국가 편에서 경제적-정치적 조치들을 통해 사유재산을 제한하고 생산과 통치에서 국가적 역할을 강화시키려는 나라들에서 발견된다.

이 사회현상의 다음 예는 바로 소련에 있다. 여기에서는 전 사회생활의 국가화, 사회과정의 모든 영역에 대한 국가메커니즘의 절대적인 지배가 관철되었고, 더욱이 혁명 후에, 자본주의 국가, 체계 일반으로서의 자본주의가 폐지된 후에 그렇게 되었다.

그리고 마지막으로 어떤 형태에서의 국가주의는 필연적으로 사회주의 발전에 있어 사회구성체 내에서 매우 심도 있는 변화와 과정들이 진행중인 경우에도 존재한다. 사회주의 체제는 그간에 이미 공산주의적 계기들이 전개되고 있다는 의미에서 이행기이다. 노동하는 사람들의 자치가 공산주의의 본질적인 특징이다. 따라서 사회주의에서 국가 소멸의 과정이 성취되어야 한다. 따라서 사회주의 체제 내에서 국가주의는 필연적으로 그것에 대한 부정, 즉 사회생활의 구조에서 국가주의의 지양, 국가 독점체의 소멸을 의미하는 그 과정을 함축한다.

물론 스탈린은 혁명을 그 출발점 즉 자본주의로 되돌려놓지는 않았다(오히려 그는 가장 지독한 방법으로 농촌의 자본주의적 요소인 쿨락을 폐지시켰고 도시 부르주아지의 재산을 완전히 몰수했다.).

그러나 사회주의국가의 초강대화, 총체적 국가독점체와 당적-국가적 메커니즘의 접합과 성장으로서의 실현된 사회주의 개념이란 바로 모든 사회주의적 발전에 있어 가장 낮은 단계의 보존에 불과하다. 프롤레타리아트가 낡은 국가기구를 폐지하고 사회생활의 초기적인 조직들을 수호할 목적으로 전 권력을 자기 국가의 수중에 집중시키는 바로 그런 혁명적 전복의 단계에 집착하는 것이다. 이 단계를 단지 한 계기로, 더 깊은 사회주의적 과정과 변혁을 저지하는 줄을 풀어 주기 위해 필요한 고리로 이해하는 대신에, 스탈린은 이미 논의된 많은 다른 계기들과 함께 그것을 절대화시켰다. 레닌처럼 관료제적 국가주의를 필요악으로 보고 자치를 통한 대중의 해방에서 그 해결책을 찾지 않고, 스탈린은 사회주의 운동의 가장 낮은 단계인 국가주의의 가장 중요한 해석자가 되었다. 이 국가주의의 단계가 그의 조치를 통해 급진적이고, 최고도로 발달했다.

따라서 스탈린이 실현된 사회주의의 테제를 세우고 주장했던 것은 등골을 오싹하게 할 정도로 철저하다. 그가 사회주의적인 사회체제를 국가독점 및 국가적 전체주의와(물론 자본주의적 소유가 아니라 국가적 소유의 기초 위에서) 동일시했을 때, 그는 그것의 절대적 실현 가능성도 생각할 수 있었다. 왜냐하면 사회생활 전반을 절대적인 국가지도부 하에 총체적으로 예속시키는 것이 통상적인 권력수단을 통해 완전하게 실행될 수 있기 때문이다.

이리하여 테제 자체가 역설이기 때문에 스탈린은 우스운 모순성의 희생물이 되었다. 왜냐하면 사회주의는 역사의 한 시대 전체이지만, 그럼에도 불구하고 동시에 그것은 또한 이행하는 사회, 즉 이미 제시된 바대로, 자본주의적 요소들(정치, 경제, 이데올로기, 인간의식에 있어)의 소멸과 동시에 공산주의적인 계기들의 생성과 발전이라는 의미에서의 이행기이기 때문이다. 사회주의는 실현될 수 없다. 왜냐하면 혁명이 성공적으로 끝난 그 순간부터 공산주의 그 자체에 이를 때까지 그것은 이미 실현되어 있는 것이기 때문이다. 즉, 그것은 공산주의로 향하여 가는 도중에 거쳐 가는 여러 단계와 과정들 속에서 항상 실현되기 때문이다. 그러나 여기에서 실제로 실현되는 것은 그것의 기원이나 그것의 전망의 면에서 볼 때 사회주의적인 것이 아니라 공산주의적인 것이다. 간단히 말해서 실현된 사회주의는 형용 모순이다.

스탈린의 사회주의 개념과 그가 만든 체제는 무엇보다도 끝까지 발전되고 완성된 국가사회주의의 최초의, 가장 낮은 단계이다. 강력한 프롤레타리아 국가와 국가독점체의 시작은(사회주의에서의 국가주의) 프롤레타리아 혁명의 지금까지의 역사적 과정에서 필연적인—진보적이고 사회주의적인—현상이었다. 우리가 사회주의화 과정을 통해 새 시대의 본질적인 요구를 수행하고자 한다면, 사회주의화 과정을 통해 새 시대의 본질적인 요구를

—즉 경제적 소외의 지양과 그 다음으로 사적 자본에 의해서든, 국가 관료주의에 의해서든 모든 다른 형태의 소외, 종속, 억압과 착취의 지양이기 위해—우리는 사회주의의 이 국가주의적 단계의 점진적인 극복의 길 위에서만, 그리고 일하는 사람들의 더 광범위한 자치의 실현을 통해서 그것에 도달해야 하며 또 도달할 수 있다.

스탈린은 이 과정을 반대방향, 국가기구를 즉 국가적-당적-경찰적 관료주의를 강화하는 방향으로 돌렸다. 이렇게 강화된 국가주의적 독점과 여타의 사회적 개악과 함께 그는 역사 속에서 스탈린주의로 알려진, 그리고 끝내 개인숭배로까지 개악된, 사회주의의 체제를 만들어 냈다.

이와 같은 위상에서 사회주의의 많은 본질적인 현상들이 그 사회주의적인 성격을 많이 손상당했던 것은 자명한 일이다. 스탈린주의는 당과 국가기구가 국가주의적 수뇌부의 충실한 도구로 전락하고, 이 최고기관이 정치적 영역뿐만 아니라 모든 사회생활의 영역에서 심판관이 되는 것을 의미한다. 스탈린주의의 이런 상황으로부터는 근로자의 생산적 주도성을 우려하고 회의하기만 하게 된다. 따라서 거기에서는 관료주의적인 법령 포고에 따라 꼭두각시처럼 움직이고 공식적인 이론적 입장의 끝없는 치장에만 치중해야 하는 원시적인 사회주의 문화생활관이 팽배했다.

스탈린주의는 모든 사회계층을 국가주의적 관료제에 종속시킨다. 그것은 순종의 정신이 지배적 틀이 되기 위한 상징이다. 스탈린주의는 동시대에 사회주의의 역사에서 지금까지 가장 어두운 면으로 남아 있는 1936년부터 1938년까지의 그 악명높은 재판에서와 같은 개인에 대한 그러한 폭력행사에까지 이르른 국가주의적 사회주의 자체의 개악이기도 하다.

그 형태에 있어서도 스탈린주의는 인간 사이의 관계에서(혁명가의 가면을 쓴 채) 잔인성이 관철되고, 휴머니즘 전통을 퇴폐적인 지적 환상으로 경멸적으로 배척한 것이며, 실상은 단지 관료제나 최고위층에게나 허용되는 용감하고 개방적이며 자부심있는 비판의 위선적인 고집이다.

스탈린주의는 약술하면 완성되고 개악된 사회주의의 초기단계요, 사회생활의 국가적 조종의 시대요, 자유롭고 자부심있는 사회주의적 개인에 중점이 주어지지 않고, 그렇다고 대중에게도 중점이 주어지지 않은, 전능한 국가주의 관료제에 그 중점이 주어진 단계이다.

# 제5부

# 동시대의 맑스주의

# 제1장
# 이론영역에 대한 츠다노프와 스탈린의 관여

제2차 세계대전은 전세계를 황폐화시켰을 뿐 아니라 인류에게 해결할 수 없는 치명적인 문제를 남겨 놓았다. 금세기에 그처럼 많은 재앙과 파멸을 겪은 뒤에 가서야 인간이 그렇게 높은 문명 단계에서 그들의 문제들을 왜 그처럼 야만적이고 비인간적인 방식으로 풀어야 했는가 하는 의문 때문에, 그 시기가 왜 과거에 속하지 않는가 하는 문제가 정당하게 제기되었다. 그 시기는 인간 역사의 수치스런 측면인 원자폭탄에 의한 죽음과 아울러 전쟁터에서의 집단학살과 집단수용소 가스실의 시기가 아닌가, 그리고 그것이 다시 되풀이되지는 않을 것인가? 인간은 내적인 적대관계를 극복하고 역사의 진로를 새로운 길로 이끌어 가야 하지 않겠는가?

제2차 세계대전은 새로운 세력 결집에 영향을 미쳤다. 사회주의는 일차적으로 전쟁시 무엇보다도 소련이 입은 커다란 희생과 부담으로 인하여, 그리고 많은 나라들(특히 쿠바와 유고슬라비아)의 공산주의자들의 영웅적인 투쟁에 힘입어, 거대한 국제적 명성과 많은 공감을 불러일으켰다. 일련의 새로운 나라들이 사회주의를 건설하려는 새로운 길에 접어들게 됨으로써, 소련은 역사적 영역에서 더 이상 고립된 채로 남아있지 않게 되었다.

역사의 변증법은 이번에도 인간적 이론과 전제들을 논하는 것을 허용했고 이것이 결코 어떠한 상투어에도 상응하지 않는 것임을 새롭게 보여 주었다. 일반적으로 인정되고 있는 맑스주의적 입장에 따르면, 현대 세계의 근본적인 모순은 사회주의와 자본주의 간의 모순이다. 그것은 결코 틀린 것이 아니다! 그렇지만 특정한 시기의 복합적인 역사적 운동은(그것은 항상 구체적이고 인간들에 대해서 결정적으로 작용하는데) 역사의 무대 처음에는 잠정적으로 그늘 속에 숨어 있던 새로운 적대관계들을 산출해 냈다. 이 시기에는 한편으로는 반동적인 전체주의(파시스트적) 국가들과 다른 한편으로는 그들과 연합하게 된 한 사회주의 국가까지 포함한 다른 부르주아 민주주의 국가들 간의 모순이 지배적인 것이 되었다.

제2차 세계대전은 특히 프롤레타리아트 세력들이 아니라 오히려 진보적-부르주아적 세력 또는 국민군의 개별 집단들이 지배적이었던 식민지·반식민지 국가들의 내적 해방이라는 중요한 시기를 개막시켰다. 현재의 역사적 시기에 있어 매우 중요한 이러한 과정은 필연적으로 계급적 세력 간의 균형, 지배의 성격, 국제적 협력 가능성과 자본주의와 사회주의에 대한 관계와 관련하여 일련의 새로운 특성들을 나타낼 수밖에 없었다.— 그리고 이 과정은 일관된 맑스주의적 분석과 올바른 정치적 방향에 따를 필요가 있음을 매우 강력하게 전면에 부각시켰다.

이미 이러한 계기들이 풍부하게 존재했었지만 세계사의 계속적인 진행과 그 속에서 형성된 새로운 적대관계들에 대한 가치평가에 책임질 질문을 전체 소비에트 맑스주의에 제기하기 위해 이번에는 스탈린 역시 마지못하여 전인미답의 길을 방황하고 있었다. 스탈린은 평화의 문제가 현시대의 문제 해결책이며 새로운 그룹 형성 역시 그러한 사회체제와는 독립적으로 형성될 수 있는 계기임을 통찰하는 대신에, 전체 상황을 다시 낡은 자본주의-사회주의 공리들에 따라 평가했으며 힘에 의한 동맹정책을 유일하게 효과적인 수단이라고 전제했다.

그와 같은 관점은 군사동맹을 최선의 평형을 유지하기 위한 수단으로, 사회주의를 보호하는 최선의 수단으로 여긴 국제적 제국주의의 반동세력권(reaktionären Kreise)을 대변했다. 이해지역을 분할점령한 것은 그러한 관점의 논리적 결과였고, 사실상 그런 분할은 강대국들의 협상에 의한 것이었다. 이렇게 하여 전체주의(파시즘)에 대항하여 그 국민들이 영웅적으로 투쟁한 "명예로움"을 지니고 있는 유고슬라비아 역시 이러한 세계분할 시도에 의해 분할되었고 동맹국들 간의 냉전은 눈 앞에 닥친 것이었으며, 냉전은 그러한 생각의 필연적인 결과였다.

근대 세계와 사회주의에 관한 스탈린의 관점은 어떤 점에서도 본질적으로는 변하지 않았다. 오히려 그는 역사적 무대에서 새로운 사회주의 국가들의 등장과 함께 국가주의적 정책과 방법들을 몇몇 나라들에 그대로, 그리고 나머지 나라들에도 이전시킬 수 있다고 생각했다. 이 때 그러한 나라들의 특수한 처지, 전통, 경제적-문화적 발전단계, 국민적 특성 등은 고려되지 않는다. 소련은 사회주의 건설에 있어서 어떠한 제한도 없는 타당한 모범이어야 했다. 따라서 사회주의는 소련에서 이미 건설되었고 다른 나라들도 모든 새로운 계기들과 특수한 성격들을 무시하고 소련과 같은 길을 가야 한다고 주장했다.

스탈린적 관료제는 그 지배하에 있는 나라들에서도 소비에트적 정치적 중심에 모든 것이 종속되는 그러한 관료적 조직화를 갖추도록 요구했다. 그것을 위해 선발 사회주의가 정치적, 경제적, 문화적으로 우월하다는 생각을 확립해야 했고, 그것은 어쩔 수 없이 다른 모든 공산당들에 소련에 고유한 이론적 관념을 강요하게 되었고—원시적 민주주의에서—거의 모든 문화 문명 영역에서 소련과 소비에트 학문의 우월성을 증명하려고 애쓰는 결과를 낳았다. 우리는 바로 전후 관료제적 독점이 그러한 전형적인 반소비에트 운동을 불붙인 것처럼, 소비에트 과학자와 정치가들이 열광적으로 국민적 각성을 이루기 위해 러시아 민족과 소비에트 국가를 물질적이고 정신적인 문화의 모든 영역에서 우월한 것으로 설정하기 위해 애썼던 것을 그 증거로 들 수 있다.

잡지 『별』(*Stern*)과 『레닌그라드』의 경향에 대해서 그리고 악셀로드의 『서양철학사』에 관한 츠다노프의 관여가 특히 이것에 기여했다. 사회주의와 주심(主審)인 관료적 국가-당 기구에 의한 사회주의 문화에 관한 스탈린적 생각은 전쟁 이후에도 같은 형식으로 지속되었다. 중앙위원회는 공지된 도식에 일치하지 않는 모든 경우에 간섭했고, 중앙위원회의 훈령은 문화적 학문적 진보의 책임 있는 틀이 되었다.

사회주의 동맹과 동맹 밖의 다른 공산당들을 정치적으로 지배하기 위해 소비에트 국가는 전반적인 진보적 인간성을 제고하기 위한 모범이 되었고, 이에 대해 부르주아 국가들과 그 문화는 부패하고 노쇠한 축적물로 여겨졌다.

"사회주의의 문제는 유럽의 많은 나라들에서 토론 의제가 되었다. 그것은 모든 색깔의 제국주의자들에게는 못마땅한 것이며, 그들은 우리 사회주의 국가들에게 공포를 느끼고 있고, 이것이 전반적인 진보적 인간성을 위한 모범이다. ……이러한 조건들 하에서 사회주의 문학의 과제는 우리 소비에트 문화와 사회주의에 대한 모든 적대적인 비난과 [제국주의적] 공격에 대하여 단번에 반격하고 대답하는 것뿐만 아니라, 노쇠한 상태에서 해체되어 가는 부르주아지를 용감하게 공격하고 채찍질하는 것이기도 하다."[1]

온갖 역사적 상황은 흑백논리로 묘사되었는데—부르주아적인 모든 것은 유일한 낙인, 즉 퇴폐라는 낙인만을 받았다. 그것은 다수의 퇴폐적 현상들에도 불구하고, 부르주아 세계 일반의 위기에도 불구하고, 부르주아적 세계가 기술적 진보, 기술적 기준으로 볼 때 소련보다 더 높은 단계에 있었고 부르주아 계층의 학문 예술도 부러운 성과를 낳았던 시대에 얘기된 것이다.

학문적 문제들을 단순화시키고 비문학적으로 해석하는 것과 같은 차원에서 속류 사회학적인 철학사에 관한 즈다노프의 주장이 제기된다. 그는 전체 역사를 혁명적 계급과 반동적 계급 사이의 투쟁의 역사로 환원시키고, 각 시기는 그에 상응하는 직접적인 이데올로기적 반영인 철학이 있게 마련이라고 주장했다. "유물론이 관념론적 방향에 대한 투쟁 속에서 성장했고 발전되어 온 것인 한, 철학의 역사는 관념론에 대한 유물론의 투쟁의 역사이다."[2]

이처럼 매우 부정확하고 일방적인 주장은 철학적 "당파성"을 충실하게 전개하는 토대로서 기여한다. 그리하여 그들은 유물론은 진보적인 철학이고 관념론은 반동적인 철학이라는 것을 증명하기 위해 온갖 수단을 동원한다. 이러한 방식으로 매우 복잡한 이러한 문제들을 끝까지 속류화시키

1) A. A. 즈다노프, 『잡지 '별'과 '레닌그라드'에 대한 비평』(*Referat über die Zeitschriften 'tern' und 'Leningrad'*, 벨그라드-차그레브, 1946) S.42. 1년 후에 즈다노프는 알렉산드로프에 관한 그의 논의를 "국제적"이라고 선언하고 종결지웠다. "그것들은 우리 시대(레닌)스탈린의 시대, 우리의 민중과 민중의 승리자의 시대—에 어울리는 것이다."(『철학의 제문제』 *Voprosy filosofi*, 1947년 1월호, S.272) 여기에서 가장 순수한 형태의 러시아 국수주의를 쉽게 발견할 수 있다.

2) 즈다노프, *Vystuplenie tov.* Zdanova, 『철학의 제문제』, 1947년 1월호, S.257.

게 된다.[3] 그러나 어떠한 "훈령"도 아리스토텔레스, 데카르트, 칸트, 피히테, 헤겔 철학의 진보적 의미를 부정할 수 없으며, 그들의 관념론은 철학적 발전 상의 한 시기를 의미할 뿐만 아니라, 동시에 전진하는 역사적 세력의 표현이기도 하다. 그 철학들에서 특징적인 것은 일련의 특수한 계기들이 관념론적인 틀 내에서 진보적인 철학적 내용을 형성하는 것을 제약했으며, 이 철학이 인간의 사고의 발전에 기여한 바와 비교해 볼 때 그러한(관념론적인) 틀은 이 경우에 별로 중요하지 않은 셈이다.

우리는 즈다노프의 이러한 논의가 지니고 있는 모든 오류와 단순화를 낱낱이 따지지는 않을 것이며[4], 그 가운데 매우 특징적이고 중요한 한 계기만을 보여 주려고 한다. 사회주의에서는 생산력과 생산관계 간의 조화가 지배적이라는 스탈린적 주장에서 출발하여, 즈다노프는 사회주의를, 대립물의 상호 침투의 법칙을 현실의 운동에 관한 근본적인 변증법적 법칙으로 요청하는 맑스주의적 변증법과 일치시키려 한다. 그러나 맑스주의에 본질적인 사회적-경제적 토대의 모순들이 사회주의에서는 배제되기 때문에 즈다노프는 새로운 모순들을 사회주의를 운동하게 하는 힘으로 보았다.

---

3) 한 예를 들어 보자. 레오노프(Leonov)는 변증법적 유물론에 관한 그의 저작에서 다음과 같이 썼다. "관념론은 항상 유물론에 대한 반동으로 작용했고, 사람들에게서 학문의 진보적 성과를 빼앗으려고 했다. 몇몇 관념론자들은 새로운 질문들에 대해 여러 번 유물론자들에게 싸움을 걸었지만, 관념론의 입장에서는 그에 대한 답을 제시할 수가 없다."(*Očerk dialektičeskogo materializma*, 모스크바, 1948, S.340). 이러한 파악이 공식적 관점이기 때문에 이 주장은 모든 다른 교과서들과 저작들에서 반복되고 있다.

4) 나의 논문, *Über einige Fragen der marxistischen Theorie bezüglich Zdanovs Kritik an Alexandrov(kroat),* 자그레브, 1950.

"적대적 계급들이 해소된 우리 소비에트 사회에서는 낡은 것과 새로운 것 간의 투쟁이 일어나며 그리고 이에 따른 보다 낮은 단계로부터 보다 높은 단계로의 발전이 자본주의에서처럼 적대적 세력들 사이의 투쟁이나 대참사의 형식으로 이루어지는 것이 아니라, 비판과 자기비판의 형식으로 이루어지는데, 이것은 우리 발전의 고귀한 운동력이며 당의 수중에 있는 강력한 수단이다. 그것은 의심할 여지 없이 운동의 새로운 형식이며 발전의 새로운 유형이고 새로운 변증법적 법칙성이다."[5)]

츠다노프는 이러한 주장을 하는 이후의 모든 대변자들과 마찬가지로 생산력과 생산관계 간의 조화에 관한 스탈린의 비맑스주의적 입장이 단순한 관념론으로 인도되었다는 것에 대해서는 별로 언급하지 않았다. 왜냐하면 그 자체가 관념적 영역에 속하는 비판과 자기비판이 운동의 새로운 형식이고 새로운 변증법적 법칙성이라면, 완성된 사회주의에서 역사적 법칙성은 생산의 물질적 조건들과 사회경제적 관계들에 있는 것이 아니라, 비판과 자기비판의 관념적 영역에 있는 것이 되기 때문이다. 맑스적인 유물론적 역사 파악(역사관)이 바로 그러한 사회적 "이념들"의 완성에 있다면, 그러한(유물론적) 관점 자체가 얻으려고 애썼던 것은 더 이상 타당하지 않은 것이 되고 만다.

다음으로 "비판과 자기비판"은 우리가 그것을 관료제적으로 "당의 수중에 있는 강력한 수단"(츠다노프)으로 이해하게 된다면 특별히 사회주의적인 것도 아닌 것이다. 인간 사회는 그것이 어떠한 독점에 의해서도 방해받지 않았던 비판이 매우 강력하고 의미심장한 사회적 역할을 하게 되는 그런 몇몇 역사적 시기를 알고 있다. 진보적인 부르주아적 비판은 많은 나라들에서 비록 그것이 그 당시 "운동의 근본법칙"인 것은 아니었지만

5) 츠다노프, ibid., S.270.

혁명의 서두였었다.

이러한 관점에서는 비록 여기에서 그 구성적 성격에서 볼 때 비판이 많은 점에서 중요한 것일 수는 있지만 사회주의가 사회과정 자체의 근본법칙성과 관련된 다른 체제들과 구별되지는 않는다. 생산력과 생산관계 및 사회관계 일반 간의 모순들은 여기에서도 지배적인 모순으로 남아 있다. 무엇보다도 사회주의 전체가 필연적으로 부르주아적인 것뿐만 아니라 계급사회 일반의 잔재가 해체되는 그런 변형의 시기임을 안다면, 사회주의는 상이한 종류의 관계들이 사회 전체의 발전과 모순에 빠지게 되는 그러한 시기인 것이다.

소비에트적 관료(제)의 (독단적인) 이론적, 정책적 요구는 모든 면에서 엄청난 것이다. 정책적 측면에서 볼 때 관료(제)는 그 '적군'(赤軍)을 유일하게 신뢰할 수 있는 세력으로 여기고 있으며 다시 말해 그 군대와 함께 사회주의를 위한 계속적인 투쟁들을 이끌어 나갈 수 있다고 생각한다. 제3인터내셔널의 두 번째 시기에 소비에트적 관료(제)는 그들의 정책적 틀을 모든 공산주의 운동에 대해 구속력이 있는 것으로 설명하려고 애썼다. 이러한 토대에서 공산당 정보국(코민포름의 준말—역주)이 형성되었는데, 이것은(소련의—역주) 더럽혀지지 않을 위대한 통찰력과 개방성이 정책과 그들의 원리에 기초하여 근대 역사의 복합적인 결과들과 과정들이 성장하지 못하게 하는 정책의 수단으로 사용하기 위해 창설된 것이다.

이런 이유로 유고슬라비아 공산주의자들 역시 비맑스주의적이고 비사회주의적인 독단과 날카롭게 대결했다. 이론적인 측면에서의 사회과학의 영역들에 관한 당적-국가주의적 독점은(사회주의—역자) 진영의 모든 나라들에서 이론적인 사고를 계속되는 몽롱한 상태에서 주는 대로 받아먹게 하는 상황에 이르도록 했다. 따라서 그런 나라들에게 여전히 남아 있는 것이라고는, 대단한 열정으로 그 영도자의 주장들과 관점들을 (받아서) 마무리하는 것이며, 그들이 차지하고 있는 지위를 위해서 완전히 무능해질 수밖에 없다. 소비에트적인 이론적 사고는 하나의 비판적 입장을 제시하는 것, 어떤 것과 관계를 갖는 것이 무엇을 의미하는가를 완전히 망각했는데, 그것은 그러한 논의가 주어진 틀 안에서만 가능했기 때문이다.[6)]

이미 언급된 1914년의 이론적 관여 이후에 소련 공산당 중앙위원회는 음악과 생물학의 영역에 대해서도 실력을 행사했다. 음악 문제에 관해서는 단순히 시대착오적으로 이해된 것인 19세기의 러시아 음악에서 표현된 민요의 전통을 내세운 반면, 생물학에 관한 문제에서는 유전에 관한 멘델-모르간적인 염색체 이론에 대한 미추린(Mičurin)의 이론을 대변하는 리센코(Lysenko)가 지지를 받았다.[7)]

---

6) 따라서 보다 급진적인 비판적 관점은 항상 뒤늦게 나타나고 그 이후에 이른바 국가적-당적 정점에서 비판을 공표했던 그들의 이론적 잡지들과 책들은 풀죽은 감정을 남겨 놓았다.
그들의 학문적, 철학적 출판물들이 지루한 보물로, 특정한 관점이 될 때까지 지속적으로 '세공되는'것은 전적으로 자명한 것이다. 이러한 학문적-철학적 생산이 전적으로 정치적인 어휘와 그에 상응하는 사고수준을 지닌 것이라면, 그러한 사고의 주도적 역할이 국제관계에서 어떻게 되어야 하는가를 생각해 볼 수 있음을 덧붙일 수 있다.

7) 미추린의 개념화는 그것이 유기체와 유기체의 생활에 필요한 조건들의 통일을 요구하고 그로부터 유기체의 변화에 관한 이러한 조건들이 그 몫을 가져야 한다는 전제를 따르고 있기 때문에 항상 정당한 것이다. 리센코의 식물잡종들이 염색체와 마찬가지로 체질적 부분이 유전에 매우 중요하다는 것에 관한 풍부한 증거인 것은 아니지만, 미추린-리센코가 유기체를 비변증법적으로 체질적 부분과 유전소재로 나타내고 "체질"의 변화가 유전소재에 영향을 미친다고 주장하는 입장에 대하여 정당한 것임은 의심의 여지가 없다. 「생물학의 현위치에 관하여」라는 그의 보고와 결론에서 리센코는 다음과 같이 주장했다. "염색체뿐만 아니라 생명체의 모든 부분들이 유전에 고유하다는 점이 아직까지 분명하지 않다." 이러한 개념화는 우연성과 확률에 반대하여, 생물학적 과정들에서 나타나는 통계

최고 정치위원회는 이러한 방식으로 정치학과 경제학의 영역에 있어서뿐만 아니라 문학, 음악, 생물학 그리고 이후에는 언어학 등에 있어서도 최고이자 보편적인 전문가가 되었다.

맑스는 그의 청년기에 프로이센의 검열에 대해 그 특유의 재치있는 날카로움으로 다음과 같이 썼다.

"검열은 장미가 오랑캐꽃과 마찬가지로 향기를 지녀야 한다는 것을 요구하는 것이 아니라, 정신은 오직 하나의 방식으로만 존재해야 한다고 요구했다. ……그 속에서 햇빛에 빛나는 모든 이슬방울은 이루 다 할 수 없는 현란한 색채로 반짝이지만, 정신적 태양은 많은 객체들에서처럼 어떤 대상들에서도 그것이 산란하지만, 오직 하나의, 오직 공인된(offizielle) 색만을 산출해야 하는 것이다."[8)]

이러한 검열자들의 전지(全知)를 비난했던 맑스는 다음과 같이 단언한다. "우리가 이러한 지성의 관료제에서 위로 올라가면 갈수록, 더욱 더 경이적인 두뇌들을 만나게 된다."[9)] 우리의 이 경우에도 그러한 "경이적인 두뇌"가 문제가 되는데, 그 두뇌들은 인간의 거의 모든 창조적이고 이론적인 활동들의 주된 영역에 대해 아무런 제약도 받지 않는 주된 심판관으로 행세할 수 있다. 이에 반하여 레닌은 이러한 많은 영역들에서 자신이 무능하다는 것을 솔직히 시인했다.

---

학적 합법칙성에 반대하는 입장을 취하도록 한다. "그들이 살아 있는 자연의 합법칙성을 발견하지 않을 수 없기 때문에 모르간주의자들은 확률론을 찾는 데에로 도망가지 않을 수 없었다. ……따라서 우리는 우리의 과학으로부터 멘델주의-모르간주의-바이스만주의를 삭제하고 또한 생물학에서 우연성도 제거한다."(Serbische Ausgabe, 벨그라느, 1948, S.178, 184).

8) 맑스, 「최근 프러시아 검열지시에 관한 논평」(*Bemerkungen über die neueste preußische Zensurinstruktion*), MEW, Bd.1, S.6.

9) Ibid., S.20.

이러한 결과에 뒤이어 스탈린은 두 가지 논의 즉 언어학에 관한 논의(1950)과 사회주의의 경제적 제문제에 관한 논의에 관여했다. 그의 기고는 맑스주의적 사고의 절대적인 정점으로 추앙되어서 그에 관한 맑스주의 이론은 몇 년 동안 이러한 전제들의 틀에 압도된 채 진행되었다.

스탈린은 언어와 관련하여 마르(Marr) 및 그 학파와 반대로, 언어는 상부구조에 속하지 않기 때문에, 상부구조는 토대의 변화와 함께 변화되지만 언어는 이러한 상부구조의 변화에도 불구하고 본질적으로는 변화하지 않는다고 주장했다. 언어는 전체 사회에 대해 유효한 것이며, 인간들 간의 이해수단이라는 점에 그 고유성이 있고, 언어는 전체 사회와 보편적으로 결합될 수 있는 것이라고 했다. 그것은 은어나 "살롱언어" 등에도 해당되지만, 그것들이 결코 독립된 언어들인 것은 아니다. 문화가 부르주아적이든 사회주의적이든 언어는 보편적인 민족자산이다.10)

언어를 상부구조로 보는 주장에 대한 그의 비판에서 스탈린은 언어가 사회구조의 어느 부분에 속해야 하는가에 대한 질문에 대해서도 결코 답하고 있지 않다. 그리고 그가 상부구조 이론에 반대해서 제시한 논증 역시 그 주장을 철저하게 폐기하기에 충분한 것은 결코 아니다.

계급사회에서 "상부구조"의 모든 형식이 계급적이어야 하는가 그리고 그것이 토대 자체의 변화와 함께 반드시 변화되어야만 하는가 하는 질문은 맑스주의에 있어서 지금까지도 여전히 제기되는 질문이다. 계급사회는 하나의 사회가 아닐 뿐만 아니라 통일적인 것도 아닌가, 그리고 이러한 통일의 계기가 사회적 계층에 따라 이미 일정한 변양을 겪을 수도 있는

10) 스탈린, 『맑스주의와 언어학의 제문제』(*Marxismus und Fragen der Sprachwissenschaft*[1950]), 뮌헨, 1968, S.23ff.

그런 하나의 통일적인 것을 표현할 수는 없는가, 그리고 그것이 무엇보다도 사회적 실천의 전체 발전과 결합되어 전체적으로는 구별되지 않지만, 계급적 구별성만 표현되지는 않는가?

상부구조의 다른 현상들에 있어서 몇 번의 사회-경제적 구성이 바뀐 경우에도 기독교가 지속되는 것과 같이 일정한 변화를 거치면서도 종교가 지속된다는 것은 잘 알려져 있다.

다른 측면에서 언어 발전의 엄연한 사실, 즉 인간적 실천의 발전에 의하여 언어의 구조적 발전과 그 변형이 이루어진 점은 부정할 수 없다. 원시 공동체의 산만하고 다양한 의미를 지니는 언어들의 상이한 단계들로부터 현대 언어의 현재적 구조에 이르기까지 언어구조의 변화는 증가하는 사회적 삶의 복합성, 욕구, 요구와 함께 자연과 사회에 대한 인간의 실천적 변형의 변화들을 반영함으로, 언어 자체를(이러한 구조와 마찬가지로 그 변화들에 종속된) 사회구조에 고유한 부분으로 보지 않으면 이 계기들을 이해하기가 어렵다.

스탈린은 언어의 발전과 관련하여 이 제작에서 양질 변화와 변증법적 법칙을 다소 변경시키려고 했는데, 거기에서 그는 현실에 대한 변증법적 파악과 다소 모순되는 입장에 이르렀다. 스탈린은 그 주장에서 언어 발전은 상부구조의 발전에서처럼 그 과정에서 기존의 것이 소멸되고 새로운 것이 구축되는 것이 아니라고 단정했다.

"언어의 한 질로부터 다른 질로의 전환(이행)은 폭발적인 것이 아니며, 낡은 것이 파괴되고 새로운 것이 구축되는 것에 의해서가 아니라, 새로운 질, 새로운 언어구조를 갖춘 요소들의 점진적이고 장기간에 걸친 집적에 의한 것이며, 낡은 질을

가진 요소들이 점진적으로 소멸됨으로써 이루어 지는 것이다.'[11]

스탈린은 계속해서 그가 언어를 단순히 전화(이행)법칙의 작용영역에서 끌어낸 것이 아니라 그 법칙에 해당되지 않는 몇 가지 다른 역사적 현상들에서 생각해 낸 것이라고 주장했다. 이러한 새로운 생각에 따르면 자연과 사회의 몇몇 영역들은 이러한 법칙에 따르지만, 몇몇 영역들은 이미 오래 전부터 자연에는 비약이 없다고 주장했던 진화론적 유형의 파악에 따른다.

"일반적으로 폭발(적 변화)에 고무되고 있는 동지들에게 폭발에 의해 낡은 질로부터 새로운 질로의 이행 법칙이 말 그대로 적용되는 것은 아님—그것은 토대나 상부구조의 사회적 현상들에 대해서도 항상 적용되는 것은 아니다.—을 지적할 필요가 있다. 그것은 적대적인 계급들로 분열된 사회에는 분명하게 해당되는 것이지만, 적대적 계급을 모르는 사회에서는 결코 확실하게 해당되는 것은 아니다. 8~10년이 지난 후에 우리나라의 농업에서 부르주아적 부농 체제로부터 사회주의적 집단농장 체제로의 이행을 실현시킬 것이다. 그것은 촌락에서의 부르주아적 경제형식을 제거하고 새로운 사회주의적 형식을 일구는 하나의 혁명이었다. 그런데 이러한 전복은 한번의 폭발에 의해서 이루어진 것도, 현존하는 힘의 붕괴와 새로운 힘의 형성에 의해 이루어진 것도 아니며, 촌락에서의 낡은 부르주아적 형식을 새로운 형식으로 단계적 방식으로 이행시킴으로써 이루어진 것이다. 그것이 위로부터의 혁명이었기 때문에, 그리고 이러한 전복이 대중의 농민적 혈통에 의해 뒷받침되는 현존하는 힘의 주도 하에 이루어졌기 때문에, 관철될 수 있었다."[12]

스탈린은 이러한 관점에서 우선적으로 변증법의 근본법칙의 하나를 부

11) Ibid., S.42~43.
12) Ibid., S.44.

정했는데, 이렇게 된다면 변증법은 단지 부분적인 가치만을 지니게 될 뿐이다. 그 근본법칙의 보편성은 의문시되었을 뿐만 아니라, 사장되어 버리고 말았다.

다른 면에서 마지막에 인용된 구절은 문제의 본질을 전혀 이해하고 있지 못하다는 것을 드러낸다. 스탈린 역시 부르주아적 부농 체제를 지양하는 것이 혁명이었다고 보고 있지만, 그는 그 혁명이 "현존하는 힘의 붕괴와 새로운 힘의 형성에 의해" 이루어진 것이 아니기 때문에 급격한 변혁에 의해 생긴 것이 아니라고 보고 있다. 스탈린은, 여기에서 동일한 사회적 과정의 두 계기가 문제가 되고 있으며 그 변화가 이미 존립하는 힘이나 (낡은 것 속에 있는 혁명적 유산인) 새로운 힘의 내부에서 진행되는지 어떤지에 대해서는 고려하지 않음으로써 한 계기의 변화가 철저하게 급진적 성격을 가질 수 있음을 보지 못하고 있다. 따라서 한 과정의 급진성이나 폭발적 성격을 두 번째 계기가 주어지지 않는다는 이유로 부정하는 것은 이 경우에 하나의 변화 그 자체를 의미하는 것이 아니라, 그것은 어떤 다른 것의 척도로 잽다는 것을 의미한다.

얼마 후에 케드로프(Kedrov)는 이러한 생각을 포괄적으로 이론화하려고 했다. 그는—본질적으로 스탈린주의적 틀 내에서—많은 사건들은 사물들의 빠른 질적 변화에 기초하여(그의 개념화에 따르면 단지 질만이 변화되는데, 왜냐하면 그는 모든 대상에 질에 의해서만 규정된다고 보기 때문이다.) 진행되며, 이에 비해 다른 과정들은 점진적인 질적 변화에 의해 진행된다는 입장을 대변했다. 스탈린과 마찬가지로 케드로프 역시 대상을 규정하는 질이 질적으로 변화되면서도 여전히 동일한 질을 유지하는 것이 어떻게 가능한가에 대해 설명할 수 없었다. 그들은 단순하게 양적인 변화들을 질적인 변화와 혼동했고, 낡고 이미 오래 전에 극복된 진화론을 요구했는데, 그것은 어떠한 경우에도 이 문제를 이론적으로 설명할 수 없는 것이다.[13]

2년 후에 스탈린은 사회주의의 경제적 문제에 관한 논의에 개입하면서, 마지막으로 이론적 작업을 내놓는데, 거기에서 그는 그의 그때까지의 많은 관점들을 수정했다. 그것은 유고슬라비아 맑스주의자들이 스탈린주의적 개념화를 극복하고 사회주의의 근본문제를 해결하려고 노력하던 시기에 이루어졌던 것인데, 그들은 몇 가지 문제들을 거론하자면, 사회주의에서의 생산력과 생산관계의 조화 개념, 사회주의 안에서의 가치법칙은 타당하지 않거나 아니면 실천상에서 분명한 모순을 야기하게 될 단순한 환상에 불과하다는 것을 분명하게 선언했다. 소비에트적 발전상의 바로 이러한 모순들로 인해 스탈린은 계획안의 절대적인 우월성과 시장 규제 등에 관한 개념화들을 버리지 않을 수 없었다. 왜냐하면 발전된 부르주아 국가들과의 첨예한 국제적 정책으로 소비에트 경제가 근본적인 동인을 필요로 했기 때문이다.

사회주의적인 가치법칙이 타당성을 지니고 있는가 하는 질문을 다루면서 스탈린은 다음과 같이 대답했다.

"그렇다. 그것(사회주의에서의 가치법칙)은 존립하여 작용하고 있다. 상품과 상품생산이 있는 곳에서는 가치법칙 역시 없을 수 없다.

그러나 가치법칙의 작용 범위는 무엇보다도 상품유통에서, 판매와 구입 과정에서의 상품교환에서, 교환 가운데에서도 특히 개인적 소비를 위한 상품의 교환에 미친다. 이러한 영역에서 가치법칙은 물론 일정한 한계 내에서 규제자의 역할을 하는

---

13) B. M. 케드로프, Postepenost kak odna iz form perehoda ot starogo kačestva k novomu kačestvu, 『철학의 제문제』, 1954년 2월호 참조.

것으로 보존된다.

그러나 가치법칙의 작용은 상품유통의 범위들에만 제한되는 것은 아니다. 그 작용은 생산에까지 미친다. 특히 우리의 사회주의적 생산 내에서 가치법칙은 결코 규제적 의미를 지니지는 못하지만 생산에 항상 영향을 미치고, 생산을 지도하는 데 무시되어서는 안 된다. 소비를 위해서는 일정한 생산물이 중요한 것인데, 이 산물들은 생산과정에서 노동력의 소모를 충족시키기 위하여 필수적인 것들이며, 우리에게서 상품으로 생산되고 실현되는 것으로 가치법칙의 작용을 받는다. 여기에서 바로 가치법칙이 생산에 작용을 미친다는 사실이 드러난다. 이와 관련하여 우리들의 공장들에서 경제적 회계와 수익성, 자기비용, 가격과 같은 것들의 문제와 마찬가지로 그것이 현실적인 중요성을 갖는다. 따라서 우리들의 공장은 가치법칙을 고려하지 않고서는 가동될 수 없는 것이다."[14]

결국 스탈린은 사회주의에서 이러한 법칙이 고려되어야만 하며, 그것을 고려함으로써 경제관리들의 과정을 합리적으로 분석하고, 별다른 근거 없는 막연한 '추정상의 지시'를 떠벌이지[15] 않도록 가르칠 것이다.

그는 가치법칙이 자본주의에서처럼 생산의 규제라거나 그 작용 범위가 매우 제한되어 있는 것이 아님을 강조함으로써 스탈린은 자신뿐만 아니라 부하린까지도 대변했던 그것에 따라 국가적 계획에 가치법칙의 타당성을 지양시킨 이전의 추상적인 전제들을 극복했다. 이러한 정정은 매우 구체적인 근거들로부터 이루어져야 한다. 스탈린은 사회주의에서의 생산력과 생산관계의 조화에 관한 이전의 주장을 정정했다.[16]

---

14) 스탈린, 『소련에서의 사회주의 경제의 제문제』(*Die ökonomischen Probleme des Sozialismus in der UdSSR*), 모스크바, 1952, S.23.
15) Ibid., S.15.
16) 스탈린은 이 문제에 대해 A. 노트킨에게 다음과 같이 대답했다. "그러면, 이 경우에 '완전한 일치'란 말을 어떻게 이해해야 하는가? 우리는 그것을 사회주

그럼에도 불구하고 스탈린은 근본적으로는 사회주의에 관한 국가주의적 개념화를 사회주의의 최고 형식으로 여기고 있다. 그래서 그는 예컨대, 상품유통이 유지되는 것은 모든 것이 아직 국가화되지 않은 결과라고 생각한다. 콜호즈 소유는 콜호즈원들이 상품 형식으로 다른 상품과 교환하는 방식으로만 그들의 상품들을 양도하려고 하는 이러한 상황의 원인이다. 따라서 스탈린은 소비에트 사회의 계속되는 발전에 있어서 보편적인 국가화를 통해서 콜호즈 소유를 극복할 필요가 있다고 본다.

"물론 생산의 두 가지 주요 부문, 즉 국가적 부문과 콜호즈 부문 대신에 생산의 전체적인 부문을 정당하게 나라의 전체 생산으로 처리한다면, 상품유통은 그것의 '화폐경제'와 함께 국민경제의 불필요한 요소로 사라지게 될 것이다. 그러나 이러한 요소가 없는 한, 두 생산부문이 존립하는 한, 상품생산과 상품유통은 우리의 국민경제 체계에서 매우 유용한 요소로 작용하게 될 것이다."17)

스탈린은 이 저작에서 다른 일련의 문제들까지 이론적으로 매우 결함이

---

의에서는 통상적으로 생산관계와 생산력 간의 갈등이 일어나지 않으며, 뒤떨어진 생산관계는 즉시 생산력의 성격에 일치하게 되는 가능성을 그 사회가 지니고 있다고 이해해야 한다. 사회주의 사회는 그 사회가 그 구조상 저항을 조직화할 수 있는 어떤 잔존 계급들도 제시할 수 없기 때문에 그렇게 할 가능성을 갖는다. 물론 사회주의에서도 생산관계에서의 변화의 필연성을 통찰하려고 하지 않는 진부한 세력들이 존재하지만, 사실의 요점을 잘못 본 채로 그 가능성을 강요하고 있는 것이다."(ibid., S.30). 스탈린은 마찬가지 생각을 공산주의로의 이행 문제와 관련하여 15년 전에 보다 조심스럽게 제시한 적이 있다.

17) 스탈린은 이것을 극복하는 길로서 국가 부문을 통해서 콜호즈 부문을 단순하게 흡수하는 가능성을 예상했는데, 그는 이것은 사람들이 그것을 콜호즈 수탈로 파악할지도 모르기 때문에 별로 그럴듯하다고 여기지 않았으며, 다른 가능성으로는 산업과 콜호즈 대표들과 함께 "민중적 기반의 보편적인 경제조직"을 조직화하는 것이 있는데, 우리 생각으로는 다시 국가 측에서 다른 형식으로 "콜호즈를 흡수"하는 것으로 여겨질 수 있다.

많은 피상적인 방식으로 다루면서도 그 문제들에 필요한 논증들에 대해서는 여전히 언급하고 있지 않다. 이것은 그가 항상 생산수단에 대한 국가적 소유와 노동자 소유를 동일시하고 있으며, 소비에트 사회에서의 노동자가 임금관계에 놓여 있다는 생각을 배척하기 때문이다. 사회주의에 관한 국가주의적이고 관료제적인 개념들은 문제들에 대한 계속되는 분석들이 의존하는 기초로 남아 있다.

나아가 스탈린은 이 저작에서 자본주의의 현재 발전국면에서 전쟁은 피할 수 없다고 파악했다. 그의 생애 말년에 이르기까지 그는 역사와 인간의 어떤 이원론으로 귀결되는 자연, 사회, 인간에 대한 존재론적 개념들을 극복할 수 없었다.

스탈린에게 있어서 객관적인 법칙들은 인간 밖에서 인간과 인간의 의지와 독립해서 존재하는 자연뿐만 아니라 역사의 어떤 법칙들이었으며, 그것은 인간이 인식하거나 이용하기는 하지만 창조하거나 지양하거나 변화시킬 수 없는 어떤 것이었다.—마치 역사가 하나의 특수한 사건들이고 인간의 삶은 그와 다른 것으로, 그것들 사이에는 어떤 평행관계, 즉 반영이 있을 뿐이지 엄밀한 삼투가 이루어지지 않는 것으로 보았다. 또 그 법칙성을, 그 사회형식과 구조를 다른 형식과 구조로 바꿈으로써 인간이 이러한 역사와 그 법칙성을 창조하는 것이 아닌 것처럼 여겼다. 스탈린은 사니나(A. Sanina)와 벤체르(V. Venžer)에 대한 그의 답변에서, "물론 인간은 이러한 객관적 합법칙성을 발견하고 인식할 수 있고, 그리하여 인간은 그 법칙성이 사회의 이해에 따라 사용될 수도 있음을 인정한다. 그러나 인간은 그 법칙성을 '창조'할 수도 '변화'시킬 수도 없다"[18]고 쓰고 있다.

18) Ibid., S.45.

츠다노프와 스탈린의 이러한 생각들은 소비에트 맑스주의자들의 이론적인 틀이 되었는데, 그들은 그런 상황에서 당연히 맑스주의와 생활에서의 탐구되지 않는 영역들, 즉 인간에게 결정적으로 중요하기 때문에 창조적인 분석이 절박하게 요구되는 그런 영역들 속으로 더 이상 파고들어가려고 하지 않는다. 그리하여 강단 맑스주의 및 사회주의와 맑스주의에 관한 스탈린주의적 파악의 전전(戰前)기의 논리적 계승의 시기가 오게 된다. 그리하여 스탈린주의적 도식들을 고수하고 있는 변증법적 방법과 변증법적 유물론, 사적 유물론에 관한 잘 쓰여진 교과서들이 다소 출판되거나[19] 스탈린의 의도에 따라서 낡은 형식논리학에 생기를 주려고 하거나 근대 부르주아적 형식 논리학자들 뒤에 잔류하려고 애쓰게 된다.[20]

그런 수준에서 소비에트 맑스주의는 소비에트적 사고를 대부분 그리고 주도적으로 설명했던 츠다노프의 독단(참칭)을 충족시킬 수 없을 뿐만 아

19) 잘 알려진 저작들로 다음을 들 수 있다. M. 로젠탈의 *Marksistkij dialektičeskij metod*(1947)과 M. 레오노프의 *Očerk dialektičeskogo materializma*(1948)와 F. W. 콘스탄티노프가 편집한 *Istoričeskij materializm*(1950) 등은 스탈린에 의해 제시된 노선 안에서 쓰여진 것들로서 독창적인 사상이 엿보이지 않으며, 인류가 오늘날 직면하고 있는 문제들을 독창적으로 파악하기보다는 오히려 본질적으로 스탈린주의적 주장 내에서 이런 문제들에 관한 맑스주의 고전들의 관점에서 출발하여 그 저자들의 생각을 손질하는 데 그치고 만다.

20) 그래서 예컨대 혁명 이전의 첼파노프(G. Čelpanov)가 새로 기용되고, 아스무스(V. F. Asmus(1947), 스트로고비치(M. S. Strogovič)(1947) 등의 『논리학』, 그 밖의 학자들이 새로운 논리학을 쓰고 있는데, 그들이 문제삼고 있는 논리학들은 전적으로 반변증법적인 논리학들이다. 우리는 그 이후의 인물로 고르스키(D. P. Gorski), 『논리학』(1947)과 헝가리의 포가라시(B. Fogarasi) 『논리학』(독어본), 1955를 들 수 있다. 이와 달리 바르가(E. Varga)의 『2차 세계대전에 기초한 자본주의 경제의 변화상들』(*Promjene u ekonomici Kapitalizma uslijed drugog svjetskog rata,* 1946)은 이미 그가 주목할 만한 인식과 분석적 능력을 보여준 한 영역에서 그 영역을 보다 독창적으로 분석했다는 점에서 그러한 저작들과 상당히 구별되는 저작이다.

니라, 소련과 다른 나라들의 맑스주의자들에게 있어서 정신적 에너지의 자유로운 표현을 가로막는 커다란 장애물이 될 수도 없었다.

# 제2장
# 다른 나라들에서의 맑스주의 문제와 헤겔에 대한 토론

다른 나라들에서의 맑스주의적 이론의 사상적 발전을 살펴보기로 하자. 이러한 사상이 스탈린주의적 개념화를 고집하고 있다는 사실을 통해서 볼 때, 이 사상에는 별다른 활동의 여지가 없기 때문에 이 사상은 주로 이미 기술된 궤도에서 움직일 뿐이다. 자신들의 개별성을 확증한 몇몇 뚜렷한 인물들을 제외하고는 거의 모두가 부정적인 의미의 이데올로그가 되어 버렸다. 그 밖의 다른 가능성은 전혀 없었다. 왜냐하면 소련의 국가주의적 수뇌가 맑스주의의 발전을 독점했고, 이에 따라 이러한 개념화에 대한 소비에트의 숙련자들—더욱이 이들의 저작은 이러한 나라들에서 심혈을 기울여 번역되고, 오늘날까지도 인용되고 있다.—을 가지고 있었기 때문이다.

맑스주의 철학의 몇몇 문제를 심화시켰던 약간 특출한 시도로서 우리는 불가리아의 철학자 토도르 파블로프(Todor Pawlow, 1890년 출생)의 저작을 언급할 수 있다. 특히 이 저작은 집중적으로 반영의 문제에 몰두하고 있다. 그의 주저 『반영론』(*Die Widerspiegelungstheorie*, 러시아 초판, 1936년)은 그의 저서 『변증법적 유물론과 형상 이론』(*Der dialektische Materialismus und die Theorie der Bilder*, 1929)을 개작 확대한 것이다. 파블로프의 근본 관심은 인간 의식 반영의 발생을, 디드로와 레닌에 따르면 전체 물질에 고유한 것이라고 할 수 있는 보다 근본적인 반영 형식들의 논리적 계승으로 발전시키고 기술하는 것이다. 그의 주요 사상은 다음과 같이 요약될 수 있다.

"외적 반응이 없이는 객관적 실제적 물체란 존재할 수도, 생각할 수도 없다. 비록 그러한 개별적 물체가 외적 반응에 있어 일정한 내적 상태—여기서 바로 하나의 물체에 작용을 가하는 주변의 객관적 실제적 물체들이 반영된다.—를 발전시키지 않는다고 해도, 이 물체는 스스로 발전하는 전체 자연의 특수 부분으로 존재할 수도 없고, 생각될 수도 없다는 것이다. 이러한 반영이 그 형식과 단계상 구별되고 여러 가지 역할을 한다는 것은 자명하다. 그것은 다양한 물체들에 있어 여러 가지 의미를 갖는다. 콜로이드에서의(유기적 또는 무기적인) 반영은 수정과 원자와 전자에서의 반영과는 다르다."[1)]

그의 기여를 가치 있게 만들고, 이 저작을 이 시기의 비슷한 소비에트 저작들에 비하여 분명하게 부각시킨 것은 『유물론과 경험비판론』 뿐 아니라 무엇보다도 레닌의 『철학노트』의 몇몇 사유들을 부각시킨 그의 노력이다. 파블로프는 실천을 진리의 규준으로만이 아니라 매우 폭넓은 의미로 파악했다. 그는 실천의 문제를 감성과 의식의 발전에 대한 해석에 첨가시켰다. 또한 그는 이런 관점으로부터 개념, 추상, 구체적인 것, 추상적인 것 등의 문제를 다루었다. 이러한 관점에서 그의 저작은—레닌 자신의 평(評), 메모, 언급의 형식으로 『철학노트』에서 남겨놓은—레닌의 유산을 적용하고, 완성하려는 진지한 시도이다.[2)]

1) T. 파블로프, 『반영론』, 벨그라드, 1947, S.41.

그러나 이러한 의도와, 그가 경의를 표한 철학과 반영에 대한 스탈린의 파악 사이를 오락가락함으로써 파블로프는 일단 수립된 주객 관계와 단순한 인식논리주의(Gnoseologismus)를 극복할 수 없었다. 그는 어쩔 수 없이 "객관적 현실에 대한 주관적 반영" 테제에서 머물러 버리고, 심지어는 종종 소박 실재론으로 떨어지곤 했다. 이러한 토대에서 파블로프는 맑스주의적 해석을 무엇보다도 다른 해석들과 구별짓는 분석에서 인간 의식의 역사적 구성요소로의 통로를 발견할 수 없었다.

이러한 모든 이유 때문에 파블로프는 철학을 규정하는 데 있어서 내용적 사상에 대한 엥겔스의 평가를 극복하지 못했다. 여기서 파블로프가 사람들이 내용적으로 존재론, 우주론, 인식론의 모든 본질적인 문제를 파악해야만 한다고 본 것은 전적으로 옳다. 그러나 그는 바로 이 시기에 전면에 등장한 인간학적 문제들을 회피했다. 왜냐하면 그는 철학을 과학으로 환원시켰기 때문에—비록 일반과학이기는 하지만—양자의 본질적인 차원을 간과해 버렸다. 즉, 이 차원은 그 시대의 비판적 도구가 되는 것으로, 이

---

2) "바로 이제 주체를 자연적 현실뿐 아니라 사회-역사적 현실과 가장 직접적이고 심오하고 다면적인 관계를 맺게 하는 것이 실천이라는 사실은 그 어느 때보다 명백해진다. 이제 또한 명백한 것은 인간은 실천을 통해 가장 심오하게 자연적 사회적, 그리고 정신적 물(物)과 상호작용의 일반적 관계에 들어가며 또한 인간은 자신의 영향을 통해 이 물들을 변화시킬 뿐만 아니라, 이 물과의 상호작용 과정에서 다면적으로 자신을 변화시킨다. 이런 방식으로 인간은 노동과정 속에서 자연뿐 아니라 자신의 전체 본질을 변화시킴으로써 또한 점점 더 손, 두뇌, 감각기관, 언어, 의지, 사고를 발전시킴으로써 인간은 그 인간적 실천에서 우선은 기본적으로 그 후는 완전히 의식적으로 진리의 근거, 목적, 규준을 인식한다.
그리고 이미 이제 인간은 진리, 즉 실천에 생산활동뿐 아니라 과학적-실험적인, 사회-혁명적 활동, 문화적, 일상적 욕구를 위한 활동성, 교육과 예술창조를 포함시킨다. 즉 이 창조가 객관적으로 존재하고 감각적 지각에 직접적으로 접근하는 (입상立像 형상, 춤 등) 물(物)의 창출을 의미하는 한 그렇다."(파블로프, 『반영론』, S.271).

에 따라 그것은 항상 역사적 모순들을 합리적, 실천적으로 해결하는 운동의 선구자가 된다.3)

그 때문에 파블로프는 사적 유물론을 규정하는 데 있어 기존의 틀을 극복할 수 없었고 결국 재차 변증법을 역사에 적용하는 스탈린적 개념화를 추종했다. 여기서 흥미로운 것은 파블로프가 데보린의 개념화에 반대 선언을 했음에도 불구하고—파블로프는 데보린의 변증법 해석을 일반적 방법론으로 비난했다—결국 사회의 변증법에 관해 비슷한 이해를 대변한 것이다.

"사적 유물론은 본질상 변증법적-유물론적 철학 혹은 논리학 자체이다. 즉, 그것은 하나의 학문이 아니라 사회적 삶에 관한 모든 특수과학들 곧 일반 사회학, 정치, 경제학, 미학, 언어학 등에 적용된다. 보다 정확히 말해서 사적 유물론은 인간의 사회사적 발전의 철학 혹은 그 논리학이다. 요컨대 사적 유물론은 인간 역사의 논리학이다."4)

---

3) 파블로프는 철학을 개별 과학들뿐 아니라 낡은 형이상학과 경계를 지움으로써 다음의 결론을 내렸다. "특수 학문으로 존재하기 위해 철학은 엥겔스가 이에 지적한 바 있는 가능성 즉—내용적 사고로서의—사고에 대한 일반 학문으로 자신을 이해하는 가능성에만 머무르게 된다. 이 가능성은 철학의 부분으로서 낡은 존재론과 인식론도 아니고 낡은 형식주관논리가 되는 것이 아니라 오히려 철학은—철학이 형식적, 주관적이 아니라 내용적, 객관적 논리이기 때문에—동시에 존재론과 우주론의 모든 기본 문제뿐 아니라 낡은 인식론의 문제를 포함하는 내용적 논리를 포함한다. 그러나 이것은 변증법적으로 지양된 의미에서, 즉 과학적 사유와 인식의 내용과 형식들에 대한 문제형식에서 그러한 것이다."(『반영론』, S.317~318).

4) Ibid., S.367. 파블로프는 이 문제를 위해 몇몇 소논문을 작성했는데, 특히 그의 저작 『유물변증법의 철학과 특수과학』(*La philosophie materialiste dialectique et les sciences particulières*, 소피아, 1956)이 그것이다(소피아 아카데미연구소의 지원자들과 과학적 협력자를 위한 그의 세 개의 대강연). 그의 저작 『일반 예술론』(*Općoj teoriji umjetnosti*)에서 그는 반영론의 입장에서 예술현상을 해결하려 했다.

첫 번째 전후 시기에 헤겔에 대한 토론은 헤겔에 대한 두 개의 중요한 저작인 루카치의 『청년헤겔』(*Der junge Hegel*, 1948)과 블로흐의 『주체-객체』(*Subjekt-Objekt*, 1952)의 출간을 통해 고무되었다.

이 저작이 지니고 있는 중요성은 사람들이 소비에트 철학의 발전과, 대략 1941년 시기에서 거의 50년대 중반까지 이들이 헤겔과 고전 독일철학에 대해 취했던 입장을 염두에 둔다면 매우 분명해진다. 맑스와 엥겔스가 고전 독일 관념론 특히 헤겔의 보편적 변증법을 매우 높이 평가한 것은 잘 알려진 사실이다. 이들은 여기서 유럽에 있어 당시 혁명적 사건들에 대한 유일한 독일적 기여 및 보충을 보았다. 이들은 생애 말년에 헤겔의 변증법을, 자신들이 가장 강력한 사상적 무기로 간주했던 방법에 관한 가장 훌륭하게 완성된 문제복합체로 간주했다. 어쨌든 레닌이 항상 반복하여 헤겔 저작 특히 『논리학』에 대해 세밀한 연구를 했고, 또한 혁명 이후의 맑스주의자들에 대해 일반적 연구와 유물론적 입장에서 헤겔에 대한 해석을 수용했다는 것은 잘 알려진 사실이다.

이 중요한 유럽 철학의 시기에 대한 전체 이론적 접근은 1940년대 초에 스탈린의 주도권을 통해 차단되어 버렸다. 이 위대한 독일과 유럽 철학의 시기에 있어 주역들을 그들 자체로, 즉 이 시대의 가장 진보적인 시민사상의 대변자로 파악하는 대신에—이 사상은 어쩔 수 없이 독일의 낙후한 봉건 절대주의적 상황에 제한되어 있었고, 정치적으로, 실천적으로 무력했을 뿐만 아니라 타협할 준비를 갖추고 있었다. 이 사실들은 철학의 성격에서뿐만 아니라 수 없이 다른 타협들과 보수적인 특징에서 반영되기도 한다.—사람들은 새로운 지시로 인해 갑자기 이 모든 철학을 프랑스 유물론과 프랑스 혁명에 대한 귀족적 반동으로 이해해야만 했다.[5)]

이러한 분위기 속에서 루카치와 블로흐의 저작들은 커다란 신선함을 주었지만 동시에(체제) 변호에 열성적인 이론가들의 피할 수 없는 대응을 불러일으켰다.

루카치는 블로흐와는 전혀 다른 문제를 제기했다. 루카치의 관심은 헤겔 변증법적 발생에 있었고, 이와는 달리 블로흐는 헤겔의 전체 체계에서 변증법적 사유에 관심을 가졌다. 이러한 발생에 대한 루카치의 뛰어난 분석은 앞에서 언급된 독일 고전철학과 헤겔에 대한 스탈린적 평가에 반대하는 것이었다. 또한 그것은 헤겔을 비합리론자, 신학자 등으로 해석한 딜타이(Diltey), 크로너(Kroner), 라송(Lasson), 해링(Haering) 등의 부르주아 개념화에 반대했다.

루카치는, 자신이 자연과학의 발전을 염두에 두지 않는 반면—예를 들어 사람들이 청년 셸링의 자연철학적 저작들을 생각한다면, 이러한 자연과학적 계기는 변증법의 발생에 대한 분석에서 매우 중요하다.—헤겔 개념화의 형성에 특별한 몫을 차지하는 사회사적 구성요소에 중점을 두었다. 특히 헤겔 발전상의 프랑크푸르트 시기에 관한 분석에서 루카치는 헤겔의 경제적 연구의 중요성을 드러냈다. 여기서 루카치는 그의 포괄적인 저작의 결론에서

5) 이 입장은 이 문제에 대해 기술했던 모든 사람들에게서 상이한 뉘앙스로 반복된다. 이 입장의 공식적인 정식화는 위대한 소비에트 백과전서에서 나타난다. "18세기말, 19세기 초 독일 관념철학은, 이 철학이 헤겔 철학에서 그 정점에 도달하고 난 후, 프랑스 부르주아 혁명과 프랑스 유물론에 대해 귀족적 반동이었다."(*Boljšaja sovetskaja enciklopedija*, 제2판, Bd.10, 1952, S.306~307). 이와 마찬가지로 11권에서도 "18세기말, 19세기초의 독일 철학가들은 독일 귀족들과, 이들 앞에서 아첨한 허약하고 불안한 부르주아들의 불안과 증오를 반영했다. 봉건 질서의 혁명적 해체 전야에 이들은 독일 발전에 있어 융커-부르주아적 길과 평화적인 반(半) 개혁노선—이 개혁은 귀족의 헤게모니로 군주제를 실현한다—을 대변했다. 독일 관념론은 프랑스 부르주아 혁명의 이론과 실천에 대한 투쟁을 그 기본과제로 간주했다. 독일 관념론은 부르주아 민주주의의 유물론과 제원리에 대항했다."(S.85~86).

다음의 견해를 대변했다. 즉, 헤겔의 변증법적 방법은 결정적으로 바로 이러한 분석을 근거로 해서 형성되었고, 그것은—비록 추상적 관념적 형태이긴 하지만—『정신현상학』에서 노동, 소외, 물화(物化) 등의 범주에 대한 심오한 통찰을 가능케 했다.

루카치와는 달리 블로흐는 전체 체계에 대한 분석을 했다. 그는 헤겔 연구 없이는 맑스주의에 대한 충분한 이해란 있을 수 없고, 맑스주의는 헤겔과 유럽의 정신적 전통 일반의 진정한 유산임을 명백히 보여 주었다.

이들 양자는 독일 고전의 모든 대가들, 특히 헤겔의 철학함(philosophieren)의 시민사적 원천들을 쉽게 입증할 수 있었다. 그리고 이들은 이 철학적 운동에 대한 맑스와 엥겔스의 평가의 정당성을 새롭게 입증했다. 이 철학적 운동은 이 시기의 독일 문학과 병행하여 본질상 그 혁명적 성격을 통해 유럽의 정치적, 정신적 운동의 수준에서 유일하게 두드러지는 것이다.[6)]

스탈린주의 변호자의 자기 생각을 고려하지 않더라도 독일 고전 관념론의 대변자들은 그 모든 동시대적 사회주의적 비판가들보다 훨씬 중요한 정신의 혁명가였고, 또한 사회-정치적 관점에서도 혁명가들이었다는 사실은 확증될 필요가 있다. 이들이 자유와 인간주의의 이념에 열광하는 동안, 그리고 그들이 그러한 열광으로 프랑스에서 봉건주의의 몰락을 환영하고, 마침내 입헌군주제라는 헤겔의 개념화에서 시민적(부르주아적) 발전시기를 선언하는 동안, 스탈린시대 맑스주의 이론가들은 이론적으로 미리 주

---

6) 이 운동에 대한 평가는 다음을 참조. 맑스의 『헤겔 법철학비판』(*Kritik der Hegelschen Rechtsphilosophie*), 맑스·엥겔스 『독일에서의 혁명과 반혁명』, 무엇보다도 엥겔스의 『공상에서 과학으로의 사회주의의 발전』, 『루드비히 포이어바흐와 독일 고전철학의 종말』.

어진 틀 안에서만 사고하려고 했을 뿐 그것을 한치도 벗어나지 않았다. 또한 그들은 이념-정치적으로 사회주의의 일정한 발전 계기와 일정한 반동적 관료제적 왜곡의 시대에 어울리지 않는 측면을 지양시키려는 이념을 구상하지도 않았다. 우리는 이러한 말로써 사회주의 진영의 맑스주의적 이데올로그들의 불안을 비판하려고 하지는 않는다. 왜냐하면 이론적 표현의 자유는 상당한 정도로 사회적 관계의 위상을 통해 결정되기 때문이다. 오히려 우리가 지적하고 싶은 것은, 사람들이 혁명적 정신에 대한 그 결핍 때문에 누군가를 비판하고, 이러한 사람이 인간적 사상 발전에 있어 엄청난 걸음을 내딛는다면, 보다 큰 자기비판이라는 사실이 필요하다는 점이다. 이러한 사상과 비교해 볼 때, 현대 비판가들은 단순히 사유하지 않는 후예들에 불과하다.

블로흐와 루카치의 견해에 날카롭게 대립한 첫 번째 사람은 그로프(R. O. Gropp)였다. 『철학을 위한 독일 잡지』(*Deutsche Zeitschrift für Philosophie*)에 그는 앞에서 언급한 스탈린주의적 개념화를 토대로 이들 입장에 대한 폭넓은 비판을 실었다. 여기서 그는 헤겔 철학이 부르주아 사상의 정점임을 비난하고, 맑스주의를 거의 직접적으로 프랑스 유물론으로부터 추론하려고 했다.7)

곧 이어 이 잡지는 이 논쟁에 대한 토론—코르뉘(H. Cornu), 베렌스(F.

---

7) 그로프, 「맑스주의의 변증법적 방법과 헤겔의 관념론적 변증법에 대한 반대」(*Die marxistische dialektische Methode und ihr Gegensatz zur idealistischen Dialektik Hegels*), 『철학을 위한 독일 잡지』, 베를린, 1854년 1월호, 2월호. 사람들은 이 구절에서 즉시 그로프의 이후의 책 『철학사와 변증유물론의 문제』(*Zu Fragen der Geschichte der Philosophie und des Dialektischen Materialismus*, 베를린, 1959)는 헤겔에 대해서 보다 호의적이고 조심스러운 것을 알 수 있다. 다른 경우에 이 저작은 낡은 문제틀에서 움직이며 낡은 방식과 방법으로 쓰여졌다.

Behrens), 슈바르트(W. Schubardt), 알브레히트(E. Albrecht), 묀케(W. Mönke), 쉴라이프슈타인(J. Schleifstein), 자이델(H. Seidel), 가블러(K. Gabler), 회프너(J. Höppner), 페처(I. Fetscher), 쿠친스키(J. Kuczynski), 그리고 마지막으로 이 잡지의 편집자인 하리히(W. Harich)가 참여한—을 게재했다. 토론은 많은 사람들이 편견 없이 이 문제에 관여할 수 있었음을 보여준다. 하리히는 스탈린과 츠다노프의 역사 사실의 왜곡에 대해 매우 날카로운 비판을 가했다. 그는 맑스주의에 대한 블로흐의 인간주의적 해석의 영향에서 정치적 결론들을 끌어내려고 시도했다. 또한 그는 단호하게 자기 나라(동독)의 관료제적 사회주의를 반박했다. 그는 자신에게 동조하는 양크(W. Jank), 위스트(G. Just), 헤르트비히(M. Hertwig), 슈타인베르거(B. Steinberger)와 같은 동지들과 함께 일차적으로 스탈린주의로부터 벗어날 것과 독일과 같은 선진 국가에 적합한 사회주의를 향한 독일적인 길의 실현을 요구했다. 그래서 그의 견해에 따르면 사람들은 소비에트의 경험을 독일의 상황에 적용할 수 없고, 오히려 국내 관계에서 소비에트의 지도체제는 정상적인 사회주의 발전에 대한 제동 장치라는 것이었다. 1945년 소련(UdSSR)이 인민민주주의에 대한 관계에서 아무리 진보적이었다 할지라도, 다른 나라들에게 자신의 사회주의 모델을 강요했기 때문에—이 사실은 다른 나라들에서 보편적인 사회주의 발전에 단지 장애가 되었을 뿐이다.—반동적으로 머물렀다. 이로부터 유고슬라비아, 폴란드, 헝가리 등에서 현재 진행되고 있는 많은 과정들에 대한 소련 공산당의 비민주주의적이고 바로 파시즘적인 방법이 유래한다.

하리히에 따르면 이들의 당은 개혁되어야만 한다. 그것을 위해 트로츠키, 부하린, 룩셈부르크의 경험들과 일부 카우츠키, 슈테른베르크(F. Sternberg),

더욱이 유고슬라비아, 폴란드, 중국 등의 경험이 필요할 것이다. 더욱이 사람들은 맑스와 레닌이 이해했던 것처럼, 민주집중제의 현실적 원칙 위에서 당을 설립하고, 당에서부터 스탈린주의자들을 제명해야만 할 것이다. 사람들은 나라의 생활수준에 보다 주목해야 하고, 강제집단화를 중지하고, 유고슬라비아 공산주의자들과 같이 노동자위원회를 발전시켜야 한다. 분명한 것은 하리히와 그의 동료들은 맑스적 의미에서 경제적이고 사회적인 자유의 측면에서 자본주의보다 우월한 사회, 민주적 사회주의에 관한 전망을 갖고 있으며 그가 이러한 근거에서 그러한 자유들을 요구했다는 점이다. 동시에 하리히와 그의 그룹들은 스탈린주의적 당 기구와 국가가 그들에게 대립해 있음을 알고 있었다. 따라서 이들은, 이것이 불가능한 경우를 대비해서 합법적 투쟁과 심지어 모반까지 준비하고 있었다.[8)]

의심할 여지 없이 하리히와 그의 동료들은 맑스주의 정신뿐만 아니라 독일 맑스주의 운동의 민주적 전통에 훨씬 더 일치하는 이념 토대를 제공했다. 이들은 자신들의 정직한 노력 속에서 아래의 사실을 간과하고 있었다. 즉 당시 독일의 현실은 사회주의 국가—개념상 맑스적 사회주의 개념이 아니라 스탈린주의적 개념을 실현한—의 직접적 영향 아래 있었고, 울브리히트(Ulbricht)와 그의 정당 그룹은 이 현실을 대변했을 뿐 아니라 그들의 머릿속에서 이미 선취하고 있었다는 사실이다. 따라서 당시 상황에 대해 유일하게 가능한 반응은 토론에 대한 폭력적인 중단이었고, 대담한 비판가들에 대한 법적 판결뿐이었다. 사회주의 진영에 있어 사회주의적 현실은 당시 결코 이런 비판—이 비판의 의미에 근거할 때 이는 당시 질서에

8) 참조. *Die politische Plattform der Harich-Gruppe*과 G. 힐만 『공산주의의 자기비판』(*Selbstkritik des Kommunismus*), S.189~197.

대한 헤겔적 "보수주의적" 비판에 조응한다.—을 허용하지 않았다.

같은 시기에 또한 사회주의의 몇 가지 구조적 문제들에 대한 토론이 공개되었다. 여기서 베렌스(F. Behrens), 베나리(A. Benary), 그 밖의 여전히 많은 맑스주의자들은 국가 소멸의 테제를 대변했다. 다시 말해 이들은 국가란 그 개별 기능들을 점차 상실하게 되고, 이는 일차적으로 경제-문화적 영역에서 그러하다고 구체적으로 대변했다. 이 토론에서 극명하게 강조된 것은, 탈중앙집권화의 이념, 생산(제)력의 사회화에 대한 필요성 및 관료적 국가독점의 위험에 대한 언급, 그리고 노동과정에 인간의 보다 강력한 참여를 시사하는 행정 등이었다. 계속해서 이 그룹들은 경제적 사회적 과정들에 대한 정밀한 경험적 분석들을 요구했다. 그러나 이것은 스탈린주의에서 수립된 맑스주의적 사회개념화의 이데올로기주의에 정면으로 대립하는 것이었다.

이 모든 이념들은 관료적이고 점점 기술지배적으로 되어간 당 지도체제의 개념에 강력한 모순으로서 대립했다. 마침내 1958년 행정적인 문제에 대한 토론은 단절되고, [토론의] 주역들은 처벌당했다.[9)]

이 토론에 대한 입장과 헝가리 사태 이후에 모든 사회주의 국가들에서 강화된 (이미 언급된) 책략들과 더불어 맑스주의와 사회주의의 본질적인

---

9) 베렌스는 자신의 견해를 아래의 논문 『이행시기의 경제적 법칙 사용을 위한 통계의 중요성』(*Die Bedeutung der Statistik für die Ausnutzung Ökonomischer Gesetze der Übergangsperiode*, 1956), 『이행시기의 경제법칙 사용의 문제』(*Zum Problem der Ausnutzung ökonomischer Gesetze der Übergangsperiode*, 1957)에서 밝혔다. 헬무트 뷔토브(Hellmut Bütow)는 「사회학과 경험적 사회연구 Ⅰ, Ⅱ」(*Soziologie und empirische Sozialforschung* I, II) *Hochschulinformationen der Zentralstelle für Gesamtdeutsche Hochschulfragen*, 1966년 5월호, 1967년 1월호)에서 사회학의 발전과 이 토론의 발전에 대해 개관했다.

문제들에 대한 모든 공개적이고 일관성 있는 대화는 불가능해지고 말았다. 만일 철학적, 사회학적 노력들에 있어 소외, 자유, 관료화, 심지어 사회주의적 유형의 국가주의에 있어 임금관계 등의 문제에 대한 비판적 고찰이 없다면, 달리 말해 스탈린주의 모델에 따라 구조화된 일국에서의 스탈린주의 문제가 쟁점이 되지 않는다면, 사람들은 국제주의적 연관성과 위엄을 갖추지 못한 맑스주의의 변형에 대해서만 언급할 수 있을 뿐이다. 결과적으로 이는 최고의 이론가들이 상대적으로 중립적인 영역에 몰두하게 되거나 혹은 그저 직접적으로 체제의 기능에만 관련될 뿐이지 그 구조에 대해서는 문제를 제기하지 않는 주제에 관계하도록 만들어 버렸다.10)

---

10) 동독의 매우 저명한 이론가인 게오르그 클라우스(Georg Klaus)는 『근대 논리학』(『형식논리학개요』 *Abriß der formalen Logik*, 베를린, 1958), 『특수인식론』(*Spezielle Erkenntnistheorie*, 베를린, 1965), 『철학적 관점에서 본 사이버네틱』 *Kybernetik in philosophischer Sicht*, 베를린, 1961)을 기술했다. 많은 논문들은 철학과 자연과학, 방법론적 질문, 기술혁명과 사회주의의 문제를 주제로 삼고 있다. 후자의 문제는 1965년 베를린에서 개최된 철학회의에서 집중적으로 다루어졌다(『철학을 위한 잡지』, 존더헤프트, 1965에 게재된 자료를 참고할 것). 페터 볼하겐(Peter Bollhagen)의 두 개의 저작 『사회학과 역사』(*Soziologie und Geschichte*, 베를린, 1966), 『합법칙성과 사회』(*Gesetzmäßigkeit und Gesellschaft*, 베를린, 1967)는 흥미 있는 저작이다. 여기서 그는 역사적 합법칙성의 상이한 유형들을 구분하려고 했다. 볼프강 아이히호른(Wolfgang Eichhorn)의 저작 『학문으로서 윤리는 가능한가?』(*Wie ist Ethik als Wissenschaft möglich?*, 베를린, 1965)는 제목이 언급한 바와 같이 윤리적인 문제틀을 다루고 있다. 부어(M. Buhr), 아이히호른, 하이덴(G. Heyden), 클라우스(G. Klaus), 코징(A. Kosing), 크뢰버(G. Kröber)(베를린 1967), 스톨랴로프(V. Stoljarov)는 『맑스주의 철학』(*Marxistische Philosophie*, 베를린, 1967)에서 협동으로 맑스주의 철학의 전체 체계화를 시도했다. 여기서 이들은 적어도 스탈린의 두 가지 오류, 즉 변증법과 유물론의 분리, 그리고 변증유물론과 유물론적 역사파악과의 분리를 교정하려 시도했다. 그러나 가장 급진적이고 비판적인 시도는 하버만(Robert Havemann)의 시도인데, 그는 자신의 1963/64년의 강연에서(「도그마 없는 변증법」으로 1964년 출판되었음.) 자연과학적 입장에 근거해 스탈린주의(지배 유물론으로서의 철학적 형식과 관료주의로서의 정치 형식)에 날카로운 비판을 가했다. 하버만의 생각은 이 지배적인 변증법적 유물론은 오로지 자연과학에 해를 입히는 원시적이고 속류적인 기계적 유물론이라는 것이다. 그는 교리에서 해방

최근에도 사람들은 심지어 공식적으로 사회주의를 하나의 특별한 사회-경제적 구성체로서 다루기 시작한다. 이것은 단지 기존의 국가-관료적 관계에 대한 변호에 불과한 것이다.11) 그 이유는 이렇다. 만일 사람들이 현재의 사회관계를 사회-경제적 구성체로 진술할 경우, 사람들은 자기 관리의 과정, 즉 노동하는 인간의 측면에서 볼 때 사회의 직접 관리의 강화 과정을 요원한 미래로 유보하게 되고, 국가화된(사회화되지 않은) 생산수단을 토대로 국가관료주의 지배와 기술 지배의 설립을 사회주의적 혁명의 빛나는 결과로 선전하게 된다. 그것은 오늘날 사회적 실천의 한계이며 사회주의적 국가들의 맑스주의 이론의 한계인데, 이는 자기 통합적이고 경제적으로 안정된 사회에 대해 보다 완전하고, 보다 자유로운 발전으로 나가는 길에 심각한 방해가 될 것이다.

---

되고, 사상과 의견의 자유를 가능케 하는 사회관계를 위해 창출된, 변증유물론의 발전을 지지했다. (스탈린주의의) 정치체제의 실재가 사상의 자립성을 관대히 허용할 수 없는 것은 명백하다. 현대의 과정들에 몰두한 경제 저작에 대해서는 아래의 협동작업이 언급될 수 있다. *Imperialismus heute,* 베를린, 1965(H. 헴베르거, L. 마이어, H. 페트라크, O. 라인홀트, K. H. 슈반크 편집).

11) 그 실례로서 맑스의 『자본론』 100주년 기념제에 즈음하여 프랑크푸르트/마인에서 열린 국제 심포지움의 비히틀러(K. Bichtler)의 보고문을 참조. 비히틀러는 모든 사회구성체가 통일적, 사회적 유기체를 나타낸다고 확증했다. 따라서 그에게 있어 사회주의는 인간 사회 발전에 있어 단기간의 이행국면이 아니라 자본주의에서 (세계적 범위의) 공산주의로 이행하는 역사적 시기에 있어 상대적으로 자립적인 사회-경제적 구성체이다. 따라서 사람들은 사회주의적 생산양식을 이 양식에 적합한 경제적 범주와 법칙의 체계를 지닌 자립적 생산양식으로서 파악해야 한다. 이러한 체계는 자본주의적 범주에 비유한 가격, 이윤, 신용, 이자 등이 있다.(비히틀러, *Die Marxsche Theorie von der Gesellschaftsformation und das entwickelte gesellschaftliche System des Sozialismus,* 『현대 정치경제 비판』, 『자본론』 100주년 기념제, 프랑크푸르트 암 마인, 1968, S.326~327).

# 제3장
# 루카치의 미학개념화

의심할 여지없이 루카치는 우리 시대의 가장 중요한 맑스주의 이론가 가운데 한 사람이다. 그의 저작 『역사와 계급의식』은 시대와 인간이 안고 있는 철학적 제반 문제에 가장 심오한 충격을 준 사상적 돌파구 가운데 하나였다. 이 점은 부분적으로 사회주의 좌파에게도 우파에게도 이해되지 못했다. 이 책이 출간된 다음 루카치는 소련에 체류했기 때문에 그는 스탈린의 독재와 문화정책에 의해 자행된 모든 무의미하고 종국적으로는 비극적인 세월을 감수해야만 했다. 살아남기 위해서 그는 아주 독특한 "게릴라 전술"을 택했고 어느 정도 중립적인 분야에서 그리고 그 자신도 친근감을 느끼는 분야에서 보다 더 적극적으로 활동했다. 따라서 그 자신이 이전에 정식화했던 이론적인 착안들은 일시적으로 중단되지 않을 수 없었다.

그가 종전 직후에 발표한 많은 저서들은 루카치의 방대한 문화사적-이론적 연구 논문들의 결실이었다.[1)] 그러나 한때 공식적인 견해에 대한 그의 타협은, 그 당시 그의 [미학적] 개념화에—루카치 자신이 이 점을 예견할 수 있었던 것 이상으로—한층 더 많은 흔적을 남겨 놓았다. 이렇게 볼 때

1) 루카치, *Existentialisme ou marxisme?*, 파리, 1948. *Die Zerstörung der Vernunft*, 베를린, 1955. *Wider den mißverstandenen Realismus*, 함부르크, 1958.

철학 논문들에서 각각의 시민사회적 철학을 평가하는 그의 태도는 이따금 일방적이기도 하다. 그는 공식적인 반영이론과 맑스의 실천에 관한 근본 원리를 동시에 대변하고 있었기 때문에 이러한 원리들이 [서로] 양립될 수 없는 모순된 것임을 물론 예술 현상들, 특히 우리 시대의 특정 현상들을 설명할 수 없었다.

헝가리에 들어선 새로운 스탈린 체제의 융통성 없는 편협성은 루카치의 광범한 지평을 허용할 수 없었고, 따라서 그는 1954년 코스모폴리탄적인 세계주의와 부르주아 이데올로기에 젖어 있다고 비판을 받음으로써 면직 당했다. 그리하여 그는 다시 비판에 굴복하여 그 후부터는 "네 번째 고전 사상가"(스탈린인 듯함—역주)를 보다 열심히 인용했다.—하지만 이것은 심오한 자신의 확신에서 이루어진 것은 아니다.

그의 저서 『맑스주의냐 실존주의냐?』에서 루카치는 다음과 같은 견해를 표명하고 있다. 현재의 부르주아 철학이 지니고 있는 특성은 유물론도 관념론도 아니며, 따라서 곧바로 관념론의 패망을 가리키고 있는 "제3의 길"을 요청하는 것이다.

" '제3의 길'이라는 개념화는 관념론의 퇴락에 대한 암시를 내포하고 있다. …… 고전적 관념론과는 달리—이 [관념론]의 대변자들은 관념주의자로 자처하는 것을 자랑스럽게 여기고, 유물론과의 공개적 투쟁을 언제라도 불사할 준비가 되어 있었다.—'제 3의 길'을 가는 현대의 추종자들은 더 이상 관념론에 대한 그들의 소속성을 내세우기를 꺼려했으며, 오히려 관념론을 거부하는 것 같은 면모마저 보여주고 있었다.

이러한 길은 참다운 사상가에게서조차도, 여러 가지 상이한 체계들에서 나오는 요소들을 절충적으로 임의적으로 혼합하는 그런 자세로 나타날 수밖에 없다."2)

그는 실존주의가 이러한 '제3의 길'에서 가장 발전된 형식이라고 간주하였다. 왜냐하면 이 실존주의가 "오늘날의 시민사회적 지성의 정신적이며 도덕적인 혼란"을 이데올로기적인 차원에서 반영한다고 생각했기 때문이다.[3]

이론적인 면에서는 리얼리즘에 관한 논쟁에 기여한 루카치의 논문들이 훨씬 더 중요하다. 특히 사회적 현실을 공식적인 이데올로기로 신비하게 은폐시켰던, 사회주의적 리얼리즘의 '혁명적 낭만주의'에 대한 그의 비판적인 태도가 그러하다.

이미 서문에서부터 볼 수 있듯이 루카치는 이 문제를 훨씬 유연하게 그리고, 공식적인 이데올로그보다 더 심오한 변증법적인 이해를 통해 서술하고 있다. 그에게 분명한 것은, 자본주의와 사회주의 간의 모순이란 역사적이고 기본 현상으로 우리가 살고 있는 시대의 문제이며, 문학과 문학이론은 이 사실을 반영하지 않을 수 없다는 점이다.

"이러한 시대적 토대성만이 모든 현상이나 이러한 시대의 개별 시기를 직접적이고 완전하게 규정해야 한다는 것을 의미하지는 않는다. 한 시대의 기본 경향이 관철되어 나가는 양상은 극히 복합적이다. 현실은 다수의 객관적, 주관적 매개를 생산하는 바, 이들 [매개]의 영향력은 근본문제가 현상으로 나타나는 것을 본질적으로 변화시킨다. 세계사적으로 볼 때 자본주의와 사회주의의 대립은 전체적인 것으로서

2) 루카치, 『실존주의냐 맑스주의냐』, S.259.
3) Ibid., S.20. 루카치가 예컨대 S. 사르트르의 극단적 개성주의(Individualismus)를 "민주주의를 구성하고 확고히 하는 작품에 참여하는 것을 거부하는 것"으로서 이해한다면(ibid., S.116), 여기서 루카치는 『이성의 파괴』에서도 표현되고 있는 바, 한편 그가 현대적 리얼리즘의 문제틀을 분석할 때 여러 가지 측면에서 극복했던 일면성을 드러내고 있다.

우리 시대에 남겨진 기본 문제이다. 그러나 우리가 일상의 경향과 현상을, 그리고 시대를 이루는 모든 시기들을 이러한 기본적인 대립으로부터 곧 바로 해명해 보려고 하는 경우, 때로는 잘못된 결론에 이를 수도 있다."[4)]

만일 루카치가, 제2차 대전 전야에 이러한 주요한 분류화를 결정했던 것은 근본적인 모순이 아니라, 오히려 파시즘과 반파시즘 간의 대립이었다고 입증한다면, 이 경우 무엇보다도 그는 현대의 역사적 운동이 대중적인 평화운동을 초래했다는 것과, 이것은 지금까지의 세계사에서 그 유례를 찾아볼 수 없었고 부르주아(시민사회적) 계급에 속하는 많은 사람들, 특히 부르주아적 지성이 파악했던 대중적 평화운동이라는 점을 강조하고 있는 것이다. "따라서 자본주의-사회주의의 대립은 이러한 역사적 경향들의 어떤 것에도 직접적으로 적용될 수 없으며, 이 역사적 경향들이란 그 반대로 사회주의적인 것과 부르주아적인 것의 투쟁적 협력에 의해서 특징지워지고 있다."[5)]

이러한 견해에서 루카치는 현대 문학과, 아방가르드 그리고 비판적-사회주의적 리얼리즘의 문제를 다루고 있다. 이미 엥겔스나 플레하노프에서도 찾아볼 수 있었듯이 그는 역사적 경향에 대한 이해만으로도 우리 인간의 삶 속에 은닉된 길을 심오하게 예술적으로 파악할 수 있다고 보는 사회주의적 리얼리즘의 기본 사상을 결코 비판하고 있지는 않다. 오히려 그는 아방가르드적인 문학에서 뚜렷하게 드러나고 있는 갈피를 잡지 못함(Desorientierung)이 불안과 우려를 낳는다고 본다.

---

4) 루카치, 『오해된 사실주의에 반대하여』, S.8~9.
5) Ibid., S.10.

"독단적으로 받아들여진 세계 혼란이 지배적인 영향을 미치는 불안의 현실적 근거는 아니다. 오히려 그 반대로 사회적인 발전과정의 방향과 법칙성을 통찰할 수 없는 무능력이 정서적으로는 불안으로 나타나는 현실에 대한 태도를 초래한다."6)

루카치는 이런 식의 문학가들이 사회주의를 선험적으로 부정하고 있는 상황이야말로 그들 스스로가 비판적으로 대하고 있는 사회적 모순들의 미궁에 빠져 현실 묘사의 의의를 더 이상 느끼지 못하게 되는 현상을 낳게 된다고 지적한다.

"혼란과 불안은 그 예술적인 직접성에서 관찰해 볼 때, 이러한 주관화의 필연적인 결과들이다. 이들의 특수한 내용, 그 감정적 내용의 특수한 양상, 그 세계관적 토대 등은 제국주의적 발전과정의 현단계에서는 지성인의 구체적인 사회적 처지로부터 비롯되고 있다. 즉 그들은 사회주의적 전망들을 열렬히 또는 조소적으로 거부하고 있지만 어떠한 시민사회적인 전망을 그것에 대치시키지도 못하고 있다. 왜냐하면 그들은 제국주의를 옹호하는 이데올로기들의 이론상 자본주의적인 발전에 대해 하나의 새로운 견해를 수립하려는 시도를—적어도 문학적인 창작에서—부정하기 때문이다."7)

전위주의에 대한 루카치의 비판은 그 위대한 대표자들(예를 들어 카프카)이 자본주의에 내재한 이 모든 혼란스럽고 비인간적인 관계들을 예술적으로 형상화하고 있음을 보여준다. 그렇지만 루카치는 전위주의가 이러한 계기들을 너무 절대화시키고 실제적인 삶에서의 모든 대립된 힘과 경향들을 서로 연관되지 않은 것으로 간주하고 있음을 비판한다. "그것은 이 모

---

6) Ibid., S.81.
7) Ibid., S.77.

든 것이 현실 속에 참으로 현존하는가라고 묻지 않고, 오히려 이것이 전체 현실인가라고 묻고 있을 뿐이다. 그것은 이 모든 것이 묘사되어서는 안 되는가라고 묻는 것이 아니라, 오히려 여기에 멈추어 서야만 한단 말인가라고 묻고 있을 뿐이다."[8] 바로 이러한 이유에서, 그리고 이미 명명된 현대 세계의 근본적인 대립의 토대 위에서 루카치는 비판적 리얼리즘의, 즉 이미 완성된 모형을 가지고 세계를 대하는 것이 아니라 현대 부르주아 사회가 지닌 모순들에 대해서 비판적인 태도를 취하는 이들 대변자의 지대한 가치를 인정한다. 이로부터 인간을 위해—인간의 평화적 협력을 위한 투쟁의 공동 발판을 근거로—비판적 리얼리즘과 사회주의 작가들의 문학연맹을 수립하려는 가능성뿐만 아니라 그 필요성이 제기된다.

다른 한편 루카치는 맑스주의를 단순하게 수용하는 것, 운동이나 당파에 소속시키는 것 등은 사실 예술적 형상화에서 아무런 의미도 없다는 점을 강조한다. 올바른 의식을 현실의 사실주의적인 반영으로 옮겨 놓은 과정이 원칙상 허위의식을 옮겨 놓은 과정보다 직접적이며 단순하다고 생각하는 그런 사람들이야말로 오류에 빠져 있다고 본다. 참된 이론적인 반영과 일반화, 그리고 참된 예술적인 반영과 일반화가 어떤 의미에서 서로 수렴되기는 하지만, 세계에 대한 이론적 인식은 창조적인 예술적 힘이 미학적 범주에서 완전히 융해되거나 그 속에 동화될 때에만 이 창조적-예술적 힘에 어떤 충격을 가할 수 있다.

사회주의적 현실에 대해 피상적이고 일방적인 태도를 취하는 데서—이것은 부르주아 사회의 세계에서도 그랬던 것처럼 필연적으로—문학적 자연주의가 생겨날 수밖에 없다는 것, 즉 일차적으로 현실 속에서 길을 잃고 방황

8) Ibid., S.85.

하는 상태, 인간에 대한 회의적 분노나 무능함, 개별 현상의 적나라한 사실 이상을 볼 수 없음을 의미하는 자연주의가 생겨난다는 루카치의 견해는 올바른 것이다. 특히 스탈린 시대에서 볼 수 있듯이 몇 가지 추상적 진리를 독단적으로 받아들이거나 마찬가지로 예술의 기능에 관해 실천주의적 관점을 지닐 때, 문학적 해결이 사회적 삶의 모순적인 역동성에서 성장하는 것이 아니라 오히려 추상적인 진리의 예증으로 기여하는 데 그치고 만다. 이에 대해 루카치는 사회주의에서 볼 수 있는 적대적 제모순의 지양을 예로 들면서 다음을 강조한다.

"한편 모순들이 지닌 적대적 성격의 지양이 과정으로서가 아니라 모든 것을 균등하게 지배하고 있는 절대화된 상황으로서 관찰된다면, 묘사된 삶으로부터는 적대관계뿐 아니라 모든 삶과 모든 운동의 동력, 즉 모순마저 사라져 버린다."[9]

소련의 예술에서 사회주의적인 사회의 '무갈등성'이라는 테제가 성립된다는 것은 결코 놀라운 일이 아니다. 이러한 원리들로 인해 새로운 현실의 반영은 왜곡되고 있다. 새로운 변증법 대신에 우리는 도식적인 통계학을, 혁명적인 낭만주의로 치장한 자연주의를 지니고 있을 뿐이다.

"과학정책의 전형 개념을 독단적 기계적으로 예술에 적용한다면, 이것은 어쩔 수 없이 예술을 엄청나게 편협하게 만들고 왜곡시킬 수밖에 없다. 이는 특히 정치적 독단주의가 — 스탈린 시대에서와 같이 — 현실을 주관적으로 왜곡시키고, 이리하여 예술에서 예술로부터 — 때로는 아주 임의적으로 — 본보기로 삼은 유형론을 예술에서 유일하게 정당한 것으로 이해하고 적용한 것을 요청하게 되는 경우에 특히 그렇다.

9) Ibid., S.133.

이러한 유형론의 지배가 '사회주의적' 자연주의의 독특한 경직성과 활력 없음을 더욱 강화시키는 것은 당연한 일이다."[10]

이러한 이유로 인해 혁명적 낭만주의는—루카치에게선 경제적 주관주의의 미학적 등가(等價)를 의미한다.—현실을 속류화하고 도식적으로 파악하여 현실을 왜곡시킴으로써 다채롭고 다양한 현실적인 인간의 삶을 부정하기에 이른다.

이러한 논문들을 발표한 후 루카치는 「미학 범주의 특수성에 관해서」라는 글을 발표했다. 이것은 문학이론의 문제를 다루는 그의 작업의 종합이었으며, 후에 집약된 형태를 갖추면서 미학에 관한 그의 일생에 걸친 연구작업에 연결되고 있다.[11]

루카치는 맑스주의가 그 자체의 고유한 미학을 지니고 있다는 전제 하에 그의 『미학』의 서두에서 다음 사항들을 강조하고 있다. 즉 사고에 대한 존재의 우위라는 이러한 입장 때문에 유물론이 위계질서적인 것임을 의미하게 되지는 않는다. 여기서 나오는 결론도 "결코 의식이 존재 아래 위계질서적으로 예속된다는 것"[12]은 아니다. 오히려 그 반대로 이것은,

---

10) Ibid., S.139. 루카치는 자신의 비평이 사회주의적 문학 전체에 관련되는 것이 아니라 사회주의적 리얼리즘의 저작들—즉 고리키(M. Gorki), 숄로초프(M. Scholochow), 마카렌코(M. Makarenko), 톨스토이(A. Tolstoi), 페딘(K. Fedin), 제거스(A. Seghers) 등의 저작들—이 이와는 무관한 그런 사회주의적 리얼리즘 원칙들에 관련된다고 극명하게 강조하고 있다.

11) 이 저작의 처음 두 권은 1963년에 출판되었다. 『미학 I』(*Ästhetik* I, *Die Eigenart des Ästhetischen*), 루프트한자 출판, 노이비드와 베를린. 이와 유사한 경우와 마찬가지로 여기서도 우리는 풍부한 문화사적·예증적 자료들을 근거로 그리고 개별 테제들을 설명함으로써 이론적 종합을 할 수밖에 없으며, 그런 의미에서 저자가 구상하고 있는 개념화의 몇 가지 중요한 계기들만을 언급할 수 있다.

12) 루카치, 『미학 I』, Bd.1, S.21.

존재가 실제적으로 의식에 의해 지배되는 것을 비로소 가능하게 한다는 것이다. 여기서 루카치는 그 스스로 아주 기초적인 것이라고 여기는 다음의 두 가지 전제에서 출발하고 있다. 첫째 예술은 현실에 대한 고유한 반영인데 그것은 현실에 대한 인간의 일반적인 반영 관계들 중의 한 양상일 뿐이다. 둘째, 인간은 실천적 존재이며, 바로 그렇기 때문에 세계에 대한 인간의 기본적 관계는 세계를 변혁시키는 실천적 관계이다. 다른 반영 형태들(예컨대 학문적인 반영), 즉 세계를 있는 그대로 파악하고자 노력하는 반영들과는 달리, 미학적 반영은 인간의 세계로부터 시작되고 있으며 또한 바로 인간 세계를 향하고 있다.[13)]

루카치는 세 가지 형태의 반영들(일상생활에서, 학문에서, 그리고 예술에서) 모두가 동일한 현실을 그 대상으로 삼고 있다는 확신에서, 노동·실천·이론의 범주를 분석한 다음, 단순한 반영과 예술적 반영을 구분하는 제원리와 그 단초에 대해 문제를 제기하면서 다음과 같은 견해를 표명한다. 즉 구체적인 반영에서와 마찬가지로 모방을 수단으로 하여 반영된 것을 고수하려는 노력 속에는 이미 미학적 반영의 맹아들이 객관적으로 배태되어 있다는 것이다.[14)] 학문적인 반영의 길이나 미학적 반영의 길은 모두가 삶과, 사고와, 일상의 느낌에서 분리된 상태에 있는 아주 더디고 통일성이 없으며 모순적인 길이다. 학문적인 반영의 길은 탈의인화(탈신인동형화)의 길인 데 반해, 미학적 반영의 특수성이 의인화(신인동형론)적 성격을 명백히 지니고 있다는 점에 양쪽 간의 차이가 있다.[15)]

루카치는 우리가 예술의 원천에 대해서 아무것도 모른다 할지라도, 미

13) Ibid., S.24~29.
14) Ibid., S.24~29 참조.
15) Ibid., S.106 참조.

학적인 것과 일상적인 것의 구분은, 일단 노동을 그 출발점으로 삼아 볼 때 그 진가대로 그리고 철학적으로 묘사될 수 있다고 생각한다. 그렇기 때문에 그는 노동으로부터 나오는 리듬의 원천에 관한 뷔허(Bücher)의 테제를 이러한 현상을 밝히는 데 아주 중요한 것으로 여기고 있다. 이러한 문제들을 기술해 나가는 과정에서 루카치는, 노동하는 동안에 리듬이 미학적 현상으로 변화되는 것을 리듬을 매개로 노동의 증가나 또는 노동의 경감에 대한 기쁨을 결정하고 있는 매개적 계기와 더불어 시작된다고 확증한다. 따라서 리듬은 실제 삶의 계기에서 비롯되어 종국적으로는 이러한 계기를 반영하고 있다.[16)]

루카치는 그의 저서 제5장에서 모방의 문제를 분석하며, 이와 연관하여 미학적 반영의 발생 문제를 분석하기 시작한다. 다른 논문에서와 마찬가지로 여기서도 루카치는 기계적인 반영이론이나 현실의 사진기술적인 반영이론과는 거리를 두고 있다. 그에게서 기본적으로 문제가 되는 것은, 일상적 삶에서 이루어지는 현실에 대한 모방적인 관계로부터 학문적인 것과 예술적인 것이 어떻게 점차적으로 분리되어 나가는가 하는 것이다. 세계관의 입장을 고려해 볼 때, 마찬가지로 실천적-사회적 영역에서 이루어지는 외화의 중심적 양상과 방식을 생각해 볼 때, 원시적인 종족에게서는 이러한 매체가 마술이었으며, 이것은 항상 혼을 불러내는 것을 목표로 삼았다. 여기에서 미학적인 것은 복합적인 방식으로, 즉 그 자체로 이미 모방성을 띠고 있는 특성 동작이나 태도가 다시 한 번 모방되는 그런 양상과 방식으로 생겨난다. 그리고 이러한 제2의 모방에서 반영들은 아주 새로운 원리에 따라 분류되고 있다. 이 반영들은 관객에게 특정한 생각, 확

16) 이 문제들에 관해서는 이 저작의 제2장과 제3장에서 다루어진다.

신, 감정, 열정 등을 불러일으키는 데 집중한다. 이것은 일상생활에서 일어나는 초혼적 모방적인 의도에도 해당되는 것이지만, 이 경우의 의도들은 인간이 취하는 태도의 한 계기, 즉 한 부분일 뿐이다. 따라서 루카치는 마술이나 종교가 그것들이 반영하는 반영의 체계에 객관적인 현실성을 부여하고 이에 대한 믿음을 요구하고 있는 반면에, 미학적인 것의 본질은 현실의 반영된 상(像)을 반영으로 이해하는 것이다. 루카치는 이러한 분리에서 전형적인 것의 계기가 특히 중요하다고 보며, 동시에 미학적 반영에 있어서 이러한 특수 범주의 중요성을 강조하고 있다.[17)]

예술은 인간의 고유한 세계를 창조하는 것이다. 원시적인 모방이나 장식물에서는 아직 분류화가 없지만, 증가해 나가는 "노동의 보편성은 비로소 현실적인 대상성과 대상관계를 유연한 질서 속에서, 대칭과 균형비례에 따라 정리하여, 모방적으로 재생산해 내는(존재적인) 가능성을 창출한다."[18)]

예술 세계의 고유성은 학문의 범주와 윤리학의 범주가 세계이해를 충족시켜줄 수 없다는 사실에서 표현되고 있다. 예술작품이 제공하는 바의 것은 사실 인식이 해낼 수 있는 것보다 더 많은 것도, 또 더 적은 것도 아니다. 예컨대 인식에 있어서 아직까지 가능하지 못했던, 그리고 지금까지도 개념적인 것으로 옮겨질 수 없었던 사실이나 관계들을 예술작품이 발견해 내는 경우, 예술은 인식 이상의 것을 해내고 있는 셈이다. 그러나 이것은 예술과 관련되는 범주 내에서 볼 때, 인식의 개념이 이 범주에서 배제될 수 있다는 말은 아니다. 예술의 고유한 세계를 논하는 문제에서

17) Ibid., S.253~256.
18) Ibid., S.368~400.

제기되는 첫째 질문은 내용상의 보편주의에 관한 것이다. 이것은 어떤 작품이든지 그것이 지닌 역사적 환경의 모든 현상들을 재현해야 할 의무가 있다는 뜻은 아니다. 여기서 문제가 되는 것은, 집중적인 의미에서의 보편성이다. 즉 보편적인 이해가 문제이며 특정 작품의 주제가 되었던 구체적인 복합물의 재현이 문제가 된다. 그 밖에 예술가는 세계를 자신의 세계로 체험하고 있으며, 그렇기 때문에 작품은 인간화되는 과정의 계기들을 서술하고 있는데 바로 이 점이 예술작품들에 존속하는 것이다.[19]

루카치는 미학적 반영에서의 주체의 문제를 다음과 같이 보고 있다. 주체 없이는 객체도 없다는 주장—한편 인식이론적인 관념론의 테제이기도 하지만—은 미학에서 주체-객체의 관계를 위해 근본적으로 중요한 것이라고 본다. 미학적 대상은 주체로부터 독립해 존재하는 어떤 것으로 오직 물질적인 존재로서 존재하는 것이지 미학적인 것으로서 존재하는 것이 아니다.[20] 이러한 문제들이 루카치로 하여금 미학의 다음과 같은 두 가지 기초적인 원칙을 정식화하게 한다. 첫째 원칙은 “어떤 예술이든지 그 예술이 지닌 리얼리즘적 본질양식”[21] 다시 말해 리얼리즘은 다른 모든 양식들 중의 하나가 아니라, 형상화하는 예술의 근본적인 특징이라는 주장이다. 둘째 원칙은, 어떤 미학적 대상성이든 간에 그것은 “찬이냐 반이냐 하는 예술적 당파성의 입장을 함께 포함한다”[22]는 주장이다.

루카치는 예술작품의 고유한 세계를 논해 나가는 과정에서 예술영역의 연속성과 불연속성의 문제를, 그리고 예술의 동질적 매체의 문제를 다루

19) Ibid., S.496.
20) Ibid., S.512~528 참조.
21) Ibid., S.558.
22) Ibid., S.566.

면서 다음과 같은 결론에 이른다. 즉 학문적 반영의 일원론적인 경향과는 반대로 미학적 반영은 그 본질상 다원론적인 것이다. 이러한 고유성은 예술작품이란 다른 어떤 예술작품도 그것의 규범적 효력에 기여할 수 없고 예술작품은 그 자체 내에 자신의 근거를 지니고 있다는 사실에서 그 정점에 이른다.[23] 그 밖에 참된 예술작품이란 그것의 탈물신화(脫物神化) 경향에 의해서 그 성격이 특징지워지며, 예술적 실천에서는 자발적인 유물론과 변증법이 나타나고 있는 것이다.[24]

그의 저서 『미학』 제2권에서 루카치는 무엇보다도 시그널 체계 I, 그리고 이와 예술적 관계를 해명하는 데 치중하고 있다. 그러기 위해서 그는 우선 파블로프(Pawlow)의 반사이론을 분석하며 그 한계점들을 지적해야 했다. 루카치는—다른 심리학 이론과 연관하여—파블로프의 반사이론이 인간을 동물의 생리학과의 복합적인 친화성에서 파악하게 하면서, 동시에 양자를 매우 상이한 것으로 파악할 수 있게끔 한다고 본다. 루카치는 비록 예술이 시그널 체계II(언어와 개념) 없이는 불가능한 것이라 할지라도,

---

23) Ibid., S.640~671 참조.

24) 루카치는 『미학』 제10장에서 주체-객체-관계의 일반적인 특징을 해명할 때, 예술가를 "영혼의 엔지니어"라고 표현한 스탈린의 개념에 따른 비평을 보여준다. 루카치는 엔지니어의 속성이란 노동분업에서 생겨난 생산물이라는 것, 즉 그 속에서 모든 학문적 결실과 모든 노동의 체험들이 구체적이며 실천적인 과제를 위해서 시각적 해결을 찾는 데 집중되어 있는 생산물이란 점을 지적하고 있다. 이것을 예술분야에 적용시켜 말하자면, 삶의 어떤 특정한 과제에 적극적으로 전념하는 것, 곧 모든 것을 직접적인 활동성으로 이끌어가는 것을 의미한다(S.842 참조). 루카치는 나중에도 이 스탈린주의의 문제를 이따금 다시 취급하는데, 이때도 그는 스탈린주의의 다른 측면의 부정적인 면모를 지적하면서 개인숭배라는 테제의 피상성과 일반성을 비판하고 있다. 예컨대 이탈리아 계간지 *Nuovi Argomenti,* 1962에 발표된 「스탈린주의에 관한 서한문」이나 한스 하인츠 홀츠(Hans Heinz Holz), 레오 코플러(Leo Kofler), 볼프강 아벤트로스(Wolfgang Abendroth)의 대담(테오 핀쿠스 편, *Gespräche mit Georg Lukàcs,* Reinbek bei 함부르크, 1967) 참조.

예술을 직접적으로 시그널 체계 I(여러 상이한 감지의 양식을 지니고 있다.)에 연결시키고 있다. 현실 속에 있는 주체의 입장에서 관찰해 볼 때, 인간은 [현실에서] 삶 자체에 밀착되어 있는 데 반해, 예술에서 인간은 삶의 모방적인 반영이라는 것이다. 첫 번째 관계에서는 무조건적인 실천이 그 중심이 되지만, 두 번째 관계에서는 미학적 형성물( '작품'—역주)에 대한 대립물인 실천이 배제된다.[25)]

루카치는 그 밖의 다른 논의에서, 인간의 지적·실천적 활동성이 두 가지 영역을 결정하는 특수 범주를 중심으로 하여 예술과 학문 간의 차이를 분석하는 데 치중하고 있을 뿐만 아니라, '인간에 대한'(für uns) 영역들인 이러한 범주가 '즉자적'(an sich, 그 자체로 있는 것)인 현실의 영역과 맺고 있는 관계에 대해서도 몰두하고 있다. 루카치는 특수성의 범주를 예술의 중심적이고 특수한 범주로 간주하기 때문에, 이것을 학문의 범주로부터 구분 짓고자 한다. 나의 견해로는 이러한 문제들이 이제까지도 충분히 해명되지 못했으며, 지금도 문제점을 안고 있다고 여겨진다.[26)]

그 밖에 루카치는, 다른 반영 형태들을 지닌 예술작품에서는 이러한 반영의 주관성과 마찬가지로 구속성이 [있는 그대로의 현실 세계인] '즉자'의 참다운 반영에 공통적인 것이라고 생각한다. 그리고 '우리에 대하여 형상화되어 나타난 것' 그 자체가 아니라 우리의 삶과 학문에서 언제나 그리고 원칙상 임시적인 어떤 것이기 때문에, 예술작품은 항상 유한한 것이라고 본다.[27)]

---

25) Ibid., 제2권, II장 참조.
26) Bernard Teyssedre, 「맑스주의 미학의 기초와 루카치」(*Lucàcs et les fondements d'une esthétique marxiste*), *Les letters nouvelles*, 1961년 2월호.
27) Ibid., S.309 참조.

이에 뒤따르는 관찰에서 루카치는 미에 관한, 특히 삶의 요소로서의 자연미에 관한 오래된 문제들에 전념하고 있다. 루카치의 결론은, "자연과의 접촉에서 인간 속에 일깨워지는 체험들이란 예술에 이르는 전(前)단계를 이루지도 않으며, 대자적으로 존재하는 미, 즉 예술에 대해서 경쟁적인 관계를 대두될 수 있는 미의 현현도 아니라는 것이다. 여기서 어느 쪽이 철학적 승리를 거두느냐 하는 것은 문제가 되지 않는다."[28] 여러 가지 상이한 체험의 토대는 자연 그 자체가 아니라 사회와 자연 간에 일어나는 물질의 교환이라는 것이다. 이때 나타나는 것은 자연 그 자체가 아니라 인간의 역사적 본질이다. 따라서 '자연미'의 체험에는 사회화된 인간의 지배 하에 종속된 자연의 단계가 바탕이 되고 있다. 또한 해방 투쟁의 주제와 예술의 기능에 관해서 루카치는 포괄적인 해명과 분석을 하고 있다.

비록 완성되지는 않았지만 루카치의 『미학』은 미학적 문제틀을 다루는 지금까지의 포괄적인 시도를 맑스주의적 필치로 서술하고 있다. 루카치가 철학과 예술의 문제틀에 몰두한 지 몇 십년이 지난 후 자신의 견해와 이론적인 경험의 종합을 제시하고 있는 점을 고려해 본다면, 이와 같은 대담한 기도가 주의를 환기시키지 않을 수 없으며, 하나의 사건이 된다는 것은 분명한 사실이다. 이 저서는 수많은 독창적인 테제, 주지사항, 풍부한 문화사적 자료를 담고 있다. 모방의 문제, 예술과 예술작품의 원천, 예술영역의 연속과 불연속성, 예술의 동질적인 매체, 예술의 탈물신화 등의 문제들은 루카치가 우리에게 무엇인가를 전해주는 의미있는 문제들이다.[29]

---

28) Ibid., S.671.

29) 이에 관해 아그네스 헬러(Agnes Heller)는 다른 견해의 가치평가를 하고 있다. 「게오르그 루카치의 미학에 대해서」[*O estetici Georga Lukàcsa*(*Über die*

이러한 비상한 노력과 이 노력의 결실들에 대해서 그래도 제기해 볼 수 있는 기본적 이의는, 이를테면 반영이론의 개념화와 실천의 개념화에서의 결렬이 지적될 수 있겠다. 물론 우리는 미학과 철학에서 변증법적으로 파악된 '반영' 범주를 완전히 벗어날 수는 없을 것이다. 또 다른 의문점은, 루카치의 문제의식에 나타나고 있는 전체적 입장이 이러한 이론에 기초하고 있는가 어떤가의 문제이다. 이런 시각에서는 반영과 실천은 끝끝내 평행선에 머물러 있다. 루카치는 연구 논문의 여러 곳에서 반영의 입장이야말로 예술적인 것을 성공적으로 해석하는 유일한 가능성임을 입증하고자 노력하고 있다. 그러나 이러한 작업에서 예술의 몇 가지 주요 영역들(음악과 건축)에 대한 해명이 충분히 이루어지지 않고 있을 뿐만 아니라, 더욱이 리얼리즘이란 모든 예술의 본질이라는 테제 역시 만족할 만한 것이 못된다. 마찬가지로 우리가 그저 부정할 수만은 없는 현대 예술에 관한 해석의 길도 열려져 있지 않다. 루카치 미학의 토대와 진행방식에 대한 이러한 기본적인 이의에도 불구하고 그의 『미학』은 우리 시대의 문화적 걸작임에는 틀림이 없다.

---

*Ästhetik von Georg Lukàcs)*, 『실천』, 1966년 3월호]. 루카치의 이론작업들은 맑스주의자들 가운데 아그네스 헬러 이외에도 차도르 토르다에(Zador Tordaj), 이반 바르가(Iwan Varga) 등에게 긍정적인 의미의 영향을 주었다.

# 제4장
# 소련에서의 이론과 실천

지금까지의 논의로 보건대 우리는 이미 스탈린 사후에 각종 소요와 사건들을 겪어 왔음을 알 수 있다.

스탈린주의적 이론과 실천은 소련을 비롯한 다른 사회주의 국가에서 발전에 제동이 걸리고, 현대 인간에 대한 몇 가지 근본적인 문제들을 해결할 수 없는, 급변하는 상황에서 교조적이고 관료적인 유산을 포기하게 되었다.

첫째로, 사회주의 사회를 건설하고자 하는 유고슬라비아 공산주의자의 노력에 대한 스탈린의 비난이 이제는 거꾸로 스탈린과 그 일파들에게로 (비난이) 되돌아갔다. 독자적인 사회주의 국가인 유고슬라비아를 애써 제국주의의 대리인으로, 더욱이 앞으로 보게 되겠지만 파시즘의 대리인으로서 고발하고자 했던 정책을 전세계 사회주의 사회나 비사회주의 사회에서 더 이상 믿지 않게 되었다. 그들은 평화가 사회주의뿐만 아니라 인간 일반의 계속적인 발전에 있어서 전제가 되는 상황에서 평화의 옹호자로 스스로 자처하고 나서는 소련의 의도와 정책에 불신을 품게 되었다.

이외에도 스탈린주의적 단일체제는 정치적 문화적 전통이 다른 동구 제국을 사회 전부문에 걸쳐 파괴하였으며, 동구에서 이런 형태의 사회주의는 사회생활, 경제생활, 문화생활의 일반적 수준을 상당히 낙후시키는 데 영향을 미쳤다.

마지막으로 경제적 문화적 생활의 발전에 장애가 되고, 특히 국민소득과 관련해서 장애가 되는 스탈린주의적 방법론과 함께 소련 사회의 상황은 점점 더 자본주의 국가의 발전에 비해 뒤떨어지게 되었다. 즉 생산력의 발전과 사회적 관계 일반 간의 고전적 모순을 가져온 것이다.

이러한 전반적 상황은 기만적인 국제적 위기상황—즉 가장 동적인 국제적 제국주의자들이 거대한 자본의 집적을 위한 정치적 구실로 냉전을 이용하는 상황—을 통해 더욱 악화되었다. 또한 국제적 균형관계 속에서 평화주의자들의 세력이 점점 더 많은 비중을 차지하여 정치의 중요한 요소로 되었다.

거의 30년 동안 쌓아온 어두운 유산이 몇 가지 행위로 위와 같은 상황을 극복할 수 없다는 것은 당연한 것이었다. 장애요인은 강력한 관료주의 세력—어떠한 새로운 시도도 부정하고 거부했던—만이 아니었다. 오히려 스탈린주의적 전통을 갖고 있는 사회주의적 의식과, 이미 논했던, 사회주의와 맑스에 대한(그러한) 파악이 더 큰 장애요인이었다. 그러므로 사람들은 반관료주의화와 사회주의 운동의 새로운 국면을 개척하는 것과, 모든 스탈린주의적 독단으로부터의 극복은 지난한 과정을 거쳐야 한다는 것을 이해할 수 있었다.

이런 과정 속에서 하나의 중요한 입장이 1956년 2월 소련 공산당 제 20차 당 대회에서 채택되었다. 이전에, 이미 새로운 흐루시초프(Nikita Khrushchyov, 1894~1971) 지도체제는 유고슬라비아를 비난하고 반대했던 정책이 잘못된 것이었으며, 근거가 없는 것이었다는 점을 획기적으로 인정하였다. 당 대회에서 흐루시초프는 사회주의 진영 내의 사회주의 발전에 있어 매우 중요한 견해를 자신의 보고서에서 발표했다. 이러한 견해가 비사회주의 진영의 많은 맑스주의자들에게는 매우 의미 있는 일이었다. 즉 그것은 몇 가지 중요한 문제들에 대한 수정을 의미했다.

일반론적으로 흐루시초프는 제국주의의 부패경향이 자본주의의 발전 가능성에 대한 부정을 의미하는 것은 아니라는 레닌의 말을 상기시켰으며, 그러므로 이들 문제에 대한 새로운 접근을 요구했다. 그에 따라 현재의 상황과 제세력들 간의 변화라는 일련의 새로운 요소들을 지적하면서 전쟁의 필연성을 부정하게 되었다. 여기서 전세계 수많은 사회주의 운동에 대한 다양한 구성적 관계로 귀결 지워졌다.[1)]

그래서 당 대회는 상이한 사회체제를 갖고 있는 국가와의 평화적 공존 원칙을 수용했고, 동시에 그것이 혁명 후의 레닌의 원칙이었음을 강조했다. 흐루시초프는 지난 20~30년간의 일련의 변화에 직면하여, 사회주의 세력이 강력하게 성장했고 사회주의가 노동자, 농민뿐만 아니라 지식인에게도 강한 흡인력을 갖고 있는 현상황에서, 사회주의로의 이행은 무력투쟁만이 아니라 그 밖의 다른 방법(예를 들면 의회를 통한 방법)으로 가능하

---

1) 이런 의미에서 흐루시초프(1894~1971)는 다음과 같이 단언했다. "모든 노동운동가들에게 역사적 책임이 부과되었다. 평화투쟁에 대한 관심은 상호 비난을 중지하고, 서로 간의 접촉점을 찾아가면서 상호 협력을 위한 근본 원리를 개발할 필요가 있다. 그래서 사회주의로의 이행형태에 대한 문제에서 우리와 다른 견해를 갖고 있는 사회주의 운동권과도 상호 협력할 수 있고 또 그렇게 할 필요가 있다. 그들 중에는 매우 단호하게 잘못된 견해를 주장하는 사람들도 적지 않지만, 그것이 상호 협력을 실행하는 데 장애가 되는 것은 결코 아니다. 오늘날 전쟁의 위험과 군사주의에 대한 적극적 투쟁, 사회주의 국가로의 접근, 그리고 노동운동의 통일 등을 위해 애쓰는 수많은 사회주의적 민주주의자들이 나타났다. 우리는 솔직히 이들 사회적 민주주의자들을 환영하며, 평화수호운동의 숭고한 점과 모든 근로자들의 관심을 통일시키기 위한 투쟁에 모든 노력을 기울이고자 한다."[N. 흐루시초프 『소련 공산당 20차 당 대회』(*XX. Parteitag der kommunistitshcen Partei der Sowjet union*), S.17].

다는 견해를 인정했다.

"이러한 상황에서 노동자계급은 근로농민과 지식인, 그리고 모든 애국세력을 자기의 중심으로 결집시켜서 자본가, 대지주들과 타협하는 정치를 단절시키지 못하는 모든 기회주의 세력에게 결정적인 타격을 가하고, 반동적이고 반민중적인 모든 세력을 격퇴하며, 의회에서 안정된 다수 대중의 지지를 획득하여 국회를 부르주아 민주주의의 기구로부터 사실상 민중의 지지수단으로 변화시킬 수 있다. (일례로) 이런 경우에 고도로 발전한 자본주의 국가의 수많은 전통적 수단들은 진정한 민주주의, 근로자를 위한 민주주의의 하나의 수단이 된다. 프롤레타리아트와 근로자의 혁명적 대중운동에 의지하여 보수적인 의회주의적 다수 대중으로부터 지지를 획득하는 것은 과거에 식민지였던 자본주의 국가의 노동계급들이 근본적인 사회변혁을 수행할 수 있는 전제를 형성한다. 강력한 군사-정치기구를 장악하고 있는 자본주의가 고도로 발전한 국가에서는, 반드시 반동세력의 끈질긴 저항이 있게 된다. 그러한 국가에서는 사회주의로의 이행이 첨예한 계급투쟁이나 혁명적 투쟁의 상황에서 수행된다."2)

결국 새 지도체제는 근로자의 주도적 역할과 사회주의 건설에 그들이 참여할 수 없게 되어 있는 상황 간의 모순이 소련의 발전에 악영향을 끼치는 것을 극복할 수 있는 궁극적 해결책을 전자의 계기에서 찾아냈다. 소련의 민주주의가 갖고 있는 문제—민주주의의 파괴와 합법성의 상실—는 관료주의와 관료주의적 지도 방식의 죄과와 밀접히 연관되어 있다. 비록 행정기구가 오늘날까지 거의 팔백만의 인명을 빼앗았다고 할지라도 흐루시초프는 다음과 같이 단언해야만 했다.

---

2) 흐루시초프, 『소련 공산당 20차 당 대회』, S.34~35.

"행정기구는 더욱더 확대되어야만 한다. 그것을 유지하기 위해서는 국가에서 거대한 돈이 소모될 것이다. 소련 사회는 보다 많은 사람들이 국가의 부를 증대시킬 수 있는 물질적 생산부문—작업장과 공장, 갱도(광산), 농장, 협동농장, M.T.S와 국영 기업체 등—에서 일하는 것에 관심을 기울인다."[3)]

이와 관련해서 스탈린이라는 한 개인에게 완전히 비사회주의적인 특성을 부여하는 것뿐만 아니라 현재의 인간 발전단계에서 비극적이며 시대착오적인 개인숭배에 대한 비판도 중요하다.[4)]

이론과 실천에 대한 맑스주의의 입장에 있어 이러한 모든 견해들은 지금까지의 소련의 관점에서 보면 하나의 진보를 의미함에 틀림없다. 그러나 이러한 문제의 다른 측면, 즉 비판되어야 하는 특정 현상에 대한 깊은 이론적 분석이 결여되었음을 간과해서는 안 된다. 그 중에서도 나는 우선적으로 개인숭배와 관료주의 문제를 생각한다. 사람들은 관료주의에 대해서는 오히려 그것의 행정적인 면—단지 특정 사회구성체의 특수한 현상일 뿐인—으로 이해하며, 개인숭배 문제에 대해서도 사회주의 사회와 분리하여 이해하고 스탈린 개인에게 그 책임을 돌리며, 명백히 합법성을 손상시키고, 오늘날 고도로 발전한 부르주아 민주주의에서도 더 이상 가능하지 않는 이러한 파행성이 하나의 사회주의 체제에서 어떻게 생겨날 수 있었는지에 대해서는 의문을 제기하지 않는다.

그러므로 그들은 소련 사회의 성장 단계나 성장의 내적 모순에 대한 보

---

3) Ibid., S.88.
4) 흐루시초프는 이 문제에 대해서 낭 대회 기간 중의 비밀회의에서 하나의 특별 보고서를 발표했는데, 이는 실상 스탈린 행적의 일부만을 포함하지만, 그보다는 새로운 지도체제의 성격과 대담한 행동을 드러내고 있다. *Texte Integral du Rapport secret de M. Khrouchtschev*, 파리, 1956을 보라.

다 깊이 있는 맑스주의적 분석을 결여하고 있다. 성장의 내적 모순이 바로 이러한 파행성의 원인이자 근거일 수 있으며, 그것을 우연이나 개인적인 차원의 우연한 현상으로 돌려 버려서는 안 된다. 이런 점에서 보면, 분석의 방향은 사회주의적 운동 자체의 모순된 동학(動學)에 대한 어떠한 통찰도 허락하지 않고, 오히려 낡은 틀 내에서 사회주의의 실체적 특징이어야 하는 "많은 가치들에 대한 공전(空轉)"만이 허용되는 것을 알 수 있다. 그러므로 이러한 비판은 결과에 대한 비판이지 원인에 대한 비판은 아닌 것이다. 사람들은 소련에서 건설된 사회주의에 대한 낡은 생각에 얽매여 있기 때문에 사회주의적 관계에 대한 어떠한 의견도 제시하지 못하고 있다. 이런 면들은 근본적으로 바뀌어야만 한다. 처음으로 사회주의의 문제를 제기했던 소수의 맑스주의자들의 관점과 관련해서 흐루시초프는 자신의 보고서에서 다음과 같이 주장했다.

소수의 기능주의자들은 우리가 처음에 임시로, 이른바 사회주의의 토대라고 부른 기초를 창출했던 것을 잘못 정식화해 버렸다.

"주지하다시피 소련은 1936년에 신헌법을 채택함으로써, 사회주의 체제가 모든 경제분야에서 확고해졌다. 그러나 이는 이미 그 당시에 실질적으로 사회주의 사회가 우리나라(소련)에서 건설되었고, 그 이후에 사회주의적 생산관계의 안정된 토대 위에서 계속적인 발전을 하고 있음을 의미하는 것이다. 그러므로 우리들에게 있어 이제야 비로소 사회주의적 기초가 세워졌다는 주장은 공산주의자와 모든 소련 사람들이 우리 조국의 발전 전망에 관한 매우 중요한 문제들을 잘못 해석하고 있다는 것을 의미할 수도 있다."[5]

5) 흐루시초프, 『소련 공산당 20차 당 대회』, S.113.

최근의 사회주의와 그 발전에 대한 가장 중요한 몇 가지 문제들을 분석하는 데서 드러나는 이러한 불충분함과 실천만능주의가, 계속되는 사건에 대한 평가와 사회주의 국가들 간의 관계에 대한 중요한 반작용을 가하고 있다.

사회주의 내의 시급한 문제들을 해결하기 위한, 최초의 중요한 발걸음을 떼놓기 시작한 후부터 일어난 몇 가지 사건들로 인하여 사회주의적 민주주의의 문제에 대해 새로운 개념뿐만 아니라 낡은 개념들도 적용할 수 있게 되었다. 스탈린주의적 지도노선, 특히 개인숭배에 대한 예리한 비판은 자연히 사회 전부문에서 관료주의적 단일체제의 전통으로 인해 매우 심한 고생을 겪은 나라들 내에서 환영을 받았다. 사회주의적 운동 속에서 파행성과 반사회주의적 현상을 극복하기 위한 이러한 경향은 1956년 말에 폴란드와 헝가리에서 보다 뜨거운 열기를 띠면서 시작되었다. 폴란드는, 고물카(Gomulka)의 복귀에 대한 소련의 개입과 반대에도 불구하고, 그 해 10월 이 위기를 꽤 성공리에 극복한 데 반해, 헝가리는 국민과 지도층 간의 공공연한 갈등을 겪었다. 소련의 무력 개입에 의해 지탱되는 스탈린주의적 지도체제의 무능력은 사건 자체를 급속도로 악화시켜 반동적 요소들이 국민적 저항을 일종의 반혁명으로 이용하도록 했을 뿐만 아니라 비극적 양극화를 가져왔다. 나지(Nagy)와 그 동료들의 노력조차도 내부의 적대성을 해소하는 데 실패했기 때문에, 사회주의적 세력의 완전한 패배를 저지하기 위해서 남은 유일한 길이란 저항하고 있는 국민들에게는 가장 나쁜 수단인 타국에 대한 무력 개입뿐이었다.

헝가리 사건은 현대 사회주의의 이론과 실천에 대한 특별한 시금석이 되었다. 왜냐하면 그것은 매우 강하게 국제적 반응을 불러일으킨, 하나의 사건의 평가에 관한 문제일 뿐만 아니라, 이와 같은 비극적인 결과를 초래하는 하나의 체제의 구조와 기능에 관한 문제였기 때문이다. 이러한 문제들에 대해 논란이 있던 국가들에서는 맑스주의적 사유에 대한 의문에 제기되었다. 대다수의 공산주의적 지도체제는 맑스주의적으로 분석하면서도, 무엇보다도 이미 사회주의가 이끌려 들어갔고 계속적으로 이끌려 들어갈 과거를 깨뜨리기 위한 사건 자체의 근원에까지 파고들어가지는 못했다. 그 사건은 이전의 지도체제의 결함을 이용하여 반혁명분자들이 일으킨 것으로 공표되었는데, 그러한 공식적 해명은 이론적이고 정치적인 모든 면에서 결함이 있는 것이었다.

이와 다른 견해를 갖고 있는 사람들은 선례에 따라 정치적으로 형벌을 받았다. 이 사건에 대한 모든 평가는 사회주의의 진행과정에 대한 하나의 이론적 파악을 내포하기 때문에 대립되는 모든 견해들은 수정적인 것으로 공표되었다. 그래서 수많은 저명한 맑스주의적 사상가들—루카치와 블로흐처럼 사회주의의 문제와 관련해서 이미 스탈린주의적 개념과 대립했던 사람들—의 인간주의적 관점이 수정주의적 사상이라고 비난받게 되었다. 그러나 무엇보다도 그들의 혁명기에 스탈린주의적인 정치 및 실천과 대립했던 경험이 많은 유고슬라비아의 맑스주의자들은 이들 사건들의 특징에 대한 그들의 평가가 어떠한 오류나 의심의 여지도 없는 것이라고 봄으로써 과거의 경험들을 재현하였다. 헝가리 사건이 진행되는 동안 티토(Josip Broz Tito, 1892~1980)는 이스트리엔(Istrien, 1956년 11월 11일)의 공산주의자의 행동에 관한 자신의 연설문에서 그러한 위기에 대한 자기 나름의 해결책과 그것의 원인을 제시했다.

또한 카르델리(Kardelj)는 1956년 12월 7일의 의회 연설에서 보다 상세한 이론적 분석을 제시했다. 그는 무엇보다도 다음과 같이 단정했다.

“우리는 기본적으로, 그리고 실제적으로 이미 오래 전부터 스탈린주의—공산당이 권력을 잡고 나서 국가적이고 정치적이며 계획적인 기관이 ‘사회주의를 건설하는’ 길, 즉 공산당의 주도적 역할이라는 명목 하에 위의 기관이 공장을 세우고 농업생산을 집단화하고 대중의 임금을 결정하는 등의 사회주의의 발전에 만족하고 있는—를 청산해 왔다. 우리들의 경우에 사회주의의 건설이라는 개념은 그 본질이나 운동양태에 있어 부분적으로 단순히 주도적인 세력의 주관적인 의지에 의존하는 것이라기보다는 훨씬 복잡한 의미를 갖고 있다. 우리는 과거에 그러한 관점에 대해서 자주 공격받았다. 그 동안 헝가리에서 발생한 최근의 사건은 사실을 사실로서 보려고 하지 않는 사람들이나, 혁명이 성공하고 공산당이 권력을 잡자마자 객관적인 사회법칙은 그 작동을 멈추는 것으로 여기는 사람들에게 하나의 교훈을 주고 있다. 반대로 객관적인 사회법칙을 무시한 사람들은 거꾸로 보복을 당하게 될 것이다.

공산당의 현실적인 지도 역할을 법칙에 의해 결정할 수는 없다. 당은 사실상 객관적인 사회법칙의 방향에 조응하여 활동할 때에만, 가장 진보적인 사회요소이며 현실적으로 지도적인 것일 수 있다. 그러나 이 법칙은 인간이나 사회계급을 통해 작용하기 때문에, 공산당이나,—자본주의에서 사회주의로의 이행기에—그 외 어떤 지도적이고 조직화된 사회세력은 법칙이나 전사회적 메커니즘을 통해서, 균등하게 발전하는 사회주의적 경향을 나타낼 수 있고 사회주의적 관계가 발전함에 따라 법칙 자체도 변화되도록 계획해야 한다. 그러나 하나의 당이 이와 같은 것을 파악하지 못했다고 해도 그 당은 자신들이 공산주의자라고 자부하거나 맑스-레닌주의자라고 뻐길 수는 있다. 그들은 스스로가 역사적 지도 역할을 맡을 자격이 있다고 하지만 사회주의의 발전에 대해 제동 역할만을 하게 될 것이다. 그들이 완고하게 사회주의의 발전을 방해한다면 그들은 사실상 하나의 반동적 세력이 될 수 있다. 당이 스스로를 공산주의적이라고 명명하는 것이 당의 지배가 진보적이고 민주적인 성격을 확보하는 것이라고 믿는 것은 매우 심각한 반맑스주의적인 오류이다. 이러한 것은 헝가리에서도 명확하게 나타난다. 헝가리에서는 오랫동안 반민주적이고 노동대중의 의지에 반하는 관료적 전제주의—일당의 특정한 독재정치—가 지배해 왔다. 이와 같은 상황이 최근에 무장투쟁을 야기했는데 이 투쟁에서는 노동계급, 즉, 헝가리 사회를 사회주의로 변혁시키는 데 일조를 할 수 있는 계급이 주요 세력이었다.

복잡한 사회구조를 갖고 있는 국가에서는 때때로 과도기적 해결책으로 혁명적인 정치적인 제한조치가 존재할 수도 있다. 그러나 그것은 사회주의적 세력의 자유로운 운동에 적용될 수 있는 것이 아니다. 왜냐하면 그러한 조치들이 관료주의적 전체주의로 바뀌어 버리기 때문이다.(이러한 문제를 은폐하기 위하여—역주) 국가를 보다 강력하게 긍정하는 데로 도망가는 것은 사회주의 국가의 경제-사회적 관계에서 결코 사회주의의 모든 세력들이 완전히 자유로워지는 길이 아니라는 것은 분명하다. 경제적 관계와 운동에서 주요 세력의 권력 행사의 수단으로서 국가가 존재하는 한 어떤 사회주의든 건설될 수 없다는 것을 잊어서는 안 되며, 하물며 공산주의의 경우에는 더더욱 그러하다. 사회주의는 내적 동인을 통해 스스로를 발전시키기 위해서, 그리고 사회경제적 관계 자체의 안정성과 내적 세력을 통하거나 보다 발전된 생산력과 다수 대중이 토대—생산수단의 사회적 소유를 의미—에 대한 의식적 주도성을 통해 스스로를 강화하고 해방하기 위해서 관료주의적 제동으로부터 벗어나야 한다. 즉 사회주의의 진보란 사회주의의 경제적 토대에 상응하는 민주주의의 병렬적 발전 없이는 존재할 수 없다."[6]

이런 논쟁으로부터 특정 사건에 대한 평가—한편에서는 소련의 영향 하에 있는 공산주의 이론가나 지도자가, 다른 편에서는 유고슬라비아의 맑스주의자 등이 제시했던 평가—는 각기 다르고 상이한 이론적 기초에 근거한다. 소련 제20차 당 대회 동안에, 그리고 그 후에 행해진, 사회주의에 대한 스탈린주

6) E. 카르델리, 1956년 12월 7일 국민의회 연설, *Osnovi druševnog plana za, 1957*(*Die Grundlagen des gesellschaftlichen Plans für*, 1957), 1956, S.149~150.

의적 이해에 관한 분석의 소홀함과 무능력이 본질적으로 사회주의적 실천과 이론의 한 국면을 파괴하는 데 기여했기 때문에 스탈린주의적 이해가 이러한 결정적인 국면(계기) 속에서 다시 지배적으로 되어 버렸다.

스탈린주의의 모든 것들은 오늘날까지 맑스주의의 이론적 사고에 부정적인 영향을 미쳐 오고 있다. 지배적인 세력들은 그들의 이론적 입장을 옹호하기 위해서 모든 다른 맑스주의적 사유를 완강하게 수정주의로 몰아붙였다. 소위 수정주의에 대한 투쟁은 본영(本營) 맑스주의의 주요 동기로 되고 유고슬라비아 맑스주의자들—이들의 사회주의적 실천은 당연히 급진적이고 명확하다.—이 수없이 주요 수정주의자로 간주되었다. 또한 이러한 토대 외에 덧붙여 말할 것은 유고슬라비아 맑스주의자들이 동맹정책이라는 생각을 받아들이지 못하며 현대 세계의 운동과 대립에 대한 견해나 과학과 예술이 당과 국가에 대해 어떤 관계를 맺어야 하는가에 대한 견해에 찬성하지 않았다는 사실이다. 이 점에 대해서는 후에 말하도록 하겠다.

하나의 중요한 사건을 맑스주의적으로 그리고 솔직하고 비판적으로 취급하려고 하지도 않았고 할 수도 없었다는 사실이나, 모든 공산주의 운동에 특정한 실용주의적 관점을 강요했었다는 사실은, 맑스주의의 이론과 실천이라는 면에서 보면 아주 좋지 않은 결과를 가져왔다. 작금의 세계는 서로 간에 복잡하게 결합되어 있고 정보수단이 매우 발달하여 특정한 사실의 공개를 은폐한다는 것은 불가능하다. 모든 공산당, 특히 서구 공산당들이 현대의 요구 수준에서 존재하는 의견을 고집스럽게 반복해서, 더구나 이 사건에 대한 몇몇 중요한 사상가들의 관점이 마치 당 전체의 관점을 대신하는 것처럼 여긴다면 그들의 태도는 이론적으로나 정치적으로 바람직한 것은 아니다.[7)]

비록 20차 당 대회 이후에 이론적 사고가 맑스주의의 몇 가지 문제들에 대해서 어느 정도 열정적이면서 냉정하게 자립적인 통로를 찾기 시작했을 정도였지만 즉시 특정한 결과를 얻게 되었다. 예를 들면 독일 고전철학, 특히 헤겔에 대한 종래의 평가를 수정했으며, 스탈린주의적인 철학적 사유가 적어도 개인숭배와 관료주의 등의 몇 가지 문제점들의 비판을 통해 보다 풍부해져야만 한다는 견해가 등장했다. 그래서 이런 사건들은 새롭게 맑스주의와 사회주의에 대한 스탈린주의적 개념들을 옹호하던 사람들에게 충격을 주었으며, 그 당시에는 역사적 과거 인물이 되어 버린 모든 보수적 사회주의 세력을 자극했다.

이런 상황은 대개 그렇듯이 사람들에게 이데올로기적 무방비와 혼돈을 가져왔으며, 하나의 일방적이고 매우 자명한 이데올로기까지 공세계획—어느 정도는 지금까지의 성과를 인정하는 선에서—까지 세워졌으나 소련식 맑스주의의 우위성을 의문시해서는 안 되었다. 맑스주의가 좌우의 편향에 대한 "두 전선"을 드러냈던 스탈린 시대와 같이 이제 본영 맑스주의는 교조주의와 수정주의에 대한 투쟁이라는 이중의 과제를 짊어지게 되었다.

그러면서 동시에 사람들이 교조주의 내지 수정주의가 어떠한 것인지를 알지 못했었다는 사실은 매우 놀라운 일이었다. 좀 더 자세히 말하자면 그 평가 기준이 완전히 주관적, 즉 실용주의적이었다. 사람들은 대개 다음과 같이 생각했다. 즉, 과거에 타당하던 사유들이 이제는 타당하지 않은 것—여기에는 교조주의도 포함된다.—으로 판명되었지만, 그에 반해서, 스탈린주의적 맑스주의와 사회주의의 이론적이고 실천적인 구조물의 본질은

---

7) 사람들은 단지 사르트르가 자신의 논문 「스탈린의 유령」(*Le fantome de Staline*), 『현대시대』(*Les Temps Modernes*), 1957, 제 129, 130, 131호에서 보여준 이 사건에 대한 분석과 같은 것만을 비교한다.

결코 변화시켜서는 안 된다고 보았다. 현재의 소련식 사유와 모순되는 모든 것들은 공식적인 수정주의 부문에 속하는 것이라고 보았다.

당연히 소련의 맑스주의는 이와 같이 자신의 본질적 한계로부터 벗어나지 못했고, 이론적 사고에 대해서도 점점 더 견디기 어려운 공식적 입장만을 고집했기 때문에, 그들은 이론적 작업에 대한 전제조건—즉, 이론의 복잡한 과정을 독창적으로 탐구할 수 있는 자유뿐만 아니라, 이데올로기의 발전에 대해 "주의해야"만 한다는 반응들을 대수롭게 여기지 않고, 철저하게, 과학적이고 비판적으로 주어진 것을 파악할 수 있는 가능성—을 결여하게 되었다(점점 이론의 이데올로기화, 또는 비과학적인 이데올로기가 만연되어—역주).

그래서 우리는 오늘날까지 이론으로서의 맑스주의의 의미와 역할(모든 기본 분야, 즉, 철학, 사회학, 정치학에서)을 옹호하는 견해를 고집해 왔고 문제에 대한 접근을 시도하는 과정에서 불운하게도 무사상적 방법을 지속해 왔다. 결국 과학적이고 이론적으로 가장 높은 수준이 요구되는 저작들을 단조롭고 속류 정치적인 양식으로 변화시켜 버렸다.

이런 이론가들은 어쨌든 그들이 제거하지 않은 수많은 문제들이 있다는 사실을 "망각했을" 뿐만 아니라 특히 철학 분야에서 드러나는 몇 가지 근본문제들을 더 이상 제기하지 않았다. 그래서 보다 새롭게 이론을 대신해야만 한다는 그들의 의도나 주장을 실현시키려는 시도는 더욱 더 동일한 결점들로 가득차고 말았다.[8)]

---

8) 예를 들면, V. P. 투가리노프의 저서, *Sootnošenie kategorij dialektičeskogo materializma,* 레닌그라드, 1956. 집단노동, *Kategorii materialisticskoj dialektiki,* 모스크바, 1956. V. P. 체르트코프, *Neantagonističekie protivorečija pri socializme,* 모스크바, 1957 등등이 이와 동일한 범주에 속한다. 마찬가지로 윤리적 문제를 다룬 독특한 책 중의 하나인 *Osnovy komunisticeskoj morali,* von A. 시즈키나, 모스크바, 1955도 개인과 대중간의 관계에 대한 스탈린주의적 해석으로부터 본질적으로 벗어날 수 없었다는 특징을 갖고 있다. 그러므로 사회주의에

이와 같은 분야에서 지금까지의 이론적 운동에 대한 보다 급진적이고 비판적인 분석이 조금도 발전을 할 수 없다는 것이 맑스주의 철학편람[9]이나 이론적인 잡지에 수록된 많은 저작에서 확인되었다. 거의 700면에 달하는 광범위한 저작(위의 편람을 의미—역주) 속에는 스탈린주의적 사고방식의 이론적 불명확성을 최초로 그리고 독창적으로 타개하려는 어떠한 새로운 사상도 담겨 있지 않았다. 편람의 저작들이 20차 당 대회에서 다루었던 몇 가지 문제들에 대한 공식적인 견해를 소개했다는 사실만으로 이 책의 창조적 성격을 증명해 주는 것은 아니다. 오히려 이 책은 맑스주의의 사회적 상관성을 철학적 문제로 다루는 과정에서 드러난 오류의 제물이 되고 있다. 그러므로 이 철학적 저작 속에서 계급, 국가, 당, 토대, 상부구조 등의 문제가 다루어지고 있기는 하지만, 인간, 소외, 휴머니즘 등과 관련된 현대의 기본적인 문제는 논의의 흔적조차 찾아볼 수가 없다.

재미있는 것은, 소련의 저자들 자신이 공식적으로 옳다고 한 것이 오히려 옳지 않다는 사실이다. 왜냐하면 맑스주의가 철학적(그리고 자연과학적, 사회학적, 경제학적) 사고의 발전에 있어서는 하나의 근본적인 변혁(전복)임에 틀림없지만 지금 말하고 있는 맑스주의자들은 이미 수없이 몇 가지 공식적인 기준들을 되풀이해서 주장해 왔으며 그들이 제시하는 근거에서 보면 맑스주의의 근본적인 변혁은 결코 근본적인 것이 아니게 된다. 그들은 맑스주의의 근본적 변혁을, 맑스와 엥겔스가 변증법적 방법을 유물론에 "적용"시켜

서 민족과 인종의 이해를 수호하려는, 도식과 추상으로부터 벗어날 수 없었다. 더구나 형식적으로 사회주의적 휴머니즘에 대해 말하고는 있으나, 소위 일반의 문제에 대해서는 언급도 하지 않았다는 특징을 갖고 있다. 물론 지금까지 사회주의의 발전이 이러한 인간관계에 대한 본질적 문제를 얼마나 해결했는가에 대해서 분석과 탐구를 시도하지도 않았다는 것은 두말할 필요가 없다.

9) *Osnovy marksistkoj filosofii*, 모스크바, 1958, 소련 과학 아카데미, F. V. 콘스탄티노프 편집.

서 역사적 운동의 본질을 설명할 수 있게 했다는 것으로 파악한다.

위의 책에서 나타난 해석들은 항상 변증법과 유물론의 기계적 종합이나 "전도(轉倒)된" 헤겔과 관련된다. 맑스주의의 본질은 헤겔을 거꾸로 세워 발을 땅에 딛고 서게 한다는, 잘 알려진 비유를 글자 그대로 파악하는 데 있는 것이 아님은 이미 오래 전부터 알려진 사실이다. 이러한 "전도"는 이미 강조한 바와 같이 모든 가치들의 근본적인 평가전환을 필요로 한다. 헤겔의 이념을 물질로, 그리고 개념의 변증법을 물질의 변증법으로 대체시키는 것만으로 충분하지 않다. 그것은 매우 단순한 작업이거나 그것에 따르면 맑스의 철학은 매우 근본적인 전환을 의미하지 않는 것처럼 보일 수도 있다(그렇지만 사실은 그 반대이다.—역주). 소련의 철학자들은 인간이나 인간과 자연의 관계, 그리고 인간과 사회의 관계 등에 대한 해명이 맑스의 사유에서 특별한 의미를 갖는다고는 보지 않는다. 왜냐하면 "실천", "역사적인 것"의 계기—이로부터 또 다른 유물론적 역사관의 본질적 범주가 도출된다.—가 맑스적 새로움을 보이는 아르키메데스적 점이라고 보기 때문이다.

그러므로 교조주의와 수정주의에 대한 투쟁 수준에서 매우 경직된 이데올로기적 정치가 존재하게 되는데 이는 교조주의와 수정주의 양자에 혐의를 둘 때조차도 그러하다. 교조주의는 이론의 모든 분야에서 몇 가지 기본적인 독단—이 외에 철학, 사회학, 사회주의, 당파성, 사회주의에서의 과학과 예술의 역할 등에 관해서도 교조적이다.—은 대개 아직도 극복되지 않은 채로 있다. 맑스주의 이론은 여전히 이데올로기적-당적인 지도의 관점과 지시에 의존하고 있다. 게다가 특정한 관점을 평가하는 데 있어 실용주의적 기준이 아직도 결정적인 영향을 미치고 있다. 그리고 소련의 철학자들이 근본적으로 스탈린주의적 틀과의 관계를 끊지 못했기 때문에 수많은 스탈린의 수정주의적 사유들이 계속해서 맑스주의의 가장 고도의 발전단계로서 공표되는 것은 불가피한 일이었다.

이 모든 것들을 증명하기는 어렵지 않지만, 우리는 이 책에서 국제적인 맑스주의 사상의 일반적 경향을 통해 하나의 단면을 보여주고자 하므로, 단지 몇 가지 예만을 들어 논하고자 한다. 수정주의에 대한 투쟁은 소련에서 보듯이 1956년의 사건들 이후에 비로소 강화되기 시작하였으며 1958년 SKJ(유고슬라비아 공산주의자 연합)의 강령이 공포된 후에 새로이 격화되었다. 그때까지 소련의 이론적 사유와 일치하지 않는 의견들이나 "소련의 경험" (속)에 없는 의견들은 모두 수정주의적인 것으로 불리워졌다. 그래서 모든 유고의 맑스주의자들은 수정주의자가 되었을 뿐만 아니라 본영(本營, 소련을 의미—역주)을 자처하는 나라에서도 경직되고 속류적이며 매우 불충분한 스탈린주의적 틀을 견딜 수 없었던 몇몇 자유로운 사상가들이 나타났는데 이들은 새로이 수정주의적 분파로 명명되었다.

이에 관해 납득하기 위해서는 이론 면이나 철학적인 면에서의 주요 기관지인 「철학의 제문제」(*Voprosy filosofi*)를 1958년부터 개괄하는 것으로 충분하다.

역사적 변증법과 그에 따라 규정되는 사회주의로의 상이한 길의 필연성에 대한 견해와 관련해서 보면 소련의 이론가들은 결국 20차 당 대회 이후에 "유일한 길"을 포기해 버렸다. 그러나 사람들이 정당하게—유고슬라비아 맑스주의의 경우처럼—사회주의의 특수성뿐만 아니라 그것의 합법칙성을 발견하려는 주장을 했을 때 이러한 태도는 "민족 공산주의"라고 명명되었으며, 그리고 이들은 항상 자본주의에서 사회주의로의 이행에 대한 "그 유명한" 일반 법칙과 배치되는 어떠한 독자적인 길을 찾으려고 하는 경향이 있기 때문에 "수정주의적"이라고 불리워진다. 여기에 소련의 실천이 헤어 나올 수 없는 한계가 있다.10)

사회주의에 대한 스탈린주의적 사유는 이 국가들 속에서 계속해서 맑스주의적 사고를 지배하여 다음과 같은 결과를 낳기까지 한다. 예를 들면 사회주의의 근본 문제—생산수단에 대한 관계, 생산수단과 사회적 분업의 사회화—에 대해 단지 국가적 지도와 분업에 대한 스탈린주의적 사유로부터만 접근할 수 있게 된다. 그리고 이미 보아온 것처럼 고전적 맑스주의자나(1917년) 10월 혁명 시기의 모든 유명한 맑스주의자들은 자유로운 생산자의 연합이나 코뮨, 노동자평의회 등에서 지금까지의 세계를 변혁하기 위한 주축을 보았고 그것이 어떤 일반적이고 의무적인 것이라고 선포하고자 하는 소련 이데올로기 속에서 그것이 단지 민족적이고 특수한 것일 뿐임을 인식했다.11)

당연히 여기에서 스탈린이 과거에 옹호했듯이 바로 그와 같이 사회주의에 대한 국가주의적인 파악이나 사회주의에서의 국가가 당의 역할에 대한 국가주의적인 파악이 나타나게 되었다. 이러한 이데올로그들에게 있어서

10) 예를 들면 「철학의 제문제」, 1958년 6월호에 실린 부텐코(A. Butenko)의 논문을 보라. 부텐코와 그 외 비평가들은 이미 정립된 "진리"와 일치하는 하나의 도식을 조작해 낸다. 그리고는 자신의 일관된 분석, 비판, 그리고 결론에 의기양양해 한다. 이렇게 이들 비평가들은 "민족 공산주의"가 무의미한 개념이라고 조작해 내고는 그것은 또한 현대 제국주의의 암호라고 주장한다. 그러므로 유고슬라비아 수정주의자들은 국제적 제국주의의 하수인이란 말인가! 이러한 논의와 분석이 스탈린주의와 무엇이 다른가?

11) "그래서 그들은 노동자가 생산지도(노동자평의회)에 참여하는, 구체적이고 민족적인 형태들은 모두 국가에 의무지워진 하나의 합법칙성이며, 몇 가지 무정부적 노동조합주의적 이념들에 전기요법을 행하는 것이라고 단언한다. 개인숭배 시기의 문제점을 비판하면서, 사람들은 그것의 세계적 의미를 도출하고 소련의 사회주의가 발전했다는 것에 의심한다."(A. 부텐코, *'Nacionalnij Kommunizm'-ideologičeskoe oružie burž oazii,* 「철학의 제문제」, 1958년 6월호, S.10.

국가의 소유란 명백한 사회적 소유이고 국가는 조직의 담지자이며 당은 사회주의적 생활의 최고의 영도자(관료적 의미에서)이므로 국가의 소멸, 즉 사회주의적 민주주의와 휴머니즘의 보다 강력하고 보다 철저한 발전의 근본조건이 단순히 수정주의적 개념으로 간주되기에 이른다. 여기서 그들은 두 가지 실수를 범한다. 첫째로 그들은 국가의 강화는 필연적으로 관료제를 강화시켜야만 하고 전지전능한 국가 단일체제가 교조주의와의 투쟁 속에서 엄청난 힘을 발휘할 것이라는 가정이 하나의 환상임을 알지 못하고 있다. 둘째로 그들은 국가가 보다 강력해지면 소멸한다고, 다시 말해 국가가 보다 강력해지면 단번에 자신의 역사적 임무를 완성하고 공산주의로의 문턱에서 자발적으로 자신의 철제 갑옷을 벗고는 대담하게 사회주의적 특권을 포기하게 된다고 특이하게 가정했을 때 그 안에 내포되어 있는 자신들의 오류를 알지 못했다.

"맑스주의자들은 항시 사회주의 국가가 비사회주의적 지도방법을 지속시키는 관료주의를 폐지하는 것이 필요하다고 생각한다. 이러한 과제를 해결하는 가장 중요한 수단은 광범위한 국민 다수가 국가의 행정에 관여하도록 허락하는 것이다. 자본주의 세계가 아직도 존속하는 가운데—더욱이 이 국가들이 자본주의에서 사회주의로의 이행 상황에 있는—관료주의와의 투쟁을 위해 국가의 신속한 소멸을 호소한다는 것은 근로자들이 그들의 계급의 적을 무력하게 하려는 것을 의미한다. 국가의 소멸과정은 결코 어떠한 인위적 조치로도 앞당길 수 없다. 국가는 그 어떤 것으로도 대체되지 않는다. 국가는 정치적 지배의 필연성이 약화되는 만큼 점차로 소멸한다. 사회주의 국가들이 그들의 역사적 과제를 완수하고 이런 과제를 해결하기 위해 국민의 권력을 강화시킬 필요가 생길 때 비로소 국가는 소멸될 것이다."[12)]

---

12) *Osnovy marksistskoj filosofii*, 모스크바, 1958, S.147.

그러므로 국가의 소멸은 정치권력이 더 이상 필요하지 않게 되는 시기까지 연기되었다. 이 책의 저자들이 쓴 것과 마찬가지로 그에 대한 조건은 우선 인간의 의식 속에서 자본주의가 극복되었을 뿐만 아니라 외부로부터의 공격위협을 결정적으로 피할 수 있도록 국제적 상황이 변화되었을 때를 말한다.13)

소련의 맑스주의자들은 국가의 소멸이 그들의 군사력의 약화를 의미한다는 관료주의적 견해를 극복하지 못했다. 국가의 소멸이란 무엇보다도 사회주의 내부의 근본문제 중 하나이다. 사회주의 내부의 근본문제란 사회주의적 민주주의를 보다 강화하고 심화 발전시켜야 하는 문제, 대중의 주도적 역할을 강화시키는 문제, 개인을 관료주의적 곤경이나 그의 감독관으로부터 해방시켜야 한다는 문제 등을 말하는데 이것들은 간단히 말해보다 직접적으로 사회가 사회를 지배해 나가는 과정이자 인간에 대한 지배를 극복하고 사물에 대한(의식적이고 합목적적인—역주) 관리를 구체화시켜 나가는 과정을 의미한다. 그러므로 국가소멸의 과정은 역사적 형태의 발전을 위한 기본조건—이 조건이야말로 이전까지의 계급구성과 관계들을 철저하게 근본적으로 극복해 내는 것을 의미한다.—을 이루는 것이다. 그러나 이런 와중에서도 국제관계들을 보거나 제국주의 세력이 현존하고 일반적으로 군비축소의 가망이 희박한 현상들을 볼 때, 국가기관—군사부문—을 여전히 강화시켜야만 한다는 것은 두말할 필요조차 없다. 사자의 동굴에 들

13) Ibid., S.548. 물론 이러한 견해는 그 밖의 모든 맑스주의 이데올로그들도 주장했다. 같은 잡지(1958년 7월호)에서 체스노코프(Česnokov)의 글을 보거나 『역사의 제문제』, 1958년 9월호에서 오스트로비탸노프(K. V. Ostrovitjanov)의 글을 보거나, 페도셰예프(Fedosjejew) 등 그 밖의 사람들의 글을 참조하면 충분할 것이다.

어가는데 맑스주의만 가지고 비무장인 채로 갈 수는 없는 것이다.

교조주의나 수정주의에 대한 투쟁과 관련된 온갖 그럴싸한 말들로 맑스주의적 사고 내에 여전히 존재하는 이론적 약점을 은폐시킬 수는 없다. 맑스주의는 여전히 옹호적인 프리즘을 통해 관찰되어 필연적으로 특정한 상황과의 관계를 이론적으로 신비화하게 되었다.14)

그러나 이와 같은 진부하고 잘못된 사유에 대한 수정은 실천과정에서 매우 활발히 진행되고 있다. 기술과학과 자연과학이 사회과학 분야를 이론적으로 뒷받침해 줄 만큼 엄청나게 발전했다. 이와 같은 경제-기술적 과정 전반—이것만 가지고는 사회주의의 존재를 증명할 수 없는데 이는 자본주의 국가들도 그것을 동일하게 인식하기 때문이다.—은 이제 자본주의든 사회주의든 간에 똑같이 현대 사회를 유지하는 데 있어 없어서는 안 될 것이 되었다. 지금까지 사회주의 국가구조는 사람들이 특히 중요하게 여기는 분야에 조직적으로 투자할 수 있다는 장점을 갖고 있었다. 그래서 기술적으로 보다 발달한 그 밖의 자본주의 국가들에 대해 상당한 우위를 점할 수

---

14) 사람들이 사회주의의 문제점에 대해서 얼마나 비과학적이고 교조적으로 접근했는가는 그들이 선동적인 토론과 선전으로, 공산주의가 임박했음을 주장했다는 것으로 충분히 알 수 있다. 1958년의 중반과 후반기 과학 아카데미와 당 중앙위원회의 아지프로 기관(문화선전국을 의미하는 듯함—역주.)에서부터 그 밖의 사회 부문들에 이르기까지 모든 부문에서 엄숙한 재판이 거행되었으며, 거기서 소련 사회는 현재 공산주의의 제2단계를 직접 건설하는 상황에 있음을 공표했다. 일례로 과학 아카데미와 소련 당 중앙위원회의 사회과학 아카데미에서 펴낸 『역사의 제문제』 1958년 9월호의 자료집을 보라. 마치 공산주의로의 입장은 장엄한 광경을 위한 입장권을 판결하고 분배하는 일이지, 경제적 기술적 요소에서부터 심리적이고 관념론적인 요소까지, 모든 요소들—이것들은 이미 사회주의 단계에서 발전하고 구체화되어야만 위의 입장권을 판결하고 분배하는 일이 가능해진다.—의 과정이 아닌 것처럼 여기고 있다. 그들은 이러한 관념론적 무기고나 인간 간의 관계뿐만 아니라, 노동의 계급분화를 극복하는 것과 관련된 자신들의 경제발전 수준 등을 국가와 정치에서, 또한 사회주의의 기본과제를 해결하는 단계에서 기본적인 것으로 받아들였다.

있었다.

그러나 이러한 긍정적인 사회 하부구조의 발전과정은 정치체제, 생활관계, 국가주의 등—이 모든 것은 사회가 보다 발전하는 데 한계로서 작용한다.—과 반드시 충돌할 것이다. 그러므로 1958년 11월의 소련 공산당 중앙위원회 총회에서 농촌경제 내 스탈린주의에 대해 신랄한 비판을 하게 되었다. 그래서 몇 가지 분야에 있어서는 10월까지 결코 볼 수 없었던 것들이 나타나게 되었다. 총회에서 특히 다음과 같이 스탈린주의적 요소들이 언급되었다. 즉 생산자를 생산수단으로부터 분리시키는 것(예를 들면 MTS형태 속에서), 국가가 행정적으로 강제행위를 한다는 것과 경제법칙이 방해받는다는 것, 상품의 화폐관계가 제한되고 있다는 것, 물질적 이해 원리가 무시되고 있다는 것 등이 언급되었다.

마찬가지로 1952년 2월의 21차 당 대회에서도 대중이 관리나 경제, 문화의 건설에 직접적으로 참여하는 것에 대해 언급되었다. 이는 결국 근본적으로는 국가소멸의 문제인 것이다. 이런 것들은 비록 이론적으로 명확하지 못했고 정치분야에 대한 견해를 제외하고는 근본적인 분석을 수행할 수 있는 자유조차 없었다고 할지라도 모순의 발전—이에 대해 사람들이 감지하면 할수록 경제적 토대의 발전은 보다 중요해진다.—은 어쩔 수 없이 실천과정에서 해결되어야만 한다고 주장하였다. 그러나 실천만능주의와 이러한 사회주의의 중요한 문제들에 대한 이론적 불명확성은 사회주의 내부구조와 일련의 세계적 상황과 의미를 판단하는 과정에서 필연적으로 부정적인 반작용을 할 수밖에 없었다.

이런 이유로 사회학적, 윤리적, 인간학적, 그리고 경제학적 문제들은 보다 강력하고 보다 근본적으로 변화될 수밖에 없었던 반면에 사람들은 논리학이나 과학이론의 가치중립적 분야에서 죽은 쟁점들에 관해 서서히 활동하기 시작했다. 그러나 여기서는 주로 형식논리학, 특히 기호논리학—이것은 또한 실천적인 의미를 갖는다.—에 대한 문제였다. 사회주의와 현대 세계에 대한 본질적인 문제를 포괄적으로 언급하려는 시도는 1961년 22차 당 대회에서 소련 공산당의 당강령으로 채택되었다. 또한 이 문서에서는 스탈린 시대의 소련 체제의 구조에 대한 분석과 그에 따른 소련 사회의 약점, 불완전함, 외관 등에 대해 기록하고 있으며 소련 공산당은 이 문서와 함께 "공산주의 사회의 건설계획"[15]을 제시하고자 했다. 사람들은 공산주의 강령—맑스주의가 그것의 기초이어야만 한다.—에서 매우 무비판적으로 신비화하여 다음과 같이 주장할 수도 있다. 즉 "사회주의 사회의 전반적인 생활은 폭넓은 민주주의의 기반 위에서 건설된다"[16]거나 "사회주의적 민주주의는 부르주아 민주주의와는 달리 국제법을 공표할 뿐만 아니라 이의 현실적인 실현을 보장한다. 사회주의 사회는 개인의 현실적인 자유를 보장한다."[17] 그러면서 동시에 외국 언론에 비판적으로 기고하는 학자들에 대해 단호한 조치를 행사하거나, 체코의 경우처럼 보다 높은 사회주의 형태를 현실화시키기 위한 하나의 전체 당의 노력과 두 민족의 노력을 야만적인 방법으로 억압한다.

강령에서는 평화공존의 사회주의로의 평화적 이행 가능성에 관한 문제 등에 대해 이미 이전에 규정된 관점을 반복하고 있을 뿐이다. 그러나 "수정주의적 위험"에 관해서 유고슬라비아 공산주의자들은 개인숭배 시기를

15) *Programma Kommunističeskoj partii Sovetskogo Sojuza,* 모스크바, 1962, S.9.
16) Ibid., S.24.
17) Ibid., S.25.

소련의 구조적 관계와 관련지어 설명했으며 이론적인 관점에서 사회주의의 발전에 관한 맑스주의의 기본 이념의 존엄성은 노동하는 자들의 자주관리를 발전시키고 재건하는 것이라고 주장했었는데 소련의 지도체제는 이 유고슬라비아 공산주의자들의 당 강령을 "수정주의적 이데올로기의 완성된 표현"[18]이라고 계속해서 고집했다.

비록 흐루시초프가 이 당 대회에서 스탈린과 개인숭배에 대해 계속해서 유죄를 선고했다고는 하지만 스탈린주의의 저항이 있었다는 것은 강령에서 매우 명확히 드러난다. 현재 상황을 평가하면서 모든 문제들과 어려움에 대한 맑스주의적 솔직함이 결핍되어 있었기 때문에 옛날의 도식을 그대로 수용하고 있으며 소련의 역할을 무비판적으로 찬양하였고, 자본주의나 사회주의 운동에서 현재의 위기와 사회주의 운동에서의 현재의 위기와 모순들에 대한 보다 깊이 있는 분석을 할 수 없었다.

사람들이 혁명적 노동계급에 대해 말하거나 세계 자본주의가 프롤레타리아트의 사회혁명을 위한 단계로 발전했다고 말하기 위해서는[19], 몇몇 주요 자본주의 국가들—이들 모두가 혁명적 상황에 처해 있는 것은 결코 아니다(예를 들면 미국, 영국, 서독 등)—에서의 노동계급의 태도와 정책에 대해 명확히 밝혀야만 한다. 계속해서 소련의 지도자들은 그들의 지도방식의 콤플렉스로부터 벗어나기 위해 숨겨온, 관료주의적 거만함과 무절제함으로 1970년까지 일인당 생산량이 미국을 능가하게 되고 1980년까지 공산주의의 물질적-기술적 토대를 완성하게 된다고 주장했다. 즉 생산과잉은 "수요에 따른다"는 원칙으로 이행하도록 하는 하나의 유일한 재산—공동사회적인 재산—이 실

18) Ibid., S.55.
19) Ibid., S.18을 보라.

현될 것이다. "이런 방식으로 소련에서는 공산주의 사회가 건설되었다. 공산주의 사회의 완전한 완성은 이 이후에 이루어질 것이다."[20]

여기에는 몇 가지 새로운 이론적 사실들이 존재하며 또한 이러한 명제들은 맑스와 레닌의 공산주의와는 일치하지 않는다. 즉 이 명제는 국가가 국민 전체를 포괄하는 조직일 뿐만 아니라, 국가는 공산주의가 완전히 승리할 때까지 존재하게 된다고 선언하고 있다. 이와 같이 공산주의 완성의 제2단계(1971~1980)에서 "국가는 사회주의 사회의 근로자들의 보편적인 민족조직으로 이행하기 시작한다."[21] 당은 다음과 같은 점에서 출발한다. "노동계급의 독재는 국가가 소멸되기 전에 무조건적으로 존재해야 할 필요가 있다. 국가는 하나의 보편적인 민족조직으로서 궁극적으로 공산주의가 승리할 때까지 유지될 것이다."[22] 강령에 따르면 이런 연후에야 비로소 국가권력의 기관은 "점차적으로 사회적인 자주관리기관으로 전화될 것이다."[23]

맑스, 레닌, 그리고 모든 비판적 맑스주의자들이 인식할 수 있었던 것처럼 국가는 우선적으로 하나의 권력기관이자 동시에 사회의 계급분화의 표현이며, 또한 전체 계급들의 대립의 표현이고 상이한 사회적 집단들 간의 대립을 표현한다. 그러므로 지금까지의 사회적 노동분업과 그에 따른 계급들이 소멸하게 되면, 국가도 존재할 필요가 없게 될 것이다. 발전된 공산주의 사회는 그 국가 내에서 나타나는 이와 같은 정치적 소외의 현실뿐만 아니라 정신노동과 육체노동 간의 고도의 분업—이것이 존재하는 동안

20) Ibid., S.87.
21) Ibid., S.126.
22) Ibid., S.127.
23) Ibid., S.128.

에는 바로 이것이 사회적 불평등과 각종 물질적 사회적으로 옹호되는 위계질서의 근원이다.—을 극복했어야만 한다(그런데 그렇게 하지 못했다.—역주).

이 강령의 모든 명제들은 소련 사회의 현재의 모순관계들과 가능성들을 신비화하고 옹호하는 것에 만족하지 않고, 또한 이번에는 소련 맑스주의자들이 무비판적이고 의존적인 사상가들임을 보여주었다. 수많은 편찬서와 논문들, 그리고 팜플렛에서 강령의 관점이 "이론적"으로 "다듬어졌지만", 이러한 중요하고 복잡한 문제들의 본질에 대해서는 아무런 도움도 주지 못했다. 오히려 소련 맑스주의자들은(비록 구체성과 당파성이라는 외관을 갖지만) 자기변호와 추상성 속에서 사회주의의 현단계—그러나 실제로는 공산주의의 현단계—는 매우 일시적인 특징을 갖고 있다고 낭만적으로 묘사하는 내용의 책들을 편찬했다. 세계적인 상황에 비추어 볼 때 이러한 책들은 결코 현대 세계와 사회주의에 대한 현재의 논의를 파악할 수 없었다. 소련 맑스주의자들의 전반적인 추론이, 사회주의에서 국가는 보다 강력해져야 하고(이것은 스탈린의 명제 중의 하나였다.) 사회주의(그러므로 공산주의의 제1단계)에서의 국가소멸관은 수정주의적 관점이며, 다른 국가들과 달리 소련의 사회주의 국가는 인민과 반대되는 입장에 있는 것이 아니라 함께 결합되어 있다든가, 사회주의 국가는 개인의 보편적 발전에 있어 가장 중요한 요소라든가, 당은 그 후에 발전하면서 전국민의 당으로 전화되며, 사회주의에서는 어떠한 착취계급이나 기생계급도 사회적으로 존재하지 않고 오히려 계급들 간의 상호협동과 우호적인 도움만이 존재한다든가, 당은 또한 공산주의가 개인적 이해와 사회적 이해 간에 완벽한 조화를 이루도록 중요한 역할을 해야 한다는 등등의 주장들에 집중된다면, 소련의 맑스주의 이론은, 비판적으로 사고할 수 있고 또 그렇게 할 능력도 있는 맑스주의자들의 현재의 과학적 노력에 뒤떨어지는 것일 뿐만 아니라 맑스의 정신인 그 비판적 성격을 배반하는 것이다.[24)]

19세기 전반에 자본주의가 점점 발전하면서 자본주의 옹호론자들이 나타났으며 다른 한편으로는 비판자들도 함께 나타났다. 그러나 오늘날 사회주의에서는 그것의 온갖 모순과 시대착오, 불충분함에도 불구하고 대다수 국가에서 거의 옹호론자들만이 존재하고 있다. 아직 별로 발달하지 않은 자본주의는 사회주의에 대해 상당한 잇점을 가졌던 당시에도 비록 비판이 종종 싸움을 통해 쟁취되어야 했고 그것을 위해 희생을 치르기는 했지만 비판을 허용했다. 오늘날 사회주의 사회에서 비판이 존재하지 않는다는 것은 사회주의의 아킬레스의 건(치명적 약점—역주)을 의미한다.

비판적인 맑스주의 사고는, 비극적인 스탈린주의 시기나 당과 사회에서 어떠한 형태의 민주주의도 중단되고 노동자들이 자신의 노동산물로부터 소외되며, 공개 언론이 부재하고, 정보수단이 완전히 독점되어 있으며, 이러한 정보수단의 독점으로 사회를 통제하고 무자비하게 처벌했던 상황에 대해 그것을 단순히 개인숭배라는 문구로 넘겨버릴 수는 없다. 이 모든 것들은 한 체계의 모순—이것은 이들 모든 관료주의적 이론의 저술 속에 표현되어 있는 것보다도 더 심각하다.—을 낳고 있으며 그 이전이나 이후에 엄청

24) 이런 관점이나 이와 비슷한 관점을 주장한 사람들로는 스테파냔(C. A. Stepanjan), 글레체르만(G. E. Glezerman), 요프추크(M. T. Jovčuk), 오스트로비탸노프, 캄마리(M. D. Kammari), 유딘(P. F. Judin), 가크(G. M. Gak), 콘스탄티노프(F. V. Konstantinov), 로마즈킨(P. S. Romaškin), 크론로드(J. A. Kronrod), 페도세예프 등등이 있으며 다음과 같은 책이나 편찬서들이 있다. *Ot socializma k kommunizmu*, 모스크바, 1962 ; *Naučnij kommunizm*, 모스크바, 1965 ; *Dialektika sovremennogo obsčestvennogo razvitia*, 모스크바, 1966 ; *Kommunizm i kuljtura*, 모스크바, 1966. *'Kapital' K. Marksai sovremennaja epoha od L. A. Leontjeva*, 모스크바, 1968 등등.

난 결과를 보여주는 각종 대립상황을 야기시킬 수밖에 없었다.

특정 경제 문제와 관련해서 몇몇 비판적인 견해와 분석들이 제시되었다. 이미 오래 전부터 관료주의적이고 중앙집권적인 계획화가 안고 있는 많은 한계와 결함들이 폭로되었다. 지금까지 국가주의적 구조와 중앙집권적 계획체계를 갖고 있는 모든 사회주의 체제에서는 경제적 토대의 확장, 자극의 결여, 개별 경제분야의 미약한 발전, 생산과정에 참여하는 노동력이 공급 과잉 등이 문제로 등장했다. 이미 유고슬라비아, 폴란드, 체코슬로바키아—이 들 나라에 대해서는 뒤에 논의될 것이다.—에서는 이러한 문제들에 대해 이론적 논문들이 발표되었다. 그러나 특히 유고슬라비아에서는 관료주의적이고 중앙집권화된 계획화의 경제적 결과들(정치적 결과들도 포함)을 극복하기 위해서 구체적인 조치가 시행되었다.

소련에서는 리베르만(J. Liberman)이 1962년 9월 「프라우다」(*Prawda*)지에 발표한 논문 「계획, 소득, 수당」(*Plan, Gewinn, Prämie*)에서 이런 문제군에 대해 처음으로 논의하기 시작했다. 거기서 그는 사업장들의 보다 강력한 통합, 계획정책의 수정, 그리고 모든 형태의 물질적 유인을 위한 일괄적인 기금의 형성, 이 밖에도 수익성 있는 생산을 위한 신축적인 가격형성 등을 옹호하고 있다. 리베르만은 사업장들이(노동생산물, 노동력, 축적, 투자 등과 관련해서) 독자적인 활동을 할 수 있는 보다 많은 여지를 갖도록 계획의 최종 작성을 그것들에게 맡길 필요가 있다고 생각했다(각 사업장의 자주관리에 맡김—역주). 또한 노치노프(V. Njemčinov)와 가토프스키(L. Gatovski) 등의 몇몇 전문가들이 리베르만을 지지했다. 이러한 견해에 대해 매우 거센 저항이 생겨 2년 후에야 비로소 트라페즈니코프(V. Trapežnikov)가 새로이 논의를 재개할 수 있었다. 그도 역시 사업장의 수익이 경제적 활동에 대한 지배를 암시하는 것 중의 하나라고 보는 것에 대해 찬성했다. 또한 그는 가격의 가변성과 생산과 수익을 제고하기 위한 그의 실제적인 경제적 조치 등을 옹호했다.

모든 관료적 부문뿐만 아니라 그러한 전문 부분의 반대자들—이들 중에서도 핵심분자들은 오랫동안의 과학의 이데올로기화 과정에서 매우 부정적인 영향을 끼쳤다.—은 이런 노력들에 반대하여 사회주의에서는 자본주의의 특징인 가치법칙이나 화폐-상품관계는 존재할 수 없다는 추상적이고 교조적인 명제를 제시했다. 그러나 몇몇 공장에서 보여준 실험처럼 실천 자체는 다음과 같이 만족할 만한 결과를 가져왔다. 즉, 이러한 주제에 대한 논의는 점점 더 활기를 더해 갔고 동시에 일련의 해결되지 않은 문제들과 쟁점들에 대해서 언급했을 뿐만 아니라 경제관계의 체계를 구조적으로 변혁시키는 것과 관련해서 급진적인 결과를 낳기 위해 많은 준비를 하고 있음을 보여주었다.

1965년 모스크바 대학에서 열린 한 집회에서 개량주의자들의 명제가 인정되었으며 1965년 9월의 당 중앙위원회는 제출된 기본명제들 중 몇 가지를 채택했다. 리베르만, 레온티에프(L. Leontiev), 사코프(M. Sakov)와 특히 리지치킨(G. Lisičkin)과 같은 사람들이 보다 철저한 구조적 변혁을 기대하고 있는 동안, 또 다른 사람들은 행정부의 관리체계를 개선하려고 애쓰고 있는 것이 공개화되었다. 또한 그 중에서도 자유시장 문제나 관료적-국가주의적 관리를 극복하고 그에 따라 노동자들 스스로가 관리하는 문제 등에 대한 토론이 그 열기를 더해가자, 진지한 논의를 해나간다거나, 과학, 철학, 예술을 자유화하는 것과 마찬가지로 사회생활의 민주화를 위한 조치를 시행한다는 것 등에 대해 진지하게 받아들일 수 없었던 당 지도체제는 잠정적으로 토론의 열기를 식히고자 했으며, 결국 진전되던 토론은 중단되고 말았다. 이런 행동은 또한 여타 사회주의 국가들, 그 중에서도 체코슬로바키아의 민주화 과정에 대한 반응 속에서 확실히 나타났다. 스탈린주의에 의해 부과된 지도체제에서 보면 그것은 직접적으로 위험스러운 것으로 보였다.

그러므로 최소한 1960년대 초엽은 자유로운 사고방식이 지배적이었다. 경제학자들뿐만 아니라 작가들(솔제니친Solschenizyn, 트바르도프스키Twardowski, 긴스부르크Ginsburg, 예프투셴코Jewtuschenko 등)은 신문과 잡지의 수많은 토론을 통해 이 운동을 부각시켰고, 희망을 불어넣어 주는 어떠한 활기를 주었다. 이러한 추진력은 구체적인 사회과정이나 사회적 문제들과 얽혀 있었으며, 바로 그러한 영역에서부터 곧바로 생겨나는 것이 대부분이었다. 비록 가장 추상적이지만, 비판적이어야만 하는 사상 분야는 그 어떤 것보다도 힘들게 스탈린주의적 교조주의로부터 해방되었다. 나는 무엇보다도 수십년간 정치에 지배되어 온 철학 부분은 역시 공적인 것이 아니라 사적인 것이라고 생각한다. 오늘날까지 늙은 스탈린주의적 간부들이 협회(철학협회—역주)의 요직을 차지하고 있다. 그러므로 이런 분위기에서는 어떠한 전위적인 사고도 생겨날 수 없음이 당연하다.

그러나 위와 같은 것이 여타 사회주의 국가와 전세계에서 행해지는 철학 연구와 철학 토론의 영향으로 몇몇 문제들을 정식화하고 처리하는 데 있어서 방향전환을 시도하지도 않았었다는 것을 의미하지는 않는다. 비록 매우 늦게 시작되었고 아직도 만족할 만한 수준은 아니지만, 맑스와 엥겔스의 초기 발전에 대한 연구나 거의 완전히 무시되었던 인간학적 문제에 대한 새로운 발전 등이 우선적으로 대두되었다.

그래서 1960년대에 『맑스와 엥겔스의 파리 초고』를 연구한 파치트노프(L. Pažitnov)의 소책자가 발간되었다. 그러나 이 책의 저자는 맑스 사상의 전체적인 철학적 차원을 이해하지 못했고 그가 날카롭게 비판한, 마르쿠제(Marcuse)와 블로흐(Bloch) 등이 이 초고에서 드러나는 맑스의 의도를 그보다 더욱 깊이 있게 파악하고 있다는 점을 알지 못했다.

이와 관련하여 또한 오이저만(T. Ojzerman), 투가린(V. Tugarin), 코솔라포프(R. Kosolapov) 등의 저작들뿐만 아니라 인간의 문제와 시대상황에 관한 편찬서를 들 수 있다.[25)]

위의 편찬서는 저명한 소련 철학자들이 그들의 입장을 세계 만방에 알리기 위한 대표적인 시도이기 때문에 이러한 문제를 처리하는 수준에 대한 지수로 볼 수 있다. 이 책은 소련의 철학 대가들이 멕시코에서 거행된 제13차 철학자회의에 대해 작성한 보고서를 담고 있다. 페도셰예프, 미틴(M. B. Mitin), 콘스탄티노프(F. V. Konstantinov), 오이저만과 그 밖의 많은 사람들이 이러한 문제들과 관련하여 결코 유일한 분석을 찾아낸 것이 아니라, 세계적 수준에서 맑스주의의 지금까지의 성과를 한 걸음이나마 뛰어넘었다고 볼 수 있다.

그럼에도 불구하고 이러한 문제 일반이 비록 불충분하게나마 논의되었다는 것은 소련 사회에서 매우 중요한 의미를 갖는다. 이전에는 소외이론이 맑스주의와는 다른 헤겔주의적인 것으로 보거나, 부르주아적 사유로 보는 것이 지배적이었지만(그리고 오늘날에도 수많은 사람들이 다른 관점의 옹

25) L. N. 파치트노프, *U istokov revoljucionnoga perevorota u filosofii,* 모스크바, 1960 ; T. I. 오이저만, *Formirovanie filosofii marksizma,* 모스크바, 1962 ; P. V. 투가리노프, *Ličnost i obščestvo,* 모스크바, 1965 ; R. J. 코솔라포프, *Kommunizm i svoboda,* 모스크바, 1965 ; 편찬서 *čelovek i epoha,* 모스크바, 1964 ; 편찬서 *Kollektiv i ličnostj,* 모스크바, 1968.

호자들을 대개 부도덕한 사람으로 몰아붙이고자 노력하면서 소외론에 대해서도 위와 같은 입장을 고집하고 있다.)[26], 적어도 몇몇 소련 철학자들은 소련에도 각각의 소외형태들이 존재하지만 과거의 관계들의 찌꺼기일 뿐 새로운 모순구조의 결과는 아니라고 단언했다. 그래서 위에 언급된 편찬서의 내용인 소외론이 맑스의 주요 입장이라는 명제뿐만 아니라 소외의 절대성과 불가침성의 명제 등에 대해서 논쟁을 벌였다. 몇 년이 지나고 나서 소련 철학자들 몇 명이 책이나 각종 회의에서 소외론과 사회주의에서 소외가 존재한다는 사실에 대해 고백했다.[27]

---

26) 결국, 소련의 철학자들과 이론가들은, 전문적인 토론과 논쟁에 도덕적인 교훈을 개입시키거나, 자기들과 다른 의견을 갖는 사람들에게 맑스주의를 위조한다고 비난하는 식의 행동을 중단해야 했다. 사람들이, 맑스주의란 스탈린주의 기간 동안에 겪었던 교조화와 아주 저차적인 수준의 파행성이 결코 아니고, 스탈린주의는 이론뿐만 아니라 실천에 있어서 소련의 산물임이 분명하다는 것을 안다면, 궁극적으로 그들은 교육자의 역할을 단념해야 한다고 말한다. 그래서 일례로 페처(I. Fetscher)는 시트니코프(E. M. Sitnikov)에게 그의 저서 *Problema 'Otčuždenija' v buržuaznoj filosofii i falsifikatory marksizma*, 모스크바(1962)에 대해서 다음과 같이 지적했다. 즉 "소련 사회 내 소외에 대한 분석과 관련해서 그것은 맑스주의를 비맑스주의적으로 사용했으며 올바른 이데올로기적 의식이 결핍되어 있다."(*Die Sowjetgesellschaft und das Problem der Entfremdung*, 시드니코프와 페처 사이의 논쟁, *Aus Politik und Zeitgeschichte*, 1963.)

27) 에기데스(P. M. Egides)와 카바카제(Z. M. Kabakadze) 등은 이 문제에 대해 *Aktualinye problemy marksistkoj etiki*, 티플리스(1967)이란 편찬서에서 보다 예리하게 논의했다. 에기데스는 지위(예를 들면 당서기나 집단농장 의장을 사용하는 데서 생기는 소외문제를 언급했다. 그는 이러한 지위는 하나의 물신화이며 더욱이 서기라는 명칭을 '초월화'하는 문제가 생기기 때문에 소외가 발생될 수 있었다고 단언했다. 그에게는 사회주의 내 정치적·도덕적 소외란 사회주의의 본질과 관련된 것이 아니라, "사회주의의 태동기에 주체적 요소가 매우 강했던, 복잡한 역사적 상황과 관련된 것이다. 이렇게 주체적 요소가 강화된 것을 우리는 극복해야만 한다."(에기데스, Osnovnoj vopros etiki kak filosofskoj nauki i problema nravstvennogo otčuždenija, ibid., S.105). 그리고 카바카제는 자신의 논문 '*Ekzistencialnyi krizis' problema otčuždenija*에서 인간을 자유로운 창조자적 본질이라고 보고 있으며, 사회관리 영역에 침투하고 있는 기술 물신화에 대해 말하고 있다. 이러한 기술 물신화는 창조적 동인을 제거하고 자동인형—기능주의적 관료들의 '계획화된' 기계—을 산출했다(ibid., S.120). 계속해서

모든 이론적 결함이나 피상적인 분석 또는 여전히 이론적으로 수준이 낮음에도 불구하고 인용된 모든 사건들은 이론과 실천상의 수많은 문제들을 해결하고자 시도하고 소련의 과학과 이론을 완전히 그리고 필연적으로 개방하고자 함으로써, 과학, 이론, 그리고 예술 분야에서 보다 자유롭고 보다 민주적인 분위기를 실현하는 데 일익을 담당했다.

1964년에 흐루시초프가 실각했을 때, 그 직후에는 명백한 이유를 몰랐지만 즉시 그에 대해 밝혀졌다. 이 사건으로 20차 당 대회 이후 시작된 과정들을 지속시키고자 하는 세력들이 일시적으로 승리하게 되었다. 오래된 스탈린주의적 국가권력은 강력한 군사관료제들뿐만 아니라 새로운 테크노크라트적인 사유—소련 사회의 본질적 문제를 지도양식의 과학적, 기술적 개선으로 볼 뿐 노동계급과 국가 간의 관계구조를 변혁하는 것으로 보지 않는다.—로 인해 손상되지 않고 유지되었으며 일시적으로 승리를 획득했다. 시작된 과정들이 계속해서 정지되었고, 그 유명한 저술가 심판으로 지식인들에 대한 압박이 강화되었다. 결국 용감한 사람들은 이같은 방식을 피하고, 새로이 과거 짜르시대 러시아 지식인들의 전통적 수단인, 이른바 자신의 저술을 불법으로 발간하는 방식을 택하게 되었다.[28)]

맑스주의적 입장에서 본다면 우리는 소련이 오늘날 처해 있는 전체적인

---

우리는 이론적으로 신선한 일리엔코프(E. V. Iljenkov)의 저작 *Dijalektika apstraktnog i konkretnog u marxovu 'Kapitalu'*, 모스크바(1960)이나 바티즈체프(G. S. Batiščew), 콘(I. S. Kon), 모트로질로바(N. V. Motrošilova) 등등의 사람들의 저작에 대해 언급할 수 있다.

28) 그래서 솔제니친이나 마르첸코의 작품들은 비밀리에 읽혀지거나, 또는 스탈린주의를 지식의 자유를 제약하고 비판적으로 사고하려는 모든 사람들의 시도를 제약하는 것으로 보았을 뿐만 아니라 모든 민주주의, 인종주의, 군사주의를 비판하고, 소련 사회의 발전과 발전된 자본주의 국가는 한 점을 수렴할 것이라고 예견하고 있는 사하로프의 그 유명한 비망록 *Razmyslenija o progresse, mirnom sosuscestvovanii i intellektualjnoj svobode*(1968)이 비밀리에 읽혔다.

상황을, 제국주의 세력의 침략성과 침략적 개입(베트남, 아프리카, 남미) 그리고 소련 국민의 욕망충족을 위한 일련의 생활품 생산분야의 발전에 제동을 걸었던 대(對)제국주의적 군비확충 및 우주탐사 등과 연관지어 평가해야 할 것이다. 사회주의 진영에서 가장 강력한 국가가 처해 있는 이와 같은 비상상황이나 이런 상황에 대한 그의 역사적 책임감을 누구도 과소평가해서는 안 된다. 그러나 이러한 상황에 대해 소련의 관료들이 내리고 있는 평가와는 다른 결론을 얻어낼 수도 있다. 사회주의의 힘을 그 규율이 갖고 있는 가능성만으로 재어서는 안 된다. 왜냐하면 그것이(그 규율 내에서만 움직일 뿐이라면 그것은—역주) 곧 자신의 몰락일 수도 있기 때문이다.

사회주의는 무엇보다도 앞으로 국민의 신뢰와 국민에 대한 신뢰 속에서만, 다른 쪽에 대한 신뢰와 마찬가지로 자기 자신도 신뢰하는 가운데서만 커다란 힘을 발휘할 수 있다. 이미 처해 있는 역사적 상황 때문에 사회주의에서 민주적 과정이 방해받고 있다는 사실이나, 노동하는 사람들이 자신의 노동생산물을 처리할 수 없고 그들의 사회공동체를 관리할 수 없다는 사실(이러한 노동자 관리는 국가 소멸의 본질을 의미한다)을 결코 정당화시킬 수 없다. 왜냐하면 이러한 방해정책은 관료주의적-국가주의적 구조를 강화하고 사회주의 자체를 의문시하도록 만들며, 노동하는 사람들을 정치적 영역으로부터 분리시키기 때문이다. 그들이 사회주의를 의문시하도록 했다는 것은 이미 여러 차례 나타났다. 즉 모스크바에서 진행된 과정부터, 체코슬로바키아 점령까지 그것들이 사회주의에 끼친 영향은 심각한 것이었다.

# 제5장
# 폴란드의 맑스주의

소련과 소련에서의 변혁에 물질적, 이데올로기적으로 밀접하게 의존함으로써 형성된 다른 나라의 경우와 마찬가지로, 폴란드에서 맑스주의가 발전한 것은 제2차 세계대전 후였다. 그러나 이러한 발전의 특수한 계기들에 대한 이해를 돕기 위해 몇 가지 상황을 언급하고자 한다. 폴란드는 오랫동안 고통스런 민족의 수난사—항시 독일 봉건제와 러시아 패권주의 사이에서 분열되는 과정을 겪어온—후에 그들의 수백 년 동안의 자유로운 국가발전을 향한 정당한 몸부림의 해결책을 사회주의에서 보았다. 그러므로 전후 그들의 발전에 대해서는 항시 독자적인 폴란드 사회주의 노선에 대한 사고가 지배적이다.

여기에 부언되어야 할 것은 폴란드에서 어떻게 맑스주의가 사회과학 부문에서 중요한 전통을 차지하게 되었는가 하는 것이다. 수많은 폴란드 과학자들 및 모든 학파들은 민족적 틀을 극복하려 했다. 양차 세계대전 사이에 맑스주의적 사고가 발전하지 못한 것은 그에 대한 상황이 매우 열악했기 때문이었다고 전해진다. 공산당은 불법화되었고, 이런 상황에서 특히 불법화된 운동을 하면서 이론을 발전시킨다는 것은 힘든 일이었다. 게다가 폴란드 공산당은 소련의 스탈린주의로부터 가장 심한 타격을 받았다. 혁명의 핵심 간부들이 숙청되는 과정에서 폴란드 공산주의 운동의 지도자들[렌스키(J. Lenski), 바르스키(A. Warski), 베라 코스트르제바(Vera Kostrzewa) 등]이 살해되었으며 코민테른은 폴란드 당을 해체시켰다. 그러한 상황 직후 독일 파시즘이 폴란드 영토의 반 이상을 점령하고 새로이 폴란드를 분할하자 공산주의 운동가 중의 일부—이때, 독일에 점령된 지역에서는 불법화된 작업과 소수의 저항조직으로 활동을 계속하는 사람들도 있었다.—가 소련군에 가담했다. 이 중에는 전후의 가능성의 틀 속에서 스탈린주의적 모델에 직접적으로 지배되는 것을 피하고자, 폴란드 상황의 독특한 특성을 주장했던 고물카(W. Gomulka)도 있었다.

그러나 자유로운 사회주의적 발전에는 많은 장애물이 있었다. 사회주의로의 길에 대한 스탈린주의적인 경직된 생각을 폴란드 스스로가 극복하지 못했다는 가장 중요한 상황으로부터, 어떠한 보다 중요한 정치적 이데올로기적 책략도 불가능한 열악한 지정학적 위치에 이르기까지, 이 모든 것들이 스탈린주의적인 압박으로 인해 폴란드가 기본적이고 독창적인 발전을 할 수 없게 된 요인이라고 일컬어진다. 스탈린은 고물카 같은 사람들까지 의심했다. 무엇보다도 유고슬로비아의 당 지도체제를 그들 자신에 종속시키려는 공산당 정보국의 시도가 실패한 후에 소련식 사고와 정치에 대한 전적인 복종이 이루어졌다. 고물카는 1948년 9월에 당서기 직에서 쫓겨났고 1949년 말에는 당 중앙위원회(ZK)에서 제명되었으며 1951년에는 체포되었다.

이와 같이 사람들은 소련 국경 너머에서 가장 원시적인 마키아벨리적 방법으로 맑스주의와는 완전히 대립되는 이념을 실현시키고자 했으나, 이는 이들 모든 나라에서 보다 큰 역효과를 가져왔을 뿐이다. 스탈린주의적 통치는 비참한 결과를 낳았으며 노동계급이나, 특히 언론의 자유가 필수 조건인 지식인들에게는, 20차 당 대회 이후에 어느 정도의 탈스탈린정책이 있었다 해도, 그들의 불만을 토로하고 새로운 발전국면으로 들어갈 수 있다는 것을 기대할 수조차 없었다. 폴란드는 1956년 10월 거의 전체 국민이 압박받는 상황에서 그 당시 당 중앙위원회의 한 위원이었던 고물카가 새로이 당서기에 올랐다. 이와 같이 탈스탈린 비판이 진행되자마자—비록 소련에 상당히 의존해서 진행되었다.—맑스에 대한 거의 모든 주요한 문제들이 의회에서 논의되었다. 즉 국가와 관료제 문제, 노동자위원회와 경제생활에 대한 관료적이고 행정적인 중앙집권화된 관리 문제 등 결국 맑스주의의 철학적, 사회학적 이론에 대한 문제를 제외하고는 모든 것이 제기되었다.

사회주의적 관계의 구조뿐만 아니라 경제정책과 행정체계에 대한 문제가 특히 중요한 것이었다. 이러한 경제분야에 있어 최근에 가장 알려진 사람은 오스카 랑게(Oskar Lange, 1904~1965)였다. 그는 양차 대전 사이에 법학과 경제학을 연구했다. 자신의 사회주의적 사유방식이 오히려 대학에서의 연구를 방해하여, 그는 미국으로 가서 영·미 경제이론과 정치를 배웠다. 이미 랑게는 1차 대전 직후에 있었던 몇몇 부르주아 경제학자 미제스(L. Mises), 하이에크(F. A. Hayek), 사회주의자인 돕(M. Dobb), 라이히터(Leichter) 등 그 외 많은 사람들 간에 벌어졌던 사회주의에서의 합리적인 경제계산 가능성에 대한 논쟁에 참여했었다. 전쟁이 끝난 후 랑게는 폴란드의 지도적인 경제학자의 위치를 차지했고 보브로프스키(C. Bobrowski)와 함께 경제협의회를 이끌었고 1965년 말에 정부의 부름을 받았다. 이 협의회에서 랑게는 사회주의 경제에 대한 자신의 구상을 관철시키고자 했으며 동시에 경제분석의 최신 방법—즉, 계량경제나 프로그램화 등 부르주아 경제학자들이 최근에 발전시킨 방법—들을 적용시켰다.1)

또한 1957년에 그는 폴란드의 사회주의로의 길에 대한 강연에서 폴란드적 모델을 제시했다. 그는 이러한 모델은 경험에서 발전되어야 하며, 위로부터의 명령에 의해 수행되어서는 안 된다고 주장했다. 모델의 첫 번째 특징으로, 그는 중앙집권화된 계획경제는 분권화된 관리와 결합하여 수행될 필요가 있다고 지적했다. 모델의 두 번째 특징은, 경제 당국은 중앙집권화된 계획의 틀 내에서 작용하는 노동자의 자주관리와 조합의 자주관리 방식에 의존해야 한다는 것이다.2) 랑게는 가격형성의 문제와 관련해서, 가격은 주로 국가에서 결정한 가치법칙에 따라야 할 것이라고 주장했다.3)

그는 사회주의와 현세계의 문제에 대한 자신의 입장을 수많은 기사와 논문에서 표명했는데, 이는 후에 한데 모아서 『현대 경제와 사회의 발전 경향』(*Entwicklungstendenzen der modernen Wirtschaft und Gesellschaft*)라는 책으로 발간되었다. 일반적인 경제법칙이나 특수한 경제법칙에 대한

---

1) 랑게는 이 분야에 대해 *Uvod u ekonometriju*(1948), *Teorija statistike*(1952) 등의 책을 썼으며, 이런 방법을 사회주의 국가들에 보급하기 위해 애써 왔다. 그는 자신의 기본적인 정치적 경제적 견해를, 철학적 사회학적 견해와 관련시켜 *Politička economija*(1959)에서 밝혔다.

2) 랑게 *Über einige probleme des polnischen Weges zum Sozialismus,* 바르샤바, 1957, S.22~23을 보라. 또한 이 문제에 대해서는, 두 번째로 중요한 폴란드 경제학자인 부르스(W. Brus)가 자신의 저서 『사회주의 경제의 모델』(*Modeli socialističke privred,* 1961)에서 매우 깊은 관심을 기울였으며, 마찬가지로 라스키(K. Laski) 역시 자신의 저서 『사회주의적 재생산 이론 개요』(*Nacrt teorije socialisticke reprodukcije,* 1965)에서 매우 깊은 관심을 보이고 있다.

3) 랑게, ibid., S.26을 보라. 랑게는 또한 사회주의에서의 파행성을 단지 "개인 숭배"만 가지고 설명할 수 없다고 거듭 강조했는데, 이러한 파행성에 대해서 전술한 보고서는 단지 상부구조에만 그에 대한 질의·응답이 가능하다는 것은 결코 옳지 못하다고 보았다(S.21을 보라).

그의 견해, 특히 사회주의의 성장에 있어 모순—이는 자본주의처럼 계급이해 및 생산력과 생산관계 간의 모순이 아니기 때문에 어떠한 적대적인 성격도 갖지 않는다.—에 대한 그의 견해는 모든 점에서 매우 색다른 것이었다. 랑게는 사회주의 자체에서 다양한 종류의 합법칙성을 해명하고자 했다. 첫째로, 그는 모든 경제체계에 적용되며 사회주의에도 역시 적용되는 법칙(생산과 재생산의 법칙)을 일반법칙이라 명명했다. 그 다음에, 생산관계에 의존하는 특수법칙을 제시했다. 즉, 자본주의에서는 생산의 기본법칙이 이윤 획득에 있으나 사회주의에서는 인간의 욕구 충족에 있다는 것이다. 더구나 각각의 생산관계는 사회 내 인간들의 관계 방식을 규정해서 자본주의에서는 독점과 경쟁이 기본법칙인 반면, 사회주의에서는 계획이 기본법칙이다.

“그러나 나는 이와 관련해서 중앙집권화되어야 하는가, 분권화되어야 하는가 하는 계획화의 방법에 관해서 상론하는 것이 아니라, 단지 생산수단의 사회적 소유는 필연적으로 경제과정과 사회주의 사회에 대한 의식적이고 목적지향적인 지도를 수반하며 이런 의미에서 계획화를 제약한다는 사실을 고수할 것이다. 이것이 바로 왜 경제적 합법칙성이 이러한 사회에서 기본적인 성격을 차지하지 않고 오히려 의식적으로 인간적 목적을 수행하는 데서 정립되는가에 대한 이유이다.”[4]

이러한 합법칙성 외에도 랑게는 사회주의에서 몇 가지 사회주의적 소유형태나 분배방법으로부터 가치법칙과 화폐유통이 작용한다는 것을 간과해서는 안 된다고 말한다.[5]

---

4) 랑게, 『현대 경제와 사회의 발전경향』, 빈, 1964, S.24.
5) Ibid., S.24를 보라. 랑게는 국가소유, 조합소유, 공동소유 등을 그 예로 들고 있다. 마찬가지로 그는 예를 들면 노동조합원들이 생산수단을 소유할 수 있다는 견해도 피력하고 있다(S.25).

랑게에 따르면 생산수단의 사회주의적 소유에는 두 가지 기본형태—즉 국가소유와 조합소유 등이 있다.—가 있다. 이렇게 두 가지 수단에 의한 관리는 다음과 같은 두 조건을 충족시켜야만 한다. 즉, 그것은 공익을 위해 존재해야 하며, 독자적인 결정권을 갖고 있어야 한다. 여기에서 사회주의적 관리의 특징을 위태롭게 할 수 있는 두 가지 극단적 상황이 파생된다. 첫째로, 공익에 따른 관리 원칙이 결여되어 사회에 대해 책임질 수 없는 순수한 단체의 소유로 되었을 때 파생된다. 랑게는 이를 시대착오적 노동조합주의로의 퇴보라고 불렀다.

"또 다른 것은 작업장 내에서 노동자의 자주관리가 효과적으로 수행되지 못하는 것으로 나는 이를 관료주의적 퇴보라고 부른다. 이런 경우 생산수단의 사회주의적 소유는 노동자들이 거기에 영향을 미치지 못하기 때문에 허구적인 것이 된다. 필연적으로, 이러한 상황은(그 유명한 맑스의 표현을 빌리자면) 자신의 생산물로부터의 생산자의 소외라는 새로운 종류의 위험을 야기한다."6)

랑게에게 있어서 사회주의의 본질적인 특징은 각 국가에 있어 그것의 실현이 상이하다는 점이다. 게다가 사회주의의 가장 초기적인 국면에서는 공동체의 이익에 대비되는 집단소유와 관련해서뿐만 아니라, 노동자의 자치와 대비되는 중앙집권화된 관리와 관련해서도 약간의 파행성은 불가피하다고 보고 있다. 처음에는 지배방식이 중앙집권화되어야 하는지, 분권화되어야 하는지에 대한 문제와 관련해서 랑게는 다음과 같이 말하고 있다.

"나는 혁명과정중에는 경제적 자원에 대한 국가의 중앙집권화된 처리방식이 필

6) Ibid., S.28.

요하다고 생각한다. 여기에서 중앙집권화된 계획화와 관리의 필요성이 나온다. 이는 모든 사회주의적 혁명에 대한 나의 판단에 적용된다."[7]

이 시기의 경제적 추진력은 노동계급에 대한 도덕적이고 정치적인 호소, 애국심이나 사회주의적 의식에의 호소로 대치될 것이다. 이런 경우 하나의 고도로 정치화된 경제—즉, 일반적으로 전시경제로 알려진—에 관한 문제이다. 이런 방법은 신축성이 없고 자원문제를 해결하거나, 값비싼 관료기구를 형성하게 되어 결국 국민의 요구를 충족시킬 수 있는 생산을 어렵게 한다. 랑게에 따르면, 이러한 관주도의 관리방식에서 경제법칙의 적용을 근거로 한 새로운 수단으로의 이행과정은 자본주의에서 사회주의로의 이행기의 끝을 의미하며, 사회주의 경제가 현실적으로 가능하기 시작한다는 것을 의미한다. 사실상 랑게는 그것이 이행기의 유일한 측면일 것이라고 보지는 않으나 매우 중요한 것이라고 믿는다.[8]

비록 우리가 이러한 주장의 범주적 특징을 완전히 찬성할 수는 없다고 해도 사회주의 국가들의 지금까지의 발전이 대개는 이러한 발전의 모습을 보여주고 있고, 거의 모든 경우에 관료적이고 국가주의적 영역이 엄청나게 강화되어 왔으며 사회주의적 관계의 수많은 현실적 맹아가 억제되어 왔던 것이 사실이다. 이것만이 지금과 같은 상황에서 위와 같은 행정체계에 대해 하나의 매우 중요한 개정을 호소하고자 하는 충분한 이유가 될 것이다. 이에 대해서는 다음에 다룰 것이다.

그 밖에 우리는 랑게의 또 다른 단언—즉, 사람들은 처음에는 기꺼이 받아들이지는 않지만 지금까지의 사회주의의 발전과정을 객관적으로 관찰해 보게 된다

7) Ibid., S.31.
8) Ibid., S.33을 보라.

면 그것을 인정하지 않을 수 없을 것이다.—에 찬성한다.

“이 기간을 연구하려면 하나의 중요한 사회적 요인을 고려해야만 한다. 즉, 미개발국가에서는 노동계급이 약하다는 점이다. 나에게는 노동계급이 약하다는 것이 무엇보다도 관료주의적 국가기구가 엄청난 위치를 차지하고 ‘개인숭배’와 같은 현상이 생겨날 수도 있는 것에 대한 원인인 것처럼 보인다. 국가기구는 소위 노동계급의 자발적 활동에 대한 보충물로서 필요한 것이다.”9)

그러나 이러한 중앙집권화된 방식은 신속하게 산업화를 달성하고, 급격하게 노동계급과 사회주의적 지식인을 형성시키고, 결국 관리방식의 변화를 요구하게 된다. 랑게는 여기서 사회주의와 자본주의 간의 본질적인 구별이 존재하고 특히 이 경우에 지배계급이 존재하지 않는다면, 요구 조치에 대한 원칙적인 저항도 존재하지 않는다고 본다. 사실 옛날 방법대로 관리행정이 지속되었으면 하는 특정 집단이나 계층이 존재할 수도 있지만 보편화된 역사적 상황에 조응하여 수행되는 변혁을 제지할 만큼 강하지는 못하다. 그러나 이에 대해서 즉시 다음과 같은 것을 알아차려야만 한다. 즉, 이들 계층의 저항은 랑게가 인정하려 한 것보다도 더 강력하며, 강력한 국가적이고 당파적인 관료정치 의식과 이해구조는 랑게가 생각한 것보다 한 계급의 특징에 보다 부합되는 징후를 보일 수도 있다는 점이다. 이는 지금까지의 사회주의 발전에 있어 일련의 비사회주의적인 유인에 대해

9) Ibid., S.33. 그는 또한 이 책의 44~45쪽에서 소련식 전개에 있어 몇 가지 계기들—이미 알려져 있지만 이 현상들에 대한 이해를 돕고자—에 대해 언급했다(시민전쟁 기간 중에 노동계급의 늙은 혁명 간부를 상실했고, 당내 민주주의와 노동조합내 민주주의가 약화되었고 공적(公的) 감독 기능이 약화되었다는 식의 계기들).

서뿐만 아니라, 사회와 공공 언론의 민주화에 대한 강력한 저항에 대해서 설명해 주며 동시에 하부로부터 상부에 이르기까지 노동자의 자주관리가 발전하는 것이 이러한 모든 과정에 대한 본질적인 문제 해결책임을 말해 준다.

랑게는 경제에 있어 지도기능의 분권화 현상이 모든 사회주의 국가에서 각기 다른 속도와 각기 다른 형식으로 나타나고 있음을 인정한다. 동시에 그는 적극적인 계획화를 옹호하는데, 그것이 경제발전을 가속화하고 두 가지 항목, 첫째 국민소득을 소비와 축적 간에 배분하고, 둘째 상이한 경제부문에 대해 투자를 배분하는 것을 포함하기 때문이다.[10)]

계획화에서 생겨나는 몇 가지 문제들에 대해 논의하면서 랑게는 계획, 즉 한 기업의 합리성이 갖는 한계를 극복하고 몇몇 기업의 활동을 조정하는 것은 또한 어느 정도는 트러스트, 카르텔에서부터 자본주의 국가의 상이한 경제적 간섭에 이르기까지 자본주의에서도 발생한다는 점을 강조한다. 그러나 이들 계획은 사회주의적 계획과는 달리 국민경제 전체를 포괄할 수 없다. 한편 사회주의적 생산양식은 자본주의로부터 생산력을 제외하고는, 단지 자본주의적 기업의 합리성에 대한 방법론, 특히 계산과 부기, 그리고 경제적 원칙의 이념을 계승한다. 이것은 하나의 거대한 역사적 계승이지만 생산과 분배의 사회적 합리성을 실현시키기에는 불충분하다.[11)]

이 책에서 랑게는 또한 제3세계 미개발국가의 발전문제도 다루고 있는

---

10) Ibid., S.35.
11) Ibid., S.56을 보라. 그는 계획의 특정 방법들(대차대조화, 투입-산출-분석)에 대해 56쪽에서 개략적으로 말하고 있다(보다 상세한 것을 알고 싶으면 이미 언급된 책들을 보라).

데, 그는 그들의 특수한 상황과 고전적 자본주의 모형이나 사회주의 국가 모델에 따른 발전이 불가능하다는 점을 강조한다. 그는 경제적 사회적인 발전의 이같은 제3의 형태를 "민족혁명형"이라고 불렀으며, 그것은 사회주의적 발전과 몇 가지 점, 즉 국가의 결정적 역할, 국유화, 토지개혁, 계획제도 등에서 유사하다고 지적했다.

랑게는 자본주의에서의 노동계급의 궁핍화 문제에 대한 자신의 입장을 표명할 필요가 있다고 여겼지만 수많은 사회주의 국가에서 노동계급의 절대적 빈곤에 대한 논의가 점점 더 확대되고 있기 때문에 결국 안심할 수가 없었다. 랑게는 이런 관점의 무의미성을 언급하면서 상대적 궁핍화론을 천명하였다. 그러나 자본주의 경제에서 노동자의 착취를 극대화하려는 움직임이 일고 있으므로 이에 대해 조직적인 노동자계급은 끊임없이 저항해야 할 것이라고 역설했다.

우리가 본 바와 같이 랑게는 우리 시대의 경제적 사회적 문제에 직면하여, 사회주의와 관련된 자신의 생각과 탐구를 두 가지 방향으로 심화시켰다. 첫째로 사회주의 경제의 경제적 법칙이 효과적인 결실을 맺을 수 있도록 노력했으며 새로운 경제적 수리적 분석방법을 사회주의 경제체제에 적용시키면 보다 큰 효율성을 가져올 수 있다고 주장했다. 둘째로 부분적인 분권화와 적극적인 일반계획, 그리고 노동자의 자주관리로 국가 부문의 관료화와 그로부터 야기되는 모든 부정적 결과를 줄일 수 있다고 내다보았다. 그러나 그는 공산주의 제1국면에서 이와 같은 기본적인 이념을 끝까지 관철시켜서는 안 된다고 생각했다.

맑스가 스탈린주의적으로 변형되면서 가장 심하게 파괴된 철학에서, 혁명적이고 변증법적인 맑스주의적 사고를 가로막는 교조주의의 가장 견고한 집적물을 타파하기 위해 온 힘을 기울인 사람이 바로 콜라코프스키(Leszek Kolakowski, 1927~2009)였다. 그의 논문과 수필들은 스탈린주의적 이론과 실천 이후에 필연적으로 중요해진 몇 가지 핵심적인 문제들—맑스주의, 인간, 역사의 문제 등—을 본질적으로 해명하고 있다. 바르샤바 대학의 교수로서 콜라코프스키는 그의 비판적 오성과 용기, 정신적 순수함으로 인해 젊은이들로부터 저명한 맑스주의자 중의 한 사람으로 평가되었으나 당 관료들로부터는 끊임없이 공격당했다. 우리는 그의 논문에서 다루어진 수많은 주제들 중에서 몇 가지 중요한 것들만 제시하고자 한다. 그러나 이러한 명제들이나 의견들이 얼마나 확실한가는 더 이상 묻지 않을 것이다. 왜냐하면 콜라코프스키는 흔히 특정한 관점을 극단까지 몰고 감으로써 하나의 문제를 과장하는 경향이 있기 때문이다. 그러나 사람들은 하나의 신성한 것으로 승화된 이데올로기적 체계를 파괴하려는 역사적 단계에 있었기 때문에 새로운 길과 해결책의 추구를 열정을 잃어버린 직선적 과정으로 파악할 수 없었다.

콜라코프스키가 오늘날 맑스주의에 대한 첨예한 논쟁 속에서 "지적 맑스주의"—우리가 아는 바와 같이 스탈린주의적인 교조화된 맑스주의에서는 완전히 배척받고 부정되어 온—를 위해 애쓰고 있는 것은 당연한 일이다. 스탈린주의는 맑스주의의 개념을 "제도화된 것으로 파악했지, 지적 현상으로 파악하지는 않았다."12) 그에 따라 헤겔은 1945년에는 독일 국수주의자이자 전쟁옹호론자로, 1954년에는 위대한 관념론적 변증법 철학자로 불릴 수 있었다. 이와 달리 "지적 맑스주의"에서 보면 결코 스토아 철학이나 미키

12) L. 콜라코프스키, 「맑스주의에 대한 현실적 이해와 비현실적 이해」(*Artuelle und nichtaktuelle Begriff des Marxismus*), *Der Mensch ohne Alternativ*, 뮌헨, 1967, S.15.

비츠(Mickiewicz)의 시에 대한 해석처럼 유일한 "현실적인 맑스주의적" 해석이 가능한 것은 아니었다. 이것에 대해 맑스주의적인 역사방법론의 일반법칙을 적용할 수도 있지만 "사회과학의 방법론을 다수의 보고자료로부터 하나의 척도를 가지고 동일한 결과를 보다 명확히 확인할 수 있도록 수리화해도 하나의 커다란 오류가 발생할 수 있기 때문에 항상 상이한 결과를 얻게 된다."[13] 그러므로 콜라코프스키는 교리의 순수성이나, 그 밖에 다른 것을 강조하는 정통 맑스주의자들에 대한 입문에 반대한다기보다는 오히려 휴머니스트적 좌·우파에 대한 입문을 옹호하고 있는 것이다. 그는 정신과학 내의 좌파적 지식인들이란 사고의 급진적 합리성을 통해서 과학 내의 모든 신비주의를 배격하고 비판의 원리를 위한 중요한 투쟁을 수행하며, 조작된 교리와 닫힌 체계를 불신하고, 열린 구조를 향해 나아가려는 사람들이라고 말하고, 이는 기존의 경제와 이론들을 다시 살펴보고 다른 과학적 관점을 포용하고자 하며 모든 비합리주의에 대해 선전포고할 준비가 되어 있음을 의미한다. 이러한 관점은 한편으로는 맑스의 탁월한 점을 모두 수용해야 하지만 또 다른 한편으로는 맑스의 역사과정에 대한 예측이 잘못 되었다는 것을 파악할 수 있어야만 가능해진다.[14]

이러한 가정에서 보면 맑스주의는 완전히 수용되거나, 완전히 거부될 수 있는 교리도 아니고 어떠한 보편적 체계도 아니며, 단지 생동하는 철학적 영감이고 사회주의적 지식인이나 인간의 사회의식에 계속 살아서 영향을 미치는 자극제인 것이다.

이러한 생각과 함께 콜라코프스키는 이데올로기 개념에 대한 공식적 해

13) Ibid., S.17.
14) Ibid., S.19~20을 보라.

석을 반대했다. 그에게 있어 이데올로기란 하나의 사회조직이 자신들의 가치판단—그 조직의 이해관계의 신비화된 의식일 뿐만 아니라 그 행위의 반영이다.—에 대해 지니고 있는 모든 견해들의 통합이다. "즉, 이데올로기의 사회적 기능이란 그 조직이 성공적으로 활동할 수 있도록 하는 데 있어 필수적인 가치에 대한 믿음을 확고하게 하는 것이다."15) 그에게 있어서 이데올로기와 과학 간의 구별은 허위와 진실 간의 구별이 아니라, 그것의 사회적 기능에 의해 구별되는 것이며 진실성에 의해 구별되는 것은 아니다. 그러나 이것은 이데올로기가 허위 명제로 이루어져 있다는 것을 의미하지는 않는다. 따라서 이데올로기의 옹호는 순수한 지적 행위가 아니라, 특정한 사회적 행위를 위한 하나의 실천적 옹호인 것이다.

콜라코프스키에 따르면 신화와 유토피아까지도 이데올로기 영역에 속한다. 이런 의미에서 사회주의 이념은 하나의 유토피아라고 주장할 수도 있는데, 결코 이것이 사회주의가 실현 불가능하다는 것을 의미하지는 않는다.16) "우리가 사회주의 이념은 이데올로기적 성격을 갖고 있다고 말하는 경우 결코 그와 함께 사회주의 이념은 이데올로기적 특성을 버려야만 한다고 요구하지는 않는다. 그러나 사회주의의 필연성은 부정될 수 없을 뿐만 아니라 하나의 물리적 법칙이라는 생각은 순진한 것이다."17) 콜라코프스키에 따르면 사회주의의 필연성이 과학적으로 예측될 수 있다는 주장은 진실로 하나의 이데올로기적 신앙행위인 것이다.

이러한 사유는 정신과학, 그 중에서도 특히 철학이나 사회학에서 기본개념과 이것이 드러나는 명제들이 결코 명확하지는 않다는 콜라코프스키

15) Ibid., S.22.
16) Ibid., S.22~23을 보라.
17) Ibid., S.36.

의 파악의 기초를 이루고 있다. 그러므로 의문을 제기해서는 안 되는 진실을 규정한다는 것이 얼마나 천박하고 위험천만한 일인가를 알게 된다. 왜냐하면 이는 과학이 하나의 비과학적 독점의 제형태들로 나타나는 것이기 때문이다. "맑스주의"나 "맑스주의적"과 같은 말을 하나의 강요수단으로 만들고, 학문적 토론을 행정적 억압으로 대체하기 위해서는 오직 약간의 조치만이 필요할 뿐이다.[18]

콜라코프스키는 여기서, 기본적으로 모든 토론과 선택이 배제되고 항시 자본주의와의 유대를 비판하기 위한 오직 하나의 선택만이 허용되는 특징을 갖는 스탈린주의적 방식의 본질을 간파했다. "스탈린주의는 어떠한 사회적 비판도 그것을 항시 반혁명적 입장으로 해석함으로써 그것을 허용하지 않았다."[19] 스탈린주의는 그 본질이 하나의 정치적 파벌의 생활양식에 입각해 있다. 스탈린주의적 유형에 따르면 당은 이제 더 이상 하나의 역사적 운동의 수단으로서 파악되지 않고 오히려 그들이 창출해 낸 모든 사회적 세력들과 대립하는 것을 자기목적으로 하는 하나의 당을 의미하게 된다. 스탈린주의가 여타 세계와 스스로를 구분하는 경계는 이행기도 이행단계도 아니다. 스탈린주의는 오직 그들 스스로 스탈린주의의 존재를 닫힌 체계로 구성하는 것만이 중요한 것이다. 그러므로 그들에게는 세계가 무산자와 유산자, 신의 나라와 악마의 나라로 분할되고 모든 사회성원이 그 중 어느 하나에 영원히 속하게 되는 것이다. 스탈린주의는 어떠한 다른 선택도 허용하지 않기 때문에 완전한 거부나 완전한 복종만을 요구할 뿐이다. 그러므로 스탈린주의 시대의 본질적인 특징은 "사회생활의 모

18) 콜라코프스키, 「지식인과 공산주의 운동」(*Die Intellektuellen und die Kommunistischen Bewegung*), *Der Mensch ohne Alternativ*, S.47.
19) 콜라코프스키, 「책임과 역사」(*Verantwortung und Geschichte*), S.64.

든 부문에서의 인간적 현실에 오직 하나의 선택이라는 도식을 강요하는 데 있다."[20]

콜라코프스키는 현재 자본주의와 사회주의의 문제와 비극을 비슷한 양식으로 경험했던 모든 맑스주의자들처럼, 맑스 사상 중에서 스탈린주의 내에서 대개 경시되고 희화화 되는 부분들에 관심을 집중시키지 않을 수 없었다. 그가 맑스에 관한 자신의 논문에서 그것의 고전적인 진리규정으로 되돌아가, 인간과 역사에 대한 맑스주의적 사유의 철학적 원천을 파악함으로써 그는 자기 나라에서 이러한 근본문제에 대한 격렬한 논쟁과 동시에 혹심한 반대를 불러일으켰다.[21]

콜라코프스키는 맑스주의의 기본 범주인 실천에서부터 시작해서 맑스주의적 관점과 배치되는 인식론—일반적으로 인식을 현실의 반영으로 해석하는—에 대해 언급했다. 인간은 자연 그 자체와 마주 서 있는(gegenüberstehen) 것이 아니라(자연이 인간에 대립되어 그 자체로 있는 것이 아니라—역주) 인간 스스로가 기본적인 노력을 통해서 자연을 형성하며 그것이 인간의 역사를 이루는 것이다. 현실의 혼란을 극복하려는 이러한 노력은 인간의 역사뿐만 아니라 인간 욕구의 대상물인 자연의 역사를 규정한다. 왜냐하면 우리는(인간은—역주) 오직 이러한 형태로만 그것을 파악할 수 있기 때문이다.[22] 어떠한 인간상과도 상응하지 않는 하나의 절대적으로 독립된 현실의 상은 불가능한 것이다.

불가지론에서 제기된 문제들을 엄격하게 배척하면서, 콜라코프스키는

---

20) Ibid., S.67.

21) 그는 이 논문 때문에 샤프와 격렬한 논쟁을 벌였고, 또한 그의 견해 때문에 그 외 몇 명의 폴란드 철학자들과 사이가 벌어지게 되었다.

22) L. 콜라코프스키, 「칼 맑스와 진리에 대한 고전적 정의」(*Karl Marx i klasična definicija istine*), *Filozofski eseji*, 벨그라드, 1964, S.209.

다음과 같이 강조한다.

"일반적으로 맑스주의적 관점에서 보면 하나의 '순수하고'(비경험적인—역주) 일반적이며 비역사적인 인식론, 즉 인간의 인식 가능성을 인간적 현존재의 일반적이고 보편적인 속성과 관련된 것으로서 탐구하거나, 인간의 본질을 인간의 불변적 요소속에서 연구하는 인식론이 가능하다고 상상할 수는 없다. 인식은 역사적으로만 파악할 수 있을 뿐이다. 즉 대학에서 분석될 수 있는 것이 아니라 우리가 잘 알고 있는 역사나 인간의 사회생활, 인간이 자연과 접촉하면서 변화하는 요소들, 사회적 갈등과 사회적 계층 등에 의존하는 변화과정 속에서만 얻을 수 있다."[23]

그러므로 우리가 형이상학 속에서 그것이 현실을 모든 인간적인 변수와는 무관한 것으로 파악하려는 시도를 보게 된다면 우리는 맑스적 형이상학은 불가능하다고 말할 수 있다. 인간을 인식하는 본질(존재)이자 전체 인간의 부분으로서의 한 인간이, 그 대상과 인간적 욕구들 간에 끊임없이 대화하는 기능을 갖는 것으로서 파악되어야 하며, 달리 파악될 수는 없다.

"노동이라 불리워지는 이러한 대화는 인간 종(種)과 그의 외적 세계를 창조하는데, 이러한 이유로 인간에 대한 접근은 단지 인간화된 형태 속에서만 가능하다. 이와 같은 의미에서 다음과 같이 말할 수 있다. 즉 인간은 우주 전체 속에서 인간적 토대만큼 깊은, 즉 인간이 그 위로 몸을 굽혀 바라보아도 그것의 현상을 알 수 없을 정도로 깊은 샘물(원천)을 발견할 수 없다."[24]

콜라코프스키는 이와 같이 모순적이고 역설적인 현대 세계의 상황 속에

23) Ibid., S.213~214.
24) Ibid., S.231.

서 인간의 문제에 특별한 관심을 기울였다. 도덕적이고 역사적인 책임의 문제에서 그는 단지 개인만이 도덕적 가치판단의 대상이며 다른 모든 대상은 역사적 판단의 대상이라는 전제에서 출발했다. 현실적인 사회적 참여는 윤리적인 것인데, 그것에 대해 누구나 개별적으로 전적인 책임을 지게 된다.

"어느 누구도 그의 작업이 단지 특정한 역사적 과정의 부분일 뿐이라는 것에 의해 긍정적, 부정적 책임에서 벗어날 수 없다. 군인은 자신의 상관의 명령을 어긴 것에 대해 도덕적으로 책임이 있으며 또한 그 개인이 한 익명의 역사의 명령에 대해 명목적으로든 실질적으로든 그것을 어긴 행위는 더욱더 그 책임이 크다. 그러므로 우리는 한 개인은 자신의 일에 대해 전적으로 책임이 있다고 보는 교리와 역사적 과정의 부도덕성 둘 다를 변호하고자 한다."[25]

이러한 논거에서 곧바로, 그리고 무엇보다도 하나의 새로운 인간성을 위한 투쟁의 문제를 논할 때, 콜라코프스키는 부도덕하고 범죄적인 행위—공산주의라는 명목으로 목표가 수단을 신성화한다는 기치 하에 시작된—를 단호히 비난했다. 이러한 방법을 이용하는 공산주의자는 범법자이며 사실상 이 경우는 공포와 사기에 의지하여 권력을 유지하는 데 기여하는 것이지 공산주의를 건설하는 데 기여하는 것은 아니다.

"공산주의라는 개념은 생산관계와 복지의 증진 이외에도 생활의 다른 재화와 가

---

25) 콜라코프스키, 「책임과 역사」(*Der Mensch ohne Alternative*, S.108). 조금 더 부연하자면 상관의 잘못된 명령—전술적 과정에서 쓸모없는 명령—을 수행한 군인은, 그로 인해 전투에서의 패배에 대한 책임을 지지 않는다. 일반 시민을 대량으로 학살하라는 명령을 수행한 군인은 이 대량학살에 대한 연대책임이 있다(ibid.,S.109).

치—이는 수단으로서뿐만 아니라 목적 자체로서도 의미가 있는—를 포괄한다."[26]

마찬가지로 공산주의는 사회생활의 도덕적 원리를 완성하기 위해 힘써야 하며 문화와 과학의 촉진이나 미적 감각의 발전을 위해 힘써야 하는데, 이것들 모두는 서로 관련되어 있으며 서로에게 수단으로 봉사한다.

"이와 같이 이해된 공산주의는 수단을 신성화하는 하나의 목적이다. 사회주의 사회의 시민들을 정치적 수단을 통해 사기와 공포 속에서 교육시킨다는 것이 가능하지 않다는 것을 이해하기란 그리 어렵지만은 않다. 왜냐하면 사기와 공포는 그 자체로 나쁜 것이기 때문이다."[27]

이것들이 콜라코프스키에게 고유한 근본적인 지적 도덕적 관심사들이다. 이는 자신의 지적이고 도덕적인 태도가 스탈린주의의 비극적 경험과 현대 세계의 또 다른 부도덕한 행위들을 쉽사리 넘겨버릴 수 없으며, 현대 사상의 신학적 유산에 대한 논문에서 밝힌 바와 같이 "어용" 철학에 대해 그것이 결정적인 문제임을 보여준다. 그리고 이 논문은 "인간의 행위를 매우 어렵게 조화된 요소들로 서로 결합시키는 하나의 세계 전망, 간단히 말해 관용 없는 선이나 열광하지 않는 용기, 회의하지 않는 지성과 기만 없는 희망이 중요하고 그 밖의 다른 모든 철학적 사고의 결실은 무의미하다"[28]는 그런 전망을 위한 어느 하나의 절대성에 대해 경계를 소홀히 하지 않는다는 근본원리를 지적한다. 콜라코프스키는 그의 예리한

26) 콜라코프스키, Von der Richtigkeit der Maxime 'Der Zweck heiligt die Mittel', *Der Mensch ohne Altervativ,* S.206.
27) Ibid., S.207.
28) 콜라코프스키, Das theologische Erbe in der heutigen Philosophie, *Der Mensch ohne Alternative,* S.280.

비판, 신선한 사고, 선명한 문체를 바탕으로 철학 활동을 하였으며 이를 통해 그는 맑스주의의 중요성과 실천, 맑스주의의 휴머니즘적이고 비판적인 요소에 관심을 기울인 현대 맑스주의의 흐름을 대표하는 가장 탁월한 사람 중의 하나가 되었다.

셋째로 이와는 또 다른 철학적 방향성을 갖고 있고, 폴란드 맑스주의의 발전에 기여한 사람 중의 중요한 대표자인 아담 샤프(Adam Schaff)가 있다. 그는 1913년 라보프에서 태어나 처음에는 라보프와 파리에서 법학과 경제학을 공부했으며 그 후에 폴란드와 소련에서 철학을 공부했다. 폴란드의 논리학과 언어철학의 중요한 전통과 함께 그 당시에 맑스주의자들의 인식론적 문제에 샤프가 관심을 기울였다는 것은 중요한 의미를 갖는다. 그 유명한 라보프-바르샤바 학파의 대표자들인 트바르도프스키(K. Twardowski), 코타르빈스키(T. Kotarbiński), 루카시에비치(J. Lukasiewicz), 타르스키(A. Tarski), 비트비키(W. Witwicki), 체조프스키(T. Czezowski), 레즈니에프스키(S. Leśniewski), 슈비스테크(L. Chwistek) 등과 그 밖에도 그가 연구하는 논리학과 의미론 분야에서 이미 국제적인 명성을 얻고 있던 많은 사상가들이 있었다. 그러므로 논리학과 의미론이 전후 폴란드에서 철학 연구의 방향에 부분적으로 영향을 미친 것은 자명한 사실이다.[29)]

공식적인 맑스주의 철학은 이러한 부르주아 철학적인 방향에 대해 거의

---

29) 요르단(Z. A. Jordan), 『철학과 이데올로기(제2차 세계대전 이후 폴란드의 철학과 맑스-레닌주의의 발전)』[*Philosophy and Ideology(The Development of Philosophy and Marxism-Leninism in Poland since the Second World War)*, 도르트레흐트, 1963]을 보라. 아울러 그가 보고서로 축약해서 번역한 「폴란드의 맑스주의적 수정주의」(*Marxistischer Revisionismus in Polen*), *Marxismusstudien,* 제5편, 튀빙겐, 1968도 참조.

완전히 부정적인 입장을 취했다. 이것은 샤프의 저작 중에서 처음으로 유명해진 『맑스주의적 진리론에 대한 문제』(*Die Problematik der marxistischen Wahrheitstheorie*, 1951)에서 드러난다. 거기서 그는 당시의 맑스주의가 이런 문제들을 취급하는 방식이란, 비록 비맑스주의 철학의 비판적 자료나 그들과의 토론과 관련해서 소련의 시도와는 전혀 다른 수준을 보여준다고 할지라도 여전히 극복하지 못한 상태였음을 보여주고 있다.

폴란드의 10월(1956년 6월 포즈나니 사건을 시발로 반스탈린주의 운동이 격화되고, 결국 그 해 10월에 고물카가 당서기로 복귀하면서 정치-경제적 개혁정치가 시작된다.—역주) 이후의 사건들—앞에서 본 바와 같이 문화와 과학 분야에 있어 전면적인 발전의 시기—은 샤프의 사유와 연구 방향에 영향을 미쳤다. 왜냐하면 그는 자신의 개방성 때문에 의문점들을 더 이상 공식적인 맑스주의의 좁은 한계 내에 남겨둘 수 없었기 때문이었다. 비록 1959년 말에 콜라코프스키가 청년기 맑스의 문제가 현대 세계와 사회주의에 대한 맑스주의적 해석에 있어 결정적인 것이 아니라고 파악하려고 노력했다 할지라도, 샤프는 이미 이 시기에 의미론 분야—맑스주의자들은 지금까지도 이 분야에 대한 연구작업을 충분히 하지 못하고 있다.—에 대한 자신의 연구 결과를 발표했다.

그는 『의미론입문』(*Einführung in die Semantik*, 1960)에서 우선, 맑스주의의 전통적인 비판양식—철학적이고 과학적인 성격이라기보다는 오히려 이데올로기적인—을 극복하고자 노력했다.[30] 동시에 샤프는 현대 논리학—의

30) 샤프는 자신의 『의미론 입문』에서 이에 대해 다음과 같이 규정하고 있다. "맑스주의 문헌 속에서는 오랫동안 비판의 당파성이란, 적을 폭로하여 그들을 섬멸하는 성격을 갖는다는 것과 동일한 의미라는 신념이 지배해 왔다. 이런 적들의 사상을 발견하고도 그것을 인정한다는 것은 한마디로 '객관주의'를 왜곡하는 분석이자 관념론적 관습을 받아들인다는 것을 의미한다. ……이러한 전반적인 문

미론적 철학과 일반적인 의미론을 가르치는—의 근본문제에 대한 코르치프스키(A. Korzybski)의 저작에 대하여 쓰면서, 맑스주의 문헌 속의 몇몇 오해와 잘못된 판단을 극복하고자 하였으며 이 분야에 대한 풍부한 문제를 언급하고자 노력하였다.[31] 그는 이 저작 속에서 일반적인 의미론—특히 사회적 문제를 의미론적 무질서로 환원시키려는 경향—에 대해 보다 사회적으로 다루고 있는 반면, 이데올로기와 스테레오 타입을 다룬 후기 논문에서는 언어 역시 인간 관계 양식에 영향을 미친다고 시인하였다. "그러므로 인간은(언어를 통해서) 그가 경험적인 언어수단을 이용하는 만큼, 인간 관계에 영향을 미칠 수 있고 그래야만 한다."[32]

논리적 의미론의 긍정적-부정적 측면을 평가하면서 샤프는 다음과 같이 단정했다.

"논리적 의미론의 커다란 업적은 그것이 언어의 문제에 대한 철학적 의미를 인

---

제들이 매우 깊고 근본적인 오해에 근거하지 않는 한 이런 문제점들은 결국은 매우 명확해질 것이고 허무주의적 비판의 병은 매우 간단하게 그 구제책을 발견하게 될 것이다. 한 저작에서 주장된 잘못된 관점이 그 사람의 모든 명제의 정당성을 부정한다는 신념은 과학의 발전을 일직선적인 발전—어느 한 사람의 이론적 체계는 진리만을, 또 다른 사람은 비진리만을 대표한다.—으로 보는 특이한 입장에 그 근거를 두고 있다. 현실을 임의적으로 비교하는 것이 아무 근것도 없는 일이라고 보는 것은 매우 어처구니 없는 짓이다. 신화는 사실상 과학사 속에서 어느 정도 역할을 수행할 수 있었음을 알 수 있다."(『의미론 입문』, 베를린, 1966, S.53~55).

31) 이에 대해서는 또한 A. 샤프, 『언어철학에 관한 논문집』(*Essay über die philosophie der Sprache*)에 실린 「맑스주의 언어학의 필요성에 대해서」(Über die Notwendigkeit marxistischer Sprachforschung, 1960), 빈, 프랑크푸르트, 취리히, 1968에서도 논의하고 있다.

32) A. 샤프, 「언어와 그 인간적 취급」(*Die Sprache und das menschliche Handeln*), 『언어철학에 관한 논문집』, S.116, 또한 『언어와 인식』(*Sprache und Erkenntnis*), 빈, 1964의 마지막 장, 언어, 인식, 그리고 문화에 대해 다룬 부분을 보라.

식했다는 점이다. 논리적 의미론은 일련의 오류에서부터 시작한다. 즉 현대 철학의 핵심적 문제 중의 하나인 언어문제—우리는 이에 대해 이미 여러 번 언급하였다.—가 주요 문제, 아니 유일한 문제로 대두될 뿐만 아니라 사람들은 문제를 언어의 형식적 측면의 문제, 주로 통사론으로 제한시켰다."33)

샤프는 사실상 자신의 탐구 분야와 관련되는 모든 과학을 받아들였지만 논리적 의미론의 주창자들처럼 자신의 관점을 절대화하지는 않았다. "의미론에 빠져 있는 논리학자들은 언어에 대한 전체적인 사회학적 인식론적 문제—즉, 철학에 있어 결정적인 의미를 갖는 문제—를 거의 다루지 않고 있다."34)

선험적이고 자연주의적인 의사소통론을 비판적으로 분석하면서 샤프는 맑스주의가 이러한 문제 속에 곧바로 포이어바흐의 자연주의적 입장과는 구분되는 맑스의 인간과는 도입할 수 있었다고 주장했다. 계통발생론적으로 다루든, 개체발생론적으로 다루든 간에 인간은 하나의 사회적 산물이다.

"게다가 '유기체의 유사성'과 같은 신비로움이 있다면 마찬가지로 '정신의 유사성'이나 '의식의 유사성'으로서의 신비로움이 있다. 이러한 유사성(대개 개별적 차이에 대해서는 관여하지 않는)은 매우 자연적이고 규범적이며, 사회에서의 교육 속에서 특히 언어의 도움으로 그것이 역사적 유산으로 됨으로써 현실적으로 구체화된다. 두 가지 요소는 비슷한 방식으로 사회의 모든 성원들에게 작용한다. 그러므로 그것이 '정신의 유사성'을 형성하는 데 기초가 된다는 것은 놀라운 일이 아니다. 또한 그것이 '절대적으로 고립된' 개인의 신화를 깰 수 있었다는 것 역시 놀라운 일이 아니다. 여기에서 상호과정을 설명하는 데 있어 어떠한 신비하고도 선험적인 요

33) A. 샤프, 『의미론 입문』, 베를린, 1966, S.105.
34) Ibid., S.105.

소를 도입하는 것이 매우 쓸데없는 일임을 알게 된다. 문제는 완전히 자연적인 방식으로—그러나 자연주의적인 방식이 아닌—명백하게 풀리게 된다. 그것들이 사회적 설명이라는 해답을 발견한 것이다."[35)]

그러므로 샤프는 정당하게 선험주의의 형이상학적 사변과 마찬가지로, 속류 유물론의 자연주의적 사유를 피할 수 있다고 여겼다. "기호" 문제뿐만 아니라 상이한 기호 유형을 분석하면서 샤프는 의미론의 가장 중요한 과제인 "의미" 문제에 심혈을 기울였다. 최근 철학에서 이 문제들을 풀려고 시도했던 대부분의 사람들—샤프는 오그덴(C. K. Ogden), 리하르트(I. A. Richards), 후설(E. Husserl), 코타르빈스키(T. Kotarbinski), 가디너(A. Gardiner), 비트겐슈타인(L. Wittgenstein) 등에 대해 다루었다.—과 반대로 그는 개념과 의미 간의 본질적 구별을 결코 하지 않았다.[36)] 이들 문제에 대해서 상세한 분석을 한 후에 그는 다음과 같은 결론에 도달했다.

"1. '개념'과 '의미'는 상이한 내용을 갖는 상이한 범주라는 명제는 근거가 없다. 왜냐하면 소위 이 명제에 대한 근거로서 이야기되고 있는 것이 잘못된 것이기 때문이다. 그러나 결국 이 명제의 수용은 객관적 관념론의 입장을 극복하는 데 있어서는 중요하다.

2. 게다가 '개념'과 '의미'는 내용상 동일하며 그들 간의 구별이란 비록 뗄 수

---

35) Ibid., S.133.

36) "이론적으로 두 가지 해결책이 있을 수 있다. 즉 언어 의미와 개념은 양자 간에 이런저런 관계가 있을 수 있지만, 서로 상이한 현상이라고 보거나, 상이한 면들이 드러나고 인식의 전체 과정과 결합되어 있지만, 동일한 현상에 관한 문제라고 보는 것이다. 전문적인 책들, 또한 맑스주의적 문헌 속에서는 전자의 견해가 보다 지배적이다. 나는 이것이 근본적으로 잘못된 것이며 하나의 신비화에 기인하는 것이라 여긴다. 나는 후자를 옹호한다. 이 장에서는 후자 입장을 옹호하는 논의를 할 것이다."(『의미론 입문』, S.244~245).

없이 서로 결합된 면들이 있다 할지라도 단지 인식과정에서만 상이한 것으로 존재할 뿐이라는 것을 인식해야만 한다. 즉, 전자의 경우는 사고과정의 관점에서 본 것이며 후자의 경우는 언어적 과정의 관점에서 본 것이다.

3. 소위 '개념'과 의미 간에 존재하는 내용상의 구별은 사실상 과학적인 개념과 일상 언어적 개념 간의 구별—즉 과학적 용어의 의미와 일상 언어의 의미 사이의 구별—이다.

4. 오해의 논리적 오류를 예방하기 위해서는 내용상으로 구분해야만 한다. 즉 인식요소뿐만 아니라 감정적 요소까지 포함되는 완전한 심리적 행위 ; 일상언어적 개념이나 낱말의 의미 ; 일상 용어와 같이 심리적인 전과정과 관련된 추상이며, 그러므로 매개된 특정 결과인 과학적 개념과 과학적 용어 등을 내용상으로 구분해야만 한다."[37]

이러한 문제군으로부터 샤프는 『언어와 인식』(*Sprache und Erkenntnis*)이라는 자신의 책에서 몇 가지 의문점들을 논의했다. 그는 사고와 언어는 인식과정이나 이해에서 상호 분리될 수 없는 전체를 이루고 있다는 명제를 고수했다. 그는 이런 문제들을 역사 속으로 광범위하게 도입함으로써 언어는 세계의 상과 현실의 상을 매개한다는 아쥬키예비치(Ajdukijewicz), 카시러(Cassirer), 카르납(Carnap) 등과 격렬한 논쟁을 벌였다. 샤프는 기본적인 인식론의 반영론에 대해, 이것은 실천론을 통해서 보완되어야 한다고 주장했다. 이미 각각의 경우에서 볼 수 있었듯이, 이것이 비록 불충분한 관점이라 할지라도 샤프는 그 문제를 이와 같이 보다 탄력적으로 파악하여 문제 해결에 어느 정도 기여할 수 있었다. 그는 언어가 하나의 현실의 상을 산출한다는 명제와, 그에 대해 객관적 현실의 반영이 하나의

37) A. 샤프, 『의미론 입문』, S.262.

현실의 상을 산출한다는 대립명제 모두에 대해서 어느 쪽도 옹호하지 않았다. 단지 반영론이 항시 어떠한 주관성의 요소를 포함하는 한에서만 그것은 정확히 말해 하나의 현실의 상을 "산출한다." 객관적 현실의 반영과 인식과정에서 형상의 주관적 "산출"은 상호 배제하는 것이 아니라 상호 보충하면서 하나의 전체를 이룬다.

"그것은 특정한 종(種)과 현실의 반영인 언어가 어떤 의미에서 우리의 현실의 상을 창조하는 여신이라는 의미를 갖는다. 더욱이 그런 의미에서 우리들의 세계의 분절화는 최소한 어느 정도까지는 개인의 경험뿐만 아니라 사회적 경험—개인에게 관계와 특히 언어를 통해서 전달되는—속에서 하나의 기능을 수행한다."38)

샤프가 흔히 인식의 주관성에 관한 주장—이 주관성을 지각기관의 독자성으로 환원시킨다.—의 진부한 설명에 만족하지 않고 있다는 점은 강조되어야만 한다. 우리가 맑스의 인간관이나 그의 실천으로부터 출발한다면, 사물은 매우 복잡한 것이다. 그래서 인식은 온갖 형태의 인간의 실천을 전제하며 어떤 의미에서는 인간의 투사(投射)를 전제한다. "그렇다면 인간이 무엇을 그리고 어떻게 지각하고 인식하는가는 결국 그가 인식하는 과정에서 갖는 지식과 경험의 축적에 의존할 뿐만 아니라 결국 계통발생적인 것과 개체발생적인 것에서 축적된 실천의 형태를 결합시키는 데 의존한다."39)

---

38) A. 샤프, 『언어와 인식』, 빈, 1964, S.173.

39) Ibid., S.102. 새로이 언어 문제와 현실상의 산출을 논하면서 샤프는 다음과 같이 단정했다. "계통발생론이 개체발생론에 끼치는 영향력이나 오래 전에 사라진 세대들의 경험이 우리들의 개인적 경험에 끼치는 영향력은 엄청난 것이다. 언어—동시에 사고인—가 현실적으로 구별된다는 것이 객관적으로 드러나지만 세계상은 이러한 무엇을 어떠한 방식으로도 결코 고려할 수는 없다. 바로 이러한 의미에서, 언어는 사실상 현실의 상을 '산출'한다."(ibid., S.165).

샤프는 이들 문제들에 관해 개방적이었기 때문에 맑스주의적 관점에서 보면 인식론적 문제를 해결하는 것과 관련해서 상당히 의미 있는 진보를 이룩할 수 있었으며 동시에 현대 인간의 몇 가지 실존적 문제들에 대해서도 접근했다. 일찍이 샤프는 청년기 맑스나 실존주의에 대한 논쟁에 참여한 후에 이러한 인간의 문제—이 문제는 이론과 실천에서 스탈린주의로부터 근본적으로 벗어났던 동시대 맑스주의자들의 지배적인 주제였다.—에 자신의 관심을 더욱더 집중시켰다. 샤프는 『맑스주의와 인간적 개인』(*Marxismus und das menschliche Individuum*)이라는 자신의 책에서 맑스를 철학자나 사회학자로 파악하고 맑스의 핵심적 문제는 인간에 대한 것이었으며 그의 초기는 후기 저작과 근본적으로 분리되지 않는다고 보는 동시대 맑스주의의 방향을 옹호했다.[40)]

샤프는 지금까지의 사회주의의 인간상에 대한 몇 가지 문제에 지대한 관심을 표명했다. 그는 자본주의에서 프롤레타리아트가 투쟁하던 시기부터 이른바 반개인주의와 개인의 권리가 부정되는 몇몇 부정적 현상들에 대해 거론했으며 이러한 현상들의 근원은 무엇보다도 미개발국가에서 노동계급이 지식인에 대한 적의를 드러내는 데 있다고 말했다.

"이러한 반개인주의는 사회 진보의 요소라기보다는 그 반대로 구체제에서 기인하는 증오의 심화로 사회주의 사회의 발전을 가로막는 요소일 뿐이다."[41)]

---

40) A. 샤프, 『맑스주의와 인간적 개인』, 빈, 1965, S.36~38을 보라. 샤프가 이 책에서 다룬 수많은 문제들은 이미 맑스주의적 문헌에서 다소간 제기되었던 것이거나 해결된 것들이기 때문에(G. 루카치, H. 마르쿠제, E. 프롬, 유고슬라비아 맑스주의자들) 우리는 단지 이 문제들에 대한 샤프의 견해를 특징지어주는 몇 가지 의견만을 인용하고자 한다.

41) A. 샤프, 『맑스와 인간적 개인』, 빈, 1965, S.60.

그러므로 이미 샤프에게는 인간적 개인관이 철학적 인간주의의 핵심 문제인 것이다. 왜냐하면 그것이 개인의 존재론적 위치에 대한 문제를 해결하고 동시에 인간주의를 모든 세계관의 전체와 결합시키기 때문이다. 이러한 맥락에서 그는 또한 사회주의 내에서의 소외에 대한 문제를 제기했다. 사회주의에서 소외가 발생할 리 없다는 소련의 입장과는 반대로 지금까지 알려진 사회주의 형태는 결코 각각의 소외형태들을 극복할 수 없었으며 따라서 사적 소유의 지양을 통한 자동적인 소외의 폐지라는 명제는 준엄한 비판을 면할 수 없게 되었다는 점을 샤프는 강조했다.[42] 대부분의 맑스주의자들과는 달리 샤프는 이런 맥락 속에서 국가와 상품생산의 문제를 다루면서, 사실상 인간을 지배하는 기구로서의 국가의 소멸은 받아들일 수 있지만 사물을 관리하는 수단으로서의 국가 —이러한 기능을 수행하는 국가는 위계적이고 관료적인 구조로서 존재하는 것을 전제한다.—는 결코 소멸할 수가 없다고 주장했다. 마찬가지로 그는 공산사회가 상품생산을 극복할 것이라는 견해에 회의적이었다.[43]

샤프는 또한 매우 중요한 사회적 문제인 가족에 대해서도 언급했다. 그는 아직도 전통적인 가족형태로 남아 있는 여성의 지위나 사랑에 대한 견해 따위가 이제 많은 변화를 될 것이고, 어느 누구도 이와 같은 사회적 제도의 진전에 관해서 말할 수 없을 것이라고 단정했다. 더욱이 샤프는 사회주의 사회가 부르주아적 가족제도와 함께 신교적 청교도주의를 받아들였으며 이에 따라 필연적으로 수반되는 현상인 위선을 낳게 되었다고 말했다. 대략 그의 생각은 다음과 같은 견해에 이르러 극에 달하게 된다.

42) Ibid., S.168을 보라.
43) Ibid., S.177을 보라.

즉, 사회주의 사회의 우월성은 그것이 모든 소외로부터 해방되었다는 데 있는 것이 아니라 사회주의 내에서 현사회의 몇 가지 본질적인 소외형태를 극복하기 위한 인간의 투쟁에 대해 보다 양호한 조건이 존재할 수도 있다는 데 있다.44)

자유에 관한 문제—특히 사회주의 내에서의 예술작업과 과학작업과 관련해서—를 토론하면서 샤프는 이데올로기적으로 적대적인 행위가 발생할 때는 예술과 과학 분야에 대한 정치적 개입이 정당화된다는 것을 알게 되었다. 그러나 맑스주의적 입장에서 보면 어떤 경우라도 이러한 개입이 정당화될 수 없다. 무엇 때문에 맑스주의적 정치가는 맑스주의 내부에서 학파의 형성에 반대하며, 무엇 때문에 그들은 마치 모든 맑스주의자들의 세계관이 동일하고 그런 의미에서의 동질성이 가능한 것처럼 행동하는가?45)

샤프는 또한 사회주의 사회에서의 행복의 문제를 논의하면서 맑스주의의 문제에 대한 하나의 독특한 접근을 보여주었다. 사회주의가 인간적 개별성을 인정한다면, 이러한 개인에게 행복한 생활의 영역을 가능한 한 충분하게 보상해 주어야 한다. 그러므로 그는 다음과 같이 말하고 있다. "모두를 위한 하나의 행복은 존재하지도 않고 운좋게 주어질 수도 없기 때문에 모두를 위한 하나의 행복한 삶이라는 일률적인 모델을 만들어 내려 해서는 안 된다."46) 비록 우리가 인간적인 행복에 대한 하나의 충분한 정의를 내릴 수는 없다고 할지라도 수많은 인간의 불행—기아, 질병, 죽음, 부자유, 모든 착취와 억압형태 등—의 원인이 무엇인가를 매우 쉽고 간단하게 보여줄 수 있다. 우리들이 인간적 행복을 위해 투쟁하는 근

44) Ibid., S.179~182를 보라.
45) Ibid., S.209, 210을 보라.
46) Ibid., S.236.

본적인 이유가 여기에 있다. 우리가 인간을 행복하게 만들고, 행복하게 살기 위해서 무엇을 해야 하는가를 그들에게 가르쳐 주어야 한다는 의미에서가 아니라, 우리는 그들의 불행의 수많은 원인을 제한하고 제거해야만 하는 것이다.

샤프는 새로이 사회주의에서의 소외에 대한 사실을 언급하면서 무엇보다도 인간의 의식과 견해를 변화시키기 위한 정당하고도 충분한 작용이 사회주의 내에서 미흡했음을 강조했다. 그러므로 사회주의에서 하나의 특정한 지배 엘리트들이 양성되었다는 사실은 자명한 것인지도 모른다. 그 동안 이 엘리트들의 생활양식은 새로운 인간을 위한 새로운 문화요소가 되었으므로 코뮨에 대한 맑스의 저서에 담겨 있는 그의 기본명제를 글자 그대로가 아니라 그것의 정확한 내용으로 숙고해야만 한다.47) 샤프는 책의 끝에서 완전하고 보편적인 인간의 형성과 관련하여 현상황에서의 그 가능성에 대해 언급했으며 이러한 가능성은 자동적으로 현실화되는 것이 아니라고 오늘날 수많은 맑스주의자들이 확신하고 있음을 강조했다. 그리고 맑스주의적 철학이 이들 과정에 대한 휴머니즘적이고 이론적인 해명을 대신할 수 없다고 강조했다.

이 책은 샤프의 이론적 발전에 있어서 결정적인 전환점을 보여준다. 비록 몇몇 문제만이 제기되고 그 밖의 다른 것들은 불충분하게 다루었으며 상당히 많은 부분이 논의의 여지가 있다48) 할지라도 샤프는 사회주의 운동의 난점, 모순, 그리고 그 밖의 수많은 명백한 문제점들은 정치적 결단

---

47) Ibid., S.270을 보라. 샤프는 마찬가지로 맑스주의 내부의 모든 국가주의적이고 민족주의적인 현상에 대해 논쟁을 벌였다.

48) 예를 들면 철학과 그 밖의 과학 사이의 관계를 다루는 데는, 공산주의에서 국가의 문제, 인간 존재에 있어 하나의 극복하지 못한 현상인 소외문제나 이와 비슷한 문제들을 논의한 것을 보면 보다 세밀한 분석과 토론을 필요로 한다.

이나, 하나의 폐쇄된 정치적 층위—흔히 일방성이나 특수한 이해로부터 벗어나지 못한—를 통해 해결할 수 없다는 것을 명확하게 알았다. 사회적-과학적 생활의 각 부문에서 제기되는 비판적 견해만이 매우 복잡한 사회과정—현대의 세계 상황 속에서 사회주의의 발전이 어떠한가—을 효과적으로 풀 수 있는 유일한 전제가 된다. 이러한 비판의 공개화와 그것의 근간을 이루는 정치적 생활의 몇 가지 원리를 제시한 것은 정치관료들로부터 심한 반발을 불러일으켰다. 그 후—앞으로 우리가 보게 되는 바와 같이—내적 양극화가 첨예화되어 감에 따라 다른 탁월한 정치 사상가들과 같이 샤프도 역시 그의 정치적-과학적 기능을 박탈당했다.

맑스주의의 근본문제에 관한 모든 이러한 토론에는 그 밖의 수많은 폴란드 철학자들—이들은 스탈린주의적 사고구조와 불모화된 철학을 극복하고자 하는 비판적 사상을 갖고 있었다.—도 참가했다. 이들 폴란드 철학자들은 바츠코(B. Baczko), 발리키(A. Walicki), 프리츠한트(M. Fritzhand), 아일쉬타인(H. Eilstein), 크론스키(T. Kronski), 모라프스키(S. Morawski) 등이었다.[49]

사회학 부문에서도 이와 비슷한 과정이 진행되었다. 폴란드는 이 부문에서 다른 모든 사회주의 국가에 비해 훨씬 오래되고, 매우 강력한 과학적 전통을 갖고 있었다. 이미 20세기로 넘어올 즈음, 사회학적 문제들에 특별한 관심을 집중시켰던 폴란드 맑스주의 사상가들이 그 이름을 전세계에 떨쳤다. 이들 중에서 크르치비키(L. Krzywicki)와 켈레스-크라우츠(K.

---

49) 예를 들면 프리츠한트의 『청년 맑스의 윤리적 사고』(*Etička misao mladog Marxa,* 1961)나, 박츠코의 수필집 『세계관, 형이상학, 소외』(*Weltanschauung, Metaphysik, Entfremdung,* 1965), 프랑크푸르트 암 마인, 1969 등이 그러하다.

Kelles-Krauz) 등은 그 당시 사회주의 세계에 가장 능력 있는 사람들 중에서도 유명한 사람들이었으며, 로자 룩셈부르크는 이들에 비하면 아무것도 아닌 존재였다. 양차 대전 사이에 츠나니키(F. Znaniecki)의 활동에 힘입어 사회학연구소가 설립(1927년)되었으며 최초의 사회학 잡지가 발간(1931년)되었다는 사실을 안다는 것은 매우 중요하다.[50] 그의 제자들인 할라진스키(J. Chalasiński), 스체판스키(J. Szcepański), 그리고 오소프스키(S. Ossowski) 등은 사회학이 교조화된 사적 유물론 내부에서 추상적인 철학적 규율을 발전시켰을 뿐만 아니라 독자적인 분석대상과 그에 상응하는 하나의 특수한 과학임을 입증하는 데 크게 공헌하였다. 이와 같이 폴란드에서는 하나의 경험적 사회학이 형성되었으며, 일련의 사회학적 분석이 존재하게 되었다. 강력한 스탈린주의화 시기 동안에는 이러한 사회학 분야는 "부르주아" 과학과 그 방법의 잔존물로 평가되어 힘겹게 명맥을 유지했을 뿐, 더 이상 사회주의의 문제를 해결하기 위해 제도화된 맑스주의자들에게서 이용되지 않게 되었다.

당연히 그와 같은 사유는 그 지배성을 상실할 수밖에 없었다. 이어 1954년과 1955년에 할라진스키는 교조화된 맑스주의 내부에서 사회학적 문제들에 대한 지금까지의 논의가 침체되고 불모화된 것에 대해, 사회학적 관점에서 언급했다. 2년 뒤에 젊은 맑스주의적 사회학자인 뱌트르(J. Wjatr)와 바우만(Z. Baumann)은 사회학 이론의 발전을 당 지도부가 독점하는 데 대해 강력한 이의를 제기했다. 그들은 경험적 사회학과 구체적인

50) 츠나니키에게는 일반 사회학 분야에서 굼플로비츠(L. Gumplowicz), 페트라치키(L. Petrazycki), 차르노프스키(S. Czarnowski), 그리고 말리노프스키(B. Malinowski)등과 같은 중요한 선배들이 있다. 그러나 일반적으로 츠나니키가 폴란드에서 근대 사회학의 설립자로 알려져 있다.

사회학적 연구의 불가피한 침체는 매우 유감스러운 일이라고 말했다. 왜냐하면 사람들은 과학적으로 확실한 자료나 인식에 대해서는 더 이상 취급하지 않았기 때문이다. 스탈린주의적 사유를 가능한 한 빨리 극복하기 위해 노력하면서 그들은 즉시 소련 내 맑스주의의 공식적 옹호자들에 대한 강력한 처단에 관심을 집중시켰으며, 역시 탈스탈린주의 운동과정에서 중도에 머물러 있던 폴란드 자체에 대해서도 똑같은 관심을 보였다.51)

이런 불충분한 탈스탈린주의 운동에도 불구하고 1956년말에 사회적 문화적인 삶 전반에 걸쳐 충격적인 변혁이 시작되었다. 폴란드적 사회주의로의 길에 대한 생각들이 의회에서 가장 중요하게 논의되었다. 그 당시에 또한 노동자평의회가 처음으로 설립되었으며 예술과 문화 부문에서의 자유가 중요하게 인식되었다. 즉시 수많은 작업에서 그들의 승리가 확인되었다. 그런 와중에서도 폴란드 관료들은 이러한 과정을 어느 정도까지만 허용했는데, 이는 사회 전반의 생활 속에서 그들이 지배적인 역할을 차지해야 한다는 생각에서 벗어나지 못했기 때문이었다.52)

---

51) 예를 들면 『철학의 제문제』, 1957년 7월호와 1958년 12월호를 보라. 거기에는 *Myśi Filozoficzna*, 1957에서 비야트로프(Wiatrov)와 바우만이 규정했던 견해들이 재수록되어 있다. 그러나 다음과 같은 점들을 잊어서는 안 된다. 전후에 사회학적 사고가 비판적인 발전을 이루는 것은 대부분 오소프스키가 그의 저작 『미학의 기초』(*Die Grundlagen der Ästhetik*, 1949), 『사회주의 사회에서의 맑스주의와 과학 활동』(*Marxismus und die wissenschaftliche Tätigkeit in der sozialistischen Gesellschaft*, 1957), 『사회의식에서의 계급구조』(*Die Klaßen-struktur in dem gesellschaftlichen Beweßtsein*, 1957), 『사회학의 특수성에 대하여』(*Über das Spezifische der Gesellschaftwissenschaften*, 1962) 등과 함께 미친 영향 때문이었다.

52) 사람들은 이미 1957년 초에 지도체제가 「포 프로스투」(*Po Prostu*) 지를 격렬하게 비판하기 시작했으며, 또한 그 해말에 이 신문이 폐간당하는 것을 보았다. 1957년 1월에 이 신문의 편집국은 그들의 관점을 다음과 같이 주장했다. "우리들은 노동자평의회가 우리나라에서 새로운 사회주의적 생산관계를 이루는 가장 중요한 요소 중의 하나라고 생각한다. 이러한 바램은 개인적으로 고약한 관료들

분권화가 완성되지 못했고 노동자평의회가 단지 조언하는 기능만을 확보했기 때문에 관료들은 거의 모든 지배적 특권을 장악하고—또한 어느 정도는 소련 관료의 강한 억압 하에서—점점 더 이러한 과정을 논리적인 결론으로 유도하려고 하는 모든 노력과 경향들에 대해 거부하게 되었다. 그러므로 그들의 기본구조 내에서 사회생활을 민주화하려는 시도들에 대한 반대는 당연히 몇몇 젊은 공산주의자들로부터 강한 반발을 불러일으키게 되었다. 이들은 관료를 새로운 계급으로 인식하고 노동계급의 새로운 혁명과 노동자 민주주의—즉 사회의 모든 부문을 노동자평의회의 원리에 따라 조직화하는 것—를 통해 그들을 타도해야 한다고 보는 트로츠키주의적 관점을 받아들였다.53)

---

뿐만 아니라 사회적 계층인 관료제의 저항을 분쇄하면서 반드시 쟁취해야 하는 것이다. 그리고 사회계층인 관료제가 보다 까다로운 상대이다. 그러나 우리가 평의회는 생산관계의 하나의 구성요소라고 전제했을 때, 이와 함께 생산관계 역시 사회주의적이라고 계속해서 고려해야만 한다. 평의회가 하나의 순수한 경제적 기관인 한, 그것은 이와 같은 요청을 실현할 수 없다. 우리는 올바른 사회주의적 평의회는 절대적인 전제이며 국민생활 속에서 하나의 정치적 역할을 수행하게 된다고 생각한다."[『포 프로스투』, 1957년 4월호, G. 힐만, 『공산주의와 자기비판』(*Selbstkritik des Kommunismus*), S.203에서 인용]. 여기서 기본적으로 사회주의의 발전에 대한 현실적인 맑스주의의 토대를 개략적으로 규정했다.

53) 모젤레프스키(K. Modzelewski)와 쿠론(J. Kuron), *Offener Brief an die* 'Vereinigte Polnische Arbeiterpartei', 「국제」(*die internationale*) 지의 부록, 제2분책, 1968을 보라. 저자들은 그들의 이러한 관점 때문에 체포되어 유죄를 선고받았다. 여기서 오늘날의 소수의 트로츠키주의자의 경우처럼(다시 말하건대, 이들은 각기 상이한 당파에 속해 있었기 때문에 소수일 뿐이다) 노동자의 자주관리에 대한 생각에 관하여 매우 정당한 관점을 발견할 수 있으며, 동시에 이 저자들은 맑스와 레닌의 사유의 본질을 고집했다. 그러나 우리는 여기서 매우 급진적으로 규정된 관점은 단지 발전된 국가에서만 적용될 수 있다는 것을 잊어서는 안 된다. 그 밖의 경우에는 노동자계급뿐만 아니라 혁명을 물신화(物神化)하는 현상이 존재한다. 사회주의에서 관료제는 하나의 계급으로 간주되기 때문에 그들은 사회주의에서 사회관계를 보다 새롭게 변혁시키기 위한 유일한 수단으로 노동계급의 신혁명을 들었다. 그리고 소위 공개서한으로 알려진 위의 글에서는 그 밖의 수많은 폴란드의 관계들을 훌륭하게 분석하고 있을 뿐만 아니라 유럽의

그리고 1968년 공포된 원리들의 실현을 요구하는 학생들의 시위가 발생했을 때 관료적 지배층의 반응은 엄청난 것이었다. 기본적으로 외연적인(내실을 기하지 못한—역주) 경제와 관료적인 중앙집권적 지도의 결과인 국가의 위기상황에서 가장 진보적인 맑스주의자들, 그리고 마침내는 학생들이 주요한 역할을 수행했다. 그리고 우리는 하나의 사회주의 국가에서 콜라코프스키, 바츠코, 바우만, 모라프스키, 샤프, 그리고 그 밖의 수많은 사람들이 행정적으로 그들의 직무를 박탈당했음을 알고 있다. 또한 이 지식인들은 폴란드 맑스주의 사상을 국경을 넘어 전파시켰으며 현대 세계의 궁극적 문제에 대한 국제적인 맑스주의의 대화에서 지금까지도 현실적으로 협력자들인 것이다. 마찬가지로 우리는 기본적으로 계급과 인간에 중점을 두고 국가와 민족에 대해서는 관심을 두지 않았던 맑스주의 운동의 초기와 같이 새로이(왜냐하면 이것은 처음으로 발생한 것이 아니라, 스탈린주의 말기에 몇몇 유대인 의사들에 대해 날조된 선동이 있었음을 생각해 보자) 반동적인 민족적 현상이 두드러지는 것을 겪어 왔다. 이것은 단지 사회주의의 중앙집권적이고 관료적인 독점에서 유래하는 구조와 의식의 파행현상을 보여주고 있을 뿐이다.

---

노동계급은 이러한 혁명이 발발하게 되고 사정에 따라 개입하게 되는 경우에 서방 세계에서 이 혁명을 지지하게 될 것이라고 말하고 있다. 마찬가지로 소련의 개입은 불가능하다는 순진한 생각을 하고 있다. 우리들은 급진주의나 모든 형태의 자기희생에 존경을 표시해야 하며, 그것들에게, 사회주의의 관료주의적이고 국가주의적인 지배는 자본주의의 계급지배와 마찬가지로 견딜 수 없는 것이다. 한편에서는 그러한 구조를 필연적으로 극복하기 위한 비판적 견해를 갖고 있어야 하며, 또 한편에서는 이 과정을 지속시키기 위한 올바른 견해를 가져야만 한다. 외적 대립이 두드러지고 대중들에게 오직 하나의 선택만을 허용하는 상황은 역사상 매우 예외적인 것이다.

# 제6장
# 체코슬로바키아의 맑스주의

폴란드에서의 민주적이고 인간주의적인 사회주의의 발전 가능성에 관해 얘기된 모든 것들은 체코슬로바키아의 경우에도 대부분 타당하다. 그들의 문화적 민주주의적 전통에 근거해 볼 때 전체 사회주의 진영들에서 대개의 발전된 나라들의 국민들이 스탈린주의화된 사회주의 모델을 받아들이기는 매우 힘든 것이다. 이 모델은(동적으로 이해되어야 하는 모든 모델들처럼) 그것이 변형되지 않고서는, 세계에 진정으로 유럽적인 사회주의의 사례가 될 수 있었을 어떤 나라와도 어울리지 않는다.

이미 설명한 체코슬로바키아의 1848년의 격렬한 대립 이후, 사회주의 세력이 일선에서 이용했어야 할 포괄적이고 풍족한 민주주의적 발전은 붕괴되어 버렸을 뿐 아니라, 이 국가는 슬란스키(R. Slanski)에 대한 잘 알려진 잘못 선고된 재판에 의해 이미 기술했던 스탈린주의적 맑스주의의 변형태를 받아들이는 경험을 하게 된다.

우리는 이미 1930년대에 개인적 추진력과 확신에서 맑스주의를 그 본래의 모습으로 받아들인 수많은 지식인들이 체코슬로바키아에 있었다는 사실을 기억해야 한다. 그들 가운데는 문학비평과 예술영역에서 날카로움과 두드러진 식견이 돋보이는 타이게(Karl Teige)와 철학영역에서의 스잔

토(L. Szanto), 칼란드라(Z. Kalandra), 카베즈(J. Kabes), 스보보다(L. Svoboda), 콜만(A. Kolman), 리거(L. Rieger), 흐루조프스키(I. Hrusovsky) 등이 제2차 대전까지 활동하던 인물들이었다.

1950년대의 맑스주의 이론의 발전은 그다지 만족스럽지 못한 것이었다. 모든 자유로운 사상은 노보트니(Novotny)의 관료제적 기구에 의해 즉시 고발당했고, 폴란드와 헝가리의 사건들은 점차 커져 가는 국내 경제생활의 모순에 의해 옹호되는 지도부의 관료적인 경직성을 첨예화시켰다. 다른 많은 사회주의 국가들보다 강화되고 교육받은 노동계급을 지닌 진보적 산업국가는 소비에트적 관료-중앙집권적 계획경제의 유형을 적용함으로써 정체되거나 심지어 후퇴하기까지 하는 지경에 이르렀다. 이 유형은 노동자평의회에 의한 노동계급의(자기) 관리의 적극적 발전과 다른 연합체를 전제하지 않고, 간략히 말하자면 주로 많은 모순들과 어려움들에 빠지게 되는 외연적 경제를 요구했다.

그래서 한편으로는 맑스주의적 이론 영역에서 스탈린주의적 개념들에 대해 처음에는 조심스럽고 간접적인 비판들과 문제를 근본적이고 유연하게 파악하려는 노력들이 제기되고, 다른 한편에서는 경제의 정체 상황에 대한 문제제기와 유고슬라비아와 폴란드의 영향으로, 이를 비판적으로 해명하고 적절한 유형에 대해 추구, 탐색하게 되었다. 체코슬로바키아의 경제에서 이와 관련된 오타 시크(Ota Sik, 1919년 출생)의 노력은 주목할 필요가 있는데, 그의 관점은 우선 경제·정치에 관한 그의 저작에서, 그리고 뒤를 이어 『사회주의에서의 계획과 시장』[1]으로 발전되었고, 그러한

1) 그의 중요한 저작들은 『경제, 이해, 정치』(*Ökonomie, Interessen, Politik*), 베를린, 1966(체코판 1964)와 『사회주의적 상품관계의 문제에 대하여』(*Zur Problematik der sozialistischen Warenbeziehungen*), 베를린, 1965(체코판 1962)

경제적 수정의 방향은 이후에 노보트니 정부의 후원으로 정치적 지도노선으로 받아들여졌다.

그의 『사회주의에서의 계획과 시장』은 한편으로는 시장을 배제하고 중앙집권화된 계획이 필수적이라는 독단적 관점에 대항하는 논쟁과 다른 한편으로는 사회주의에서도 특수한 시장관계가 고려되어야 하고 노동단체들이 더 많은 보다 큰 권리를 요구할 수 있어야 한다는 근본 주장을 설명했다. 시크는 맑스가 사유재산과 화폐-상품 관계가 두드러지게 발전한 시점에 근거하여 사회주의에서는 상품생산이 극복되리라고 가정했으며, 또한 오늘날의 맑스주의자들이 그들의 고유한 역사적 경험에 근거하여 필요한 결론들을 이끌어 내야 하는 의무로부터 벗어나 있는 것은 아니라는 점에 주목했다.2)

시크는 이론적 고찰에서뿐만 아니라 1960년대 초에 그 절정에 도달했었던 체코슬로바키아 경제의 낙후성에 관한 경험적 분설에서 출발했다. 시크에 따르면 이러한 낙후성과 모순들의 주된 이유는 항상 풀릴 수 없는 경제적 모순들을 야기할 수밖에 없는 외향적(성장주도의—역자) 경제의 성

등이 있는데, 그것을 그는 『사회주의에서의 계획과 시장』(*Plan und Markt im Sozialismus*, 빈, 1967)이란 제목으로 손질해서 출판했으며(체코판 1965), 그것은 그의 개념들에 대한 우리의 서술에 결정적인 것이기도 하다. 시크의 저작들 외에도 카렐 쿠바(Karel Kouba)와 그 연구진들의 가치 있는 저작인 『사회주의 경제에 대한 고찰』(*Betrachtungen über die sozialistischen Ökonomie*, 1968 ; 거기에서 흐로노프스키가 사회주의 경제의 비상품적 성격에 관한 이론에 비판을 제기했다.)을 들 수 있고, J. 골드만과 K. 쿠바의 작품인 『체코슬로바키아의 경제성장』(*Das wirtschaftliche Wachstum in der CSSR*)도 있다.

2) 오타 시크의 『사회주의에서의 계획과 시장』, 빈, 1967, S.19~20 참조. 시크는 또한 스탈린의 후기 개념화를 비판했는데, 스탈린에 따르면 국가적 소유와 조합적 소유라는 두 종류의 소유가 있기 때문에 사회주의에서는 화폐-상품 관계가 존재해야 한다고 보는데, 시크는 문제가 보다 복잡하며 근거들이 보다 심층적인 것임을 지적했다(S.22~36참조).

격에 있다.

"내적으로 충실한 발전을 지향했던 산업적으로 고도로 발전한 나라들에 비하여, 특정한 나라의 외향적 발전은 항상 보다 비효율적인 것으로 나타나며, 간혹 그것이 특정한 생산조직들과 경제적 조건 하에서는 유일하게 가능하고 유익한 발전형태일 수는 있지만, 그렇다고 그것이 제기된 모순들을 해결하지는 못할 것이다. 즉 외향적 발전이 일정한 한계를 넘어서거나 일정한 한계에 미치지 못하게 되자마자 이러한 발전은 더 이상 그것에 상응하는 조직들을 계속 만들어 나가지 못하기 때문에, 이 형태는 해결될 수 없는 경제적 모순들을 야기하고, 특수한 종류의 외향적 발전만을 중시하게 되는데, 잘못된 경제지도체계의 결과인 이것이 비효율적이고 경제적으로 부정적인 발전임이 지적되어야 하고, 그것이 파국에까지 이르지 않도록 빠른 시일 내에 극복되어야 한다."[3]

시크는 여기에서 밝힐 수는 없는 일련의 자료들로 체코슬로바키아 경제체제의 낙후성, 생산위기, 공황을 지적한다. 경제의 외향적 발전은 높은 생산비용, 고정기금의 낮은 효율성, 상대적으로 높은 투자가격, 노동의 완만한 생산성 향상, 총사회적 생산물에서 가계수입이 차지하는 몫의 계속적 하락과 축적되는 몫의 계속적 상승을 낳게 된다. 이 모든 것들은 사회적 생산물인 재생산비용을 빠르게 상승시키고 재생산 계수를 높이게 된다.[4] 외연적 발전의 이러한 부정적 결과들을 부정하는 사람들은 고용 정

3) Ibid., S.46~47.

4) Ibid., S.71 참조. 시크는 또한 상황을 어렵게 만드는 다른 형편, 예컨대 외국무역을 도입했다. 전쟁 이후에는 체코슬로바키아가 산업 생산물을 거의 모든 나라들에 수출했기 때문에 좋은 처지에 있었던 반면, 오늘날 한편으로는 사회주의 국가들의 산업화로 인하여 상황이 보다 좋지 않은 편이다. 오직 전문화되고 고도의 집약적인 생산만이 성공적일 수 있는 세계시장에서 심한 경쟁과 무정부상태가 지배하고 있다(S.78~79 참조).

도가 아니라 노동 생산성을 향상시킴으로써 산업생산이 보다 신속하게 진행될 수 있음을 증명하려고 했는데, 그들은(현실을) 옹호하는 입장에서 현실을 은폐시키고 있는 것이다. 또 이 모든 것이 새로운 경제-정치적 진로, 다른 계획구조, 보다 유능한 관리들에 의해 극복될 수 있다고 보는 것은 환상이다. 체코슬로바키아 경제의 부정적인 발전은 사람들이 그것이 "우리 생산의 수년간의 부정적인 외향적 발전이며, 그것이 낡은 행정지도 체계와 시장관계를 억압하고 오로지 외면적 발전만을 허용했던 것의 필연적인 결과"[5]라는 것을 이해할 때에만 방향을 전환시키게 된다. 시크의 근본 주장은 문제의 본질이 우선적으로 행정지도체계와, 필연적으로 외향적 경제 성장을 지향하게 되고 커다란 경제적 손실(불필요한 투자, 불필요한 자원 파손, 기술적 질적 확대 발전을 저지, 용역활동 · 과학 · 연구 · 교육제도의 낙후성 등)을 초래하는 경제계획에 있다고 보아야 한다는 것이다.

"그러나 무엇보다도 행정지도체계는 사업의 독립성을 제한하고 그것의 적절한 창의성을 묻어 버린다. 사업의 지도기관은 어떤 하나의 경제적 과정에 관해서도 거의 자립적일 수 없었고, 빠르게 변화하는 경제적 조건들에 상응하는 것이 중시되었으며, 무엇보다도 행정적으로 미리 작성된 양적인 계획상의 요구를 형식적으로 지시하도록 강요받았다."[6]

이러한 상황으로부터 벗어나는 길은 현실적으로 계획경제적 지도체계와 사회주의적 시장관계의 철저한 이용으로 이행하는 길이다.

우리가 이미 오랫동안 보아 왔듯이 그리고 사회주의 이론가들의 대다수

5) Ibid., S.80.
6) Ibid., S.95.

가 그러하듯이 사회주의에서의 계획의 필수불가결함은 논쟁이 되지 않았다. "사회주의에서는 사실상 객관적인 필연성인 국민경제 발전의 계획성은 합법적인 것이다."7) 시크가 볼 때 일정한 보편적 개념이 없이는 사회주의가 계속 발전해 나갈 수 없다. 그렇지만 이 문제에서도 상이한 경제적 조건 하에서 상이한 경제적 형태들을 받아들이는 그런 일정한 합법칙성이 인정되어야 한다. 사회주의에 관한 지금까지의 뿌리박힌 고정관념, 즉 계획만이 적절한 발전을 보장해 준다는, 가장 단순화된 의미로만 이해된 생각들에 대해 시크는 계획에 있어서 고려해야 하는 몇 가지 합법칙성을 도입했다. 항상 고도화되는 사회의 소비수준은 사용가치의 발전과 확장에 의해 보장되어야 하고, 생산된(형성적) 사용가치의 양은 이러한 사용가치에 따른 욕구에 상응해야 하며, 사용가치의 생산은 보다 고도화되는 노동 생산성을 갖춰야 하고, 사회적 생산은 결과적으로 그리고 최종적으로 비생산적 소비와 그것의 성장에 제공되어야 한다는 것 등이 바로 그러한 것이다.8)

오늘날의 사회주의적 발전형태에서, 지속적인 노동분업 하에서 특수한 기관이 계획을 기초하는 것은 어쩔 수 없다. 그렇지만 이러한 문제의 복잡성 때문에 계획의 모든 특수한 기관을 일반적으로 조정하는 데 그것이 필수적인 것이긴 하지만 하나의 중앙기관을 설립하는 것은 불가능하다. 중앙집권적 지도는 그 자체가 큰 위험을 지니고 있다. 사람들이 중앙집권

7) Ibid., S.104.
8) Ibid., S.105 참조. 그는 사회주의 계획안의 특징을 다음과 같이 정식화했다. "국민경제의 사회주의적 계획성은 모든 주된 내적 경제적 연관을 고려한 후 전체 국민경제의 틀 내에서의 경제적 활동의 발전에 관한 통일적이고 전사회적이고 목적의식적인 규정을 의미하며, 나아가 계획된 경제활동과 그것의 현실적인 미래의 발전이 철저하게 일치되는 것을 의미한다."(Ibid., S.107).

제를 보다 높은 지도기관이 보다 낮고 특수한 지도기관을 대체하는 것으로, 그리고 그 지위상 결정적인 것으로 파악하게 된다면, 관료적 지도가 형성되고 보다 낮은 기관들은 불필요한 잉여의 것이 될 것이다. 이것은 우선적으로 밑에서 위로 올라가는 세부 결정이 적체되고, 불변적인 명령이 기계적으로 위에서 밑으로 내려오는 체계가 출현하게 한다.

통일적 지도체계에서 보다 낮은 단계의 특수한 지도기관들의 상대적 자립성이 필수적이라는 점은 반드시 존중되어야 한다. 이 기관들의 조화와 보편적으로 필요한 발전을 손상시키지 않으면서 그 기관들로부터 지도적 영역에 이르기까지의 특수한 조건들은 최대한 남김없이 이용할 수 있어야 한다. 이렇게 함에 있어서 넓은 의미로 생산자들 자체, 노동자, 기술자, 기타 종사자들의 지식이 이용되고, 능동적인 지도활동에서 지속적인 몫을 차지하지는 않더라도 그들의 직접적인 참여의 몫이 보장되어야 한다.[9] 보편적인 발전방향의 틀에서 노동자의 결정의 상대적 자립성은 시크가 민주주의라고 지칭하는 사회주의적 지도체계의 이차적인 측면이다. 사회주의에서는 지도체계와 마찬가지로 계획체계 역시 민주집중적이어야 한다.

> "집중적 결정·지도와 탈(脫)집중적 결정·지도 간의 관계, 그것의 올바른 한계 설정과 결합은 사회주의 경제와 사회주의 사회 일반의 가장 중요하고 현실적인 문제들 가운데 하나이다."[10]

그렇지만 이러한 지도기관들 모두에 공통된 이해가 있을 뿐만 아니라 그러한 개별적 기관의 특수한 이해도 있기 때문에, 그 기관들 사이의 특

9) Ibid., S.119 참조.
10) Ibid., S.120.

정한 대립도 있을 수 있다. 또한 사회주의에서의 인간들의 계획적인 협력이 이러한 공동작업의 내적 모순을 인정하지 않는다는 의미로 절대화되어서는 안 된다. 일정한 문제들과 어려움들은 다음과 같은 근거들로 인해서 생겨날 수도 있다. 경제발전의 복합성으로 인하여 필요한 노동발전의 모든 측면으로부터 나오는 하나의 중심을 인식할 수 없다는 점, 모든 지도기관들 간의 결합이 처음부터 자명한 것으로 이루어지지는 않는다는 점, 정보체계가 처음에는 결함투성이이고 그것이 보충되는 대신에 종종 모순되기도 한다는 점, 정보의 조작이 처음에는 원시적이라는 점 등이 그 근거들이다. 그래서 필연적으로 계획 지시 및 다른 지도 지시들과 노동 및 생산의 객관적이고 필수적인 발전 간의 모순이 생긴다. 그렇지만 중요한 점은 저명한 경제인, 특히 경제 실무자는 구체적인 노동발전과 객관적으로 필요한 노동발전 간의 총체적 모순—모든 경제적 어려움 일반—을 이러한 단초적 인식결함에 의해 설명하고 사회주의적 노동 내부의 모순을 극복하는 데 있어서 사회주의적 시장관계의 중요성을 부정하려고 한다는 점은 강조되어야 한다.[11)]

시크에 의하면 소비과정에서 직접적으로 생산과 관련된 생산자들의 이해와 결정이 인식되어야 한다는 것이다. 즉 생산자들이 그들의 특정하고 협소한 이익과 결정이 어떻게 소비의 발전에 기여하는가를 깨달을 수 있어야 한다는 것이다.

"또한 생산자들 간에 생산에서의 생산자의 결정이 사용자의 이해를 존중해야 하고 그럼으로써 모든 생산자는 소비자들 자체를 회생시키는 일방적인 결정이 소비자에게 부정적이고, 그것의 적정수준에서의 결정이 긍정적인 것임을 알게 되는 그러

11) Ibid., S.158~159.

한 경제적 관계가 형성될 것이고, 그 관계를 매개하여 그것이 지속적으로 강제된다. 그러한 경제적 관계는 지속적으로 생산자로서의 그들의 이해관계가 소비자로서의 그들의 이해관계가 서로 충돌하고 서로 직접적으로 비교되는 관계이며, 또한 사회적으로 필요한 노동 지출에 기여하는 관계로서 이것이 사회주의적 상품-화폐 관계이다."12)

사회주의적 상품생산은 사적인 자본주의적 상품생산과 구별되는데, 이것은 사회주의적인 상품생산이 사회주의적인 사회적 협동의 틀에서 그리고 그 틀을 매개로 하여 발전하고, 상대적으로 자율적인 그 담당자는 사회주의적 사회 전체의 부분들인 사회주의적 사업체들인 점에서 그러하다. 따라서 상품을 사고 파는 것이 사회적 협동을 가로막을 가능성을 만드는 것은 아니다. 그리하여 사적 생산을 추진하고 그것으로 인하여 사회적 협동을 의문스러운 것으로 만드는 사적 개인들에게 생산수단을 파는 것은 배제된다.13)

화폐-상품 관계와 마찬가지로 앞서 서술된 계획체제가 현존해야만 비로소 사용가치를 거시경제학적 수준의 영역에서 의식적으로 결합시킬 수 있게 된다. 낡은 행정계획 하에서의 사용가치와 가치 간의 합리적 관계는 상실되어 가고, 이미 제시된 결과들을 낳는다.

사용가치와 사실상의 가치의 관계에 적합한 계획만이 사회주의적인 것일 수 있다. 여기에서 더 이상 총생산량의 높은 증가율을 계획안이 타당한가를 재는 주된 기준으로 삼을 수는 없게 된다. 필수적인 기본 생산조건을 확보하는 것이 적절한 생산발전에 결정적이다. 따라서 생산의 주된

12) Ibid., S.165~166.
13) Ibid., S.214.

전제는 생산기초(Produktionsfond, 기간산업)의 기술수준을 적절하게 상승시킬 수 있는 필수적인 생산능력과 그에 따른 확장이다.14)

많은 사회주의 경제학자들은 사회주의에서의 가치법칙의 규제적 역할이나 시장 기제에 관한 생각을 독단적으로 부정한다. 그러나 시크에 따르면 현실에서는 모든 독단주의에 반하여 사업체의 생산결정에 있어서 가치의 자동적 작용이 관철되며, 거기에서 위에 지적한(가치법칙이나 시장 기제를 인정하지 않는—역자) 관점은 이러한 과정들을 부정적으로만 처리해 버리려고 했다. 즉 가격은 행정적 방식으로 결정되고 생산자와 소비자의 이해를 고려하지 않기 때문에 모순점들이 더욱 심화된다. 또한 장기간에 걸쳐 계획적으로 주요 생산비율을 확보하는 데 있어서 가치법칙을 중시해야 할 것이다.

이러한 틀에서 가치법칙이 사회주의에서도 규제적인 법칙으로 작용하는지 작용하지 않는지에 대한 논쟁적 문제를 풀 수 있을 것이다. 이 논쟁적 문제를 즉자적인 형식으로 파악한다면, 가치법칙이 자본주의에서는 우세한 것으로 작용하므로(비록 여기에서도 몇몇 나라들에서는 이미 독점체 내부에서나 국가의 측면에서 계획적으로 관여하고 있지만) 사회주의에서의 이러한 역할에 관해서는 얘기할 수 없을 것이다.

"그러나 이러한 정식화는 사후적으로 기본 비율 상의 잘못이 확정될 때, 사회적인 계획적 투자 결정에 있어서 미래의 가치 발전이 고려되어야 하고 투자방향이 계획적으로 변화되어야 한다는 것에 의해 그것을 표현하고자 하는 한 잘못된 것이 아니다(그러므로 현존하는 생산능력에 있어서의 일정한 상품 종류가 수요를 막지 않

14) Ibid., S.219.

고, 장기적으로 가치 내지는 생산가격 또는 거래가격 이상인 가격으로 팔리게 된다). 이것이 말 그대로 주요 생산비율을 확보하는 데 있어서 가치법칙을 계획적으로 존중할 필요성을 보다 잘 나타내 준다."[15]

시크가 계획에서의 노동자와 사업체의 몫에서뿐만 아니라 일련의 지역계획안과 함께 일반적 계획안을 조정하는 데에서 사회주의 경제정책의 문제를 해결할 수 있다고 보았다는 사실과 관련하여 생산된 가치의 처분 가능성과 분배의 문제가 제기된다. 그의 견해는 "사업체는 실현된 전체 가치 이상을 배정할 수 없다"[16]는 것이다. 그런 견해 속에 사회주의에 의해 도달된 진보가 두드러지는데, 그 까닭은 개별 경제부문의 생산조건의 개선과 확대는 이 부문의 실현된 총 생산물에 의존할 뿐만 아니라 상대적으로 그것과 독립하여 발전되기도 하기 때문이다. 그래서 사회적 재생산 과정의 중요한 부분이 중앙집중적인 사회기구로 유입되지만, 그 기구들이 개별적 생산비율의 모든 변화들을 규정할 수는 없다. 따라서 국가기구들은 총소비 부분을 모아서 다른 모든 지불에 따라 한 몫을 사업체가 처리하도록 한다.

"이 모든 채무들[만기가 된 신용(Kredit), 이자, 위약금 등의 상각(償却, 지불)]의 지불 이후에도 남아 있는 총수입 부분은 전적으로 기업체에 맡겨지고 기업체는 그것의 사용에 관해 결정할 수 있다. 기업체는 고유한 수입의 한 부문을 기술개발(연구·발전 등) 기금으로, 예비기금, 사회 · 문화기금으로 사용한다. 그 나머지는 다시 두 부분 즉 1. 임금기금과 2. 배당·상여금 기금을 이루는 급료기금이 된다."[17]

15) Ibid., S.224~225.
16) Ibid., S.227.
17) Ibid., S.230.

시크에 따르면 사회주의적 상품생산의 주된 특성은 가격형성 영역에서 분명히 나타난다. 그는 사회주의적 생산가격과 자본주의적 생산가격 간의 차이를 설명하고[18], 가장 어려운 문제는 가격관계를 주로 주관주의적으로 결정해 온 낡은 행정지도체계로부터 생산가격 자체에 근거해야 하는 그런 체계로의 이행에 있음을 강조한다. 단지 거시경제학적인 가격관계를 중심적인 것으로 규정할 수는 있지만, 그것이 의미하는 바는 가격의 많은 관계들이 근본적 구성에서 벗어나게 된다는 것이다.

또한 가격의 본질은 사회주의에서도 사실적 가치이기 때문에, 가격유동은 지속적으로 사실적 가치와 사용가치 사이에 형성된 모순을 풀어나가야 한다. 그것은 의심할 바 없이 존속하는 시장관계를 표현하는 것이지만 그것은 사회총노동의 발전을 직접적인 사회적 지도로 가능하게 하는 사회주의적 생산관계 내에서 이루어진다. 사실적 가치는 사회주의에서 필수적으로 사회주의적 생산가격으로 바뀌는데, 그것은 확장된 사회적 재생산과정의 적절한 발전을 위한 전제들이기도 하다.[19]

시크는 후기에서 사회주의적 시장과 그 시장이 사회주의의 경제적 사회적 발전에 미친 영향에 대한 일방적이고 비과학적인 비판을 물리친다. 그

---

18) Ibid., S.258~259. 시크는 사회주의적 생산가격은 주로 다음과 같은 점에서 자본주의적 생산가격과 다르다고 파악한다. 생산가격은 경쟁의 틀에서 자생적으로 발전되지는 않는다. 그것은 생산비의 과거의 발전과 산출된 가치의 계급분배(Klassenverteilung)의 결과로 이루어지지 않고, 사회에 필요한 가치분배(Wertverteilung)에서 생산의 미래의 계획된 발전과 일치해서 결정된다. 그것은 사회적으로 필요한 재생산비의 개별적 구성요소들과 관련된 사회 전체의 수요에 관한 계신으로 표현된다. 생산비에 포함된 이익은 더 이상 생산수단의 사적 소유자들에게 전유되지 않고, 일정한 장기간의 경제기구들의 도움으로 계획적으로 국가와 공장들 사이에서 분배된다(S.258~259).

19) Ibid., S.298~299.

가운데 한 비판은 사회주의의 시장관계를 이용하고 발전시키는 것이 맑스-레닌주의의 수정이며 자본주의로의 복귀라고 보며(*Monthly Review,* 1964에서 L. 후버, P. M. 스위지), 다른 비판은—중국 이론가들처럼—그러한 필연성을 위해서는 물질적 이해 타산과 물질적인 노동 자극이 지적되어야 한다고 본다. 한편으로는 관료제적 입장을 표현하고 다른 한편에서는 추상적인 독단론의 방향에서 유래하는 이처럼 상이한 독단적 파악들에 반대하여, 시크는 정당하게 주된 위험은 경제적으로 근거지워진 지도체계와 모든 경제적 자극의(철저한) 이용에 있는 것이 아니라, 일면적이고 형식적이며 관료제적인 지도에 있는 것이라고 생각했다.

이로부터 시크의 개념화는 사회주의적 제관계의 틀에서 형성된 시장관계의 발전과 계획적 지도의 탈중심화에 관한 폴란드와 유고슬라비아의 개념화의 영향뿐만 아니라, 1960년대의 체코슬로바키아 사회에서 발생한 심각한 경제적 사회적 위기에서 기인한 것이기도 하다는 것을 잘 알 수 있다. 시크가 제안한 척도는 이 사회의 심층적인 경제적 개혁에 충분했으며, 그것에 따라 필연적으로 다른 많은 사회적 삶의 영역들에서 개혁이 이루어졌다. 그의 개념화는 어떤 의미에서는 사회주의적-수정주의적인 것이고, 그것의 기본적인 약점은 최소한 원칙적으로나마 문제를 보다 철저하게 보여 주지 않았다는 점이다. 즉 노동자연합(Arbeiter kollektiv)과 노동자지도(Arbeiterleitung) 일반의 능력에 대한 강조가 미약했다는 점이다. 그것은 국가의 지도에 대해 상당히 발전된 노동계급의 직접적인 참여가 보다 많이 보장되어야 한다고 요구하는 1월의 변혁(Januarumbruch)에서도 나타났는데, 그것이 이루어졌다면 비극적인 8월회의(Augustage)를 막을 수 있었을 것이다.

지금까지 스탈린에 의해 지배된 철학영역을 무너뜨린 또 한 사람의 중요한 인물은 카렐 코지크(Karel Kosík, 1926년생)이다.(정치적 법령에 의해 그리고 사회운동의 작용범위를 제한함으로써 그처럼 민감한 사회적 정신적 삶의 바로미터인 철학 속에서 무언가 설취할 수 있다는 환상이 언제나 지배적인) 사회적인 국가들의 사이비 철학적 운동과 그 발전을 아는 사람이라면 구체적 변증법에 관한 K. 코지크의 고찰의 목적과 결과의 중요성을 인식하게 된다.

체코슬로바키아 철학이 유일하게 코지크만을 배출하는 데 그쳤다고 주장하는 것은 지나친 일일 것이다. 체코슬로바키아는 특정한 철학적 전통을 지니는 데 그치지 않고 유럽적 문화생활에도 참여했다. 그리하여 그것은 이 세기에 모든 본질적인 사건들에 대한 체코슬로바키아 지식인들의 부정할 수 없는 개방성을 가져왔다. 따라서 철학 영역에서의 전후의 전반적 발전은 크고 작은 저항과 전초전으로 두드러지는데, 거기에서 모두는 항상 수정주의로 불리는 대가를 치루었던 것으로 밝혀졌다.[20]

코지크의 저작은 당시의 스탈린주의의 이념적 틀로부터 특히 강하게 떨어져 나온 것이다. 철학적 전통에 대한 그의 관계는 이미 본질적으로 다른 것이다. 그는 H. 마르쿠제의 특정 저술들과 마찬가지로 루카치의 철학 활동의 초기 국면의 큰 중요성뿐만 아니라, 당시의 부르주아 철학의 주된 활동들(그는 그것에 관한 가치평가에서 피상적인 사회학주의에 빠지지는 않았다.)에 대해서도 인식했다. 코지크는 사르트르와 하이데거의 초기 저작들과

20) 1950년대 말까지의 이러한 발전에 대한 개관은 로브코비츠(N. Lobkowicz), 『체코슬로바키아의 맑스-레닌주의』(*Marxismus-Leninismus in der CSSR*), 도르레흐트, 1961을 참조할 것. 이 책은 비맑스주의적 입장에서 쓰여진 책 가운데 하나이다.

마찬가지로 후설의 현상학에서 주어진 몇 가지 근본명제들과 자극들을 받아들이고 이용했다.

이 모든 것은 맑스주의 철학의 전통과 결합되면서 한편으로는 물질과 자연에 관한 존재론적 사변들이나 비역사적인 주체와 인식 대상에 관한 인식론적 사변에 빠지지 않도록 하고, 다른 한편으로는 많은 맑스주의자들에서의 적지 않은 인간학적 개념화의 어떤 일면성을 피할 수 있게 했다. 그리하여 코지크의 근본 주장의 하나는 다음과 같은 것이다.

> "인간은 두 영역에, 즉 그의 본질의 한 부분인 역사와 다른 부분인 자연으로 나뉘어 살지는 않는다. 인간으로서 그는 항상 자연과 역사 속에 동시에 있다. 인간은 역사적이고 사회적인 존재로서 자연을 인간화하지만, 그는 자연을 또한 절대적 총체성으로 그 자체가 충족된 자기원인(causa sui)으로 인간화의 조건이자 전제로 인식하고 인정한다."[21]

그러나 그것은 맑스주의가 스피노자의 형이상학적 실체로 기록되는 동학(動學)인 것도 아니며, 맑스주의적 변증법이 환원방법인 것을 의미하는 것도 아니다. 오히려 그 변증법은 실재를 정신적으로 사고에 있어서 재생산하는 방법이며, 문화적 현상들과 다른 현상들을 설명하는 방법이기 때문에, 역사적인 인간들의 객관적-실천적 활동성에서 출발하는 방법인 것이다. 그리하여 코지크에 있어서는—루카치, 마르쿠제, 몇 사람의 유고슬라비아

21) K. 코지크, 『구체성의 변증법』(*Die Dialektik des Konkreten*), 프랑크푸르트, 1967, S.245. 코지크는 먼저 정신이 부정성이란 속성을 지닌다는 주장을 대변하지는 않는다. "먼저 물질에 대한 파악, 즉 이러한 물질 자체에서 새로운 성질들과 보다 높은 발전단계를 산출하는 잠재력(Potenz)인 부정성을 발견하는 것은 물질적 세계의 속성으로서 새로운 것에 관한 유물론적 설명 가능성을 부여한다."(ibid., S.29).

맑스주의자들처럼—맑스주의의 철학적 변혁의 본질과 인간적 현존의 본질을 해명하는 실천 범주가 주된 범주이다. 인간적 실천은 "객관적인 것이 주관적인 것으로 그리고 주관적인 것이 객관적인 것으로 변형되는 무대이며, 인간적 의도들이 실현되고 자연의 합법칙성이 밝혀지는 '활동적' 중심점이다."22)

코지크는 노동과 실천의 범주를 구분하는 중요한 문제들에서 맑스의 초고와 저작들뿐만 아니라 부분적으로는 마르쿠제의 훌륭한 소논문을 결합시켜 그것을 다루고 있다.23) 노동은 자연을 변형시키는 대상적 활동성이고 동시에 인간적 가능성들을 자연 속에 실현시키는 것이다. 노동은 인간과 자연의 통일이 이루어지는 그러한 작용이다. 인간은 노동에서 자기를 대상화하고, 이런 방식으로 노동에서 객관성에 이른다(이때 객체 자체는 인간화된다.). 동시에 그것은 동물이 자연적 조건들에 매여 있는 데 반하여 인간적 세계를 산출하는 것을 의미한다. 그 때문에 코지크는 인간의 대상적 활동과 결합되는 인간적 시간이란 문제들을 실존주의의 시간성과 맑스주의의 시간성(역사성—역주)에 대한 파악으로 분명히 구별한다. 노동과정은 노동의 결과에서 시간적 연속의 응축과 지양이 나타나는 것처럼 시간적 경과를 나타낸다.

---

22) Ibid., S.123.

23) 코지크가 정당하게 강조한 바와 같이 마르쿠제의 「경제학적 노동개념의 철학적 근거에 관하여」란 연구논문은 중요한 것으로 아직까지는 능가할 수 없는 최고의 위치에 있다. 동시에 코지크가 다른 문제들에서와 마찬가지로 여기에서도 맑스의 1844년 초고에만 근거하고 있는 것은 아님을 명확히 해야 한다. 그 『강요』로부터 『자본론』까지의 맑스의 사상의 연관과 연속성을 분명히 인식하고 맑스적 정치경제학 비판의 엄밀한 철학적 설명을 제시했던 드문 맑스주의자 가운데 한 사람이다.

"현재의 노동과정에서 과거에 행해진 노동의 결과가 변화되고 미래에 행해질 노동의 의도들이 실현된다. 인간의 존재의 구성적 차원인 인간적 시간의 삼차원성은 노동에서의 인간의 대상적 행위로 그 근거가 부여된다. 시간의 삼차원성과 인간의 시간성은 대상화에 기인한다. 대상화 없이는 어떠한 시간의 변화도 없다. 대상적 행위인 노동은 시간(시간들의 변화)과 공간(연장)을 특수한 방식으로 통일시킨다. 이 통일은 인간적 존재의 근본 차원, 즉 세계 안에서의 인간의 운동의 특수한 형식이다."[24]

동시에 노동은 경제적 필요의 영역을 벗어나지 않지만 동시에 그것을 넘어서서 그 속에서 인간적 자유의 실질적인 전제를 산출해 내는 인간적 활동이다. 그리하여 인간에게 자유는 노동과 독립된 자율적인 영역인 필연성(필요)의 경계 배후에서가 아니라 그것의 필연적인 전제인 노동으로부터 성장해 나가는 것임이 밝혀진다. "그것이 어떠한 영역에 관한 것인지를 막론하고 오로지 내적인 목적에 의해서만 규정되고 자연필연성과 사회적 의무에 의존하지 않는 인간 행위는 노동이 아니라, 자유로운 창조이다."[25] 마찬가지로 우리가 노동과 사회적 현실의 형상화 간의 관계를 질문하는 한 노동에서 어떠한 경제적인 것도 찾아내지 못할 것이다. 인간적 현실이 형성되는 대상적 행위로서의 노동은 철학적 의미에서의 노동이다. 이에 대하여 경제적 의미에서의 노동은 부의 특정한 역사적 사회적 형태를 산출하는 것이다.[26]

그에 대하여 주어진 바(Gegebenheit)에 대립되는 것, 즉 창조이면서 동시에 인간적 본질의 특수한 형식인 사회적-인간적 현실이 나타난다. 이

24) K. 코지크, ibid., S.203.
25) Ibid., S.208.
26) Ibid., S.210 참조.

러한 의미에서 코자크에게서의 실천 개념은 플라톤-아리스토텔레스적인 전통을 논박함으로써 존재론적 현실로서의 인간적 산출의 진정한 성격을 드러냈던 근대 철학의 종점이다.

"실천이 인간적 존재의 특수한 방식이라면, 실천은 그 존재의 모든 표현들을 관통하지, 인간의 몇 가지 측면들이나 특징적 성격만을 규정하지는 않는다. 실천은 전체 인간을 관통하며, 인간을 총체적으로 규정한다."[27)]

따라서 실현은 노동의 계기뿐만 아니라 인간의 실존적 계기도 포괄하며, 자연을 변형시키고 인간화하는 인간의 대상적 활동뿐만 아니라, 인간적 주체성의 형성도 포괄하는데, 이것은 "수동적 '체험'으로 나타나는 것이 아니라 인간투쟁의 구성부분으로, 즉 인간적 자유의 실현과정으로 나타나는 불안, 혐오, 우애, 웃음, 희망 등과 같은 실존적 계기에서"[28)] 인간적 주체를 창조한다.

이 모든 것으로부터 코지크의 근본 의도가 상이한 이원론과 다원론을 극복하는 것이며, 인간적 현실을 변증법적 총체성으로 파악하려고 노력하는 것임이 밝혀진다. 여기에서 그는 모든 것이 서로 결합되어 있고 전체는 부분 이상이라는 관점에 도달한 통상적인 총체성에 관한 이해를 거부하고 변증법에 있어서 총체성의 지위가 우선하는가 대립물이 우선하는가 하는 것을 따지는 몇몇 맑스주의자들의 전략적 질문에 반대하면서(그 질문에 대해 그는 대립물이 없는 총체성은 공허하고 운동하지 않으며 총체성 밖에 있는 대립은 형식적이며 자의적이라고 정당하게 강조하고 있다)

27) Ibid., S.219.
28) Ibid., S.221.

우선적으로 다음을 강조한다.

"총체성은 모든 사실들의 합을 의미하지 않는다. 총체성은 현실을 구조화된, 변증법적인 전체로 파악함을 의미한다. 즉 구조화된 변증법적인 전체 안에서 그리고 그러한 전체로부터 임의의 사실들(사실들의 묶음, 복합체)을 합리적으로 파악할 수 있다는 것을 의미한다."29)

대립물과 총체성 간의 이러한 변증법적 단계는—총체성 속에서의 대립들과 대립물의 총체성—유물론적 관점을 구조주의적 개념화와 구분하는 계기이다. 나아가 이러한 총체성에서 인간이 참된 역사적 주체이며 실천이 이러한 총체성을 산출하고 동시에(이 총체성에 의해) 형성되는 그러한 심급임을 인식하지 못한 채 이 총체성을 토대가 규정적인 역할을 하는 토대와 상부구조의 총체성으로 이해한다면, 그 총체성은 하나의 추상에 머물고 말 것이다.30)

맑스주의에 있어서 총체성은 사회적 생산에 의해 산출된 어떤 것인데 구조주의에 있어서의 총체성은 자율적 구조들의 상호작용에 의해 성립되는 것이므로, 우리는 단지 객체와 완결된 구조들의 형식으로 성립되지 않는 "사이비 총체성"(schlechte Totalität)을 문제삼아야 한다. 코지크는 사이비 총체성을 크게 세 형태로 구분한다. 개별적 계기들에 대한 반성과

---

29) Ibid., S.37.

30) 코지크는 이와 관련하여 다음과 같이 확정했다. "현실 인식의 변증법적-유물론적 원리인 구체적 총체성은 또한 다음과 같은 계기들을 포함하는 복합적인 과정을 의미한다. 즉 첫 번째는 사이비 구체성(현상의 물신화되고 기만적인 대상성)의 파괴와 현상의 현실적 대상성에 대한 인식, 두 번째로 역사적으로 고유한 것과 보편적으로 인간적인 것의 변증법을 특수한 방식으로 표현하는 현상의 역사적 성격에 관한 인식, 세 번째로 현상과 사회적 전체 내에서의 현상의 역사적 기능, 역사적 위치의 객관적인 내용과 의미에 관한 인식."(Ibid., S.56~57).

규정과 분석이 결여된 공허한 총체성, 폐쇄된 전체로서 그 부분들과 대립되고 그것의 생성이나 발전을 알지 못하는 추상적인 총체성, 현실적인 주제가 신비적 주체에 의해 대체된 나쁜 총체성.31)

코지크에 따르면 인간은 관계와 상황의 역사적 총체성으로 완전히 엮어져 있는데, 그는 관계들의 그물망으로 이루어져 있는 고립된 개인들의 이러한 활동성을 관심(Sorge, 아래 각주 *표 참조—역주)이라고 부른다. 이 개념은 하이데거가 사용한 것이 분명하지만 여기에서는 맑스주의적으로 변형된 것이다. 따라서 코지크에게 있어서 관심으로 파악된 인간은 세계 속에 빠져서 빠져나오지 못하는 그러한 단순한 주체(성)이다. 세계에 대한 인간의 실천적 관계에서 세계에 대한 관심의 관계가 이루어진다. 따라서 관심은 ;

"1. 사회적 개인이 그의 참여와 공리적 실천에 기초한 사회적 관계들의 체계로 편입되는 것이며, 2. 이러한 개인의 행위는 그 기본적 형태가 배려(Fürsorgen, 사물과 교섭 관계함—역주)와 고려(Besorgen, 다른 인간과 교섭 관계함—역주)라는 현상으로 나타난다. 3.(배려하고 고려하는) 행위의 주체는 분화되지 않고 익명성으로 나타난다."32)

---

31) Ibid., S.58 참조.

* 하이데거는 현존재(Dasein)의 존재론적 구조를 관심(Sorge)이라고 보는데, 이 구조는 던져져 있음과 세계 안에서 다른 존재자들(도구와 다른 현존재)과 교섭하고 있음과 미래에로 열려져 있음의 세 계기를 갖는다. 이 세 계기에 각각 과거, 현재, 미래가 대응된다. 하이데거에 의하면 인간은 아직 오지 않은 미래라는 가능성을 지향하여 끊임없이 미래계획(Entwurf, 企投)을 염려하는 가능존재이다. 따라서 미래에 의해 현재가 조명되고 삶이 구상된다. 다만 인간은 이미 던져져 있는 존재이므로 이 가능성은 던져져 있는 가능성이다. 따라서 뛰어넘을 수 없는 죽음이란 마지막 가능성을 앞두고 자신의 양심의 부름에 따라 본래적인 자기에로 결단하는 존재자이다.—역주

32) Ibid., S.64.

"(하이데거적 의미에서—역주) 관심을 갖는 존재로서의 인간이 항상 이미 미래에 있다고 한다면, 관심 안에 있는 존재(In-Sorge-Sein)의 차원은 어떤 의미에서는 인간의 특권일 것이다. 현재는 본래적인(진정한) 실존이 되지 않고, 미래는 물신화될 것이다. 따라서 관심 자체에서 인간적 시간의 진정한 성격이 드러나지 않을 것이다. 미래 자체가 이미 소외된 존재의 극복이 아니라면 미래는 생을 부정하는 소외로부터의 소외된 도피일 것이다. 하이데거의 분석의 근본적 결함은 바로 그가 실천을, 그로부터만 진정한 시간성이 산출되는 인간의 존재로 인식하지 않아서 관심과 관심의 시간성이 파생되고 사물화된 실천의 측면이 되었다는 데서 찾을 수 있다."[33]

코지크는 실천과 총체성이라는 개념화에서 출발함으로써 예술의 문제에 관한 몇 가지 흥미 있는 주장을 하고 있는데, 그는 예술작품에 관한 존재론적 해석을 대변한다. 리얼리즘과 네오리얼리즘의 논쟁과 관련된 근본문제는 우리가 현실이라는 이름 밑에서 이해하는 바가 무엇인가이다. 왜냐하면 ;

"시(Poesie)가 경제보다 낮은 등급의 현실인 것은 아니다. 시는 다른 종류와 형식, 다른 과제와 의미를 지니고 있긴 하지만 같은 방식의 인간적 현실이다. 경제는 직접적으로도 간접적으로도 산출되지 않고, 시도 비매개적으로도 매개적으로도 산출되지 않으며, 인간이 경제와 시를 인간적 실천의 산물로 창조한다."[34]

---

33) Ibid., S.100 참조. 일상이 부조리하다는 느낌에 관한 반성에 대해서, 코지크는 정당하게 이러한 반성이 본래적 개별자가 역사적 현실을 통하여 가져오게 되는 부조리의 한 결과라고 지적했다.

34) Ibid., S.115~116.

우리가 경제를 매우 강하게 강조한다면, 그것은 경제가 다른 인간적 창작물보다 더 큰 현실성을 지니기 때문이 아니라, 인간적 현실의 형태화와 창조에서 차지하는 실천과 노동의 중심적 의미 때문이다. 그러나 모든 예술은 특정한 현실을 재생산할 뿐만 아니라, 동시에 그러한 현실을 예술적으로 산출한다. 그리고 예술작품의 이러한 현실(성)은 작품 이전에 존재하는 것도 작품 주변에 존재하는 것도 아니고 오직 작품 자체 속에 존재하는 것이다.

"예술작품은 사회적 현상의 통합적 구성부분의 하나이고, 이러한 현실의 구축요소이며 이러한 사회적-정신적 생산의 하나의 표현이다. 예술작품의 성격을 파악하기 위해서 작품의 역사적-사회적 발생과 영향을 탐구하는 예술사회학에 의해 작품의 사회적 성격과 그것의 사회와의 관계를 찾으려 하거나 전기적이고 전기적-사회적 성격에 관한 역사적 검토에 의해 예술작품을 규명하려는 것으로는 불충분하다.

예술작품은 의심할 바 없이 사회적으로 제약된다. 그러나 비판적이지 않은 사고는 이러한 관계를 사회적 현실과 예술을 단순하게 연관짓도록 단순화하며 예술의 성격뿐만 아니라 사회적 현실의 성격까지도 찌그러뜨린다. 예술이 사회적으로 제약된다는 이러한 주장은 사회적 현실이 작품 바깥에 머물러 있다는 것을 암묵적으로 전제한다. 작품은 사실적으로 사회적 현실을 구성하지 않고 그리하여 사회와 내적인 관련을 갖지 않는 사회외적인 것이 된다."[35)]

그래서 당시의 다른 몇몇 맑스주의자들과 마찬가지로 코지크에게는 인간적 현실 전반에 관한 인식을 위해 오직 두 가지 창조적인 수단이 근본적으로 존재하게 된다. 그것은 철학과 예술인데, 그 하나는 인간에 대해 특수하고 결정적인 의미를 가진 것이고, 다른 하나는 대체될 수 없고 혼

35) Ibid., S.135~136.

동될 수 없는 것이다.

코지크의 이러한 모든 노력들은 물신화된 철학의 세계에 의미심장한 충격을 주었고, 그것은 압축되고 종종 경구적인 스타일로 표현되었다. 새로운 인식이 간결한 표현을 얻고 사회적 영향력을 행사하게 된다면, 이것은 무엇보다도 사회주의 국가들에서 이루어지고 있는 거의 모든 창조적인 맑스주의자들의 현재의 노력에도 해당되는 것이다. 그의 지향성은 코지크로 하여금 맑스주의적 철학 사고의 본질적인 영역과 의미를 인식하도록, 즉 인간적인 것과 역사적인 것에 대한 그의 지향성이 그러한 것임을 인식하도록 했다. 그렇다고 그가 인간을 의식, 종족, 사회성의 주체성에 포함시켜 인간을 우주와 근본적으로 분리시키는, 말 그대로의 일면적인 인간중심주의에 빠지는 것은 아니다. 그래서 인간과 자연 간의 이원론도 의식 또는 물질의 관점에서가 아니라 실천의 관점에서만 극복할 수 있을 것이다.

> "변증법에서는 '사상 자체'(事象 自體, die Sache Selbst)가 문제가 된다. 그런데 '사상 자체'는 결코 익숙해진 통상적인 사상은 아니며, 그러한 사상은 결코 사상이라고 할 수도 없다. 철학이 파악하고자 하는 '사상 자체'는 인간이며 인간의 세계 속에서의 지위인데, 이와 동일한 것을 다르게 표현하자면, 역사 속에서 인간에 의해 밝혀지는 세계의 총체성과 세계의 총체성 속에서 실존하는 인간이다."36)

우리는 이미 이러한 노력과 그것의 결과가 분리되지는 않았음을 지적했다. 국제적인 수준에서 일어난 것과 마찬가지로 국내에서 생긴 그 어떤 것도 반향이 없을 수는 없다. 이미 1950년대 중반에 역사서술에서 스탈린주의적 개념화에 대한 투쟁이 시작되었고 1960년대에는 철학 영역에서

36) Ibid., S.247.

의 대단한 생동감뿐만 아니라 어떤 철저함에 주목할 만하다. 이미 1960년대 초반에 개방된 체계로서의 맑스주의에 관한 새로운 질문이 제기되었고, 다수의 체코슬로바키아 철학자들이 다양한 토론들을 분담했다.[37)]

사회-경제적 영역에서의 체코슬로바키아 사회의 위기는 관료적 지도, 지도성향, 비열한 검열체계(이것에 대해서 맑스가 이미 프러시아적 봉건 절대주의의 틀 내에서 거부했었다.)에 의해 더욱 첨예해지고, 이론적인 영역에서 더욱 심해지는 급진성뿐만 아니라 주로 체코슬로바키아 지식인들 사이의 보편적인 반역을 유발시켰다. 지금까지의 스탈린주의에 대한 저항이 심화되는 매우 중요한 계기로 보여지는 체코슬로바키아 작가연맹 제4차 대회(1967년 6월 27일~29일)에서 하나의 결의안이 토론을 거쳐 제기되었는데, 그것은 당시 상황, 스탈린주의적 통치방법과 그것의 예술과의 관련에 대해 날카로운 비판을 가한 것이다. 체코슬로바키아 작가는 그때까지의 상황에 관한 분석에서뿐만 아니라,(스탈린주의적 사회주의) 체제에 의해 정신적 능력과 창조능력이 질식당하는 사회주의적 문화에 대한 체제의 요구에 대해서도 지적했다.

그들은 오늘날 세계에서의 문화의 의미와 위치에 관한 그들의 생각을 다음과 같이 정식화했다.

"우리가 인격의 양도할 수 없음(특권의 신화를 제거함)을 전적으로 신뢰하고 사회적-생산적 질서에 대해 개별적 시민의 지위를 보장하면서 인간의 재통합을 실현

37) 이것에 관해서는 이후에도 수많은 체코슬로바키아의 철학자들이 논의에 참여했는데, 우선적으로는 칼리보다(R. Kalivoda), 츠베클(J. Cvekl), 소호르(L. Sochor), 첼레니(J. Zelený), 노비(L. Nový), 쿠지(M. Kusý), 마호벡(M. Mahovec), 체트니(J. Cetný), 스트린카(J. Strinka), 보드나르(J. Bodnar), 우에(J. Uher), 프루하(M. Prucha), 스비타크(J. Sviták), 추므르(J. Zumr) 등을 들 수 있다.

시키는 데 있어서의 사회주의적 질서와 사회주의적 인본주의의 의미에 주목한다면, 비록 동등한 책임을 지고 있긴 하지만 상이한 영역에서 문화와 정치가 공통의 목표를 따르고 있기 때문에 문화를 열등한 것, 파생적인 것으로 낮춰 볼 수는 없다. 사회주의적 문화의 근본 특징은 완결된 인식의 특정하게 규율화된 것들을 창조하는 것이 아니라, 다음과 같은 의문이 계속해서 제기되고 계속해서 그에 대한 답이 추구되어야 하는 모색·추구의 과정을 실현시키는 것이다. 인간을 자유롭게 하고 그의 자유의 보다 높은 단계를 획득하는 길의 의미는 무엇이고 그것은 어떤 방식으로 찾아지는가?

또한 문화는 인간이 당대의 인간적 실존의 길을 찾아야 하는 가장 중요한 영역이기도 하다. 문화는 전체 사회의 수준을 재는 주된 척도이다. 인간 역사의 위대한 시기, 예컨대 고대 문화나 르네상스의 전체 시기는 그들의 창조적 정신과 그들 문화의 가치에 의해서만 지금의 의식 속에 살아있는 것이다. 그리고 역으로 정치체제에 대하여 그것의 위대한 문화가 부재함을 지속적으로 탄핵하는 것이 나타내는 바는 아무것도 없다.

사회주의의 위대한 가능성은 그것이 의식적이고 일정한 프로그램에 따라 비인간화된 경향에 반대하여 문명 진보의 결정적인 측면을 대변할 수 있다는 점에 있다. 물질적이고 정신적인 가치를 창조한 경험의 결집으로서의 가장 넓은 의미의 사회주의적 문화는 인간 관계를 민주화하고 보다 높은 자유의 단계로 고양되는 것과 연결된다. 사회주의 사회가 문화의 인간화된 의미를 인식하는 정도에 따라서 그리고 자신의 사회가 학문·예술·문학의 자유를 보호하는 한에서 그 사회는 사회주의적 성격을 증명하고 심화시키게 된다."[38]

---

38) 「체코슬로바키아 문화의 몇 가지 문제들에 관한 체코슬로바키아 작가연맹위원회의 근본원칙에 관한 논의」, 프레글레드, 1968 10월호, S.26. 당시의 당 지도부는 곧바로 반박을 받고, 몇몇 작가들[클리마(Klima), 리임(Liehm), 바쿨리크(Vaculik)]을 당에서 제거했다. 코후트(Kohut)가 그들을 경고처분한 데 반해, 쿤데라(M. Kundera)는 그들을 징계절차에 회부했다. 간행물인 『리테라니 노비네』(*Literane novine*)는 문화공보상(相) 직권 하에 종속되었다.

이 모든 과정들은 당에서뿐만 아니라 통치 · 지도에서도 반드시 그 공감대를 발견해야 한다. 이른바 경제적 어려움과 체제의 위기 및 주민들의 불만과 사회생활의 상이한 영역으로부터의 일상적인 억압에 처하여 지금까지의 지도방법에 진보적인 통치 담당자들의 그룹이 공공연하게 대립했고 그리하여 1968년 1월 5일의 중앙위원회의 중요한 총회에서 이것을 막으려는 소련의 노력에도 불구하고 노보트니(Novotny) 체제가 붕괴되었다. 체코슬로바키아는 알렉산더 두브체크(Alexander Dubcek)를 새로운 당서기로, 루드비히 스보보다(Ludwig Svoboda)를 새로운 공화국 대통령으로 하는 사회주의 발전의 새로운 단계에 들어섰다. 이 단계는 매우 중요한 민주적이고 인간적인 노력들에 기초한 사회주의의 동시대사의 가장 중요한 한 측면으로 남아 있을 것이고, 전세계의 진보적인 이들과 마찬가지로 체코슬로바키아인들의 의식에서 지워지지 않을 것이다.

새로운 통치가 직면한 문제들—새로운 경제체제를 완성할 필요성을 필수적인 것으로 만드는 경제적 위기의 해결, 시장을 계획(Plan)과 결합시키는 것, 노동연맹의 보다 큰 영향력을 보장하는 것, 사회생활 전반을 민주화하는 것, 사회주의적 민주주의의 발전을 위한 적합한 모델을 찾는 것 등—을 단순한 처방으로 해결할 수는 없었고, 그것을 해결하기 위해서는 엄청난 고민이 요구되었다. 특히 이러한 결과들에 대해 거의 모든 사회주의 국가들이 거부하고 적대적인 태도를 취했다는 것을 고려할 때 새로운 통치가 무엇보다도 어려운 문제들에 부딪혀야 했다는 것은 의심할 여지가 없다.

당의 통솔은 이미 4월초에 당의 성원들에게 새로운 행동지침을 제시했다. 두브체크는 행동지침을 설명하는 총회의 연설에서 사회주의적-프롤레타리아적 혁명의 새로운 단계가 시작되었으며, 이 단계는 인적 구성의 변화가 특징적이기도 하지만, 그보다는 오히려 사회관계, 통치정책, 당과 국민의 관계의 근본적인 변화와 개인적 자유의 실현 등이 특징적임을 지적했다. 두브체크는 민주주의 발전이 다가올 시기에 그것의 공언된 사회주의적 성격을 유지해야 하며, 어떠한 기생적이고 반사회주의적인 세력도 부식시켜서는 안 된다는 것을 강조했다. 그 가운데 특히 심층적인 경제개혁의 필연성과 우리가 이미 시크의 개념화를 기술하면서 익히 알고 있던 그러한 틀이 주로 강조되었다.[39)]

그리하여 새로운 통치는 분명하게 사회주의 발전에 관한 관료제적-테크노크라트적 개념화를 멀리할 뿐만 아니라 그 개념화를 따르는 다수의 사회주의 국가들이 문제의 해결책을 물질적 재화의 양적인 증가와 발전된 자본주의의 소비지향적이고 상당히 역설적이면서 편협하고 이기적이며 게다가 비인간적이기도 한 사회의 경제적 경쟁에서 찾고 있는 것과 분명한 거리를 두고 있다.

"우리 인간의 오늘날의 물질적이고 사회적인 욕구는 일급의 것이다. 그러나 우리는 그것 이상을 바란다. 사회주의, 특히 폭넓은 민주적 기초에 근거하여 건설된 사회주의는, 다른 체제가 그 기술적 성숙에도 불구하고 인간성을 확보하지 못하는 데

---

39) 이러한 의미에서 두브체크는 다음과 같이 주장했다. "새로운 지도방식의 실제적이고 신속하고 철저한 적용을 위한 첫 번째 조건은 작업장 내에서의 조직화의 새로운 구조를 창출하는 데 있는데, 나는 여기에서 민주화를 위해 투쟁하려는 우리의 결단을 강조하고자 한다. ……작업장에 관해서 우리는 그것들이 그 활동의 완전한 전개가 가능하도록 하는 자율성을 얻어야만 한다고 생각한다. 제도들 내에서 민주적으로 수행되는 조직이 작용해야 하고, 그것에 대해 지휘자들과 다른 경제담당자들이 책임을 지게 된다. 이 밖에도 노동조합 조직도 행정을 통제·조절하는 데 참여할 뿐만 아니라 노동자의 이해를 대변하는 역할을 맡아야 한다."(알렉산더 두브체크, 「KPC의 중앙위원회에서의 연설」, 1968년 4월 1일, 프레글레드, 1968 10월호, S.381~382).

반하여, 근대 인간주의의 새로운 형식을 창조해야 한다. 사회주의는 지금까지의 어떤 사회주의보다도 인간 발전의 보다 나은 전제들을 창조해야 한다. 우리가 경제를 평준화하려고 노력한다면, 우리는 이러한 과제가 그 자체로 목적이 되는 것이 아니라, 인간과 인격의 완전한 발전을 위한 수단임을 파악해야 한다. 그러한 평준화는 생활과 노동의 모든 영역에서 각각의 개인들의 능력을 표현할 수 있도록 해야 한다. 학문과 예술은 여기에서 매우 중요한 역할을 담당한다. 따라서 우리는 생산력의 증대 및 기술혁명과 결합되는 그러한 학문 영역들의 발전을 위해 노력해야 할 뿐만 아니라, 새로운 생활양식을 추구하는 데 있어서 기술적-과학적 혁명의 시기와 우리 사회의 사회주의적 원칙들에 상응하는 인간에게 도움이 되는 인간주의적 과학들과 예술 일반의 모든 영역들을 발전시키기 위해서도 노력해야 한다."[40)]

그 행동지침(강령)에서 우선적으로 사회주의적 민주주의와 정치체제를 실현시키고, 그러한 발전 일반을 가능하게 하는 방향이 대체적으로 제시된다. 그렇게 오랜 기간 동안 관료적-중앙집권적 지배를 거친 후에 시민권이 자의적으로 제한을 받았기 때문에, 이데올로기로부터 자유로운 정보들 및 사회주의적 정책, 특히 정치적 영역을 확립하는 데 협력하는 것이 강조된 점은 놀라운 일이 아니다. 그것들은 헌법에서 보장된 집회와 언론의 자유를 확보하는 것, 법적으로 보장된 현재의 이해와 욕구들을 상이한 계층과 집단들 사이에 일치시켜 공익적 조직들과 이익단체를 관료제적 제약을 받지 않고 어떤 조직에 독점적 권리가 부여됨이 없이 창설하는 자유의 확보 등이다.

"우리가 모든 시민들에 대해 헌법에 보장된 언론의 자유와 시민 일반의 모든 정

40) A. 두브체크, 「KPC의 중앙위원회에서의 연설」, 1968년 4월 1일, 프레글레드, S.383.

치적 자유를 보장함으로써 우리가 이용 가능한 법정 수단들을 철저하게 보장하지 않는다면, 우리의 정책 전반에 대하여 근로자들의 의견들과 관점들의 실제적 영향을 확보할 수 없을 것이며, 비판과 사람들의 자발성을 질식시키려는 시도에 저항할 수 없을 것이다. 사회주의는 착취적인 자본관계의 지배로부터 근로자들을 해방시키는 것을 의미할 뿐만 아니라, 개인 인격을 완전하게 확증(긍정)하기 위해 지금까지의 부르주아 민주주의가 제공한 것보다 많은 것을 제공할 수 있어야 한다. 착취계급의 지배를 더 이상 받지 않게 된 근로자들을, 어떤 것에 관해서는 그들이 정보를 제공해야만 하고 어떤 것에 관해서는 그렇지 않아야 하며, 어떤 관점들은 공적으로 화제로 삼을 수 있고 어떤 것들은 그렇게 할 수 없으며, 어떤 경우에는 여론을 고려하고 어떤 경우에는 그렇게 하지 않을지에 대해 더 이상 자의적인 해석에 의해 독단적으로 지시할 수 없다."[41]

그 행동지침은 특히 민주적 시민권과 그것이 국가권력 기관의 자의로부터 보호되어야 할 필요성을 강조했다. 특히 이러한 의미에서 국가안보 임무와 공적인 치안임무에서 이 임무를 맡은 기구 개편의 중요성이 제기되었다. 국가안보 임무는 외부의 적을 향한 것이지, 적대적인 외부활동과 연결되어 있지 않는 한 정치적 견해나 시민의 일에 개입할 수 있는 것이 아니다. 공적인 치안임무는 범죄적 행위와 투쟁하는 것이고 공공 질서를 지키는 것이다. 마찬가지로 정치적 기관의 판결로부터 독립될 필요성 및 소송상에서 법적 절차 자체가 합법성을 근본적으로 보장한다는 원리가 여기서 강조되었다.

여기에서 우리가 다른 많은 태도·입장들 이를테면 민족성 문제(단적으로 체코인과 슬로바키아인 간의 연대 형성이 문제가 된다.) 또는 청소년 조직과 다른

41) 「1968년 4월 5일에 열린 체코슬로바키아 공산당 중앙위원회 총회(KPC)에서의 체코슬로바키아 공산당의 행동강령」, 프레글레드, S.391.

조직에 관한 문제들로 넘어가기로 하자. 우리는 당시에 문제의 정치적 측면뿐만 아니라 경제적 지도체계까지도 당 지도의 주목을 받는 중심점이었음을 알고 있다. 그러나 직접 민주주의의 문제, 소비에트 권력의 역사적 문제들에 관한 심층적인 파악이 부족했다. 이 문제들에 관한 보다 큰 주목은 격렬하고 자유로운 토론으로 이루어졌는데, 그러한 토론들은 월간지나 여러 신문들에 의해 주도되었다. 특히 그 가운데 가장 중요한 것이 『리테라니 리스티』(*Literární listy*)로서, 이것의 기고자들은 클리멘트(A. Kliment), 클로코카(V. Klokocka), 하벨(V. Havel), 피트하르트(P. Pithart), 클리마(J. Klima), 리임(A. J. Liehm), 바쿨리크(L. Vaculik)―2천어 선언의―스비타크(J. Sviták), 스크보레키(J. Skvorecki), 바르토세크(J. Bartošek) 그리고 다른 많은 이들인데, 이들은 무엇보다도 그들 현실의 정치적 문화적 영역들을 해명하고 체코슬로바키아적 스탈린주의, 관료적 독재와 무능의 본질 및 일상생활을 어렵게 하고 있는 것들을 폭로했다. 그 밖에도 시민들 자신이 그들 사회생활의 기본적이고 결정적인 문제들에 관한 논의에 참여했다. 국가적 사회주의 시기에 여론의 영역은 대부분 위축 침해되었기 때문에, 이 논의에 참여한 많은 사람들의 생각이 이 문제를 염두에 두고 있으면서 우선적으로는 정치적 다원주의를 그 대답이라고 생각하고,(그들의 의견에 따르면) 이것이 지금의 체코슬로바키아의 상황뿐만 아니라, 전통적으로도 가장 적합하다고 본 것은 이해가 가는 일이다. 그리고 몇몇 사람들은 정보와 사상의 자유를 보장하기 위해 두 개의 당 체제(Zweiparteien system)를 주장하기도 하고, 또 다른 이들은 보다 확대된 정치적 다원주의를 주장하기도 한다. 이러한 체코슬로바키아의 역사적 논쟁과 관련하여, 이러한 논의에서 언급된 문제들에 관해 심층적으로 분석했던 K. 코지크, 칼리보다(R. Kalivoda), 리히타스(R. Richtas)의 사상들을 설명할 필요가 있다.

우선 코지크는 정치적 어휘들의 피상성과 그러한 정치적 절차들에 주목했는데, 예컨대 그들은 그들의 지배층의 관점에서 체코슬로바키아 민중의 역사에서 가장 나쁘고 혼란스러웠던 야만을 단순하게 하나의 "파행"이라고 불렀다. 이러한 입장은 이러한 상황에 관한 이해뿐만 아니라 그것에 대한 가치평가에서도 두드러진다. 즉 "파행들"을 마치 그것들이 거기에서 나온 것처럼, 세계로부터 산출할 수 있다고 이해한다.[42] 정치적 실무자는 모든 것을 그의 수준으로, 즉 기술, 유용성, 직접적인 효과로 환원시켜 버리는 힘을 지니고 있다. 따라서 그는 현실도 조작, 공리성, 지배의 도식들로 본다. 조작에 방해가 되지 않고 직접적으로 쓸모가 있는 것이 아닌 다른 모든 것들은 중요하지 않고 비현실적인 것이다. 정치적 실무자들은 단지 몇 가지 사회적 문제들이나 특정한 종류의 위기들만을 해결할 수 있으며, 그의 지평을 넘어서는 현실에 대해서는 무력한 존재일 뿐이다. 그는 국가적 내지는 경제적 위기들을 해결할 수는 있을지 모르지만, 도덕적인 위기에 대해서는 무력하다. 그리고 도덕적 위기들은 국민들과 사람들의 실존적 문제일 뿐이다.

"현재의 위기는 무엇보다도 국민적 인간적 실존의 의미에 관한 논쟁이다. 즉 우리는 익명의 대중의 수준으로 떨어졌고, 양심과 인간의 존엄에 관한 것, 진리와 타당성의 의미, 명예, 예의, 용기는 불필요한 부담이며, 가상의 혹은 현실의 편안함에

42) K. 코지크, 「현재의 위기」, 『CRSSR에서의 보고서』, J. 스크보레스키 편, 프랑크푸르트, 1968, S.63을 참조. R. 칼리보다는 이러한 강령의 본질을 다음과 같이 정의했다. "사람들이 사회주의의 특정한 변형(왜곡)으로서 사회주의의 스탈린적 모델에 관해 말할 수 있다면, 그것은 그것이 사회주의의 비맑스주의적 모델이라는 의미에서만 그것을 언급할 수 있을 뿐이다(R. 칼리보다, 「민주화와 비판적 사고」, 『CSSR에서의 보고서』, S.131).

대한 추구는 방해받을 뿐이며 혹은 그것을 할 수 있도록 회복될 수 있을 것이며, 모든 경제적 정치적 그리고 다른 문제들을 인간적 현존과 국민적 실존의 요구에 일치시켜 해결하게 될 것인가?"[43]

코지크는 특히 그리고 정당하게 바로 노동계급이 관료적 실천에 심각하게 얽매여 있음을 강조한다. 즉 노동계급은 자신들의 정치적 역할을 수행할 계급이기를 포기했고, 그들의 가장 자연스러운 동맹자들, 지식인들로부터 고립된 상태에 있다고 지적했다. "관료적 경찰체제는 무엇보다도 노동계급을 탈정치화시켰다."[44] 관료제는 그 자체를 신비적으로, 즉 이데올로기적으로 전체와 동일시하고(사회의 한 부분에 불과한 관료체제가 자신이 사회 전체를 대변하는 것처럼 가장함—역주) 그 독점적인 정치적 입장을 계급들 자체의 지배로 나타내려는 역할을 맡는다.

사회주의에서도 노동계급은 출판·사상·정보의 자유가 없이는 어떠한 정치적 역할도 행사할 수가 없다. 그들은 민주적 자유가 없이는 사업장이나 직장의 틀에 제한되고 만다. 노동자의 가장 나쁜 동지들은 그들에게 사상과 출판의 자유가 지식인이라는 계층에게만 필요한 것으로 여기도록 갖은 애를 써왔다. "현실적으로 민주적 자유들은 바로 노동자들에게 결정적으로 중요한 것인데, 이것은 이러한 자유 없이는 그들의 역사적으로 만족스러운 역할을 제대로 할 수 없기 때문이다."[45]

그들이 자신의 나라에서 생긴 것들에 관한 정보들을 얻는 통로가 막혀있고 아무것도 정확하게 알고 있지 못하다면 노동계급이 어떻게 정치적으

---

43) K. 코지크, Ibid., S.65.
44) Ibid., S.66~67.
45) Ibid., S.67.

로 영향력을 행사할 수 있겠는가? 그들이 이러한 정보들을 독자적으로 그들 자신의 이해력으로 해석할 능력이 없다면 어떻게 그들의 정치적 역할을 바르게 행사할 수 있겠는가? "사회주의적 민주주의는 전반적인(integral) 민주주의가 아니면 아무것도 아니다. 그것의 기초에는 사회주의적 생산자들의 자치뿐만 아니라, 사회주의적 공민의 정치적 민주주의도 포함된다. 그 가운데 하나가 없으면 다른 것도 생겨나지 않는다."46)

R. 칼리보다는 다른 많은 사람들과 마찬가지로 체코슬로바키아의 발전을 위한 사회주의적 시민의 이러한 민주주의는 기존의 것과 별개의 다른 사회주의적 강령과 정당들이 가능함을 전제하는데, 그것들은 공산주의적 생활과 나란히 그 나라의 사회생활에 참여하게 된다.

체코슬로바키아에서의 사회주의의 보다 확대되고 완전하고 자유로운 발전을 위한 가장 좋은 해결책이 당의 독점을 극복하는 것인지 아니면 양당(兩黨) 체제 혹은 다당체제를 도입하는 것인지는 체코슬로바키아의 사회주의적 힘에 관한 평가의 문제이다. 그것이 칼리보다와 다른 많은 이들에게는 부르주아적 민주주의와 간접 민주제의 수준에 여전히 머물러 있기 때문에 그러한 체제에서 유지될 수 없음은 분명한 것이었다. 칼리보다는 그의 논문에서 다음을 강조했다.

"그렇지만 그것으로는 결코 사회주의적 민주주의가 산출되지는 않는다. 왜냐하면 사회주의 의회에서의 사회주의 정당들의 협력은 분명히 사회주의적 민주주의의 필수적 요소이지만, 간접(대리) 민주주의의 두드러진 요소이기도 한데, 그런 민주주의에서는 더 이상 사회주의 사회의 민주화가 창출될 수 없기 때문이다. 이러한 요소를 절대화하는 것은 사상적으로 한 발 물러서는 것으로, 의회제와 사회주의 체제의

46) 같은 책, S.69. 과학-기술혁명의 문제에 관해서는 S.82~83을 참조.

부르주아 민주주의적 요소를 무비판적으로 이상화하게 된다."[47]

나아가 그는 이러한 의미에서 사회주의적 문제를 해결하는 맑스주의적 입장은 매개된, 간접적 민주주의를 전개시키는 것이 아니라, 점진적으로 국가를 소멸시킬 수 있는 데 기여할 수 있는 사회주의적 자치를 위한 전제들을 발전시키는 직접 민주주의를 유일한 대안으로 삼아야 한다고 본다.

"결국 노동자들의 연맹(Kollektive)을 통한 우리의 사회주의 공장들에 관한 직접적 지도·관리의 문제는 우선적으로는 가장 중요한 것으로 여겨지는 것이면서도 잠정적으로 등한시되고 있는 공장평의회와 노동자평의회의 문제이다. 내 생각으로는 공장 자치체계 없이, 공장 및 노동자평의회의 체계 없이는 새로운 경제질서를 발전시킬 수 없다. 그렇지 않다면 새로운 경제질서는 하나의 경영(관리)체제로 전도될 것이며, 그 경제질서로부터 사회주의적 내용이 사라져 버릴 것이다. ……사회주의에 관한 맑스주의적 유형(model)은 본질적으로 직접 민주주의와 연결된 것이다."[48]

R. 리히타스와 그의 동료들의 생각도 중요한 것인데, 그것은 『루데프라보』(*Rude Pravo*) 신문의 6월분에서 밝힌 새로운 사회주의 유형에 관한 파악들이다. 그들의 분석은 스탈린주의적 유형, 관료제적 편협함과 독재, 교조주의에 대해 비판한다. 그들 역시 이러한 시기의 사회주의에서 대의적인 민주적 형식들이 고도의 형식들—자치형식들—과 결합되어야 하며, 특히 오늘날의 발전된 정보수단의 중요한 역할이 강조되는 것과 마찬가지로 상이한 학문적 의견들이 보다 잘 그리고 보다 빨리 알려지면 알려질수

47) K. 칼리보다, 「민주화와 비판적사고」, 『CSSR에서의 보고서』, S.143.
48) Ibid., S.145. 무엇보다도 칼리보다는, 이러한 계기들과 관련하여 유고슬로비아가 국제 사회주의 운동의 탈스탈린화 운동의 전위이며, 이것이 탈스탈린화의 계속적인 과정에서 대단히 중요한 것임을 강조한다(S.134).

록 국민들이 보다 직접적으로 결정할 수 있는 가능성과 필연성이 보장되어야 한다. 그들은 계속해서 지금까지의 당 사업의 구조와 방법들이 반복되고 있으며, 사람들이 상이한 문제들에 관해 그들의 고유한 입장들을 가지게 되고, 다른 입장들을 거부하는 것을 더 이상 분파로 여기지 않는 개별적인 그룹을 형성할 것을 강조했다. 당의 오늘날의 소수는 다수가 될 수 있는 가능성을 가져야 한다.[49)]

그러한 논의는 상당하게 진행되었다. 오늘날의 사회주의에서 이러한 봉건적 잔재인 검열은 지양되었다. 공산당은 자기비판을 통해서, 그리고 "인간적 얼굴을 한 사회주의"를 실현시키려는 의도에 의해서 전체 국민을 동원한다. 지금까지의 사회주의의 발전상에서 국민과 공산당 간의 그러한 통일에 이르게 되는 계기는 드물었으며, 거의 모든 인간적 정열을 무력하게 했던 스탈린주의적 관료적 지배의 완고하고 힘겹고 고통스럽고 비인간적인 측면들을 벗어나 새로운 생활을 실현시키려는 그러한 고무적인 계기들은 드물었다. 지금까지의 족쇄로부터 해방되려는 이러한 열정적 움직임이 거의 모든 금기를 깨뜨리고, 그러한 비판에 마주서는 그 어떠한 특권적인 개인들과 특권적 국민들도 있을 수 없다는 것은 자명한 일이다.

이 모든 것은 이 진영의 다른 국가들의 사회주의의 규제된 관점 및 실행과는 비교되는 것이다. 이에 대해 처음에는 서신교환으로 경고와 간섭이 있었고 나중에는 대표단이 파견되어 각종 회의, 회합이 있었지만, 그

---

49) R. 리히타 등 공저, 「사회주의의 새로운 모델에 대하여」, 『루데 프라보』, 1968년 6월 10, 11, 12일자를 참조. 또한 리히타는 주목할 만한 책인 『기로에 선 문명』(*Zivilisation am Scheideweg*, 프라하, 1968)을 공동저작으로 냈다. 철학과 사회학의 영역들에서는 츠베클(J. Cvekl), 두브스카(I. Dubská), 헤르마하(J. Hermach), 프루하(M. Prucha), 스보보다(M. Svoboda), 신델라(J. Sindelar) 등을 들 수 있다.

것들이 자유롭고 민주적인 방식으로 사회주의를 발전시켜 나가려는 체코슬로바키아 지도부의 결단을 바꿀 수는 없었다. 그리고 세계가 이미 생각했던 대로 모든 문제는 원칙적으로 해결되고 자유로운 국가와 자유로운 당이 독자적으로 그들의 내적인 발전을 결정할 수 있다는 사실과 관련하여 적어도 최소한의 합의가 이루어졌다.—세계는 1968년 8월 21일의 사건으로 발칵 뒤집혀졌다.

그것은 체코인과 슬로바키아인들뿐만 아니라 사회주의를 인간의 문제로 이해한 모든 사람들 나아가 한 국가의 주권이 무엇을 의미하는가를 알고 있는 그 모든 이들의 심정과 이성에 뿌리깊은 상처를 입힌 기괴한 행위였다. 이러한 침공에 대한 모든 합리화는 기껏해서 핑계와 날조에 지나지 않는 것이었고 지금까지도 그것은 마찬가지이다. 이러한 행위는 스탈린주의적 관료제가 체코슬로바키아에서의 민주적인 사회주의의 발전에 대해 경악하고, 그것이 더 이상 이론적이고 정치적인 대화를 받아들일 수 없게 되었음을 보여 주는 것일 뿐이다. 그것은 동시에 소비에트 맑스주의자들이 무엇이 사회주의적이고 맑스주의적인 것인가에 대해 심판관이 되고자 하는 그들의 권리 주장을 버리지 않았음을 보여 주는 것이기도 하다. 그렇지만 그들은 결코 그에 해당하는 권리를 가질 수는 없다. 왜냐하면 첫째로, 하나의 사고와 그것의 실현에 대해 자기가 유일하고 가장 훌륭한 해석자임을 주장할 특권을 가질 권리는 원칙적으로 있을 수 없기 때문이며, 둘째로 소비에트 맑스주의자들이 지금까지 최소한 두 가지의 결정적인 역사적 실수를 저질렀기 때문이다. 그것은 그들이 민중의 훌륭한 자식들과 수백만의 다른 사람들을 제물로 바쳤으며 그들이 이론과 실천에서 맑스주의와 사회주의의 가장 위대한 업적을 이룩했다고 칭송했던 비사회주의적이고 비인간적인 스탈린주의적 실천을 묵인·방조했다는 점이다. 그리고 다른 하나는 그들이 유고슬라비아 공산주의자들을 독재적으로 그리고 거칠게 그리고 결국에는 유고슬라비아 공산주의자들이 사회주의를 버리고 파시스트들이 되었으며 그들의 자치와 노동자평의회 이념은 무정부적 생디칼리즘이라고 비난했던 점이다. 그들은 첫 번째 두 경우에는 공식적으로 그들의 잘못을 인정할 수밖에 없었다.

## ◆ 참고 문헌 ◆

Abendroth Wolfgang, Aufstieg und Krise der deutschen Sozialdemokratie (1964).
Abendroth W., Sozialgeschichte der europäischen Arbeiterbewegung(1965).
Adler Friedrich, E. Machs Überwindung des mechanischen Materialismus (1918).
Adler Max, Kausalität und Teleologie(1904).
Adler M., Marxistische Probleme(1913).
Adler M., Demokratie und Rätesystem(1919).
Adler M., Die Staatsauffassung des Marxismus(1922).
Adler M., Politische oder soziale Demokratie(1926)
Adler M., Lehrbuch der materialistischen Geschichtsauffassung( I 1930, II 1931).
Adler M., Das Rätsel der Gesellschaft(1936).
Adler M., Die solidarische Gesellschaft(posth. 1964).
Adorno Theodor W., Philosophie der neuen Musik(1949).
Adorno Th., Minima Moralia(1951).
Adorno Th., Zur Matakritik der Erkenntnistheorie(1956).
Adorno Th., Dissonanzen. Musik in der verwalteten Welt(1956).
Adorno Th., Klangfiguren. Musikalische Schriften I(1959).
Adorno Th., Quasi una fantasia. Musikalische Schriften II(1963).
Adorno Th., Jargon der Eigentlichkeit(1964).
Adorno Th., Negative Dialektik(1966).
Aktualinye problemy marksistkoj etiki(Autorenkoll., 1967).
Aktuelni problemi privrednih kretanja i ekonomske politike Jugoslavije

(Autorenkoll., 1968).
A la lumière du marxisme( I 1935, II 1937).
Aleksandrov G. F., Istorija zapadnoevropejskoj filosofi(1946).
Althusser Louis, Pour Marx(1966).
Althusser L. u. a., Lire le Capital(1966).
Anekdota zur neuesten deutschen Philosophie und Publizistik(1843).
Angel Pierre, Eduard Berstein et l'Evonlution du Socialisme Allemand (1961).
Antworten auf Herbert Marcuse(1968).
Arbeiterdemokratie oder Parteidktatur(1967).
Archiv für Sozialgeschichte, Bd. VIII(1968).
Asmus V. F., Logika(1947).
Axelos Kostas, Marx penseur de la téchnique(1961).
Axelos K., Vers la pensée planétaire(1964).

Babić Ivan, Odnos filozofije i znanosti u radovima jugoslavenskih marksista 1931-1941(1965).
Baby Jean, La grande Controverse sinosowjetique 1956-1966(1966).
Bazcko Bronislaw, Weltanschauung, Metaphysik, Entfremdung(1965).
Bajt Aleksandar, Raspodela nacionalnog dohotka i sistem ličnih dohodaka u našoj privredi(1962).
Bakarić Vladimir, Problem zemljišne rente u prelaznoj etapi(1950).
Bakarić V., O aktuelnim pitanjima rada na selu i u poljoprivredi(1954)
Bakarić V., Uloga socijalističkog gazdinstva i socijalstičke kooperacije u modernizaciji poljoprivrede(1957).
Bakarić V., O unutrašnjem razvoju na selu i poljoprivrednoj politici(1959).
Bakarić V., Aktuelne teme(1965).
Bakarić V., Aktuelni problemi sadašnje etape revolucije(1967).
Bakunin Mihail, Staatlichkeit und Anarchie(1873).
Banfi Antonio, Prospettiva filosofica(1950).

Banfi A., L'uomo copernicano(1950).
Banfi A., L'unità dialettica della civiltà(1951).
Banfi A. Il problema sociologico(1954).
Banfi A. La mia esperienza filosofica(1955).
Banfi A., La ricerca della realtà( I 1959, II 1959).
Banfi A., Saggi sul marxismo(1960).
Baran A. Paul, The Political Economy of Growth(1957).
Baran P. A., and P. M. Sweezy, Pnopoly Capital(1966).
Bartoli Henry, La doctrine économique et sociale de Karl Marx(1950).
Bauer Bruno, Kritik der evangelischen Geschichte der Synopiker (1841-1842).
Bauer B., Die Judenfrage(1843).
Bauer B., Die Fähigkeit der heutigen Juden und Christen, frei zuwerden (1843).
Bauer B., Das entdackte Christenthum(1843).
Bauer B., Charakteristik L. Feuerbachs(1845).
Bauer Otto, Die Nationalitätenfrage und die Sozialdemokratie(1907).
Bauer O., Rätediktatur oder Demokratie(1919).
Bauer O., Bolschewismus oder Sozialdemokratie(1920).
Bauer O., Kapitalismus und Sozialismus nach dem Weltkrieg(1931).
Bauer O., Der Aufstand der österreichischen Arbeiter(1934).
Bebel August, Die parlament, Tatigkeit des deutschen Reichstags und der Landtage und die Sozialdemokratie(1876-1893).
Bebel A., Die Frau und der Sozialismus(1883).
Bebel A., Charles Fourier(1888).
Bebel A., Christentum und Sozialismus(1892).
Bebel A., Die Sozialdemokratie und das allgemeine Wablrecht(1895).
Bebel A., Aus meinem Leben(3 Bde., 1910-1914).
Beer Max, Allgemeine Geschichte des Sozialismus und der sozialen Kämpfe (1924).

Behrens Fritz, Die Bedeutung der Statistik für die Ausnutzung ökonomischer Gesetze der Übergangsperiode(1956).
Behrens F., Zum Problem der Ausnutzung ökonomischer Gesetze der Übergangsperiode(1957).
Bell Daniel, Marxian Socialism in the United States(1952).
Belleville Pierre, Une nouvelle classe onvrière(1963).
Benjamin Walter, Schriften, I, II(1955).
Benjamin W., Illuminationen(1961).
Benjamin W., Angelus Novus(1966).
Berman J. A., Dialektika v svete sovremennoj teorii poznanija(1908).
Bernstein Eduard, Die Voraussetzungen des Sozialismus und die Aufgaben der Sozialdemokratie(1899).
Bernstein E., Der Streik(1906).
Bernstein E., Die Geschichte der Berliner Arbeiterbewegung( I-III, 1907-1910).
Bernstein E., Der Revisionismus in der Sozialdemokratie(1907).
Bernstein E., Die Arbeiterbewegung(1910).
Bernstein E., Aus den Jahren meines Exils(1917).
Bernstein E., Sozialdemokratische Lehrjabre(1928).
Bettelheim Ch., J. Charriére, H. Marchisio, La construction du socialisme en Chine(1965).
Bichtler K., Die Marxsche Theorie von der Gesellschaftsformation und das entwickelte gesellschaftliche System des Sozialismus(1968).
Bigo Pierre, Marxisme et humanisme, Introduction à l'oeuvre économique de Karl Marx(1953).
Bilandžić Dušan, Borba za samoupravni socijalizam u Jugoslaviji 1945-1969 (1969).
Blanc Louis, Organisation du travail(1839).
Blanqui August, Critique sociale(1885).
Bloch Ernst, Geist der Utopie(1918).
Bloch E., Thomas Münzer als Theologe der Revolution(1922).

Bloch E., Erbschaft dieser Zeit(1935).
Bloch E., Freiheit und Ordnung(1946).
Bloch E., Subjekt-Objekt(1949).
Bloch E., Das Prinzip Hoffnung( I 1954, II 1955, III 1959).
Bloch E., Differenzierungen im Begriff Fortschritt(1957).
Bloch E., Zur Ontologie des Noch-Nicht-Seins(1961).
Bloch E., Naturrecht und menschliche Würde(1961).
Bloch E., Tübinger Einleitung in die Philosophie( I 1963, II 1964).
Ernst Blochs Revision des Marxismus(1957).
Blumenberg Werner, Karl Kautskys Literarisches Werk(1960).
Blumer Giovanni, Die chinesische Kulturrevolution 1965-1967(1968).
Bogdanov A., Empiriomonism(1905).
Bogdanov A., Filosofia živogo opyta(1920).
Bognov A., Tektologija(1922).
Bochenski I. M., Der Sowjetrussische Dialektischen Materialismus(1950).
Bochenski I. M. und G. Niemeyer, Handbuch des Weltkommunismus(1958).
Bollhagen Peter, Soziologie und Geschichte(1966).
Bollhagen P., Gesetzmäßigkeit und Gesellschaft(1967).
Boljšaja sovetskaja enciklopedija(1926-1931).
Borchardt Julius, Der historische Materialismus(1919).
Börne Ludwig, Briefe aus Paris(1832-1834).
Bošnjak Branko, Logos i dijalektika(1961).
Bošnjak B., Filozofija i kršćanstvo(1966).
Bottomore T. B., Classes in Modern Society(1955).
Boudin L. B., Das Theoretischen System von K. Marx(1907).
Brahm Heinz, Pekings Griff nach der Vormacht. Der chinesisch-sowjetischen Konflikt von Juli 1963 bis März 1965(1966).
Braunthal Julius, Geschichte der Internationale( I 1961, II 1963).
Brockschmidt K. F., Die deutsche Sozialdemokratie bis zum Fall des Sozialistengesetzes(1929).

Broué Pierre, Le Parti bolchevique(1963).
Broué P. et E. Témime, La révolution et la geurre d'Espagne(1961).
Brus W., Modeli socijalistićke privrede(1961).
Bucharin Nicolai, Die politische Ökonomie des Rentners(1913).
Bucharin N., Imperialismus und Weltwirtschaft(1918).
Bucharin N., Das Programm der Kommunisten(1918).
Bucharin N., und E. Preobraschensky, Das ABC des Kommunismus(1918).
Bucharin N., Ökonomik der Transformationsperiode(1920).
Bucharin N., Theorie des historichen Materialismus(1921).
Büchner G. und F. Weidig, Der Hessische Landbote(1834).
Büchner George, Dantons Tod(1835).
Butenko A. P., Nacionalnij kommunizm ideoogičeskoe oružoazii(1958).
Bütow Hellmuth, Soziologie und empirische Sozialforschung, I, II(1966, 1967).

Cabet Etienne, Voyage en Icarie(1842).
Calvez J. Y., La pensée de Karl Marx(1956).
Carr Edward Hallet, The Bolshevik revolution(I 1950, II 1953, III 1953).
Casanova Gaston, Mathématiques et matérialisme dialectique(1947).
Castro Fidel, Unser Schlachtfeld umfaßt die ganze Welt(1966).
Castro F., Revolutionäre und Pseudorevolutionäre(1968).
Caute David, Le Communisme et les intellectuels français(1964).
Chambre Henri, Le marxisme en Union Soviétique(1955).
Chambre H., De Karl Marx à Mao-Tsé-Tung(1959).
Ch'en Jerome, Mao and the Chinese Revolution(1959).
Cohen Hermann, Einleitung mit kritischen Nachtrag(in Langes Geschichte des Materialismus)(1896).
Cohen H., Ethik des reinen Willens(1904).
Cohn-Bendit G. et D., Le gauchisme-remède à la maladie sénile du communisme(1968).

Cole G. D. H., History of Socialist Thought, 1-5(1953-1960).
Colin August, Le cri du peuple(1831).
Colletti Lucio, Il marxismo e Hegel(1958).
Colletti L., Dialettica scientifica e teoria del valore(1961).
Cornforth Maurice, Science versus Idealism(1946).
Cornforth M., In Defence of Philosophy(1950).
Cornu August, M. Hess et la Gauche hégelienne(1934).
Cornu A., Essai de critique marxiste(1949).
Cornu A., K. Marx et F. Engels(Ⅰ 1955, Ⅱ 1958, Ⅲ 1962).
Cunow Heinrich, Die Technik in der Urzeit(1912).
Cunow H., Die Marxsche Geschichts-, Gesellschafts- und Staatstheorie(Ⅰ 1920, Ⅱ 1921).
Cunow H., Allgemeine Wirtschaftsgeschichte(Ⅰ-Ⅳ, 1926-1931).

Čalić Dušan, Izgradnja industrije u Jugoslaviji(1957).
Čalić D., Produktivnost rada i privredni razvoj SFRJ(1966).
Čelovek i epoha(Autorenkoll., 1964).
Černe Franc, Uvod v analizo trga in cen(1961).
Čertkov V. P., Neantagonističeskie protivorečia pri socializme(1957).
Čobeljić N. i R. Stojanović, Teorija investicionib ciklusa u socijalističkoj privredi(1966).
Čolaković Rodoljub, Zapisi iz oslobodilačkog rata, Ⅰ-Ⅴ(1946-1955).
Čovek danas(Autorenkoll., 1964).

Dabčević-Kučar Savka, Kretanje najamnine u savremenim kapitalističkim zemljama(1961).
Daniels R. V., Das Gewissen der Revolution. Kommunistische Opposition in Sowjetrußland(1960).
Deborin A. M., Vvedenie v filosofiju dialektičeskogo materializma(1915).
Deborin A. M., Leninkak myslitelj(1924).

Deborin A. M., Filosofija i marksizm(1926).

Deborin A. M., Dialektika i estestvoznanie(1929).

Debray Régis, Révolution dans la révolution(1967).

Dedier Vladimir, Dnevnik, I-III(1954-1963).

Dementz Peter, Marx, Engels und die Dichter(1959).

Desanti J. T., Introduction à l'Histoire de la Philosophie(1956).

Deutscher Issac, Stalin(1949).

Deutscher I., Trotzki, I-III(1954-1963).

Dialektika sovremennogo obščestvennogo razvitia(Autorenkoll., 1966).

Diderot Denis, Le Rêve de d'Alembert(1769, publ. 1830).

Die nächsten Aufgaben der Partei(Thesen d. demokr. Zentrums, 1921).

Die Aufgaben der Gewerkschaften(Thesen d. Arbeiteropposition, 1921).

Die chinesische Frage auf dem 8. Plenum der Exekutive der Kommunistischen Internationale(1928).

Die Große sozialistische Kulturrevolution in China(1966-1967).

Die Polemik über die Generallinie der internationalen kommunistischen Bewegung(1915).

Diehl Kar, Die Diktatur des Proletariats und das Rätesystem(1920).

Diehl K., Über sozialismus, Kommunismus und Anarchismus(1922).

Dietzgen Eugen, Dietzgen-Brevier(1915).

Dietzgen E., Materialismus oder Idealismus? Ein Lösungsversuch gemäß J. Dietzgens Erkenntnislehre(1921).

Dietzgen Josef, Das Wesen der menschelichen Kopfarbeit(1869).

Dietzgen J., Streifzüge eines Sozialisten in das Gebiet der Erkenntnistheorie(1886).

Dietzgen J., Das Acquisit der Philosophie(1887).

Dietzgen J., Logische Briefe(1894).

Die Linke antwortet Jürgen Habermas(1968).

Dobb Maurice, Political Economy of Capitalism(1937).

Dobb M., Studies in the Development of Capitalism(1946).

Dobb M., Soviet Economic Development since 1917(1948).
Dobb M., On Economic Theory and Socialism(1955).
Dolléans E., Histoire du Mouvement Ouvrier( I - II, 1939).
Donnithorne A., Chinas Economics System(1967).
Dragičević A., Potreban rad i višak rada kao kategorije klasnog društva I njihovo odumiranje u socijalizmu(1957).
Draper Theodore, Castro's Revolution, Myths and Realities(1962).
Dubček Aleksander, Govor u Centralnom komitetu KP Čehosl.(1968).
Dunham Barrow, Man against Myth(1947).
Dunham B., Giant in Chains(1953).
Durkheim Emile, Les règles de la mèthode sociologique(1895).

Đilas Milovan, La nouvelle classe(1957).
Đilas M., Die unvollkommene Gesellschaft(1969).
Đurić Mihajlo, Problemi sociološkog metoda(1962).

Egides M. P., Osnovnoj vopros etiki kak filosofskoj nauki i problema nravstvennogo otčuždenija(1967).
Eichorn Wolfgang I., Wie ist Ethik als Wissenschaft möglich?(1965).
Einundzwanzig Bogen aus der Schweiz(1843).
Engels Friedrich, Die Beduinen(1838).
Engels F., Briefe aus Wuppertal(1839).
Engels F., Aus Elberfeld(1839).
Engels F., Die deutschen Volksbücher(1839).
Engels F., Karl Beck(1839).
Engels F., Retrograde Zeichen der Zeit(1840).
Engels F., Platen(1840).
Engels F., Modernes Literaturleben(1840).
Engels F., Joel Jacoby(1840).
Engels F., Requiem für die deutsche Adelszeitung(1840).

Engels F., Ernst Moritz Arndt(1841).
Engels F., Immermanns ≫Memorabilien≪(1841).
Engels F., Schelling über Hegel(1841).
Engels F., Schelling und die Offenbarung; Kritik des neuesten Reaktionsversuchs gegen die freie Philosophie(1842).
Engels F., Schelling, der Philosoph in Christo oder die Verklärung der Weltweisheit zur Gottesweisheit(1842).
Engels F., Englische Ansicht über die innern Krisen(1842).
Engels F., Die innern Krisen(1842).
Engels F., Stellung der politischen Partei(1842).
Engels F., Lage der arbeitenden Klasse in England(1842).
Engels F., Die Korngesetze(1842).
Engels F., Progress of Social Reform on the Continent(1843).
Engels F., Briefe aus London(1843).
Engels F., Friedrich Wilhelm IV., König von Preußen(1843).
Engels F., Umrisse zur Kritik der Nationalökonomie(1844).
Engels F., Die Lage Englands(Artikel, 1844).
Engels F. und K. Marx, Die Heilige Familie(1845).
Engels F., Die Lage der arbeitenden Klasse in England(1845).
Engels F., Grundsätze des Kommunismus(1847).
Engels F., Der ungarische Kampf(1849).
Engels F., Der demokratische Panslavismus(1849).
Engels F., Der deutsche Bauernkrieg(1850).
Engels F., Deutschland und Panslawismus(1855).
Engels F., Die Bakuninisten an der Arbeit(1873).
Engels F., Herrn Eugen Dührings Umwälzung der Wissenschaft(1878).
Engels F., Die Entwicklung des Sozialismus von der Utopie zur Wissenschaft (1883).
Engels F., Marx und die ≫Neue Rheinische Zeitung≪(1884).
Engels F., Der Ursprung der Familie, des Privateigentums und des Staates

(1884).

Engels F., Ludwig Feuerbach und der Ausgang der klassischen deutschen Philosophie(1886).

Engels F., Die Bauernfrage in Frankreich und Deutschland(geschr. in den 70er Jahren, publ. 1894).

Engels F., Einleitung zu Marx ≫Klassekämpfe in Frankreich≪(1894.)

Engels F., Dialektik der Natur(1925).

Ernandes Hesus, Republikanska Španija i SSSR(1953).

Fanon Frantz, Die Verdammten dieser Erde(1961).

Fetscher Iring, Stalin über den Diamat(1956).

Fetscher I., Von Marx zur Sowjetideologie(1957).

Fetscher I., Die Sowjetgesellschaft und das Problem der Entfremdung (1963).

Fetscher I., Der Marxismus. Seine Geschichte in Dokumenten, I-III(1962-1965).

Fetscher I., Karl Marx und der Marxismus(1967).

Feuerbach Ludwig, Gedanken über Tod und Unsterblichkeit(1830).

Feuerbach L., Zur Kritik der Hegel'schen Philosophie(1839).

Feuerbach L., Das Wesen des Christentums(1841).

Feuerbach L., Vorläufige Thesen zur Reform der Philosophie(1843).

Fichte J. G., Grundlage der gesamten Wissenschaftslehre(1794).

Fichte J. G., Die Grundzüge des gegenwärtigen Zeitalters(1806).

Fichte J. G., Die Reden an die deutsche Nation(1808).

Filipović Filip, Razvitak društva u ogledalu historijskog materijalizma(1924).

Filipović F., Seljački pokret i agrarno pitanje u Jugoslaviji(1929).

Fiori Giuseppe, Vita di A. Gramsci(1966).

Fischer Ernst, Von der Nctwendigkeit der Kunst(1959).

Fischer E., Kunst und Koexistenz(1966).

Fischer Louis, Das Leben Lenins(1964).

Fischer Ruth, Stalin und der deutsche Kommunismus(1948).
Fitzgerald C. P., Revolution in China(1952).
Flechtheim O. K., Die KPD in der Weimarer Republik(1948).
Focht Ivan, Istina i biće umjetnosti(1959).
Focht I., Mogućnost, nužnost, slučajnost, stvarnost. Hegelovo učenje o odumiranju umjetnosti(1961).
Fogarasi Bela, Logika(1951).
Fomina V. A., Filosofskie vzgljady G. V. Plehanova(1955).
Förder Herwig, Marx und Engels am Vorabend der Revolution(1960).
Foucault Michel, Les mots et les choses(1966).
Friedrich Manfred, Philosophie und Ökonomie beim jungen Marx(1960).
Fritzhand Marek, Etička misao mladog Marxa(1961).
Fromm Erich, Über Methode und Aufgabe einer analytischen Sozialpsychologie(1932).
Fromm E., Escape from Freedom(1941).
Fromm E., Das Menschliche in uns(1947).
Fromm E., Psychoanalyse und Ethik(1954).
Fromm E., The Sane Society(1955).
Fromm E., Marx's Concept of Man(1961).
Fromm E., Beyond the Chains of Illusion(1962).
Fromm E., The Heart of Man(1964).
Fromm E., Socialist Humanism: An International Symposium(1965).

Gall Ludwig, Was könnte helfen?(1825).
Garaudy Roger, Les Sources françaises du Socialisme scientifique(1948).
Garaudy R., Grammaire de la Liberté(1950).
Garaudy R., La théorie matérialiste de la connaissance(1953).
Garaudy R., L'humanisme marxiste(1958).
Garaudy R., A propos d'un livre d'Henri Lefebvre: Initiation au marxisme ou initiation au revisionisme(1958).

Garaudy R., Perspectives de l'homme(1959).
Garaudy R., Rapport(1962).
Garaudy R., Le Dieu est mort(1962).
Garaudy R., D'un réalisme sans rivages(1963).
Garaudy R., Karl Marx(1964).
Garaudy R., Marxisme du 20e siècle(1966).
Garin Eugenio, Cronache della filosofia italiana 1900-1943(1955).
Gay Peter, Das Dilemma des demokratischen Sozialismus(1952).
Georgi Elsbeth, Theorie und Praxis des Generalstreiks in der modernen Arbeiter-bewegung(1908).
Gerlach Erich, Karl Korsch und der Marxismus(1963).
Gerlach E., Karl Korsch's Undogmatik Marxism(1964).
Geschichte der deutschen Arbeiterbewegung, I-VIII(1966).
Gespräche mit Georg Lukács(Hrsg. T. Pinkus, 1967).
Goldman J. i K. Kouba, Privredni rast u ČSSR(1967).
Goldmann Lucien, Matérialisme dialectique et histoire de la Philosophie (1947).
Goldmann L., Matérialisme dialectique et histoire de la littérature(1947).
Goldmann L., Sciences humanines et Philosophie(1952).
Goldmann L., Le Dieu caché(1955).
Goldmann L., Recherches dialectiques(1959).
Goldmann L., Structuralisme, Marxisme, Existentialisme(1966).
Goldmann L., Pour une sociologie du roman(1964).
Gorkij Maksim, Erinnerungen an Zeitgenossen(1928).
Gorski D. P., Logika(1958).
Gorupić Drago, Izbor radova(1963).
Gorupić D., Samoupravna organizacija produzeća(1969).
Gorz André, Straitégie ouvrière et neocapitalisme(1964).
Gorz A., Le socialisme difficile(1967).
Gramsci Antonio, Artikel in Ordine Nuove(1919-1920).

Gramsci A., Il Materialismo storico e la Filosofia di Benedetto Croce(1948).
Gramsci A., Gli Intelletuali e l'Organizzazione della Cultura(1949).
Gramsci A., Letteratura e Vita nazionale(1950).
Gramsci A., Briefe aus dem Kerker(1956).
Gramsci A., Œuvres choisies(1959).
Gramsci A., Philosophie der Praxis(1967).
Grimm Tilemann, Mao Tse-tung in Selbstzeugnissen und Bilddokumenten (1968).
Grlić Danko, Umjetnost i filozofija(1965).
Grlić D., Zašto(1968).
Gropp R. O., Die marxistische dialektische Methode und ihr Gegensatz zur idealistischen Dialektik Hegels(1954).
Gropp R. O., Zu Fragen der Geschichte der Philosophie und des Dialektischen Materialismus(1959).
Grossmann Heinz und Negt Oskar, Die Auferstehung der Gewalt, Springerblockade und politische Reaktion in der Bundesrepublik(1968).
Grossmann Henryk, Das Akkumulations- und Zusammenbruchsgesetz des kapitalistischen Systems(1929).
Gründungsdokumente des Bundes der Kommunisten(Hrsg. Bert Andréas, 1969).
Guesde Jules, Essai de catéchisme socialiste(1878).
Guesde J., Collectivisme et socialisme(1879).
Guesde J., État morale et politique de classe(1901).
Guevara Ernesto Che, Der Partisanenkrieg(1960).
Guevara E. Che, Guerillakrieg-eine Methode?(1963).
Guevara E. Che, Der Sozialismus und der Mensch auf Cuba(1965).
Guevara E. Che, Brandstiftung oder Neuer Friede?(1969).
Guevara E. Che, Ökonomie und neues Bewußtsein(1969).

Habermas Jürgen, Strukturwandel der Öffentlichkeit(1962).
Habermas J., Theorie und Praxis(1963).

Habermas J., Erkenntnis und Interesse(1968).

Habermas J., Technik und Wissenschaft als ≫Ideologie≪(1968).

Haldane J. B. S., The Marxist Philosophy and the Science(1938).

Haller v. C. L., Restauration der Staatswissenschaft(1816-1834).

Hannak Jacques, Karl Renner und seine Zeit(1965).

Haupt Georges, La Deuxième Internationale 1889-1914(1964).

Havemann Robert, Dialektik ohne Dogma(1964).

Hegel G. W. F., Phänomenologie des Geistes(1807).

Hegel G. W. F., Wissenschaft der Logik(1812)

Hegel G. W. F., Enzyklopädie der philosophischen Wissenschaften(1817).

Hegel G. W. F., Grundlinien der Philosophie des Rechts(1821).

Hegel G. W. F., Begriff der Religion(aus Vorlesungen über die Phil. der Religion, 1832).

Hegel G. W. F., Voriesungen über die Geschichte der Philosophie(1833-1836).

Hegel G. W. F. - D. Nedeljković, Dijalektika(1839)

Heidegger Martin, Sein und Zeit(1927).

Heine Heinrich, Französische Zustände(1833).

Heine H., Zur Geschichte der Religion und Philosophie in Deutschland (1834).

Heintel Peter, System und Ideologie(Der Austromarxismus im Spiegel der Philosophie Max Adlers)(1967).

Hélvetius C. A., De l'Esprit(1758).

Hélvetius C. A., De l'Homme(1772).

Hess Moses, Die heilige Geschichte der Menschheit von einem Jünger Spinozas (1837).

Hess M., Europäische Triarchie(1841).

Hess M., Die politischen Parteien in Deutschland(1842).

Hess M., Sozialismus und Kommunismus(1843).

Hess M., Philosophie der Tat(1843).

Hess M., Die Eine und ganze Freiheit(1843).
Hess M., Über die sozialistische Bewegung in Deutschland(1845).
Hess M., Über das Geldwesen(1845).
Hilferding Rudolf, Das Finanzkapital(1910).
Hillmann Günther, Marx und Hegel(1966).
Hillmann G., Selbstkritik des Kommunismus(1967).
Historija medunarodnog i socijalističkog pokreta(Autorenkoll., 1952).
Hobsbawm E. J., Privitive Rebels(1959).
Hobsbawm E. J., The Age of Revolution(1962).
Hofmann Werner, Ideengeschichte der sozialen Bewegung des 19. und 20. Jabrhunderts(1962).
Holbach Paul, Systèma Social(1761).
Holbach P., Systèma de la nature(1770).
Hommes Jakob, Der technische Eros(1955).
Hook Sidney, Towards the Unterstanding of Karl Marx(1933).
Hook S., From Hegel to Marx(1936).
Hook S., Dialectical Materialism and Scientific Method(1955).
Horkheimer Max, Bemerkungen über Wissenschaft und Krise(1932).
Horkheimer M., Materialismus und Metaphysik(1933).
Horkheimer M., Zum Problem der Voraussage in den Sozialwissenschaften(1933).
Horkheimer M., Bemerkungen zur philosophischen Anthropologie(1935).
Horkheimer M., Der neueste Angriff auf die Metaphysik(1937).
Horkheimer M. und Th. W. Adorno, Dialckitik der Aufklärung(1941).
Horkheimer M., Eclipse of Reason(1947).
Horvat Branko, Ekonomska teorija planske privrede(1961).
Horvat B., Privredni ciklusi u Jugoslaviji(1969).
Horvat B., Ogled o jugoslavenskom društvu(1969).
Hruščov Nikita, Izvještaj na XX kongresu KPSS(1956).
Hruščov N., Texte Intègral du Rapport secret de M. Khrouchtchev(1956).

Huberman L. and P. M. Sweezy, Cuba Anatomy of a Revolution(1961).
Humanizam i socijalizam, I-II(Autorenkoll., 1963).
Hypolite Jean, Études sur Hegel et Marx(1955).

Imperialismus beute(Autorenkoll., 1965).
Istoričeskij materializm(Red. F. V. Konstantinova)(1950).
Istoria vsesojuznoj kommunističeskoj partii(boljševikov)(1983)
Istorija Kommunističeskoj partii Sovetskogo Sojuza(Red B. N. Ponomarev)(1959).
Istorija Kommunističeskoj partii Sovetskogo Sojuza(Red P. N. Pospelov)( I 1964, II 1966).

Jakubowski F., Ideologischer Überbau in der materialistischen Geschichtsauffassung(1936).
Jaurès Jean, De la Réalité du monde sensible(1891).
Jaurès J., Affaire Dreyfus(1898).
Jaurès J., L'Action socialiste(1899).
Jaurès J., Études socialistes(1902).
Jaurès J., L'Histoire socialiste de la Republique Française(1901-1908).
Jordan Z. A., Philosophy and Ideology(1963).
Jordan Z. A., Marxistischer Revisionismus in Polen(1968).
Juškevič P. S., Materializm i kritičeskij realizm(1908).

Kabakadze Z. M., Ekzistencialnyj krizis i problema otčuždenija(1967).
Kaegi Paul, Genesis des historischen Materialismus(1965).
Kalivoda Robert, Demokratisierung und kritisches Denken(1968).
Kandelj E. P. i Karpušin V. A., Još jednom o historijskoj sudbini misli-mladog Marxa(1964).
Kangrga Milan, Etički problem u djelu Karla Marxa(1963).
Kant Immanuel, Kritik der reinen Vernunft(1781).

Kant I., Kritik der praktischen Vernunft(1788).
Kardelj Edvard, Razvoj slovenačkog nacionalnog pitanja(1939).
Kardelj E., Narodnooslobodilački odbori moraju postati istinski privremeni nosioci narodne vlasti(1941).
Kardelj E., O narodnoj demokratiji u Jugoslaviji(1949).
Kardelj E., Deset godina Narodne revolucije(1951).
Kardelj E., Socijalistička demokratija u jugoslavenskoj praksi(1954).
Kardelj E., Gover u Saveznoj narodnoj skupštini 7. dec. 1956(1956).
Kardelj E., Problemi socijalističke politike na selu(1959).
Kardelj E., Socijalizam i rat(1960).
Kardelj E., Novi ustav Socijalističke politike na selu(1959).
Kardelj E., Društveno-ekonomski zadaci privrednog ravoja u narednom periodu(1964).
Kardelj E., Raskršća u razvitku našeg socijalističkog društva(1969).
Kardelj E., Radnička klasa, samoupravljanje i naučno tehnički progres (1969).
Kategorii materialističkoj dialektiki(Autorenkoll., 1956).
Kautsky K., Thomas Moore und seine Utopie(1888).
Kautsky K., Die Klassengegensätze von 1789(1889).
Kautsky K., Das Erfurter Programm in seinem grundsätzlichen Teil erläutert (1892).
Kautsky K., Die Vorläufer des neuren Sozialismus(1895).
Kautsky K., Die Agrarfrage(1894).
Kautsky K., Ethik und materialistische Geschichtsauffassung(1906).
Kautsky K., Sozialismus und Kolonialpolitik(1907).
Kautsky K., Nationalität und Internationalität(1907-1908).
Katusky K., Der Ursprung des Christentums(1908).
Kautsky K., Der Weg zur Macht(1909).
Kautsky K., Parlamentarismus und Demokratie(1911).
Kautsky K., Der politische Massenstreik. Ein Beitrag zur Geschichte der

Massenstreikdiskussion innerhalb der deutschen Sozialdemokratie(1914).
Kautsky K., Die Diktatur des Proletariats(1918).
Kautsky K., Terrorismus und Kommunismus(1919).
Kautsky K., Demokratie oder Diktatur(1919).
Kautsky K., Von der Demokratie zur Staatssklaverei(1921).
Kautsky K., Materialistische Geschichtsauffassung( I , II, 1927).
Kedrov B. M., Engels i estestvoznanie(1947).
Kedrov B. M., Postepennost kak odna iz form perehoda ot starogo kačestva k novomu kačestvu(1954).
Kidrič Boris, Diskusija na VI Kongresu KPJ(1952).
Klages Helmut, Technischer Humanismus, Philosophie und Soziologie der Arbeit bei K. Marx(1964).
Klaus Georg, Moderne Logik(1958).
Klaus G., Kybernetik in philosophischer Sicht(1961).
Klaus G., Spezielle Erkenntnistheorie(1965).
Knirsch Peter, Die ökonomischen Anschauungen Nicolai I. Bucharins(1959).
Književne sveske(Autorenkoll., 1940).
Koch Hans, Franz Mehrings Beitrag zur marxistischen Literaturtheorie (1959).
Kofler Leo, Die Wissenschaft von der Gesellschaft(unter dem Pseudonym S. Warinski 1944).
Kofler L., Zur Geschichte der bürgerlichen Gesellschaft(1948).
Kofler L., Das Wesen und die Rolle der Stalinistischen Bürokratie(1952).
Kofler L., Marxismus und Sprache(1952).
Kofler L., Die drei menschlichen Tragödien des XX. Jahrhunderts(1960).
Kofler L., Perspektiven des revolutionären Humanismus(1968).
Kolakowski Leszek, Die Intellektuellen un die kommunistische Bewegung (1956).
Kolakowski L., Wovon leben die Philosophen(1956).
Kolakowski L., Aktuelle und nichtaktuelle Begriffe(1957).

Kolakowski L., Von der Richtigkeit der Maxime ≫der Zweck heiligt die Mittel ≪(1957).
Kolakowski L., Verantwortung und Geschichte(1957).
Kolakowski L., Der Mensch ohne Alternative(1960; der Band enthält die oben genannten Aufsätze).
Kolakowski L., Karl Marx i klasična definicija istine(1959).
Kolakowski L., O teološkom naslijedu u suvremenom mišljenju(1959).
Kolb Eberhard, Die Arbeiterräte in der deutschen Innenpolitik 1918/1919 (1962).
Kollektive i ličnostj(Autorenkoll., 1968).
Kollontaj Aleksandra, Die Arbeiteropposition(1921).
Kommunizm i kuljtura(Autorenkoll., 1966).
Korać Miladin, Problemi teorije i prakse socijalističke robne proizvodnje u Jugoslaviji(1965).
Korać Veljko, Marx i savremena sociologija(1962).
Korsch Karl, Arbeitsrecht für Betriebsräte(1922).
Korsch K., Der Standpunkt der materialistischen Geschichtsauffassung (1922).
Korsch K., Marxismus und Philosophie(1923).
Korsch K., Der gegenwärtige Stand des Problems ≫Marxismus und Philosophie≪(1930).
Korsch K., Karl Marx(1938).
Korsch K., 10 Thesen über Marxismus(1950).
Kosík Karel, Dialektik des Konkreten(1963).
Kosík K., Die Krise unserer Gegenwart(1968).
Kosolapov R. J., Kommunizm i svoboda(1965).
Krešić Andrija, Dijalektika politike(1968).
Krešić A., Političko društvo i politička mitologija(1968).
Kritik der politischen Ökonomie heute, 100 Jabre ≫Kapital≪(1968).
Kriegel Annie, Aux Origines du Communisme français 1914-1920, Ⅰ, Ⅱ

(1964).

Kriegel A., Les Communistes français(1968).

Krleža Miroslav, Dijalektički antibarbarus(1939).

Krleža M., Govor na Kongresu književnika u Ljubljani(1952).

Labriola Antonio, Zum Gedächtnis des Kommunistischen Manifests(1895).

Labriola A., Le Matérialisme historique(1896).

Labriola A., Discorrendo di socialismo e di filosofia(1898).

Labriola A., A propos de la crise du Marxisme(1899).

Labriola A., Da un secolo all'altro(1925).

Labriola Arturo, Karl Marx(L'économiste, Le socialiste)(1923).

Lacan Jacques, Ecrits(1966).

Lafargue Paul, Le Droit à la Paresse(1883).

Lafargue P., Marx' historischer Materialismus(1885).

Lafargue P., Le Communisme et l'Evolution Economique(1892)

Lefargue P., Der Ursprung der Idee des Gerechten und Ungerechten (1898).

Lafargue P., Der Ursprung der abstrakten Ideen(1898).

Lafargue P., Der Ursprung der Idee des Guten(1899).

Lafargue P., Die Ursachen des Gottesglaubens(1905).

Lafargue P., Le Déterminisme économique: la Methode historique de Karl Marx(1907).

Lafargue P., La Religion du Capital(1907).

Lafargue P., Ursprung und Entwicklung des Begriffs der seele(1909)

Lafargue P., Die französische Sprache vor und nach der Revolution(1912).

Lamont Corlis, Humanism as a Philosophy(1949).

Lang Rikard, Medunarodna saradnja i ekonomski razvoj(1955).

Lange F. A., Geschichte des Materialismus(1865).

Lange M. G., Marxismus, Leninismus, Stalinismus(1955).

Lange Oskar, Uvod u ekonometriju(1948).

Lange O., Teorija statistike(1952).
Lange O., Über einige Probleme des polnischen Weges zum Sozialismus (1957).
Lange O., Political Economy I(1959).
Lange O., Entwicklungstendenzen der moderen Wirtschaft und Gesellschaft (1964).
Le révolte étudiante. Les animateurs parlent(1968).
Laski K., Nacrt teorije socijalističke reprodukcije(1965).
Lassalle Ferdinand, Philosophie des Herakleitos des Dunklen aus Ephesos (1858).
Lassalle F., Franz von Sickingen(1859).
Lassalle F., Das System der erworbenen Rechte(1861).
Lassalle F., Herr Basitat-Schulze von Delizsch, oder Kapital und Arbeit (1864).
Lefebvre Henri, Morceaux choisis de K. Marx(1934).
Lafebvre H., Le Nationalisme contre les Nations(1937).
Lafebvre H., Hitler au pouvior. Bilan de cinq année de fascisme en Allemagne(1938).
Lafebvre H., et N. Guterman, Morceaux choisis de Hegel(1938).
Lafebvre H., et N. Guterman, Cahiers de Lénine sur la dialectique de Hegel (1938).
Lafebvre H., Le Matérialisme dialectique(1939).
Lafebvre H., L'Existentialisme(1946).
Lafebvre H., Critique de la vie quotidienne( I 1947, II 1961).
Lafebvre H., La Logique formelle et la Logique dialectique(1947).
Lafebvre H., La Pensée de K. Marx(1948).
Lafebvre H., La Pensée de Lénine(1957).
Lafebvre H., Problèmes actuels du marxisme(1958).
Lafebvre H., La Somme et le reste(1959).
Lafebvre H., Introduction à la Modernitè(1962).

Lafebvre H., Le langage et la société(1966).
Lafebvre H., Position: contre les technocrates(1967).
Lafebvre H., Sur une interprétation de marxisme(1967).
Lenin Vladimir Iljič, Was sind die ≫Volksfeinde≪ und wie kämpfen sie gegen die Sozialdemokraten?(1894).
Lenin V. I., Der ökonomische Inhalt der Volkstümlerrichtung und die Kritik an ihr in dem Buch des Herrn Struve(1895).
Lenin V. I., Die Entwicklung des Kapitalismus in Rußland(1899).
Lenin V. I., Was tun?(1902).
Lenin V. I., Ein Schritt vorwärts, zwei Schritte zurück(1904).
Lenin V. I., Zwei Taktiken der Sozialdemokratie in der demokratischen Revolution(1905).
Lenin V. I., Vorwort zur russischen Ausgabe der Broschüre K. Kautskys(1907).
Lenin V. I., Zur Einschätzung der russischen Revolution(1908).
Lenin V. I., Materialismus und Empiriokritizismus(1909).
Lenin V. I., Über die verletzung der Einheit, bemäntelt durch Geschrei über die Einheit(1914).
Lenin V. I., Über das Recht der Nationen auf Selbstbestimmung(1914).
Lenin V. I., Sozialismus und Krieg(1915).
Lenin V. I., Der Opportunismus und der Zusammenbruch der II. Internationale (1915).
Lenin V. I., Die Sozialistische Revolution und das Selbstbestimmungsrecht der Nationen(1916).
Lenin V. I., Noch einmal über die Gewerkschaften, die gegenwärtige Lage und die Fehler Trotzkis und Bucharins(1921).
Lenin V. I. Notizen eines Publizisten(1922, publ. 1924).
Lenin V. I. Politischer Bericht des Zk der KPR(B) auf dem XI. Parteitag(1922).
Lenin V. I., Über die Bedeutung des streitbaren Materialismus(1922).
Lenin V. I., Brief an den Parteitag. Zur Frage der Nationalitäten oder der ≫Autonomisierung≪(1922, publ. 1956).

Lenin V. I., Lieber weniger, aber besser(1923).
Lenin V. I., Brief an den Parteitag(≫Testament≪)(1923, publ. 1956).
Lenin V. I., Philosophische Hefte(1914-1916, publ.1929-1930).
Leo heinrich, Die Hegelingel(1838).
Leonov M. A., Očerk dialektičeskogo materializma(1948).
Leontjev L. A., ≫Kapital≪ K. Markxa i sovremennaja spoha(1968).
Les Marxistes répondent à leurs Critiques catholiques(1957).
Levy Paul, Unser Weg. Wider den Putschismus(1921).
Lévy Bruhl Lucien, La morale et la science des moeurs(1903).
Lévy Bruhl L., Les Fonctions mentales dans les Sociétés inférieurs(1910).
Lévy Bruhl L., La mentalité primitive(1922).
Lévy Bruhl L., L'Ame primitive(1927).
Levy Hymen, Social Thiking(1945).
Lévi-Strauss Claude, Triste tropique(1955).
Lévi-Strauss C., Anthropologie structurale(1958).
Lévi-Strauss C., La pensée sauvage(1962).
Liberman, J., Plan, dobit, premija(1962).
Lichtheim George, Marxism. An Historical and Critical Study(1961).
Lichtheim G., Marxism in Modern France(1966).
Liebknecht Karl, Militarismus und Antimilitarismus(1907).
Liebknecht K., Klassenkampf gagen den Krieg(1919).
Liebknecht K., Studien über die Bewegungsgesetze der gesellschaftlichen Entwickelung(1922).
Liebknecht Wilhelm, Wissen ist Macht-Macht ist Wissen(1872).
Liebknecht W., Zur Grund- und Bodenfrage(1976).
Liebknecht W., Geschichte der Französischen Revolution(1890).
Liebknecht W., Robert Owen(1892).
Liebknecht W., Karl Marx zum Gedächtnis(1896).
Lisenko T. D., O stanju u biološkoj nauci(1948).
Lindau Rudolf, Franz Mehring zu seinem 100. Geburtstag(1946).

Lobkowicz N., Marxismus-Leninismus in der ČSSR(1961).
Louis Paul, Histoire du socialisme en France(1946).
Löwith Karl, Von Hegel zu Nietzsche(1941).
Lukács Georg, Die Seele und die Formen(1911).
Lukács G., Die Theorie des Romans(1916).
Lukács G., Geschichte und Klassenbewußtsein(1923).
Lukács G., Lenin, Studie über den Zusammenhang seiner Gedanken(1924).
Lenin V. I., Über die Junius-Broschüre(1916).
Lenin V. I., Das Militärprogramm der proletarischen Revolution(1916).
Lenin V. I., Der Imperialismus als höchstes Stadium des Kapitalismus(1917).
Lenin V. I., Brief an das ZK, MK, PK und an die bolschewistischen Mitglieder der Sowjets von Petrograd und Moskau(1917, publ. 1921).
Lenin V. I., Ratschläge eines Außenstehenden(1917, publ. 1921).
Lenin V. I., Brief an die Genossen Bolschewiki, die an dem Kongreß der Sowjets des Nordgebiets teilnehmen(1917, publ. 1921).
Lenin V. I., Brief an die Genossen(1917).
Lenin V. I., Brief an die Mitglieder der Partei der Bolschewiki(1917, publ. 1921).
Lenin V. I., Die Krise ist herangereift(1917).
Lenin V. I., Brief an die Mitglieder des ZK vom 24. Okt. 1917(publ. 1924).
Lenin V. I., Resolution des ZK der SDAPR(B) zur Frage der Opposition innerhalb des ZK(1917, publ. 1922).
Lenin V. I., Entwurt von Bestimmungen über die Arbeiterkontrolle(1917).
Lenin V. I., Resolution aus Anlaß der Weigerung der ≫linken Kommunisten ≪, dem Zentralkomitee anzugehören(1918).
Lenin V. I., Schlußwort zum Referat über Krieg und Frieden(1918, publ. 1923).
Lenin V. I., Seltsames und Ungeheuerliches(1918).
Lenin V. I., Die nächsten Aufgaben der Sowjetmacht(1918).
Lenin V. I., Staat und Revolution(1917, puble. 1918).

Lenin V. I., Die proletarische Revolution und der Renegat Kautsky(1918).
Lenin V. I., Gedenkrede für J. M. Swerdlow in der außerordentlichen Sitzung des Gesamtrussischen Zentralexekutivkomitees(1919).
Lenin V. I., Bericht über das Parteiprogramm(1919).
Lenin V. I., Bericht über die Arbeit auf dem Lande(1919).
Lenin V. I., Die III. Internationale und ihr Platz in der Geschichte(1919).
Lenin V. I., Die große Initiative(1919).
Lenin V. I., Der ≫linke Radikalismus≪, die Kinderkrankheit des Kommunismus(1920).
Lenin V. I., Unsere außen- und innenpolitische Lage und die Aufgaben der Partei(1920).
Lenin V. I., Thesen zur nationalen und kolonialen Befreiung, Ursprünglicher Entwurf(1920).
Lenin V. I., Referat auf dem II. Kongreß der Kommunistischen Internationale (1920).
Lenin V. I., Über die Gewerkschaften, die gegenwärtige Lage und die Fehler Trotzkis(1921).
Lenin V. I., Die Krise der Partei(1921).
Lenin V. I., Schlußwort zum Berichts des ZK der KPR(B)(1921).
Lenin V. I., Ursprünglicher Entwurf der Resolution des X. Parteitages der KPR über die Einheit der partei und die anarchosyndikalistische Abweichung (1921).
Lenin V. I., Über die Naturalsteuer(1921).
Lukács G., N. Bucharin: Theorie des Historischen Materialismus(1925).
Lukács G., Moses Hess und die Probleme der idealistischen Dialektik(1926).
Lukács G., Mein Weg zu marx(1933).
Lukács G., Fortschritt und Reaktion in der deutschen Literatur(1947).
Lukács G., Geothe und seine Zeit(1947).
Lukács G., Der junge Hegel(1948).
Lukács G., Existentialisme ou marxisme?(1948).

Lukács G., Beiträge zur Geschichte der Asthetik(1954).
Lukács G., Probleme des Realismus(1955).
Lukács G., Die Zerstörung der Vernunft(1955).
Lukács G., Wider den mißverstandenen Realismus(1957).
Lukács G., Postscriptum(1957).
Lukács G., Über die Besonderheit als Kategorie der Ästhetik(1957).
Lukács G., Ästhetik, Teil I. Die Eigenart des Ästhetischen, Ⅰ,Ⅱ(1963).
Lukić Radomir, Opšta teorija države i prava(1956).
Lukić R., Društvena svojina i samoupravljanje(1964).
Lunačarski Anatoli, Profile der Revolution(1919).
Luporini Cesare, Filosofi vecchi e nuovi(1947).
Luporini C., La mente di Leonardo(1953).
Luporini C., Voltaire e le ≫Lettres philosophiques≪(1955).
Luporini C., La consapevolezza storica del marxismo(1955).
Luporini C., Verità e libertà(1960).
Luporini C., Appunti per una discussione tra i filosofi marxisti in Italia(1962).
Luporini C., Il circolo concreto-astratto-concreto(1962).
Luporini C., ≫Rovesciamento≪ e il metodo nella dialettica marxista(1963).
Luporini C., Realtà e storicità(1966).
Luporini C., Introduzione a L'ideologia tedesca(1968).
Luxemburg Rosa, Die industrielle Entwickelung Polens(1898).
Luxemburg R., Sozialreform oder Revolution?(1899).
Luxemburg R., Organisationsfragen in der russischen Sozialdemokratie(1904).
Luxemburg R., Massenstreik, Partei und Gewerkschaften(1906).
Luxemburg R., Die Nationalfrage und die Autonomie(1908-1909).
Luxemburg R., Die Akkumulation des Kapitals(1913).
Luxemburg R., Die Krise der Sozialdemokratie(Junius-Broschüre)(1916).
Luxemburg R., Der Anfang(1918).
Luxemburg R., Die Nationalversammlung(1918).
Luxemburg R., Nationalversammlung oder Räteregierung(1918).

Luxemburg R., Die Waheln zur Nationalversammlung(1918).
Luxemburg R., Die russische Revolution(1918, publ. 1922).

Mackey J. H. Max Stirner, sein Leben und sein Werk(1898).
Mallet Serge, La nouvelle classe ouvrière(1963).
Man de Henrik, Zur Psychologie des Sozialismus(1926).
Man de H., Der Sozialismus als Kulturbewegung(1926).
Man de H., Der Kampf um die Arbeitsfreude(1927).
Man de H., Die sozialistische Idee(1933).
Mandel Ernest, Traité d'économie marxiste( I , II 1962).
Mandel E., La formation de la pensée économique de Karl marx(1967).
Mandel E., Kritik der Wachstumstheorie im Geiste des ≫Kapital≪(1968).
Mandel E., Leçons de Mai 1968(1968).
Mandić Oleg, Od kulta lubanje do kršćanstva(1954).
Mannheim Karl, Ideologie und Utopie(1929).
Mao Tse-tung, Analyse der chinesischen Gesellschaftsklassen(1926).
Mao Tse-tung, Untersuchungsbericht über die Bauernbewegung in Hunan (1927).
Mao Tse-tung, Aus einem Funken kann ein Steppenhrand entstehen(1930).
Mao Tse-tung, Strategische Probleme des revolutionären Krieges in China (1936).
Mao Tse-tung, Über den Widerspruch(1937).
Mao Tse-tung, Über die Praxis(1937).
Mao Tse-tung, Die neun phase(1938).
Mao Tse-tung, Über den langwierigen Krieg(1938).
Mao Tse-tung, Strategische Probleme des Partisanenkrieges(1938).
Mao Tse-tung, Die chinesische Revolution und die KP Chinas(1939).
Mao Tse-tung, Über die neue Demokratie(1941).
Mao Tse-tung, Über die Koalitionsregierung(1945).
Mao Tse-tung, Die gegenwärtige Lage und unsere Aufgaben(1947).

Mao Tse-tung, Über die demokratische Diktatur des Volkes(1949).
Mao Tse-tung, Zur Frage der richtigen Lösung von Widersprüchen im Volk (1957).
Marcuse Herbert, Beiträge zu einer Phänomenologie des historischen Materialismus(1928).
Marcuse H., Zum Problem der Dialektik(1932).
Marcuse H., Neun Quellen zur Grundlegung des historischen Materialismus (1932).
Marcuse H., Hegels Ontologie und die Grundlagen einer Theorie der Geschichtlichkeit(1932).
Marcuse H., Über die philosophischen Grundlagen des wirtschaftswissenschaftlichen Arbeitsbegriffs(1933).
Marcuse H., Der Kampf gegen den Liberalismus in der totalitären Staatsauffassung(1934).
Marcuse H., Philosophie und kritische Theorie(1937).
Marcuse H., Zur Kritik des Hedonismus(1938).
Marcuse H., Reason and Revolution(1941).
Marcuse H., Eros and Civilization(1955).
Marcuse H., Soviet Marxism(1958).
Marcuse H., One-Dimensional Man(1964).
Marcuse H., Repressive Toleranz(1965).
Marek Franz, Philosophie der Weltrevolution(1966).
Markos P., Šta je to o čemu se diskutira(1968).
Marković Mihajlo, Revizija filozofskih osnova marksizmu u SSSR-u(1952).
Marković M., Formalizam u savremenoj logici(1957).
Marković M., Dijalektička teorija značenja(1961).
Marković M., Marksistički humanizam i problem vrijednosti(1962).
Marković M., Humanizam i dijalektika(1967).
Marković Sima, Princip kauzaliteta i moderna fizika(1935).
Marković Svetozar, Pariska komuna i Internacionala(1871).

Marković S., Srbija na Istoku(1872).

Marković S., Realni pravac u nauci i životu(1873).

Marks i savremenost( Ⅰ 1963, Ⅱ 1964, Ⅲ 1966).

Martinet Gilles, Le Marxisme de motre temps(1962).

März Eduard, Die Marxische Wirtschaftslehre im Widerstreit der Meinungen (1959).

Marx Karl, Wilde Lieder(1841).

Marx K., Differenz der demokratischen und epikureischen Naturphilosophie (1840-1841, publ. 1902).

Marx K., Debatten über die Pressefreiheit und Publikation der Landständischen Verhandlungen(1842).

Marx K., Das philosophische Manifest der historischen Rechtsschule(1842).

Marx K., Der leitende Artikel in Nr. 79 der Kölnischen Zeitung(1842).

Marx K., Der Kommunismus und die Augsburger ≫Allgemeine Zeitung≪ (1842).

Marx K., Debatten über das Holzdiebstahlsgesetz(1842).

Marx K., Bemerkungen über die neueste preußische Zensurinstruktion(1843).

Marx K., Aus der Kritik der Hegelschen Rechtsphilosophie. Kritik des Hegelschen Staatsrecht(§261-313)(1843, publ. 1297).

Marx K., Zur Judenfrage(1844).

Marx K., Zur Kritik der Hegelschen Rechtsphilosophie. Einleitung(1844).

Marx K., Ökonomisch-philosophische Manuskripte(1844, publ. 1932).

Marx K., Kritische Randglossen zu dem Artikel ≫Der König von preußen und die Sozialreform≪(1844).

Marx K., Thesen über Feurebach(1845, publ. 1888).

Marx K. und F. Engels, Die deutsche Ideologie(1845-46, publ. 1932).

Marx K., La Misère de la Philosophie(1847).

Marx K. und F. Engels, Manifest der Kommunistischen Partei(1848).

Marx K., Lohnarbeit und Kapital(1849).

Marx K., Die Klassenkämpfe in Frankreich von 1848 bis 1850(1850).

Marx K. und F. Engels, Ansprache der Zentralbehörde an den Bund vom März 1850(1850).

Marx K. und F. Engels, Revolution und Konterrevolution in Deutschland(1851 bis 1852).

Marx K., Der achtzehnte Brumaire des Louis Bonaparte(1852).

Marx K., Grundrisse der Kritik der politischen Ökonomie(Rohentwurf)(1857 bis 1858, publ. I 1939, II 1941).

Marx K., Zur Kritik der politischen Ökonomie(1859).

Marx K., Herr Vogt(1861).

Marx K., Instruktionen für die Delegierten der Zentralrats vom 8. September 1866(1866).

Marx K., Das Kapital( I 1867, II 1885, III 1894).

Marx K., Zweite Adresse über den Deutsch-Französischen Krieg(1871).

Marx K., Erster Entwurf zum ≫Bürgerkrieg in Frankreich≪(1871, publ. 1934).

Marx K., Der Bürgerkrieg in Frankreich(1871).

Marx K., Rade über den Haager Kongreß(1872).

Marx K. et F. Engels, L'Alliance de la Démocratie Socialiste el l'Association Internationale des Travailleurs(1873).

Marx K., Kritik des Gothaer Programms(1875, publ. 1891).

Marx K., Lohn, Preis und Profit(1865, publ. 1898).

Marx K., Briefe an Kugelmann(publ. 1902).

Marx K., Theorien über den Mehrwert(publ. 1905-1910).

Marx K. und F. Engels, Briefwechsel, I-IV(1913).

Marx K. und F. Engels, Briefe an Bebel, Liebknecht, Kautsky und andere (1933).

Marx K. und F. Engels, Ausgewählte Briefe(1956).

Marxism and Democracy(1965).

Marxism and Alienation(1965).

Marxisme et existentialisme. Controverse sur la dialectique(1962).

Marxistische Philosophie(Autorenkoll., 1967).
Masaryk Thomáš, Die Philosophischen und sociologischen Grundlagen des Marxismus(1899).
Materialien zur Revolution(1968).
Mayer Gustav, Friedrich Engels, I-II(1934).
Mehnert Klaus, Maos zweite Revolution(1966).
Mehring Franz, Die Lessing-Legende(1893).
Mehring F., Über den historischen Materialismus(1893).
Mehring F., Geschichte der deutschen Sozialdemokratie, I-IV(1897-1898).
Mehring F., Aus dem literarischen Nachlaß von K. Marx, F. Engels und F. Lassalle, I-IV(1902).
Mehring F., Wesen und Zeitbedingtheit der Philosophie(1904).
Mehring F., Sozialistische Ethik(1906).
Mehring F., Historischer Materialismus(1910).
Mehring F., Deutsche Geschichte vom Ausgang des Mittelalters(1910-1911).
Mehring F., Karl Marx(1918).
Mehring F., Zur Literaturgeschichte(1930).
Mehring F., Zur Geschichte der Philosophie(1931).
Merker Nicolao, Le origini della logica hegeliana(1961).
Merleau-Ponty M., Les Avantures de la Dialctique(1955).
Mésaventures de l'anti-marxisme(1956).
Michels Robert, Geschichte des Marxismus in Italien(1907).
Michels R., Zur Soziologie des Parteiwesens in der modernen Demokratie (1911).
Mikecin Vjekoslav, Suvremena talijanska filozofija(1966).
Mikecin V., Marksisti i Marx(1968).
Milić Vojin, Sociološki metod(1965).
Milosavlevski Slavko, Sojuzot na komunistite na Jugoslavija vo Sistemot na socijalističkata demokratija(1965).
Mills C. W., White Collar, The American Middle Classes(1951).

Mills C. W., The Power Elite(1956).
Mills C. W., The Sociological Imagination(1959).
Mitin, Judin, Raljcević, O novyh zadačah marksistko-leninskoj filosofii(1930).
Mitin M., Za dejstviteljnuju razrabotku leninskogo filosofskogo nasledstva (1930).
Mitin M., Naši filosofskie raznoglasija(1930).
Mitin M., K itogam filosofoskoj diskusii(1931).
Mitin M., Stalin i materialističeskaja dialektika(1933).
Mitin M., Akseljrod ≫Idealističeskaja dialektika Gegela in materialističeskaja dialektika Marksa≪(1934).
Mitin M., Boevye voprosy materialističeskoj dialektiki(1936; der Band enthält die angeführten Artikel).
Modzelewski K. und J. Kuron, Offener Brief an die ≫Vereinigte Polnische Arbeiterpartei≪(1968).
Mondolfo Rodolfo, Il materialismo storico in Federico Engels(1912).
Morizet André, Chez Lénine et Trotsky(1922).
Moszkowska Natalie, Das Marxsche System. Ein Beitrag zu dessen Ausbau (1929).
Moszkowska N., Zur Kritik moderner Krisentheorien(1935).
Moszkowska N., Zur Dynamik des Spätkapitalismus(1943).
Mougin Henri, La Sainte famille existentialiste(1947).
Mounier Emanuel, Le Personalisme(1949).

Nachrichten aus der ČSSR(1963).
Naef E., Zur Geschichte des franzöosischen Syndikalismus(1953).
Natorp Paul, Sozialpädagogik, Theorie der Willensbildung auf der Grundlage der Gemeinschaft(1899).
Natorp P., Sozialidealismus(1920).
Naučnij kommunizm(Autorenkoll., 1965).
Naville Pierre, Psychologie, Marxisme, Matérialisme(1946).

Naville P., De l'Aliénation à la Jouissance(1957).
Nedeljković Dušan, Ideološki sukob demokratije i fašizma(1938).
Nedeljković D., Anti-Bergson(1939).
Nedeljković D., Komentari Hegelovoj Logick(Dijalektika 1939).
Nedeljković D., Humanizam Marksove dijalektike i dijalektika humani zma danas(1968).
Nettl J. P., Rosa Luxemburg, I-II(1966).

Očerki po filosofii marksizma(Autorenkoll., 1908).
Oertzen v. Peter, Betriebsräte in der Novemberrevolution(1963).
Ojzerman T. I., Formirovanie filosofii marksizma(1962).
O nekim problemima privrednog sistema(Autorenkoll., 1963).
Oslobodilački rat naroda Jugoslavije(1941-1945)( I-II, 1957-1959).
Osnovy marksistkoj filosofii(Red F. V. Konstantinova, 1958).
Ossowski Stanislaw, Osnove estetike(1949).
Ossowski S., Marksizam i naučna djelatnost n socijalističkom društvu(1957).
Ossowski S., Klasna struktura u društvenoj svijesti(1957).
Ossowski S., O specifičnosti društvenih nauka(1962).
Ot socializma k kommunizmu(Autorenkoll., 1962).

Pannekoek Anton, Umwälzungen im Zukunftsstaat(1906).
Pannekoek A., Ethik und Sozialismus(1906).
Pannekoek A., Der Kampf der Arbeiter(1907).
Pannekoek A., Marxismus und Darwinismus(1909).
Pannekoek A., Die taktischen Differenzen in der Arbeiterbewegung(1909).
Pannekoek A., Klassenkampf und Nation(1912).
Pannekoek A., Massenaktion und Revolution(1912).
Pannekoek A., Die Entwickelung der Weltrevolution und die Taktik des Kommunismus(1920).
Papi Fulvio, Il pensiero di Antonio Gramsci(1961).

Fascal Blaise, Pensées(1670).
Paschukanis E B., Allgemeine Rechtslehre und Marxismus(1924).
Pašić Najdan, Klase i politika(1968).
Pavičević Vuko, Uvod u etiku(1962).
Pavlov Todor, Teorija odraza(1963).
Pavlov T., La Philosophie matérialiste dialectique et les Sciences particulières (1956).
Pažitnov L N., U istokov revoljucionnogo perevorota v filosofii(1960).
Pečujlić Miroslav, Klase i savremeno društvo(1967).
Pejović danilo, Protiv struje(1965).
Pešić-Golubović Zaga, Antropologija kao društvena nauka(1967).
Petrinović Ivo, Partija randičke klase u koncopciji Antonija Gramscija(1967).
Petrinović I., Koncepcija Komunističke partije Italije o talijanskom putu u socijalizam(1969).
Petrović Gajo, Filozofija u SSSR-u od oktobarske revolucije do 1938(1952-1953).
Petrović G., Filozofski pogledi G. V. Plehanova(1957).
Petrović G., Filozofija i marksizam(1965).
Petrović G., Mogućnost čovjeka(1969).
Pfaff Dieter, Die Entwicklung der sowjetischen Rechtslehre(1968).
Piaget Jean, Introduction à l'Epistémologie génetique(1950).
Pijade Moša, O tridesetgodišnjici Komunističke partije Jugoslavije(1949).
Pjanić Zoran, Problem stanovništva u ekonomskoj teoriji(1957).
Plehanov G. V., Socializm i političeskaja borba(1883).
Plehanov G. V., Naši raznoglasija(1885).
Plehanov G. V., K voprosu o razvitii monističeskogo vzgljada na istoriju (1895).
Plehanov G. V., Beiträge zur Geschichte des Materialismus(1896).
Plehanov G. V., Über materialistische Geschichtsauffassung(1897).
Plehanov G. V., Über die Rolle der Persönlichkeit in der Geschichte(1898).

Plehanov G. V., Noch einmal Materialismus(1898).
Plehanov G. V., Briefe ohne Adresse(1899, 1900).
Plehanov G. V., Die französische dramatische Literatur und die französische Malerei des 18. Jahrhunderts vom Standpunkt der Soziologie(1905).
Plehanov G. V., Vorwort zur dritten Auflage des Sammelbandes ≫Zwanzig Jabre≪(1908).
Plahanov G. V., Die Grundprobleme des Marxismus(1908).
Plehanov G. V., Materialismus militans(1908-1910).
Plehanov G. V., Die Kunst und das gesellschaftliche Leben(1912-13).
Plate-forme de l'opposition de gauche(1927).
Pokrovski M. N., Povijest Rusije(1920).
Politzer Georges, Fin d'une parade philosophique: le bergsonisme(1929).
Pollock Friedrich, Automation in den USA. Betrachtungen zur zweiten industriellen Revolution(1955).
Popitz Heinrich, Der entfremdete Mensch(1953).
Popović Mihajlo, Problemi društvene strukture(1967).
Popović Milentije, Šta državni kapitalizam znači u društvenom razvitku(1953).
Popović M., Društveno-ekonomski sistem(1964).
Prager Theodor, Wirtschaftswunder oder keines(1963).
Pregled historije Saveza komunista Jugoslavije(1963).
Prenant Marcel, Biologie et marxisme(1935).
Preobraženski E. A., Ot Nepa k socializmu(1922).
Préobrajensky E. A., La Nouvelle Économique(1926).
Prica Ognjen, Suvremena filozofija i prirodne znanosti(1937).
Problemi provodenja društveno-ekonomske reforme(Autorenkoll., 1969).
Program Saveza komunista Jugoslavije(1958)
Programma Komunističeskoj partii Sovetskogo Sojuza(1962).
Proudhon Joseph, Qu'est-ce que la propriété(1840).
Proudhon J., Système des contradictions économiques(1846).
Proudhon J., Banque du peuple(1848).

Proudhon J., Solution du problème social(1848).
Proudhon J., La banque d'échange(1848).
Proudhon J., Philosophie du progrès(1853).
Prva Internacionala(1950).

Radek Karl, Die Entwicklung der Weltrevolution und die Aufgabe der Kommunistischen Partei(1920).
Radnički i nacionalno-oslobodilački pokreti, I(1968).
Raphael Max, Proudhon, Marx, Picasso(1933).
Raphael M., Zur Erkenntnistheorie der konkreten Dialektik(1934).
Raphael M., Prehistoric Cave Painting(1945)
Raphael M., Prehistoric Pottery and Civilisation in Egypt(1947).
Rasch Wolfdietrich, Bertolt Brechts marxistischer Lehrer. Aufgrund eines ungedruckten Briefwechsels zwischen Brechts und Karl Korsch(1963).
Ratković Radoslav, Politička teorija austromarksizma(1965).
Razmatranja o socijalističkoj ekonomici(Karel Kouba et alii, 1968).
Raynal Guillaume, Histoire philosophique et politique des établissements et du commerce des Européens dans les deux Indes(1770).
Rebellion der Studenten oder die neue Opposition(1968).
Reich Wilhelm, Dialektischer Materialismus und Psychoanalyse(1929).
Reich W., Der Einbruch der Sexualmoral(1931).
Rendtorff Tr., und Töodt H. E., Theologie der Revolution(1968).
Renner Karl, Die soziale Funktion der Rechtsinstitute(1904).
Renner K., Marxismus, Krieg und Internationale(1917).
Renner K., Die Wirtschaft als Gesamtprozeß und die Sozialisierung(1924).
Renner K., Wege der Verwirklichung(1929).
Renner K., Mensch und Gesellschaft(1952).
Renner K., Wandlungen der modernen Gesellschaft(1953).
Revolution gegen den Staat?(Hrsg. Hans Dollinger 1968).
Ribar Veljko, principi dijalektike(1922).

Ricardo David, Principles of Political Economy and Taxation(1817).
Richta Radovan u. a., Zivilisation am Scheideweg(1966).
Riesman David, The Lonely Crowd(1960)
Ritter G. A., Die Arbeiterbewegung im Wilhelminischen Reich(1959).
Ritter Joachim, Hegel und die Französische Revolution(1957).
Rjazanov D., Marx i Engels(1922).
Robinson Joan, An Essay in Marxian Economics(1942).
Rodin Davor, Aspekti odnosa izmedu Hegelove i Marxove dijalektike(1967).
Roll Eric, Povijest ekonomske misli(1953).
Roland-Holst H., Generalstreik und Sozialdemokratie(1905).
Roland-Holst H., Joseph Dietzgens Philosophie gemeinverständlich erläutert in ihrer Bedeutung für das Proletariat(1910).
Roland-Holst H., Rosa Luxemburg(1935).
Romano di Salvatore Francesco, Gramsci(1965).
Rosdolsky Roman, Zur Entstehungsgeschichte des Marxschen ≫Kapital≪, I - II,(1968).
Rosenberg Artur, Geschichte des Bolschewismus von Marx bis zur Gegenwart(1932).
Rossi Mario, ≫Rovesciamento≪ e ≫nucleo razionale≪ della dialettica hegeliana secondo Marx(1957-1958).
Rousseau J. J., Contrat social(1762).
Rozental M. M., Marksistkij dialektičeskij motod(1947).
Rubel Maximilien, Pages choisies pour une éthique socialiste(1948).
Rubel M., Karl Marx, essai de biographie intellectuelle(1957).
Rus Vojan, Hegelova i marksistička dijalektika o istovetnosti i razlici(1963).
Rus V., Dijalektika čoveka i sveta(1969).

Sade Marquis de, Histoire de Juliette(1797).
Saharov A. D., Razmyšlenija o progresse, mirnom sosuščestvovanii i intellcktualjnoj svobode(1968).

Saint-Simon C. H., Nouveau christianisme(1825).
Sandor Paul, Histoire de la dialectique(1945).
Santarelli Enzo, La revisione del marxismo in Italia(1964).
Sartre Jean Paul, La Nausés(1939).
Sartre J. P. L'Etre et le Neant(1944).
Sartre J. P., Les Chemins de la Liberté(1945-1949)
Sartre J. P., Le fantôme de Staline(1957).
Sartre J. P., Critique de la raison dialectique(1960).
Sauerland Kurt, Der dialektische Materialismus, I(1932).
Schaff Adam, Zu einigen Fragen der marxistischen Theorie der Wahrheit (1952).
Schaff A., Einführung in die Semantik(1960).
Schaff A., Sprache und Erkenntnis(1964).
Schaff A., Marxismus und das menschliche Individuum(1965).
Schaff A., Essay über die Philosophie der Sprache(1968).
Schapiro Leonard, Die Geschichte der Kommunistischen partei der Sowjetunion (1960).
Schelling F. W. J., Ideen zu einer Philosophie der Natur(1797).
Schelling F. W. J., System des transcendentalen Idealismus(1800).
Schelling F. W. J. Darstellung meines Systems(1801).
Schickel Joachim, Dialektik in China. Mao Tse-tung und die Große Kulturrevolution(1967).
Schiwy Günther, Der französischen Strukturalismus(1969).
Schmidt Alfred, Der Begriff der Natur in der Lehre von Marx(1962).
Schram R. Stuart, Die permanente Revolution in China(1963).
Schram R. S., The political Thought of Mao Tse-tung(1963).
Schumpeter Joseph, Capitalism, Socialism and Democracy(1942).
Sebag Lucien, Marxisme et Structuralisme(1964).
Selektor M., Dialektičeskij materializm i teorija ravnovesija(1934).
Selsam Howard, Sozialismus und Ethik(1943).

Selsam H., Philosophy in Revolution(1957).
Sève Lucien, H. Lefebvre et la dialectique chez marx(1958).
Silone Ignazio, Fašizam(1934).
Sirotković Jakov, Problemi privrednog planiranja u Jugoslaviji(1961).
Sitnikov E. M., Problema ≫otčuždenija≪ v buržoaznoj filosofii i faljsifikatory marksizma(1962).
Smisao i perspektive socijalizma(Autorenkoll., 1965).
Smith Adam, An Inquiry into the Nature and Causes of the Wealth of Nations (1976).
Snow Edgar, Red Star over China(1937).
Socijalizam i humanizam(Autorenkoll., 1963).
Socialist Humanism(Hrsg. Erich Fromm 1965).
Sombart Werner, Der proletarische Sozialismus(1924).
Sombart W., Der moderne Kapitalismus(1927).
Somerville John, Soviet Philosophy. A Study of Theorie and Practice(1946).
Somerville J., Philosophy of Peace(1949).
Sorel George, Réflexions sur la violence(1906).
Sorel G., La Décomposition du Marxisme(1908).
Sorel G., Les Illusions du Progrès(1908).
Sorel G., Matériaux d'une théorie du prolétariat(1919).
Sotelo Ignacio, Der historische Ort des Marxismus in Lateinamerika(1969).
Spartakusbriefe(1958).
Stalin J. V., Anarchismus oder Sozialismus(1907).
Stalin J. V., Marxismus und nationale Frage(1913).
Stalin J. V., Über die Grundlagen des Leninismus(1924).
Stalin J. V., Die Oktoberrevolution und die Taktik der russischen Kommunisten(1925).
Stalin J. V., Zu den Fragen des Leninismus(1926).
Stalin J. V., An der Getreidefront(1928).
Stalin J. V., Über die rechte Gefahr in der KPdSU(B)(1928).

Stalin J. V., Über die rechte Abweichung in der KPdSU(B)(1929).
Stalin J. V., Das Jahr des großen Umschwungs(1929).
Stalin J. V., Zu Fragen der Agrarpolitik in der UdSSR(1929).
Stalin J. V., Vor Erfolgen von Schwindel befallen(1930).
Stalin J. V., Antwort an die Genossen Kollektivbauern(1930).
Stalin J. V., Die Ergebnisse des ersten Fünfjabrplans(1933).
Stalin J. V., Rechenschaftsbericht an den XIII. Parteitag(1934).
Stalin J. V., Über den Entwurf der Verfassung der UdSSR(1936).
Stalin J. V., Über dialektischen und historischen Materialismus(1938).
Stalin J. V., Rechenschaftsbericht an den XVIII. Parteitag(1939).
Stalin J. V., Marxismus und Fragen der Sprachwissenschaft(1950).
Stalin J. V., Die ökonomischen Probleme des Sozialismus in der UdSSR (1952).
Stammler Rudolf, Wirtschaft und Rechts nach der materialistischen Geschicht-sauffassung(1896).
Stammler R., Sozialismus und Christentum(1920).
Stanovnik Jože, Zemlje u razvoju u svjetskoj privredi(1965).
Staudinger Franz, Die Gesetze der Freibeit(1887).
Staudinger F., Ethik und Politik(1899).
Staudinger F., Wirtschaftliche Grundlagen der Moral(1907).
Staudinger F., Die Konsumgenossenschaft(1908).
Staudinger F., Kulturgrundlagen der Politik(1914).
Stein v. Lorenz, Sozialismus und Kommunismus des heutigen Frankreichs. Ein Beitrag zur Zeitgeschichte(1842).
Steinberg H. J., Sozialismus und deutsche sozialdemokratie(1967).
Steinberg Fritz, Der Imperialismus(1926).
Steinberg F., ≫Der Imperialismus≪ und seine Kritiker(1929).
Steinberg F., Der Faschismus an der Macht(1935).
Steinberg F., Kapitalismus und Sozialismus vor dem Weltgericht(1951).
Steinberg F., Wer beberrscht die 2. Hälfte des 20. Jahrhunderts?(1961).

Stipčević Nikša, Književni pogledi A. Gramšija(1967).
Stirner Max, Der Einzige und sein Eigentum(1845).
Stojanović Svetozar, Savremena metaetika(1964).
Stojanović S., Izmedu ideala i stvarnosti(1969).
Stoyanovitch K., La Philosophie du Droit en U.R.S.S.(1917-1953)(1965)
Strauss David Friedrich, Das Leben Jesu(1835).
Strogović M. S., Logika(1949).
Stucke H., Philosophie der Tat(1963).
Stučka P. I., Die revolutionäre Rolle von Recht und Staat(1921).
Stučka P. I., Klassovoe gosudarstvo i graždanskoe pravo(1924).
Stučka P. I., Leninism i gosudarstvo(1925).
Stućka P. I., Moj put i moji ošibki(1931).
Suhanov N., Zapiski o Revoljucii(1922).
Supek Rudi, Materijalni, socijalni i personalni osnovi socijalističke kulture (1953).
Supek R., Ispitivanje javnog mnijenja(1961).
Supek R., Radničko samoupravljanje i humanizacija rada i potrošnje(1963).
Supek R., Omladina na putu bratstva(1963).
Supek R., Sociologija i socijalizam(1966).
Suret-Canale J., La méthode de H. Lefebvre(1958).
Sutlić Vanja, Bit i savremenost(1967).
Sweezy M. M., Theory of Capitalist Development(1942).
Syndikalisme et socialisme(1908).

Šešić Bogdan, Dijalektički materijalizam Josepha Dietzgena(1957).
Šik Ota, Ökonomie, Interessen, Politik(1962).
Šik O., Zur Problematik der sozialistischen Warenbeziehungen(1964).
Šik O., Plan und Markt im Sozialismus(1965).
Šiškin A., Osnovy kommunističeskoj morali(1955).

Tadić Ljubo, Filozofske osnove pravne teorije H. Kelsena(1962).
Tadić Lj., Proletarijat birokratija(1962).
Tadić Lj., Poredak i sloboda(1967).
Teyssedre Bernard, Lukács et les fondements d'une esthétique marxiste(1961).
Thalheimer August, Einführung in den dialektischen Materialismus(1928).
Theimer Walter, Der Marxismus(1950).
Thesen über die kollegiale und die Einmannleitung(Osinski N., T. Sapronov, V. Maksimovski, 1920).
Thier Erich, Anthropologie des jungen Marx(1950).
Tito Josip Broz, Zadatak narodnooslobodilačkih partizanskih odreda(1941).
Tito J. B., Politički izvještaj SKKPJ na V kongresu(1948).
Tito J. B., O radničkom upravljanju privrednim preduzećima(1950).
Tito J. B., Borba komunista Jugoslavije za socijalističku demokraciju(1952).
Tito J. B., Govor pred aktivom komunista iz Istre(1956).
Tito J. B., Zadaci Saveza komunista u vezi sa medunarodnom situacijom i unutrašnjim razvojem socijalističke izgradnje Jugoslavije(1958).
Tito J. B., Četrdeset godina revolucionarne borbe Kumunističke partije Jugoslavije(1959).
Tito J. B., Izgradnja socijalizma i uloga i zadaci Socijalističkog saveza radnog naroda Jugoslavije(1960).
Tito J. B., Uloga Saveza komunista u daljoj izgradnij socijalističkih društvenih odnosa i aktuelni problemi u medunarodnom radničkom pokretu i borbi za mir i socijalizam u svijetu(1964).
Todorović Mijalko, Oslobodenje rada(1965).
Togliatti Palmiro, L'intervista a ≫Nuovi Argomenti≪(1956).
Togliatti p., Rapporto all VIII Congresso del Partito communista italiano(1956).
Togliatti P., Problemi del movimento operaio internazionale(1956-1961).
Togliatti P., Die marxistische Konzeption der politischen Partei der Arbeiterklasse(1963).
Togliatti P., Promemoria sulle questioni del movimento operaio internazionale

e della sua unità(1964).
Togliatti P., Nella democrazia e nella pace verso il socialismo(1966).
Togliatti P., Ausgewählte Schriften(1967).
Tran-Duc-Thao, Phénomenologie et Matérialisme dialectique(1951).
Trocki Lev Davidović, Ergebnisse und Perspektiven(1906).
Trotzki L. D., Unsere Revolution(1906).
Trotzki L., Terrorismus und Kommunismus. Anti-Kautsky(1919).
Trotzki L., Die Neue Etappe. Die Weltlage und unsere Aufgaben(1921).
Trotzki L., Zwischen Imperialismus und Revolution(1922).
Trotzki L., Cours nouveau(1923).
Trotzki L., Literatur und Revolution(1923).
Trotzki L., Über Lenin(1924).
Trotzki L., Mein Leben(1929).
Trotzki L., Geschichte der russischen Revolution, Ⅰ-Ⅱ(1931-1932).
Trotzki L., Die permanente Revolution(1930).
Trotzki L., Eine geschichtliche Information zur Frage über die Theorie der ≫Permanenten Revolution≪(1933).
Trotzki L., Sozialismus in einem Lande(1933).
Trotzki L., La Révolution trahie(Ⅰ 1936, Ⅱ 1937).
Trotzki L., In Defense of the Sovjet Union(1937).
Tugarinov V. P., Sootnošenie kategorij dialektičeskogo materializma(1956).
Tugarinov V. P., Ličnost i obščestvo(1965).

Über Walter Benjamin(1968).
Ullrich Horst, Der junge Engels(Ⅰ 1961, Ⅱ 1966).
Untermann Ernst, Die logischen Mängel des engeren Marxismus(1910).
Uzroci i karakteristike privrednih kretanja u 1961 i 1962(Autorenkoll., 1963).

Valentinov, V., Filosofskie postroenija marksizma(1908).
Valiani Leo, Histoire du socialisme au XX$^{e}$ siècle(1946).

Varga Eugen, Die wirtschaftlichen Probleme der proletarischen Diktatur (1921).
Varga E., Die wirtschaftliche Weltlage(1924).
Varga E., Promjene u ekonomici kapitalizma uslijed drugog svjetskog rata (1946).
Vlahović Veljko, Pojam i suština proleterskog internacionalizma(1958).
Vlahović V., Program SKJ i ≫zaoštrenje≪ ideološke borbe(1958).
Vlahović V., Idejna kretanja na sadašnjem stepenu našeg razvoja i dalji zadaci Saveza komunista Jugoslavije(1964).
Vološinov V. N., Frojdizam(1927).
Volpe della Galvano, Logica come scienze positiva(1950).
Volpe della G., Critica del gusto(1960).
Vorländer Karl, Kant und der Sozialismus(1900).
Vorländer K., Kants Leben(1911).
Vorländer K., Kant und Marx(1911).
Vorländer K., Marx, Engels und Lassalle als Philosophen(1920).
Vorländer K., Von Machiavelli zu Lenin(1926).
Vorländer K., Karl Marx, sein Leben und sein Werk(1929).
Vranicki Predrag, O nekim pitanjima marksističke teorije u vezi sa Zdanovlje-vom kritikom aleksandrova(1950).
Vranicki P., O Problemu općeg, posebnog i pojedinačnog kod klasika marksizma (1952).
Vranicki P., Misaoni razvitak Karla Marxa(1953).
Vranicki P., Filozofske studije i kritike(1957).
Vranicki P., Historija marksizma(1961).
Vranicki P., Čovjek i historija(1966).

Wallon Henri, De l'acte à la pensée(1942).
Walter Gérard, Histoire du parti communiste français(1948).
Weber Hermann, Von Rosa Luxemburg zu Walter Ulbricht(1959).

Weil Erik, Hegel et l'Etat(1950).
Wells Harry, Pragmatism-Philosophy of Imperialism(1954).
Wetter Gustav, Der dialektische Materialismus(1848).
Windelhand Wilhelm, Lehrbuch der Geschichte der Philosophie(1891).
Windelband W., Präludien, I-II(1911).
Wittfogel K. A., Die Wissenschaft der bürgerlichen Gesellschaft(1922).
Wittfogel K. A., Die Geschichte der bürgerlichen Gesellschaft(1924).
Wittfogel K. A., Wirtschaft und Gesellschaft China's(1931).
Woltmann Ludwig, System des moralischen Bewußtseins(1898).
Woltmann L, Die Darwinische Theorie und der Sozialismus(1899).
Woltmann L., Der Historische Materialismus(1900).
Weitling Wilhelm, Garantien der Harmonie und Freiheit(1842).
Wolfe B. D., Lenin, Trotzkij, Stalin(1948).

Zagoria D. S., The Sino-Sowjet Conflict 1956-1961(1962).
Zanardo Aldo, Il ≫Manuale≪ di bakharin visto dai comunisti tedeschi e da Gramsci(1958).
Zanardo A., Forme i problemi suvremenog marksizma i odjek misli mladog marxa(1962).
Ziherl Boris, Književnost i društvo(1958).
Zinovjet G. E., Geschichte der Kommunistischen Partei Rußlands-Bolschewiki (1923).
Zinovjet G. E., Izvještaj o djelatnosti Egzekutive(V. Kongreß K. I. 1924).
Zinovjet G. E., Leninism(1926).

Ždanov A. A., Referat o časopisima ≫Zvijezda≪ i ≫Lenjingrad≪(1946).
Ždanov A. A., O medunarodnoj situaciji(1947).
Ždanov A. A., Vystuplenie v diskusii(1947).
Živković Ljubomir, Nauka o društvu(1958).
Živković Lj., Društvena nadgradnja(1960).

Živković Miladin, Pragmatizam i savremena filozofija(1966).
Županov Josip, Samoupravljanje i društvena moć(1969).

## Zeitungen, zeitschriften, Periodika

Allgemeine Zeitung(Augsburg), Alternative, Annali(Inst. G. Feltrinelli), Archiv für die Geschichte des Sozialismus und der Arbeiterbewegung, Argument, Athenäum, Autogestion, Black and Red, Boľševik, Borba, Brazda, Bremisches Konversationsblatt, Cahiers du communisme, China Quarterly, Critica marxista, Critica sociale, Danas, Der Kampf, Der Sozialist, Deutsche Jahrbücher, Deutsch-Französische Jahrbücher, Devenir Social, Die Glocke, Die Internationale, Die Neue Zeit, Die Rote Fahne, Die Waage, Dijalektika, Études de marxologie, Filosofija, Frankfurter Beiträge zur Soziologie, Der Gesellschaftsspiegel, Gladišta, Hallische Jahrbücher, Hochschulinformation der Zentralstelle für Gesamtdeutsche Hochschulfragen, Hongqui, Humanité, Il Contemporaneo, International Socialist Journal, Internationale Presse-Korres pondenz, Iskra, Izraz, Jugoslavenski časopis za filozofiju i sociologiju, Književna republika, Kommunismus, Königsberger Zeitung, Kursbuch, L'Arc, L'Égalité, L'Ère Nouvelle, L'homme et la société, La nouvelle critique, La Pensée, Leipziger Volkszeitung, Leningrad, Leningradska Pravda, Les lettres nouvelles, Les Temps Modernes, Literarne novine, Literatura, Marxismus in unserer Zeit, Marxismusstudien, Marxistudien(Blätter für Theorie und Politik des wissenschaftlichen Sozialismus), Mitternachtzeitung für gebildete Lese, Mlada kultura, Mondo operaio, Modern Quarterly, Monthly Review, Morgenblatt für gebildete Leser, Myšl Filozoficzna, Naša stvarnost, Naše teme, Neue Kritik, Neue Rheinische Zeitung, Neue Rheinische Zeitung - Politische-ökonomische Revue, Nova literatura, Novaja žiznj, Nuovi Argomenti, Ordine Nuovo, Partisans, Past and Present, Plamen, Pod znamenem marksizma, Pečat, Peking Review, Pogledi, Politik und Zeitgeschichte, Po prostu, Pravda, Praxis, Pregled,

Preußische staat-Zeitung, Problemi del Socialismo, Raboče delo, République Française, Revoljucija Prava, Rheinische Zeitung, Rivista storica del socialismo, Schweizerischer Republikaner, Science and Society, Socijalizam, Sociologie du Travail, Sodobnost, Sozialistische Monatshefte, Stožer, Studi Gramsciani, Telegraph für Deutschland, The New Left Review, The New Moral World, The Northern Star, Teorija in praksa, Umjetnost i kritika, Voies Nouvelles, Volksstaat, Voprosy filosofii, Voprosy istorii, Vorbote, Vorwärts, Vpered, Wigand's Vierteljahrschrift, Zeitschrift für Philosophie, Zeischrift für Sozialforschung, Znanost i život, Zvijezda.

## Engänzungen zur Bibliographie

Althusser L., Lénine et la philosophie suivi de Marx et Lénine devant Hegel (1972)

Althusser L., Eléments d'autocritique(1974)

Angress T. Werner, Die Kampfzeit der KPD(1921-1923)(1973, I amer. izd. 1963)

Anweiler Oskar, Die Rätebewegung in Rußland 1905-1921(1958)

Baće Maks, O nekim pitanjima kritike i samokritike u SSSR-u(1949)

Badia Gilbert, Rosa Luxemburg(1975)

Bakarić V., Socijalistički samoupravni sistem i društvena reprodukcija(1974)

Bettelheim Ch., La transition vers l'économie socialiste(1968)

Bettelheim Ch., Calcul économique et formes de propriété(1970)

Bettelheim Ch., Les Luttes des Classes en URSS. Premiere Période 1917-1923(1974)

Bloch E., Atheismus im Christentum(1968)

Bloch E., Das Materialismusproblem, seine Geschichte und Substanz(1972)

Bocca G., Palmiro Togliatti(1973)

Bock H. M., Syndikalismus und Linkskommunismus von 1918-1923(1969)
Boukharine N., Sur la théorie de la ≫Révolution permanente≪(1925)
Boukharine N., Les Problèmes de l'édification socialiste(1926)
Boukhrine N., La loi de l'accumulation primitive socialiste ou pourquoi il ne faut pas remplacer Lénine par Prébrajenski(1926)
Boukharine N., Les Problèmes des régulateurs de la vie économique on l'erreur fondamentale du camarade Préobrajenki(1926)
Boukharine N., Le Problème des lois de la période de transition(1926)
Bourdet Yvon, Pour l'autogestion(1974)
Buber-Neumann Margarete, Kriegsschauplätze der Weltrevolution. Ein Bericht aus der Praxis der Komintern(1969)
Buzzi A. R., La théorie politique d'Antonio Gramsci(1967)

Castoriadis Cornelius, La société bureaucratique, I 1974, II 1973.
Castoriadis C., L'expérience du mouvement ouvrier I, II 1974.
Chauvey Daniel, Autogestion(1970)
Cliff Tony, Staatskapitalismus in Rußland(1975, I engl. izd. 1955)
Cohen F. Stephen, Bukharin and the Bolshevik Revolution(1973)
Collotti-Pischel E., La Cina rivoluzionaria(1968)
Calić D., Aktualni problemi razvoja samoupravnog društva u SFRJ(1975)

Däumig Ernst, Das Rätesystem(1919)
Däumig E., Der Rätegedanke und seine Verwirklichung(1920)
Deborin A., Lukács und seine Kritik des Marxismus(1924)
Deborin A., N. Bucharin, Kontroversen über dialektischen und mechanistischen Materialismus(1969)
Die entwickelte sozialistische Gesellschaft(kol. njem. i ruskih aut. 1973)
Die Linke gegen die Parteiherrschaft(Hrg. u. eing. von F. Kool, 1970)
Dragičević A., Teorija i praksa socijalizma(1976)
Dutschke R., Versuch, Lenin auf die Füße zu stellen(1974)

Fedoseev P. N., Markizm v XX veke(1972)
Filipović Muhamed, Lenjin. Monografija njegove misli(1968)
Fleischer Helmut, Marx und Elgels(1970)
Fromm E., The Anatomy of Human Destructiveness(1973)
Fry John, Marcuse. Dilemma and Liberation(1974)

Garaudy R., Pour un modèle français de socialisme(1968)
Garaudy R., Le grand tournant du socialisme(1969)
Garaudy R., Toute la verité(1970)
Geyer Kurt, Sozialismus und Rätesystem(1919)
Goldmann L, Lukács et Heidegger(1973)
Gorter H., Der historische Materialismus. Für Arbeiter erklärt(1909)
Gorter H., Der Imperialismus, der Weltkrieg und die Sozialdemokratie(1915)
Gorter H., Offener Brief an den Genossen Lenin. Eine Antwort auf Lenins Broschüre: ≫Der Radikalismus eine(sic!) Kinderkrankheit des Kommunismus ≪(1920)
Gorter H., Die Weltrevolution(1918)
Gorter H., Der Opportunismus in der niederländischen Kommunistischen Partei (1921)
Gorter H., Die Klassenkampf-Organisation des Proletariats(1921)
Gorter H., Die Moskauer Internationale(1922)
Gorz A., Fondaments pour une morale(1977)
Gottschalch W., Strukturveränderungen der Gesellschaft und politischens Handeln in der Lehre von Rudolf Hilferding(1962)
Gottschalch W., Parlamentarismus und Rätedemokratie(1968)
Grlić D., Estetika Ⅰ-Ⅳ(1974-1979)
Gruppi Luciano, P. Togliatti e la via italiana al socialismo(1974)
Gustafsson Bo, Marxismus und Revisionismus. E. Bernsteins Kritik des Marxismus und ihre ideengeschichtlichen Voraussetzungen(1972)

Habermas J., Nachwort zu Hegel, Politische Schriften(1966)
Habermas J., N. Luhmann, Theorie der Gesellschaft oder Sozialtechnologie (1971)
Hadži-Vasilve Mito, Odraz-izraz(1959)
Hahn Erich, Theoretische Probleme der marxistischen Soziologie(1974)
Hilferding R., Revolutionäre Politik oder Machtillusionen(1920)
Hilferding R., State Capitalism or Totalitarian State Economy(1940)
Hilperding R., Das historische Problem(1954)
Höhle Thomas, Framz Mehring. Sein Weg zum Marxismus(1956)
Horowitz Irving Louis, Radicalism and the Revolt against Reason. The Social Theories of Georges Sorel(1961)
Horvat B., Ekonomska politika stabilizacije(1976)

Ihlau O., Die Roten Kämpfer(1969)

Jay M., The Dialectical Imagination(1973)
Joka Mile, Paul Lafargue(1974)
Jovčuk M. T., Leninism, filosofskie tradicii i sovremennost(1970)

Kammler Jörg, Politische Theorie von Georg Lukács(1974)
Kangrga M., Smisao povijesnog(1970)
Kangrga M., Čovjek i svijet(1975)
Kardelj E., Protivurječnosti društvene svojine u suvremenoj socijalističkoj praksi (1972)
Karol K. S., La deuxième révolution chinoise(1973)
Kautsky Benedikt, Geistige Strömungen im österreichischen Sozialismus(o. J.)
Kolakowski L., Die Haupströmungen des Marxismus Ⅰ-Ⅲ(1976)
Korsch K., Was ist Sozialisierung?(1919)
Korsch K., Grundsätzliches über Sozialisierung(1920)

Korsch K., Das sozialistische und syndikalistische Sozialisierungsprogramm (1919)
Korsch K., Die Sozialierungsfrage vor und nach der Revolution(1919)
Korsch K., Sozialismus und soziale Reform(1920)
Korsch K., Zur Philosophie Lenins(1938)
Korsch K., Schriften zur Sozialisierung(1969)
Krešić A., Kraljevstvo božje i komunizam(1975)
Kumpmann Walter, Franz Mehring als Vertreter des historischen Materialismus(1966)

Lademacher Horst(Hrst.), Die Zimmerwalder Bewegung. Protokolle und Korrespondenz(1967)
Kaschitza A., G. Radezun, Rosa Luxemburg. Ihr Wirken in der deutschen Arbeiterbewegung(1971)
Lasić Stanko, Sukob na književnoj ljevici 1928-1952.(1970)
Laufenberg Heinrich, Der politische Streik(1914)
Lefebvre H., Le Droit à la ville( I 1968, II 1973)
Lafebvre H., Révolution urbaine(1970)
Lefebvre H., La Pensée marxiste et la ville(1972)
Lefebvre H., La Production de l'espace(1974)
Lefebvre H., De l'Etat. I. L'Etat dans le monde moderne(1976)
Leichter Otto, Otto Bauer(1970)
Lenin V. I., Reć pri otkritii Kongresa 2 marta(1919)
Leninskaja teorija socialističeskoj revoljucii(kol. aut. 1972)
Leonhard W., Die Dreispaltung des Marxismus. Urspung und Entwicklung des Sowjetmarxismus, Maoismus und Reformkommunismus(1970)
Leonhard W., Am Vorabend einer neuen Revolution?(1975)
Leser Norbert, Zwischen Reformismus und Bolschewismus(1968)
Liebmann Marcel, Le Léninisme sous Lénine(1973)
Ludz Peter Chr., Soziologie und Marxismus in der Deutschen Demokratischen

Republik Ⅰ, Ⅱ(1972)
Luxemburg R., Was will der Spartakusbund?(1918)

Macciocchi M A., Per Gramsci(1974)
Mandel E., Spätkapitalismus(1972)
Marković M., Preispitivanja(1972)
Matthias Erich, Kautsky und der Kautskyanismus(1957)
Mattick P., Kritik an Herbert Marcuse – Der Eindimensionale Mensch in der Klassengesellschaft(1969)
Mattick P., Marx and Keynes(1969)
McLellan David, Karl Marx. Life and Thought(1973)
Misch Jürgen, Die politische Philosophie Ludwig Woltmanns(1975)
Mühsam E., Von Eisner bis Leviné(1929)
Mühsam E., Befreiung der Gesellschaft vom Staat(1932)
Mujbegović Vera, Komunistička partija Njemačke u periodu poslijeratne krize 1918-1923(1968)
Müller Richard, Was die Arbeiterräte wollen und sollen(1919)
Muminović Rasim, Filozofija Ernsta Blocha(1973)

Naville P., Le Salaire socialiste(2, 3 1970, 4 1974, 5 1972)
Nedeljković D., Dijalektika na delu(1976)

Ojzerman T. I., Problemy istoriko-filosofskoj nauki(1969)
Oppolzer Alfred, Entfremdung und Industriearbeit(1974)

Palmier Jean Michel, Marcuse et la nouvelle gauche(1973)
Pannekoek A., Der neue Blanquismus(1920)
Pannekoek A., Lenin als Philosoph(1938, njem izd. 1969)
Pannekoek A.,(P. Aartsz), De Arbeitersraden(1946)
Pannekoek A., H. Gorter, Organisation und Taktik der proletarischen Revolution

(1969)
Pantić Vladan, Radnička veća u Nemačkoj 1917-1920(1972)
Pečujlić M., Velika kontroverza socializma(1976)
Petrović G., Filozofija i revolucija(1973, I njem. izd. 1971)
Price M. Philips, Die russische Revolution. Erinnerungen aus den Jahren 1917-1919(1921)
Privredni sistem i ustavna reforma(kol. aut. 1973)
Programm der Kommunistischen Arbeiter-Partei Deutschlands(KAPD)(1920)

Ragioneri E., P. Togliatti(1973)
Raphael M, Arbeiter, Kunst und Künstler(1975)
Rodin D., Maxova miso zajednice(1974)
Rubel M., Marx Critique du Marxisme(1974)
Rühle O., Erziehung zum Sozialismus. Ein Manifest(1919)
Rühle O., Die Revolution ist keine Parteisache!(1920)
Rühle O., Das Kommunistischen Schulprogramm(1920)
Rühle O., Grundfragen der Organisation(1922)
Rühle O., Von der bürgerlichen zur proletarischen Revolution(1924)
Rühle O., Karl Marx. Leben und Werk(1928)
Rus V., Etika in socializem(1976)
Rusconi G. E., La teoria critica della società(1970)

Schaff A., Geschichte und Wahrheit(1970)
Schaff A., Strukturalismus und Marxismus(1974)
Schleifstein Joseph, Franz Mehring. Sein marxistisches Schaffen 1891-1919(1959)
Schmidt A., Geschichte und Struktur(1971)
Schmidt A., Zur Idee der kritischen Theorie(1974)
Schorske E. Carl, German Social Democracy(1905-1917). The Devolopment of the Great Schism(1955)
Schröder K., Vom Wesen der Neuen Gesellschaft(1920)

Schröder K., F. Wendel, Wesen und Ziel der Revolutionären Betriebsorganisation (1920)
Schwan Gesine, Leszek Kolakowski(1971)
Sering Paul(Richard Löwenthal), Jenseits des Kapitalismus(1947, II izd. 1977)
Shell L. Kurt, The Transformation of Austrian Socialism(1962)
Smirnov G. L., Sovetskij čelovek. Formirovanie socialističeskogo tipaličnosti(1973)
Sovremennyi pravij revizionizm(kol. aut. 1973)
Supek R., Participacija, radnička kontrola i samoupravljanje(1974)
Sutlić V, Praksa rada kao znanstvena povijest(1974)
Šik O., Der dritte Weg(1972)
Šik O., Für eine Wirtschaft ohne Dogma(1974)

Tadić Lj., Tradicija i revolucija(1972)
Tito J. B., SKJ u novoj etapi razvoja socialističkog samoupravljanja(1976)
Togliatti P., Antonio Gramsci
Tormin W., Zwischen Rätediktatur und sozialer Demokratie. Die Geschichte der Rätebewegung in der deutschen Revolution 1918/1919(1954)
Vlahović V., Revolucija i stvaralaštvo(1973)
Vranicki P., Marksističke teme(1973)
Vranicki P., O nekim kontroverzama u marksizmu(1976)
Wagner H., Thesen über den Bolschewismus(1932)
Weber H., Die Kommunistische Internationale. Eine Dokumentation(1966)
Weber H., Die Wandlung des deutschen Kommunismus. Die Stalinisierung der KPD in der Weimarer Republik( I , II 1969)
Wolfheim Fritz, Betriebsorganisation oder Gewerkschaften?(1919)
Yvon M., Ce qu'est devenu la Révolution Russe(1937)
Životić M., Egzistencija, realnost i sloboda(1974)

# 역자 후기

역사로서의 맑스주의를 총체적으로 파악하는 일은, 현실의 풀리지 않는 혼란과 그 억압적 구조를 근원적으로 파헤쳐 내고 현실적 삶의 새로운 방향정립(Orientierung)을 위해 이론적으로 필수불가결하다. 이미 맑스와 엥겔스에 의해 인간해방의 철학과 과학적 세계관으로 제시된 맑스주의는, 그 이론과 실천의 역사를 면밀히 검토해 볼 때, 우리에게 결정적이고 완결된 것으로서가 아니라 허다한 논쟁의 여지를 제기함으로서, 현실 변혁의 문제와 대결하고 있는 우리에게 그 이론의 끊임없는 창조적 발전을 요청하고 있다.

특히, 본서를 통해 부딪치게 되는 많은 이론적 문제들, 예컨대 맑스 사후 제 1,2차 인터내셔널의 시기를 거치면서 노출된 독일 내의 수정주의(Eduard Bernstein)와 정통파(K. Kautsky) 및 혁명적 사회주의(Rosa Luxemburg) 간의 노선투쟁, 새로운 시대를 예고하는 획기적인 러시아 혁명을 통해 조직과 당 운용 문제에 있어 볼셰비키(Bolshevik)와 멘셰비키(Menshevik)의 격렬한 투쟁, 제3차 인터내셔널 시기 루카치에 의한 '계급의식'(Klassenbewußtsein)의 분석과 '변증법적 유물론'에 대한 근본적인 재검토, 이어 이탈리아의 독특한 상황과 현실을 기반으로 창출된 그람시의 실천철학(Philosophie der Praxis)의 중요한 계기들(혁명적 지식인과 유기적 지식인의 구분, 헤게모니론과 프롤레타리아 독재 문제), 소련 내의 스탈

린과 트로츠키의 이론적, 실천적 대결을 둘러싸고 심화되는 이해구속적(Inter-
essengebundenheit) 중앙집권화, 관료화(Bürocratie)와 일국사회주의 문제, 동구권을 중심으로 치열하게 벌어진 자유화 운동의 기본입장들, 중·소 이념 분쟁, 선진 자본주의 역사에서의 맑스주의 논쟁, 유고슬라비아의 자주관리제도 등의 역사적 문제들은 간단한 맑스주의의 논쟁사 정도로 그친다기보다는 기존의 구체적인 현실 문제 앞에서 부단히 인간해방을 가동화시키고, 객관적인 물적 토대를 변혁하려고 시도해 온 맑스주의 이론가들의 창조적 산물로 파악되어야 할 것이다. 이러한 점에서 맑스주의의 역사적 문제들의 계기 파악과 그 근본의도를 천착하는 일은 우리들의 사유를 보다 폭넓게 해주고 현실문제를 날카롭게 인식하는 데 큰 도움을 줄 것이다. 물론 이외에도 무수한 철학, 경제, 정치적 문제가 맑스주의 내부에서 논란의 중심이 되고 있지만(특히, 사회구성체 논쟁) 이 사실들은, 단적으로 맑스 자신이 끊임없이 사유하고 비판해 왔던, 그 철학의 개방성을 우리에게 보여 준다고 하겠다.

이 역서의 대본은 브라니츠키(Predrag Vrinicki)의 *Geschichte des Marxismus I, II*(Suhrkampf Verlag, Frankfurt am Main, 1972)를 번역한 것이다.

이 책의 저자인 브라니츠키는 우리에게 그렇게 익숙한 인물은 아니다. 그는 유고의 Zagreb 대학을 중심으로 'Praxis-Gruppe'을 주도하는 지도적인 인물이며, 이 책의 서문에서도 밝히듯이, Anti-Stalinismus의 입장에서 민중, 민족, 사회주의 문제를 수렴하는 Räte-Kommunismus의 실천적 제도를 강력히 주장하는 데 자신의 입장을 정립하고 있다. 물론 그의 이러한 입장의 옳고 그름은 차치하더라도, 우리에게 아직까지 총체적으로 맑스주의를 이해하고 평가하는 데 적합한 책이 없었음을 감안할 때, 이 책의 번역도 의미가 있을 것 같다. 아무쪼록 이 번역이 독자들에게 도움이 되길 바라면서, 이 책의 번역 과정 중 많은 도움을 주신 여러분들과 그동안 출판의 어려운 일을 맡아 수고해 주신 도서출판 중원문화 사장님과 워드를 입력하느라 수고한 성균관대학교 철학과 고미리 양 등에게 감사를 드린다. 더욱이 바쁜 가운데서도 엄청난 분량의 원고를 세밀히 검토해 주신 양운덕 학형에게 이 자리를 빌어 고마움의 뜻을 전한다.

이성백 · 정승훈